本书的出版得到
国家重点文物保护专项补助经费资助

# 临 淄 齐 墓

## （第二集）

山东省文物考古研究院　编著

文物出版社

**图书在版编目（CIP）数据**

临淄齐墓. 第二集 / 山东省文物考古研究院编著.
-- 北京：文物出版社，2018.12
ISBN 978-7-5010-5832-7

Ⅰ. ①临… Ⅱ. ①山… Ⅲ. ①战国墓—发掘报告—淄
博市—齐国（前11世纪-前221）Ⅳ. ①K878.85

中国版本图书馆CIP数据核字（2018）第266526号

## 临 淄 齐 墓 （第二集）

编　　著：山东省文物考古研究院
封面设计：秦　彧
责任编辑：秦　彧
责任印制：苏　林
出版发行：文物出版社
社　　址：北京市东直门内北小街 2 号楼
邮　　编：100007
网　　址：http://www.wenwu.com
邮　　箱：web@wenwu.com
经　　销：新华书店
印　　刷：鑫艺佳利（天津）印刷有限公司
开　　本：787mm × 1092mm 1/16
印　　张：41　插　页：3
版　　次：2018 年 12 月第 1 版
印　　次：2018 年 12 月第 1 次印刷
书　　号：ISBN 978-7-5010-5832-7
定　　价：420.00 元

# Linzi Qi Tombs

## ( Volume II )

*by*

Shandong Provincial Institute of Cultural Relics and Archaeology

Cultural Relics Press

# 内容简介

本书集中介绍了临淄两醇（孙家庄）墓地321座墓葬和1座殉马坑的发掘资料。该墓地位于山东淄博市临淄区大武镇孙家庄村北，东北距临淄齐国故城约12千米。1984年，山东省文物考古研究所等单位为配合中国齐鲁石油化工总公司乙醇、丙醇（简称两醇）工程建设进行了全面发掘。

墓地东西长约280余米，面积在32000平方米以上。发掘时将墓地自东而西划分为四个发掘区，各区墓葬单独编号。两醇墓地墓葬均为中、小型，分布相对比较集中，大部分墓葬排列密集，个别地方因施工破坏或堆土出现空白。但从墓葬总体布局看，整个墓地存在打破关系比较少，同时代的墓基本不见打破关系，墓葬分布排列具有一定规律，属于一般平民"邦墓"之地域。

在321座墓葬中有228座墓葬随葬陶器，其中，变化规律明显的主要有鬲、豆、罐、盂、鼎、盖豆、壶、盘、匜、敦10大器类。根据这些陶器的特征、器形的变化以及器物组合演变规律，可将随葬陶器的墓葬分为七期，由西周晚期一直延续到战国晚期。西周晚期陶器组合基本为鬲、豆、罐、盂，并从春秋早期一直延续到春秋晚期。春秋末期器物组合开始发生变化，新出现了鼎、盖豆、敦等器型。到战国时期，完整的器物组合以鼎、豆、盖豆、鬲、盂、壶、盘、匜为代表。

墓地布局、器物组合和棺椁形制自春秋晚期开始发生明显变化，尤其到战国时期，陶礼器的普遍使用以及石椁墓的流行是一种礼制上的僭越。从随葬品的数量对比来看，自春秋晚期开始，墓葬之间的差距在逐渐拉大，可能是贫富差距加大的反映，这与西周春秋时期的均衡发展形成鲜明对比。自春秋中、晚期普通墓葬中开始随葬青铜兵器的现象，或说明国家武装力量的扩大和武装力量来源的增加，与同时期墓主性别比例的变化吻合，应是兼并征伐战争日趋激烈的结果。

通过对两醇墓地系统整理与研究，可以看出墓葬从西周晚期一直延续到战国末，随葬陶器及组合具有明显的特色和一定的发展规律，包括腰坑、壁龛、石椁、积石、洞室墓以及殉狗等葬制、葬俗的演变，逐渐表现出典型的齐文化特色，是研究齐国葬制、葬俗的重要资料。

# Abstract

This book reports the excavating data from Liangchun cemetery in Linzi, including 321 tombs and one pit with the sacrificial horse. This cemetery is located to the north of Sunjiazhuang Village, Dawu Township, Linzi District of Linzi city, Shandong Province, about 12 kilometers northeast of the ancient Linzi city site of Qi State. In 1984, in cooperation with the construction of ethanol and propanol ( Liangchun for short) project of China Qilu Petrochemical Corporation, Shandong Provincial Institute of Cultural Relics and Archaeology and other institutions carried out a comprehensive excavation at this cemetery.

The cemetery measures about 280 meters from east to west and covers an area of more than 32,000 square meters. During the excavation, the cemetery was divided into four sections from the east to the west. Mostly in medium and small scales, tombs at this cemetery are densely arranged. But due to the destruction of the project construction, no tombs are found in certain parts of the cemetery. As for the overall layout, tombs are distributed neatly, rarely overlapped with each other, especially for the contemporary ones. The arrangement of tombs seems to conform to some kind of plan and this cemetery was thought to be *Bangmu*, which was used to bury the commoners.

The 228 from the total 321 tombs were buried with pottery. A clear evolution clue can be observed among ten categories of potteries such as *li*, *dou*, *guan*-jar, *yu*, *ding*-tripod, lipped *dou*, *hu*-pot, *pan*-plate, *yi* and *dui*. Based on the characteristics, style and assembly of the buried pottery, these tombs can be divided into seven phases from late West Zhou to the Warring States period. From early to late Spring and Autumn period, the basic assembly of pottery includes *li*, *dou*, *guan*-jar and *yu*. From the end of Spring and Autumn, the assembly began to change and among the newly appeared vessels are *ding*-tripod, lipped *dou* and *dui* and so forth. In the Warring States period, the complete assembly is represented by *ding*-tripod, *dou*, lipped *dou*, *li*, *yu*, *hu*-pot, *pan*-plate and *yi*.

From the late Spring and Autumn period, dramatic changes happened both in the cemetery layout and the assembly of funerary objects as well as the tomb architecture. It is worth mentioning that in the late Warring States period, ritual pottery and stone chambers are prevalently found in tombs, symbolizing an arrogation of Zhou ritual system. Also in this period, probably due to the uneven distribution of wealth, the gap in the number of burial goods from different tombs became larger and larger, forming a sharp contrast with the relative egalitarianism in funeral ritual during West Zhou and the early Spring and Autumn period. From the middle and late Spring and Autumn period, tombs of commoners began to bury with bronze weapons, which could be explained by the strengthened military forces and the enlarged population of soldiers. This phenomenon also echoes with the varied proportion in the gender of tomb occupants, resulted from the increasingly fierce annexation and expedition at that time.

By sorting and research of the excavation findings from Liangchun cemetery, the author deems this cemetery existed from late West Zhou to the end of Warring States period. In the Warring States period, some elements of the so called Qi culture emerged, such as a set of ritual pottery, *yaokeng*-wrist pits, niches, stone chambers, catacombs and sacrificial dogs. In general, this book will provide significant data for the study of funeral custom and ritual system in Qi State.

# 目　录

# 插图目录

# 彩版目录

# 第一章　概述

## 第一节　地理环境与历史沿革

### 一　地理环境

两醇墓地位于山东省淄博市临淄区大武镇孙家庄村东偏北处，东北距临淄区政府驻地约6千米，西距大武镇政府1.3千米，南距南王镇驻地2.5千米，地理坐标为北纬36°47′34″，东经118°16′01″（图一）。

墓地处于鲁中山脉北麓临淄区中南部的剥蚀丘陵区，南部为低山缓岭，脉络不显，北侧为山前平地，海拔60～420米。墓地南依黄山北端余脉，距黄山600余米，西临乌河，相距约500米，北距临淄齐国故城遗址约12千米，东距淄河3.8千米（图二）。黄山是临淄南部丘陵山区北端的山脉，裸露的岩层多为奥陶系石灰岩，山坡覆盖厚薄不等的坡积及洪积物，地貌上有明显反映，地势由南向北逐渐变缓。黄山也是临淄齐故城以南相距较近的山岭，俗称打虎山，山体为石灰岩，主峰海拔246.5米，地理坐标为北纬36°46′～36°47′，东经118°14′～118°16′。黄山虽然不高，却因乌河发源于北侧山脚之下而久负盛名，北朝望族清河崔氏一支即葬于黄山之阴。

墓地西临乌河。乌河为临淄境内重要的古河流，系第四系孔隙水北流，在南部丘陵山地与北部山前平地之间受到煤系和东西断层的阻截，在黄山北侧临淄区辛店镇孙家庄与陈家庄之间溢出地表北流汇流成河。乌河全长60千米，在临淄境内流经孙娄、路山、朱台、高阳、召口五乡（镇），由六天务村西出临淄，经桓台县，在博兴湾头入小清河。区内河段长20.85千米。河床宽30～50米，流域面积160.03平方千米。1970年前，乌河常年流水，一般流量为17.2立方米/秒，最大流量为82.88立方米/秒（1968年）。20世纪50年代，临淄县路山人民公社在乌河上游田旺村西的路家山脚下设立小型水力发电站。乌河，古称乾水、淄水，《左传》曾记载齐国多次与进犯之敌战于淄水，是都城临淄西南侧的重要防卫屏障。

墓地东距淄河不远，淄河古代也称淄水，是鲁北地区历史上有名的河流，齐国

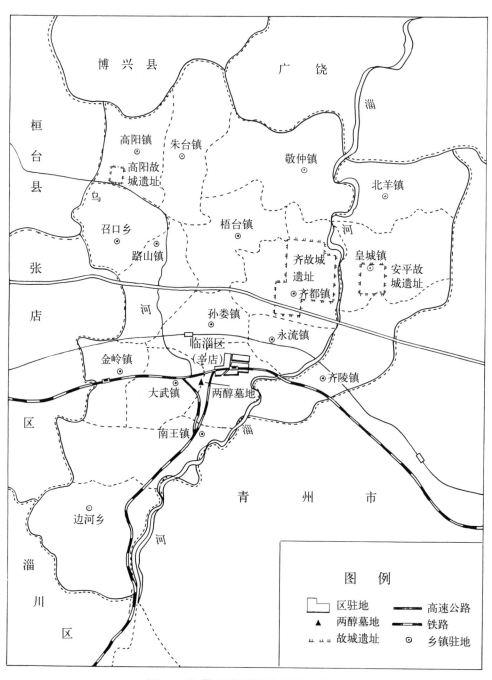

图一　临淄两醇墓地位置示意图

都城临淄即因东临淄河而得名。淄河发源于泰沂山东北部鲁山山脉，由鲁中山地进
入北部平原，流经淄博市的沂源县、博山区、淄川区、临淄区和潍坊市的青州市、

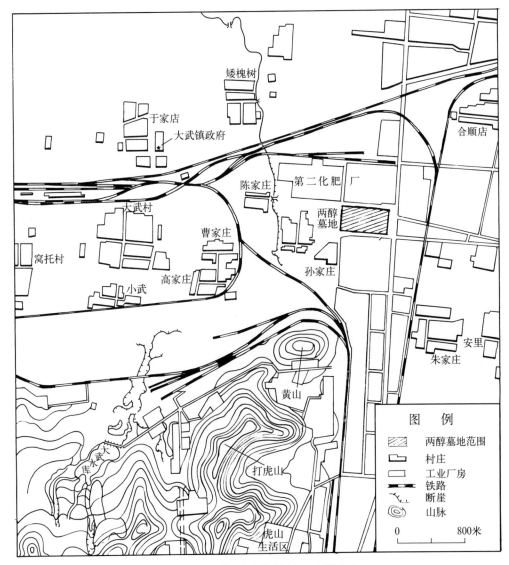

图二 临淄两醇墓地地理环境图

东营市广饶县汇入小清河而入渤海。淄河全长 122 千米，河床宽 850 ～ 1500 米，最大流量达 2030 立方米 / 秒，是山东北部主要的河流之一。

淄河西岸有一条古代重要的交通要道，是齐国都城临淄南下的交通要道之一，从临淄南下，沿淄河西岸可前往鲁、莒、楚、越等南方各国，也是南方诸国北上齐国的重要交通要道。墓地北距临淄齐国故城约 12 千米，南侧的黄山山脉沿淄河南北横亘，俯视淄河、扼守沿淄河西岸的南北大通道，也是都城临淄城南的重要防卫屏障。

## 二　历史沿革

两醇墓地是西周至战国时期典型齐国墓葬，该墓地出土的随葬品中也以兵器多见，具有浓郁的军事色彩，当与临淄齐国都城的防卫密切相关。

临淄齐故城是周代齐国的都城，据文献记载，早在古帝少昊之世，以鸟为图腾的爽鸠氏居于此地。《左传·昭公二十年》晏婴在追述临淄沿革时说："昔爽鸠氏始居此地，季荝因之，有逄伯陵因之，蒲姑氏因之，而后大公因之。"公元前11世纪，周武王推翻商朝，建立周王朝。武王二年封太公姜尚于齐地，太公受封因袭蒲姑旧地，以营丘为齐国都城，历经丁公、乙公、癸公。至哀公时，由于邻国纪侯谗言，哀公被周王所烹，同时册立其弟静，是为胡公。六世胡公，为避纪国锋芒，被迫迁都薄姑（今博兴县境内），此举却招来同母少弟吕山和营丘人的怨恨，"哀公之同母少弟山怨胡公，乃与其党率营丘人袭攻杀胡公而自立，是为献公。献公元年，尽逐胡公子，因徙薄姑都，治临淄。"时在公元前9世纪50年代。自献公起，临淄作为齐国都城，经西周、春秋、战国时期，长达六百余年。公元前284年（赧王三十一年），燕将乐毅陷齐70余城，临淄归燕属5年。公元前279年，田单复齐，立襄王法章，返都临淄。公元前221年，秦灭齐，设齐郡，临淄结束了作为齐国都城的历史。

## 第二节　工作概况

## 一　发掘经过

1984年，中国齐鲁石油化工总公司在山东淄博市临淄区大武镇孙家庄村北乙烯两醇工程建设施工中发现了一批古墓葬，山东省文物考古研究所闻报后，随即组织人员对该工地进行考古勘探、发掘。由于该工程是国家重点建设项目，工期十分紧迫，山东省文化厅根据"既对生产建设有利，又对文物保护有利"文物保护方针，调集了山东省文物考古研究所和部分地、市、县的文物干部40余人，组成乙烯工程考古队，进行抢救配合发掘（彩版一）。在乙烯工程建设指挥部和有关部门的积极支持和配合下，从1984年5月下旬至7月下旬，在50余天的时间内共发掘古墓葬322座（含殉马坑1座）（彩版二）。

参加临淄两醇墓地考古发掘工作人员如下：

山东省文物考古研究所：张学海（队长）、罗勋章（副队长）、吴文祺、邱玉鼎、佟佩华、王永波、邵明贵、何德亮、张竞放、张振国、李胜利、李志勇、王站琴、张雪莲、常兴照、司湘、杜宗芳、冀介仁、冀介良、张路、苏庆林。技术工人崔水

源、崔来临、于建顺、李新、李振彪、李建波、路孝才、齐文海、吴新安、刘建民、
吴振杰、王成金、石福序。

山东省博物馆：李大营。

济南市博物馆：李晓峰。

淄博市文化局、淄博市博物馆、临淄区文管所：魏成敏、张光明、于嘉芳、朱玉德。

枣庄市文化局、滕州市博物馆：刘志敏、李鲁滕。

烟台市博物馆：姜国钧。

潍坊地区青州市博物馆：姜建成。

临沂地区费县文管所：潘振华。

德州地区文化局、济阳县文管所：李开岭、熊建平。

惠民地区文管处、惠民县文管所：徐其忠、朱学山。

泰安地区文管会：吕继祥、李登高。

聊城博物馆：孙淮生。

济宁地区嘉祥县文管所：贺福顺。


## 二　资料整理

1984 年 7 月，临淄两醇墓地发掘完成后，发掘资料收藏在山东省文物考古研
究所驻临淄区齐都镇临淄工作站内（原山东省文化局临淄文物工作队队址，1965
年建）。1985 年对发掘资料进行初步整理，并在此基础上编写《临淄两醇墓地发掘
简报》[1]。从 1985 年开始为配合中国石油化工总公司齐鲁石油化工公司辛店生活区、
乙烯厂区、济南至青岛高速公路以及临淄区新区的建设，临淄地区考古工作重点
转移到临淄区政府新驻地辛店镇一带。至 2000 年，完成勘探面积达数十平方千米，
发掘战国、秦汉时期的墓葬 5000 余座，其中大型墓葬 20 余座。由于临淄工作站人
员少，承担的考古勘探、发掘工作又非常繁忙，对临淄两醇墓地的考古发掘整理工
作主要以陶器修复为主。

2001 年开始，临淄工作站的工作重点逐步转入考古发掘资料整理工作。这期间，
首先集中整理战国时期的四处重要贵族墓地共 19 座大型墓葬资料，2007 年《临淄
齐墓（第一集）》正式出版。2010～2013 年，对 1964～1984 年二十多年间山东
省文物考古部门对临淄齐故城 19 处发掘地点的考古发掘资料进行整理，至 2013 年
底，《临淄齐故城》初稿完成。2014 年该发掘报告正式出版。2014 年开始启动《临

---

[1]　山东省文物考古研究所等：《临淄两醇墓地发掘简报》，《海岱考古（第一辑）》，山东大学出版社，
1989 年。

淄齐墓（第二集）》资料的整理工作，由魏成敏、赵益超、吕凯分别承担临淄东古城墓地、两醇墓地、河崖头村东墓地的整理工作。

由于 2013 年临淄齐故城国家考古遗址公园立项，2014 年起临淄工作站需要承担 2013～2018 年临淄齐故城考古工作计划中的考古勘探、发掘任务。同时，因临淄工作站于 1990 年搬入新站址以来，经二十多年使用许多设施陈旧老化，文物库房顶部渗漏急需整修，2014～2016 年开始对工作站进行全面维修。2016 年为配合济南至青岛高速铁路临淄段建设，临淄工作站又承担近 3000 平方米的考古发掘任务。由于工作站人员所限，对上述三处墓地的整理工作时断时续，只能抽时间进行。

## 三　报告编写

2017 年春，所领导要求集中时间尽快完成《临淄齐墓（第二集）》的整理和报告编写工作，而吕凯、赵益超又作为发掘工地执行领队主持各自的发掘工地，特别是吕凯，主持的发掘工地在鲁南，相距临淄较远，无暇顾及两醇墓地资料的整理工作。同时根据对临淄东古城墓地、两醇墓地、河崖头村东墓地三处墓地资料的初步整理，以及学科发展对发掘资料完整性需求，我们认为三处墓地资料不仅分量大，而且各具特色，比较适合分别发表。特别是临淄两醇墓地，不仅墓葬的数量多，而且墓葬排列密集，分布大致有序，时代从西周晚期一直延续到战国末，具有较好的连续性。同时，随葬陶器组合也有鲜明的特点和发展规律，表现出典型的齐国特色，是齐国葬制、葬俗研究的重要资料。该墓地已经先行发表过发掘简报，在学术界对齐文化的研究具有重要的影响。经请示所领导并与出版社沟通，决定先出版两醇墓地发掘报告。

2017 年 3 月起，由魏成敏、赵益超、吕凯集中整理两醇墓地资料。由于两醇墓地出土的部分陶器以及铜器、玉石、骨蚌器等于 1999 年运送到山东省文物考古研究所库房保管，2017 年 9 月将这部分器物从济南运回临淄工作站统一整理。2018 年 6 月，完成了两醇墓地资料的整理和发掘报告的编写，作为《临淄齐墓（第二集）》书稿交文物出版社。

两醇墓地发掘以来，于 1989 年发表《临淄两醇墓地发掘简报》，凡与本报告不符之处，均以本报告为准。依考古遗址、墓葬定名的一般原则，本墓地定名为孙家庄墓地为宜，然简报发表以来，在学界产生了一定影响，为避免名称错位造成不必要的混乱，本报告仍沿用两醇墓地称谓，特做说明。

# 第二章　墓葬综述

## 第一节　墓地概况

### 一　墓地范围

两醇墓地位于黄山东北侧的山前坡地，在配合工程发掘前对墓地及工程占地范围进行了考古勘探。勘探表明，墓地的东西两侧及南部均已到达墓地边缘，墓地北部为齐鲁石化总公司第二化肥厂所占压，未能进行勘探，范围不明。墓地东西长约280、南部边缘至化肥厂约120米，面积在3.2万平方米以上（不包括第二化肥厂占压部分）。

### 二　墓葬分布

两醇墓地墓葬分布相对比较集中，大部分墓葬排列密集，有的分布相对稀疏，个别地方因施工破坏或堆土出现空白，但从墓葬总体布局看，整个墓地存在打破关系比较少，同时代的墓基本不见打破关系，墓葬的分布排列应有一定的规律。发掘时为了便于发掘工作和避免墓葬编号的混乱，将墓地自东而西划分四个发掘区，各区墓葬单独编号，墓号中第一个数码即为分区号（图三）。

（一）一区

位于墓地最东侧，共发现墓葬54座，编号为M1001～M1018、M1020～M1055（M1019为空号），M1021、M1025～M1037、M1039～M1045等21座墓葬仅探明位置未进行发掘，实际发掘33座。M1050～M1055等6座墓葬位置不明。所有位置明确墓葬（含未发掘者，下同）共计48座，由南而北大致可分A、B、C、D四组。

A组：位于一区的最北侧，共4座墓葬，编号为M1046～M1049，墓向以东西向和南北向各2座，M1047与M1048墓向为南北向，平行相邻，相距4米，或为相关的一组墓葬。另2座东西分布相对分散。

C组：位于二区中部偏东，集中发现在工地中部罐区的基槽内。墓葬编号为 M2001～M2042，实际包括墓葬计 34 座。均为东西向，无一例外。该组东部 M2002～M2005、M2008、M2009 计 6 座墓葬排列较疏散。中部以西的 25 座墓葬排列相对密集，同时因工程施工，有的地方未能发掘，墓葬的排列布局会有影响。从墓葬排列分布看，25 座墓葬大致呈东西六排，其中 M2010 与 M2011、M2017 与 M2018、M2021 与 M2022 计 6 座墓葬或为两两并葬关系，而 M2013、M2014、M2015 为一组三墓并葬关系。另有 M2023、M2034、M2025 计 3 座墓葬相邻较近，且前两者有打破现象，是否为三墓并葬或两墓并穴葬关系不明。

D组：位于二区中部，北侧紧邻 C 组，墓葬编号为 M2048～M2061、M2064～M2069，实际包括墓葬 20 座。除 M2048 为南北向外，其余 19 座墓葬均为东西向。该组墓葬由东北向西南排列，东西向排列前后呈九排，每排多则 4 墓，少则 1 墓。其中 M2052 与 M2053、M2056 与 M2057、M2066 与 M2067、M2068 与 M2069 计 8 座墓葬属于四组两两并葬墓。

E组：位于二区南部，编号为 M2084～M2100，计 17 座墓葬。均为东西向。除 M2099 独处东侧相隔 13 米以上，其余 16 座墓葬大致东西前后分六排，其中 M2090、M2091、M2092 计 3 座墓葬南北并列，仅前后略次，应为一组三墓并葬墓。另 M2100 打破 M2090。

（三）三区

位于墓地中部，发掘墓葬数量最多，墓葬排列密集。墓葬编号为 M3001～M3220（其中 M3077、M3081、M3169、M3209、M3210 为空号，共计 5 座，另有 M3205～M3207、M3213 划归二区，M3181～M3184 划归四区），共计 207 墓葬。其中有 29 座墓葬仅探明位置未进行发掘（M3010、M3018、M3027、M3028、M3074、M3084～M3091、M3099、M3103～M3105、M3112、M3128、M3150、M3153、M3155～M3157、M3178、M3188、M3191、M3198、M3202），实际发掘墓葬 178 座。而所有墓葬中 M3016、M3040、M3041、M3215～M3220 计 9 座墓葬位置不明。所有位置明确的 198 座墓葬大致可划分七组。

A组：位于三区的东北部，东与二区 B 组相邻，西侧为 B 组。编号为 M3195～M3204，共有 10 座墓葬，均东西向，大致东西前后呈三排分布。东侧一排 5 座墓葬大致呈南北横列，其中 M3195 与 M3196 虽前后略有相次，但两墓应为并葬墓，最北侧 M3195 明显打破 B 组的 M3212。西侧两排 4 座墓葬大致两两分列。

B组：位于三区西北部，西与 A 组、南与 C 组相邻。编号 M3100～M3111、M3174～M3180、M3189、M3192～M3194、M3212，共计 24 座墓葬。其中 14 座墓葬为东西向，南北向墓葬有 M3101～M3103、M3106～M3107、

M3109～M3111、M3189、M3193 计 10 座，属于该墓地中南北向墓葬最多的一组。该组墓葬分布疏密不均，中部又被工地大型中和池破坏，大致可分东西两部分。中和池西侧的 7 座墓葬 M3174～M3180 分南北 2 组，均为东西向，大致为两排分布，其中 M3176、M3177 墓口紧靠，虽前后有交错，或为并葬墓。中和池东部的 18 座墓葬，大致也可分南北 2 组。北侧 5 座墓葬中除 M3193 为南北向，另 4 座墓葬大致可分前后两排。其中 M3212 被 A 组 M3195 打破。南侧 13 座墓葬有 10 座为南北向，靠近中和池的 4 座墓葬东西向和南北向各有 2 座。其东边 9 座墓葬东西向墓与南北向墓相互交错，并有 3 座墓葬存在打破关系，东西向的 M3108 分别打破两侧南北向的 M3107 和 M3109。

C 组：位于三区的中部偏西处，墓葬编号为 M3001～M3006、M3099、M3113、M3150～M3168、M3170～M3173、M3208 共 32 座墓葬。其中除 M3208 为南北向外，其余均为东西向墓葬。该组墓葬分布疏密不匀，相对而言南侧稀疏，北侧较密集。其中 M3005 与 M3006、M3099 与 M3113、M3160 与 M3161、M3171 与 M3172 计 4 组 8 座墓葬为并葬墓。

D 组：位于三区中部偏东 A 组以南，墓葬编号为 M3007～M3015、M3017～M3039、M3112 共 33 座墓葬。该组墓葬除 2 座墓葬 M3024、M3027 为南北向外，其余 31 座墓葬均为东西向。该组墓葬分布相对疏散，仅北侧有两排大致有序。最北侧一排计有 M3010、M3018、M3019、M3029、M3031、M3033、M3034 共 7 座墓葬，由西向东呈东西横向排列，仅 M3019 偏向南侧，其余 6 座墓葬排列比较规整。另一排计有 M3008、M3017、M3020、M3030、M3032、M3035 共 6 座墓葬，由西而东也呈东西横向排列。两排墓葬之间仅在西端间隔 2 座墓葬。南侧的 14 座墓葬分布比较疏散，并有 M3024 打破 M3023，M3027 打破 M3028，这仅有的 2 组打破关系中，M3024、M3027 属于仅有的 2 座南北向墓葬，均打破 2 座东西向的墓葬。

E 组：位于三区中部偏南，墓葬编号为 M3042～M3072、M3076、M3084、M3085、M3091～M3098、M3188、M3190、M3191、M3211、M3214，共 47 座墓葬。其中仅 M3057、M3058、M3191 计 3 座墓葬为南北向，其余 44 座墓葬均为东西向。该组墓葬分布疏密不匀，根据分布排列现象由北而南大致可分两小组。南组共 19 座墓葬，西半部仅 4 座墓葬，大致两两分布。东半部则有 16 座墓葬分布密集，包括仅有的 3 座南北向墓葬，且该组的 3 组打破关系也均与这 3 座南北向墓葬相关。M3057 打破 M3214，M3058 打破 M3188，M3190 被 M3050 打破，又打破 M3191。北组共 28 座墓葬，呈三排分布。北起第一排西起有 M3094～M3091、M3070、M3067、M3064、M3059、M3055、M3052、M3049 计 11 座墓葬，东西横列，排列相对清楚。第二排墓葬偏于西侧，西起有 M3085、M3084、M3211、M3069、M3066 计 5 座墓葬。其中 M3211 未发掘，M3066 打破 M3069。第三排共 12 座墓葬，其中有 2 组明确为并葬墓，西起有 M3072 与 M3076、M3071、M3068、M3065、M3062 与 M3061、M3060、M3054、M3053、M3048、M3046。

F 组：位于三区南部，编号为 M3073 ～ M3075、M3078、M3079、M3083、M3086 ～ M3090、M3148、M3149。共 13 座墓葬，集中分布在中部。均为东西向。其中 M3148 与 M3149 为一组并葬墓，且 M3148 略有打破 M3149 迹象。

G 组：位于三区最南端，共 39 座墓葬，编号为 M3080、M3082、M3114 ～ M3147、M3185 ～ M3187。该组墓葬分布密集，墓向均为东西向，排列顺序比较有规律，呈东西横列，南北相对。墓葬排列东西较长，最东端的 M3120 与最西端的 M3187 相距 75 米，东西竖列达 19 排。墓葬南北排列较窄，横列最北端的 M3114 与最南侧的 M3143 前后相距不足 15 米，墓葬南北并列最多的仅 6 座墓葬，还包括 2 组并穴葬墓。一般为三墓或两墓前后相对，仅有 5 座墓葬呈单列的现象。40 座墓葬发现 M3122 与 M3123、M3116 与 M3117、M3118 与 M3119、M3129 与 M3130、M3138 与 3139 共 5 组 10 座两两相对的并葬墓，M3180、M3181、M3182 与 M3125、M3126、M3127 共 2 组三墓并列并葬墓。其中 M3127 为瓮棺儿童墓，也是该墓地仅有的 2 座儿童瓮棺墓之一。

（四）四区

位于墓地西侧，墓葬编号为 M4001 ～ M4035，另包括编号 M3181 ～ M3184 等 4 座墓葬，总计 39 座墓葬。其中有 21 座墓葬仅探明位置未发掘，实际发掘墓葬 18 座。本区内有 9 座墓葬为南向，其余为东西向。根据墓葬的分布，大致可划分 A、B 两组。

A 组：位于四区北半部，编号为 M4015 ～ M4033，及原划归三区的 M3181 ～ M3184，共计 23 座墓葬。其中 18 座土坑竖穴墓，仅 M4026 为洞室墓。本组的 23 座墓均为东西向，有的墓葬未发掘，但分布相对疏散，大致在东西 36、南北 40 米的范围内。发现 M4021 与 M4031、M4023 与 M4024、M3181 与 M3182、M3183 与 M3184 计 4 组两两并葬墓，M4027、M4028、M4029 计 1 组三墓并葬，但与其他区内两两并葬墓相比，该区并葬墓之间相距在 1.00 ～ 1.80 米，略远于其他区的并葬墓。

B 组：位于四区南半部，共有墓葬 16 座，编号为 M4001 ～ M4014、M4034、M4035，其中洞室墓 5 座，分别为 M4001、M4006、M4009、M4026、M4035。16 座墓葬中 M4007 ～ M4011、M4014 计 6 座为东西向，M4001 ～ M4006、M4012、M4013、M4034、M4035 计 10 座为南北向，为该墓地中南北向墓葬超过东西向墓

葬仅有的一组。16 座墓葬中 M4002 与 M4003 为一组并葬墓，南北向的 M4013 打破东西向的 M4014。

# 三　墓葬关系

## （一）层位关系

墓地上部地层堆积共分三大层，有些地方因工程施工墓葬上部的地层堆积、墓葬上口遭到一定破坏。

第①层：表土层，为黄褐色农耕土层，厚 0.09～0.50 米。开口于①层下墓葬有 58 座。

第②层：深褐色，土质较致密，厚 0.12～0.50 米。该层包含物较少，有个别唐宋时期陶罐、瓷碗等残片。该层分布较广，开口于该层下的墓葬数量最多，计一区 5 座、二区 53 座、三区 84 座、四区 7 座，共 149 座。

第③层：浅褐色，土质较疏松，包含部分细砂、淤土，厚 0.25～0.78 米。该层包含物极少，仅个别唐宋时期的瓷片或陶片。明确开口于该层下的墓葬仅 8 座。

在所发掘的 322 座墓葬（含殉马坑 1 座）中，其中 107 座墓葬上口在施工中遭受破坏，开口层位不明。墓葬层位明确者共 215 座，开口于①层下有 58 座；开口于②层下有 149 座；开口于③层下有 8 座。

需要说明的是，发掘中并未统一地层。有的将墓口以上地层仅划为一大层；有的则未将②③层做进一步划分。因此根据墓葬记录整理的开口层位并不一定是真实情况的反映，本墓地中开口层位并不是墓葬相对年代判定的有效依据。

## （二）叠压打破

虽然整个墓地的墓葬排列相对有一定的规划，但由于墓地延续时代较长，墓葬年代相差较大，仍存在多组墓葬相互打破或叠压现象。从墓葬分布看，墓地的四个分区内以中部三区的墓葬数量多且分布比较密集，而且墓葬叠压打破的现象也相对比较多，位于墓地西部和中部偏东的四区和二区相对较少，而位于东部边缘的一区未发现相互打破或叠压现象。

二区内发现 2 组 4 座墓葬存在叠压打破现象：

M2023 → M2024 ；

M2100 → M2090。

三区内发现 10 组 28 座墓葬存在叠压打破现象：

M3024 → M3023 ；

M3027 → M3028 ；

M3050 → M3190 → M3191（未发掘）；

M3066 → M3069 → M3211 ← M3071、M3172 ；

M3101 ← M3100 → M3189 ；

M3108 → M3109、M3107 ；

M3125、M3127 → M3126 ；

M3208 → M3152 → M3153（未发掘）；

M3195 → M3212 ；

M3197 → M3198（未发掘）。

四区内发现 3 组 6 座墓葬存在叠压打破现象（但仅发掘 1 座墓葬）：

M4009 → M4008（未发掘）；

M4013（未发掘）→ M4014（未发掘）；

M4028（未发掘）→ M4027（未发掘）。

上述 15 组 38 座墓葬存在叠压打破现象中，有 9 组计 18 座墓葬为 2 座墓葬存在叠压打破现象；有 5 组计 15 座墓葬为 3 座墓葬存在叠压打破关系，其中 3 组为 1 座墓葬打破另外 2 座墓葬，或 2 座墓葬打破 1 座墓葬。有 1 组为 5 座墓葬存在连续叠压打破关系。

在 9 组 2 座墓葬存在打破关系中，M3024 打破 M3023，M3027 打破 M3028，其中 M3024、M3027 属于 2 座南北向墓葬打破 2 座东西向的墓葬。其余大多为同方向墓葬相互打破。在 5 组 3 座墓葬存在叠压打破关系中，东西向的 M3108 分别打破两侧南北向的 M3107 和 M3109 ；东西向的 M3050 打破同向的 M3190，M3190 又打破南北向的 M3191 ；东西向的 M3100 打破南北向的 M3101，同时打破南北向的 M3189 ；南北向的 M3208，打破东西向的 M3152，又打破同向的 M3153。仅有的 1 组 5 座墓葬相互打破关系中，均属于东西同向墓葬相互打破。

（三）并葬关系

墓地存在较多并穴排列的墓葬，一般为两两相对并列，也有少数三座墓葬相对并列的现象。在划分的四个墓区内均有并葬墓。

一区：B 组计有 M1005 与 M1006、M1013 与 M1014 两组 4 座并葬墓。C 组计有 M1020 与 M1021、M1025 与 M1026、M1031 与 M1032、M1035 与 M1036、M1039 与 M1040、M1043 与 M1044 六组两两并葬墓。C 组计有 M1022 与 M1023、M1024 共一组三墓并葬。

二区：A 组 M2107 与 M2108、M2109 与 M2110、M2114 与 M2115 共三组 6 座两两并葬墓。B 组 M2113 与 M2114 虽然相距不如上述三组紧密，单从排列的顺序看，也可能为一组并葬墓。其中 M3101 与 M3102、M3104 与 3105、M3207

与 M3213 计 6 座墓葬呈两两并葬。M2010 与 M2011、M2021 与 M2022 计 4 座墓葬或为两两并葬关系，而 M2013、M2014、M2015 计 3 座墓葬为并葬关系。另有 M2023、M2034、M2025 计 3 座墓葬相邻较近，且前两者有打破现象，是否为三墓并葬或两墓并穴葬关系不明。其中 M2052 与 M2053、M2056 与 M2057、M2066 与 M2067 计 6 座墓葬分三组两两并葬。其中 M2091、M2092、M2093 计 3 座墓葬南北并列，仅前后略次，应为一组三墓并葬。另 M2100 打破 M2090。

三区：M3195 与 M3196 虽前后略有相次，但两墓应为并葬墓，最北侧 M3195 明显打破 B 组的 M3212。其中 M3005 与 M3006、M3099 与 M3113、M3160 与 M3161、M3171 与 M3172 计 3 组 6 座墓葬为并葬墓。西起有 M3072 与 M3076、M3071、M3068、M3065、M3062 与 M3061、M3060、M3054、M3053、M3048、M3046。有一组打破关系，M3053 打破 M3054。其中 M3148 与 M3149 为一组并葬墓。其中 M3148 与 M3149 为一组并葬墓，且 M3148 略有打破 M3149 迹象。M3122 与 M3123、M3116 与 M3117、M3118 与 M3119、M3129 与 M3130、M3138 与 3139 共 5 组 10 座两两相对的并葬墓，M3180、M3181、M3182 与 M3125、M3126、M3127 共 2 组三墓并葬。

四区：M4021 与 M4031、M4023 与 M4024、M3181 与 M3182、M3183 与 M3184 计 4 组两两并葬墓，M4027、M4028、M4029 计 1 组三墓并葬，M4002 与 M4003 为一组并葬。

## 四　墓葬类型

在发掘的 322 座墓葬（含殉马坑 1 座）中，分土坑竖穴墓和洞室墓两种类型（附表）。

土坑竖穴墓共 310 座，以中小型和小型墓葬为主，未见墓道。

洞室墓由竖井式墓道和侧挖的洞室组成，共计 11 座，均为小型墓。

## 第二节　土坑竖穴墓

### 一　墓葬形制

墓葬以中小型和小型墓葬为主，中型墓数量较少。

以墓口计算，墓口最大的墓葬有：M2032 墓口长 3.50、宽 2.55 米；M2034 墓口长 3.40、宽 2.74 米；M2049 墓口长 3.45、宽 2.70 米。墓口最小者如：M3102 墓口长 1.40、宽 0.35 米；M2016 墓口长 1.53、宽 0.40 米。

墓坑一般四壁较平直，较大些的墓葬四壁多经过修整加工，表面平整、光滑，有的墓壁还粉刷白粉。许多墓葬底部留有生土或熟土二层台。有的在墓壁挖有壁龛。有些在墓坑底部挖有腰坑。坑内多殉狗，个别坑内放置一豆盘。墓坑内填土为黄色花土，有的墓葬填土经过夯实。墓葬形制特征如下。

（一）墓室

土坑竖穴墓的墓口平面基本呈长方形，四角大体方正近似直角，根据结构特征可大体分三大类，其中有 2 座墓葬结构不明：

第一类：竖穴直壁，墓口、墓底大小相若。

墓坑直口，口与四壁上下基本垂直，墓口与墓底大小相若，这类直壁墓葬数量最多，计有 188 座，约占总数的 61%。

第二类：斜壁斗形，墓口小于墓底。

墓坑口部以下墓壁略向外斜，形成底部略大于墓口的斗形，这类口小底大的墓葬仅次于第一类，计 77 座，约占总数的 25%。

第三类：斜壁覆斗形，墓口大于墓底。

墓室四壁由上至下向内斜，近似墓口大于底部的覆斗形，这类墓葬数量较少，多为小型墓，计 43 座，约占总数的 14%。从具体形制看又分三种。

第一种，四壁均向内斜；第二种，墓壁两端内斜，墓坑两端墓壁由上而下内收，纵剖面呈倒梯形；第三种，墓壁两侧内斜，墓壁两侧由上而下内收，横剖面呈倒梯形。以上三种形制中，以第一种最常见，第二种、第三种比较少见。

（二）二层台

二层台为周代墓葬比较常见的一种形制，一般在墓室底部棺椁之外四周、两端或两侧设有宽窄不一的平台，俗称"二层台"，高度大体与椁或棺齐平，或略高于棺椁。二层台台面多用来作为放置随葬品，有的也在台面上铺设椁盖板。二层台一般又分生土台、熟土台两种。

生土二层台比较容易确认，在挖筑墓室时预留出生土台阶，再经过修整。该墓地共发现有生土二层台的墓葬 78 座。

熟土二层台是在挖筑好墓室又单独进行夯打堆筑，从发掘清理的情况看，熟土二层台均在有棺椁葬具的椁外侧夯筑，一般应在放置葬具前进行，而有的椁两端板夹在夯筑的熟土二层台中，应是二层台与外椁板一起修筑。两醇墓地大部分墓葬有二层台，据统计熟土二层台与生土二层台的墓葬数量差不多，为 73 座。需要注意的是，有些有熟土二层台的墓葬本身比较窄小，有的仅为一棺，而棺外的熟土台比较窄小，类似葬具仅仅为一棺，而棺外存在所谓的熟土二层台，有可能是棺外填土，只是经过夯打加工，而非有意修筑。

有的墓葬还在生土二层台上部、内侧或侧面加筑熟土台，类似存在生土台和熟土台混杂的墓葬计有 9 座。

两醇墓地还发现 14 座积石墓，均在棺椁外填充卵石，高度一般与椁的高度大体相等或略高。卵石的上部为夯打加工的填土。

### （三）壁龛

壁龛一般设在墓室下部，有的壁龛设在二层台之上的位置，在墓主的头端、脚端或左右两侧。壁龛用来放置随葬陶器或放置动物祭品。两醇墓地有壁龛的墓葬数量不多，共有 37 座，绝大多数为仅有一个壁龛，个别的有双龛，其中有 1 座为三壁龛。

单壁龛共 34 座。其中位于墓主头端一侧墓壁上的有 13 座，位于墓主脚端一侧墓壁上的有 3 座，位于墓主左侧的有 5 座，位于墓主右侧的有 13 座；位于东壁上的有 6 座，位于南壁上的有 4 座，位于西壁上的有 6 座，位于北壁上的有 18 座。双壁龛，共 2 座。南北两壁各有一个壁龛的 1 座，南壁两个壁龛的 1 座。其中位于墓主左右两侧各一个的 1 座，位于墓主左侧两个的 1 座。三壁龛仅 1 座，在墓葬南、北壁分布，其中南壁一个，北壁两个。

### （四）腰坑及殉狗

有腰坑的墓葬也占一定的比例，共发现 34 座，有些腰坑内遗留狗的残骸，可确认坑内殉狗，从腰坑内一般殉葬狗的现象看，大多腰坑坑内也应殉葬狗。其中仅 1 座腰坑内未发现殉狗遗迹，而仅放置 1 件残豆盘。腰坑内殉狗大部分因遗骨腐朽严重，单从残存的现象看殉狗的头向大多与墓主的头向相反，也有的与墓主同向。另外在墓葬填土或二层台上也发现个别的殉狗现象，其中有 5 座可以确认存在殉狗，一般放置在二层台上或棺椁盖板上部。

### （五）脚窝

脚窝在较深的墓葬便于上下，但一般在挖掘墓葬时往往会忽略。两醇墓地明确清理出有脚窝墓葬共 17 座。

M1009，脚窝掏在西、南两壁，一壁一列，一列 6 个。

M1014，脚窝掏在西壁，一壁一列，一列 3 个。

M1016，东、西、北三壁有脚窝。

M1017，有脚窝。

M2018，墓壁有脚窝。

M2095，脚窝掏在西、南、北三壁，一壁一列，北 3 南 2。

M3046，脚窝掏在南、北两壁，一壁一列，一列 3 个，对称分布。

M3048，脚窝掏在南、北两壁，一壁一列，北 5 南 2，对称分布。

M3057，脚窝掏在西壁，一列 2 个。

M3082，脚窝掏在南、北两壁，一壁一列，一列 3 个。

M3092，东南角有脚窝。

M3117，脚窝掏在南、北两壁。

M3121，脚窝掏在南、北两壁。

M3132，有脚窝。

M1018，有脚窝在墓道南、北壁上，南壁 2 个，北壁 4 个（洞室墓）。

M2074，脚窝掏在南壁上（洞室墓）。

M4035，脚窝掏在西壁上（洞室墓）。

# 二　葬具

根据发掘资料可以确认，该墓地绝大多数墓葬都有木质葬具，在 322 座墓（含殉马坑 1 座）中，有木质葬具者 275 座，用陶器作为葬具的有 2 座。无葬具以及葬具不明者 45 座。

木质葬具，由于年代久远，加之地理环境的原因，均已经腐朽为灰烬，从板灰痕迹可知，小墓仅有一棺，稍大些的墓葬多有棺椁。葬具仅为一棺的数量最多，共有 153 座，棺椁兼具者次之，共 121 座，一棺一椁者 120 座，一棺两椁者 1 座，其中能够确认外侧有椁而不能确认椁内有棺者（无法辨认棺的痕迹）8 座。

另外 2 座墓葬用陶瓮、陶盆作为葬具，即一般俗称"瓮棺葬"。

## （一）木椁

根据清理的痕迹看，木椁一般分为两种形制。

第一种：平面呈长方形，椁板两侧板及两端板长度分别相同，两端板的长度与椁的宽度相同，构成长方体，这类的木椁数量最多。

第二种：平面呈Ⅱ形，椁板两侧板及两端板长度分别相同，但椁的两端板一般要长于两侧板间距，这类木椁的数量较少，仅 3 座。

个别的墓葬仅在生土二层台上横向排列一排椁盖板，没有椁四周的椁框和椁底，仅起着挡土的作用。

## （二）木棺

大多棺板已经腐朽，具体结构不明。从清理的板灰痕迹看，棺的形制大致分三种。

第一种：平面呈长方形，棺两端宽度相同，侧板高度相同，该类形制的木棺数量最多。

第二种：平面呈梯形，棺两端宽度不同，墓主的头端略宽于脚端，由于腐朽板灰难以辨认两端的高度，棺的具体形制是否为后世的头端宽、高，脚端低、窄的形态难以确认，这种头端宽脚端窄的木棺比较少见，约 11 座。

第三种：与第一种相近，也为长方体形，但棺底板并未至最底部，而是悬在下半部，棺的下部悬空，罩住棺底部的随葬品，形成放置随葬品的底箱式结构。此类带棺底箱结构的木棺有 12 座。

（三）陶棺

2 座"瓮棺葬"，均为儿童墓葬，1 座用陶罐、陶盆作为葬具，另 1 座用 2 件陶瓮作为葬具。

## 三　葬式

（一）墓向

墓葬以东西向为主，共 289 座（包括洞室墓 8 座，不含殉马坑），多集中在 90°～135°之间（计有 260 座），约占总数的 90%；向北者 28 座（洞室墓 3 座），多集中在 0°～20°之间（25 座）；向西者 8 座（洞室墓 1 座）；向南者 2 座；头向不明者 2 座。

（二）葬式

墓主葬式以仰身直肢葬为主，上肢或交叠于腹部，或贴放于躯干两侧，下肢多并拢伸直，足部有的上下叠压，计有 254 座，占总量的 80% 以上。

仰身屈肢葬数量较少，均为下肢弯曲，上肢多交叠于腹部，也有放于躯干两侧，计有 14 座。

侧身屈肢葬数量较少，上身侧卧，下肢弯曲，计有 6 座，有 5 座下肢弯曲在 90°以上，1 座下肢仅略弯曲，近似侧身直肢，另有 1 座屈肢较甚，类似中原地区卷躯卷曲较甚的屈肢葬。

由于有的墓主骨骼腐朽较甚，葬式不明的有 47 座。

（三）面向

墓主面向左者 43 座（洞室墓 2 座），面向右者 47 座（洞室墓 2 座），面向上者 119 座（洞室墓 3 座），因骨骼朽蚀过甚或其他原因造成面向不明者 112 座。

## 第三节　洞室墓

## 一　墓葬形制

土坑洞室墓共 11 座，墓葬的规模较小，属于小型墓，由竖井式的墓道和掏挖的墓室组成。

墓道均为长方形竖井式,形制如同土坑竖穴墓的墓坑结构,墓道的口与底大小相同或底略大于墓道口,四壁较平直,略经过修整加工,表面平整,有的还留有工具痕迹。有的墓壁上还有供上下所用的脚窝。墓道底部一般与洞室底部处于同一层面,或略高于洞室底部。

墓室均开在墓道长边的一侧,从墓道侧面横掏出洞室,从侧面掏挖的洞室又称侧室墓,大致分两种形制。

第一种:洞室正面顶部多呈中间高两侧低的弧形拱顶,向内逐渐下弧内收。侧视看,靠近墓道的外侧一般最高,而内侧渐下弧变低,至内壁高度的约三分之一处变为直壁。底部平面近似长方形,或与墓道底齐平,或略低于墓道底部,一般洞室内壁下侧留有窄台。

第二种:正面顶部呈一侧高,另一侧低的斜形拱顶,顶部向内逐渐下弧内收。侧视看,靠近墓道的外侧最高,而内侧渐下弧变低,至内壁高度的约三分之一处变为直壁。底部平面近似长方形,与墓道底齐平,而放置木棺的位置则低于墓室底部,形成洞室底部棺外四周的生土台。

## 二　葬具

洞室墓大多有葬具,由于木质葬具保存不好,能确认葬具的均为一棺,个别葬具不明。有的洞室墓在墓道和墓室底部还设有2根长垫木,从墓道一直通到洞室内,其作用应是辅助安置葬具,棺木下放到墓道底后因墓室较低,人难以进入,可利用垫木作为轨道,将棺木推至洞室内。

## 三　葬式

11座洞室墓以东西向(墓主头向为准)较多,计8座,南北向仅3座。洞室墓墓主的头向与土坑竖穴墓的墓主头向大致相同,以向东的数量最多,共7座,向北者3座,仅1例头向西者。墓主葬式有仰身直肢和侧身屈肢两种。

洞室墓有随葬品的墓葬极少,仅个别墓葬随葬单件的陶纺轮、陶盂。

# 第三章　随葬器物

## 第一节　综述

（一）器类

322 座墓葬中大多有随葬品，随葬品以陶器数量最多，铜器、石器次之，骨器、蚌器比较少见。

以随葬陶器的数量最多，共 240 座，主要为容器；随葬铜器墓葬次之，计 65 座，其中大部分墓随葬小型生活用具，随葬铜容器的仅有 2 座墓葬，随葬铜兵器者 23 座，车马器者仅 2 座；随葬玉、石、骨、蚌等装饰类和明器的墓葬也比较多见，有 47 座。随葬铜器的墓葬也多随葬陶器，两者共存墓葬有 57 座。

有些墓葬未发现随葬品，这类墓葬共有 66 座。其中有 6 座墓葬被打破或施工破坏，是否有随葬品不明。

（二）陈设位置

随葬品的放置主要有六种方式：

第一种：置于棺内，多限于铜兵器及随身佩带的玉石、水晶、玛瑙及骨器、蚌器等装饰品。

第二种：置于棺椁之间，陶器、青铜器居多。

第三种：放置在棺上或椁顶上，棺椁塌陷后随之落入墓底，均见于陶器。

第四种：放置在二层台上，以陶器为主。

第五种：置于棺底箱中，仅见于陶器。

第六种：放置在壁龛内，以陶器为主。

## 第二节　分述

### 一　陶器

陶器共 1069 件（复原 861 件，未复原 208 件）。器形主要有鬲、豆、罐、盂、鼎、盖豆、壶、盘、匜、敦、盆等生活用具，还有陶纺轮、陶璜。另外还有少量陶俑、动物俑，严格分应属泥质类，也一并放于陶器类介绍。

（一）生活用具

器形有鬲、豆、罐、盂、鼎、盖豆、壶、盘、匜、敦、盆等，共计1069件，其中复原861件。

鬲共158件，实际修复105件，参与型式划分的有103件。鬲均为夹砂陶，根据器型特征的不同分绳纹鬲和素面鬲两大类。

1. 绳纹鬲

97件。根据口沿、裆、袋足、足跟不同，分五型。

A型　29件。斜沿、袋足。根据器体高与宽的比例分两亚型。

Aa型　22件。扁方体器身，器宽大于器高。根据口、颈、腹、裆部与袋足变化分六式，演变特征为裆部由高变矮，由弧裆变为平裆。

Aa型Ⅰ式　2件。弧裆较高，袋足肥硕。标本M3194：5，卷沿，方唇，束颈，鼓腹，袋足无足跟。唇面中部饰一周凹弦纹，口沿下通饰绳纹，颈上部抹平。口径18.8、高14.4厘米（图四，1；彩版三，1）。

Aa型Ⅱ式　2件。弧裆较低，袋足瘦直。标本M3009：1，沿、唇与Ⅰ式相近，袋足近直角形，圆钝形足跟。沿下通饰绳纹，绳纹较粗。口径16.0、高15.0厘米（图四，2；彩版三，2）。

Aa型Ⅲ式　2件。弧裆近平，袋足大于直角。标本M3116：5，斜折沿，缩颈，耸肩，下腹内收，浅宽足，矮尖圆形足跟。腹下部饰粗绳纹。口径15.6、高20.0厘米（图四，3；彩版三，3）。

Aa型Ⅳ式　5件。低平裆，袋足低平。标本M3124：2，斜折沿，束颈，圆肩，宽足。肩下部饰绳纹。口径16.8、高22厘米（图四，4；彩版三，4）。

Aa型Ⅴ式　7件。平裆，袋足弧平。标本M2052：4，卷沿，宽方唇，唇下沿呈倒勾状，溜肩，圆腹，弧足内平。腹下部饰绳纹。口径13.2、高16.4厘米（图四，5；彩版三，5）。

Aa型Ⅵ式　3件。弧裆近平，袋足内收。标本M3187：3，斜折沿，束颈，鼓肩，下腹内收，浅窄足无足跟。下腹部饰绳纹，上侧修抹稀疏。口径14.4、高15.6厘米（图四，6；彩版三，6）。

Aa型Ⅶ式　1件。平裆，袋足内聚。标本M3019：4，斜折沿，溜肩，鼓腹、下腹内收，浅宽足，圆尖足跟。腹下部饰粗绳纹。口径14.6、高24.4厘米（图四，7；彩版四，1）

Ab型　7件。长方体或近似正方体器身，器高大于器身。根据裆部与袋足变化分五式。演变特征为裆部由低变平，由弧裆变为平裆。

Ab 型 I 式　1 件。弧裆略高，袋足。标本 M3174：4，泥质灰陶，侈口，斜折沿，深腹微鼓，袋足。沿下通饰绳纹。口径 18.4、高 19.0 厘米（图五，1；彩版四，2）

Ab 型 II 式　2 件。弧裆较低，深腹浅足。标本 M2095：2，侈口，平沿，尖唇，束颈，溜肩，深腹外鼓，浅足内收，弧裆低矮。沿下通饰斜绳纹，底部饰横向绳纹，颈部抹平。口径 18.2、高 23.2 厘米（图五，2；彩版四，3）。

Ab 型 III 式　2 件。弧裆较低，深腹浅足。标本 M3185：4，夹砂灰陶，侈口，方唇，束颈，鼓腹，裆外凸，高于三乳状足，器物下半身饰粗绳纹。口径 17.2、高 26.5 厘米（图五，3；彩版四，4）。

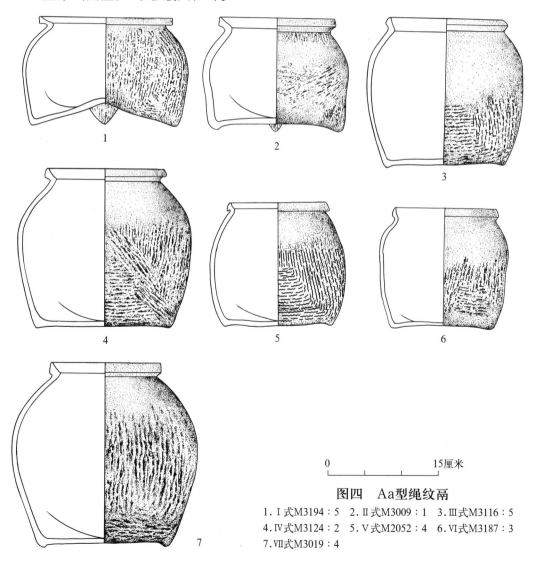

0　　　　　　　　　15厘米

图四　Aa型绳纹鬲

1. I 式 M3194：5　2. II 式 M3009：1　3. III 式 M3116：5
4. IV 式 M3124：2　5. V 式 M2052：4　6. VI 式 M3187：3
7. VII 式 M3019：4

Ab 型Ⅳ式　1 件。裆部近平，腹足不分。标本 M3149∶4，斜折沿，宽方唇，束颈，圆肩，下腹内收，平裆宽足。肩以下饰绳纹。口径 17.2、高 27.0 厘米（图五，4；彩版四，5）。

Ab 型Ⅴ式　1 件。平裆，腹足不分。标本 M3119∶4，卷沿，束颈，鼓肩，深腹，宽足。腹部以下饰粗绳纹。口径 17.3、高 24.4 厘米（图五，5；彩版四，6）。

B 型　6 件。斜沿，袋足，实足跟。根据形制变化分四式。演变特征为裆部由低变平，由弧裆变为平裆。

B 型Ⅰ式　1 件。平裆，足跟中空。标本 M2097∶1，卷沿，宽方唇，唇下沿内勾，溜肩，深腹内收，实足跟较高，足内凹。肩部饰一周窄体绞索状附加堆纹，仅在裆及足部饰绳纹。口径 17.6、高 14.8 厘米（图六，1；彩版五，1）。

B 型Ⅱ式　3 件。弧裆近平，深腹浅足。标本 M3143∶5，卷沿，沿面内凹，方唇，

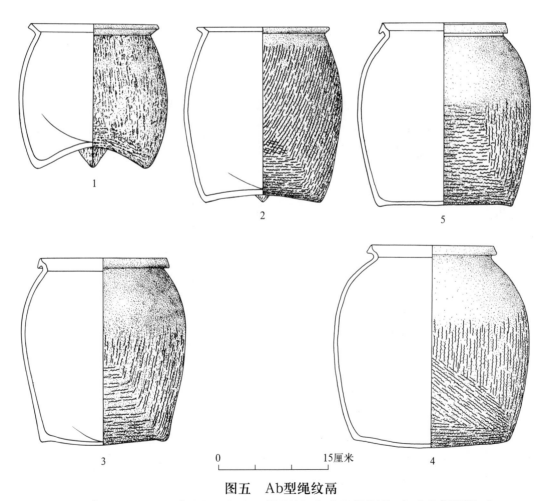

图五　Ab 型绳纹鬲
1. Ⅰ式M3174∶4　2.Ⅱ式M2095∶2　3.Ⅲ式M3185∶4　4.Ⅳ式M3149∶4　5.Ⅴ式M3119∶4

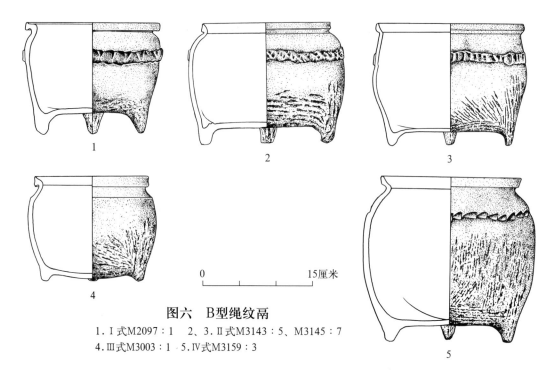

图六　B型绳纹鬲

1. I 式 M2097：1　　2、3. II 式 M3143：5、M3145：7
4. III 式 M3003：1　5. IV 式 M3159：3

束颈，圆肩，直腹，平裆，足跟内空。肩部饰一周宽体绞索状附加堆纹，下腹、裆及足部饰绳纹。口径 17.8、高 15.8 厘米（图六，2；彩版五，2）。标本 M3145：7，斜折沿，宽方唇，深腹内收，足内侧内凹。肩部饰一周宽体按压状附加堆纹，下腹、裆及足跟饰绳纹。口径 20.0、高 16.2 厘米（图六，3；彩版五，3）。

B 型 III 式　1件。平裆，浅足。标本 M3003：1，卷沿，宽方唇，束颈，鼓肩，下腹内收，平裆，实足内侧略凹。肩以下饰绳纹。口径 17.2、高 14.0 厘米（图六，4；彩版五，4）。

B 型 IV 式　1件。平裆，腹足不分。标本 M3159：3，卷沿，矮颈，圆肩，深腹，腹足不分，实足跟较矮。肩部饰一周戳印纹，腹部以下饰绳纹。口径 19.2、高 21.5 厘米（图六，5；彩版五，5）。

C 型　6件。平沿，弧裆或平裆，袋足。根据形制变化分四式。

C 型 I 式　1件。弧裆，袋足肥硕。标本 M3140：6，直口，宽平沿，方唇，短颈，折肩，深腹，弧裆较低，袋足较浅。肩部饰一周折线纹，肩部以下饰粗绳纹。口径 20.0、高 22.4 厘米（图七，1；彩版六，1）。

C 型 II 式　2件。弧裆近平，深腹浅足。标本 M3167：5，敛口，平沿，尖唇，束颈，圆肩，深腹内收，袋足略凹。肩部饰一周窄体绞索状附加堆纹，仅在裆及足部饰绳纹。口径 18.4、高 22.0 厘米（图七，2；彩版六，2）。

C 型 III 式　2件。平裆，腹足不分。标本 M2069：1，敛口，平沿，圆唇，溜肩，

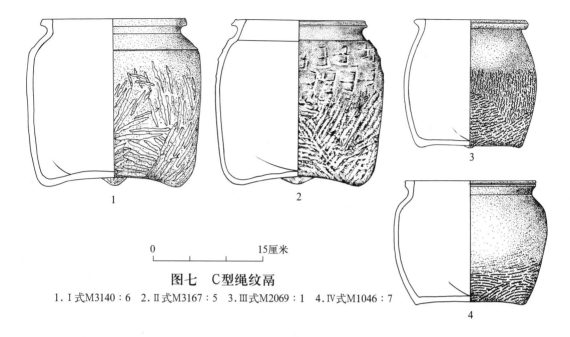

0          15厘米

图七 C型绳纹鬲

1. I式M3140：6   2. II式M3167：5   3. III式M2069：1   4. IV式M1046：7

鼓腹，下腹内收，平裆。腹下部饰绳纹。口径 18.0、高 17.0 厘米（图七，3；彩版六，3）。

C 型 IV 式   1 件。平裆，足尖内略凹。标本 M1046：7，直口，方唇，中间饰细绳纹内凹，矮颈，圆肩，腹下部内收，足内略凹。腹下部饰浅显绳纹。口径 15.5、高 16.4 厘米（图七，4；彩版六，4）。

D 型   共 56 件。平沿，深腹，平裆，实足。根据颈、裆与足变化分六式。演变特征为颈部由短渐变长，腹部逐渐外鼓，弧裆近平变为平裆，实足跟逐渐变矮。

D 型 I 式   5 件。缩颈，弧裆近平，柱状足跟较高。标本 M2021：5，敛口，平沿，方唇，耸肩，深腹略鼓，柱状足，内侧下凹。唇面上缘略凹，腹下饰绳纹。口径 13.8、高 19.4 厘米（图八，1；彩版七，1）。

D 型 II 式   10 件。短颈，裆近平，柱状足。标本 M2059：2，夹砂灰陶，敛口，尖唇，折沿，沿上有一周凹弦纹，折肩，腹弧收，低裆近平，三柱状矮足。腹部饰交错细绳纹，底部饰横向细绳纹。口径 21.2、高 18.0 厘米（图八，2；彩版七，2）。

D 型 III 式   18 件。短颈，柱足变矮。标本 M2058：1，夹砂灰黑陶，窄折沿，沿上有一周凹弦纹，尖唇，束颈，折肩，鼓腹弧收，低裆微凸，三柱状矮足。腹、底部饰竖绳纹，现模糊不清。口径 18.6、高 18.4 厘米（图八，3；彩版七，3）。

D 型 IV 式   14 件。短颈略长，矮实足。标本 M2027：3，夹砂灰陶，敛口，平沿，方唇，短颈略长，唇侧面微内凹，鼓腹，连低裆，矮实足。肩以下及底饰交错粗绳纹。口径 16.2、高 17.0 厘米（图八，4；彩版七，4）。

D 型 V 式   6 件。束颈，鼓腹。标本 M3177：4，宽平沿，小方唇，溜肩，鼓腹，

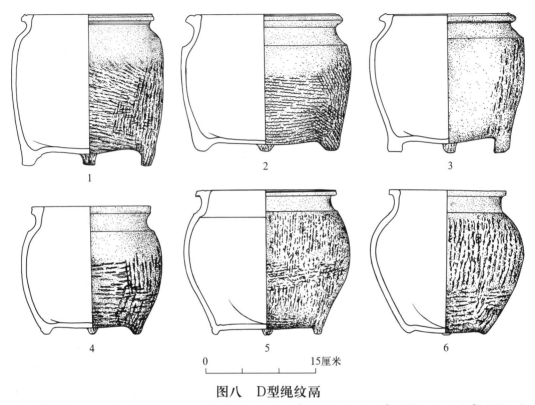

图八　D型绳纹鬲

1.Ⅰ式M2021：5　2.Ⅱ式M2059：2　3.Ⅲ式M2058：1　4.Ⅳ式M2027：3　5.Ⅴ式M3177：4　6.Ⅵ式M3184：7

下腹急收，小实足。肩以下通饰绳纹。口径18.8、高19.3厘米（图八，5；彩版七，5）。

　　D型Ⅵ式　3件。长颈，鼓腹，矮足跟。标本M3184：7，直口，平沿，长颈，溜肩，鼓腹，三足内聚。下腹部饰绳纹，上侧修抹稀疏。口径16.0、高19.0厘米（图八，6；彩版七，6）。

　　**2．素面鬲**

　　6件。根据口沿、裆、袋足、足跟不同分两型。

　　A型　4件。侈口，袋足，附实足跟。扁方体，器宽大于器高。根据口沿、裆及足变化分两式。演变特征为由斜沿变为平沿，裆部由高变矮，实足跟由细尖变为粗壮。

　　A型Ⅰ式　3件。斜沿，弧裆较高，足跟细尖。标本M3176：3，卷沿，方唇，束颈，鼓腹，圆锥状跟。口径13.2、高10.8厘米（图九，1；彩版八，1）。标本M3180：3，斜沿，圆唇，束颈，鼓腹，袋足内收，足跟外撇。口径13.8、高10.8厘米（图九，2；彩版八，2）。标本M3110：2，卷沿，方唇，束颈，圆腹，圆锥状跟内勾。颈下饰一周绞索状堆纹。口径14.3、高14.0厘米（图九，3；彩版八，3）。

　　A型Ⅱ式　1件。平沿，低裆，粗足跟。标本M3136：4，口微敛，平沿，鼓肩，

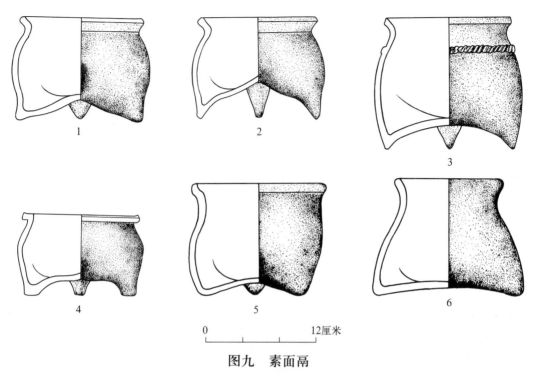

**图九　素面鬲**

1～3.A型Ⅰ式M3176∶3、M3180∶3、M3110∶2　4.A型Ⅱ式M3136∶4　5、6.B型M3189∶4、M3101∶2

弧裆近平，足跟粗壮。口径 12.6、高 8.5 厘米（图九，4；彩版八，4）。

　　B 型　2 件。卷沿，粗颈，袋足，无足跟。出土数量少，形态差异大，未分式别。标本 M3189∶4，敞口，卷沿，圆唇，溜肩，鼓腹，大袋足。口径 14.8、高 12.0 厘米（图九，5；彩版八，5）。标本 M3101∶2，卷沿，圆唇，束颈，斜腹，弧裆近平，袋足外撇。口径 12.0、高 12.4 厘米（图九，6；彩版八，6）。

　　3. 豆

　　共 382 件。实际修复 333 件。其中参与型式划分的 327 件。所有器形中，陶豆的数量最多，均为泥质陶。根据豆盘的差异分两型。

　　A 型　305 件。豆盘为钵形或浅盘形，根据形制不同分三个亚型。

　　Aa 型　163 件。延续的时间较长，早期豆盘呈钵形弧腹，晚期为浅盘折腹。柄部早期为矮柄有一凸棱，晚期豆柄变高。根据盘、柄变化分十一式。

　　Aa 型Ⅰ式　21 件。钵形弧腹盘，柄部甚矮，粗柄中空，中间有凸棱外突较甚，喇叭口状大圈足。标本 M3176∶5，口径 17.6、高 12.8 厘米（图一〇，1；彩版九，1）。

　　Aa 型Ⅱ式　3 件。豆盘略变浅，柄部略变高。标本 M3111∶2，泥质灰陶，敞口，圆唇，内外壁弧收，矮粗空心豆柄，柄中部有一周凸棱，喇叭状器座。口径 18.1、底径 11.0、高 13.6 厘米（图一〇，2；彩版九，2）。

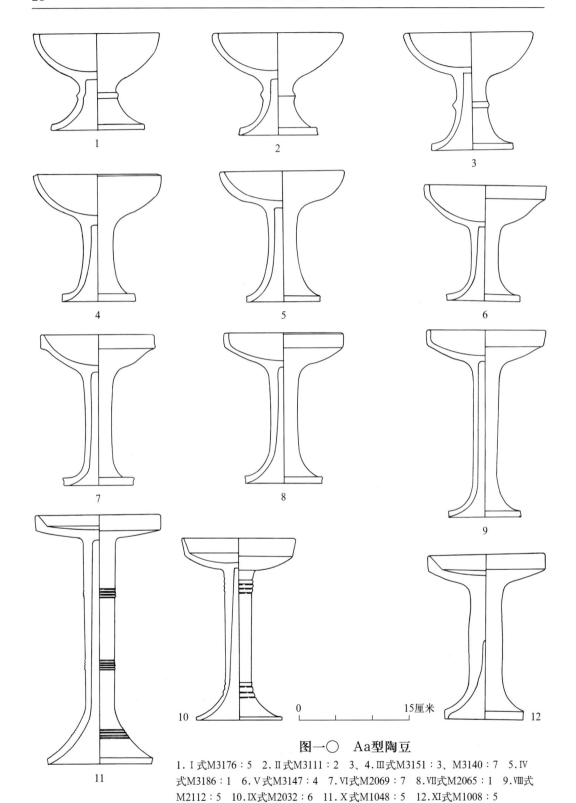

图一〇　Aa型陶豆

1. Ⅰ式M3176：5　2.Ⅱ式M3111：2　3、4.Ⅲ式M3151：3、M3140：7　5.Ⅳ
式M3186：1　6.Ⅴ式M3147：4　7.Ⅵ式M2069：7　8.Ⅶ式M2065：1　9.Ⅷ式
M2112：5　10.Ⅸ式M2032：6　11.Ⅹ式M1048：5　12.Ⅺ式M1008：5

Aa 型Ⅲ式　21 件。钵形弧腹盘，矮柄中空，柄部凸棱位于中部，喇叭口状圈足，部分陶豆凸棱消失。标本 M3151∶3，泥质灰陶，敞口，碗状浅盘，圆唇，盘壁内外转折呈弧形，高柄中空，柄上端有一周凸棱。口径 17.8、底径 11.2、高 15.6 厘米（图一〇，3；彩版九，3）。标本 M3140∶7，柄上部略细，无凸棱。口径 17.6、高 16.8 厘米（图一〇，4；彩版九，4）。

Aa 型Ⅳ式　8 件。钵形弧腹盘，柄渐高。标本 M3186∶1，柄部渐细。口径 17.2、高 17.4 厘米（图一〇，5；彩版九，5）。

Aa 型Ⅴ式　26 件。钵形折腹，柄较高。标本 M3147∶4，泥质灰陶，敞口，方唇，深盘，盘内壁弧收，外壁折收，豆柄中空，喇叭状器座。口径 16.8、高 15.4 厘米（图一〇，6；彩版九，6）。

Aa 型Ⅵ式　11 件。钵形折腹，浅腹弧底，柄高。标本 M2069∶7，泥质灰陶盘壁外折内弧，外壁转折明显，空心圆柱状豆柄。口径 16.0、高 20.0 厘米（图一〇，7；彩版一〇，1）。

Aa 型Ⅶ式　13 件。盘形直腹，高柄。标本 M2065∶1，泥质灰陶盘壁外折明显，内角略弧，圜底近平，高柄。口径 16.6、高 20.0 厘米（图一〇，8；彩版一〇，2）。

Aa 型Ⅷ式　4 件。盘形直腹，高柄。标本 M2112∶5，泥质灰陶敞口，圆唇，浅盘，盘外壁上部斜直，下部微弧收，中有折棱，内壁弧收，豆柄细高，中空，喇叭口状器座。口径 15.2、底径 10.4、高 24.6 厘米（图一〇，9；彩版一〇，3）。

Aa 型Ⅸ式　10 件。盘形斜腹，平底略弧，高柄。标本 M2032∶6，泥质灰陶，敞口，尖唇，浅盘，斜腹，底近平，高柄下空，喇叭形器座。口径 16.2、底径 11.8、高 25.0 厘米（图一〇，10；彩版一〇，4）。

Aa 型Ⅹ式　42 件。盘形斜腹，底近平，高柄。标本 M1048∶5，泥质灰陶敞口，尖唇，浅盘，平底微凹，内外壁折转明显，高柄半中空，喇叭形器座。柄饰两组、足饰一组四道凹弦纹。口径 17.4、底径 14.2、高 33.0 厘米（图一〇，11；彩版一〇，5）。

Aa 型Ⅺ式　4 件。盘形，柄变矮，中部略粗。标本 M1008∶5，泥质灰陶，敞口，尖唇，浅盘，斜腹，平底略弧，腹底间有明显折棱，粗高柄半中空，喇叭口状器座。口径 16.2、底径 10.4、高 22.2 厘米（图一〇，12；彩版一〇，6）。

Ab 型　98 件。钵形折腹盘，与 Aa 型豆相近，由 Aa 型Ⅵ式演化而来，受到 B 型豆盘外壁内凹的影响，豆盘外壁内凹，但豆腹内侧与 B 型豆曲腹直折不同，仍为弧腹。该型豆的盘及豆柄变化不大，时代演变规律不明显。

Ab 型Ⅰ式　49 件。钵形外折内弧盘，柄高。标本 M3136∶2，泥质灰陶敞口，斜沿，圆唇，直壁并有一凹弦纹，盘外壁折收，细高豆柄有轮制痕迹，喇叭状器座。

口径 15.1、底径 8.8、高 20.8 厘米（图一一，1）。

Ab 型 II 式　47 件。钵形外折内弧盘，粗柄中空。标本 M3011：3，敞口，外壁内凹，盘底外折棱外凸明显，豆柄上端略粗。口径 18.0、高 21.0 厘米（图一一，2）。

Ab 型 III 式　2 件。盘形斜腹，粗柄。标本 M2102：11，泥质灰陶，豆盘较大，盘外壁微凹，内折角明显，平底略弧。高柄，上部略粗。口径 18.2、高 22.6 厘米（图一一，3）。

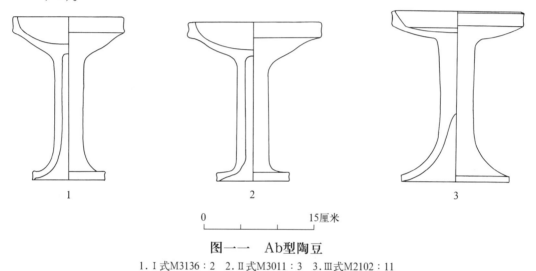

0　　　　　　　　　　15厘米

图一一　Ab型陶豆
1. I式M3136：2　2. II式M3011：3　3. III式M2102：11

Ac 型　44 件。由 Aa 型 V 式演化而来，钵形深盘豆，该型豆豆盘及豆柄变化不大，演变规律不明显。

Ac 型 I 式　4 件。钵形曲腹盘，柄较粗。标本 M2021：2，泥质灰陶，敛口，折腹，深腹弧底。口径 15.6、高 16.6 厘米（图一二，1）。

Ac 型 II 式　6 件。钵形折腹盘，壁外折，腹内弧，柄略粗。标本 M2009：2，敞口，外壁内折明显，豆柄上部为实心。口径 16.4、高 17.7 厘米（图一二，2）。

Ac 型 III 式　31 件。钵形折腹盘，柄粗高。标本 M2114：6，泥质灰陶，直口微敞，外壁折棱略凸，豆柄上部近实心。口径 16.8、高 16.0 厘米（图一二，3）。

Ac 型 IV 式　3 件。钵形折腹盘，粗柄。标本 M2104：6，泥质灰陶，豆盘较深，盘外壁折棱外凸，粗柄厚壁。口径 16.4、高 17.0 厘米（图一二，4）。标本 M2104：7，泥质灰陶，直口微敞，盘外壁折棱明显，粗柄厚壁。盘径 16.6、高 17.0 厘米（图一二，5）。

B 型　22 件。浅盘曲腹豆。豆盘较浅，腹壁外凹内凸，外壁近底部折棱外凸，弧底较缓。豆柄较高，内空薄壁。该型豆根据特征分四式，演变规律主要为豆柄由

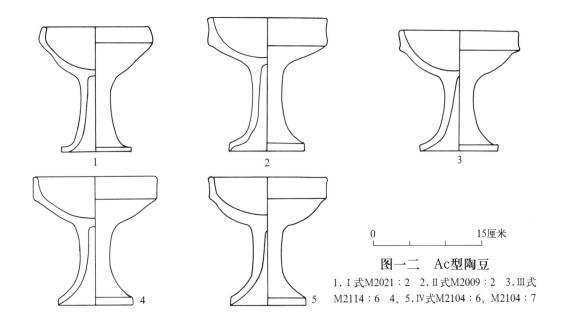

图一二　Ac型陶豆
1.Ⅰ式M2021：2　2.Ⅱ式M2009：2　3.Ⅲ式
M2114：6　4、5.Ⅳ式M2104：6、M2104：7

0　　　　　　　　　　15厘米

低到高，豆盘变化不明显。

　　B型Ⅰ式　2件。浅盘，柄部较粗。标本M3122：1，泥质灰陶，侈口，圆唇，圜底近平。矮柄中空，柄下部有一周凸棱。口径16.4、高16.5厘米（图一三，1；彩版一一，1）。

　　B型Ⅱ式　2件。柄渐高，盘略深。标本M3166：3，泥质灰陶，盘腹略深，圜底近平。柄部凸棱偏下，上部近盘处渐粗。口径17.8、高20.4厘米（图一三，2；彩版一一，2）。

　　B型Ⅲ式　7件。浅盘，柄较高。标本M3149：3，泥质灰陶，盘外壁折棱外凸，柄部为中空，凸棱偏下。口径17.2、高21.4厘米（图一三，3；彩版一一，3）。

　　B型Ⅳ式　9件。浅盘，高柄。标本M3165：2，大敞口盘，曲腹不显，高柄中空薄壁，凸棱仍存。口径17.0、高22.4厘米（图一三，4；彩版一一，4）。

　　B型Ⅴ式　2件。浅盘，高柄。标本M2033：1，泥质灰陶，浅腹略曲，圜底近平，粗高柄，凸棱下渐粗。口径17.0、高23.2厘米（图一三，5；彩版一一，5）。

　　4. 罐

　　共81件。复原72件，其中分型式的66件。均泥质灰陶。根据领、颈、肩、腹、底部不同分五型。

　　A型　18件。有领折肩罐。根据颈、肩、腹不同分三式。器形演变规律为领部逐渐变高，肩部由高变低。

　　A型Ⅰ式　5件。矮领，折肩。标本M3192：3，卷沿，圆唇，折肩微鼓，下腹内收，

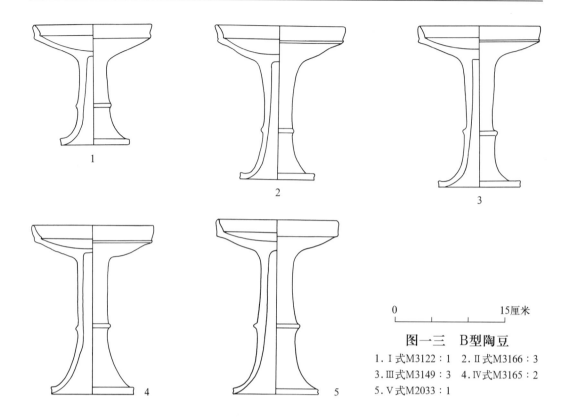

0　　　　　　　　　　　　15厘米

图一三　B型陶豆
1. Ⅰ式M3122：1　2. Ⅱ式M3166：3
3. Ⅲ式M3149：3　4. Ⅳ式M3165：2
5. Ⅴ式M2033：1

厚平底。口径 9.5、高 11.6 厘米（图一四，1；彩版一二，1）。

A 型Ⅱ式　5 件。领略高，折肩。标本 M3122：4，敞口，方唇，斜直领折肩，收腹，平底。口径 4.8、底径 3.6、高 7.0 厘米（图一四，2；彩版一二，2）。

A 型Ⅲ式　8 件。高领，折肩。标本 M3139：2，敞口，方唇，高领广肩，收腹，圜底。口径 9.8、高 14.6 厘米（图一四，3；彩版一二，3）。

B 型　16 件。有颈折肩罐。均泥质陶，根据颈部、腹部变化分三式。总体演变规律是颈部由矮变高，腹部由浅渐深。

B 型Ⅰ式　1 件。矮颈，扁腹，平底。标本 M3111：3，直口，平沿，方唇，矮颈，折肩微鼓，浅腹内收，大平底。口径 8.4、高 9.8 厘米（图一五，1；彩版一二，4）。

B 型Ⅱ式　8 件。颈略高，腹较浅，平底。标本 M2088：5，卷沿，圆唇，斜折肩，下腹缓收，平底。口径 9.4、高 12.5 厘米（图一五，2；彩版一二，5）。标本 M2080：3，卷沿，圆唇，斜折肩，下腹内收，平底。口径 8.4、高 12.0 厘米（图一五，3）。

B 型Ⅲ式　7 件。颈高，腹较深，平底或圜底。标本 M3147：3，敛口，平沿，厚圆唇，高颈，斜折肩，下腹缓收呈圜底。口径 8.4、高 11.4 厘米（图一五，4；彩版一二，6）。

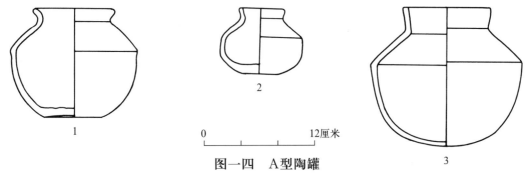

图一四 A型陶罐

1. I式M3192:3 2. II式M3122:4 3. III式M3139:2

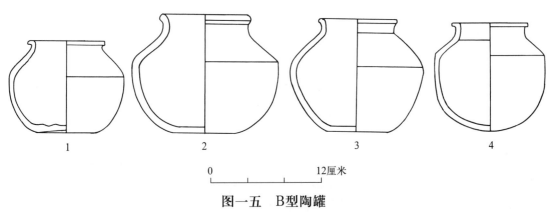

图一五 B型陶罐

1. I式M3111:3 2、3. II式M2088:5、M2080:3 4. III式M3147:3

C型 8件。折腹罐。根据腹部不同分三式。演变规律为斜肩变为溜肩,扁腹渐深,折腹下移。

C型I式 4件。折腹,折线在腹中部。标本M3106:1,敛口,束颈,斜折肩,折腹,平底略内凹。口径7.2、高7.2厘米(图一六,1;彩版一三,1)。标本M3101:2,卷沿,圆唇,矮颈,折腹急收,小平底。口径10.2、高9.6厘米(图一六,2;彩版一三,2)。

C型II式 2件。折腹,折线在腹中部略下。标本M3212:1,卷沿,束颈,折腹略偏下,平底内凹。口径8.4、高12.4厘米(图一六,3;彩版一三,3)。

C型III式 2件。下折腹,折线在腹中部偏下。标本M3120:2,直口,圆唇,下腹内折,平底。口径8.4、高12.0厘米(图一六,4;彩版一三,4)。标本M2082:1,卷沿,圆唇,束颈,下腹内折,平底。口径8.6、高12.5厘米(图一六,5;彩版一三,5)。

D型 21件。鼓腹罐。根据口、颈、肩、腹部不同分五式。演变规律为由侈口演变为直口,肩部由鼓肩变为溜肩。

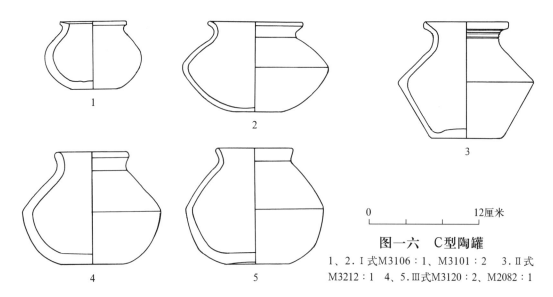

图一六　C型陶罐

1、2. Ⅰ式M3106：1、M3101：2　3. Ⅱ式
M3212：1　4、5.Ⅲ式M3120：2、M2082：1

D型Ⅰ式　4件。侈口，矮颈，鼓肩，扁圆腹。标本 M3176：1，手制粗糙，厚胎，不规整。卷沿，圆唇，缩颈，扁圆腹，平底。口径9.8、高9.6厘米（图一七，1；彩版一四，1）。

D型Ⅱ式　5件。侈口，束颈，圆肩，圆腹。标本 M2021：1，卷沿，圆唇，圆肩，鼓腹，平底。口径10.0、高13.4厘米（图一七，2；彩版一四，2）。

D型Ⅲ式　8件。侈口，高领，溜肩，深腹，平底。标本 M3132：4，长卷沿，高领，下腹内收，大平底。口径8.0、高13.8厘米（图一七，3；彩版一四，3）。

D型Ⅳ式　3件。直口，鼓肩，深腹。标本 M2064：7，直口微侈，深腹缓收，大平底。口径5.5、高9.4厘米（图一七，4；彩版一四，4）。

D型Ⅴ式　1件。直口，圆肩，鼓腹。标本 M3137：3，直口微侈，鼓腹，大平底。口径5.6、高7.8厘米（图一七，5；彩版一四，5）。

E型　3件。高圈足罐。直口，高领，高圈足。标本 M1009：4，直口，高领，方唇，鼓腹，粗柄中空，喇叭形圈足。口径7.8、底径11.4、高22.4厘米（图一七，6）。标本 M2095：1，高领，方唇，鼓腹，腹中部内外略折，下腹弧收，柄部中空，喇叭形底座。口径10.0、底径11.6、高25.4厘米（图一七，7）。标本 M3201：25，侈口，平沿外斜，方唇，束颈略高，折肩，下腹急收。粗柄中空，喇叭形圈足。腹部饰暗弦纹。口径16.8、底径19.3、高27.0厘米（图一七，8；彩版一四，6）。

5. 盂

盂共 190 件。复原 161 件，其中参与型式划分的共 155 件。均泥质灰陶，根据器物的形制分三型。

A型　共 38 件。有颈平底盂。根据口沿、颈部、腹部变化分六式。整体演变

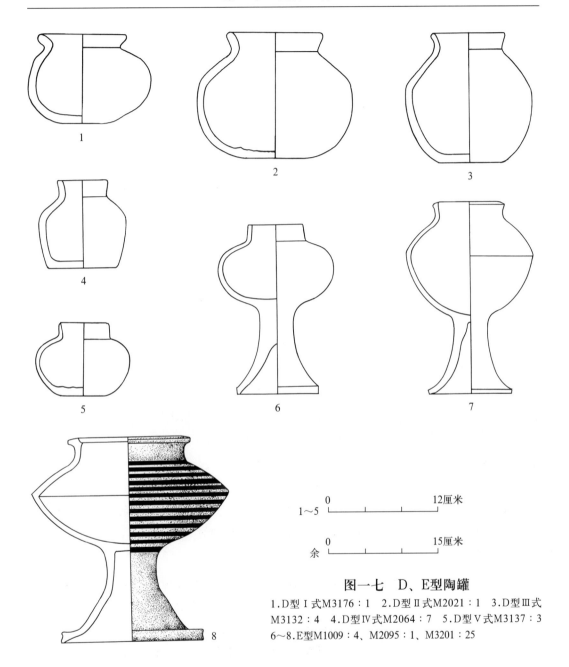

**图一七  D、E型陶罐**

1.D型 I 式M3176：1  2.D型 II 式M2021：1  3.D型III式
M3132：4  4.D型IV式M2064：7  5.D型 V 式M3137：3
6～8.E型M1009：4、M2095：1、M3201：25

规律为由宽平沿变为短斜沿，颈部渐高，腹部由浅到深又变浅。

A型 I 式  2件。宽平沿，束颈，圆肩，平底。标本 M3176：6，直口，宽平沿，圆唇，鼓腹，平底。口径11.2、高6.0厘米（图一八，1；彩版一五，1）。

A型 II 式  1件。窄平沿，矮颈，折肩，平底。标本 M3009：1，敛口，平沿，方唇，折肩较窄，收腹，平底。口径20.4、高9.9厘米（图一八，2；彩版一五，2）。

A型III式  11件。窄平沿，长颈，折肩，平底。标本 M2009：3，直口微敛，

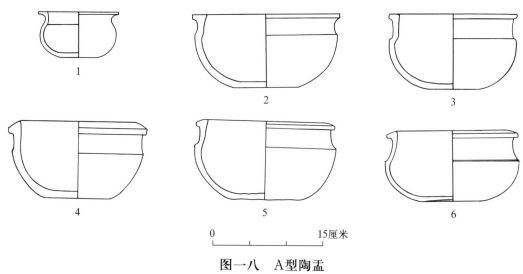

图一八　A型陶盂

1. I 式 M3176：6　2. II 式 M3009：1　3. III 式 M2009：3　4. IV 式 M3019：3　5. V 式 M2070：1、2　6. VI 式 M1015：1

窄平沿，方唇，折肩略鼓，弧腹缓收，圜底近平。口径 17.7、高 10.0 厘米（图一八，3；彩版一五，3）。

A 型 IV 式　5 件。斜沿，直腹，平底。标本 M3019：3，直口，窄沿外斜，方唇，长颈，折肩略鼓，深腹，大平底。口径 19.2、高 10.2 厘米（图一八，4；彩版一五，4）。

A 型 V 式　14 件。窄斜沿，鼓腹，大平底。标本 M2070：1、2，泥质灰陶，敛口，斜沿，尖圆唇，束颈，颈部有一周折棱，鼓腹，平底。口径 19.2、底径 10.0、高 10.0 厘米（图一八，5；彩版一五，5）。

A 型 VI 式　5 件。窄斜沿，斜颈，折肩，平底。标本 M1015：1，敛口，窄沿外斜，圆唇，斜长颈，折肩略鼓，浅腹，平底略内凹。口径 17.0、底径 8.0、高 8.6 厘米（图一八，6；彩版一五，6）。

B 型　共 103 件。圜底盂。根据口沿、颈部、腹部变化分六式。总的演变规律为由宽平沿变为短斜沿，腹部由鼓腹逐渐变为直腹，由浅到深又变浅。

B 型 I 式　6 件。宽平沿，圆肩，鼓腹，圜底。标本 M2021：3，敛口，宽平沿，圆唇，束颈，圆肩，鼓腹，圜底。颈部饰两周凸弦纹。口径 20.0、高 9.4 厘米（图一九，1；彩版一六，1）。

B 型 II 式　17 件。宽沿，鼓腹，圜底。标本 M3166：1，敛口，平沿，圆唇，斜鼓腹，圜底，颈部饰一周凸棱。口径 18.8、高 8.8 厘米（图一九，2；彩版一六，2）。

B 型 III 式　29 件。宽斜沿，深腹，圜底。标本 M2080：1，微敛口，宽斜沿，方唇，颈部饰两周凸弦纹，鼓腹，圜底。口径 22.2、高 11.2 厘米（图一九，3；彩版一六，3）。

B 型 IV 式　16 件。斜沿，深腹，圜底。标本 M3148：3，敛口，沿面外斜，圆唇，深腹外鼓,弧腹缓收,圜底。颈部饰两周凸弦纹。口径23.6、高13.6厘米(图一九,4;彩版一六,4)。

B型V式　27件。斜沿,直腹,圜底。标本M2099:4,直口,沿面外斜,圆唇,直腹,下腹缓收,圜底。口径17.8、高9.1厘米(图一九,5;彩版一六,5)。

B型VI式　4件。窄斜沿,直腹,圜底。标本M3008:4,直口微敛,窄沿外斜,方唇,矮颈,直腹内收,圜底。口径20.0、高11.5厘米(图一九,6;彩版一六,6)。

B型VII式　4件。窄沿,浅腹,圜底。标本M1003:1,直口,窄沿外斜,尖圆唇,下腹略鼓,圜底。口径19.0、高8.6厘米(图一九,7;彩版一六,7)。

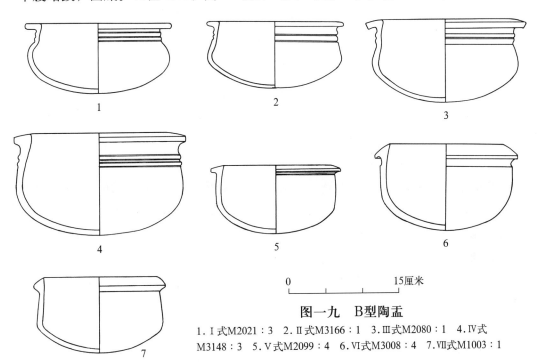

0　　　　　　　　　　15厘米

图一九　B型陶盂

1. I式M2021:3　2. II式M3166:1　3. III式M2080:1　4. IV式
M3148:3　5. V式M2099:4　6. VI式M3008:4　7. VII式M1003:1

C型　共14件。平底盂。根据腹部分两亚型。

Ca型　9件。浅腹平底盂。根据口沿、腹部变化分四式。整体演变规律为由直口变为敛口,腹部由微鼓变为鼓腹。

Ca型I式　1件。平沿,圆腹,平底。标本M3003:4,直口,平沿略外斜,圆唇,圆腹微鼓,大平底。腹上部饰两周凸弦纹。口径16.8、高7.9厘米(图二〇,1;彩版一七,1)。

Ca型II式　5件。平沿,鼓腹,平底。标本M1010:13,敛口,平沿略,方唇,鼓腹,大平底。腹部饰一周凹弦纹。口径18.4、高9.0厘米(图二〇,2;彩版一七,2)。

Ca型III式　1件。斜沿,鼓腹,平底。标本M4021:1,敛口,沿面外斜,尖圆唇,

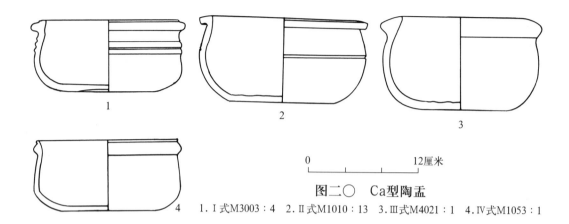

图二〇　Ca型陶盂

1. I式M3003：4　2. II式M1010：13　3. III式M4021：1　4. IV式M1053：1

鼓腹，下腹缓收，大平底。口径18.0、高9.8厘米（图二〇，3；彩版一七，3）。

Ca型IV式　2件。窄沿，直腹，平底。标本M1053：1，直口微敛，窄沿外斜，尖唇，直腹，下腹外鼓，大平底。口径16.4、高7.6厘米（图二〇，4；彩版一七，4）。

Cb型　5件。深腹平底盂。根据口沿、腹部变化分三式。整体演变规律主要由宽沿变为窄斜沿，腹部由微鼓变为鼓腹。

Cb型I式　3件。宽沿，圆腹，平底。标本M2071：3，敛口，宽平沿略外斜，方唇，圆腹微鼓，平底略内凹。腹部饰四周彩绘纹。口径16.8、高9.2厘米（图二一，1；彩版一七，5）。

Cb型II式　1件。窄沿，鼓腹，平底。标本M2103：1，直口微敛，窄斜沿，短尖唇，鼓腹，平底。腹部饰一周凹弦纹。口径18.4、高10.4厘米（图二一，2；彩版一七，6）。

Cb型III式　1件。斜沿，鼓腹，平底。标本M1008：8，敛口，沿面外斜，尖圆唇，鼓腹，大平底。口径18.0、高9.8厘米（图二一，3；彩版一七，7）。

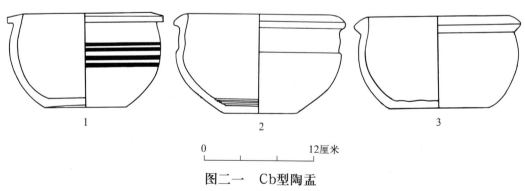

图二一　Cb型陶盂

1. I式M2071：3　2. II式M2103：1　3. III式M1008：8

6．鼎

鼎共 39 件。复原 29 件，其中分型式的 28 件，三足小鼎 1 件。均泥质陶。根据形制的差异分子母口鼎和平沿鼎两型。

A 型 15 件。子母口鼎，根据腹部、足部、鼎盖变化分三式。腹部由浅变深，高蹄足逐渐变矮，至蹄足不明显，鼎盖由平顶略弧变为圆弧顶。

A 型 I 式 3 件。浅腹，高蹄足。标本 M3043：3，浅腹，圜底近平，长方形直立附耳，蹄足细高。折沿平顶盖，中部略弧。下腹部有一折线。口径 20.0、器高 16.8、通高 21.0 厘米（图二二，1；彩版一八，1）。标本 M3042：1，扁圆腹较

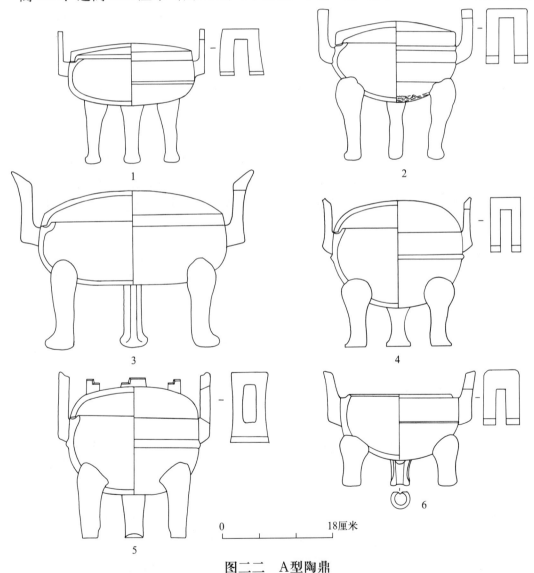

0        18厘米

图二二 A 型陶鼎

1、2. I 式 M3043：3、M3042：1 3. II 式 M3204：13 4. III 式 M2102：9 5. IV 式 M3199：2 6. V 式 M1008：1

浅，圜底近平，长方形附耳，顶端略外侈，蹄足较高。折沿盖，顶中部略弧。口径20.8、器高22.0、通高23.8厘米（图二二，2；彩版一八，2）。

A型Ⅱ式　4件。直腹，蹄足较高。标本M3204：13，下腹略鼓，大平底，附耳斜顶，上端略外侈，蹄足粗壮，内侧中空。折沿弧顶盖。口径30.0、器高24.8、通高28.0厘米（图二二，3；彩版一九，1）。

A型Ⅲ式　3件。深腹，蹄足。标本M2102：9，深腹略鼓，圜底，附耳斜顶，上端略外侈，蹄足粗矮。弧顶盖，顶部隆弧。口径21.0、器高23.2、通高23.8厘米（图二二，4；彩版一九，2）。

A型Ⅳ式　3件。圆腹，柱状足。标本M3199：2，泥质灰陶，子母口，一对称立耳，鼓腹，三柱状足，弧形盖，盖顶部饰三纽。口径21.2、器高25.6、通高26.6厘米（图二二，5；彩版一九，3）。

A型Ⅴ式　2件。扁圆腹，矮足。标本M1008：1，子母口，圆腹，圜底，附耳外侈，矮柱状足。鼎盖缺失。口径19.4、通高18.4厘米（图二二，6；彩版一九，4）。

B型　13件。平沿鼎，整体形制变化不明显，直口或微敛，圆腹，圜底，长方形附耳，耳部较长外侈或外撇，高蹄足，折沿盖，平顶略弧或圆弧顶。标本M2032：10，直口微敛，浅腹，圜底近平，长方形外侈附耳，蹄足细高。折沿平顶盖，顶面略弧。口径28.8、通高30.8厘米（图二三，1；彩版二〇，1）。标本

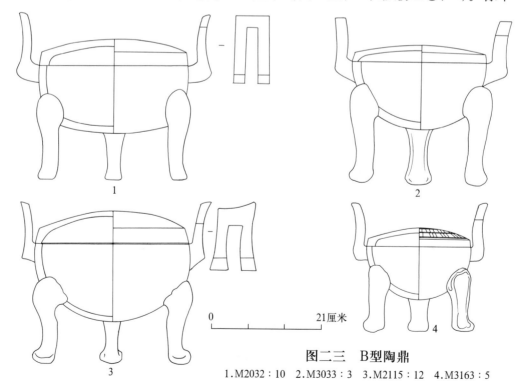

图二三　B型陶鼎
1.M2032：10　2.M3033：3　3.M2115：12　4.M3163：5

M3033：3，直口，腹较浅，圜底，长方形附耳外撇，高蹄足粗壮。折沿平顶盖，顶面略弧。口径27.0、器高25.0、通高30.2厘米（图二三，2；彩版二〇，2）。标本 M2115：12，直口微敛，腹较深，圜底近平，长附耳外侈，蹄足细高。折沿弧顶盖，顶面微弧。口径29.6、器高22.2、通高30.0厘米（图二三，3；彩版二〇，3）。标本 M3163：5，直口，圆腹，圜底下垂，长附耳外侈，矮蹄足粗壮。折沿弧顶盖，顶面饰多圈刻划短线纹。口径20.4、器高15.6、通高23.6厘米（图二三，4；彩版二〇，4）。

7. 盖豆

71件。复原56件，根据形制不同分三型。

A型　26件。圆捉手盖豆。子母口扁圆腹，弧顶盖喇叭口捉手。根据腹部、柄部、盖变化分四式。腹部由深变浅，豆柄由矮渐高，豆盖捉手由粗矮变细高。

A型Ⅰ式　2件。深豆腹，粗矮柄。标本 M2087：3，高子母口，深腹，圜底近平，粗矮柄内空，大喇叭口状圈足。弧顶盖，中部为矮粗喇叭口捉手。口径17.5、器高20.6、通高26.6厘米（图二四，1；彩版二一，1）。

A型Ⅱ式　4件。直腹，矮柄。标本 M1009：9，矮子母口，直腹，圜底近平，矮柄中空，大喇叭口状圈足。弧顶盖，喇叭口捉手。腹部、盖、柄部均装饰数周凹弦纹。口径17.8、器高18.5、通高27.4厘米（图二四，2；彩版二一，2）。

A型Ⅲ式　14件。浅腹，细柄略高。标本 M3200：8，直腹，圜底近平，高柄半中空，大喇叭口状圈足。弧顶盖，高喇叭口捉手。腹部、盖、柄部均装饰数周凹弦纹。口径19.0、器高23.6、通高34.2厘米（图二四，3；彩版二一，3）。

A型Ⅳ式　6件。圆腹，柄略粗。标本 M1008：9，子母口，弧壁，圜底，柱状柄，半中空。弧形盖，扁顶蘑菇状捉手。口径18.4、器高22.8、通高30.2厘米（图二四，4；彩版二一，4）。

B型　28件。环耳高柄豆，根据豆腹口部不同分两个亚型。

Ba型　19件。子母口豆腹，两环耳，三环纽盖。整体形制变化不明显。豆腹及盖均呈半圆形，扣合体近似圆球状。豆柄为柱状高柄，柄壁较厚内中空。标本 M2012：3，子母口半圆形豆腹，两环耳，高柄半中空，喇叭口状圈足。半球状弧顶盖，上饰三环纽。口径17.0、器高29.4、通高35.6厘米（图二五，1；彩版二二，1）。标本 M2115：5，子母口半圆形豆腹，两环耳，高柄半中空，喇叭口状圈足。半球状盖，上饰三环纽。口径16.0、器高26.6、通高32.4厘米（图二五，2；彩版二二，2）。

Bb型　9件。平口豆腹，两环耳，三环纽盖。整体形制除口与Aa型不同外，其余特征相近。豆腹及盖均呈半圆形，扣合体近似圆球状。豆柄为柱状实心高柄。标本 M2033：9，平口半圆形豆腹，两环耳，高柄半中空，喇叭口状圈足。半球状顶盖，

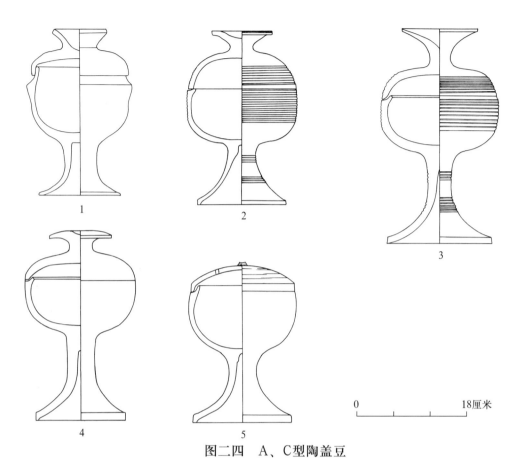

**图二四　A、C型陶盖豆**

1.A型Ⅰ式M2087：3　2.A型Ⅱ式M1009：9　3.A型Ⅲ式M3200：8　4.A型Ⅳ式M1008：9　5.C型M3197：16

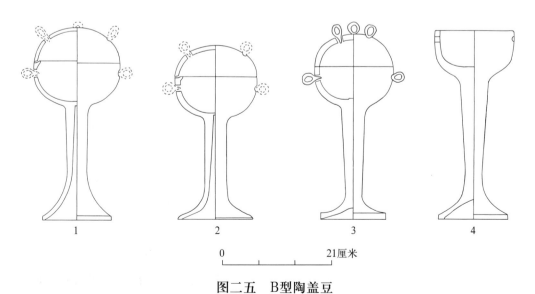

**图二五　B型陶盖豆**

1、2.Ba型M2012：3、M2115：5　3、4.Bb型M2033：9、M2032：15

上饰三环纽。口径 14.8、器高 28.4、通高 36.6 厘米（图二五，3；彩版二二，3）。标本 M2032：15，子母口半圆形豆腹，两环耳，高柄半中空，喇叭口状圈足。盖缺失。口径 15.2、器高 35.0 厘米（图二五，4）。

C 型　2 件。深盘矮柄盖豆，三环纽盖。泥质灰陶，子母口，子口微敛，器呈钵状，深鼓腹，子母口，豆柄中空，喇叭状器座，弧形器盖，盖顶部有一提纽，器盖饰有三道弦纹，且有圆孔。标本 M3197：16，口径 16.2、底径 15.6、通高 25.3 厘米（图二四，5；彩版二二，4）。

8. 壶

64 件。复原 55 件。根据器物形制不同分四型。

A 型　30 件。无底壶。出土的数量最多，陶质较差，许多未能修复，但形态基本相近，演变规律不明显，且集中出土在第五期，个别延续到第六期。侈口或直口，平沿，长颈，溜肩，圆腹或鼓腹，假圈足，无底。有盖者为折沿弧顶，盖顶饰三环纽。标本 M2032：3，直口，圆腹，假圈足直折。口径 12.8、高 35.6 厘米（图二六，1；彩版二三，1）。标本 M2035：18，侈口较甚，圆腹较鼓，圈足外侈，两环耳。口径 13.2、高 33.5 厘米（图二六，2；彩版二三，2）。标本 M2115：10，侈

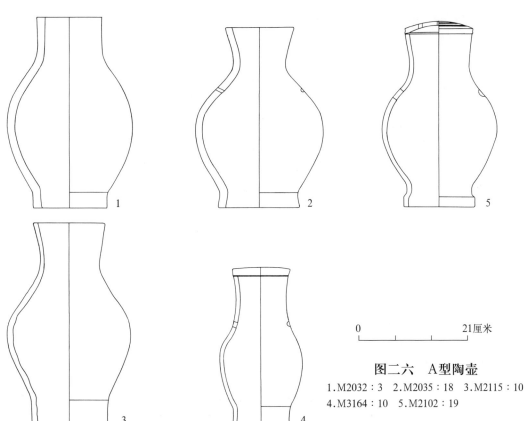

图二六　A 型陶壶

1.M2032：3　2.M2035：18　3.M2115：10
4.M3164：10　5.M2102：19

0　　　　　　　　21 厘米

口，鼓腹，假圈足内折。口径 14.0、高 37.5 厘米（图二六，3；彩版二三，3）。标本 M3164：10，直口微侈，瘦圆腹，假圈足直折，两环耳。口径 10.4、高 27.4 厘米（图二六，4；彩版二三，4）。标本 M2102：19，侈口，圆腹较鼓，假圈足外侈呈台状，两环耳。折沿弧顶盖，上饰三周红彩，并饰环纽。口径 13.2、器高 32.2、通高 34.6 厘米（图二六，5；彩版二四，1）。

B 型　19 件。圈足壶。根据腹部、圈足、盖变化分两式。腹部由圆腹变为鼓腹，圈足由高变矮，盖由弧顶变为折沿平顶。

B 型 I 式　13 件。侈口，半球形圆腹，圈足较高。标本 M3199：1，侈口外卷，长颈，溜肩，半球形圆腹，腹底下垂，圈足较高外折。子母口折沿弧顶盖。壶口、颈、肩、腹部和盖上各装饰一组数周凹弦纹。口径 13.4、器高 30.0、通高 32.8 厘米（图二七，1；彩版二四，2）。

B 型 II 式　6 件。侈口，鼓腹，矮圈足。标本 M1006：4，侈口外斜，圆肩，鼓腹，腹底下垂，矮圈足外侈。壶口、颈、肩和腹部分别装饰一组 1 至 3 周凸弦纹，肩部在凸弦纹之间装饰三角纹和卷云纹。口径 13.2、高 25.8 厘米（图二七，2；彩版二四，3）。标本 M1008：3，侈口外斜，鼓腹，腹底下垂，矮圈足外侈。子母口折沿平顶盖。壶颈装饰两组各四周凹弦纹，肩、腹部分别装饰一周凸弦纹。颈、肩之间刻划三角形和横竖饰细绳纹，腹部凸弦纹之间交叉刻划斜线构成菱形纹。口径 13.5、器高 28.0、通高 31.2 厘米（图二七，3；彩版二四，4）。

C 型　3 件。扁腹圈足壶。出土的数量少，未分式。侈口，长颈，扁腹，圈足。

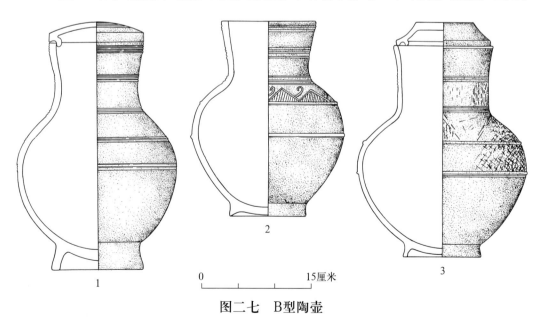

0　　　　　　　　15厘米

图二七　B 型陶壶

1. I 式 M3199：1　2、3. II 式 M1006：4、M1008：3

标本 M3184：6，侈口外卷，溜肩，扁圆腹，圜底近平，底外侈，圈足较高。颈下、肩及上腹部各饰一周凹弦纹，肩部刻划一周三角纹。口径 16.5、器高 24.4 厘米（图二八，1；彩版二五，1）。标本 M1046：8，侈口微卷，平沿，方圆唇，溜肩鼓腹，圜底，圈足外侈。颈及腹部饰三组两周凹弦纹，弦纹之间刻划两组三角网纹。口径 18.6、器高 28.4 厘米（图二八，2）。标本 M3196：4，侈口，圆肩，扁圆腹，圜底近平，高圈足外侈。颈下及肩部各饰两周弦纹之间一周三角条纹。颈部内侧饰两周凹弦纹。口径 17.4、器高 22.4 厘米（图二八，3；彩版二五，2）。

　　D 型　3 件。平底壶。出土的数量少，未分式。侈口，平沿，鼓腹平底。标本 M2101：7，侈口，鼓肩，圆腹，大平底。肩部饰双环纽。肩部环纽上下各装饰一组两周凹弦纹。口径 12.5、器高 27.5 厘米（图二九，1；彩版二五，3）。标本 M3114：1，侈口外卷，长颈，溜肩，鼓腹，大平底。颈及腹部用红彩绘数周弦纹，肩、腹部分别装饰一周凸弦纹。颈、肩之间刻划三角形和横竖饰细绳纹，腹部凸弦

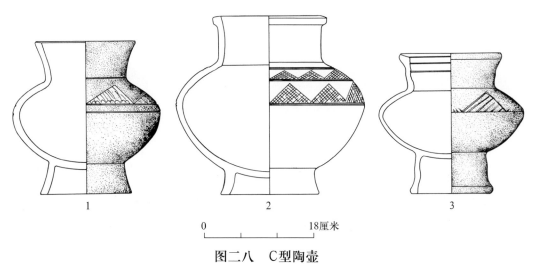

0 ⎯⎯⎯⎯ 18厘米

图二八　C型陶壶
1.M3184：6　2.M1046：8　3.M3196：4

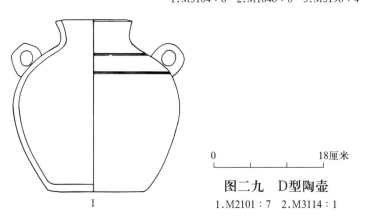

0 ⎯⎯⎯⎯ 18厘米

图二九　D型陶壶
1.M2101：7　2.M3114：1

纹之间交叉刻划斜线构成菱形纹。子母口弧顶盖。口径 15.0、器高 25.5、通高 28.5
厘米（图二九，2；彩版二五，4）。

9. 盘

27 件。复原 13 件。根据器形不同分三型。

A 型　6 件。平底盘。敞口，斜腹，平底。根据口沿、腹、底变化分两式。口
沿由斜沿变为平沿，腹部由曲腹、斜腹变为折腹，底部由平底变为圈足。

A 型 I 式　2 件。敞口，曲腹，平底。标本 M3032：6，敞口，宽沿略外斜，
沿内略凸，方唇，唇面略凹，斜腹微鼓，平底略内凹。口径 31.8、底径 11.2、器高
7.9 厘米（图三〇，1；彩版二六，1）。

A 型 II 式　4 件。敞口，斜腹，圈足。标本 M2032：29，敞口，平沿，方唇，折腹，
圜底近平，矮圈足。口径 37.6、底径 12.6、器高 9.7 厘米（图三〇，2；彩版二六，2）。

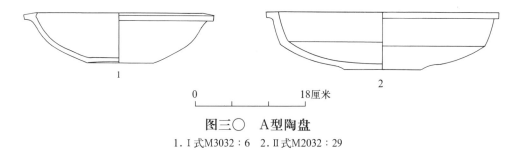

0 ———— 18厘米

图三〇　A型陶盘
1. I 式 M3032：6　2. II 式 M2032：29

B 型　6 件。圜底盘。敞口，斜腹，圜底。根据口沿、腹、底变化分三式。口
沿由内斜变为外斜，腹部由弧腹变为折腹，圜底渐缓。

B 型 I 式　1 件。敞口，弧腹，圜底。标本 M3159：5，敞口，宽沿内斜，方唇，
唇面略凹，深腹，圜底。腹部饰拍印粗绳纹。口径 32.4、器高 10.4 厘米（图三一，1；
彩版二六，3）。

B 型 II 式　4 件。敞口，折腹，圜底。标本 M3033：6，口略敞，宽平沿略外斜，
方唇，折腹较深，圜底。口径 34.0、器高 10.3 厘米（图三一，2；彩版二六，4）。

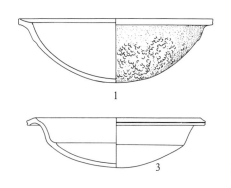

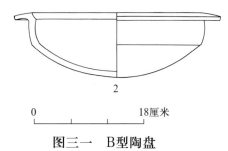

0 ———— 18厘米

图三一　B型陶盘
1. I 式 M3159：5　2. II 式 M3033：6　3. III 式 M1016：1

　　B 型Ⅲ式　1 件。口部外撇，折腹，圜底。标本 M1016：1，泥质灰陶，敞口，斜沿微凹，折腹斜直内收，内外壁均有明显的折棱，圜底。口径 29.8、高 7.8 厘米（图三一，3；彩版二六，5）。

　　C 型　1 件。敞口，折腹，圜底。标本 M3114：7，外壁上腹饰一周涡纹。口径 28.6、高 9.6 厘米。

　　10. 匜

　　10 件。复原 7 件，根据底部分两型。

　　A 型　6 件。平底。标本 M3114：4，泥质灰陶，直口微敛，短流上翘。口沿及内腹饰朱红彩绘，内底以十字形四分，饰四块同心圆，内壁饰一周组合三角纹，流口饰竖向直线。长径 15.5、流长 5.8、底径 9.0、高 6.8 厘米（图三二，1；彩版二七，1）。标本 M3164：7，泥质红陶，敛口，弧腹，平底，短流微翘。尾部有一环钮。长径 19.4、流长 5.2、底径 5.2、高 6.4 厘米（图三二，2；彩版二七，2）。

　　B 型　1 件。假圈足。标本 M1007：12，泥质灰陶，直口，槽形流口上翘。弧腹，矮小圈足平底微内凹。长径 19.6、流长 4.6、底径 7.2、高 9.0 厘米（图三二，3；彩版二七，3）。

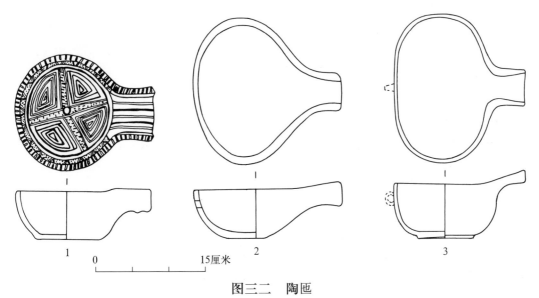

0　　　　　　　　　　　　15厘米

图三二　陶匜

1、2.A型M3114：4、M3164：7　3.B型M1007：12

　　11. 敦

　　22 件。复原 14 件，均泥质陶，根据器物形制的差异分三型。

　　A 型　1 件。鼎形敦。出土的数量少，形态近似三足鼎，未分式。标本 M3042：5，敛口，平沿，折腹，圜底，三蹄足。平沿弧顶盖。器身和盖分别有 2～3

穿孔，或装耳、纽所备留。口径 17.2、通高 13.4 厘米（图三三，1；彩版二七，4）。

B 型　9 件。圆形平口敦。器腹和器盖为半圆形或扁圆形，两者扣合近似圆球形。器物形态变化不明显，未分式。标本 M2115：7，直口，平沿，半圆形圜底腹，腹两侧各有一环纽。半圆形弧顶盖，盖上饰三环纽。口径 16.0、器高 7.0、通高 15.0 厘米（图三三，2；彩版二七，5）。标本 M2045：46，直口微敞，口径 16.0、器高 8.5、通高 15.6 厘米（图三三，3；彩版二七，6）。

C 型　4 件。子母口敦。子母口半圆形器腹，半圆形盖，两者扣合近似圆形和小平底圆球形。器物形态变化不明显，未分式。标本 M3204：18，子母口半圆形腹，小平底，腹两侧各有一环纽。半圆形弧顶盖，盖上饰三环纽。口径 16.4、器高 9.0、通高 15.8 厘米（图三三，4）。

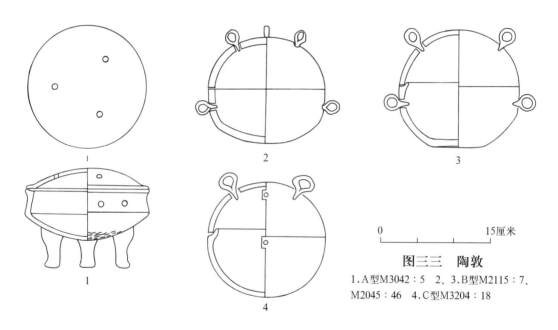

图三三　陶敦
1. A 型 M3042：5　2、3. B 型 M2115：7、M2045：46　4. C 型 M3204：18

**12．舟**

7 件。复原 5 件，出土的数量少，未分式。器身均呈椭圆形，平沿或子母口，平底。标本 M3164：9，直口，平沿，弧腹，平底。腹两侧各有一环纽。折沿弧顶盖，盖上饰四环纽。长径 16.6、短径 13.4、器高 7.0、通高 11.9 厘米（图三四，1；彩版二八，1）。标本 M2042：11，子母口，弧腹，大平底。腹两侧各有一环纽。折沿弧顶盖，盖上饰三环纽。长径 18.2、短径 16.4、器高 9.5、通高 11.5 厘米（图三四，2）。标本 M2115：9，直口，平沿，弧腹，平底。腹两侧各有一环纽。折沿弧顶盖，盖上饰三环纽。长径 17.0、短径 13.4、高 7.5、通高 10.5 厘米（图三四，3；彩版二八，2、3）。

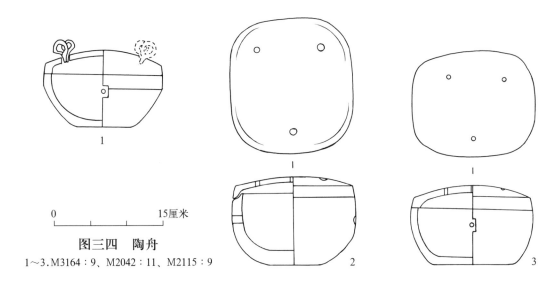

图三四　陶舟

1～3.M3164：9、M2042：11、M2115：9

**13．盆**

3件。复原2件，均为泥质灰陶，根据口、腹不同分二型。

A型　1件。敛口，方唇，鼓腹，平底，口部有一对宽厚附耳。标本M3041：6，泥质灰陶，器内壁饰两层完整双勾鱼纹彩绘图案，每层各7条，上层鱼尺寸较大，下层略小。口径32.0、高11.6厘米（图三五，1；彩版二八，4）。

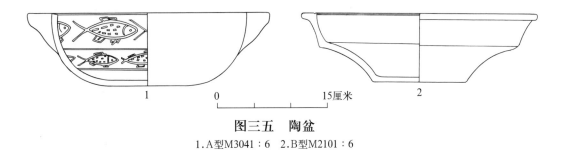

图三五　陶盆

1.A型M3041：6　2.B型M2101：6

B型　1件。直口，宽平沿，折腹，平底。标本M2101：6，泥质灰陶，直口宽平沿，沿内圈有一周凹槽，圆唇，下腹内凹弧收。口径38.8、底径15.0、高11.0厘米（图三五，2；彩版二八，5）

**14．篼**

6件。浅盘，粗柄，喇叭口底座。标本M3201：9，盘与柄部榫卯结合，可分离。盘方唇，斜壁，平底。粗柄实心，下部略细，喇叭状圈足外撇。口径17.6、圈足径15.6、高21.0厘米。

**15．瓮**

2件。修复1件。标本M4034：1，夹砂灰陶，圆唇，直口，斜沿，长颈，直腹下部微鼓，弧收圜底。颈部饰数周瓦棱纹，下腹饰方格纹。口径45.6、高90.8厘米。

### （二）其他类

其他类总计138件，复原33件。

#### 1. 陶俑

人物俑共4件。实际修复2件。分乐俑与观赏俑。

乐俑　为踞坐状。标本M2032：17A，头戴纶巾，顶有冠，五官不清，双臂平伸，小臂以下残缺，上身着交领马甲，下着长衣裤。高7.3厘米。

观赏俑　为站立姿态。标本M2032：17B，头戴纶巾，头顶梳元宝状发髻，双臂合于胸前，身着右衽交领拽地长衣。高7.5厘米。

#### 2. 纺轮

3件。厚体圆壁状，弧形缘边。标本M4026：1，内孔较小。外径4.6、口径0.9厘米。标本M3194：6，外径3.3、孔径0.9厘米。

#### 3. 璜

95件。完整标本19件。薄体弧顶，两端尖首，中部有穿孔。标本M2102：9，通长15.5、通高3.5、厚0.4、孔径0.2厘米。

#### 4. 环

36件。实际修复9件。圆环形，分两型。

A型　1件。圆环断面呈圆形。标本M2102：4-2，外径5.6、孔径3.8、厚0.9厘米。

B型　8件。圆环断面为扁方形。标本M2045：4，外径1.5、孔径1.9、厚0.4厘米。标本M2045：22，外径5.5、孔径2.9、厚0.65厘米。标本M2045：25，外径3.9、口径1.9、厚0.45厘米。

## 二　青铜器

随葬青铜器的墓葬共有65座，包括礼器、兵器、车马器、日常用具、装饰品等器类，总计有156件（组），复原144件。

### （一）礼器

共6件，复原5件。数量少，仅有2座墓葬随葬铜礼器。器类有鼎、盖豆、舟。

#### 1. 鼎

1件。子母口，深腹，圜底，高附耳外侈，鼎足均残，腹部留有3处外凸连接鼎足的铸钉，鼎足残留一截，铜较薄，中间还保留泥土的范芯。弧顶盖，盖顶饰3个半环纽。腹上部、鼎盖纽的内外两侧及鼎耳的上侧铸有近似"T"形连体几何纹，并用雷纹状底纹装饰。标本M2004：13，口径21.0、腹深12.1、残高17.8厘米（图三六，1；彩版二九，1、2）。

2．盖豆

3件。根据盖不同分两型。

A型 2件。三环纽盖。器形相同，均为子母口，深腹、圜底，腹两侧有对称环纽。半球形弧顶盖，上有三个半环纽。柄部较高，中间略细呈压腰状，喇叭状底座。标本M2004：8，素面。口径16.2、器高20.8、通高26.0厘米（图三六，2；彩版三〇，1）。标本M2004：9，素面。口径16.2、器高20.8、通高26.5厘米（图三六，3；彩版三〇，2）。

B型 1件。单纽盖。器形相同，子母口，深腹、圜底近平，腹两侧有对称环纽。弧顶盖，上有喇叭口纽。柄部较高，中间略细呈压腰状，喇叭状底座。标本M3126：5，素面。口径18.6、器高22.0、通高28.2厘米（图三六，4；彩版三〇，3）。

3．舟

2件。复原1件，椭圆体。子母口、鼓腹、圜底近平，短腹中部有对称两环耳。折沿弧顶盖，盖顶有三个环纽。素面。标本M2004：10，口径13.8～17.4、器高7.6、

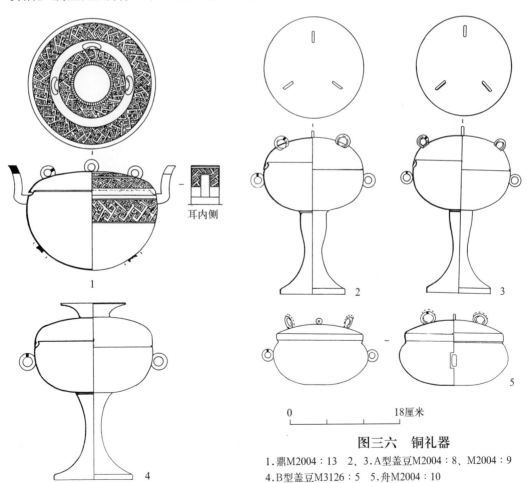

图三六 铜礼器

1．鼎M2004：13 2、3．A型盖豆M2004：8、M2004：9
4．B型盖豆M3126：5 5．舟M2004：10

通高 10.4 厘米（图三六，5；彩版二九，3）。

（二）兵器

总计 50 件，复原 47 件。主要有剑、戈、矛、镞、镦、鐏。

1. 剑

16 件。复原 15 件，分三型。

A 型　5 件。有格。据剑身不同分两亚型。

Aa 型　4 件。长剑身。分两式。

Aa 型 I 式　2 件。圆茎，双箍，圆首。剑身中厚，有脊，横断面呈菱形。标本 M3031：8，剑身略窄长，前端内收略弧，双刃末端略外侈，尖锋。双箍已残，仅有铸痕，圆首缺失。通长 53.0、宽 4.4 厘米（图三七，1；彩版三一，1）。标本 M3201：2，剑身较宽，前端内收略弧，尖锋。通长 48.0、宽 5.0 厘米（图三七，2；彩版三一，2）。

Aa 型 II 式　2 件。扁圆茎，双箍，圆首。剑身较薄，中部略厚，起脊，横断

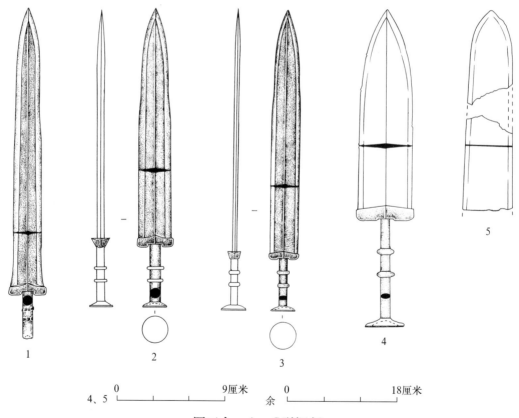

图三七　A、C 型铜剑

1、2.Aa 型 I 式 M3031：8、M3201：2　3.Aa 型 II 式 M3200：1　4.Ab 型 M1047：2　5.C 型 M3161：2

面呈菱形。标本 M3200：1，通长 48.3、宽 4.8 厘米（图三七，3；彩版三一，3）。

　　Ab 型　1 件。短剑身，随身佩剑。标本 M1047：2，剑身短宽，中部略厚，起脊，格略宽，扁圆茎较长，双箍，圆首。通长 24.9、宽 4.4 厘米（图三七，4；彩版三一，4）。

　　B 型　9 件。无格。据剑身不同分两亚型。

　　Ba 型　4 件。柱状脊。分两式。

　　Ba 型 I 式　1 件。圆脊较粗。标本 M2071：4，剑身较宽，尖锋，中间为扁圆脊，脊两侧双刃较宽，扁圆茎，后端残缺。残长 35.4、宽 4.0 厘米（图三八，1；彩版三二，1）。

　　Ba 型 II 式　3 件。圆脊较细。标本 M2114：3，剑身较窄，尖锋，细圆脊，双刃内侧加厚，扁圆茎，后端残缺。残长 29.5、宽 3.2 厘米（图三八，2；彩版三二，2）。标本 M2062：3，剑身较薄，中间为细圆脊，窄刃内侧加厚，扁茎，后端残缺。残长 28.3、宽 3.3 厘米。标本 M1003：2，剑身略宽，尖锋，中间为细圆脊，脊两侧双刃内侧加厚，扁茎，后端残缺。残长 25.4、宽 3.6 厘米。标本 M3117：7，尖锋，中间为细圆脊，脊两侧双刃内侧加厚，剑身后端残缺。残长 13.3、宽 3.2 厘米。

　　Bb 型　5 件。菱形脊。标本 M3033：10，尖锋，前锐后宽，脊外双刃较窄，末端外侈。茎部为扁体状，前宽后窄，后部中间有穿孔，便于穿钉固定木柲。茎外缘留有铸造时范痕。长 40.6、宽 4.0 厘米（图三八，3；彩版三二，3）。标本 M3019：12，剑身较窄，较薄，中部起脊，中间横断面为菱形，双刃内侧略加厚，扁圆茎，前宽后窄。通长 36.7、宽 3.2 厘米（图三八，4；彩版三二，4）。标本 M3197：20，剑身中部起脊，横断面呈菱形脊，窄刃内侧加厚，茎后端残缺。残长 28.5、宽 3.8 厘米。标本 M3063：1，剑身较宽，中部起脊，横断面为菱形，双刃略宽，后部残缺。

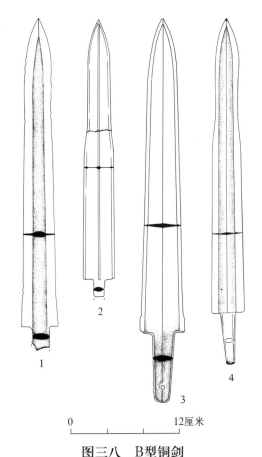

0　　　　　　　12 厘米

图三八　B 型铜剑
1.Ba 型 I 式 M2071：4　2.Ba 型 II 式 M2114：3
3、4.Bb 型 M3033：10、M3019：12

残长 14.4、宽 3.6 厘米。标本 M2115：13，剑身中部起脊，横断面呈菱形脊，刃部略宽，后端残缺。残长 9.7、宽 3.0 厘米。

C 型　1 件。非实用器，无刃。标本 M3161：2，薄体，无刃，前部残断，后部残缺。中部残存木屑痕迹，构成边缘类似刃痕。残长约 15.8、宽 4.0、厚 0.2 厘米（图三七，5；彩版三二，5）。

2. 铍

6 件。仅存铍头部，铍头形制大致如剑，茎部为扁平或扁圆状。与剑使用方式不同，后端应装长柲，墓葬中均未见柲。分两型。

A 型　1 件。宽平脊。标本 M1001：6，铍头扁平状，中间较厚处为扁平脊，脊两侧刃略宽，尖锋。茎部为扁体状，两侧留有铸造的范痕，茎后部残缺。残长 30.4、宽 3.5 厘米（图三九，1；彩版三三，1）。

B 型　5 件。菱形脊，均为剑残断后改制。标本 M1005：5，中间起脊，双刃尾端有厚加工的缺口，其后为不规整的加工痕迹，缺口及尾部系铸后再加工，扁茎，后端残缺。残长 26.4、中间宽 2.8 厘米（图三九，2；彩版三三，2）。标本 M3164：3，铍身较薄，茎部为不规整的扁体状，系铸好加工而成，中间有亚腰，便于捆绑固定长柲，后端残缺。残长 32.6、中间宽 4.5 厘米（图三九，3；彩版三三，3）。标本 M3040：2，尖锋，前窄后宽，中间为菱形凸脊，双刃较宽，刃内

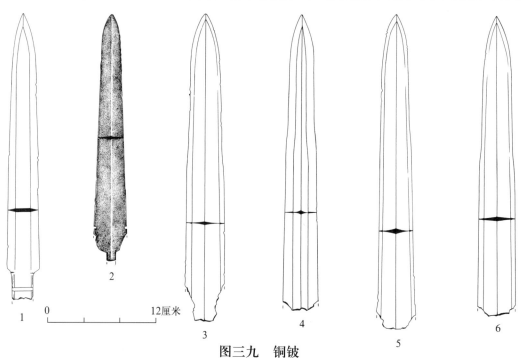

图三九　铜铍

1. A 型 M1001：6　2～6. B 型 M1005：5、M3164：3、M3040：2、M2033：14、M1010：1

侧增厚，茎部残缺。残长 31.5、中宽 3.6 厘米（图三九，4；彩版三三，4）。标本
M2033：14，中间较厚，凸脊明显，双刃尾端外侈，茎部为不规整的扁体状，前
端系铸后再加工，后端残缺。残长 33.4、中间宽 4.5 厘米（图三九，5；彩版三三，
5）。标本 M1010：1，前锐后宽，中间略厚，脊线明显，茎部前端系铸后再加工，
不规整的扁体状，后端残缺。残长 31.9、中间宽 4.0 厘米（图三九，6；彩版三
三，6）。

3. 戈

18 件。复原 16 件，根据形制的差异，分四型。

A 型　6 件。宽援直内，援宽度在 3 厘米以上。根据内的变化分两式。

A 型 I 式　3 件。内直近平。标本 M2071：5，宽援，扁平无脊，弧刃尖锋，
长胡，胡端 2 长条形穿。内近胡端略宽，上端外略下收，下端平直，外缘呈圆弧状，
内中有长条形横穿。通长 20.04、内长 7.6 厘米（图四〇，1；彩版三四，1）。标本
M3164：2，援略长，扁平无脊，胡端 3 穿，下穿残断，上端为圆穿。内近胡端略宽，
上端平直，下端略上收，外缘弧角，内中有长条形横穿。通长 22.0、内长 7.8 厘米
（图四〇，2；彩版三四，2）。标本 M2004：5，宽援较长，菱形脊，弧刃尖锋，长
胡，胡端 3 长条形穿。直内基本平直，外缘近直，下端外侧有缺，内中有长条形横

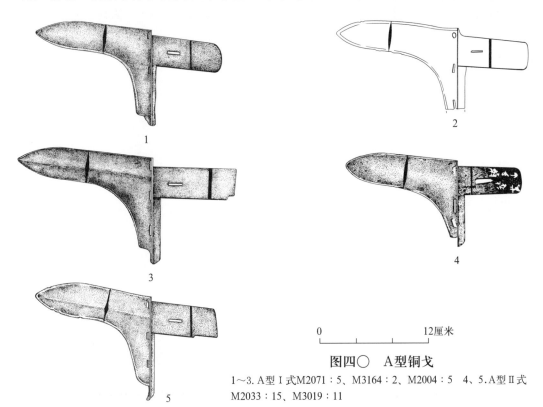

0　　　　　　　　　　12厘米

图四〇　A型铜戈

1~3.A型 I 式 M2071：5、M3164：2、M2004：5　4、5.A型 II 式
M2033：15、M3019：11

穿。通长 23.8、内长 8.9 厘米（图四〇，3；彩版四，3）。

　　A 型 Ⅱ 式　3 件。直内上扬。标本 M2033：15，援略短，扁平无脊，短胡 3 穿。直内上扬，外缘弧角，内中有长条形横穿。内的外端有凿刻的铭文："陈子山徒戈"。通长 19.0、内长 7.6 厘米（图四〇，4；彩版三四，4）。标本 M3019：11，宽援略短，菱形脊，弧刃尖锋，长胡，胡端 3 长条形穿。直内外端上扬，外缘斜直，下端外侧有缺，内中有长条形横穿。通长 20.4、内长 7.1 厘米（图四〇，5；彩版三四，5）。标本 M3161：1，援略短，扁平无脊，弧刃尖锋，胡下端残缺，残存 2 扁圆形穿。直内外端略上扬，外缘略斜弧，内中有内宽外窄长条形横穿。通长 19.7、内长 7.4 厘米。

　　B 型　6 件。窄援直内。形制相近。标本 M3201：1，援略长，弧刃尖锋，扁平无脊，长胡，胡端 3 长条形穿。直内外端上扬，外缘直，下端外侧有缺，内中有条形横穿。通长 20.4、内长 7.5 厘米（图四一，1；彩版四一，1）。标本 M3033：8，窄短援，扁平无脊，弧刃锐锋，长胡，胡端 3 长条形穿，直内外端略上扬，外缘斜弧，内中有长条形横穿。通长 19.0、内长 7.9 厘米（图四一，2；彩版四一，2）。标本 M2062：1，长援，弧刃尖锋，扁平无脊，长胡，胡下部 1 长条形穿，直内外端略上扬，外缘斜弧，内中有楔形横穿。通长 20.6、内长 7.5 厘米（图四一，3；彩版四一，3）。标本 M3197：2，短援略宽，扁平无脊，弧刃锐锋，长胡，胡端 3 穿，上穿为圆形，

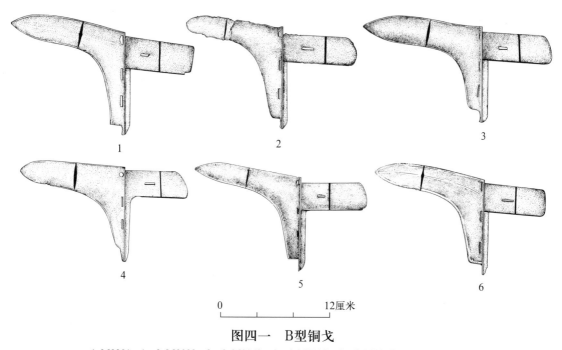

图四一　B 型铜戈

1. M3201：1　2. M3033：8　3. M2062：1　4. M3197：2　5. M1047：1　6. M3200：2

直内外端略上扬，外缘斜弧，内中有内长条形横穿。通长 18.5、内长 6.9 厘米（图四一，4；彩版四一，4）。标本 M1047：1，窄援，扁平无脊，弧刃尖锋，长胡，胡端 3 短条形穿，直内外端略上扬，外缘斜弧，外下端有缺，内中有内略宽的条形横穿。通长 19.1、内长 7.1 厘米（图四一，5；彩版四一，5）。标本 M3200：2，短援，弧刃锐锋，中厚起脊，长胡，胡端 3 长条形穿，直内外端上扬，外缘斜直弧角，内中有内长条形横穿。通长 18.9、内长 6.6 厘米（图四一，6；彩版四一，6）。

C 型　1 件。窄援曲内。标本 M3183：1，窄长弧援，弧刃尖锋，援前端略下弧，中部加厚起脊，断面近菱形。长胡有刃，胡端有凸起的 3 棘刺，3 穿，上穿为圆形。曲内上扬，外缘上端尖锐，中间有长条形横穿，近穿端内上下及外缘均有刃。底部有鐏，鐏与戈间有秘灰痕。通长约 30.5、内长 11.2 厘米（图四二，1；彩版三四，6）。

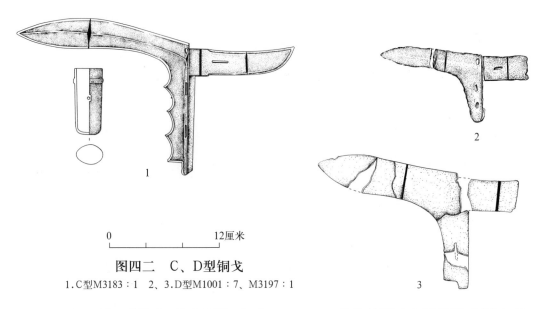

0 _____ 12厘米

图四二　C、D 型铜戈

1. C 型 M3183：1　2、3. D 型 M1001：7、M3197：1

D 型　3 件。明器类，非实用器。标本 M1001：7，戈体前端及内端残断，断为 3 截。质地为灰白色，含铅较多。窄援，锐锋，扁圆体，无刃。短胡，胡端 3 扁圆形穿。直内外端略上扬，内中有内长条形横穿，外缘锈蚀严重不整。通长约 16.2、内长约 5.2 厘米（图四二，2）。标本 M3197：1，整体近似拨片状，残断为数块。可大体复原。宽援、平脊、无刃，前端残缺。长胡无穿。直内略上扬，无穿，外缘直，外角有小缺。通长 22.4、内长约 5.6 厘米（图四二，3）。

4．矛

2 件。形制相同。尖锋，中间起脊，截面呈菱形，双刃扁薄，末端近骹处内收。圆骹较粗，近叶处略细，并有一圆形小钉孔。标本 M3197：22，通长 15.8、骹长 6.8、骹径 2 厘米（图四三，9；彩版三六，1）。

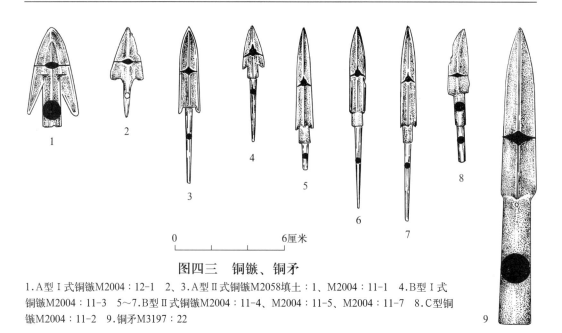

图四三　铜镞、铜矛

1. A型Ⅰ式铜镞M2004：12-1　2、3. A型Ⅱ式铜镞M2058填土：1、M2004：11-1　4. B型Ⅰ式
铜镞M2004：11-3　5～7. B型Ⅱ式铜镞M2004：11-4、M2004：11-5、M2004：11-7　8. C型铜
镞M2004：11-2　9.铜矛M3197：22

5．镞

8件。根据形状不同分三型。

A型　3件。扁首双翼。分两式。

A型Ⅰ式　1件。宽翼，无铤。标本M2004：12-1，双翼较宽，末端外侈，圆脊，
后空有銎。长5.4、銎径1.0厘米（图四三，1；彩版三六，2）。

A型Ⅱ式　2件。双翼，有铤。形制略有差异。标本M2058填土：1，双翼略宽，
末端内收，圆脊，后连铤，铤后部尖锐。通长4.8、铤长2.0厘米（图四三，2；彩
版三六，3）。标本M2004：11-1，双翼较窄，末端略侈呈尖锋，菱形脊，长铤，铤
后部渐变细锐。通长8.4、铤长4.1厘米（图四三，3；彩版三六，4）。

B型　4件。三棱体。分两式。

B型Ⅰ式　1件。短首。标本M2004：11-3，圆脊，三翼较宽，末端略收，后尖锋，
长铤。通长6.2、铤长3.4厘米（图四三，4；彩版三六，5）。

B型Ⅱ式　3件。长首。标本M2004：11-4，圆脊，尖锋，三翼较窄，末端出
刺，短铤。通长7.6、铤长1.4厘米（图四三，5；彩版三六，6）。标本M2004：11-
5，圆脊，尖锋，三翼较窄，末端无刺，短铤。通长9.7、铤长4.3厘米（图四三，6；
彩版三六，8）。标本M2004：11-7，长铤。通长10.6、铤长4.2厘米（图四三，7；
彩版三六，7）。

C型　1件。扁菱体。标本M2004：11-2，扁首，菱形脊，长关，短铤。首端
有残损，略变形。通长7.2、铤长1.8厘米（图四三，8；彩版三六，9）。

6. 镈

1件。标本M3183：1-2，圆筒形。上有受秘的圆形銎口，口下附加有凸棱一周，中部有对称的穿孔，平底。通长15.8、直径1.7厘米（图四二，1左下）。

（三）车马器

共7件。

1. 铜马衔

2件。连体扁环状。形制相同。标本M2004：6-1，由2件柄部加两侧大小扁环套接而成，近似椭圆形的两大环在外侧，内侧两扁体小环相套接。通长23.5、单长12.6、大环外径4.4～5.6、小环内径1.7～2.7厘米（图四四，1）。

2. 铜环

1件。扁圆体。标本M3213（马坑）：1，正面为圆弧状，底部近平，直径8.5、内径5.2、中部厚0.2厘米（图四四，2）。

3. 铜泡

4件。形制相同。圆帽形，平沿，弧顶，顶部边缘对称两个方孔。标本M2004：7-3，直径8.0、高0.45、壁厚0.1厘米（图四四，3）。

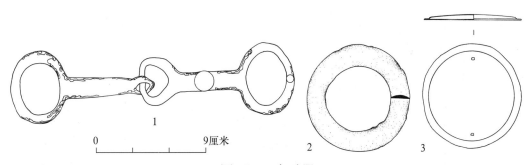

图四四　车马器

1.铜马衔M2004：6-1　2.铜环M3213（马坑）：1　3.铜泡M2004：7-3

（四）生活用具

包括铜环、刀削、铜带钩、鎏金饰件等，总计92件，复原84件。

1. 铜环

30件。均圆环形，环体略有差异。分三型。

A型　3件。圆环形。标本M3054：4，外缘有一扁弧外鼻，直径4.4、内径3.5、厚0.3厘米（图四五，1）。标本M3054：5，外缘锈蚀，直径2.8、内径1.7、厚0.3厘米。标本M2018：2，直径2.0、内径1.2、厚0.3厘米（图四五，2）。

B型　2件。扁环体。形制相同。标本M1048：2-1，直径2.0、内径1.1、厚0.2厘米（图四五，3）。

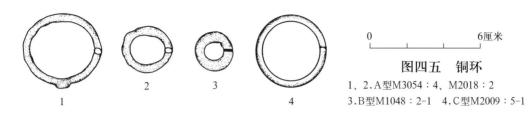

图四五　铜环

1、2.A型M3054：4、M2018：2
3.B型M1048：2-1　4.C型M2009：5-1

C型　25件。扁角体。环的断面均内弧外呈直角状，大小略异。标本M2009：5-1，直径3.9、内径3.4、厚0.3厘米（图四五,4）。标本M2102：1，直径3.8、内径3.5、厚0.3厘米。

**2．铜削**

2件。修复1件。弧背、长柄、环首。标本M2025：6，前端残断，背厚，刃锋利，柄部至环首铸有两条凸弦纹。残长15.1、柄环长8.2厘米。

**3．铜带钩**

42件。实际修复41件。样式较多，分七型。

A型　13件。长匙形，鼓腹，弧背内凹，帽形纽。标本M3145：5，纽位于带钩中部的凹槽中，龙首钩。长7.8、腹宽1.1厘米（图四六，1；彩版三七，1）。标本M3063：2，背略弧，纽近尾部位于凹槽中，钩体做兽形。长7.6、腹宽1.2厘米（图四六，2；彩版三七，2）。

B型　6件。马琴形，鸟首钩，腹部短宽有弧角，腹部有折棱。鸟首钩，鼓腹，弧背内凹，帽形纽。标本M3133：6，鼓腹，纽位于钩尾凹槽中。长8.5、腹宽1.9厘米（图四七，1）。标本M2052：1，背较平，纽近钩尾位于凹槽中。长9.9、腹宽2.0厘米（图四七，2）。标本M3134：3，钩首可见双目，纽近钩尾位于凹槽中。长7.9、腹宽1.5厘米（图四七，3）。标本M3147：1，鼓腹，背略平，腹部平面略呈蹼状，纽近钩尾位于凹槽中。长6.3、腹宽1.6厘米（图四七，4）。

C型　17件。琵琶形，鼓腹，腹部有两条或单条折棱，弧背内凹，帽形纽。

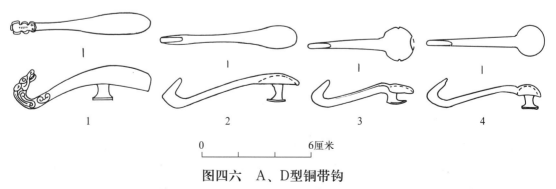

图四六　A、D型铜带钩

1、2.A型M3145：5、M3063：2　3、4.D型M2087：7、M3012：1

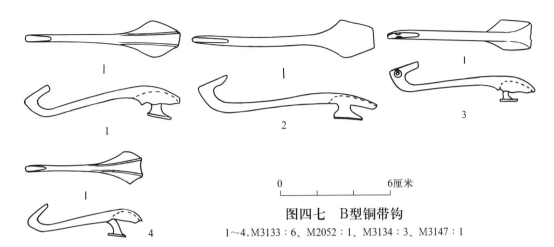

图四七　B型铜带钩

1～4.M3133：6、M2052：1、M3134：3、M3147：1

标本 M3137：9，鼓腹，背部有两条脊棱，颈部较细，纽近尾部位于凹槽中。钩体较长。长 9.7、宽 1.8 厘米（图四八，1）。标本 M3201：6，鼓腹，腹背有两条脊棱，钩体作兽形，龙首钩。纽近尾部。长 6.0、腹宽 1.0 厘米（图四八，2；彩版三七，3）。标本 M3200：3-1，鼓腹，腹背有两条脊棱，纽近尾部，龙首钩。长 7.3、宽 1.5 厘米（图四八，3）。标本 M3041：9，钩身扁平，弧背，鼓腹，腹背有两道脊棱，纽近尾部。长 6.0、腹宽 1.2 厘米（图四八，4）。

D 型　2 件。圆腹形。鸟首钩，圆腹，腹部弧鼓近似蘑菇状，帽形纽。标本 M2087：7，略残。鼓腹，背略平，纽近钩尾位于凹槽中，钩体作兽形。长 5.6、腹宽 1.9 厘米（图四六，3）。标本 M3012：1，颈部较细，颈部与腹部交界处有一处凹痕，纽近钩尾位于凹槽中，钩体较短。长 6.3、腹宽 1.6 厘米（图四六，4）。

E 型　1 件。双羽形。鸟首钩，双羽形腹，弧背内凹，帽形纽。标本 M3135：1，鼓腹，颈部细长，腹平面呈双羽状，饰羽状纹。纽近钩尾，位于凹槽中。钩首见双目。长 7.0、腹宽 2.1 厘米（图四九，1；彩版三七，4、5）。

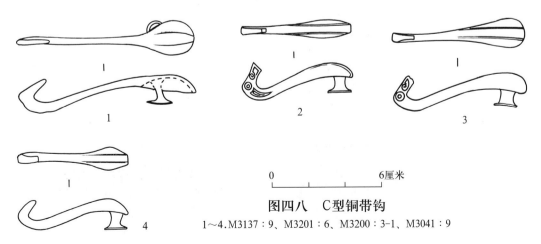

图四八　C型铜带钩

1～4.M3137：9、M3201：6、M3200：3-1、M3041：9

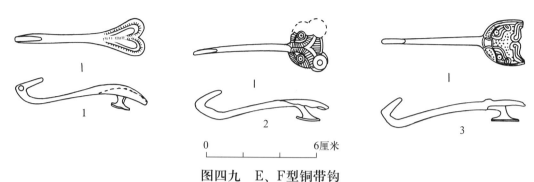

图四九　E、F型铜带钩
1.E型M3135：1　2、3.F型M3073：1、M3065：7

　　F型　2件。枭首形。鸟首钩，枭首形腹，腹部较平，帽形纽。标本M3073：1，腹部分残断，细颈，背略弧，纽近钩尾。长7.3、腹残宽1.8厘米（图四九，2）。标本M3065：7，鼓腹，腹背部装饰枭首图案，颈部较细，平背，纽近尾部。长7.9、腹宽2.5厘米（图四九，3；彩版三七，6）。

　　4.铜铃

　　4件。形制相同，合瓦型，平顶，环纽，弧口。标本M4023：7，通高2.8、纽高1.2、口宽2.6厘米（图五〇，1）。

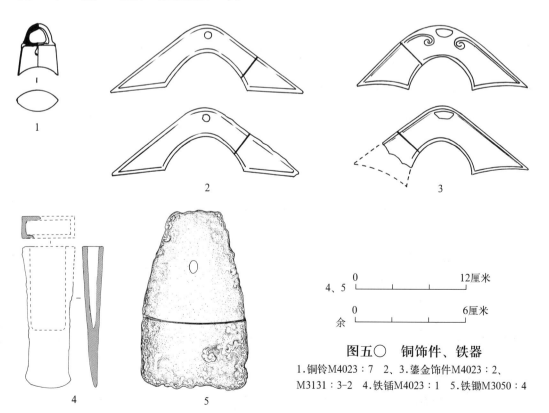

图五〇　铜饰件、铁器
1.铜铃M4023：7　2、3.鎏金饰件M4023：2、
M3131：3-2　4.铁锸M4023：1　5.铁锄M3050：4

5．鎏金饰件

14 件。复原 8 件。形制相近，近似拱桥状。标本 M4023：2，两侧直角近平，弧顶中间有圆孔，边缘有凸起的弦纹。长 10.2、器高 3.5、厚 0.1 厘米（图五〇，2）。标本 M3131：3-2，两侧直角略内弧，弧顶中间有扁圆孔，孔两侧各有凸起内旋的卷云纹。长 9.4、器高 3.4、厚 0.1 厘米（图五〇，3）。

## 三　铁器

共 3 件。器形为锸、锄。

1．铁锸

1 件。空首锸。扁体长条形，竖銎，銎口呈长方形，内侧变窄，刃部略窄于銎部，锸体侧视近三角形。标本 M4023：1，通长 15.0、銎口宽 5.8、刃宽 5.0 厘米（图五〇，4）。

2．铁锄

2 件。薄体板锄。上窄下宽，平面近似弧边梯形，拱背，宽刃部略弧。中部偏上有一穿孔，最大孔径 1.4 厘米。标本 M3050：4，长 19.0、宽 5.6～11.8、厚 0.2 厘米（图五〇，5）。

## 四　石器

共 349 件。器形主要有环、璜、珠、管等。按质地有青石质、滑石质两大类，其中绝大部分为滑石质。

1．石刀

1 件。厚背薄刃。标本 M2092：11，前端弧锐，后部残缺。残长 8.4、背厚 0.3 厘米。

2．石璜

12 件。扁平体，半弧形，上缘两端呈锐角，中间多有穿孔。标本 M2032：32-8，中间有一条切割痕迹。通长 12.6、宽 2.0、厚 0.16 厘米。标本 M2032：32-6，上缘两端角略钝，中间有两条切割痕迹。通长 10.6、宽 2.0、厚 0.4 厘米。标本 M2032：32-2，中间有一条切割痕迹。一上角略残。残长 8.6、宽 1.6、厚 0.2 厘米。标本 M2032：32-5，上缘中间无孔，有一条切割痕迹。通长 9.3、宽 1.6、厚 0.2 厘米。标本 M2032：1A，通长 9.6、宽 2.7、厚 0.12 厘米。

3．滑石环

134 件。根据大小不同分三型。

A 型　10 件。大型石环，直径在 5 厘米以上。薄体，圆形，正面刻划数周凹弦纹，并加刻不规则的云纹或锯齿纹。标本 M2102：5-1，正面刻划 5 周凹弦纹，外圈 3 周弦纹上刻划不规则的锯齿纹。直径 8.4、内孔径 4.7、厚 0.6 厘米。标本 M2102：4-1，正面刻划 5 周凹弦纹，外圈 3 周弦纹上刻划双短线，直径 8.6、内孔径 4.6、厚 0.3 厘米。标本 M3199：5-19，正面刻划 6 周凹弦纹，外圈 5 周弦纹上分别局部刻划不规则的锯齿纹，纹饰未完成。直径 6.8、内孔径 3.4、厚 0.36 厘米。标本 M2102：5-2，正面刻划 2 周凹弦纹，外圈单线、内圈双线弦纹上刻划不规则的月牙形云纹。直径 8.8、内孔径 4.5、厚 0.6 厘米。

B 型　104 件。中型石环，直径 4～5 厘米。薄体，圆形，正面光滑，均为素面。标本 M2032：33-13，直径 4.0、内孔径 1.8、厚 0.2 厘米。标本 M2102：4-39，直径 4.5、内孔径 2.0、厚 0.5 厘米。标本 M2102：4-54，直径 4.8、内孔径 2.0、厚 0.5 厘米。

C 型　20 件。小型石环，直径在 4 厘米以下。薄体，圆形，正面刻划凹弦纹，并加刻不规则锯齿、短线纹。标本 M3199：5-8，正面刻划 3 周凹弦纹，外圈 2 周弦纹上刻划不规则的锯齿或双短线。直径 3.6、内孔径 1.4、厚 0.4 厘米。标本 M3199：5-1，正面刻划 3 周不规则凹弦纹，外圈 2 周弦纹上刻划不规则的短齿或双短线。直径 3.2、内孔径 1.5、厚 0.3 厘米。标本 M3199：5-5，正面刻划 2 周凹弦纹，弦纹上刻划不规则的齿纹。外缘略残，直径 3.4、内孔径 1.4、厚 0.5 厘米。

## 4．滑石珠

38 件。串饰件，形制相近。圆形或扁圆形，中部有穿孔，素面。直径 1.4～1.9 厘米。标本 M2102：6-2，直径 1.8、内孔径 0.3、厚 0.3 厘米。标本 M2102：6-6，穿孔略偏，直径 1.7、内孔径 0.3、厚 0.7 厘米。

## 5．滑石管

161 件。数量最多，均为串饰件。一般为腰鼓形、多棱柱状，中间穿孔。标本 M2032：34-1，腰鼓形，长 2.2、中间径 1、孔径 0.2 厘米。标本 M2032：34-2，腰鼓形，长 2.5、中间径 1.0、孔径 0.2 厘米。标本 M2032：34-3，多棱柱形，长 2、径 0.6、孔径 0.15 厘米。标本 M3199：5-22，多棱柱形，长 1.8、径 0.7、孔径 0.2 厘米。

## 6．石蚕

1 件。扁体蚕形。前端口内凹，头顶凸耳，下腹缓收，尾部呈钝角。中间腹上部有穿孔，素面。标本 M2032：32-1，通长 10.6、厚 0.4 厘米。

## 7．石章料

1 件。方柱形。标本 M2004：14，正方柱体，上端略内收。边长 2.0、高 6.3 厘米。

## 8．石戈

1 件。标本 M2004：16，长方条形，上部略薄，一侧有缺。长 12.2、宽 2.9、厚 0.6 厘米。

## 五　水晶、玛瑙器

共 7 件。有水晶环、玛瑙环、水晶珠。

### 1. 水晶环

2 件。圆环形,透明,有玻璃光泽。标本 M1048：1-2,扁圆环形,内外缘两面斜收,横截面内外缘均呈四角状。外径 4.6、内径 3.0、厚 0.7 厘米。

### 2. 玛瑙环

2 件。平外缘。标本 M3040：1,扁圆环形,环外缘平直,内侧两面斜收,横截面外缘呈直角,内侧呈四角状。外径 5.0、内径 3.4、厚 0.8 厘米。标本 M1048：1-1,扁圆环形,环外缘平直,内侧两面斜收,横截面外缘呈直角,内侧呈四角状。外径 3.0、内径 1.6、厚 1.0 厘米。

### 3. 水晶珠

3 件。腰鼓形,中间略粗,管孔为两端对穿。标本 M2018：3,长 3.0、径 1.0 厘米。标本 M2018：4,长 2.1、径 0.7 厘米。标本 M2018：5,长 2.1、径 0.8 厘米。

## 六　骨蚌器

### (一) 骨器

共 89 件。器形主要有骨簪、骨梳、骨盒、骨锥、骨贝、骨管、骨珠等器类。

### 1. 骨簪

35 件。复原 30 件,型式明确的 27 件,残缺 3 件。分圆柱体和扁体两型。

A 型　21 件(4 件仅确定为 A 型)圆柱体簪身,簪首呈圆帽形,分两亚型。

Aa 型　6 件。平顶簪首。首顶部近平,一般簪身连首处略粗,圆柱形长身,尾部渐细,大部尾端略残。标本 M3207：6,簪首平顶,身圆直,尾端残缺。残长 18.5、首径 1.2、中径 0.7 厘米。标本 M2002：4,身上部略扁,下部圆直,尾端近平。长 23.4、首径 0.9、中径 0.5 厘米。

Ab 型　11 件。弧顶簪首。簪首顶部弧凸,如同圆帽形。标本 M3098：2,圆锥形首顶,圆柱簪身细长,近尾端渐细,尾端侧尖。长 38.1、首径 0.7、中径 0.5 厘米。标本 M3199：6,圆锥形首顶,圆柱簪身略弯曲,近尾端渐细,尾端残缺。残长 24.8、首径 1.1、中径 0.5 厘米。标本 M2032：22,圆锥形首顶,圆柱簪身细长并略弯曲,近尾端渐细,尾端残缺。残长 37.7、首径 0.9、中径 0.4 厘米。标本 M2054：1,圆锥形首顶,下部略细,尾端残缺。残长 33.8、首径 0.8、中径 0.5 厘米。

B 型　6 件。扁圆形或扁片形簪身,首无帽。标本 M3034：6,扁圆体,首端略宽，簪身扁长，近尾端内收，尾端钝尖。长 32.2、首宽 1.3、厚 0.2～0.5 厘米。标本 M3098：3，扁圆体，首端扁宽，簪身中部略厚，近尾端内收，尾端钝圆。长 14.4、首宽 1.1、厚 0.2～0.4 厘米。标本 M3199：13，扁片体，首端略宽，簪身扁长，近尾端内收，尾端残缺。残长 21.2、首宽 1.1、厚 0.1 厘米。

### 2．骨锥

1 件。用动物肢骨制成，短粗形，上部粗壮，下部断面呈圆形，末端尖锐。除顶端留有关节界面外，整体磨光。标本 M2015：0.1，长 6.2、上端最大径 1.8 厘米。

### 3．骨梳

6 件。型式明确的 5 件，残破 1 件。分两型。

A 型　3 件。短平背，柄齿一体，粗齿。标本 M2046：1，厚体，首柄呈长束腰状，柄部窄于齿部，平齿，数量在 14 齿以上。通高 6.6、宽 4.3～4.8、齿长 2.7、厚 0.4 厘米。标本 M2102：22，短柄略窄，束腰斜收，梳齿部分已残缺，复原齿数在 14 齿以上，通高 6.6、宽 4.6、齿长 1.9～2.7、厚 0.4 厘米。标本 M2045：19，薄体，首柄略厚窄，呈长束腰状，齿均残缺，数量在 14 齿以上。残高 4.5、宽 4.0～4.4、厚 0.1～0.2 厘米。

B 型　2 件。柄齿分体，长背，密齿。标本 M2113：7-8，柄首平背外伸，两侧有穿孔，鼓腹中空，下有一凹槽与齿部相接，柄首两侧装饰对鸟，鸟首相对，鸟身下有孔，用穿木固定在背首上。齿部略呈上窄厚下宽薄的梯形，上部出隼插入柄部，齿密略有残断，数量在 22 齿以上。通高 10.0、器高 9.0、柄首宽 5.8、器宽 3.8～4.4、齿长 4.8～5.0、柄厚 0.5～1.4、齿部厚 0.2～0.5 厘米。标本 M2032：23、24，柄首曲背外伸，鼓腹中空，下有一凹槽与齿部相接。齿部略呈上窄厚下宽渐薄的梯形，上部出隼与插入柄部，平齿较密，右侧部分残断，数量在 18 齿以上。通高 8.8、器高柄首宽 6.8、器残宽 3.8～4.1、齿长 6.0、柄厚 0.5～1.4、齿部厚 0.1～0.5 厘米。

### 4．骨盒

4 件。实际修复 3 件。束腰圆筒形，盒体用动物肢骨制成，上有盖，下有底。标本 M2032：21，圆形束腰，上盖及底用骨片加工而成，中间有近似圆锥状的短尖。通高 5.6、器高 5.2、口径 2.8、腰径 2.6、底径 2.9 厘米。标本 M2032：20，腰略束，盖及底用骨片加工而成，中间略鼓似圆锥。通高 5.4、器高 5.2、口径 2.6、腰径 2.4、底径 2.9 厘米。标本 M3043：4，圆形束腰，上盖及底中间凸起圆锥状的短尖。通高 4.5、器高 4.2、口径 2.5、腰径 2.1、底径 2.6 厘米。

### 5．骨管

4 件。均为中间有穿孔的短管。标本 M3034：5，圆管形，内外壁均呈不规则的圆形，表面修磨光洁。长 2.4、径 1.4 厘米。标本 M3046：6，扁圆管形，外壁表面修磨光洁，一侧留有加工的小凹槽。长 2.6、径 1.2 厘米。标本 M1026：7，两端略细，近似腰鼓状圆管形，内孔偏向一侧，表面修磨光洁，一侧留有加工的半弧形凹。长 24.0、径 1.8 厘米。

6．骨珠

30 件。骨珠均为扁圆算盘珠形，中间有孔，外缘两侧斜收，断面近似扁体六角形。标本 M2102：2，平面呈不规则的圆形，内孔两侧对钻，开口处略大，直径 1.5、中厚 0.8 厘米。标本 M2032：34-2，平面圆形，内孔直钻，直径 1.2、中厚 0.5 厘米。标本 M2045：28，一串，15 件，骨珠形态相近，均为不太规则的圆形，大小略有差异，直径 1.0～1.6 厘米。标本 M3134：2，外径 1.2、孔径 0.2、厚 0.3 厘米。

7．骨贝

5 件。实际修复 1 件。贝形，正面微鼓，正面中间竖向刻凹槽。标本 M2001：17-1，凹槽两侧平口无齿，两端有穿孔。长 2.2、宽 1.9 厘米。

8．骨镞

4 件。为三棱或四棱体。标本 M3046：9-1，三棱体，尖锋，铤部残缺。残长 3.7 厘米。标本 M3046：9-2，三棱体略短，铤部残缺。残长 3.3 厘米。标本 M3145：1，三棱体，前锋略残，铤部残缺。残长 3.6 厘米。

（二）蚌器

共 7 件。

1．蚌鱼

4 件。仿鱼形，长条状，前有穿孔鱼眼。标本 M2032：2，宽首，背略弧，腹近平，尾中略凹近似鱼尾形。长 11.0、宽 1.6 厘米。标本 M2032：32-1，背近平，腹略弧，直尾斜收。残长 11.2、宽 1.6 厘米。标本 M2032：32-2，背近平，腹略弧，宽尾斜收。长 9.6、宽 1.6 厘米。标本 M2032：32-3，弧背，平腹，弧尾斜收。长 9.8、宽 1.0 厘米。

2．蚌壳

3 件。实际 2 件。扇形壳。标本 M3050：2，花蚌壳，前部略残。残径 4.5 厘米。标本 M2035：8，素蚌壳，前部有穿孔。径 3.6 厘米。

3．海贝

1 件。齿贝，标本 M2074：14，长 2.6、宽 1.8 厘米。

# 第四章　墓葬分述

## 第一节　第一发掘区

第一发掘区位于墓地东部，墓葬编号为 M1001～M1055。

实际发掘墓葬 33 座，编号为 M1001～M1018、M1020、M1022～M1024、M1038、M1046～M1055。

编号 M1019～M1021、M1025～M1037、M1039～M1045 等 22 座墓葬仅探明位置未发掘。

选择其中 18 座墓葬分别介绍。

### 一　M1001

位于第一发掘区西北部，南与 M1002 为邻，开口在②层下。耕土层厚 0.20、②层厚 0.24 米。

（一）墓葬形制

长方形竖穴土坑墓，方向 104°（图五一）。墓口距地表深 0.44、长 2.56、宽 1.17～1.33 米。墓底距地表深 3.54、长 2.84、宽 1.42～1.47 米。墓壁上半部为直壁，距墓口 1.80 米处墓壁略外扩。距墓口 2.70 米处有熟土二层台，东宽 0.41、西宽 0.34、北宽 0.23～0.28、南宽 0.38～0.40、高 0.41 米。墓内填土为细五花土。

（二）葬具葬式

葬具为一棺。棺长 2.07、宽 0.83 米。棺上部的二层台台面有横铺的盖板，无框、无底。

棺内人骨 1 具，人骨保存良好。仰身直肢，头向东，面向南，上身略向左侧，两手相交于下腹左侧。

（三）随葬器物放置

随葬品有绳纹鬲 1 件，陶筲 2 件，陶盖豆 2 件，铜钺 1 件，铜戈 1 件，共 7 件。绳纹鬲和陶筲放置在墓主头前部右侧东北角处的二层台上，陶豆下葬时应放置二层

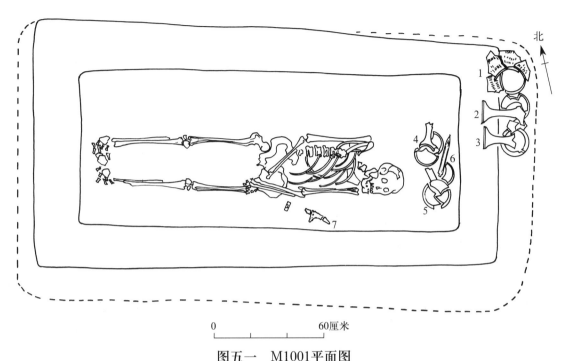

0        60厘米

**图五一　M1001平面图**
1.绳纹鬲　2、3.陶筮　4、5.陶盖豆　6.铜钺　7.铜戈

台盖板之上，盖板、棺腐朽后落入棺内墓主头前部，底部还残存有明显板灰痕迹。铜兵器放置在棺内，铜钺位于墓主头前部，铜戈在墓主左侧。

**（四）随葬器物**

共7件。包括陶器5件，铜器2件。

**1．陶器**

陶器5件。绳纹鬲1件，盖豆2件，筮2件。

绳纹鬲　1件。

D型V式　标本M1001：1，夹砂红褐陶。直口，平沿，方唇，束颈，溜肩，鼓腹，下腹急收，平裆，三矮柱状足。沿下通饰斜绳纹，腹上部有一周抹压纹，裆部加饰横向绳纹。口径17.0、高16.3厘米（图五二，1）。

陶盖豆　2件。

A型Ⅲ式　2件。标本M1001：4，泥质灰陶。子母口，深盘，圜底，矮柄内中空，大喇叭状器座，弧形盖，盖顶中央有一喇叭状捉手。口径18.0、底径18.0、盖口径11.9、通高32.8厘米（图五二，2）。标本M1001：5，形制相同。口径18.0、底径16.6、通高32.8厘米（图五二，3）。

陶筮　2件。

形制相同。泥质灰陶。盘柄连体，敞口，折沿，尖圆唇，浅盘，平底，粗柄中

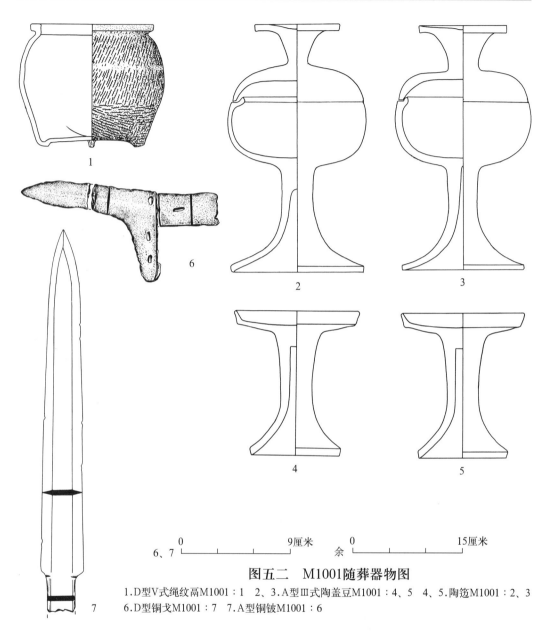

图五二　M1001随葬器物图

1.D型V式绳纹鬲M1001∶1　2、3.A型Ⅲ式陶盖豆M1001∶4、5　4、5.陶豆M1001∶2、3
6.D型铜戈M1001∶7　7.A型铜镞M1001∶6

空，喇叭状器座。标本 M1001∶2，口径 17.0、底径 12.0、高 19.2 厘米（图五二，4）。标本 M1001∶3，口径 17.0、底径 11.8、高 19.2 厘米（图五二，5）。

2．铜器

2件。铜戈1件，铜镞1件。

铜戈　1件。

D 型　标本 M1001∶7，戈体前端及内端残断，断为3截。质地为灰白色，含铅较多。窄援，锐锋，扁圆体，无刃。短胡，胡端3扁圆形穿。直内外端略上扬，内中有长条形横穿,外缘锈蚀严重不整。残长约 16.2、内长约 5.2 厘米(图五二,6)。

铜铍　1 件。

A 型　标本 M1001:6,铍头扁平状,中间较厚处为扁平脊,脊两侧刃略宽,尖锋。茎部为扁体状,两侧留有铸造的范痕,茎后部残缺。残长 30.4、宽 3.5、脊厚 0.4 厘米(图五二,7)。

# 二　M1002

位于发掘区一区西南部,北邻 M1001,南邻 M1003,开口于③层下。耕土层厚 0.24、②层厚 0.25、③层厚 0.26 米。

## (一)墓葬形制

长方形土坑竖穴墓,方向 72°(图五三)。墓口距地表深 0.75、长 2.45、宽 1.28 ~ 1.29 米。墓底距地表深 3.63、长 2.44、宽 1.27 米。直壁,方角。底部有熟土二层台,高 0.68 ~ 0.80、宽 0.16 ~ 0.24 米。墓底有一呈椭圆形腰坑,径 0.16 ~ 0.28 米。墓内填土为黄褐色沙土,经夯实,较坚硬。

## (二)葬具葬式

葬具为一棺一椁。棺长 1.80、宽 0.47、厚 0.02 米。椁长 2.12、宽 0.85、厚 0.04 米。棺内人骨 1 具,骨骼腐朽,保存较差。仰身直肢,头向东,面向南,小臂及手放置于腹部。

## (三)随葬器物放置

随葬品绳纹鬲 1 件,陶豆 2 件,陶盂 1 件,共 4 件。绳纹鬲和 2 件陶豆放置在墓主头前右侧的二层上。陶盂置于棺底墓主腰部,与腰坑相邻。

## (四)随葬器物

陶器 4 件。绳纹鬲 1 件,陶豆 2 件,陶盂 1 件。

绳纹鬲　1 件。

D 型 V 式　标本 M1002:1,夹砂灰陶。敛口,平沿,沿面有三周凹弦纹,方唇,束颈,鼓腹,裆近平,三袋足。腹部为斜绳纹,底部为交错绳纹。口径 18.6、高 17.0 厘米(图五三,1)。

陶豆　2 件。

Ac 型 Ⅲ 式　形制相同。泥质灰陶。钵形折腹盘,敞口,方唇,盘外壁折收,内壁弧收,矮柄中空,喇叭状器座。标本 M1002:2,口径 16.4、底径 9.2、高 16.6 厘米(图五三,2)。标本 M1002:3,口径 16.4、底径 9.0、高 16.6 厘米(图五三,3)。

陶盂　1 件。

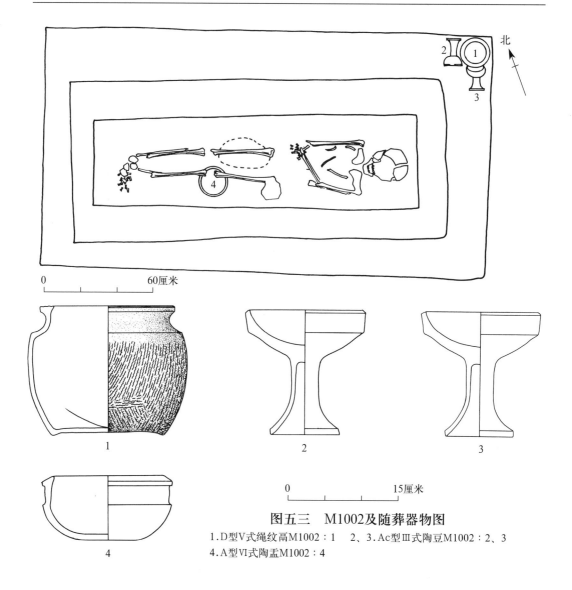

图五三　M1002及随葬器物图

1.D型V式绳纹鬲M1002：1　2、3.Ac型Ⅲ式陶豆M1002：2、3
4.A型Ⅵ式陶盂M1002：4

　　A型Ⅵ式　标本M1002：4，泥质灰陶。宽折沿，敛口，方唇，弧肩，平底。口径18.0、底径8.0、高8.4厘米（图五三，4）。

# 三　M1003

　　位于发掘区一区西北部，东邻M1011，北邻M1002，开口于①层下（墓口上部未分层）。

　　（一）墓葬形制

　　长方形土坑竖穴墓，方向90°（图五四）。墓口距地表深0.40、长2.40、宽

0.97～1.01米。墓底距地表深2.80、长2.62、宽1.30米。墓底大于墓口，墓壁外斜。东壁距墓底0.74米处有一放置陶器的壁龛，长0.65、高0.50、进深0.18米。北壁有一凹坑，西壁有耙形工具痕，东壁有镬形工具痕迹。墓内填土为黄褐色花土，含云母、黏土块。

（二）葬具葬式

葬具为单棺。木棺已朽，仅余板灰痕迹，平面一端宽、一端略窄。棺长2.00、头端宽0.70、足端宽0.58、残高0.30米。

棺内人骨1具，人骨腐朽，保存一般。仰身直肢，头向东，面歪向南侧。

（三）随葬器物放置

随葬品有陶盂1件，铜钺1件，铜带钩1件，蚌壳1件，共4件。陶盂放置在东侧壁龛中。铜钺、铜带钩和蚌壳放置在棺内，钺放置在人骨上肢左侧，带钩在人

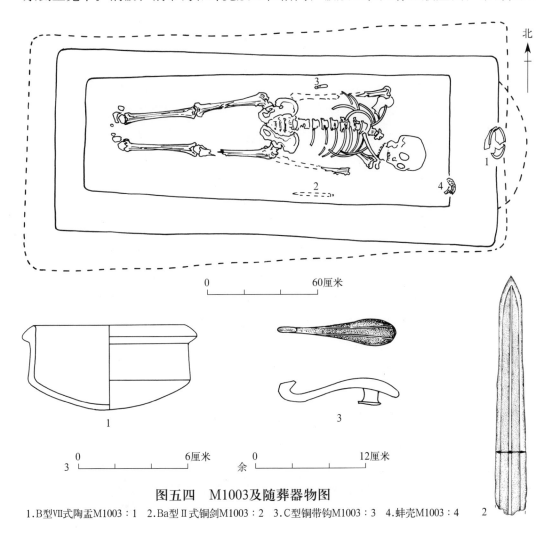

图五四　M1003及随葬器物图

1.B型Ⅶ式陶盂M1003：1　2.Ba型Ⅱ式铜剑M1003：2　3.C型铜带钩M1003：3　4.蚌壳M1003：4

骨上肢右侧。另在带钩外侧发现有小动物骨骼。

（四）随葬器物

共 4 件。陶器 1 件，铜器 2 件，蚌壳 1 件。其中缺失蚌壳 1 件。

1. 陶器

陶盂　1 件。

B 型Ⅶ式　标本 M1003：1，泥质灰陶。直口，斜窄沿，圆唇，直腹较浅，圜底。口径 19.0、高 8.6 厘米（图五四，1）。

2. 铜器

2 件。铜剑（残）1 件，铜带钩 1 件。

铜剑　1 件。

Ba 型Ⅱ式　标本 M1003：2，剑身略宽，尖锋，中间为细圆脊，脊两侧双刃内侧加厚，扁茎，后端残缺。残长 25.4、宽 3.6 厘米（图五四，2）。

铜带钩　1 件。

C 型　标本 M1003：3，琵琶形，鼓腹，腹部有两条脊棱，平背，铆钉状纽位于凹槽中，纽近尾部，钩体较短，长 6.4、腹宽 1.9、厚 0.5 厘米（图五四，3）。

# 四　M1004

位于发掘区一区中部，南邻 M1005，北邻 M1003，开口于①层下（墓口上部未分层）。

（一）墓葬形制

长方形土坑竖穴墓，方向 110°（图五五）。墓口距地表深 1.18、长 2.25、宽 0.90 米。墓底距地表深 2.90、长 2.25、宽 0.93 米。墓壁不规整，底部外凸，西壁有一壁龛，长 0.60、高 0.28、进深 0.15 米。底部有熟土二层台，宽 0.10～0.17、高 0.60 米。墓内填土为黄褐色花土，上部土质较细，底部硬块较多。

（二）葬具葬式

葬具为一棺一椁。棺椁已朽，仅存灰迹，棺长 1.72、宽 0.50 米，椁长 1.95、宽 0.63 米。

棺内人骨 1 具，人骨已腐朽，保存不好。仰身直肢，头向东，面向上，双手交叠放置于下腹部。从人骨特征看，右股略有弯曲。

（三）随葬器物放置

随葬品仅有陶盂 1 件，位于墓主脚端的二层台之上，与西壁壁龛相对，原应放置在壁龛内，滑落至二层台上。陶盂内盛有小动物骨骼，似为鸡骨。

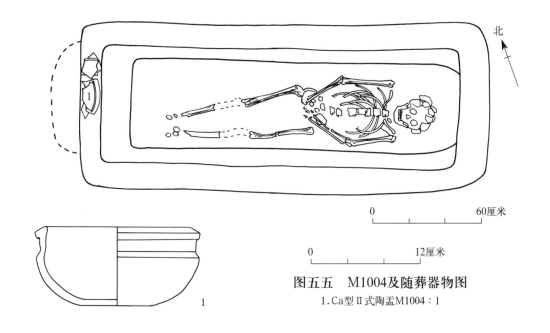

图五五　M1004及随葬器物图
1.Ca型Ⅱ式陶盂M1004：1

### （四）随葬器物

陶盂　1件。

Ca 型Ⅱ式　标本 M1004：1，泥质灰陶。直口微敛，平沿外斜，方唇，鼓腹折收成平底。口径 18.0、底径 7.8、高 8.4 厘米（图五五，1）。

## 五　M1005

位于发掘区一区中部偏西，南邻 M1006，开口于①层下（墓口上部未分层）。

### （一）墓葬形制

长方形土坑竖穴墓，方向 110°（图五六）。墓口距地表深 0.80、长 2.45、宽 1.10 米。墓底距地表深 3.70、长 2.75、宽 1.35 米。墓壁外斜，距墓口 2.35 米处有生土二层台，南宽 0.16、北宽 0.20～0.35、西宽 0.25、东宽 0.30 米。填土为褐色花土。

### （二）葬具葬式

葬具为一棺一椁。棺长 1.98、宽 0.75 米。椁长 2.15、宽 0.90 米。

棺内人骨 1 具，保存完好。仰身直肢，头向东，面向右。

### （三）随葬器物放置

随葬品有陶豆 2 件，陶罐 1 件，陶盂 1 件，铜铍 1 件，铜带钩 1 件，共 6 件。陶罐和陶豆放置于墓主头前东北角处的二层台上，陶盂放置二层台的东南角处。铜铍、铜带钩放置于墓主头部右侧的棺椁之间。

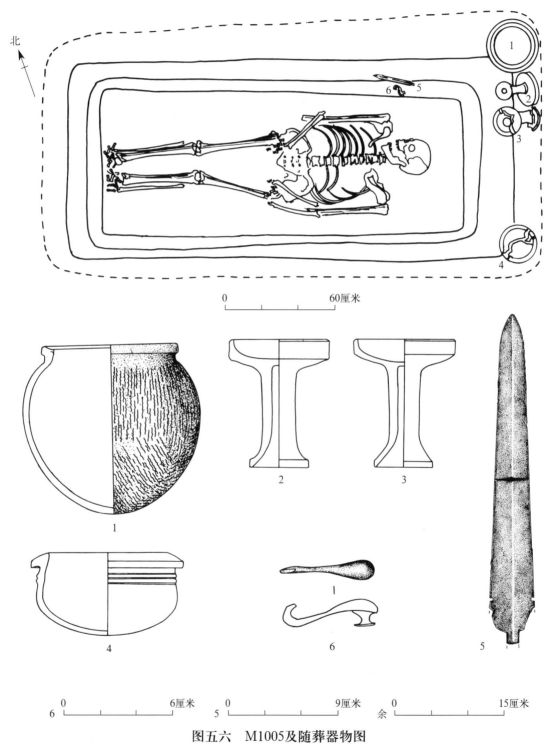

图五六　M1005及随葬器物图

1.陶罐M1005：1　2、3.Aa型Ⅶ式陶豆M1005：2、3　4.B型Ⅲ式陶盂M1005：4　5.Ba型铜钺M1005：5　6.A型
铜带钩M1005：6

（四）随葬品

共 6 件。包括陶器 4 件，铜器 2 件。

1. 陶器

4 件。陶豆 2 件，圜底罐 1 件，陶盂 1 件。

陶豆 2 件。

Aa 型Ⅶ式 形制相同。泥质灰陶。敞口，圆唇，浅盘，粗柄中空，盘壁外折内弧，腹内弧底较缓，腹内与底呈弧角，喇叭形器座。标本 M1005：2，口径 13.6、底径 8.0、高 17.0 厘米（图五六，2）。标本 M1005：3，口径 14.0、底径 8.0、高 17.0 厘米（图五六，3）。

陶罐 1 件。

标本 M1005：1，泥质灰陶，敛口。折沿，方唇，束颈，鼓腹，下腹弧收形成圜形底。器物上饰为竖绳纹，下为交错绳纹。口径 18.8、高 22.4 厘米（图五六，1）。

陶盂 1 件。

B 型Ⅲ式 标本 M1005：4，泥质灰陶。敛口，方唇，斜窄沿，颈部饰两周凸棱，斜鼓腹，圜底。口径 21.0、高 10.4 厘米（图五六，4）。

2. 铜器

2 件。铜钺 1 件，铜带钩 1 件。

铜钺 1 件。

Ba 型 标本 M1005：5，中间起脊，双刃尾端有后加工的缺口，不规整的加工痕迹，缺口及尾部系铸后再加工，扁茎，后端残缺。残长 26.2、宽 2.7、脊厚 0.4 厘米（图五六，5）。

铜带钩 1 件。

A 型 标本 M1005：6，匙形，鼓腹，平背，铆钉状纽位于凹槽中，纽近尾部，钩体较短。通长 5.0、腹宽 1.0 厘米（图五六，6）。

# 六 M1006

位于发掘区一区中部，北邻 M1005，开口于②层下。耕土层厚 0.35、②层厚 0.45 米。

（一）墓葬形制

长方形土坑竖穴积石墓，方向 105°（图五七）。墓口距地表深 0.80、长 2.85、宽 1.28 米。墓底距地表深 5.40、长 3.04、宽 1.45 米。棺外四周用河卵石填充，南北各宽 0.35、西宽 0.60、东宽 0.50、高 1.10 米。南北壁各有一壁龛距墓底高 1.55、北壁龛长 1.50、进深 0.36、高 0.56 米，南壁龛长 0.38、进深 0.28、高 0.30 米。填土为褐色黄花土。

## （二）葬具葬式

葬具为单棺。棺长 1.95、宽 0.65 ～ 0.70、高 1.10 米。

人骨架已全部腐朽，无任何遗迹。

## （三）随葬器物放置

随葬品有绳纹鬲、陶盂、陶豆、陶盖豆、陶壶，共 9 件。绳纹鬲 1 件，陶盖豆

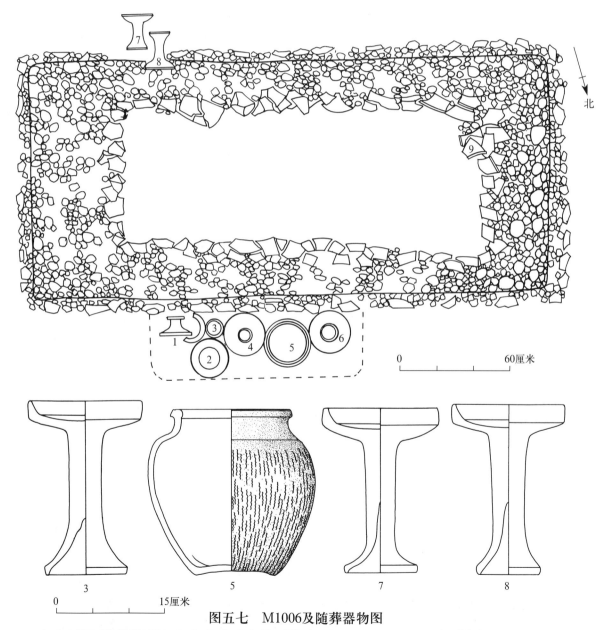

**图五七　M1006及随葬器物图**

1、2.A型Ⅲ式陶盖豆M1006：1、2　3、7、8.Aa型Ⅹ式陶豆M1006：3、7、8　4、6.B型Ⅱ式陶壶M1006：4、6

5.D型Ⅵ式绳纹鬲M1006：5　9.B型Ⅶ式陶盂M1006：9

2件,陶豆1件,陶壶2件,陶盂1件放置于北壁龛中,另2件陶豆放置在南壁龛内。

### (四) 随葬器物

陶器9件。绳纹鬲1件,陶盂1件,陶豆3件,陶盖豆2件,陶壶2件。

绳纹鬲　1件。

D 型Ⅵ式　标本 M1006∶5,夹砂灰陶。侈口,方唇,束颈、长颈,折肩,鼓腹,连裆低矮,小尖足,矮足跟饰竖绳纹。口径16.0、高21.6厘米(图五七,5)。

陶豆　3件。

Aa 型Ⅹ式　形制相同。泥质灰陶。敞口,圆唇,深盘,底近平,盘内有明显折角,外弧收,细高柄,下部中空,足外圆内浅,小喇叭器座。标本 M1006∶3,口径15.8、底径10.8、高23.0厘米(图五七,3)。标本 M1006∶7,口径15.4、底径9.6、高21.8厘米(图五七,7)。标本 M1006∶8,口径15.4、底径8.8、高22.4厘米(图五七,8)。

陶盂　1件。

B 型Ⅶ式　标本 M1006∶9,泥质灰陶。直口,斜窄沿,圆唇,直腹较浅,圜底。口径18.8、高9.4厘米(图五八,1)。

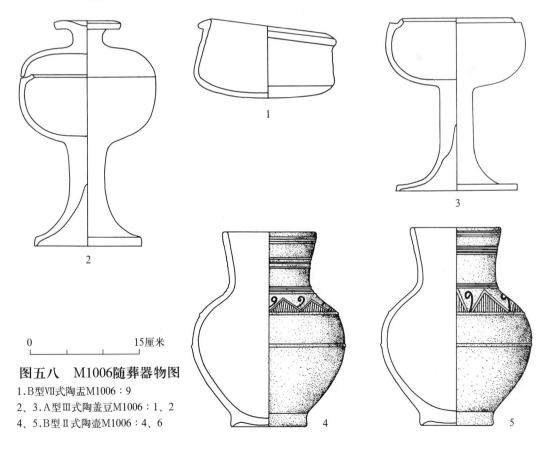

0 ⊢━━━┿━━━┥ 15厘米

**图五八　M1006随葬器物图**

1.B型Ⅶ式陶盂M1006∶9

2、3.A型Ⅲ式陶盖豆M1006∶1、2

4、5.B型Ⅱ式陶壶M1006∶4、6

陶盖豆　2件。

A型Ⅲ式　形制相同。泥质灰陶。器呈钵状，敞口，深盘，有子口以承盖，高柄半中空，喇叭状器座。弧形盖，盖顶中央有一喇叭状捉手，器身饰数周凹弦纹。标本M1006：1，口径18.8、底径14.6、通高30.0厘米（图五八，2）。标本M1006：2，无盖。口径18.4、底径17.0、高22.4厘米（图五八，3）。

陶壶　2件。

B型Ⅱ式　形制相同。泥质灰陶。敞口，平沿，束长颈，圆肩，鼓腹，腹底下垂，矮圈足外侈。口、颈、肩饰有数周凹弦纹，腹部饰有1至3周凸弦纹，肩部饰压印三角纹和卷云纹。标本M1006：4，口径12.6、底径10.4、高25.8厘米（图五八，4）。标本M1006：6，口径12.8、底径10.2、高26.2厘米（图五八，5）。

# 七　M1007

位于发掘一区中部，北邻M1006，开口于①层下（墓口上部未分层）。

## （一）墓葬形制

长方形土坑竖穴积石墓，方向107°（图五九）。墓口距地表深1.50、长2.85、宽1.72米。墓底距地表深5.75、长2.85、宽1.72米。直壁，底部椁外四周用河卵石填充，宽0.25～0.35、高1.00米。南壁有一龛，长1.45、高0.55、进深0.30、龛底距二层台0.25米。北壁有两龛，上龛长0.70、高0.55、进深0.30、龛底距二层台高1.00米（龛1）。下龛长0.50、高0.48、进深0.25、龛底距二层台0.35米（龛2）。椁室底部用单层大青石铺底，填土为黄褐色花土（彩版三八，1、2）。

## （二）葬具葬式

葬具为一棺一椁。棺长2.15、宽0.50、椁长2.25、宽1.05米。

棺内人骨1具，保存一般。仰身直肢，头向东，面向南。

## （三）随葬器物放置

随葬品有绳纹鬲1件，陶豆4件，陶壶3件，陶鼎1件，陶盖豆1件，陶盂1件，陶匜1件，小铜器1件，共13件。其中陶鼎1件，陶豆4件，陶壶3件，陶盂1件，陶匜1件，陶盖豆1件，放置于南壁龛内，陶盖豆1件放置于北侧上龛2中，绳纹鬲1件，放置于北部下侧龛中。陶盂1件发现于墓主盆骨之下。

## （四）随葬器物

共13件。陶器12件，其中未修复陶豆2件。铜器1件，未修复。

### 1. 陶器

10件。陶盖鼎1件，陶盖豆1件，陶豆2件，陶盖壶3件，陶匜1件，绳纹鬲1件，

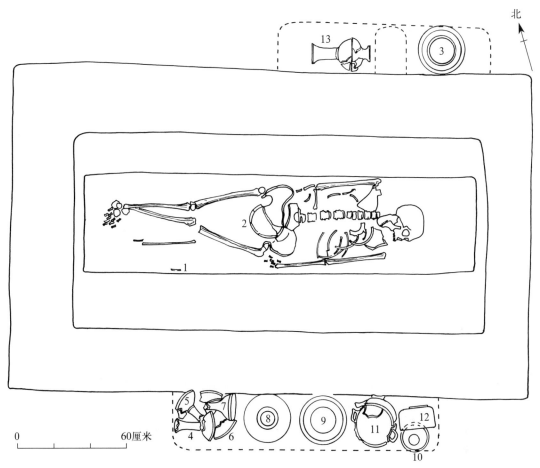

**图五九　M1007平面图**

1.铜器　2.陶盂　3.陶鬲　4～7.陶豆　8～10.陶盖壶　11.陶鼎　12.陶匜　13.陶盖豆

陶盂1件。

绳纹鬲　1件。

D型Ⅵ式　标本M1007：3,夹砂灰陶。敞口,卷沿,尖唇,束颈。颈部饰一周凸棱,腹部饰横向绳纹。腹大部分及足残缺。口径19.6、残高17.0厘米（图六○,1）。

陶豆　2件。

Aa型Ⅹ式　形制相同。泥质灰陶。敞口,尖唇,浅盘,盘内壁有一周折棱,细高实心豆柄,下空,喇叭状器座。标本M1007：5,口径16.0、底径12.0、高23.6厘米（图六○,2）。标本M1007：6,口径15.4、底径12.0、高24.0厘米（图六○,3）。

陶盂　1件。

A型Ⅳ式　标本M1007：2,泥质灰陶。窄斜沿,圆唇,直颈,深腹,腹部有一周折棱,平底内凹。口径18.4、底径8.0、高8.8厘米（图六○,4）。

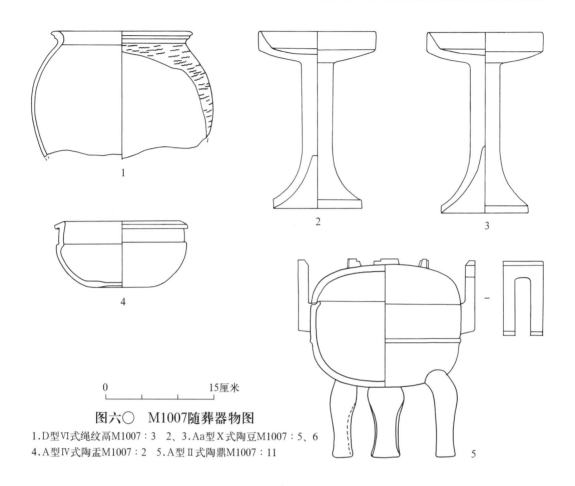

0 ————————— 15厘米

图六○　M1007随葬器物图

1.D型Ⅵ式绳纹鬲M1007：3　2、3.Aa型Ⅹ式陶豆M1007：5、6
4.A型Ⅳ式陶盂M1007：2　5.A型Ⅱ式陶鼎M1007：11

陶鼎　1件。

A型Ⅱ式　标本M1007：11，泥质红陶。子母口，直腹较深，圜底近平，长方形直立附耳，腹部饰一周凸弦纹，三高蹄足内敛，弧形盖，上饰三矩形纽。口径20.2、高26.4厘米（图六○，5）。

陶盖豆　1件。

A型Ⅲ式　标本M1007：13，泥质灰陶。子母口，盘较深，弧腹，矮柄下空，柄部饰两组凸弦纹，喇叭状器座，无盖。口径18.2、底径14.2、高23.4厘米（图六一，1）。

陶壶　3件。

B型Ⅰ式　形制相同。泥质灰陶。侈口，方唇，子母口，圆肩较鼓，半球形圆腹，圈足外侈。弧形盖，颈、肩、腹部饰六组凹弦纹，弦纹中间，颈饰竖向细绳纹，腹部饰菱形、竖绳纹、三角形纹。盖上饰一组凹弦纹。标本M1007：8，口径14.2、底径13.4、通高35.4厘米（图六一，2）。标本M1007：9，口径14.0、底径13.0、

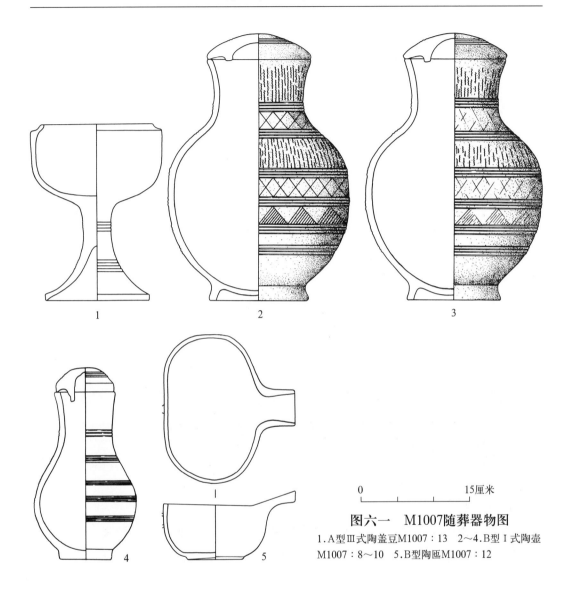

0　　　　　　　　　　　15厘米

图六一　M1007随葬器物图

1.A型Ⅲ式陶盖豆M1007：13　2～4.B型Ⅰ式陶壶
M1007：8～10　5.B型陶匜M1007：12

通高35.4厘米（图六一，3）。标本M1007：10，口径8.2、底径7.0、通高25.4厘
米（图六一，4）。

陶匜　1件。

B型　标本M1007：12，泥质灰陶。平面呈椭圆形，槽形流口上仰，腹部弧收，
假圈足。通长17.8、底径7.2、高9.0厘米（图六一，5）。

# 八　M1008

位于发掘区一区，南邻M1005，开口于②层下。耕土层厚0.40、②层厚0.30米。

### （一）墓葬形制

长方形土坑竖穴积石墓，方向 103°（图六二）。墓口距地表深 0.70、长 2.90、宽 1.62 米。墓底距地表深 6.80、长 3.25、宽 1.94 米。斜壁外扩，北壁距墓底 1.55 米处，有一壁龛，龛长 1.92、高 0.68、进深 0.44 米。墓底椁外四周填充河卵石，高 0.90、东宽 0.21、西宽 0.52、南宽 0.35、北宽 0.45～0.60 米。墓主上部填土为黄褐色，土质较硬。下部为细砂土，土质较松散，含少量黏土和鹅卵石。

### （二）葬具葬式

葬具为一棺一椁。棺长 2.22、宽 0.75 米。椁长 2.55、宽 1.35 米。棺椁已腐朽，根据石子上边暴露的板灰及长宽程度，故推测为椁的痕迹。

棺内人骨 1 具，人骨已腐朽。仰身葬，头向东，面向上，两手交叉放于下腹部，

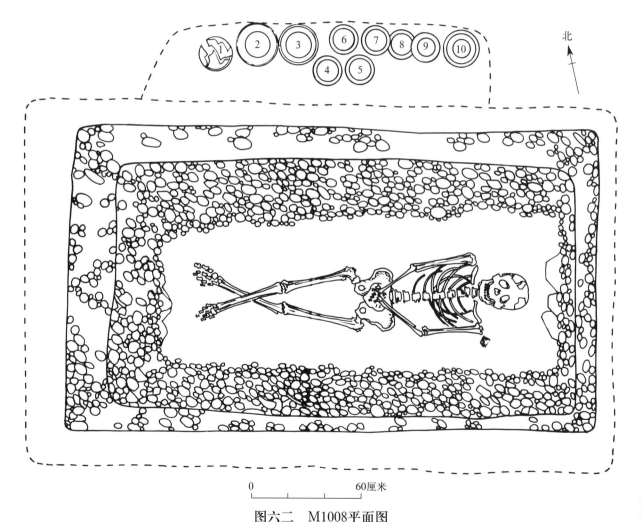

0　　　　　　　　　60厘米

图六二　M1008平面图

1.陶鼎　2、3.陶壶　4~7.陶豆　8.陶盂　9、10.陶盖豆　11.陶鬲（后修复，位置不明）

两腿交叉，右腿置于左腿之上。

（三）随葬器物放置

随葬品有陶鬲1件，陶豆4件，陶盂1件，陶鼎1件，陶盖豆2件，陶壶2件。共11件（彩版三九，1）。均放置于墓主右侧的壁龛中。

（四）随葬器物

陶器11件。绳纹鬲1件，陶豆4件，陶盂1件，陶鼎1件，陶盖豆2件，陶壶2件。

绳纹鬲　1件。

C型Ⅲ式　标本M1008：11，夹砂灰褐陶。敛口，平沿，圆唇，溜肩，鼓腹，下腹内收，平裆。颈下饰绳纹。口径18.5、高17.1厘米（彩版三九，2）。

陶豆　4件。

Aa型Ⅺ式　形制相同。泥质灰陶。敞口，尖圆唇，浅盘，斜腹，平底略弧，腹底间有明显折棱，粗高柄半中空，喇叭口状器座。标本M1008：4，口径16.2、底径10.4、高22.2厘米（图六三，1）。标本M1008：5，口径16.2、底径10.8、高21.6～22.2厘米（图六三，2）。标本M1008：6，口径15.4、底径10.8、高22.8厘米（图六三，3）。标本M1008：7，口径15.8、底径10.4、高22.8厘米（图六三，4；彩版三九，4）。

陶盂　1件。

Cb型Ⅲ式　标本M1008：8，泥质灰陶。斜沿，尖圆唇，鼓腹，平底。口径18.8、底径10.0、高9.2厘米（图六四，1；彩版三九，5）。

陶鼎　1件。

A型Ⅴ式　标本M1008：1，泥质红陶。子口内敛，圆腹，圜底，长方形附耳上部外折，三矮柱状足，盖缺失。口径17.0、通高18.2厘米（图六四，2；彩版

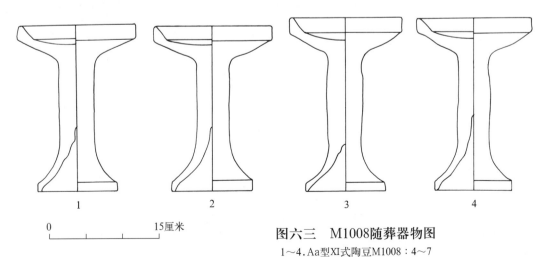

1　　　　　　　　2　　　　　　　　3　　　　　　　　4

0           15厘米

图六三　M1008随葬器物图

1～4.Aa型Ⅺ式陶豆M1008：4～7

三九，3）。

　　陶盖豆　2件。

　　A型Ⅳ式　形制相同。泥质灰陶。子母口，器呈钵形，圆腹较浅，圜底，高柄半中空，喇叭状器座。弧形盖，顶部近平，中央蘑菇状捉手。标本 M1008：9，无盖。口径 18.4、底径 15.6、通高 22.2 厘米（图六四，3）。标本 M1008：10，口径 18.2、底径 14.8、通高 30.2 厘米（图六四，4）。

　　陶壶　2件。

　　B型Ⅱ式　形制相同。泥质灰陶。方唇，鼓腹，圜底，矮圈足。覆钵状盖，下有子口。颈、腹部饰四组凹弦纹及三角网纹。标本 M1008：2，口径 13.2、底径

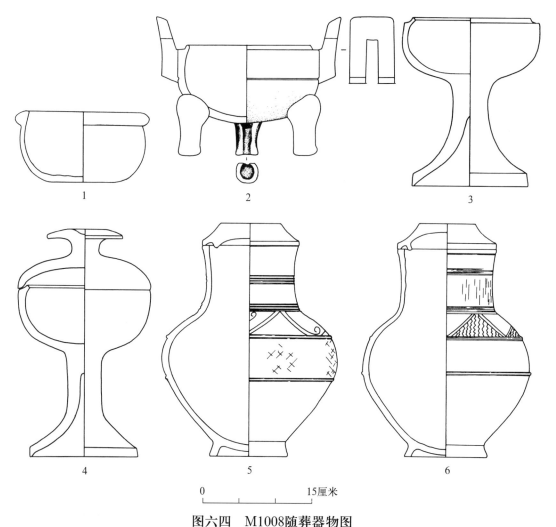

0　　　　　　　　　15厘米

**图六四　M1008随葬器物图**

1.Cb型Ⅲ式陶盉M1008：8　2.A型Ⅴ式陶鼎M1008：1　3、4.A型Ⅳ式陶盖豆M1008：9、10　5、6.B型Ⅱ式陶壶M1008：2、3

10.6、通高 31.0 厘米（图六四，5）。标本 M1008：3，纹饰已模糊不清。口径 13.5、底径 11.2、通高 31.2 厘米（图六四，6）。

# 九　M1009

位于发掘一区中部，北邻 M1010，开口于①层下（墓口上部未分层）。

（一）墓葬形制

长方形土坑竖穴积石墓，方向 150°（图六五）。墓口距地表深 0.50、长 3.00、宽 1.65～1.75 米。墓底距地表深 5.84、长 3.00、宽 1.65～1.75 米。直壁，北壁有一壁龛，龛长 1.20、高 0.38、进深 0.20 米。西壁南端、南壁西端各有脚窝六个，脚窝长 12.0、高 10.0、深 5～8 厘米，脚窝间距 0.50～0.55 米。墓底用石块铺底，椁外四周用河卵石和土混合填充成二层台，高 1.10～1.20、四边宽 0.40～0.50 米。墓底有一腰坑，长 0.70、宽 0.40、深 0.23 米。墓内填土为黄褐色花土。

（二）葬具葬式

葬具为一棺一椁。棺长 2.15、宽 0.60 米。椁长 2.40、宽 1.00 米。

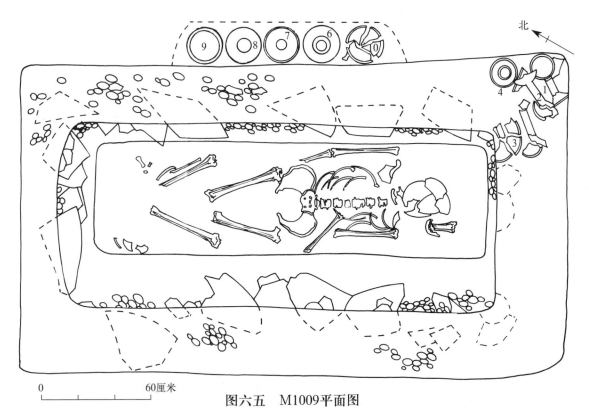

图六五　M1009平面图

1～3.陶豆　4.陶罐　5.陶盂　6、8.陶壶　7、9.陶盖豆　10.陶鼎　11.残陶豆棺内人骨 1 具，因棺椁腐朽塌陷，人骨受到扰动，人骨腐朽，保存一般。仰身直肢，头向东，头骨面向前，上颌骨偏到头骨左侧。

（三）随葬器物放置

随葬品有陶豆、陶壶、陶盂、陶罐、陶鼎、陶盖豆等器类，共 11 件。分别放置在二层台和壁龛中。3 件陶豆和 1 件陶罐，放于墓主头前二层台东北角，陶鼎 1 件，陶盖豆 2 件，陶壶 2 件放于墓主右侧壁龛中。另有陶盂 1 件和残豆盘 1 件，放于墓底腰坑。

（四）随葬器物

陶器 11 件。陶豆 1 件，陶罐 1 件，陶盂 1 件，陶鼎 1 件，陶盖豆 2 件，陶壶 2 件。另外未修复陶豆 3 件。

陶豆　1 件。

Ac 型Ⅲ式　标本 M1009：11，泥质灰陶。柄、足残。敞口，圆唇，深盘，腹底间呈弧形。口径 18.8、残高 7.6 厘米（图六六，1）。

陶罐　1 件。

E 型　标本 M1009：4，泥质灰陶。直口，方唇，高领，鼓腹呈罐形，粗柄中空，喇叭状圈足。口径 7.8、底径 11.4、高 22.4 厘米（图六六，2）。

陶盂　1 件。

A 型Ⅴ式　标本 M1009：5，泥质灰陶。直口，窄斜沿，尖唇，折肩，浅鼓腹，腹部弧收，平底。口径 18.4、底径 8.2、高 9.8 厘米（图六六，3）。

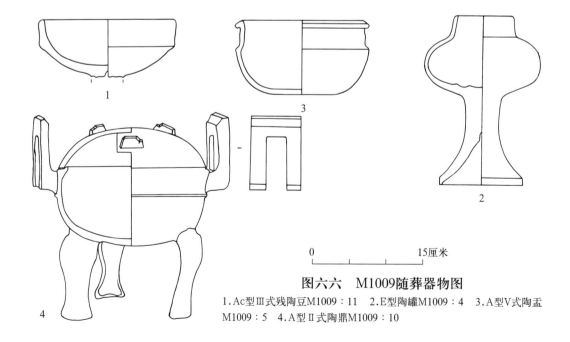

0　　　　　　　　　15厘米

图六六　M1009随葬器物图

1. Ac型Ⅲ式残陶豆M1009：11　2. E型陶罐M1009：4　3. A型Ⅴ式陶盂
M1009：5　4. A型Ⅱ式陶鼎M1009：10

陶鼎　1件。

A 型 II 式　标本 M1009：10，夹砂灰陶。子口内敛，直腹，圜底近平，长方形直立附耳，三高蹄形足。弧形盖，盖顶上饰三矩形纽。腹上部饰有一周凸棱纹，制作粗糙。口径 20.5、通高 27.0 厘米（图六六，4）。

陶盖豆　2件。

A 型 II 式　形制相同。泥质灰陶。器呈钵形，子母口，直腹，矮柄中空，喇叭口状器座。弧顶盖，盖顶中央有喇叭状捉手。腹部和盖各饰数周凹弦纹，柄饰两组凹弦纹。标本 M1009：7，口径 17.4、底径 14.6、高 27.8 厘米（图六七，1）。标本 M1009：9，口径 17.8、底径 14.4、高 27.4 厘米（图六七，2）。

陶壶　2件。

B 型 I 式　形制相同。泥质灰陶。侈口，平沿，半球形圆腹，圜底，圈足较高外侈。覆钵状盖，下有子母口。颈、腹部饰三组凹弦纹。标本 M1009：6，口径 14.0、底径 13.0、高 29.8 厘米（图六七，3）。标本 M1009：8，口径 13.6、底径 13.2、高 29.4 厘米。

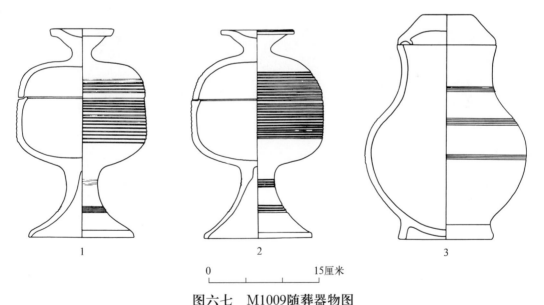

0　　　　　　　　　　　15厘米

**图六七　M1009随葬器物图**
1、2.A型II式陶盖豆M1009：7、9　3.B型I式陶壶M1009：6

## 一〇　M1010

位于发掘区一区中部，西邻 M1004，北邻 M1011，南邻 M1009，墓葬开口于②层下。耕土层厚 0.30、②层厚 0.50 米。

（一）墓葬形制

长方形土坑竖穴积石墓，方向105°（图六八）。墓口距地表深0.80、长3.06、宽2.03～2.24米。墓底距地表深6.50、长2.90、宽1.91～1.99米。斜壁略内收，北壁下距墓底径1.40米处有一壁龛，龛长1.47、高0.65、进深0.35米。积石二层台宽0.50、高1.05米，积石为鹅卵石和不规则的大小石块（彩版四〇，1）。墓内填土上部为五花土，下部为细沙土。

（二）葬具葬式

积石二层台已倒塌，从残留木板灰看，应是一棺一椁。棺长1.95、宽0.80米。椁长2.40、宽1.40米。

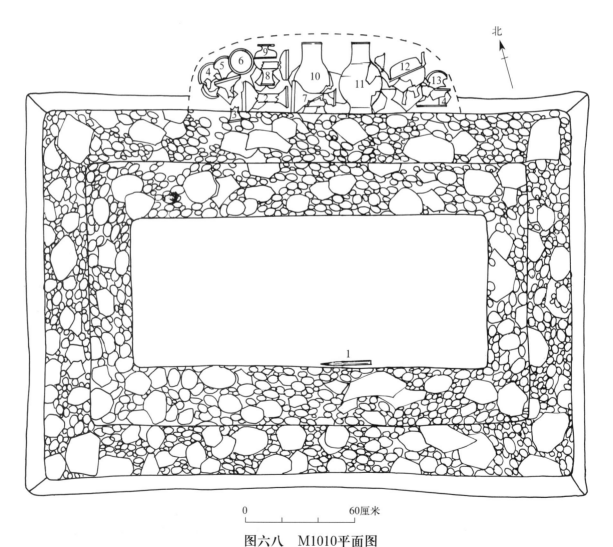

图六八　M1010平面图

1.铜钺　2、3、7、8.陶豆　4、5、6、9.陶盖豆　10、11.陶壶　12.陶鼎　13.陶盉　14.陶匜

棺内人骨 1 具，腐朽严重。从仅存的腐朽痕迹观察，似为仰身直肢，头向东，面向不详。

### （三）随葬器物放置

随葬品有陶鼎、陶豆、陶盖豆、陶壶、陶盂、陶匜和铜钺等共 12 件。陶器放置在墓室北壁壁龛内，由于壁龛早期已塌陷，内中陶器多已挤压、破碎，多数陶器，表为褐色，质地红褐色，火候低，极脆，触手即破，有些难以修复。共修复陶器 10 件，陶鼎 1 件，陶豆 4 件，陶盖豆 2 件，陶壶 2 件，陶盂 1 件，陶匜 1 件。棺内墓主左侧放置铜钺 1 件。

### （四）随葬器物

共 12 件。包括陶器 11 件，其中未修复盖豆 1 件。铜器 1 件。

1. 陶器

10 件。陶豆 4 件，陶盂 1 件，陶鼎 1 件，陶盖豆 1 件，陶壶 2 件，陶匜 1 件（彩版四〇，2）。

陶豆　4 件。

Aa 型 X 式　形制相同。泥质灰陶。敞口，尖唇，浅盘，豆盘内外壁皆有折棱，高柄中空，喇叭器座。标本 M1010：2，口径 15.6、底径 10.0、高 24.0 厘米（图六九，1）。标本 M1010：3，口径 15.4、底径 10.6、高 23.8 厘米（图六九，2）。标本 M1010：7，豆盘略倾斜。口径 16.0、底径 10.2、高 24.4 厘米（图六九，3）。标本 M1010：8，器座残缺。口径 16.0、残高 22.0 厘米（图六九，4）。

陶盂　1 件。

Ca 型 II 式　标本 M1010：13，泥质灰陶。直口微敛，平沿，方唇，鼓腹，大平底。

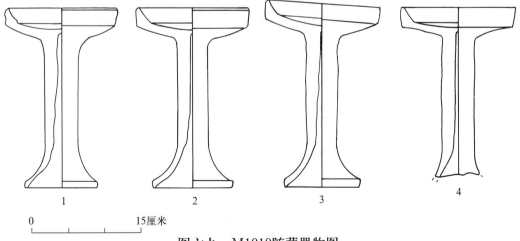

0 ————— 15厘米

图六九　M1010随葬器物图

1～4.Aa型X式陶豆M1010：2、3、7、8

口径 20.0、高 9.0 厘米（图七〇，1）。

陶鼎　1 件。

A 型 III 式　标本 M1010∶12，泥质灰陶。长方形附耳上部外折，腹上部有一周凸棱。圜底近平，三蹄形足，蹄足粗矮，内侧中空，足以泥片卷形，下部中空。弧形顶盖，顶部缓弧近平，盖顶饰有三矩形纽。口径 21.0、通高 22.4 厘米（图七〇，2）。

陶盖豆　1 件。

A 型 III 式　标本 M1010∶9，泥质灰陶。器呈钵形，子母口，圆腹，矮柄中

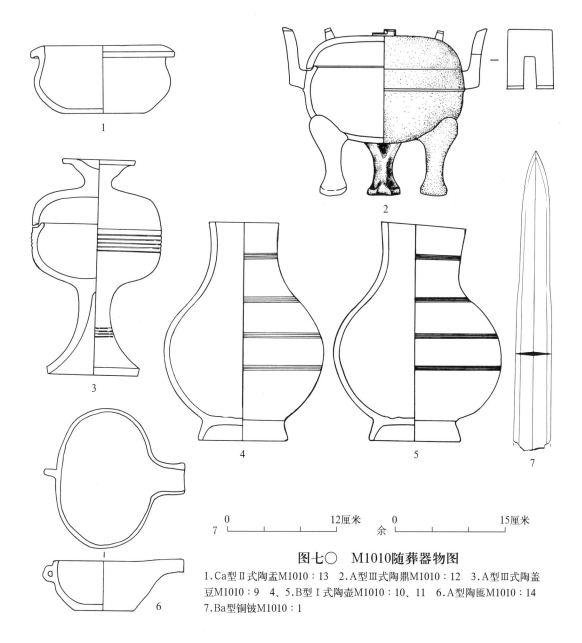

图七〇　M1010 随葬器物图

1.Ca 型 II 式陶盂 M1010∶13　2.A 型 III 式陶鼎 M1010∶12　3.A 型 III 式陶盖豆 M1010∶9　4、5.B 型 I 式陶壶 M1010∶10、11　6.A 型陶匜 M1010∶14
7.Ba 型铜铍 M1010∶1

空，喇叭状器座，弧形盖，盖顶中央有喇叭形捉手，腹、柄各有一组凹弦纹。口径17.8、底径12.2、通高28.4厘米（图七〇，3）。

陶壶　2件。

B型Ⅰ式　形制相同。泥质灰陶。侈口，方唇，垂肩，圆腹，圈足较高外侈，颈部及腹部各有两组凹弦纹，无盖。标本M1010：10，口径9.6、底径12.2、高29.0厘米（图七〇，4）。标本M1010：11，口径11.4、底径12.4、高28.4厘米（图七〇，5）。

陶匜　1件。

A型　标本M1010：14，泥质灰陶。平面呈椭圆形，前有上仰敞槽形流口，后有环纽，腹斜内收成平底。通长19.4、通高6.4厘米（图七〇，6）。

2. 铜器

铜钺　1件。

Ba型　标本M1010：1，前锐后宽，中间略厚，脊线明显，茎部前端系铸后再加工，不规整的扁体状，后端残缺。残长31.9、宽4.0厘米（图七〇，7）。

# 一一　M1011

位于发掘区一区中部，北邻M1012，西邻M1003，开口于②层下。耕土层厚0.20、②层厚0.40米。

## （一）墓葬形制

长方形土坑竖穴墓，方向105°（图七一）。墓口距地表深0.60、长2.30、宽0.92～1.08米。墓底距地表深3.20、长2.60、宽1.3米。斜壁外扩。底部有熟土二层台，高0.41、宽0.10～0.30米。墓内填土为黄褐色花土，含大量云母。

## （二）葬具葬式

葬具为一椁一棺。椁长2.10、宽1.15米，椁板厚7.0厘米。棺长1.95、宽0.50、高0.40米。

棺内人骨1具，人骨保存良好。仰身直肢，头向东，面向右，双臂贴放于躯干两侧。

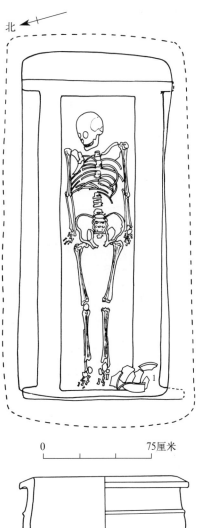

北

0　　　　　　　75厘米

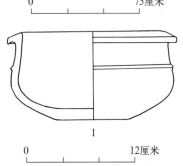

1

0　　　　　　　12厘米

图七一　M1011及随葬器物图

1. A型Ⅵ式陶盂M1011：1

## （三）随葬器物放置

随葬品仅陶盂 1 件，放置于墓主足端椁顶上，因棺椁腐朽落入棺椁之间。

## （四）随葬器物

陶盂　1 件。

A 型Ⅵ式　标本 M1011：1，泥质灰陶。敛口，窄沿外斜，方唇，深腹，颈上饰一周凸棱，折肩略鼓，腹弧收，平底。口径 18.8、底径 7.8、高 9.4 厘米（图七一，1）。

# 一二　M1012

位于一区西北部，西邻 M1002，开口于②层下。耕土层厚 0.28、②层厚 0.17 米。

## （一）墓葬形制

长方形土坑竖穴墓，方向 102°（图七二）。墓口距地表深 0.45、长 2.43、宽

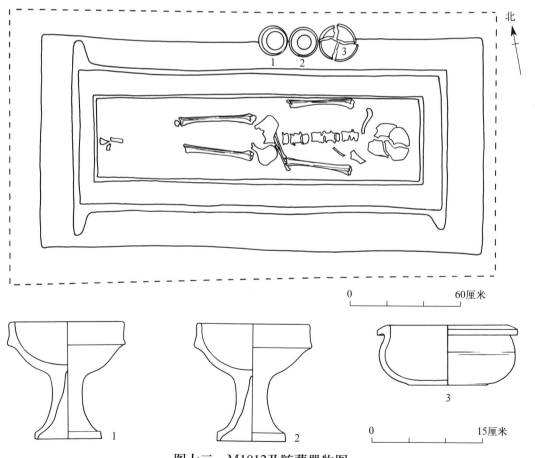

**图七二　M1012 及随葬器物图**

1、2.Ac型Ⅲ式陶豆M1012：1、2　3.Ca型Ⅱ式陶盂M1012：3

1.13～1.16 米。墓底距地表深 4.20、长 2.66、宽 1.40～1.47 米。斜壁外扩，东壁距墓口径 2.38 米处有壁龛，龛内无物。墓底有熟土二层台，高 0.25、四边宽 0.15～0.20 米。墓内填土为浅黄灰沙土，土质松软。

（二）葬具葬式

葬具为一棺一椁。棺长 1.80、宽 0.45 米，棺板厚 1.5 厘米。椁的两端板较宽，平面呈"Ⅱ"形，长 2.04、宽 0.76 米，两端板较宽，宽 1.02 米，椁板厚 3.0 厘米。

棺内人骨 1 具，骨骼多已腐朽。仰身直肢，头向东，面向南，左手放于下腹部。

（三）随葬器物放置

随葬品有陶豆 2 件，陶盂 1 件，共 3 件。放置于北二层台中部。

（四）随葬器物

陶器 3 件。陶豆 2 件，陶盂 1 件。

陶豆　2 件。

Ac 型Ⅲ式　形制相同。泥质灰陶。盘呈碗形，敞口，圆唇，钵形折腹盘，腹较深，盘外壁折收，下部有折棱，并呈弧形内收，短柄中空，喇叭状器座。标本 M1012：1，口径 15.8、底径 9.4、高 15.6 厘米（图七二，1）。标本 M1012：2，口径 15.6、底径 9.2、高 15.8 厘米（图七二，2）。

陶盂　1 件。

Ca 型Ⅱ式　标本 M1012：3，泥质灰陶，宽折沿，方唇，直口，鼓腹，平底。口径 19.0、底径 10.6、高 8.0 厘米（图七二，3）。

# 一三　M1015

位于发掘区一区中部，东邻 M1018，开口于①层下（墓口上部未分层）。

（一）墓葬形制

长方形土坑竖穴墓，方向 100°（图七三）。墓口距地表深 0.50、长 2.35、宽 0.93～0.98 米。墓底距地表深 3.20、长 2.67、宽 1.34 米。斜壁外扩，北壁有 5 处工具加工痕迹，痕宽 0.6 厘米。墓内填土为黄褐土，含砂砾及块状褐色黏土。

（二）葬具葬式

葬具为单棺。棺长 1.90、宽 0.85、残高 0.30 米。

棺内人骨 1 具，骨骼多已腐朽，保存一般。仰身直肢，头向东，面向上。

（三）随葬器物放置

随葬品仅为陶盂 1 件，放于棺内墓主左足外侧。

（四）随葬器物

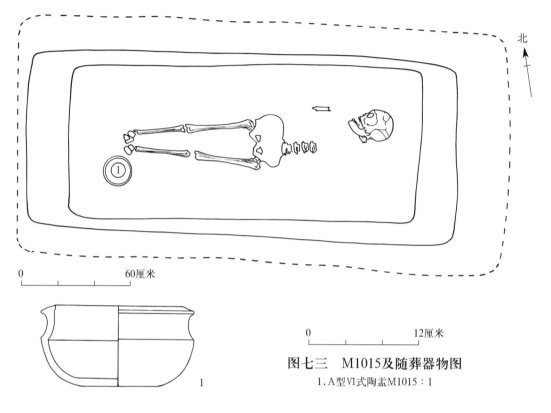

图七三　M1015及随葬器物图

1.A型Ⅵ式陶盂M1015：1

陶盂　1件。

A型Ⅵ式　标本M1015：1，泥质灰陶。窄斜沿，尖唇，侈口，束颈，颈部内凹明显，折肩，腹部饰一周凸棱，下部弧收成平底。口径17.0、底径8.0、高8.6厘米（图七三，1）。

# 一四　M1016

位于发掘区一区东部，东邻M1017，北邻M1018，墓葬开口于①层下（墓口上部未分层）。

## （一）墓葬形制

长方形土坑竖穴墓，方向15°（图七四）。墓口距地表深0.94、长2.56、宽1.40米。墓底距地表深5.60、长2.68、宽1.62米。斜壁外扩，西壁有一壁龛，长1.15、高0.40、进深0.28米。东、西、北壁有脚窝，壁上有工具加工痕迹。底部有熟土二层台，二层台宽0.22、高0.94米。墓内填土为黄褐色细花土，含黏土块。

## （二）葬具葬式

葬具为一棺一椁。棺长2.10、宽0.90米。椁平面呈"ュ"形，两端板伸出较宽。

椁长 2.44、两端板宽 1.60、中间宽 1.35 米，椁板厚 3.0 厘米。

棺内人骨 1 具，骨骼腐朽，保存一般。仰身直肢，头向北，面向西，双臂放于躯干两侧。

（三）随葬器物放置

随葬品有陶鼎、陶豆、陶盘、陶壶、陶盖豆和骨簪，共 11 件。随葬陶器放置于壁龛内，即陶鼎 1 件，陶豆 4 件，陶盖豆 2 件，陶壶 2 件，陶盘 1 件。骨簪 1 件，放置于棺内墓主右侧。

（四）随葬器物

共 11 件。包括陶器 10 件，骨簪 1 件。其中骨簪未修复。

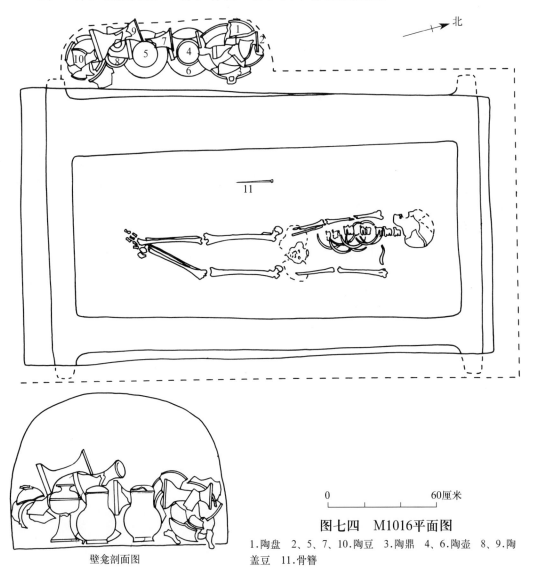

北

0　　　　　　　　　60厘米

壁龛剖面图

图七四　M1016平面图

1.陶盘　2、5、7、10.陶豆　3.陶鼎　4、6.陶壶　8、9.陶盖豆　11.骨簪

陶器 10 件。陶豆 4 件，陶鼎 1 件，陶盖豆 2 件，陶壶 2 件，陶盘 1 件。

陶豆　4 件。

Aa 型 X 式　形制相同。泥质灰陶。敞口，圆唇，浅盘，内外壁均折收，内壁折收处饰一周凹弦纹，高柄中空，喇叭状器座。标本 M1016：2，口径 17.8、底径 11.8、高 25.0 厘米（图七五，1）。标本 M1016：5，口径 18.2、底径 11.8、高 24.6 厘米（图七五，2）。标本 M1016：7，口径 18.0、底径 11.4、高 24.0 厘米（图七五，3）。标本 M1016：10，口径 18.0、底径 10.4、高 25.5 厘米（图七五，4）。

陶鼎　1 件。

A 型 V 式　标本 M1016：3，泥质灰陶。子母口，子口内敛，深腹，长圆形附耳，腹部饰一周凸棱纹，下腹弧收成平底，三足下半部分残缺。弧形盖，盖顶饰三纽，已残。口径 19.4、残高 16.5 厘米（图七六，1）。

陶盖豆　2 件。

A 型 IV 式　形制相同。泥质灰陶。器呈钵形，子母口，子口内敛，深盘，矮柄中空，喇叭状器座，弧盖，盖顶中央有喇叭形捉手。器、盖、柄部各饰有一组凹弦纹。标本 M1016：8，柄中部有四道凹弦纹。口径 17.8、底径 13.8、通高 31.0 厘米（图七六，2）。标本 M1016：9，豆柄略细，中部有两道凹弦纹。口径 18.0、底径 13.6、通高 27.8 厘米（图七六，3）。

陶壶　2 件。

B 型 II 式　形制相同。泥质灰陶。侈口，方唇，平沿，高领，鼓腹，圜底，矮圈足，

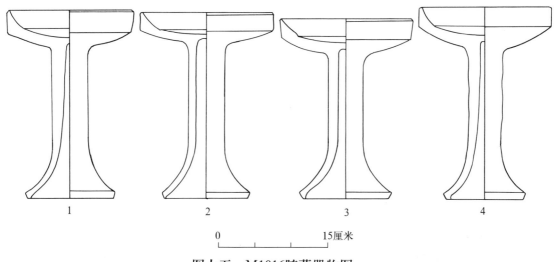

0　　　　　　　　15厘米

图七五　M1016随葬器物图

1～4.Aa型X式陶豆M1016：2、5、7、10

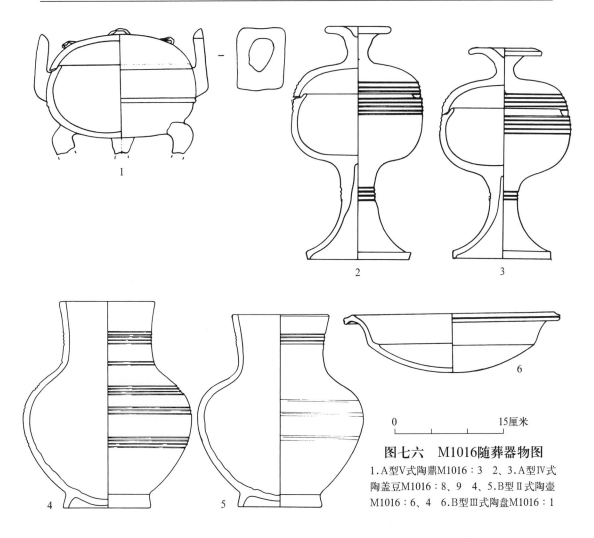

图七六　M1016随葬器物图

1.A型V式陶鼎M1016：3　2、3.A型Ⅳ式
陶盖豆M1016：8、9　4、5.B型Ⅱ式陶壶
M1016：6、4　6.B型Ⅲ式陶盘M1016：1

颈、腹部饰五组凹弦纹。标本 M1016：6，口径 13.0、底径 11.8、高 27.4 厘米（图七六，4）。标本 M1016：4，纹饰已模糊不清。口径 13.4、底径 11.4、高 25.6 厘米（图七六，5）。

陶盘　1 件。

B型Ⅲ式　标本 M1016：1，泥质灰陶。敞口，斜沿微凹，折腹斜直内收，内外壁均有明显的折棱，圜底。口径 29.8、高 7.8 厘米（图七六，6）。

# 一五　M1018

位于发掘区一区东端，西邻 M1015，南邻 M1017。墓道开口于①层下（墓口上部未分层）。

（一）墓葬形制

洞室墓，方向107°（图七七）。竖井式墓道，侧室拱形顶。墓道开口距地表深0.25、长2.10、宽0.95米。墓道底距地表深2.05、长2.20、宽1.06米。墓道南壁有脚窝2个，北壁有脚窝4个，南、北两壁上脚窝对称。距墓道开口0.85米处，向南横伸掏出土洞墓室，墓室长2.20、宽0.85、高1.90米。墓室为弧拱形顶，西、南壁下角有工具痕迹。墓内填土为黄花土，沙性较大。

（二）葬具葬式

葬具为单棺。棺长1.70、宽0.71米。

棺内人骨1具，骨骼腐朽，保存一般。侧身屈肢，头向东，面向南，双臂放于上身两侧，下肢向南屈折，屈肢内角大于90°。

（三）随葬器物放置

随葬品有陶盂1件，置于棺外墓主右侧盆骨外侧。

（四）随葬器物

陶盂　1件。

Ca型Ⅳ式　标本M1018∶1，泥质灰陶。直口，窄沿，尖唇，颈部略凹，浅腹，下腹弧收成大平底，内底有戳印纹。口径15.4、高7.2厘米（图七七，1）。

# 一六　M1046

位于发掘区一区北端，北与M1047为邻，开口于①层下（墓口上部未分层）。

（一）墓葬形制

长方形土坑竖穴墓，方向100°（图七八）。墓口距地表深0.85、长2.35、宽1.38米。墓底距地表深4.25、长2.55、宽1.64米。斜壁略外扩，东壁距墓口径2.10米处有一壁龛，龛长0.86、

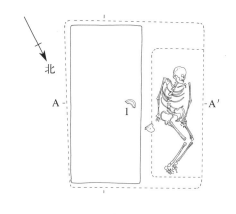

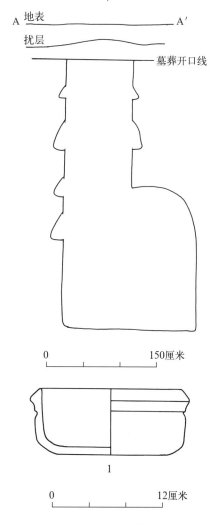

图七七　M1018及随葬器物图

1.Ca型Ⅳ式陶盂M1018∶1

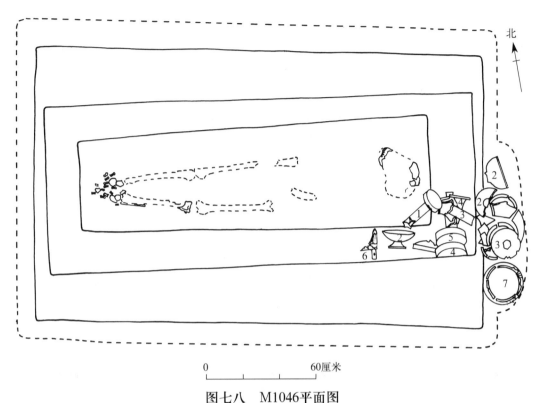

北

0　　　　　　　　60厘米

**图七八　M1046平面图**

1、4、5、9.陶豆　2、3.陶盖豆　6.铜戈　7.绳纹鬲　8.陶壶

高 0.40、进深 0.16 米。距墓口径 2.75 米处有熟土二层台，台宽 0.30 ～ 0.40、高 0.65
米（彩版四一，1）。墓内填土为五花土。

（二）葬具葬式

葬具为一棺一椁。棺平面呈一端宽、一端略窄的梯形，长 1.83、头端宽 0.58、
足端宽 0.45 米。椁长 2.25、宽 0.84 米。

人骨 1 具，腐朽严重。仰身直肢，头向东，面向右。

（三）随葬器物放置

随葬品有绳纹鬲、陶豆、陶壶、陶盖豆和铜戈，共 9 件。陶器分别放置于壁
龛和棺椁之间。其中绳纹鬲 1 件，陶壶 1 件，陶盖豆 2 件，放置在壁龛内。椁盖上
放置 4 件陶豆及 1 件滑落的盖豆器盖。另有铜戈 1 件放置于墓主左侧肩部的棺椁
之间。

（四）随葬器物

共 9 件。包括陶器 8 件，铜器 1 件。其中未修复铜戈 1 件。

陶器 8 件。绳纹鬲 1 件，陶豆 4 件，陶盖豆 2 件，陶壶 1 件（彩版四一，2）。

绳纹鬲　1 件。

C 型Ⅳ式　标本 M1046：7，夹砂灰陶。直口，方唇，平沿，束颈，沿下饰一周凹弦纹，平裆，三矮小实心足，足尖内略凹。腹下部饰交错细绳纹。口径 18.2、高 16.4 厘米（图七九，1；彩版四二，1）。

陶豆　4 件。

Aa 型Ⅹ式　形制相同。泥质灰陶。敞口，方唇，浅盘，斜腹，底近平，高柄中空，盘壁内外均折角明显，喇叭状器座。标本 M1046：1，口径 16.4、底径 13.0、高 23.8 厘米（图七九，2）。标本 M1046：4，口径 16.8、底径 13.0、高 25.0 厘米（图七九，3）。标本 M1046：5，口径 17.4、底径 12.6、高 24.8 厘米（图七九，4）。标本 M1046：9，口径 17.0、底径 13.2、高 24.8 厘米（图七九，5；彩版四二，4）

陶盖豆　2 件。

A 型Ⅲ式　形制相同。泥质灰陶。器呈钵形，子口内敛，弧壁深腹，盘底近平，矮柄下空、略粗，喇叭状器座。弧形盖，盖顶中央有喇叭状捉手。标本 M1046：2，口径 17.4、底径 17.6、通高 29.2 厘米（图八〇，1；彩版四二，3）。标本 M1046：3，口径 18.4、底径 17.2、高 30.2 厘米（图八〇，2）。

陶壶　1 件。

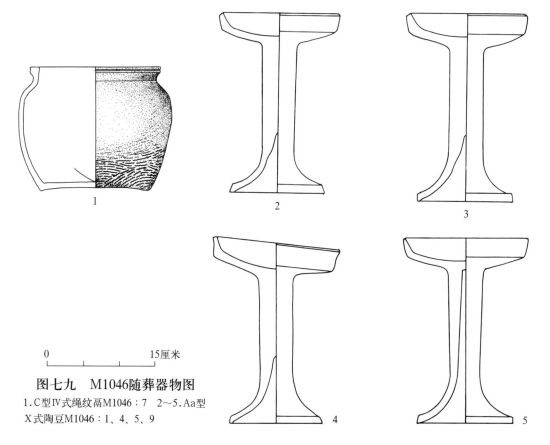

0 ———————— 15厘米

**图七九　M1046随葬器物图**
1. C 型Ⅳ式绳纹鬲 M1046：7　2～5. Aa 型Ⅹ式陶豆 M1046：1、4、5、9

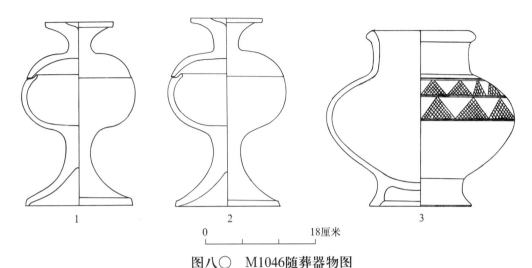

0                 18厘米

**图八〇　M1046随葬器物图**

1、2.A型Ⅲ式陶盖豆M1046：2、3　3.C型陶壶M1046：8

C 型　标本 M1046：8，泥质灰陶。侈口微卷，平沿，方圆唇，长颈，溜肩，扁腹，圜底，矮圈足微外侈。腹部饰压划三组凹弦纹，弦纹之间饰划三角网纹。口径 18.6、底径 16.8、高 28.0 厘米（图八〇，3；彩版四二，2）。

# 一七　M1047

位于发掘区一区北端，南与 M1046、东与 M1048 为邻。开口于②层下。耕土层厚 0.70、②层厚 0.30 米。

## （一）墓葬形制

长方形土坑竖穴积石墓，方向 10°（图八一）。墓口距地表深 1.00、长 2.50、宽 1.10米。墓底距地表深 7.00、长 2.50、宽 1.10 米。椁外填充河卵石，形成积石二层台，宽 0.15～0.35 米。棺椁之间也填充河卵石。墓室上部填土为黄花土，土质较松。

## （二）葬具葬式

葬具为一棺一椁。棺长 1.60、宽 0.60 米。椁长 1.85、宽 0.95 米。

人骨 1 具，骨骼腐朽严重。侧身屈肢葬，头向北，面向不详，下肢侧屈。

## （三）随葬器物放置

随葬品共 2 件，分别为铜戈 1 件，铜剑 1 件，置于墓主左侧棺椁之间。

## （四）随葬器物

铜器 2 件。铜剑 1 件，铜戈 1 件。

铜剑　1 件。

Ab 型　标本 M1047：2，剑身短宽，中部略厚，起脊，格略宽，扁圆茎较长，双箍，

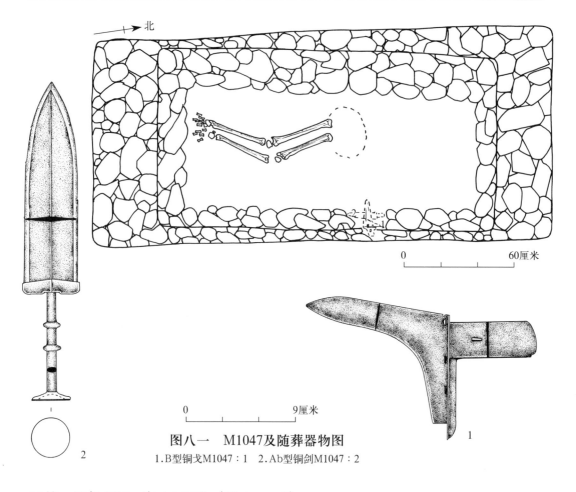

图八一　M1047及随葬器物图
1.B型铜戈M1047：1　2.Ab型铜剑M1047：2

圆首。通长25.6、宽4.8厘米（图八一，2）。

铜戈　1件。

B型　标本M1047：1，窄援，扁平无脊，弧刃尖锋，长胡，胡端三条形短穿，直内外端略上扬，外缘斜弧，外下端有缺，内中有略宽的条形横穿。通长19.1、内长7.2厘米（图八一，1）。

# 一八　M1048

位于发掘区一区北端，西与M1047、东与M1049为邻。开口于①层下（墓口上部未分层）。

## （一）墓葬形制

长方形土坑竖穴积石墓，方向10°（图八二）。墓口距地表深0.66、长2.68、宽1.26～1.30米。墓底距地表深6.50、长2.75、宽1.32米。斜壁略外扩，

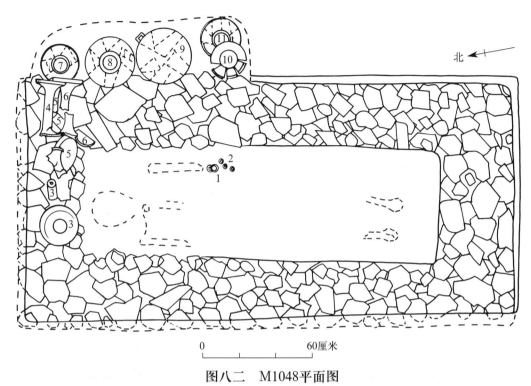

图八二　M1048平面图

1-1.玛瑙环　1-2.水晶环　2-1、2-2.铜环　3～6.陶豆　7、8.陶壶　9.陶鼎　10、11.陶盖豆

东壁有一壁龛，龛长 1.30、高 0.36、进深 0.29 米。棺外为河卵石，形成积石二层台，宽 0.30、高 0.58 米。棺椁之间也填充河卵石。上部填土为五花土。

（二）葬具葬式

葬具为单棺。棺长 1.96、宽 0.58 ～ 0.62 米。

棺内人骨 1 具，腐朽严重，仅存头部、上身、足部的腐朽痕迹。据朽迹可看出为仰身直肢葬，头向北，面向不详。

（三）随葬器物放置

随葬品有陶豆、陶鼎、陶盖豆、陶壶、铜环、水晶环、玛瑙环等器类，共 14 件。陶器分别放置在壁龛和二层台上，其中陶鼎 1 件，陶壶 2 件，陶盖豆 2 件置于壁龛中，另有 4 件陶豆放置在墓主头端的二层台上。水晶环 2 件，玛瑙环 1 件，铜环 2 件放置于棺内墓主左侧。

（四）随葬器物

共 14 件。包括陶器 9 件，铜器 2 件，水晶器 2 件，玛瑙器 1 件。

1. 陶器

9 件。陶鼎 1 件，陶盖豆 2 件，陶豆 4 件，陶壶 2 件。

陶豆　4 件。

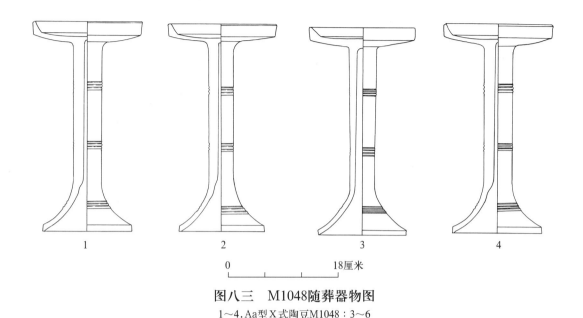

0　　　　　　　　　　18厘米

图八三　M1048随葬器物图

1~4.Aa型Ⅹ式陶豆M1048：3~6

　　Aa 型 Ⅹ式　形制相同。泥质灰陶。敞口,尖唇,浅盘,平底微凹,内外壁折转明显,高柄半中空,喇叭形器座。柄饰两组、足饰一组四道凹弦纹。标本 M1048：3,口径 18.0、底径 14.6、高 33.4 厘米（图八三,1）。标本 M1048：4,口径 18.0、底径 14.0、高 33.0 厘米（图八三,2）。标本 M1048：5,口径 17.4、底径 14.2、高 33.0 厘米（图八三,3）。标本 M1048：6,口径 18.0、底径 14.8、高 33.0 厘米（图八三,4）。

　　陶鼎　1件。

　　A 型Ⅱ式　标本 M1048：9,泥质红陶。折沿弧顶盖,缓弧近平,盖上有三梯形直纽,长方形直形附耳,耳微外撇,子母口,深腹,圜底近平,三蹄形细高足,腹部饰一周凸弦纹。口径 22.0、通高 27.0 厘米（图八四,1）。

　　陶盖豆　2件。

　　A 型Ⅲ式　形制相同。泥质灰陶。器呈钵形,子母口,浅腹,圜底,细柄略高,喇叭状器座,弧形盖,盖顶中央有大喇叭状捉手,腹部饰数道凹弦纹,柄部饰两组凹弦纹。标本 M1048：10,实心豆柄。口径 18.0、底径 14.6、高 33.2 厘米（图八四,2）。标本 M1048：11,豆柄中空。口径 18.0、底径 14.7、高 34.0 厘米（图八四,3）。

　　陶壶　2件。

　　B 型Ⅰ式　形制相同。泥质灰陶。敞口,方唇,长颈,球腹,圜底,圈足较高。无盖。颈、腹部饰四组凹弦纹,标本 M1048：7,口径 13.2、底径 11.6、通高 33.4 厘米（图八四,4）。标本 M1048：8,口径 12.8、底径 11.2、高 29.8 厘米（图八四,5）。

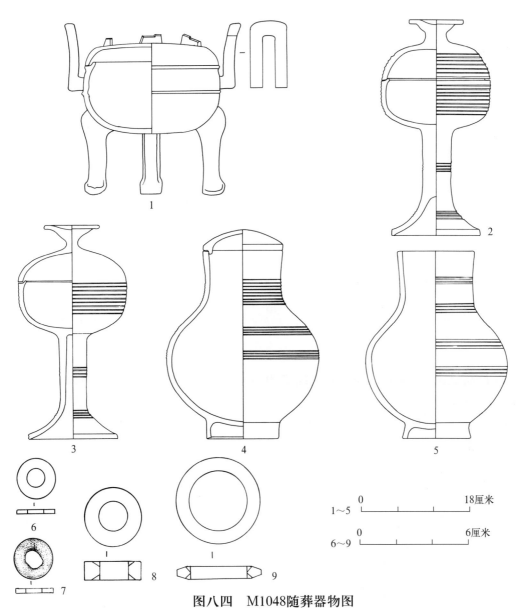

**图八四　M1048随葬器物图**

1.A型Ⅱ式陶鼎M1048：9　2、3.A型Ⅲ式陶盖豆M1048：10、11　4、5.B型Ⅰ式陶壶M1048：7、8　6、7.B型铜环M1048：2-1、2-2　8.水晶环M1048：1-2　9.玛瑙环M1048：1-1

## 2．铜器

铜环　2件。

B 型　形制相同。扁环体。标本 M1048：2-1，直径 2.1、内径 1.1、厚 0.2 厘米（图八四，6）。标本 M1048：2-2，直径 2.2、内径 1.0、厚 0.2 厘米（图八四，7）。

## 3．水晶、玛瑙器

水晶环　2件。

平外缘。标本 M1048：1-2，扁圆环形，环外缘平直，内侧两面斜收，横截面外缘呈直角，内侧呈四角状。外径 3.0、内径 1.6、厚 1.0 厘米（图八四，8）。

玛瑙环　1 件。

内外缘斜收。标本 M1048：1-1，扁圆环形，内外缘两面斜收，横截面内外缘均呈四角状。外径 4.6、内径 3.0、厚 0.7 厘米（图八四，9）。

# 一九　M1053

## （一）墓葬形制

长方形竖穴墓道洞室墓，方向 101°（图八五）。竖井式墓道，口平面长 2.20、宽 0.96、深 3.55 米。墓室位于墓道左侧，由墓道口向下 1.55 米，向北横掏出土洞状墓室。墓室为拱形弧顶，外侧长 2.26、北侧高 2.00、南侧高 1.30、内侧口长 2.36、北侧高 1.50、南侧高 0.75、进深 0.95 米。墓内填土为黄褐五花土。

## （二）葬具葬式

洞室内葬具为一棺。棺长 1.89、宽 0.55 米。

棺内人骨一具，人骨腐朽严重。头向东，面向不详，仰身直肢葬。

## （三）随葬器物放置

随葬品仅陶盂 1 件，置于洞室的棺外左侧。墓主左肩处有一泥俑，未提取。

## （四）随葬器物

陶盂　1 件。

Ca 型Ⅳ式　标本 M1053：1，泥质灰陶。微敛口，斜沿，沿上饰一周凹弦纹，下腹略鼓，平底。口径 15.6、底径 10.2、高 7.6 厘米。

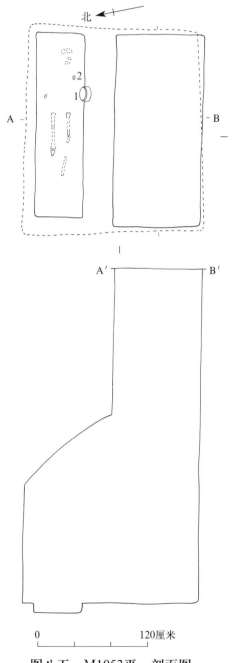

图八五　M1053 平、剖面图
1. 陶盂　2. 泥俑

# 第二节　第二发掘区

第二发掘区位于墓地中部偏东，墓葬编号为 M2001 ～ M2115。

编号 M2001、M2030、M2043 ～ M2044、M2060、M2075 ～ M2077、M2083、M2107 ～ M2109 等为空号，M2006、M2007、M2028、M2029、M2031、M2040 等实际为灰坑，M2013、M2060、M2089、M2093、M2098 则仅探明位置未发掘，总计 23 个编号。

实际共发掘墓葬 92 座，编号为 M2002 ～ M2005、M2008 ～ M2012、M2014 ～ M2027、M2032 ～ M2039、M2041 ～ M2042、M2045 ～ M2046、M2048 ～ M2059、M2061 ～ M2074、M2078 ～ M2082、M2084、M2088、M2090 ～ M2092、M2094 ～ M2097、M2099 ～ M2106、M2110 ～ M2115。

选择典型墓葬 77 座分别介绍。

## 一　M2002

位于发掘区二区中部，北邻 M2015，开口于②层下。耕土层厚 0.34、②层厚 0.56 米。

### （一）墓葬形制

长方形土坑竖穴墓，方向 110°（图八六），墓口距地表深 0.90、长 2.20、宽 0.82 米。墓底距地表深 2.90、长 2.10、宽 0.72 米。斜壁内收。底部东西两侧有熟土二层台，高 0.50、西边宽 0.20、东边宽 0.15 米。墓内填土为黄褐沙土。

### （二）葬具葬式

葬具为单棺。棺长 1.85、宽 0.47 米。

棺内人骨 1 具，头骨及上身部分骨骼腐朽。仰身直肢，头向东，面向不清，小臂及手位于下腹部。墓主右侧棺外有兽骨 3 块。

### （三）随葬器物放置

随葬品有陶豆 2 件，陶盂 1 件，骨簪 1 件，共 4 件。陶器放置在墓主头前二层台东北角处，骨簪紧靠棺内墓主头侧。

### （四）随葬器物

共 4 件。包括陶器 3 件，其中未修复陶豆 1 件，骨器 1 件。

1. 陶器

2 件。陶豆 1 件，盂 1 件。

陶豆　1 件。

B 型Ⅳ式　标本 M2002：1，泥质灰陶。敞口，圆唇，浅盘，盘壁微斜，盘壁

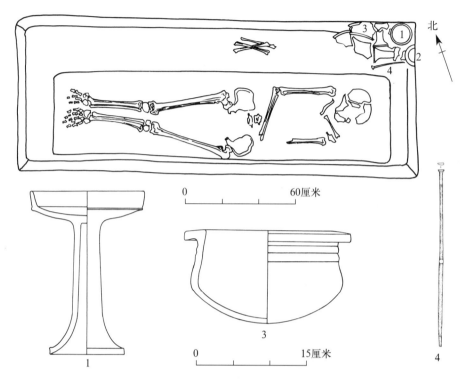

**图八六　M2002及随葬器物图**

1.B型Ⅳ式陶豆M2002：1　2.陶豆M2002：2　3.B型Ⅲ式陶盂M2002：3　4.Aa型骨簪M2002：4

外底部有一周凸棱，内外壁折收，高柄中空，喇叭状器座。口径 16.0、底径 10.0、高 21.7 厘米（图八六，1）。

陶盂　1件。

B 型Ⅲ式　标本 M2002：3，泥质灰陶。敛口，方唇，宽斜沿，深鼓腹，圜底，颈部饰一周瓦棱纹。口径 22.8、高 12.4 厘米（图八六，3）。

2．骨器

骨簪　1件。

Aa 型　标本 M2002：4，平顶簪首。首顶部近平，一般簪身连首处略粗，圆柱形长身，尾部渐细，大部尾端略残。身上部略扁，下部圆直，尾端近平。长 23.4、首径 0.9、中径 0.5 厘米（图八六，4）。

# 二　M2003

位于发掘区二区西部，东邻 M2004，西邻 M3034，开口于②层下。耕土层厚 0.20、②层厚 0.37 米。

（一）墓葬形制

长方形土坑竖穴墓，方向 100°（图八七）。墓口距地表深 0.57、长 2.10、宽 0.90 米。墓底距地表深 2.23、长 2.10、宽 0.90 米。直壁。底部四周有生土二层台，东西台宽 0.10、南北台宽 0.15 米。

（二）葬具葬式

葬具为单棺。棺长 1.90、宽 0.60 米。

棺内人骨 1 具，头骨、脊椎骨腐朽，其他部位基本完整。仰身直肢，头向东，面向北，双手放置于上腹部。

（三）随葬器物放置

随葬品仅有残碎陶豆 1 件，放置于棺外南二层台上，大体位于墓主左侧股骨处。

（四）随葬器物

陶豆　1 件。

Ab 型 II 式　标本 M2003：1，泥质灰陶。敞口，方唇，钵形外折内弧浅盘，外壁折收，内壁弧收，盘壁微凹，高柄中空，喇叭状器座，制作粗糙。口径 16.6、底径 12.4、高 24.2 厘米（图八七，1）。

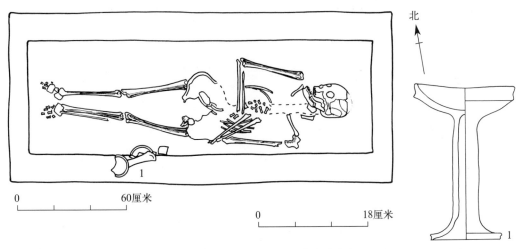

图八七　M2003及随葬器物图
1.Ab型 II 式陶豆M2003：1

# 三　M2004

位于发掘区二区西部，西邻 M2003，北邻 M2005，上部为扰乱层（未分层）。

（一）墓葬形制

长方形土坑竖穴墓，方向 98°（图八八）。墓口距地表深 1.60、长 3.15、宽 2.25 米。

墓底距地表深 5.65、长 3.15、宽 2.25 米。直壁。底部有生土二层台，宽 0.28 ~ 0.40、高 1.05 米。墓内填土为黄花土。

（二）葬具葬式

葬具为一棺一椁。棺长 2.33、宽 0.91 米。椁长 2.35、宽 1.56 ~ 1.60 米。

棺内人骨 1 具，保存较好。仰身直肢，头向东，面向上，双手贴放于躯干两侧，下肢伸直，双足并拢。

（三）随葬器物放置

随葬品有陶豆 2 件，陶盂 1 件，陶罐 1 件，铜鼎 1 件，铜舟 1 件，铜盖豆 2 件，铜戈 1 件，铜剑 1 件，铜削 1 件，铜镞 8 件，铜马衔 2 件，铜泡 4 件，铜带钩 1 件，铜串饰一组（53 件），石章料 1 件，石戈 1 件，石片 25 件，骨贝 1 件，革皮 1 件（小），

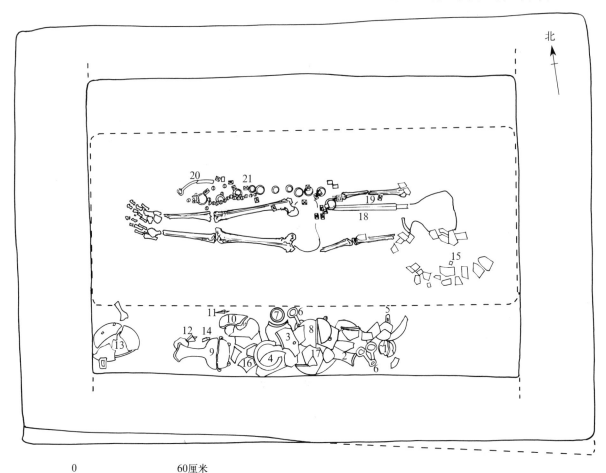

**图八八　M2004平面图**

1、2.陶豆　3.陶盂　4.陶罐　5.铜戈　6.铜马衔　7.铜泡　8、9.陶盖豆　10.铜舟　11、12.铜镞　13.铜鼎
14.石章料　15.石片　16.石戈　17.骨贝、革皮　18.铜剑　19.铜节约　20.铜刀削　21.铜串饰（一组）

共 56 件（套）。分别放置于棺椁之间和棺内（彩版四三，1、2，彩版四四，1）。铜剑、铜削、铜带钩、铜串饰放置在棺内墓主的右侧，其中铜剑放置在右臂处，墓主头端左侧及肩部有石片 25 块。其余的陶器、铜器和石器、骨器放置墓主左侧的棺椁之间，其中铜鼎单独放置在墓主足端左侧。另外墓中发现植物灰、绢质衣物的痕迹。

### （四）随葬器物

共 56 件。包括陶器 4 件，铜器 23 件（组），石器 27 件，骨贝、革皮各 1 件。其中未修复铜剑 1 件，铜刀削 1 件，铜带钩 1 件，铜串饰一组（53 件），铜镞 1 件。

1. 陶器

4 件。陶豆 2 件，圜底罐 1 件，陶盂 1 件（彩版四四，2）。

陶豆　2 件。

Aa 型Ⅲ式　形制相同。泥质灰陶。敞口，方唇，浅腹，内外壁弧收，矮柄中空，柄中部饰一周凸棱，喇叭状器座。标本 M2004：1，口径 17.4、底径 9.4、高 14.2 厘米（图八九，1）。标本 M2004：2，口径 16.4、底径 9.0、高 16.0 厘米（图八九，2）。

陶罐　1 件。

标本 M2004：4，泥质灰陶。侈口，卷沿，方唇，束颈，折肩，鼓腹，圜底，腹、底饰交错细绳纹。口径 16.4、高 29.0 厘米（图八九，3）。

陶盂　1 件。

B 型Ⅱ式　标本 M2004：3，泥质灰陶。敛口，宽斜沿，方唇，颈部饰两周凸棱，斜鼓腹，圜底。口径 20.0、高 10.8 厘米（图八九，4）。

2. 铜器

18 件。铜鼎 1 件，铜盖豆 2 件，铜舟 1 件（彩版四四，2），铜戈 1 件，铜镞 7 件，

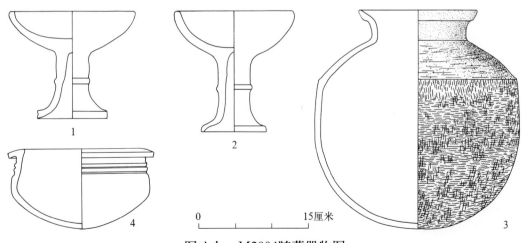

**图八九　M2004随葬器物图**

1、2.Aa型Ⅲ式陶豆M2004：1、2　3.陶罐M2004：4　4.B型Ⅱ式陶盂M2004：3

铜马衔2件，铜泡4件。

铜鼎　1件。

标本M2004：13，子母口，深腹、圜底，高附耳外侈，鼎足均残，腹部留有3处外凸连接鼎足的铸钉，鼎足残留一截，铜较薄，中间还保留泥土的范芯。弧顶盖，盖顶饰3个半环钮。腹上部、鼎盖钮内外两侧及鼎耳的上侧铸有近似"T"形连体几何纹，并用雷纹状底纹装饰。口径20.8、残高17.8厘米（图九〇，1）。

铜盖豆　2件。

A型　器形相同，均为子母口，深腹、圜底，腹两侧有对称环钮。半球形弧顶盖，

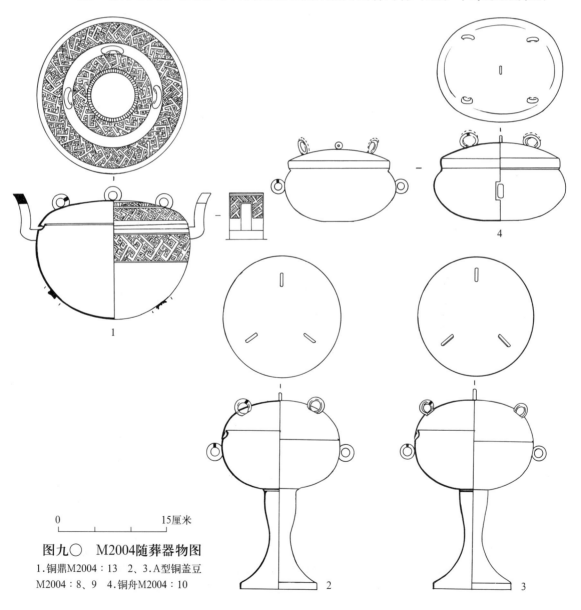

0　　　　　　　　15厘米

图九〇　M2004随葬器物图

1.铜鼎M2004：13　2、3.A型铜盖豆
M2004：8、9　4.铜舟M2004：10

上有三个半环纽。柄部较高,中间略细呈压腰状,喇叭状底座。标本 M2004:8,素面。口径 16.0、底径 10.4、通高 26.0 厘米（图九〇,2）。标本 M2004:9,素面。口径 16.0、底径 10.6、通高 26.5 厘米（图九〇,3）。

　　铜舟　1 件。

　　标本 M2004:10,椭圆体,子母口、鼓腹、圜底近平,短腹中部有对称两环耳。折沿弧顶盖,盖顶有三个环纽。素面。口径 16.0、通高 11.2 厘米（图九〇,4）。

　　铜戈　1 件。

　　A 型 I 式　标本 M2004:5,宽援较长,扁平无脊,弧刃尖锋,长胡,胡端三长条形穿。直内近平,外缘近直,下端外侧有缺,内中有长条形横穿。通长 23.8、内长 8.9 厘米（图九一,1）。

　　铜镞　7 件。

　　A 型　2 件。扁首双翼。分两式。

　　A 型 I 式　1 件。标本 M2004:12-1,双翼较宽,末端外侈,圆脊,后空有銎。

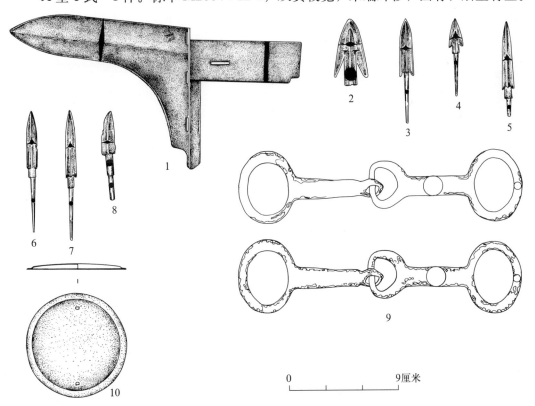

**图九一　M2004随葬器物图**

1.A型I式铜戈M2004:5　2.A型I式铜镞M2004:12-1　3.A型II式铜镞M2004:11-1　4.B型I式铜镞M2004:11-3　5~7.B型II式铜镞M2004:11-4、11-5、11-7　8.C型铜镞M2004:11-2　9.铜马衔M2004:6　10.铜泡M2004:7-3

长 5.4、銎径 1.0 厘米（图九一，2）。

A 型 II 式　1 件。标本 M2004：11-1，双翼较窄，末端略侈呈尖锋，菱形脊，长铤，铤后部渐变细锐。通长 8.4、铤长 4.1 厘米（图九一，3）。

B 型　4 件。分两式。

B 型 I 式　1 件。标本 M2004：11-3，圆脊，三翼较宽，末端略收，后尖锋，长铤。通长 6.2、铤长 3.4 厘米（图九一，4）。

B 型 II 式　3 件。标本 M2004：11-4，圆脊，尖锋，三翼较窄，末端出刺，短铤。通长 7.1、铤长 1.4 厘米（图九一，5）。标本 M2004：11-5，末端无刺，短铤。通长 9.7、铤长 4.3 厘米（图九一，6）。标本 M2004：11-7，长铤。通长 10.6、铤长 4.2 厘米（图九一，7）。

C 型　1 件。标本 M2004：11-2，扁首，菱形脊，长关，短铤。首端有残损，略变形。通长 7.2、铤长 1.8 厘米（图九一，8）。

铜马衔　2 件。

形制相同。标本 M2004：6，由 2 件柄部加两侧大小扁环套接而成，近似椭圆形的两大环在外侧，内侧两扁体小环相套接。通长 23.5、单长 12.6、大环外径 4.4～5.6、小环内径 1.7～2.7 厘米（图九一，9）。

铜泡　4 件。

形制相同。标本 M2004：7-3，圆帽形，平沿，弧顶，顶部边缘对称两个方孔。直径 8.0、高 0.45、壁厚 0.1 厘米（图九一，10）。

3. 石器

共 27 件。石戈 1 件，石章料 1 件，石片 25 件。

石戈　1 件。

标本 M2004：16，长方条形，上部略薄，一侧有缺。长 12.2、宽 6.0、厚 0.6 厘米（图九二，1）。

石章料　1 件。

标本 M2004：14，正方柱体，上端略内收。边长 2.0、高 6.3 厘米（图九二，2）。

石片　25 件。

标本 M2004：15-1，长方形页岩，截面呈矩形，正反两面光滑且侧面有加工痕迹。通长 6.8、宽 3～3.9、厚 0.5 厘米（图九二，3）。标本 M2004：15-2，近三角形，页岩，厚度均匀。通长 7.0、厚 0.5 厘米（图九二，4）。

4. 骨器

骨贝　1 件。

标本 M2004：17-1，形似海贝，呈椭圆形，正面较鼓，刻一竖槽，上下两端各

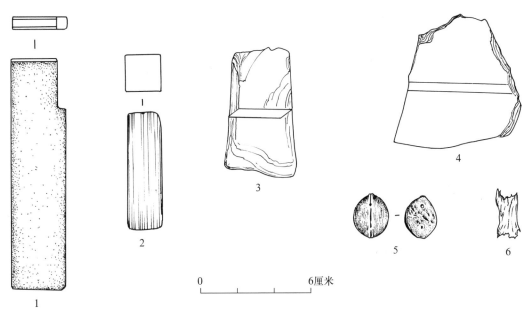

图九二　M2004随葬器物图

1.石戈M2004：16　2.石章料M2004：14　3、4.石片M2004：15-1、15-2　5.骨贝M2004：17-1　6.革皮M2004：17-2

有一钉孔。长 2.2、宽 1.9 厘米（图九二，5）。

5. 其他

革皮　1 件。

标本 M2004：17-2，黑色皮质，残存少许。残长 2.2 厘米（图九二，6）。

# 四　M2005

位于发掘区二区西北角，南邻 M2003，东邻 M2008，开口于③层下。耕土层厚 0.26、②层厚 0.24、③层厚 0.52 米。

## （一）墓葬形制

长方形土坑竖穴墓，方向 102°（图九三）。墓口距地表深 1.03、长 2.35、宽 1.12 米。墓底距地表深 2.64、长 2.35、宽 1.12 米。直壁。墓内填土为五花土，含较多黄褐色硬土块。

## （二）葬具葬式

葬具为单棺。棺长 1.70、宽 0.70、残高 0.24 米。

棺内人骨 1 具，腐朽严重，仅残存头骨、上肢骨、胫骨和趾骨残块。应为仰身直肢葬，头向东，面向不明。

## （三）随葬器物放置

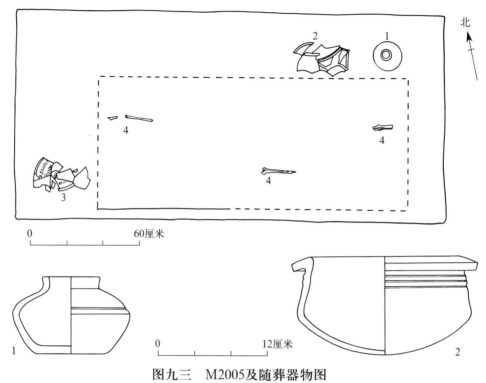

**图九三　M2005及随葬器物图**

1.D型Ⅲ式陶罐M2005：1　2.B型Ⅳ式陶盂M2005：2　3.绳纹鬲M2005：3　4.兽骨M2005：4

随葬品有绳纹鬲1件,陶罐1件,陶盂1件,共3件。陶器分别放置于棺外,陶罐、陶盂放置在棺外北侧偏东部,西南角处放置绳纹鬲。

（四）随葬器物

陶器3件。陶罐1件,陶盂1件,未修复绳纹鬲1件。

陶罐　1件。

D型Ⅲ式　标本M2005：1,泥质灰陶。侈口,平沿,方唇,高领,圆折肩,深腹,平底。肩部饰一周凸棱。口径6.0、底径7.4、高8.4厘米（图九三,1）。

陶盂　1件。

B型Ⅳ式　标本M2005：2,泥质灰陶,敛口,斜沿,方唇,深鼓腹圜底。颈部饰两周凸棱。口径20.4、高10.6厘米（图九三,2）。

# 五　M2008

位于发掘区二区北部,东邻M2009,开口于②层下。上层为扰层,厚0.38、②层厚0.44米,东南角被破坏。墓葬东南角处有1盗洞,并将墓葬东南角墓壁破坏。

（一）墓葬形制

长方形土坑竖穴墓,方向 103°（图九四）。墓口距地表 0.82、长 2.71、宽 1.48 米。墓底距地表 3.02、长 2.60、宽 1.40 米。斜壁略内收。底部有熟土二层台,宽 0.22～0.30、高 0.22 米。墓葬东南角有盗坑,直达墓底,墓葬东南角被盗掘破坏,盗洞内发现人的头骨,应是被盗扰的墓主所属。墓内填土为黄花土。

（二）葬具葬式

葬具为一棺一椁。棺长 1.82、宽 0.59 米。椁长 2.08、宽 0.86 米。棺椁的东南角被扰动。

棺内人骨 1 具,骨骼大部已腐朽,仅存部分肢骨、趾骨。仰身直肢,头向东,头骨被移动到东南角的盗坑内,面向不清。

（三）随葬器物放置

随葬品有陶豆残片 7 片,出自椁室外填土中,未能修复。骨簪 1 件,残为 5 段,分别出自棺内、椁室顶部及扰坑中。

（四）随葬器物

共 2 件。未修复残陶豆 1 件,骨器 1 件。

骨簪 1 件。

标本 M2008∶1,通体磨光,圆柱形,残缺。残长 40.0、径 0.5 厘米（图九四,1）。

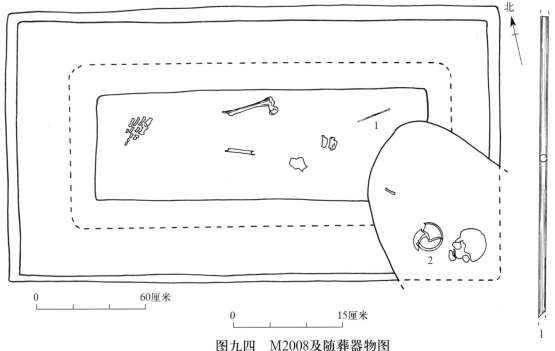

北

0    60厘米

0    15厘米

图九四　M2008及随葬器物图

1.骨簪M2008∶1　2.陶豆M2008∶2

# 六 M2009

位于发掘区二区北部，西邻 M2008，墓口上层被北朝晚期灰坑和墓葬打破，厚 2.20 米。

## （一）墓葬形制

长方形土坑竖穴墓，方向 118°（图九五）。墓口距地表深 2.20、长 2.33、宽 1.30 米。墓底距地表深 3.45、长 2.36、宽 1.29 米。墓壁近直壁。底部有熟土二层台，台宽 0.16 ～ 0.25、高 0.36 米。墓内填土为黄花土。

## （二）葬具葬式

葬具为一棺一椁。棺长 1.78、宽 0.77 米。椁长 2.00、宽 0.85、残高 0.36 米。

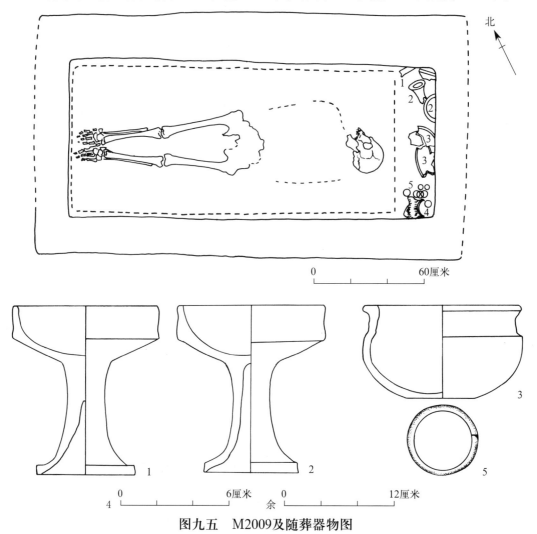

北

0        60厘米

0      6厘米     0       12厘米

4         余

**图九五 M2009及随葬器物图**

1、2.Ac型Ⅱ式陶豆M2009：1、2   3.A型Ⅲ式陶盂M2009：3   4.绳纹鬲M2009：4   5.C型铜环M2009：5

棺内人骨 1 具，墓主骨骼上体腐朽严重，保存一般。仰身直肢，头向东，面向左，下肢脚部并拢。

（三）随葬器物放置

随葬品有绳纹鬲 1 件，陶豆 2 件，陶盂 1 件和铜环 6 件，共 10 件。随葬品均放置在墓主头前的棺椁之间。

（四）随葬器物

共 10 件。陶器 4 件，未修复绳纹鬲 1 件。铜器 6 件。

1．陶器

3 件。陶豆 2 件，陶盂 1 件。

陶豆　2 件。

Ac 型 II 式　形制相同。泥质灰陶。敞口，圆唇，深盘，矮柄下空、略粗，喇叭状器座。标本 M2009：1，口径 16.0、底径 10.8、高 18.0 厘米（图九五，1）。标本 M2009：2，口径 16.4、底径 10.2、高 17.7 厘米（图九五，2）。

陶盂　1 件。

A 型 III 式　标本 M2009：3，泥质灰陶。直口微敛，窄平沿，方唇，束颈，折肩明显，弧腹缓收，圜底近平。口径 17.4、底径 6.8、高 10.0 厘米（图九五，3）。

2．铜器

铜环　6 件。

C 型　环的断面均内弧外呈直角状，大小略异。标本 M2009：5-1，直径 3.9、内径 3.4、厚 0.3 厘米（图九五，5）。

# 七　M2012

位于发掘区二区东北区，南邻 M2017，东邻 M2018。开口于②层下。①层厚 0.48、②层厚 0.47 米。

（一）墓葬形制

长方形土坑竖穴墓，方向 105°（图九六）。墓口距地表深 0.91～0.95、长 2.70、宽 1.50～1.54 米。墓底距地表深 3.70、长 2.34、宽 1.28 米。斜壁内收。底部有生土二层台，台宽 0.15～0.25、高 0.50 米。墓内填土为花土，上部以褐色胶泥为主，下部约 0.90 米黄沙土多见。

（二）葬具葬式

葬具为单棺。棺长 1.98、宽 0.88、残高 0.54～0.65 米。

棺内人骨 1 具，骨骼大部腐朽严重。仰身直肢，头向东，面向上。

（三）随葬器物放置

随葬品有陶鼎1件，陶盖豆2件，陶盘1件，共4件。均放置于人骨架下面，器物上部还残留板灰，应是放置在棺底箱中。

（四）随葬器物

陶器4件。陶鼎1件，陶盖豆2件，陶盘1件。

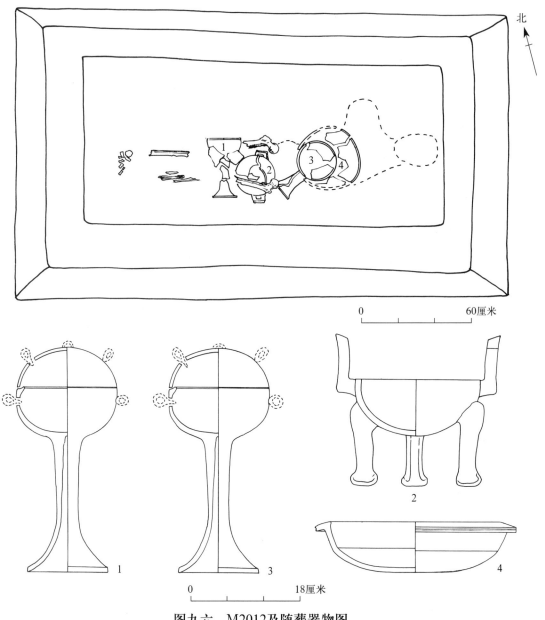

图九六　M2012及随葬器物图

1、3.Ba型陶盖豆M2012：1、3　2.B型陶鼎M2012：2　4.B型Ⅱ式陶盘M2012：4

陶鼎　1件。

B 型　标本 M2012：2，泥质红陶。直口，平沿，鼓腹，圜底，长方形附耳外撇，三蹄形足，无盖。口径 20.4、通高 24.2 厘米（图九六，2）。

陶盖豆　2件。

Ba 型　形制相同。泥质灰陶。器呈钵形，子口内敛以承器盖，圜底，高柄半中空，喇叭口状器座。腹部一对圆孔以纳活动环钮。半球状盖，上饰三圆孔纳三环钮，钮缺失。标本 M2012：1，口径 16.8、底径 13.2、高 35.6 厘米（图九六，1）。标本 M2012：3，口径 16.6、底径 13.2、高 35.6 厘米（图九六，3）。

陶盘　1件。

B 型 II 式　标本 M2012：4，泥质灰陶。敞口，斜宽平沿，方唇，折腹，圜底，内外壁有明显折棱。口径 33.0、高 8.0 厘米（图九六，4）。

# 八　M2014

位于发掘区二区中部偏东，北邻 M2013，南邻 M2015。开口于②层下。①层厚 0.18、②层厚 1.02 米。

## （一）墓葬形制

长方形土坑竖穴墓，方向 106°（图九七）。墓口距地表深 1.20、长 2.70、宽 1.5～1.65 米。墓底距地表深 3.50、长 2.31、宽 1.30～1.40 米。直壁。底部有生土二层台，宽 0.05～0.22、高 0.70 米。墓内填土为黄花土。

## （二）葬具葬式

葬具为一棺一椁。棺长 2.00、宽 0.70、残高 0.30 米，板厚 3.0 厘米。椁长 2.25、宽 1.30、残高 0.40 米，板厚约 5.0 厘米。

棺内人骨 1 具，上身腐朽严重，下肢保存较略好。仰身直肢，头向东，面向不详，双腿并拢。

## （三）随葬器物放置

随葬品有绳纹鬲 1 件，陶豆 2 件，陶盂 1 件，共 4 件。绳纹鬲、陶盂置于墓主足端棺上部，陶豆置于墓主下肢左侧，腐朽后均落入棺底部。

## （四）随葬器物

陶器 4 件。陶豆 2 件，盂 1 件，未修复绳纹鬲 1 件。

陶豆　2件。

Ab 型 I 式　形制相同。泥质灰陶。盘呈碗状，厚方唇，浅盘，盘内壁弧收，

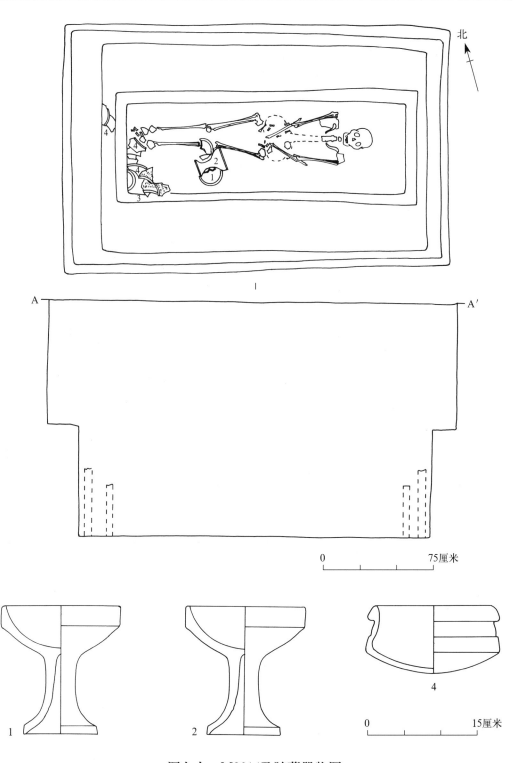

图九七　M2014及随葬器物图

1、2.Ab型Ⅰ式陶豆M2014：1、2　3.绳纹鬲M2014：3　4.B型Ⅴ式陶盂M2014：4

外壁折收，豆柄中空，喇叭状器座。标本 M2014：1，口径 16.5、底径 10.0、高 17.0 厘米（图九七，1）。标本 M2014：2，口径 16.4、底径 10.0、高 17.0 厘米（图九七，2）。

陶盂　1 件。

B 型 V 式　标本 M2014：4，泥质灰陶。窄斜沿，圆唇，颈部内凹并有一周凸棱，斜腹下弧成圜底。口径 18.0、高 8.8 厘米（图九七，4）。

# 九　M2017

位于发掘区二区，南邻 M2016，北邻 M2012。开口于①层下（墓口上部未分层）。

## （一）墓葬形制

长方形土坑竖穴墓，方向 93°（图九八）。墓口距地表深 0.85、长 2.20、宽 0.76 米。墓底距地表深 2.05、长 2.20、宽 0.76 米。直壁。墓内填土为花土，填土内杂有沙砾石。

## （二）葬具葬式

无葬具。

人骨 1 具，腐朽较甚。仰身直肢，下肢并拢，头向东，面向上。

## （三）随葬器物放置

随葬品仅有陶盂 1 件，置于墓主足下。

## （四）随葬器物

陶盂　1 件。

B 型 V 式　标本 M2017：1，泥质灰陶。敛口，斜沿，圆唇，直腹，圜底。颈部饰两周凸棱，腹部内外壁均有一周折棱。口径 20.0、高 10.0 厘米（图九八，1）。

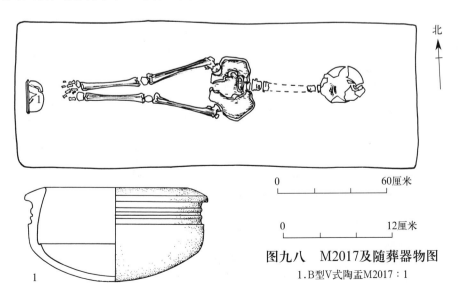

北

| 0 | | 60厘米 |

| 0 | | 12厘米 |

图九八　M2017及随葬器物图

1. B型V式陶盂M2017：1

# 一〇 M2018

位于发掘区二区，西邻 M2012、北邻 M2019，开口于②层下。耕土层厚 0.40、②层厚 0.60 米。

（一）墓葬形制

长方形土坑竖穴墓，方向 105°（图九九）。墓口距地表深 1.00、长 2.55、宽 1.40 米。墓底距地表深 2.90、长 2.34、宽 1.13 米。斜壁内收，壁上有脚窝。墓底有一不规则的腰坑，长 0.46、宽 0.34 米，腰坑内有小兽骨，应为殉狗。墓内填土为花土、沙土。

（二）葬具葬式

葬具为一棺一椁。棺已腐朽，形制不明。椁长 2.34、宽 1.14、残高 0.30 米，板厚约 5.0 厘米。

内人骨 1 具，腐朽严重。葬式不明，头向东，面向不清。

（三）随葬器物放置

随葬品有陶豆 2 件，盖豆 1 件，铜环 1 件，水晶串饰 4 件，骨簪 1 件，共 9 件。陶器放置在椁顶，棺椁腐朽后落入墓底。铜环和水晶串饰放置在棺内墓主胸部，骨簪位于墓主头侧。

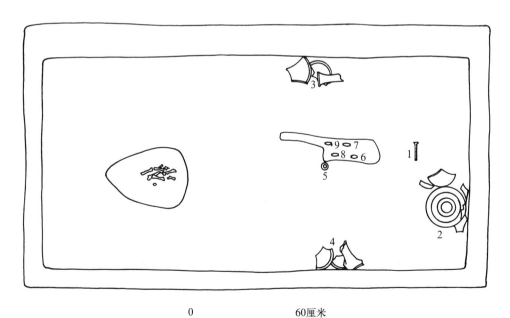

0　　　　　　　　　60厘米

**图九九　M2018平面图**

1.骨簪　2.陶盖豆　3、4.陶豆　5.铜环　6～9.水晶串饰

（四）随葬器物

共 9 件。包括陶器 3 件，铜器 1 件，骨器 1 件，水晶器 4 件。其中未修复水晶器 1 件。

1. 陶器

3 件。陶豆 2 件，陶盖豆 1 件。

陶豆  2 件。

Ab 型 Ⅱ 式  形制相同。泥质灰陶。圆唇，浅盘，外折内弧，粗柄中空，喇叭状器座。标本 M2018∶3，口径 15.0、底径 9.2、高 20.0 厘米（图一〇〇，1）。标本 M2018∶4，口径 16.2、底径 10.0、高 21.4 厘米（图一〇〇，2）。

陶盖豆  1 件。

Ba 型  标本 M2018∶2，泥质灰陶。子母口，鼓腹，深盘。柄、足缺失。口径 19.0、残高 11.2 厘米（图一〇〇，3）。

2. 铜器

铜环  1 件。

A 型  标本 M2018∶5，圆形环，锈蚀严重，磨损痕迹明显。直径 2.0、内径 1.2、厚 0.3 厘米（图一〇〇，4）。

3. 骨器

骨簪  1 件。

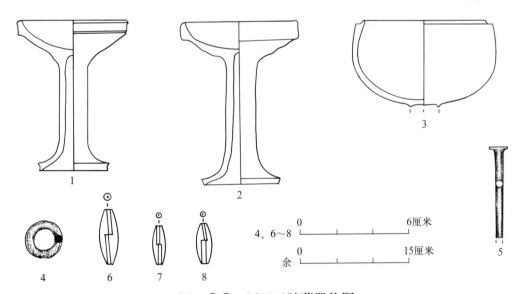

图一〇〇  M2018随葬器物图

1、2.Ab型Ⅱ式陶豆M2018∶3、4  3.Ba型陶盖豆M2018∶2  4.A型铜环M2018∶5  5.Aa型骨簪M2018∶1  6~8.水晶串饰M2018∶6~8

Aa 型　标本 M2018：1，通体磨光，如钉状，首端平面呈圆形，残长 12.0、径 0.5 厘米（图一〇〇，5）。

4．水晶器

水晶珠　4 件（串饰）。

腰鼓形，中间粗，管孔为两端对穿。标本 M2018：6，长 3.0、径 1.0 厘米（图一〇〇，6）。标本 M2018：7，长 2.1、径 0.7 厘米（图一〇〇，7）。标本 M2018：8，长 2.1、径 0.8 厘米（图一〇〇，8）。

# 一一　M2020

位于发掘区二区北部，西南邻 M2010、东南邻 M2019，开口于②层下。耕土层厚 0.36、②层厚 0.74 米。

## （一）墓葬形制

长方形土坑竖穴墓。方向 95°（图一〇一），墓口距地表深 1.10、长 2.85、宽 1.35 米。墓底距地表深 2.50、长 2.00、宽 0.80 米。斜壁内收。底部有生土二层台，台宽 0.25 ～ 0.45、高 0.45 米。墓内填土为五花土。

## （二）葬具葬式

葬具为一棺一椁。椁长 2.00、宽 0.80、残高 0.3 米，板厚约 5.0 厘米。棺已腐朽，具体形制不明。

棺内人骨 1 具，腐朽严重，形体可辨。仰身直肢，头向东，面向上。

## （三）随葬器物放置

随葬品有绳纹鬲 1 件，陶豆 2 件，陶盂 1 件，共 4 件。陶器分别放置在棺椁之间，陶盂在墓主头部右侧，绳纹鬲和陶豆 1 件放置在足端右侧，另 1 件陶豆放置墓主头前右侧。

## （四）随葬器物

陶器 4 件。陶豆 2 件，陶盂 1 件，未修复绳纹鬲 1 件。

陶豆　2 件。

Ab 型 I 式　形制相同。泥质灰陶。敞口，方唇，浅盘，盘内壁弧收，外壁折收，细高柄中空，喇叭状器座。标本 M2020：1，口径 16.6、底径 10.4、高 21.3 厘米（图一〇一，1）。标本 M2020：4，口径 16.4、底径 10.0、高 21.2 厘米（图一〇一，4）。

陶盂　1 件。

B 型 V 式　标本 M2020：2，泥质灰陶。直口，斜沿，圆唇，直腹，圜底。颈部饰有一周凸棱。口径 23.2、高 13.0 厘米（图一〇一，2）。

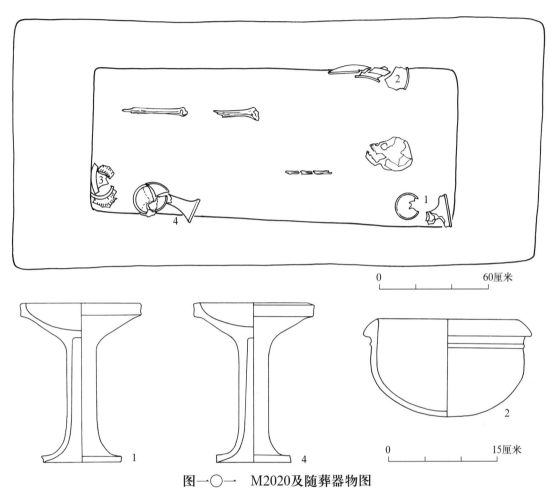

**图一〇一　M2020及随葬器物图**

1、4.Ab型Ⅰ式陶豆M2020∶1、4　2.B型Ⅴ式陶盂M2020∶2　3.绳纹鬲M2020∶3

# 一二　M2021

位于发掘区二区北部,东邻M2026,开口于②层下。耕土层厚0.36、②层厚0.39米。

（一）墓葬形制

长方形土坑竖穴墓,方向105°（图一〇二）。墓口距地表深0.75、长2.30、宽1.10米。墓底距地表深3.10、长2.30、宽1.10米。直壁。墓内填土为黑褐色花土。

（二）葬具葬式

葬具仅为一棺。棺长1.90、宽0.77～0.79、残高0.50米。

棺内人骨1具,腐朽严重,仅存头部、脚趾骨残块。墓主头向东,具体葬式不明。

（三）随葬器物放置

随葬品有绳纹鬲、陶豆、陶罐、陶盂和骨簪,共6件。分别放置于棺内,其中

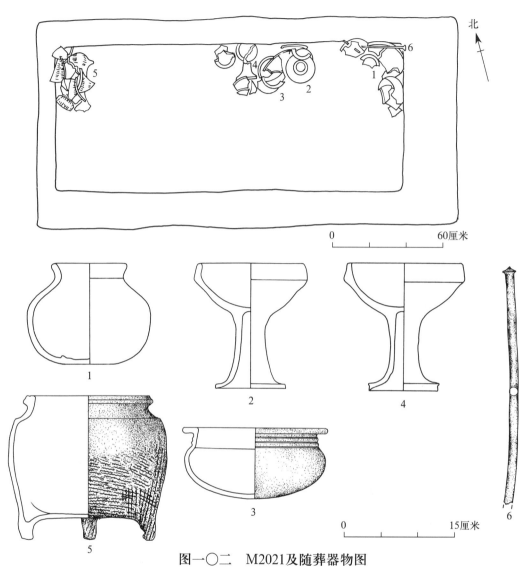

图一〇二　M2021及随葬器物图

1.D型Ⅱ式陶罐M2021∶1　2、4.Ac型Ⅰ式陶豆M2021∶2、4　3.B型Ⅰ式陶盂M2021∶3　5.D型Ⅰ式绳纹鬲
M2021∶5　6.Ab型骨簪M2021∶6

骨簪1件，陶罐1件放置在墓主头端右侧，绳纹鬲1件放置在足端，陶豆2件和陶
盂1件在中部。

（四）随葬器物

共6件。包括陶器5件，骨器1件。

1. 陶器

5件。绳纹鬲1件，陶豆2件，陶罐1件，陶盂1件（彩版四五，1）。

绳纹鬲　1件。

D 型 I 式　标本 M2021：5，夹砂灰陶。敛口，平沿，沿面饰一周凹弦纹，方唇，缩颈，耸肩，深腹略鼓，弧裆近平，三柱状足较高，内侧下凹，腹下饰交错绳纹。口径 17.0、高 19.0 厘米（图一〇二，5；彩版四五，2）。

陶豆　2 件。

Ac 型 I 式　形制相同。泥质灰陶。盘呈碗状，敞口，圆唇，曲腹，深腹弧底，柄较粗，喇叭状器座。标本 M2021：2，口径 14.6、底径 9.6、高 16.6 厘米（图一〇二，2）。标本 M2021：4，口径 15.8、底径 9.2、高 16.8 厘米（图一〇二，4；彩版四五，3）。

陶罐　1 件。

D 型 II 式　标本 M2021：1，泥质灰陶。卷沿，侈口，圆唇，束颈，圆肩，圆腹，平底。口径 10.4、底径 6.4、高 13.4 厘米（图一〇二，1；彩版四五，4）。

陶盂　1 件。

B 型 I 式　标本 M2021：3，泥质灰陶。宽平沿，敛口，圆唇，束颈，圆肩，鼓腹，圜底。颈部饰两周凸弦纹。口径 19.8、高 9.4 厘米（图一〇二，3；彩版四五，5）。

2. 骨器

骨簪　1 件。

Ab 型　标本 M2021：6，通体磨光，顶端有一圆帽饰，下部为圆柱形，残缺。残长 31.2、径 0.6 厘米（图一〇二，6）。

# 一三　M2022

位于发掘区二区中部，东邻 M2026，北邻 M2021，开口于②层下。耕土层厚 0.28、②层厚 0.37 米。

## （一）墓葬形制

长方形土坑竖穴墓，方向 104°（图一〇三）。墓口距地表深 0.65、长 2.25、宽 1.10 米。墓底距地表深 3.35、长 2.53、宽 1.37 米。斜壁外扩。墓底有腰坑，南北长 0.31、东西宽 0.27、深 0.20 米。墓内填土为黄褐色花土。

## （二）葬具葬式

葬具为一棺一椁。棺长 2.02、宽 0.67、残高 0.30 米，板灰厚 5.0 厘米。椁长 2.24、宽 1.04、残高 0.70 米，板灰厚 6.0 厘米。

棺内人骨 1 具，骨骼已腐朽。仰身直肢，头向东，面向上，双手交叠于腹部，下肢并拢。

## （三）随葬器物放置

随葬品有绳纹鬲 1 件，陶豆 2 件，陶罐 1 件，陶盂 1 件，铜带钩 1 件，共 6 件。

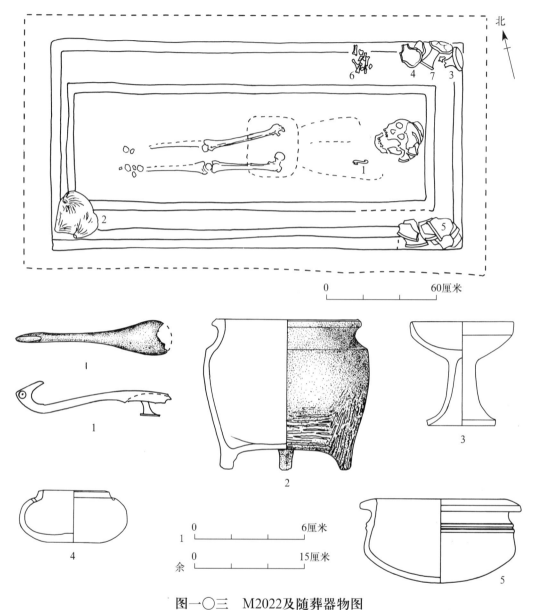

图一〇三　M2022及随葬器物图

1.A型铜带钩M2022：1　2.D型Ⅱ式绳纹鬲M2022：2　3.Aa型Ⅴ式陶豆M2022：3　4.异形罐M2022：4　5.B型Ⅳ式陶盂M2022：5　7.陶豆M2022：7

陶器分别放置于棺椁之间，其中绳纹鬲1件放置在墓主足端左侧，陶豆2件和陶罐1件在墓主头端右侧，陶盂1件在墓主头端右侧。铜带钩1件，在棺内墓主胸部。另在墓主肩部左侧发现有祭骨。

（四）随葬器物

共6件。包括陶器5件，其中未复原陶豆1件。铜器1件。

## 1．陶器

4 件。绳纹鬲 1 件，陶豆 1 件，异形罐 1 件，盂 1 件。

绳纹鬲　1 件。

D 型 II 式　标本 M2022：2，夹砂灰陶。折沿，尖唇，沿上部饰有一周弦纹，束颈，斜肩，腹部微弧收，连裆近平，三柱状足。下腹至足尖饰绳纹。口径 19.6、高 20.0 厘米（图一〇三，1）。

陶豆　1 件。

Aa 型 V 式　标本 M2022：3，泥质灰陶。直口，圆唇，深盘，盘壁直下弧收，钵形折腹，柄较高、中空，喇叭状器座。口径 14.0、底径 9.2、高 13.8 厘米（图一〇三，2）。

异形罐　1 件。

标本 M2022：4，泥质灰陶。器身矮扁，敛口，斜沿，圆肩，肩上有对称的圆孔，鼓腹，平底。口径 10.0、高 6.8 厘米（图一〇三，3）。

陶盂　1 件。

B 型 IV 式　标本 M2022：5，泥质灰陶。口微敛，宽斜折沿，方唇，腹部饰有两道凸棱，上腹斜直外张，下腹弧收圆缓，圜底。口径 22.0、高 11.0 厘米（图一〇三，4）。

## 2．铜器

铜带钩　1 件。

A 型　标本 M2022：1，匙形，鼓腹，平背，铆钉状纽位于凹槽中，纽近尾部。残长 8.4、腹宽 1.8 厘米（图一〇三，5）。

# 一四　M2023

位于发掘区二区中部，东邻 M2024，开口于②层下。耕土层厚 0.31、②层厚 0.49 米。

### （一）墓葬形制

长方形土坑竖穴墓，方向 103°（图一〇四）。墓口距地表深 0.80、长 2.40、宽 1.05 米。墓底距地表深 2.10、长 2.53、宽 1.37 米。斜壁外扩。底部有生土二层台，宽 0.18～0.30、高 0.30 米。墓内填土为灰黄色细花土，含云母。墓葬东南角被 M2024 打破。

### （二）葬具葬式

无葬具。

人骨 1 具，骨骼上身腐朽较甚，保存一般。仰身直肢，头向东，面向上，略歪向北侧，右脚压左脚。

### （三）随葬器物放置

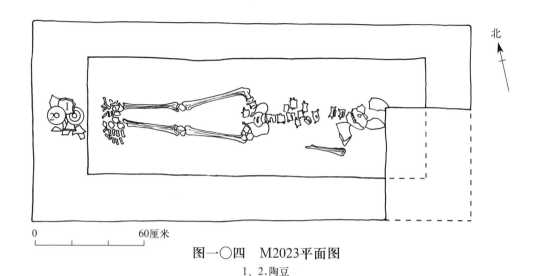

0 ———————— 60厘米

图一〇四　M2023平面图

1、2.陶豆

　　随葬品有陶豆2件，放置于墓主足端西部二层台上。

　　（四）随葬器物

　　陶器2件，均未修复。

# 一五　M2025

　　位于发掘区二区东部，南并排M2049，北邻M2023，开口于①层下（墓口上部未分层）。

　　（一）墓葬形制

　　长方形土坑竖穴墓，方向100°（图一〇五）。墓口距地表深0.60、长2.9、宽1.10米。墓底距地表深5.70、长2.92、宽1.31米。四壁较直，底部南北壁略向外扩。底部有生土二层台，台高0.38、南壁宽0.15、东壁宽0.32、北壁宽0.10、西壁宽0.18米。墓内填土为黄褐色花土，含砂砾及块状黏土。

　　（二）葬具葬式

　　葬具为一棺一椁。椁盖板为南北向横铺，放在二层台上，长2.44、宽1.00米。棺腐朽严重，具体形制不清。

　　棺内人骨1具，腐朽严重。头向不详，面向不详，葬式不详。

　　（三）随葬器物放置

　　随葬品有绳纹鬲1件，陶豆2件，陶罐1件，铜削1件，共5件。陶器放置在二层台东台下部，从板灰的痕迹看应在椁盖板下的棺椁之间。铜削1件放置在南侧棺椁之间。其中有牛肩胛骨放置在陶豆内侧。

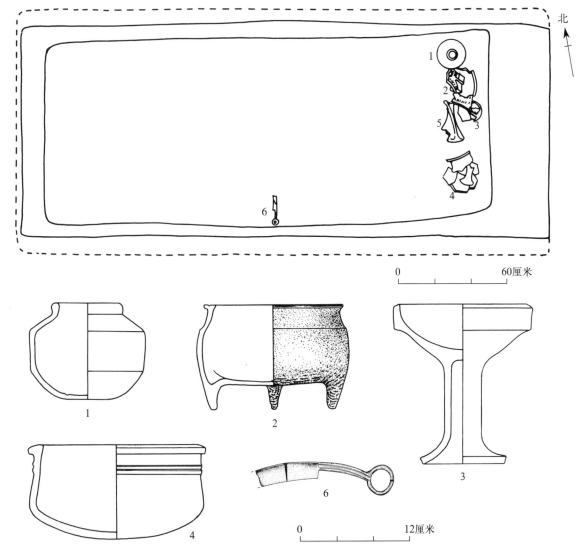

图一〇五 M2025及随葬器物图

1.B型Ⅱ式陶罐M2025：1 2.D型Ⅰ式绳纹鬲M2025：2 3.Aa型Ⅴ式陶豆M2025：3 4.B型Ⅴ式陶盂M2025：4 5.牛肩胛骨M2025：5 6.残铜削M2025：6

## （四）随葬器物

共5件。包括陶器4件，铜器1件。

### 1．陶器

4件。绳纹鬲1件，陶豆1件，陶罐1件，陶盂1件。

绳纹鬲 1件。

D型Ⅰ式 标本M2025：2，夹砂灰陶。敛口，平沿，尖唇，沿面有一周凹弦纹，缩颈，折肩，微鼓腹，弧裆近平，柱状足跟较高。足及底部饰粗绳纹。口径15.0、高 11.2 厘米（图一〇五，2）。

陶豆　1 件。

Aa 型 V 式　标本 M2025：3，泥质灰陶。敞口，方唇，深盘，内壁弧收，外壁折收，细柄较高、中空，喇叭状器座。口径 15.2、底径 9.2、高 16.8 厘米（图一〇五，3）。

陶罐　1 件。

B 型 II 式　标本 M2025：1，泥质红陶。小口，圆唇，颈略高，折肩，直腹较浅，平底。口径 7.8、底径 4.0、高 10.0 厘米（图一〇五，1）。

陶盂　1 件。

B 型 V 式　标本 M2025：4，泥质灰陶。敛口，斜沿，方唇，直腹，颈部饰两周凸弦纹，圜底。口径 19.2、高 10.0 厘米（图一〇五，4）。

2．铜器

残铜削　1 件。

标本 M2025：6，前端残断，弧背、长柄、环首，背厚，刃锋利，柄部至环首铸有两条凸弦纹。残长 15.1、柄环长 8.2 厘米（图一〇五，6）。

# 一六　M2026

位于发掘区二区东部，西邻 M2021，北邻 M2027，开口于①层下（墓口上部未分层）。

## （一）墓葬形制

长方形土坑竖穴墓，方向 95°（图一〇六），墓口距地表深 0.60、长 3.12、宽 1.92 米。墓口东侧、南侧被晚期灰坑打破。墓底距地表深 3.70 ～ 3.72、长 3.00、宽 1.79 米。斜壁略内收。底部有熟土二层台，台高 0.85、宽 0.20 ～ 0.39 米。墓内填土为黄灰色五花土，经夯打，夯窝直径 6.0 ～ 7.0 厘米。

## （二）葬具葬式

葬具为一棺一椁。椁长约 2.48、宽 1.10、高 0.85 米。棺长约 1.80、宽约 0.60 米，均已腐朽，留有板灰痕迹。

棺内人骨 1 具，腐朽较甚。仰身直肢，头向东，面向北。

## （三）随葬器物放置

随葬品均为陶器，有绳纹鬲 1 件，陶豆 2 件，陶罐 1 件，陶盂 1 件，共 5 件。均放置在墓主足端的棺椁之间，其中陶盂 1 件，陶罐 1 件，陶豆 1 件，绳纹鬲 1 件放置于墓主足端左侧，另有 1 件陶豆在墓主足端右侧。另有殉狗一只，在墓主足端 2 件陶豆之间，狗头向南。

## （四）随葬器物

陶器5件。绳纹鬲1件，陶豆2件，陶盂1件，未修复陶罐1件。

绳纹鬲　1件。

D型Ⅱ式　标本M2026：4，夹砂灰陶。敛口，平沿微内斜，尖唇，束颈，折肩，鼓腹，

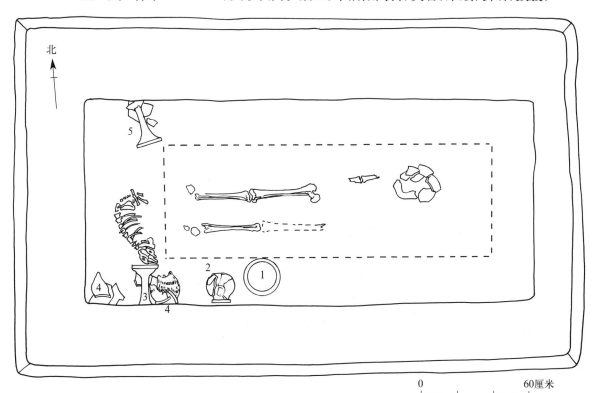

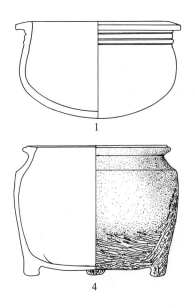

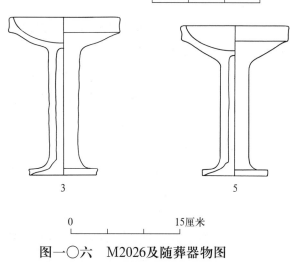

图一〇六　M2026及随葬器物图

1.B型Ⅲ式陶盂M2026：1　2.陶罐M2026：2　3、5.Aa型Ⅵ式
陶豆M2026：3、5　4.D型Ⅱ式绳纹鬲M2026：4

裆微下鼓，三柱状足，器身下部饰粗绳纹。口径 20.2、高 17.0 厘米（图一〇六，4）。

陶豆　2 件。

Aa 型Ⅵ式　形制相同。泥质灰陶。盘呈碗状，敞口，圆唇，浅盘，内壁弧收，外壁折收，高柄中空，弧底，喇叭形器座，盘大座小。标本 M2026：3，口径 15.2、底径 9.0、高 21.0 厘米（图一〇六，3）。标本 M2026：5，口径 15.0、底径 9.0、高 20.0 厘米（图一〇六，5）。

陶盂　1 件。

B 型Ⅲ式　标本 M2026：1，泥质灰陶。敛口，方唇，斜宽折沿，深腹，口沿下饰两周凸弦纹，下腹弧收形成圜底。口径 22.4、高 13.0 厘米（图一〇六，1）。

# 一七　M2027

位于发掘区二区北部，西邻 M2037，东邻 M2036，南邻 M2026，开口于②层下。耕土层厚 0.26～0.30、②层厚 0.50～0.54 米。

（一）墓葬形制

长方形土坑竖穴墓，方向 105°（图一〇七）。墓口距地表深 0.80、长 2.95、宽 1.85 米。墓底距地表深 4.60、长 2.65、宽 1.50 米。斜壁内收。底部有熟土二层台，台高 0.65、边宽 0.10～0.20 米。墓内填土为细五花土，椁室周围填黄砂土。

（二）葬具葬式

葬具为一棺一椁。椁长 2.20、宽 1.20、高 0.55 米。棺长 1.85、宽 0.95 米，高度不详。

棺内人骨 1 具，上身腐朽较甚，下肢骨保存略好。仰身直肢，头向东，面向不详。

（三）随葬器物放置

随葬品有绳纹鬲 1 件，陶豆 2 件，陶盂 1 件，共 4 件。均放置在墓主头前东部棺椁之间，2 件陶豆置于墓主头前，鬲 1 件和盂 1 件则置于棺椁之间的东南角处，其中绳纹鬲中残存有兽骨。

（四）随葬器物

陶器 4 件。绳纹鬲 1 件，陶豆 2 件，陶盂 1 件。

绳纹鬲　1 件。

D 型Ⅳ式　标本 M2027：3，夹砂灰陶。敛口，平沿，方唇，短颈略长，唇侧面微内凹，鼓腹，连低裆，矮实足，肩以下及底饰交错粗绳纹。口径 16.2、高 17.0 厘米（图一〇七，3）。

陶豆　2 件。

　　Ab 型 Ⅱ 式　形制相同。泥质灰陶。盘呈碗状，敞口，方唇，浅盘，内壁弧收，外壁折收，柄较高、中空，喇叭形器座。标本 M2027：1，口径 15.6、高 22.2 厘米（图一〇七，1）。标本 M2027：2，口径 15.8、底径 12.0、高 23.2 厘米（图一〇七，2）。

　　陶盂　1 件。

　　B 型 Ⅴ 式　标本 M2027：4，泥质灰陶。微敛口，宽斜沿，方唇，束颈，直腹，圜底。颈部饰一周凸弦纹。口径 20.6、高 10.8 厘米（图一〇七，4）。

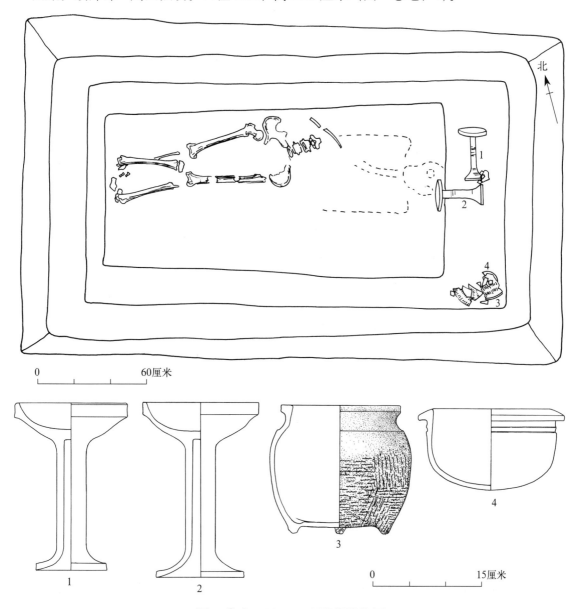

图一〇七　M2027及随葬器物图

1、2.Ab型Ⅱ式陶豆M2027：1、2　3.D型Ⅳ式绳纹鬲M2027：3　4.B型Ⅴ式陶盂M2027：4

# 一八　M2032

位于发掘区二区东部，北邻 M2033，开口在③层下。耕土层厚 0.18、②层厚 0.12～0.32、③层厚 0.4 米。

## （一）墓葬形制

长方形土坑竖穴墓，方向 100°（图一〇八）。墓口距地表深 0.70～0.90、长 3.30、宽 2.55 米。墓底距地表深 5.70、长 3.30、宽 2.50 米。四壁垂直，底部有生土二层台，台高 1.20、台宽 0.25～0.35 米。墓内填土为五花土，含沙较多，经夯打，但夯层不明显，夯窝直径 5.0 厘米。

## （二）葬具葬式

葬具为一棺一椁。棺长 2.04、宽 0.78～0.82 米。椁长 2.70、宽 2.0 米。

棺内人骨 1 具，骨骼已腐朽。头向东，面向不清，葬式不清。

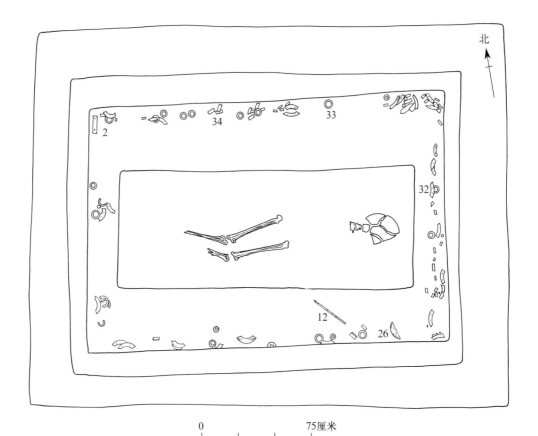

0　　　　　　　　75厘米

图一〇八　M2032平面图

2、26.蚌鱼　12.骨簪　32.石璜　33.滑石环　34.滑石管

## （三）随葬器物放置

随葬品有陶器、泥器、骨器、蚌器、石器等器类。陶器共 11 件，绳纹鬲 1 件，陶豆 2 件，陶盂 1 件，陶鼎 1 件，陶壶 2 件，陶盖豆 2 件，陶盘 1 件，陶敦 1 件，均放置在墓主下身和足部的棺底箱中。泥器未经烧制，明器类，可见器形有泥墩、泥豆等，与陶器混放在一起（图一〇九）。

石器有石璜 12 件，石环 20 件，滑石管 60 件等各一宗，石蚕饰 1 件，放置在棺椁之间的四周。

骨器有骨梳 1 件，骨簪 2 件，骨盒 2 件，骨珠 12 件，共 17 件，其中除 1 件骨簪放置墓主左侧的棺椁之间外，其余均放置在墓主上身下部的棺底箱中。

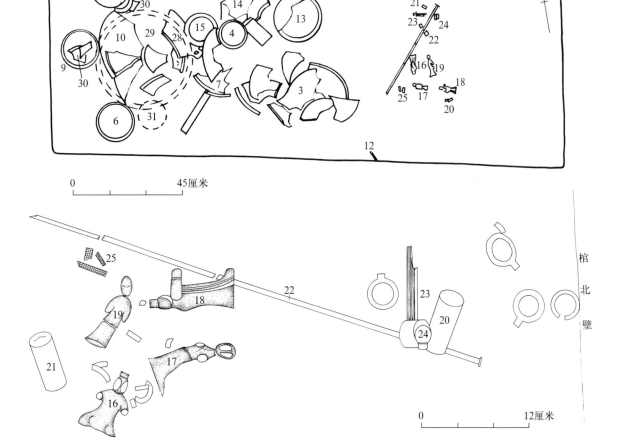

**图一〇九　M2032棺底箱随葬器物图**

1.石璜　3、4.陶壶　5、6.陶盘豆　7.泥豆　8.陶鬲　9.异形盂　10、11.陶鼎　12.骨簪　13.泥敦　14.泥器　15、27.陶盖豆　16～19.陶俑　20、21.骨盒　23、24.骨梳　25.骨器　26.蚌鱼　28、30.陶盖豆　29.陶盘　31.陶敦

蚌器均为蚌鱼形饰，共 4 件，放置墓主头部左侧的棺椁之间。

另外还有陶俑 4 件，与骨盒等骨器放置在墓主上身下部的棺底箱中。

（四）随葬器物

共 132 件。包括陶器 11 件，陶俑 4 件，骨器 17 件，石器 93 件（套），蚌器 4 件，泥器 3 件。其中未修复陶豆 1 件，陶盖豆 1 件，陶俑 2 件，泥器 3 件。

1. 陶器

9 件。绳纹鬲 1 件，陶豆 1 件，异形盂 1 件，陶鼎 1 件，陶盖豆 1 件，陶壶 2 件，陶盘 1 件，陶敦 1 件（彩版四六，1）。

绳纹鬲　1 件。

D 型Ⅳ式　标本 M2032：8，夹砂灰陶。敛口，平沿，圆唇，短颈略长，鼓腹，连低裆，矮实足。通体饰交错绳纹。制作粗糙。口径 19.2、高 17.8 厘米（图一一〇，1；彩版四六，2）。

陶豆　1 件。

Aa 型Ⅸ式　标本 M2032：6，泥质红陶。平口豆腹，敞口，尖唇，浅盘，斜腹，底近平，高柄下空，喇叭形器座。两环耳。三环纽盖。口径 16.2、底径 11.8、高 25.0 厘米（图一一〇，2）。

异形盂　1 件。

标本 M2032：9，泥质灰陶。敛口，圆唇，束颈，鼓腹，圜底。口径 18.6、高 11.0 厘米（图一一〇，3；彩版四六，4）。

陶鼎　1 件。

B 型　标本 M2032：10、11，泥质红陶。直口，方唇，平沿，圆腹，圜底近平，长方形高大附耳，三细高蹄足。折沿平顶盖，顶面略弧。口径 28.8、通高 30.8 厘米（图一一〇，4；彩版四六，3）。

陶盖豆　1 件。

Bb 型　标本 M2032：15、27，泥质红陶。器呈钵形，直口，平沿，腹部略鼓，腹两侧有对称两孔。高柄实心，半中空，喇叭口状器座，盖缺失。口径 15.2、底径 13.4、高 35.0 厘米（图一一〇，5）。

陶壶　2 件。

A 型　形制相同。泥质红陶。直口，方唇，平沿，高领，圆腹，圈足无底，器身饰有彩绘，图案已不清。标本 M2032：3，口径 12.2、底径 14.2、高 35.6 厘米（图一一一，1）。标本 M2032：4，口径 12.4、底径 14.0、高 35.4 厘米（图一一一，2）。

陶盘　1 件。

A 型Ⅱ式　标本 M2032：29，泥质红陶。敞口，平沿，方唇，斜腹，圜底近平。

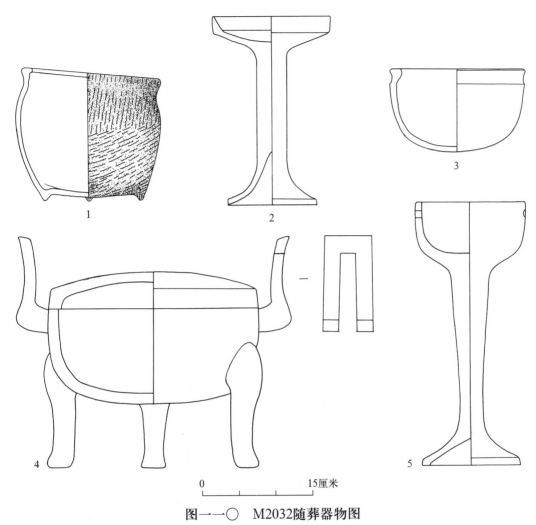

0                  15厘米

图一一○ M2032随葬器物图

1.D型Ⅳ式绳纹鬲M2032：8 2.Aa型Ⅸ式陶豆M2032：6 3.异形盂M2032：9 4.B型鼎M2032：10、11 5.Bb型陶盖豆M2032：15、27

口径38.2、底径12.6、高9.2厘米（图一一一，3；彩版四六，5）。

陶敦 1件。

B型 标本M2032：31，泥质红陶。器呈半球状，直口，平沿，腹两侧各有一孔。半球状盖上有三个活动环纽。口径14.8、通高15.0厘米（图一一一，4）。

陶俑 2件。

人物俑修复2件。分乐俑与观赏俑。

观赏俑 为站立姿态。标本M2032：17，头戴纶巾，头顶梳元宝状发髻，双臂合于胸前，身着右衽交领拽地长衣。高7.5厘米（图一一二，1）。

乐俑 标本M2032：18，头戴纶巾，顶有冠，五官不清，双臂平伸，小臂以下残缺，上身着交领马甲，下着长衣裤。高7.3厘米（图一一二，2）。

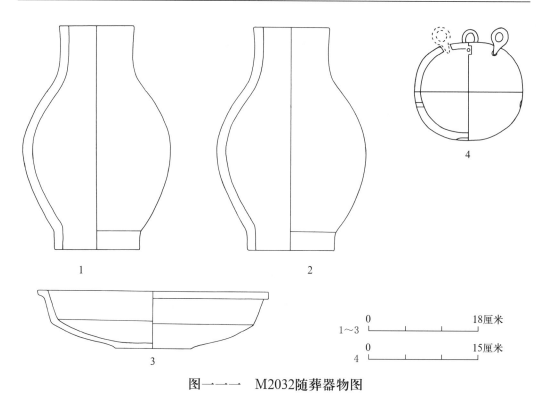

1~3 ├─┼─┼─┼─┤ 18厘米
0

0 ├─┼─┼─┼─┤ 15厘米
4

**图一一一　M2032随葬器物图**

1、2.A型陶壶M2032：3、4　3.A型Ⅱ式陶盘M2032：29　4.B型陶敦M2032：31

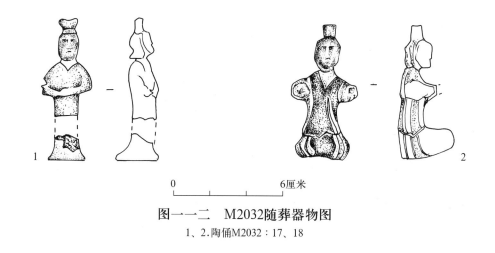

0 ├─────────┤ 6厘米

**图一一二　M2032随葬器物图**

1、2.陶俑M2032：17、18

**2．石器**

93件。石璜12件，滑石环20件，滑石管60件，石蚕饰1件。

石璜　12件。

标本M2032：1，薄体弧顶，两端尖首，中部有穿孔。通长9.6、通宽2.7、厚0.12厘米（图一一三，1）。标本M2032：32-2，中间有一条切割痕迹。一上角略残。残长8.6、宽 2.4、厚 0.2 厘米（图一一三，2），标本 M2032：32-5，上缘中间无孔，有一条切割痕迹。通长 9.3、宽 2.4、厚 0.2 厘米（图一一三，3）。标本 M2032：32-6，上缘两端角略钝，中间有两条切割痕迹。通长 10.6、宽 2.6、厚 0.4 厘米（图一一三，4）。标本 M2032：32-8，中间有一条切割痕迹。通长 12.6、宽 2.6、厚 0.16 厘米（图一一三，5）。

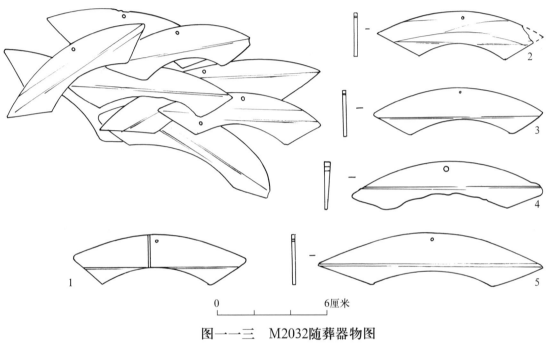

图一一三　M2032随葬器物图

1～5.石璜M2032：1、32-2、32-5、32-6、32-8

滑石环　20 件。

B 型　薄体，圆形，正面光滑，均为素面（图一一四，1）。标本 M2032：33-1，厚度不均匀。外径 5.0、内径 1.6、厚 0.1～0.3 厘米（图一一四，2）。标本 M2032：33-2，局部残缺。外径 5.0、内径 2.1、厚 0.2 厘米（图一一四，3）。标本 M2032：33-3，环体小。外径 3.9、内径 1.7、厚 0.2 厘米（图一一四，4）。标本 M2032：33-4，外径 5.1、内径 1.9、厚度 0.1 厘米（图一一四，5）。标本 M2032：33-5，中间横断，素面。外径 5.1、内径 1.8、厚 0.2 厘米（图一一四，6）。标本 M2032：33-6，残缺近半。外径 5.2、内径 1.8、厚 0.2 厘米（图一一四，7）。

滑石管　60 件。

数量众多，均为串饰件。一般为腰鼓形、多棱柱状，中间穿孔。标本 M2032：34-1，长 2.0～2.2、中间径约 1.0、孔径 0.2 厘米（图一一四，8）。

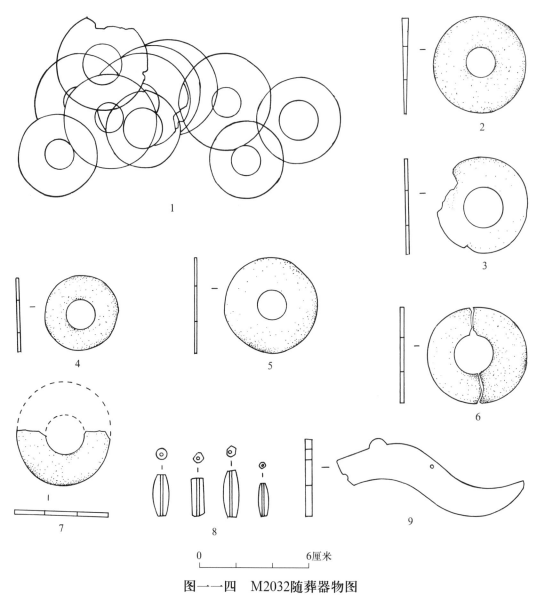

**图一一四　M2032随葬器物图**

1.滑石环出土情况　2~7.B型滑石环M2032：33-1、33-2、33-3、33-4、33-5、33-6　8.滑石管M2032：34-1
9.石蚕饰M2032：32-1

石蚕饰　1件。

标本M2032：32-1，石质，蚕形，截面呈长方形，中间有穿孔。通长10.2厘米（图一一四，9）。

3. 骨蚌器

21件。骨器17件，有骨簪2件，骨盒2件，骨梳1件，骨珠12件。蚌器有蚌鱼4件。

骨簪　2 件。

Ab 型　标本 M2032：12，弧顶表面光滑，通体扁长，首尾皆残缺，断面呈一字形，近首端略宽，近尾端渐细。残长 28.7、径 0.6 厘米（图一一五，2）。

B 型　标本 M2032：22，圆锥形首顶，圆柱簪身细长并略弯曲，近尾端渐细，尾端残缺。残长 37.7、首径 0.9、径 0.4 厘米（图一一五，1）。

骨梳　1 件。

B 型　标本 M2032：23、24，柄齿分体，长背，密齿。柄首曲背外伸，鼓腹中空，

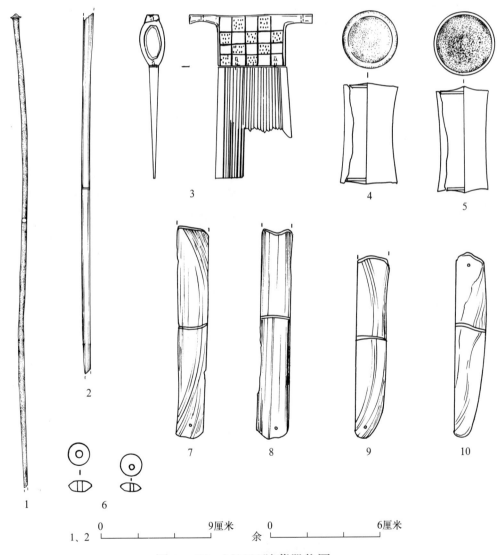

图一一五　M2032随葬器物图

1.B型骨簪M2032：22　2.Ab型骨簪M2032：12　3.B型骨梳M2032：23、24　4、5.骨盒M2032：20、21　6.骨珠
M2032：34-2　7~10.蚌鱼M2032：2、26-1、26-2、26-3

下有一凹槽与齿部相接。齿部略呈上窄厚下宽渐薄的梯形，上部有榫插入柄部，平齿较密，右侧部分残断，数量在 18 齿以上。通高 8.8、柄首宽 6.8、器残宽 3.8～4.1、齿长 6.0、柄厚 1.4～0.5、齿部厚 0.1～0.5 厘米（图一一五，3）。

骨盒　2 件。

束腰圆筒形，盒体用动物肢骨制成，上有盖，下有底。标本 M2032：20，腰略束，盖及底用骨片加工而成，中间略鼓似圆锥。通高 5.4、口径 2.6、腰径 2.4、底径 2.9 厘米（图一一五，4）。标本 M2032：21，圆形束腰，上盖及底用骨片加工而成，中间有近似圆锥状的短尖。通高 5.6、口径 2.8、腰径 2.6、底径 2.9 厘米（图一一五，5）。

骨珠　12 件。

均为扁圆算盘珠形，中间有孔，外缘两侧斜收，断面近似扁体六角形。标本 M2032：34-2，平面圆形，内孔直钻。直径 1.2、中厚 0.5 厘米（图一一五，6）。

蚌鱼　4 件。

仿鱼形，长条状，前有穿孔鱼眼。标本 M2032：2，宽首，背略弧，腹近平，尾中略凹近似鱼尾形。长 11.0、宽 1.6 厘米（图一一五，7），标本 M2032：26-1，背近平，腹略弧，直尾斜收。残长 11.2、宽 1.6 厘米（图一一五，8），标本 M2032：26-2，背近平，腹略弧，宽尾斜收。长 9.6、宽 1.6 厘米（图一一五，9）。标本 M2032：26-3，弧背，平腹，弧尾斜收。长 9.8、宽 1.6 厘米（图一一五，10）。

# 一九　M2033

位于发掘区二区北部，北邻 M2034，东邻 M2042，开口于②层下。耕土层厚 0.42、②层厚 0.65 米。

## （一）墓葬形制

长方形土坑竖穴墓，方向 100°（图一一六）。墓口距地表深 1.07、长 3.40、宽 2.20 米。墓底距地表深 3.73、长 3.40、宽 2.20 米。直壁。底部有生土二层台，宽 0.14～0.40、高 1.10 米（彩版四七，1）。墓内填土为黄色花土，经夯打。墓壁上还留有长 10.0、宽 0.2 厘米的工具痕迹。

## （二）葬具葬式

葬具为两椁一棺，外椁长 2.85、宽 1.75 米。内椁长 2.30、宽 1.20 米。棺长 1.90、宽 0.92 米。

棺内人骨 1 具，保存较好。仰身直肢，头向东，面向南。

## （三）随葬器物放置

随葬品有陶豆 3 件，陶鼎 1 件，陶盖豆 3 件，陶壶 2 件，陶敦 1 件，陶匜 1 件，

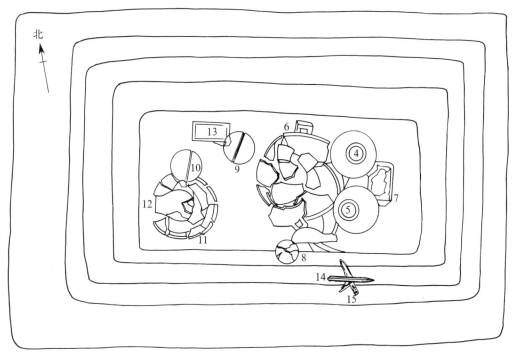

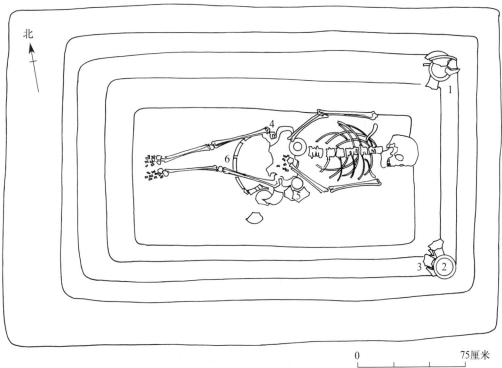

图一一六 M2033平面图

1~3.陶豆 4、5.陶壶 6.陶鼎 7.陶敦 8~10.陶盖豆 11.陶盘 12.陶匜 13.泥舟 14.铜钺 15.铜戈

陶盘 1 件，泥舟 1 件，铜钺 1 件，铜戈 1 件共 15 件。其中铜钺和铜戈分别放置棺椁之间。陶鼎、陶豆、陶盖豆、陶壶、陶敦、陶匜、陶盘，泥舟放置在墓主身下的棺底箱中。

（四）随葬器物

共 15 件。包括陶器 12 件，铜器 2 件，泥器 1 件。其中未修复陶豆 1 件，泥舟 1 件。

1. 陶器

陶器 11 件。陶豆 2 件，陶盖鼎 1 件，陶盖豆 3 件，陶壶 2 件，盘 1 件，陶匜 1 件，陶敦 1 件。

陶豆　2 件。

B 型 V 式　形制相同。泥质红陶。敞口，尖唇，浅盘，盘内外壁皆有折棱，浅腹略曲，圜底近平。粗高柄，中部饰一周凸棱，棱下渐粗。喇叭状器座。标本 M2033：1，口径 17.0、底径 11.4、高 23.2 厘米（图一一七，1）。标本 M2033：2，口径 16.6、底径 12.0、高 23.0 厘米（图一一七，2）。

陶鼎　1 件。

B 型　标本 M2033：6，泥质红陶。敛口，平沿，深腹，鼓腹弧收，圆底近平，口下一对长方形附耳，三蹄形足较高。口径 33.4、通高 34.0 厘米（图一一七，3）。

陶盖豆　3 件。

Ba 型　1 件。标本 M2033：10，子母口，尖唇，深盘，平底，柄、足残缺。口径 18.4、残高 10.0 厘米（图一一七，4）。

Bb 型　2 件。形制相同。泥质红陶。覆钵形盖，分别插于对应圆孔内，纽已失，盘呈半球状，直口，方唇，平口豆腹，两侧有对称小圆孔，高柄半中空，喇叭状器座。三环纽盖。标本 M2033：8，器盖残缺。口径 15.0、底径 12.6、高 27.6 厘米（图一一七，5）。标本 M2033：9，半球状顶盖，上饰三环纽，纽已失。口径 14.8、底径 13.6、通高 33.8 厘米（图一一七，6）。

陶壶　2 件。

A 型　形制相同。泥质红陶。侈口，高领，束颈，溜肩，鼓腹，下腹弧收，圈足无底，肩部饰对称两个小圆孔。壶体饰有卷草朱色彩绘，现已模糊不清。标本 M2033：4，口径 12.6、底径 15.6、高 37.8 厘米（图一一八，1）。标本 M2033：5，口径 12.4、底径 14.0、高 38.0 厘米（图一一八，2）

陶盘　1 件。

A 型 II 式　标本 M2033：11，泥质红陶。敞口，平沿，方唇，折腹，器座状平底，底部内凹。口径 32.0、高 9.2 厘米（图一一八，3）。

陶匜　1 件。

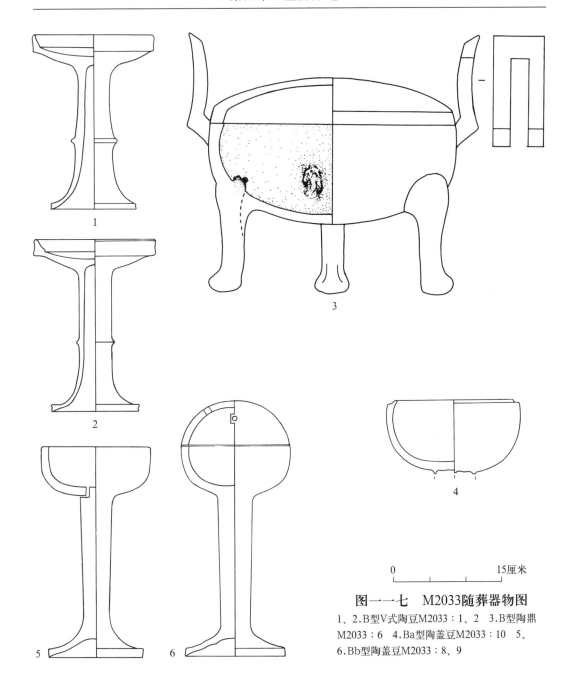

图一一七　M2033随葬器物图

1、2.B型V式陶豆M2033：1、2　3.B型陶鼎
M2033：6　4.Ba型陶盖豆M2033：10　5、
6.Bb型陶盖豆M2033：8、9

A 型　标本 M2033：12，泥质红陶。器呈瓢形，流口平直，弧腹，短流上翘，平底。通长 20.4、高 7.4 厘米（图一一八，4）。

陶敦　1 件。

B 型　标本 M2033：7，泥质红陶。器呈球状，直口，方唇，口侧有对称圆孔，底内凹，半球形盖，盖顶饰三环纽圆孔，纽已失。口径 14.8、通高 13.6 厘米（图一一八，5）。

## 2．铜器

2 件。铜铍 1 件，铜戈 1 件。

铜铍　1 件。

Ba 型　标本 M2033：14，中间较厚，凸脊明显，双刃尾端外侈，茎部为不规

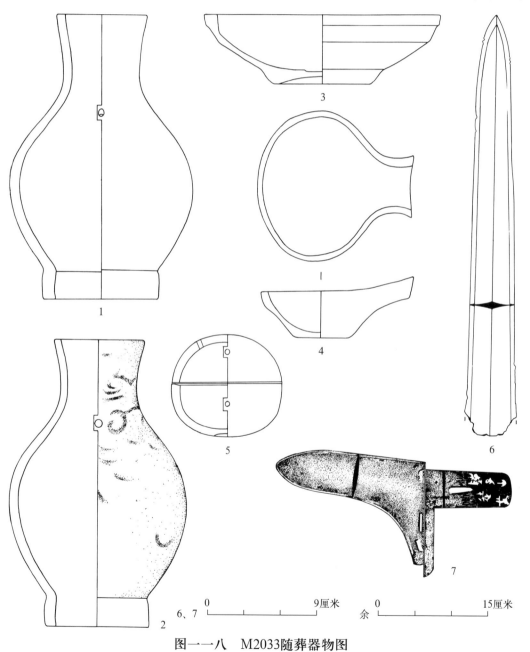

**图一一八　M2033随葬器物图**

1、2.A型陶壶M2033：4、5　3.A型Ⅱ式陶盘M2033：11　4.A型陶匜M2033：12　5.B型陶敦M2033：7　6.Ba
型铜铍M2033：14　7.A型Ⅱ式铜戈M2033：15

整的扁体状，前端系铸后再加工，后端残缺。残长 33.4、宽 4.5 厘米（图一一八，6）。

铜戈　1 件。

A 型 Ⅱ 式　标本 M2033∶15，援略短，扁平无脊，短胡 3 穿。直内上扬，外缘弧角，内中有长条形横穿。内的外端有凿刻的铭文：“陈子山徒戈”。通长 19.0、内长 7.6 厘米（图一一八，7）。

# 二〇　M2035

位于发掘区二区东北部，北邻 M2036，南邻 M2034，开口于③层下。耕土层厚 0.08 ～ 0.18、②层厚 0.12 ～ 0.18、③层厚 0.40 ～ 0.64 米。

（一）墓葬形制

长方形土坑竖穴墓，方向 98°（图一一九）。墓口距地表深 0.82 ～ 1.00、长 2.85、宽 1.70 米。墓底距地表深 4.35 ～ 4.45、长 2.85、宽 1.70 米。直壁。底部有生土二层台，东宽 0.15、西宽 0.1、南宽 0.45、北宽 0.25 ～ 0.30、高 0.60 米。墓内填土为黄花土，经夯打，夯层厚 18.0 ～ 20.0、夯窝直径 5.0 ～ 6.0 厘米。

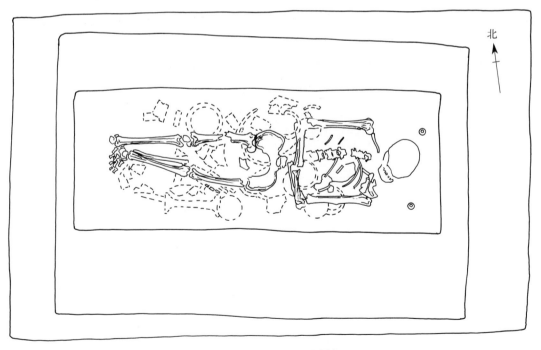

北

0　　　　　　　60厘米

图一一九　M2035平面图

## （二）葬具葬式

葬具为一棺一椁。棺长 2.00、宽 0.75、高 0.40 米。椁长 2.25、宽 1.45～1.50、高 0.60 米。

棺内人骨 1 具，骨骼腐朽严重。仰身直肢，头向东，面向不详，双手交叠于下腹部，双脚并拢。

## （三）随葬器物放置

随葬品有绳纹鬲 1 件，陶豆 1 件，陶盂 1 件，陶鼎 1 件，陶盖豆 3 件，陶盘 1 件，陶壶 2 件，陶敦 1 件，陶器盖 1 件，陶环纽 7 件，泥盘 1 件，骨管 1 件，蚌壳 1 件，共 23 件，均放于墓主身下的棺底箱内（图一二〇）。

## （四）随葬器物

共 23 件。包括陶器 13 件，陶器纽 7 件，骨器 1 件，泥器 1 件，蚌器 1 件。其中未修复绳纹鬲 1 件，陶鼎 1 件，陶盘 1 件，陶器盖 1 件，陶纽 7 件，泥盘 1 件。

### 1. 陶器

9 件。陶豆 2 件，陶盂 1 件，陶盖豆 3 件，陶壶 2 件，陶敦 1 件。

陶豆　2 件。

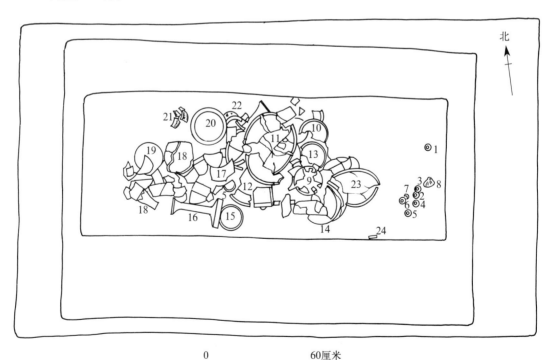

图一二〇　M2035棺底箱随葬器物图

1～7.陶环　8.蚌壳　9、10、13、14.陶盖豆　11.陶鼎　12.陶盘　15、16.陶豆　17、18.陶壶　19.陶器盖　20.陶盂　21.陶鬲　22.陶敦　23.泥盘　24.骨器

Aa 型 X 式　标本 M2035：15，泥质灰陶。敞口，圆唇，浅盘，内外壁有明显折转，斜腹，底近平，高柄中空，喇叭形器座。口径 16.4、底径 12.0、高 26.8 厘米（图一二一，1）。

Ab 型 Ⅱ 式　标本 M2035：16，泥质灰陶。敞口，圆唇，浅盘，内外壁有明显折转，粗高柄中空，柄较高，且有明显加工痕迹，喇叭状器座。口径 15.4、底径 10.0、高 25.8 厘米（图一二一，6）。

陶盂　1 件。

B 型 V 式　标本 M2035：20，泥质灰陶。斜沿，敛口，方唇，直腹，圜底。口径 20.0、高 10.6 厘米（图一二一，2）。

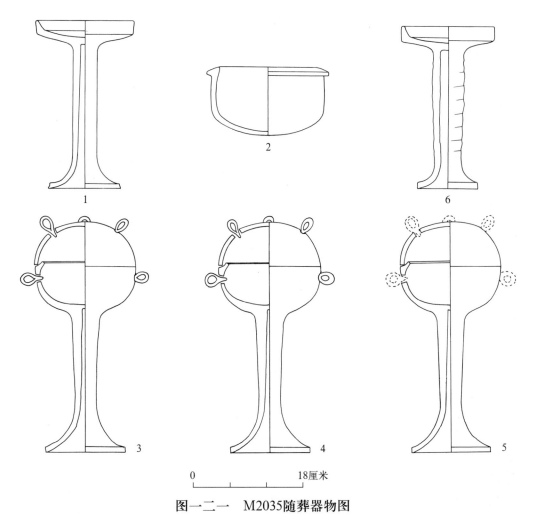

图一二一　M2035随葬器物图

1.Aa型X式陶豆M2035：15　2.B型V式陶盂M2035：20　3～5.Ba型陶盖豆M2035：9、10、14　6.Ab型Ⅱ式陶豆M2035：16

陶盖豆　3件。

Ba型　形制相同。泥质红陶。器呈钵状，子母口，子口内敛，圜底，高柄中空，喇叭状器座，腹侧一对圆孔以纳活动环纽。半球状盖，盖顶三圆孔纳活动环纽。标本 M2035：9，口径 16.5、底径 13.2、高 37.4 厘米（图一二一，3）。标本 M2035：10，口径 16.8、底径 13.2、高 37.4 厘米（图一二一，4）。标本 M2035：14，口径 16.8、底径 13.0、高 36.4 厘米（图一二一，5）。

陶壶　2件。

A型　形制相同。泥质红陶，陶质较差。侈口，平沿，束颈，溜肩，鼓腹，假圈足无底。无盖。标本 M2035：17，口径 13.2、底径 15.4、高 34.2 厘米（图一二二，1）。标本 M2035：18，口径 13.2、底径 15.6、高 33.2 厘米（图一二二，2）。

陶敦　1件。

B型　标本 M2035：22，泥质灰陶。器呈球形，直口，平沿，圜底，腹两侧有对称活动环纽。球形盖，盖上有三圆孔纳三环纽。口径 15.6、通高 15.5 厘米（图一二二，3）。

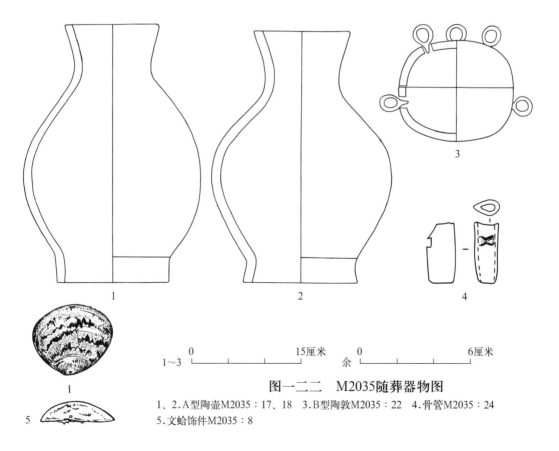

图一二二　M2035随葬器物图

1、2.A型陶壶M2035：17、18　3.B型陶敦M2035：22　4.骨管M2035：24
5.文蛤饰件M2035：8

2. 骨蚌器

2 件。骨管 1 件，文蛤饰件 1 件。

骨管　1 件。

标本 2035：24，器表光滑，内外皆为扁圆管形。圆孔管上部有半圈深凹槽。凹槽中锯齿痕长 3.2、宽 1.5 厘米（图一二二，4）。

文蛤饰件　1 件。

标本 M2035：8，尾端一个小圆形穿孔。长 3.8、宽 4.5 厘米（图一二二，5）。

# 二一　M2036

位于发掘区东北部，南邻 M2035，开口于③层下，①层厚 0.26～0.34、②层厚 0.20～0.50、③层厚 0.55～0.60 米。

## （一）墓葬形制

土坑竖穴墓，方向 100°（图一二三），墓口距地表深 1.10、长 2.60、宽 1.28 米。墓底距地表深 3.30、长 2.15、宽 0.79 米。墓底有生土二层台，宽 0.20～0.26 米高 0.90 米。墓内填土为黄色花土。

## （二）葬具葬式

葬具无。

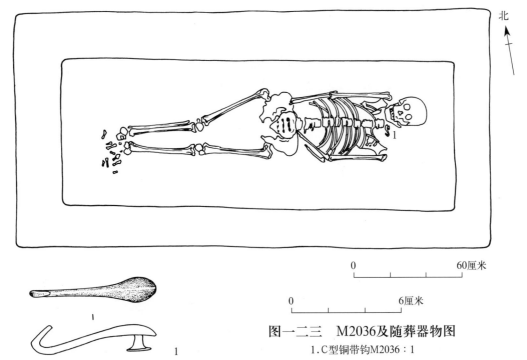

图一二三　M2036及随葬器物图

1. C型铜带钩M2036：1

人骨 1 具，保存良好。头向东，面向北，仰身直肢，双足并拢。

（三）随葬器物放置

随葬品仅铜带钩 1 件，置于头骨下。

（四）随葬器物

铜带钩　1 件。

C 型　标本 M2036∶1，长 6.8、腹宽 1.4 厘米（图一二三，1）。

## 二二　M2037

位于发掘区二区中部偏北，开口于②层下，墓口被灰坑打破。耕土层厚 0.25、②层 0.40 米。

（一）墓葬形制

长方形土坑竖穴墓，方向 100°（图一二四）。墓口距地表深 0.65、长 2.41、宽 1.26

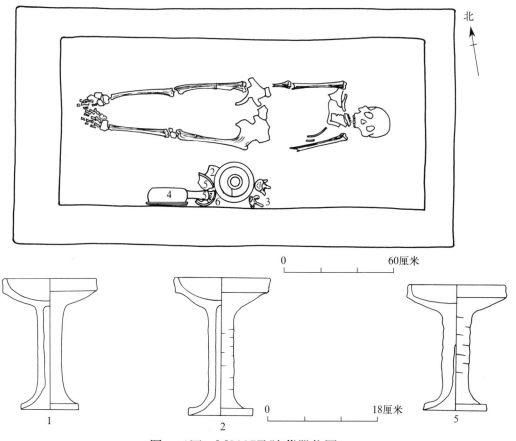

图一二四　M2037 及随葬器物图

1、2、5.Ab 型 II 式陶豆 M2037∶1、2、5　3.狗骨 M2037∶3　4.陶盂 M3027∶4　6.绳纹鬲 M3027∶6

米。墓底距地表深 3.45、长 2.41、宽 1.26 米。直壁。填土为花土、沙土。

### （二）葬具葬式

葬具为单棺。棺长 2.01、宽 0.90、高 0.55 米。

棺内人骨 1 具，上身腐朽严重，下肢保存较好。仰身直肢，头向东，面向上，双足并拢。

### （三）随葬器物放置

随葬品有陶豆 3 件，陶盂 1 件，绳纹鬲 1 件，共 5 件。置于棺上，棺板腐朽后落入墓底墓主左侧。棺上还有殉狗 1 只，棺板腐朽后落入墓底，骨骼凌乱。

### （四）随葬器物

陶器 5 件。3 件陶豆，未修复陶盂 1 件，绳纹鬲 1 件。

陶豆　3 件。

Ab 型Ⅱ式　形制相同。泥质灰陶。敞口，方唇，浅盘，内壁弧收，外壁折收，喇叭形器座，标本 M2037：1，粗高柄中空。口径 15.6、底径 9.4、高 21.0 厘米（图一二四，1）。标本 M2037：2，粗高柄中空、柄上有明显手抹加工痕迹。口径 15.8、底径 10.4、高 21.8 厘米（图一二四，2）。标本 M2037：5，粗柄半中空、较高，柄上有明显手抹加工痕迹。口径 16.0、底径 10.2、高 19.8 厘米（图一二四，5）。

# 二三　M2038

位于发掘区二区东北部，北邻 M2111，南邻 M2039，开口于②层下。耕土层厚 0.24、②层厚 0.59 米。

### （一）墓葬形制

长方形土坑竖穴墓，方向 104°（图一二五）。墓口距地表深 0.83、长 2.45、宽 1.07 米。墓底距地表深 2.90、长 2.41、宽 1.02 米。直壁略内收。墓内填土为黄褐色五花土，底部含少量沙。

### （二）葬具葬式

葬具为单棺。棺长 1.94、头宽 0.64、足宽 0.58、残高 0.45 米。

棺内人骨 1 具，保存较好。仰身直肢，头向东，面向上，双手交叠于下腹部，双足并拢，脚趾骨偏向右侧。

### （三）随葬器物放置

随葬品有绳纹鬲 1 件，陶豆 2 件，陶盂 1 件，铜带钩 1 件，共 5 件。陶器放置于墓主身下的棺底箱中，铜带钩在墓主右侧盆骨处。

### （四）随葬器物

共 5 件。包括陶器 4 件，铜器 1 件。

1. 陶器

4 件。绳纹鬲 1 件，陶豆 2 件，陶盂 1 件。

绳纹鬲　1 件。

D 型Ⅲ式　标本 M2038：2，夹砂红陶。直口，平沿，圆唇，短颈，折肩，鼓腹，低连裆近平，三柱状足较矮。器通身饰交错细绳纹。口径 13.4、高 16.2 厘米（图一二五，2）。

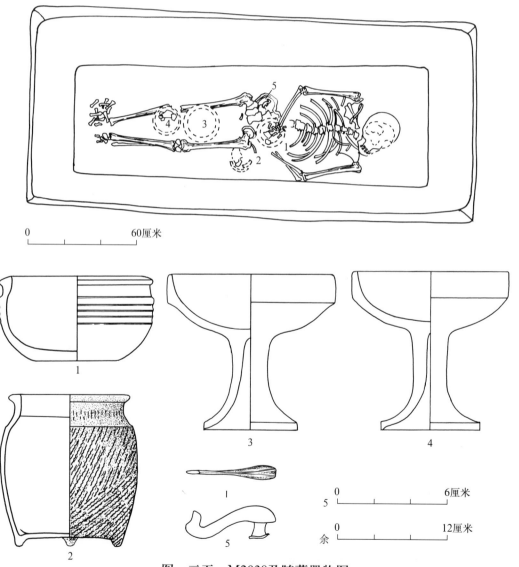

图一二五　M2038及随葬器物图

1.A型Ⅲ式陶盂M2038：1　2.D型Ⅲ式绳纹鬲M2038：2　3、4.Ac型Ⅱ式陶豆M2038：3、4　5.C型铜带钩M2038：5

陶豆　2件。

Ac型Ⅱ式　形制相同，大小有别。泥质灰陶。敞口，圆唇，深盘，矮柄中空、略粗，喇叭状器座。标本M2038:3，口径18.0、底径10.0、高16.6厘米（图一二五，3）。标本M2038:4，口径17.2、底径10.8、高16.8厘米（图一二五，4）。

陶盂　1件。

A型Ⅲ式　标本M2038:1，泥质灰陶，窄沿，圆唇，微束颈，折肩，平底腹上部饰三周凸弦纹。口径17.2、底径9.0、高9.0厘米（图一二五，1）。

2．铜器

铜带钩　1件。

C型　标本M2038:5，琵琶形，钩体宽扁短小，鼓腹，腹部有两条脊棱，平背，铆钉状纽位于凹槽中，纽近尾部。长4.9、腹宽0.6、厚0.8厘米（图一二五，5）。

# 二四　M2039

位于发掘区二区中部偏东，西邻M2035，北邻M2038，开口于①层下（墓口上部未分层）。

（一）墓葬形制

长方形土坑竖穴墓，方向90°（图一二六）。墓口距地表深1.16、长2.45、宽1.20米。墓底距地表深2.85、长2.45、宽1.20米。直壁。墓内填土为花土。

（二）葬具葬式

葬具为单棺。棺长1.80、宽0.75米。

棺内人骨1具，人骨保存较好。仰身直肢，头向东，面向北，双手交叠于腹部，双足并拢，右脚趾骨在棺的西北角，与右足相距约0.18米。

（三）随葬器物放置

随葬品仅为陶器，有绳纹鬲1件，陶豆2件，陶盂1件，共4件。放置在墓主足端棺外。

（四）随葬器物

共4件。包括陶器4件。其中未修复绳纹鬲1件。

1．陶器

3件。陶豆2件，陶盂1件。

陶豆　2件。

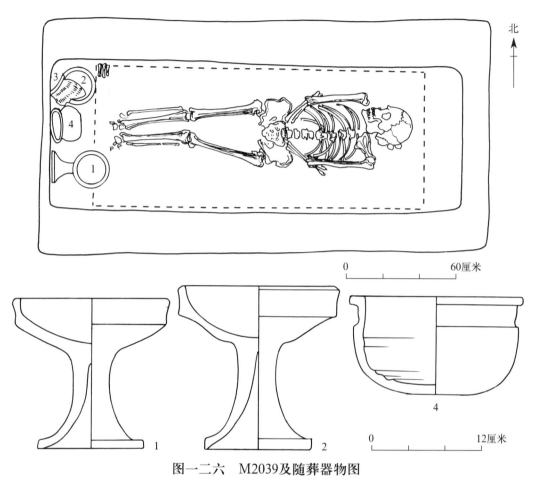

图一二六　M2039及随葬器物图

1、2.Aa型V式陶豆M2039：1、2　3.绳纹鬲M2039：3　4.A型Ⅲ式陶盂M2039：4

Aa型 V式　形制相同。泥质灰陶。盘呈碗状，敞口，圆唇，深腹弧底，盘外壁微内凹，柄较高、中空，喇叭状器座。标本M2039：1，口径17.0、底径11.4、高15.8厘米（图一二六，1）。标本M2039：2，口径17.4、底径11.6、高17.4厘米（图一二六，2）。

陶盂　1件。

A型Ⅲ式　标本M2039：4，泥质灰陶。窄平沿，方唇，直口，束颈，肩部饰有一周凸棱，弧腹，平底，内底不平，有轮制痕迹。口径18.8、底径9.2、高10.6厘米（图一二六，4）。

# 二五　M2042

位于发掘区二区东部，北邻M2041，开口于②层下。耕土层厚0.24、②层厚1.06米。

（一）墓葬形制

　　长方形土坑竖穴墓，方向 100°（图一二七）。墓口距地表深 1.30、长 3.20、宽 2.50 米。墓底距地表深 6.20、长 3.20、宽 2.50 米。直壁。底部有生、熟土二层台各一，生土台宽 0.10 ～ 0.30、高 1.17、熟土二层台宽 0.20 ～ 0.35、高 0.71 米。墓底有底坑。墓内填土为黄土，夹有黑胶土，经过夯打。

（二）葬具葬式

　　葬具为一棺一椁。棺长 2.00、宽 0.95 ～ 1.04 米。椁长 2.30、宽 1.50、高 0.71 米。棺内人骨 1 具，已腐朽。仰身直肢，头向东，面向不详。

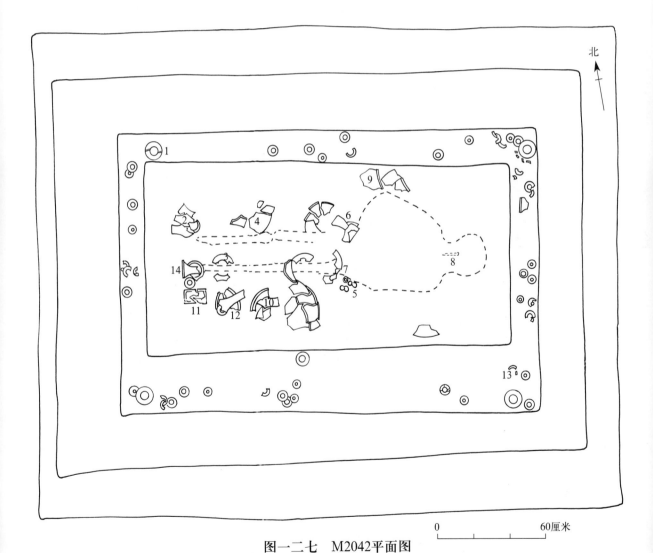

图一二七　M2042平面图

1.滑石环　2、3.陶豆　4.陶盘　5.石珠　6、10.陶壶　7.铜环　8.骨簪　9.陶盂　11.陶舟　12、14.陶豆
13.滑石管

## （三）随葬器物放置

随葬品有陶盂，陶豆，陶盘，陶壶，陶舟，滑石环，滑石管，铜环，骨簪等器类，共 68 件。滑石环 35 件，滑石管 14 件，散布于棺椁之间；陶豆 4 件，陶盘 1 件，陶壶 2 件，陶舟 1 件，陶盂 1 件，共 6 件，置于棺底箱内；铜环 9 件，石珠 3 件置于棺内，骨簪 1 件位于墓主头端。

## （四）随葬器物

共 68 件。包括陶器 9 件，铜器 6 件，石器 52 件，骨器 1 件。未修复陶豆 4 件，陶盘 1 件，骨簪 1 件。未提取石珠 3 件。

### 1. 陶器

4 件。陶盂 1 件，陶壶 2 件，陶舟 1 件。

陶盂　1 件。

A 型 V 式　标本 M2042：9，泥质灰陶。宽斜折沿，圆唇，束颈，折肩，鼓腹弧收，平底。口径 17.2、底径 6.8、高 9.2 厘米（图一二八，1）。

陶壶　2 件。

B 型 I 式　形制相同。泥质灰陶。口微侈，方唇，高领，束颈，球腹，下腹略

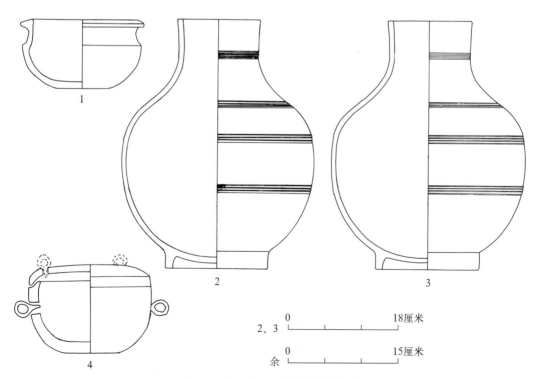

**图一二八　M2042随葬器物图**

1.A型V式陶盂M2042：9　2、3.B型I式陶壶M2042：6、10　4.陶舟M2042：11

斜收，小器座，圜底。腹饰 3 组各三周凹弦纹。标本 M2042：6，口径 13.6、底径 16.8、高 39.4 厘米（图一二八，2）。标本 M2042：10，口径 13.6、底径 16.6、高 39.0 厘米（图一二八，3）。

陶舟　1 件。

标本 M2042：11，泥质红陶。器平面呈长椭圆形，子母口，弧腹，腹两侧有对称圆孔纳环纽，平底微凹。弧形薄盖，上有三个活动环纽。口径 16.8、底径 7.0、高 11.6 厘米（图一二八，4）。

2．铜器

铜环　6 件。

C 型　环的断面均内弧外呈直角状，大小略异。标本 M2042：7-4，直径 4.2、内径 3.7、厚 0.32 厘米（图一二九，1）。

3．石器

49 件。滑石环 35 件，滑石管 14 件。

滑石环　35 件。

A 型　4 件。标本 M2042：1-4，残缺。正面刻划 2 周凹弦纹，外圈单线、内圈双线弦纹上刻划不规则的月牙形云纹。直径 8.6、内孔径 4.6、厚 0.6 厘米（图一二九，2）。标本 M2042：1-5，圆形，素面。直径 5.2、内径 2.1 厘米（图一二九，3）。

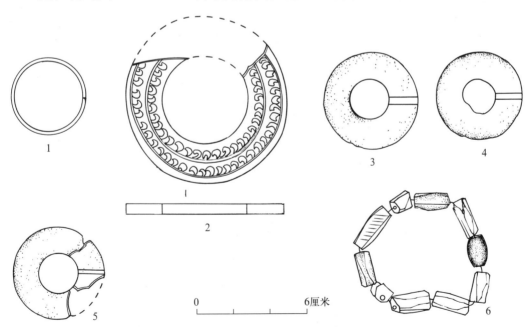

图一二九　M2042随葬器物图

1.C型铜环M2042：7-4　2、3.A型滑石环M2042：1-4、1-5　4、5.B型滑石环M2042：1-16、1-36　6.滑石管 M2042：13

B 型　31 件。薄体，圆形，正面光滑，均为素面。标本 M2042：1-16，直径 4.7、内径 1.8 厘米（图一二九，4）。标本 M2042：1-36，环体残缺。外径 5.0、内径 2.1 厘米（图一二九，5）。

滑石管（串饰）　14 件。

由数量不等的不规则多棱柱形和腰鼓形中间穿孔的石管组成。标本 M2042：13，选择 10 件滑石管组串，石管多为多棱柱状，不规整，个别腰鼓形，长度不一。长 1.0 ～ 2.3、直径 0.6 ～ 1.1 厘米（图一二九，6）。

# 二六　M2045

位于发掘区二区东部，北邻 M2046，南邻 M2070，开口于②层下。耕土层厚 0.34、②层厚 0.56 米。

## （一）墓葬形制

长方形土坑竖穴墓，方向 98°（图一三〇）。墓口距地表深 0.90、长 2.85、宽

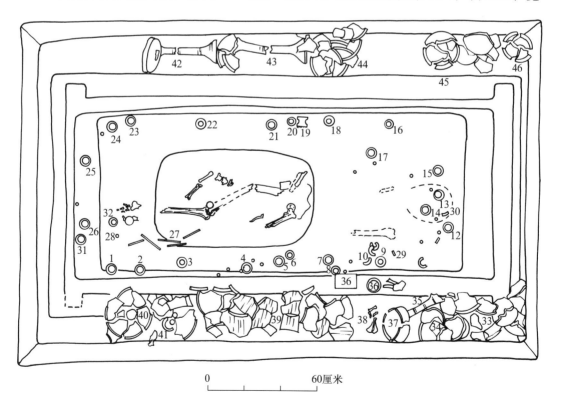

图一三〇　M2045平面图

1～18、20～26.陶环　19.骨梳　27.骨簪　28.骨珠　29.骨贝　30～32.陶环　33.陶盒　35、36.陶盘豆　37.陶盂　38.兽骨　39.陶壶　40、44、45.陶盒　41.兽骨　42、43.陶盘豆　46.陶敦

1.90 米。墓底距地表深 4.20、长 2.70、宽 1.75 米。斜壁略内收。底部有熟土二层台，台宽 0.05 ～ 0.20、高 0.75 米。墓底有腰坑，长 0.88、宽 0.53、深 0.25 米。内有狗骨 1 具，头朝西，与墓主头向相反，腐朽较甚。墓内填土为黄褐细花土。

### （二）葬具葬式

葬具为一棺一椁。椁长 2.56、宽 0.90、两端宽 1.17、高 0.75 米。棺长 2.3、宽 0.85、高 0.25 米。

棺内人骨 1 具，上身及盆骨腐朽严重，仅余下肢部分痕迹。仰身直肢，头向东，面向不详。

### （三）随葬器物放置

随葬品有陶豆、陶盂、陶敦、陶壶、陶环，骨梳、骨簪、骨贝等器类，共 60 件。陶容器放置在椁外东西两侧，有陶壶 2 件，陶豆 4 件，陶盂 1 件，陶盒 4 件。陶环 28 件，骨珠 18 件（串环），相对均匀的散落于棺内。骨梳 1 件，放置在棺内墓主右侧。骨笄 1 件，放置墓主右下肢外侧。骨贝 1 件，位于墓主左臂外侧。

### （四）随葬器物

共 60 件。包括陶器 40 件，骨器 20 件，其中未修复陶环 20 件，陶盒 4 件，陶壶 2 件，陶豆 2 件，骨贝 1 件。

**1. 陶器**

12 件。陶豆 2 件，陶敦 1 件，陶盂 1 件，陶环 8 件。

陶豆　2 件。

Aa 型 X 式　形制相同。泥质灰陶。敞口，尖唇，盘较浅，外为直壁，内壁弧收，细高柄、实心、下空，喇叭状器座。标本 M2045：42，口径 17.6、底径 14.0、高 34.0 厘米（图一三一，1）。标本 M2045：43，口径 17.8、底径 14.0、高 34.0 厘米（图一三一，2）。

陶盂　1 件。

A 型 V 式　标本 M2045：37，泥质灰陶。斜沿，圆唇，束颈，折肩，鼓腹折收有一周凸棱，大平底。口径 18.2、底径 9.0、高 9.2 厘米（图一三一，3）。

陶敦　1 件。

B 型　标本 M2045：46，泥质红陶。器呈球状，直口，方唇，圜底，两端有对称圆孔纳环形纽。半球状盖，顶部饰三个圆孔纳三环形纽。口径 16.0、通高 15.4 厘米（图一三一，4）。

陶环　8 件。

B 型　圆环断面为扁方形。标本 M2045：4，外径 4.6、孔径 1.9、厚 0.4 厘米（图一三二，1）。标本 M2045：5，外径 3.9、内径 2.0、厚 0.5 厘米（图一三二，

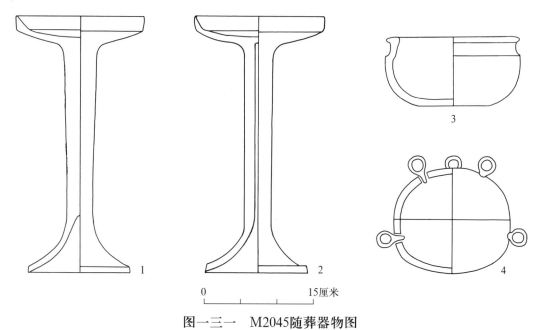

0                    15厘米

**图一三一　M2045随葬器物图**

1、2.Aa型Ⅹ式陶豆M2045：42、43　3.A型Ⅴ式陶盉M2045：37　4.B型陶敦M2045：46

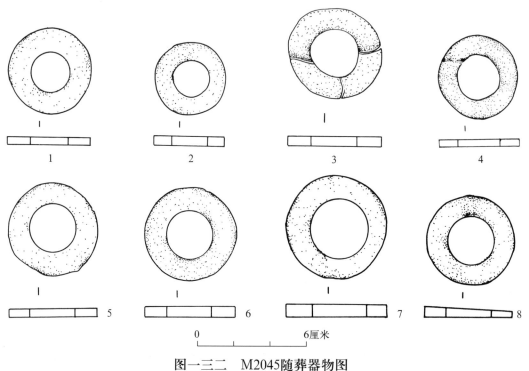

0                    6厘米

**图一三二　M2045随葬器物图**

1～8.B型陶环M2045：4、5、10、13、17、21、22、26

2）。标本 M2045：10，环体断裂，外径 5.1、内径 2.5、厚 0.5 厘米（图一三二，3）。标本 M2045：13，外径 4.5、内径 2.3、厚 0.4 厘米（图一三二，4）。标本 M2045：17，外径 4.8、内径 2.5、厚 0.4 厘米（图一三二，5）。标本 M2045：21，外径 5.0、内径 2.5、厚 0.5 厘米（图一三二，6）。标本 M2045：22，外径 5.5、内径 2.9、厚 0.65 厘米（图一三二，7）。标本 M2045：26，厚度不均匀。外径 4.8、内径 2.5、厚 0.3 ～ 0.5 厘米（图一三二，8）。

2. 骨器

20 件（宗），骨梳 1 件，骨簪 1 件，骨珠 18 件（串环）。

骨梳 1 件。

A 型 标本 M2045：19，薄体，短平背，柄齿一体，粗齿，首柄略厚窄，呈长束腰状，齿均残缺，数量在 14 齿以上。残高 4.5、宽 4.0 ～ 4.4、厚 0.1 ～ 0.2 厘米（图一三三，1）。

骨簪 1 件。

Ab 型 标本 M2045：27，通体磨光，首端有一圆形帽饰，圆柱形，残缺。残长 9.6、径 0.4 厘米（图一三三，2）。

骨珠 18 件（串环）。

均为扁圆算盘珠形，中间有孔，外缘两侧斜收，断面近似扁体六角形。标本 M2045：28，一串，骨珠形态相近，均为不太规则的圆形，大小略有差异。直径 1.0 ～ 1.6 厘米（图一三三，3）。

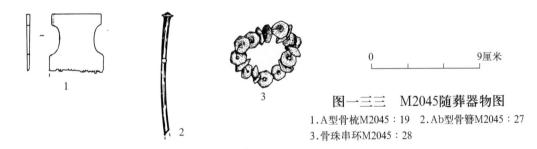

图一三三 M2045随葬器物图

1.A型骨梳M2045：19 2.Ab型骨簪M2045：27
3.骨珠串环M2045：28

# 二七 M2046

位于发掘区二区东部，南邻 M2045，开口于②层下。耕土层厚 0.32、②层厚 0.53 米。

（一）墓葬形制

长方形土坑竖穴墓，方向 105°（图一三四）。墓口距地表深 0.85、长 2.90、宽 1.90 米。墓底距地表深 4.20、长 2.75、宽 1.90 米。东西斜壁内收，南北直壁。底部有

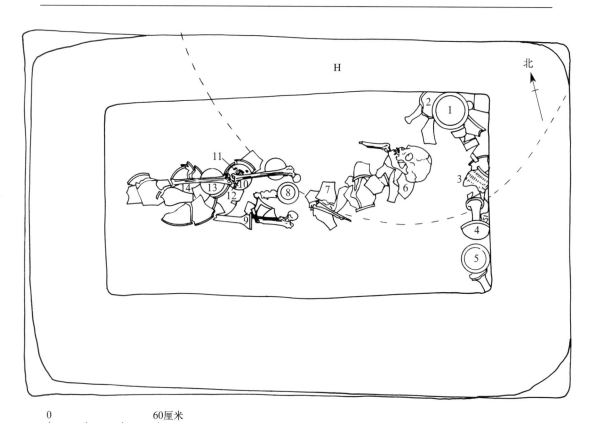

图一三四　M2046平面图

1.陶盂　2.陶鼎　3.陶鬲　4、5.陶豆　6、7、14.陶壶　8、9.陶盖豆　10.陶罐　11.骨梳　12.骨笄　13.陶敦
15.陶盘

熟土二层台，宽 0.30～0.42、高 0.80 米。

（二）葬具葬式

葬具为一棺一椁。椁长 2.15、宽 1.03、深 0.75 米。棺带底箱，具体形制不清。棺内人骨 1 具，已朽烂，仅存痕迹。仰身直肢，头向东，面向上。

（三）随葬器物放置

随葬品有绳纹鬲、陶豆、陶盂、陶鼎（内有鸡骨）、陶壶、陶盖豆（泥盖）、陶敦、骨梳（在 10 号陶敦内）、骨笄（在 10 号陶敦内）等器类。其中陶鼎 1 件，陶盂 1 件，陶豆 2 件和陶盘 1 件放置在棺椁之间；陶壶 3 件，陶盖豆（泥盖）2 件，陶敦 2 件放置于墓主身下的棺底箱中。骨梳和骨笄各 1 件放在 10 号陶敦内。

（四）随葬器物

共 15 件。包括陶器 11 件，骨器 2 件，泥盖豆 2 件，其中未修复绳纹鬲 1 件，陶盘 1 件，泥盖豆 2 件，骨笄 1 件。

1．陶器

陶器9件。陶豆2件，陶盂1件，陶鼎1件，陶壶3件，陶敦2件。

陶豆　2件。

Ab型Ⅱ式　1件。标本M2046：5，泥质灰陶。敞口，方唇，浅盘，盘内壁弧收，外壁折收，粗柄中空、较高，喇叭状器座。口径15.8、底径9.2、高19.4厘米（图一三五，1）。

Ac型Ⅲ式　1件。标本M2046：4，泥质灰陶。盘内壁呈碗状，敞口，圆唇，浅盘，盘外壁有折棱，下腹斜弧内收，细柄中空、较高，喇叭状器座。口径15.8、底径9.6、高19.6厘米（图一三五，2）。

陶盂　1件。

A型Ⅴ式　标本M2046：1，泥质灰陶。敞口，斜折沿，圆唇，束颈，鼓腹有一周凸棱，大平底微内凹。口径18.2、底径7.0、高10.0厘米（图一三五，3）。

陶鼎　1件。

B型　标本M2046：2，泥质灰陶。直口，平沿，深腹，圜底近平，长方形附耳外侈，细高三蹄足。折沿弧形盖，平顶略弧。口径27.0、通高29.0厘米（图一三五，4）。

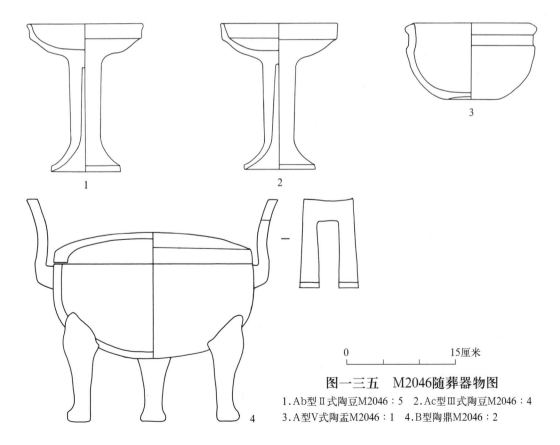

0　　　　　　　　15厘米

图一三五　M2046随葬器物图

1.Ab型Ⅱ式陶豆M2046：5　2.Ac型Ⅲ式陶豆M2046：4

3.A型Ⅴ式陶盂M2046：1　4.B型陶鼎M2046：2

陶壶　3件。

A型　形制相同。泥质红陶。侈口，高领，束颈，平沿，溜肩，鼓腹，假圈足，无底。标本M2046：6，口径11.8、底径13.4、高32.2厘米（图一三六，1）。标本M2046：7，口径11.6、底径13.6、高32.0厘米（图一三六，2）。标本M2046：14，口径11.6、底径13.4、高32.2厘米（图一三六，3）。

陶敦　2件。

B型　形制相同。泥质红陶。扣合器近球状，直口，平沿，方唇，圜底，沿下有对称两孔纳两环钮。半球状盖，盖顶有三圆孔纳三环钮（已残缺）。标本M2046：10，口径15.4、高15.0厘米（图一三六，4）。标本M2046：13，口径16.0、高13.0厘米（图一三六，5）。

2.骨器

骨梳　1件。

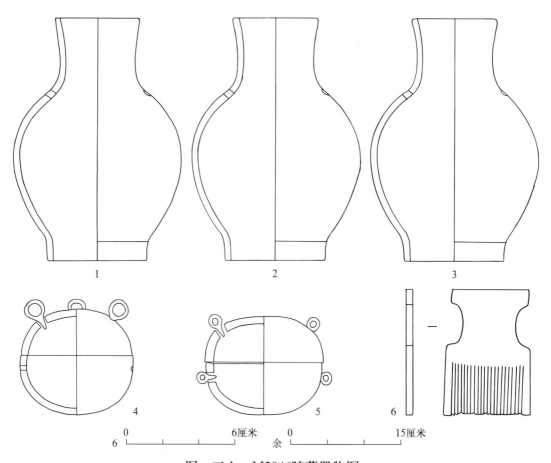

**图一三六　M2046随葬器物图**

1～3.A型陶壶M2046：6、7、14　4、5.B型陶敦M2046：10、13　6.A型骨梳M2046：11

　　A型　标本 M2046：11，短平背，柄齿一体，粗齿。厚体，首柄呈长束腰状，柄部窄于齿部，平齿，数量在 14 齿以上。通高 6.6、宽 4.3～4.8、齿长 2.7、厚 0.4 厘米（图一三六，6）。

# 二八　M2049

　　位于发掘区二区中部，北邻 M2025，西邻 M2050，开口于①层下（墓口上部未分层）。

　　（一）墓葬形制

　　长方形土坑竖穴墓，方向 115°（图一三七）。墓口距地表深 0.40、长 2.68、宽 1.75～1.80 米。墓底距地表深 4.50、长 2.36、宽 2.36 米。斜壁内收。底部有生土二层台和熟土二层台，生土二层台宽 0.14～0.20、高 0.90 米。熟土二层台 0.15～0.20、高 0.70 米。墓内填土为黄褐土，含砂性较大并夹有褐色黏土块。

　　（二）葬具葬式

　　葬具为一棺一椁。棺长 2.00、宽 1.50 米。椁长 2.70、宽 1.70、高 0.70 米。

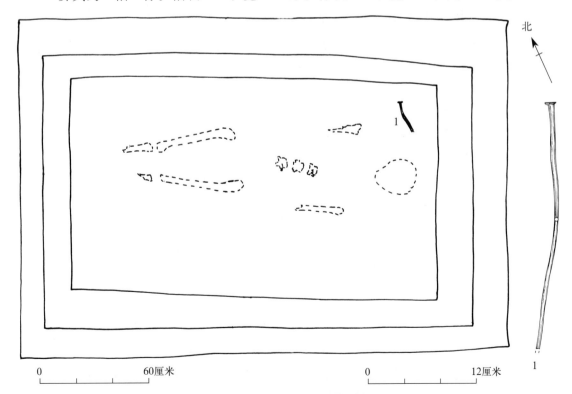

北

0　　　　　　　60厘米　　　　　　　　　　0　　　　　12厘米

图一三七　M2049及随葬器物图

1.Aa型骨簪M2049：1

棺内人骨1具，骨骼腐朽严重，保存较差。仰身直肢，头向东，面向上。

（三）随葬器物放置

随葬品仅有骨簪1件，置于棺内墓主头右上侧。

（四）随葬器物

骨簪　1件。

Aa型　标本M2049：1，首端平面呈圆形，圆柱形，残缺。残长26.0、径0.4厘米（图一三七，1）。

# 二九　M2051

位于发掘区二区中部，北邻M2050，西邻M2052，开口于②层下。耕土层厚0.15、②层厚0.55米。

（一）墓葬形制

长方形土坑竖穴墓，方向100°（图一三八）。墓口距地表深0.70、长2.15、宽0.70米。墓底距地表深2.90、长2.15、宽0.70米。直壁。墓内填土为黄花土。

（二）葬具葬式

葬具为单棺。棺长1.92、宽0.45米。

棺内人骨1具，腐朽严重，已为粉末。头向、面向、葬式不详。

（三）随葬器物放置

随葬品有绳纹鬲1件，陶豆2件，陶罐1件，陶盂1件，还有兽肩胛1件，器物共5件。原置于棺顶部，棺板腐朽后落入墓底。

（四）随葬器物

陶器5件。绳纹鬲1件，陶豆2件，陶罐1件，陶盂1件（彩版四七，2）。

绳纹鬲　1件。

Aa型Ⅳ式　标本M2051：3，夹砂灰陶。敞口，圆唇，内斜沿，束颈，鼓腹，下腹内收，连裆较低，三袋状足。下部、底饰有交错粗绳纹。口径16.4、高18.0厘米（图一三八，3；彩版四八，1）。

陶豆　2件。

Aa型Ⅲ式　形制相同。泥质灰陶。器呈碗状，敞口，圆唇，浅盘，内外壁均弧收，柄略高、中空，喇叭状器座。标本M2051：1，口径16.4、底径11.8、高15.0厘米（图一三八，1；彩版四八，2）。标本M2051：2，口径17.4、底径10.6、高17.0厘米（图一三八，2；彩版四八，3）。

陶罐　1件。

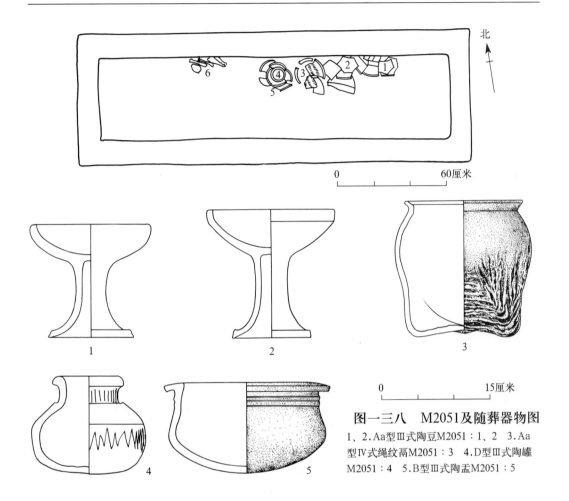

图一三八　M2051及随葬器物图

1、2.Aa型Ⅲ式陶豆M2051：1、2　3.Aa
型Ⅳ式绳纹高M2051：3　4.D型Ⅲ式陶罐
M2051：4　5.B型Ⅲ式陶盂M2051：5

D型Ⅲ式　标本M2051：4，泥质灰陶。卷沿，圆唇，敞口，高颈，颈部饰有刻划竖弦纹，斜肩，鼓腹，平底略平。腹部饰有"N"字形刻划纹。口径9.6、高12.8厘米（图一三八，4；彩版四八，4）。

陶盂　1件。

B型Ⅲ式　标本M2051：5，泥质灰陶。宽斜沿，方唇，敛口，颈部饰有两周凸弦纹，深腹，下腹微鼓，圜底。口径22.4、高12.0厘米（图一三八，5；彩版四八，5）。

# 三〇　M2052

位于发掘区二区中部，东邻M2051，北邻M2053，开口于②层下，墓口东北角上部被灰坑打破。耕土层厚0.20、②层厚0.40米。

## （一）墓葬形制

长方形土坑竖穴墓，方向90°（图一三九）。墓口距地表深0.60～1.60、长2.45、宽0.94米。墓底距地表深4.15、长2.69、宽1.30米。斜壁外扩。底部有熟土二层台，宽0.15～0.25、高0.30米。墓内填土为黄花土，在距墓口1.50米以下填土经夯。

## （二）葬具葬式

葬具为一棺一椁。棺长1.80、宽0.40～0.47、残高0.12米。椁长2.20、宽0.86、高0.30米。

棺内人骨1具，骨骼保存良好。仰身直肢，头向东，面向上，双手交叠于下腹部，下肢并拢，但无脚趾骨。

## （三）随葬器物放置

随葬绳纹鬲1件，陶豆2件，铜带钩1件，共4件。陶器放于墓主脚端的棺椁

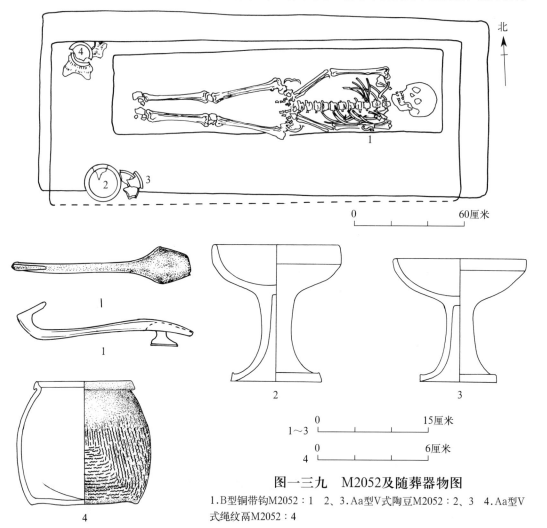

图一三九　M2052及随葬器物图

1.B型铜带钩M2052：1　2、3.Aa型Ⅴ式陶豆M2052：2、3　4.Aa型Ⅴ式绳纹鬲M2052：4

之间。铜带钩放于棺内墓主左臂处。

（四）随葬器物

共 4 件。包括陶器 3 件，铜器 1 件。

1．陶器

陶器 3 件。绳纹鬲 1 件，陶豆 2 件。

绳纹鬲　1 件。

Aa 型 V 式　标本 M2052：4，夹砂灰陶。侈口，卷沿，宽方唇，束颈，唇下沿呈倒勾状，溜肩，圆鼓腹，弧足内平，低裆近平，袋足弧平不显。腹下部饰交错细绳纹。口径 13.2、高 16.4 厘米（图一三九，4）。

陶豆　2 件。

Aa 型 V 式　形制相同。泥质灰陶。盘呈碗状，敞口，圆唇，深盘，柄中空、较高，喇叭状器座。标本 M2052：2，口径 17.4、底径 12.3、高 18.2 厘米（图一三九，2）。标本 M2052：3，口径 18.4、底径 10.2、高 16.4 厘米（图一三九，3）。

2．铜器

铜带钩　1 件。

B 型　标本 M2052：1，马琴形，鼓腹，腹部平面近似"五边形"，平背，铆钉状纽位于凹槽中，纽近尾部。长 9.9、宽 2.0、厚 0.6 厘米（图一三九，1）。

# 三一　M2053

位于发掘区二区中部，南邻 M2052，东邻 M2050，开口于②层下，东部墓口被灰坑打破。耕土层厚 0.35、②层厚 0.25 米。

（一）墓葬形制

长方形土坑竖穴墓，方向 100°（图一四〇）。墓口距地表深 0.60、长 2.45、宽 1.20 米。墓底距地表深 3.30、长 2.65、宽 1.26 米。斜壁外扩。墓内填土为黄花土。

（二）葬具葬式

葬具为单棺。棺长 1.88、宽 0.55、深 0.35～0.50 米。

棺内人骨 1 具，除头骨破损外，其他骨骼保存较好。仰身直肢，头向东，面向北，双小臂放于上腹部，下肢并拢。

（三）随葬器物放置

随葬品有陶豆 1 件，陶盂 1 件，骨簪 1 件，共 3 件。陶器放置于棺顶，陶盂放置于墓主头骨左侧，陶豆放于墓主足端右侧，棺板腐朽后落入墓底。骨簪在棺内紧

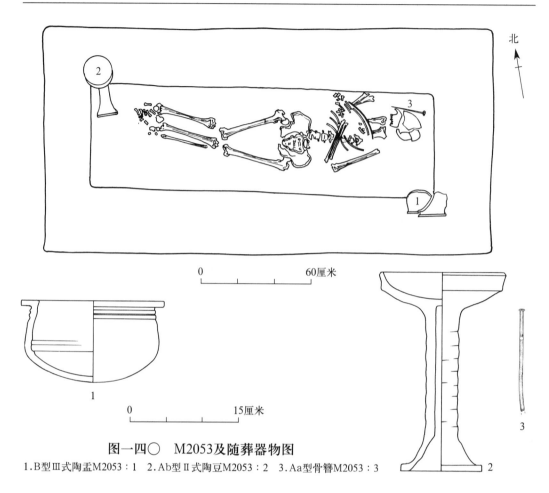

图一四〇　M2053及随葬器物图

1.B型Ⅲ式陶盂M2053：1　2.Ab型Ⅱ式陶豆M2053：2　3.Aa型骨簪M2053：3

靠墓主头端右侧。

（四）随葬器物

共 3 件。包括陶器 2 件，骨器 1 件。

1. 陶器

陶器 2 件。陶豆 1 件，陶盂 1 件。

陶豆　1 件。

Ab 型Ⅱ式　标本 M2053：2，泥质灰陶。敞口，方唇，浅盘，内壁弧收，外壁微凹且折收，粗高柄中空，柄上有轮制加工痕迹，喇叭状器座。口径 16.8、底径 11.0、高 26.2 厘米（图一四〇，2）。

陶盂　1 件。

B 型Ⅲ式　标本 M2053：1，泥质灰陶。敛口，平沿微斜，方唇，颈下有两周凸棱纹，斜鼓腹，圜底。口径 19.6、高 10.4 厘米（图一四〇，1）。

2. 骨器

骨簪  1件。

Aa型  标本 M2053：3，通体磨光，如钉状，首端平面呈圆形，下端残缺。残长 13.6、径 0.4 厘米（图一四〇，3）。

# 三二  M2054

位于发掘区二区中部，西邻 M2056，北邻 M2052，开口于②层下。耕土层厚 0.30、②层厚 0.40 米。

## （一）墓葬形制

长方形土坑竖穴墓，方向 100°（图一四一）。墓口距地表深 0.70、长 2.05、宽 0.74 米。墓底距地表深 2.47、长 2.15、宽 0.89 米。斜壁外扩。墓内填土为黄花土。

## （二）葬具葬式

葬具为单棺。棺长 1.85、宽 0.45～0.51、残高 0.05 米。

棺内人骨 1具，骨骼腐朽，保存一般。仰身屈肢，头向东，面向不详，两手交叠于下腹部，下肢向左侧弯曲。

## （三）随葬器物放置

随葬品仅有骨簪 1件，置于墓主头端左上侧棺与墓壁之间。

## （四）随葬器物

骨簪  1件。

Ab型  标本 M2054：1，弧顶簪首，簪首顶部弧凸，如同圆帽形，下部略细，尾端残缺。残长 33.8、首径 0.8、中径 0.5 厘米（图一四一，1）。

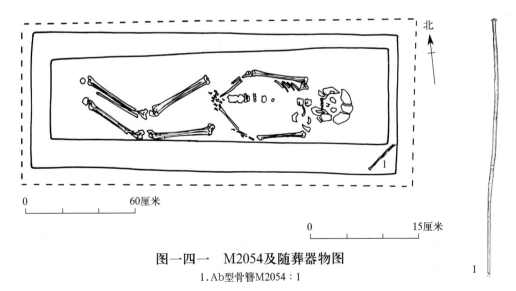

图一四一  M2054及随葬器物图
1. Ab型骨簪 M2054：1

# 三三　M2055

位于发掘区二区中部，北邻M2056，西邻M2059，开口于②层下。耕土层厚0.37、②层厚0.76米。

## （一）墓葬形制

长方形土坑竖穴墓，方向98°（图一四二）。墓口距地表深1.13、长2.05、宽0.74米。墓底距地表深2.26、长2.04、宽0.72米。墓内填土为黄褐花土，土质较硬。

## （二）葬具葬式

葬具为单棺。棺长1.80、宽0.45、高0.44米。

棺内人骨1具，保存较好。仰身直肢，头向东，面向左，上肢贴放于躯干两侧，下肢伸直，双足并拢。

## （三）随葬器物放置

随葬品有绳纹鬲1件，陶盂1件，共2件。放置于墓主头端左侧棺与墓壁之间。

## （四）随葬器物

陶器2件。绳纹鬲1件，陶盂1件。

绳纹鬲　1件。

Aa型Ⅳ式　标本M2055：2，夹砂红褐陶。敞口，圆唇，束颈，内为折沿，鼓腹，低裆近平，袋足不显。腹、底饰有交错绳纹。口径13.2、高14.0厘米（图一四二，2）。

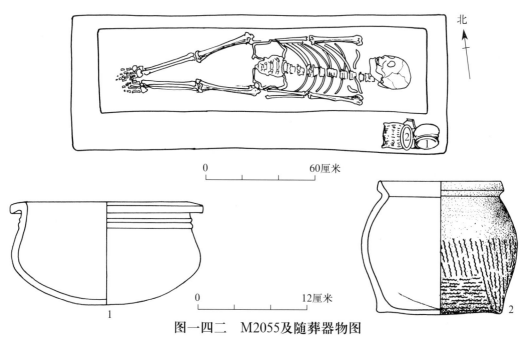

图一四二　M2055及随葬器物图

1.B型Ⅱ式陶盂M2055：1　2.Aa型Ⅳ式绳纹鬲M2055：2

陶盂　1件。

B 型Ⅱ式　标本 M2055：1，泥质灰陶。敛口，宽沿略外斜，方唇，颈下有两周凸棱纹，斜鼓腹，圜底。口径 21.2、高 10.8 厘米（图一四二，1）。

# 三四　M2056

位于发掘区二区中部，北邻 M2057，南邻 M2055，开口于②层下。耕土层厚 0.25、②层厚 0.45 米。

## （一）墓葬形制

长方形土坑竖穴墓，方向 98°（图一四三）。墓口距地表深 0.70、长 2.04、宽 0.85 米。墓底距地表深 2.90、长 2.00、宽 0.84 米。直壁。墓内填土为黄花土。

## （二）葬具葬式

葬具为单棺。棺板腐朽严重，形制不明。

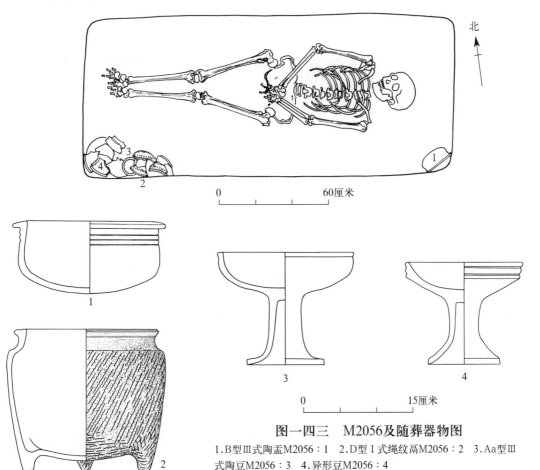

图一四三　M2056 及随葬器物图

1.B 型Ⅲ式陶盂 M2056：1　2.D 型Ⅰ式绳纹鬲 M2056：2　3.Aa 型Ⅲ式陶豆 M2056：3　4.异形豆 M2056：4

棺内人骨 1 具，骨骼保存较好。仰身直肢，头向东，面向左，双手交叠于下腹部，双足并拢。

### （三）随葬器物放置

随葬品为陶盂 1 件，绳纹鬲 1 件，陶豆 2 件，共 4 件。均置于棺外，陶盂放置于墓主头端左侧，绳纹鬲及 2 件陶豆放置于墓主足端左侧。

### （四）随葬器物

陶器 4 件。绳纹鬲 1 件，陶豆 1 件，异形豆 1 件，陶盂 1 件。

绳纹鬲　1 件。

D 型 I 式　标本 M2056：2，夹砂灰黑陶。尖唇，折沿，口沿上饰一周凹弦纹，束颈，折肩，腹斜直内收，低裆微凸，三柱状矮足。肩部以下饰斜向竖绳纹，裆部饰横向绳纹。口径 19.8、高 18.8 厘米（图一四三，2）。

陶豆　1 件。

Aa 型 III 式　标本 M2056：3，泥质灰陶。器呈碗状，敞口，圆唇，深盘，盘内外壁弧收，矮柄中空，喇叭形器座。口径 18.6、底径 10.4、高 15.0 厘米（图一四三，3）。

异形豆　1 件。

标本 M2056：4，泥质灰陶。敞口，圆唇，浅盘，盘外壁折收，内壁弧收，盘外壁饰两周凹弦纹，矮柄中空，喇叭状器座。口径 16.2、底径 10.0、高 13.5 厘米（图一四三，4）。

陶盂　1 件。

B 型 III 式　标本 M2056：1，泥质灰陶。微敛口，斜平沿，圆唇，微鼓腹，颈部有两周凸弦纹，圜底。口径 21.2、高 9.6 厘米（图一四三，1）。

# 三五　M2057

位于发掘区二区中部，西北邻 M2058，南邻 M2056，开口于①层下（墓口上部未分层）。

### （一）墓葬形制

长方形土坑竖穴墓，方向 98°（图一四四）。墓口距地表深 0.28、长 1.98、宽 0.60 米。墓底距地表深 1.08、长 1.88、宽 0.60 米。

### （二）葬具葬式

无葬具。

墓内人骨 1 具，骨骼保存良好。仰身直肢，头向东，面向右，右上肢放置于下腹部，左上肢贴放于身躯，下肢直伸，双足并拢。

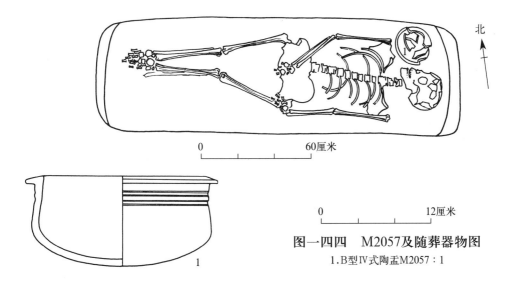

图一四四　M2057及随葬器物图

1.B型Ⅳ式陶盂M2057：1

（三）随葬器物放置

随葬品有陶盂1件，放置于墓主头端右侧。

（四）随葬器物

陶盂　1件。

B型Ⅳ式　标本M2057：1，泥质灰陶。直口，斜沿，圆唇，束颈，颈部有两周凸弦纹，深腹，圜底。口径21.0、高9.6厘米（图一四四，1）。

# 三六　M2058

位于发掘区二区中部，北邻M2002，开口于②层下。耕土层厚0.38、②层厚0.17米。

（一）墓葬形制

长方形土坑竖穴墓，方向106°（图一四五）。墓口距地表深0.55、长2.52、宽1.20米。墓底距地表深2.78、长2.50、宽1.18米。直壁。底部有熟土二层台，宽0.24、高0.73米。墓底有腰坑，呈长方形，长0.63、宽0.30、深0.24米。坑内狗骨腐朽严重，头向不明。

（二）葬具葬式

葬具为一棺一椁。棺长1.87、宽0.50、高0.41米。椁长2.05、宽0.71、高0.73米。

棺内人骨1具，上身腐朽较甚。仰身直肢，头向东，面向不详，下肢并拢，左下肢骨落入腰坑中。

（三）随葬器物放置

随葬品有绳纹鬲、陶豆、陶罐、陶盂、铜镞，共6件。陶豆2件置于墓主左侧

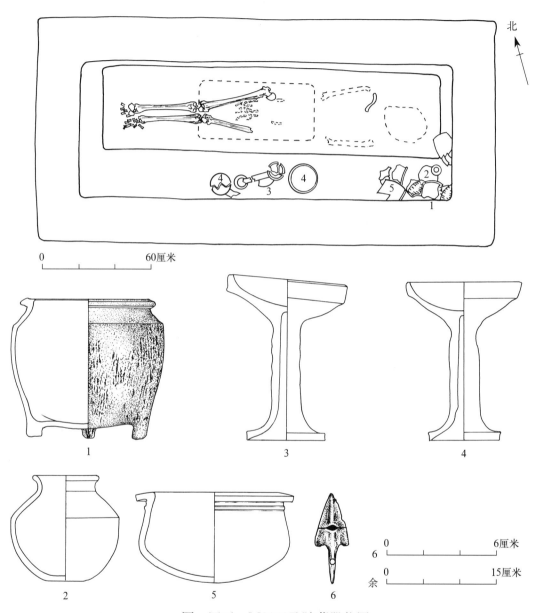

**图一四五　M2058及随葬器物图**

1.D型Ⅲ式绳纹鬲M2058：1　　2.A型Ⅲ式陶罐M2058：2　3、4.Ab型Ⅰ式陶豆M2058：3、4　5.B型Ⅲ式陶盂M2058：5
6.A型Ⅱ式铜镞M2058：6（填土内）

棺椁之间，绳纹鬲、陶盂、陶罐各1件，放置于墓主头端左侧的棺椁之间。铜镞1
件出土于棺上部的填土中。

（四）随葬器物

共6件。包括陶器5件，铜器1件。

1. 陶器

陶器 5 件。绳纹鬲 1 件，陶豆 2 件，陶罐 1 件，陶盂 1 件。

绳纹鬲 1 件。

D 型 Ⅲ 式 标本 M2058：1，夹砂灰黑陶。窄折沿，沿上有一周凹弦纹，尖唇，束颈，折肩，鼓腹弧收，低裆微凸，三柱状矮足，腹、底部饰竖绳纹，现模糊不清。口径 18.6、高 18.4 厘米（图一四五，1）。

陶豆 2 件。

Ab 型 Ⅰ 式 形制相同。泥质灰陶。盘呈碗状，敞口，方唇，浅盘，倾斜，外壁折收，内壁弧收，细高柄中空，器座喇叭状。制作粗糙。标本 M2058：3，口径 16.0、底径 10.4、高 21.3 厘米（图一四五，3）。标本 M2058：4，口径 15.8、底径 9.4、高 21.0 厘米（图一四五，4）。

陶罐 1 件。

A 型 Ⅲ 式 标本 M2058：2，泥质灰陶。敞口，圆唇，微卷，束颈，溜肩斜折，直腹较深，小平底。口径 8.8、底径 5.0、高 14.0 厘米（图一四五，2）。

陶盂 1 件。

B 型 Ⅲ 式 标本 M2058：5，泥质灰陶。微敛口，宽沿外斜，方唇，下腹外鼓缓收，圜底。颈上部饰一周凸弦纹。口径 21.2、高 11.8 厘米（图一四五，5）。

2. 铜器

铜镞 1 件。

A 型 Ⅱ 式 标本 M2058：6，双翼略宽，末端内收，圆脊，后连铤，铤后部尖锐。通长 4.8、铤长 2.0 厘米（图一四五，6）。

# 三七 M2059

位于发掘区二区中部，东邻 M2055，西邻 M2060，开口于②层下。耕土层厚 0.22、②层厚 0.61 米。

（一）墓葬形制

长方形土坑竖穴墓，方向 108°（图一四六）。墓口距地表深 0.83、长 1.70、宽 0.64 米。墓底距地表深 1.67、长 1.68、宽 0.60 米。斜壁内收。墓内填土为黄花土，土质较软。

（二）葬具葬式

无葬具。

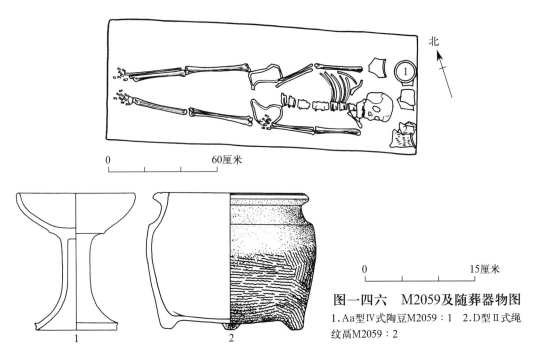

图一四六　M2059及随葬器物图
1. Aa型Ⅳ式陶豆M2059∶1　2. D型Ⅱ式绳
纹鬲M2059∶2

　　墓内人骨1具，骨骼腐朽，保存一般。仰身直肢，头向东，面向右，上肢紧贴于躯干两侧，下肢双脚并拢。

　　（三）随葬器物放置
　　随葬品有绳纹鬲1件，陶豆1件，置于墓主头前与墓壁之间。
　　（四）随葬器物
　　陶器2件。绳纹鬲1件，陶豆1件。
　　绳纹鬲　1件。
　　D型Ⅱ式　标本M2059∶2，夹砂灰陶。敛口，折沿，尖唇，沿上有一周凹弦纹，折肩，腹弧收，低裆近平，三柱状矮足。腹部饰交错细绳纹，底部饰横向细绳纹。口径21.2、高18.0厘米（图一四六，2）。
　　陶豆　1件。
　　Aa型Ⅳ式　标本M2059∶1，泥质灰陶。器呈碗状，敞口，圆唇，深盘，盘内外壁皆弧收，细柄中空，喇叭状器座。口径16.0、底径11.0、高18.0厘米（图一四六，1）。

## 三八　M2062

　　位于发掘区二区东部，开口于②层下。耕土层厚0.35、②层厚0.65米。

（一）墓葬形制

长方形土坑竖穴墓，方向102°（图一四七）。墓口距地表深1.00、长3.10、宽2.10米。墓底距地表深4.20、长2.90、宽2.05米。直壁略内收。底部有二层台，宽0.27～0.55、高1.00米。墓内填土为黄褐色花土，含云母，下部生土块较大较多，靠近墓底砂质增多。

（二）葬具葬式

葬具为一棺一椁。棺长2.20、头宽1.00、尾宽0.80米，厚约5.0厘米。椁长2.42、端宽1.57、中宽1.25、高1.00米。

棺内人骨1具，骨骼腐朽较甚。仰身直肢，头向东，面向上，两手分别放于下腹部，下肢伸直，双脚并拢。

（三）随葬器物放置

随葬品有陶豆、绳纹鬲、陶盂、陶鼎、陶壶、陶盘、陶盅、陶盆，铜戈、铜带钩、

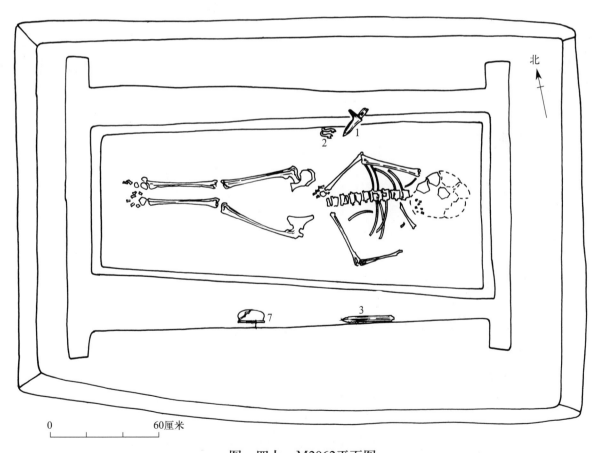

图一四七　M2062平面图

1.铜戈　2.铜带钩　3.铜剑　7.陶盂

**图一四八　M2062棺底箱随葬器物图**

4.陶鼎　5、6、12.陶壶　8.陶盘　9、14、15.陶盂　10.陶盅　11.陶盘豆　13.陶盆　16.绳纹鬲

铜剑，共17件。铜戈1件，铜剑1件和陶盂1件放置于棺椁之间，铜剑在墓主左臂处，铜戈在墓主的右臂处。铜带钩2件放置于棺内墓主右臂处。其余陶鼎1件，陶壶3件，陶豆1件，陶盘2件，绳纹鬲1件，陶盂3件，陶盅1件，共12件陶器放置墓主身下的棺底箱内（图一四八）。

（四）随葬器物

共17件。包括陶器13件，铜器4件。其中未修复陶鼎1件，陶豆1件，陶盂3件，陶盘2件，陶盅1件。

1. 陶器

陶器5件。绳纹鬲1件，陶盂1件，陶壶3件。

绳纹鬲　1件。

D型Ⅲ式　标本M2062∶16，夹砂灰陶。敛口，方唇，平沿，沿面有一周凹弦纹，束颈，折肩，鼓腹，平裆略弧，较低矮，三柱状矮足，通身饰绳纹，颈为抹绳纹，腹上部饰竖绳纹,下部及裆部饰交错细绳纹。口径 17.6、高 22.0 厘米（图一四九,1）。

陶盂　1 件。

Cb 型 I 式　标本 M2062:7,泥质灰陶。宽平沿,方唇,深腹,上腹部直壁,下部弧收,中有折棱,小平底,内底凹凸不平。口径 17.8、底径 5.0、高 10.4 厘米（图一四九,2）。

陶壶　3 件。

A 型　形制相同。泥质红陶。侈口,方唇,细高领,束颈,肩部有一对活动环耳,已失,鼓腹,假圈足无底。标本 M2062:5,口径 10.8、底径 12.0、高 31.0 厘米（图一四九,3）。标本 M2062:6,口径 11.6、底径 12.6、高 30.6 厘米（图一四九,4）。标本 M2062:12,口径 10.6、底径 11.8、高 30.8 厘米（图一四九,5）。

2. 铜器

4 件。铜剑 1 件,铜戈 1 件,铜带钩 2 件。

铜剑　1 件。

B a 型 II 式　标本 M2062:3,圆脊较细,剑身较薄,中间为细圆脊,窄刃内侧

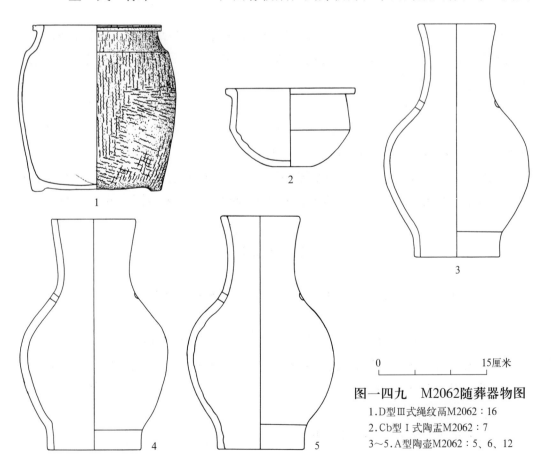

0　　　　　　　　　　15厘米

图一四九　M2062随葬器物图

1.D型III式绳纹鬲M2062:16
2.Cb型I式陶盂M2062:7
3~5.A型陶壶M2062:5、6、12

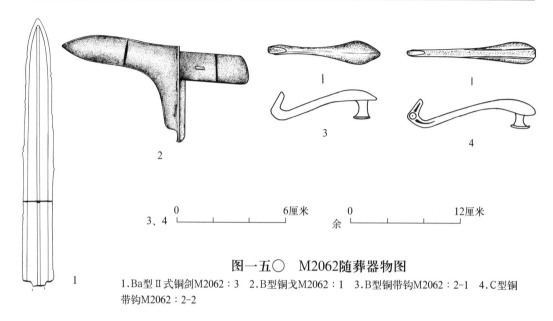

图一五〇　M2062随葬器物图

1.Ba型Ⅱ式铜剑M2062：3　2.B型铜戈M2062：1　3.B型铜带钩M2062：2-1　4.C型铜带钩M2062：2-2

加厚，扁茎，后端残缺。残长 28.3、宽 3.3 厘米（图一五〇，1）。

铜戈　1件。

B 型　标本 M2062：1，长援，弧刃尖锋，扁平无脊，长胡，胡下部 1 长条形穿，直内外端略上扬，外缘斜弧，内中有楔形横穿。通长 20.6、内长 7.5 厘米（图一五〇，2）。

铜带钩　2件。

B 型　标本 M2062：2-1，马琴形，鼓腹，腹部有一条脊棱，平背，铆钉状纽位于凹槽中，纽近尾部，钩体较短。长 6.1、腹宽 1.2 厘米（图一五〇，3）。

C 型　标本 M2062：2-2，琵琶形，鼓腹，腹部有两条脊棱，平背，铆钉状纽位于凹槽中，纽近尾部，钩体作兽形。长 7.0、腹宽 1.1 厘米（图一五〇，4）。

# 三九　M2063

位于发掘区二区西部，开口于①层下（墓口上部未分层）。

## （一）墓葬形制

长方形土坑竖穴墓，方向 110°（图一五一）。墓口距地表深 0.50、长 2.27、宽 1.00 米。墓底距地表深 1.90、长 2.27、宽 1.00 米。直壁。底部有生土二层台，宽 0.10～0.20、高 0.50 米。墓内填土为花土。

## （二）葬具葬式

葬具为单棺。棺长 2.06、宽 0.70 米。

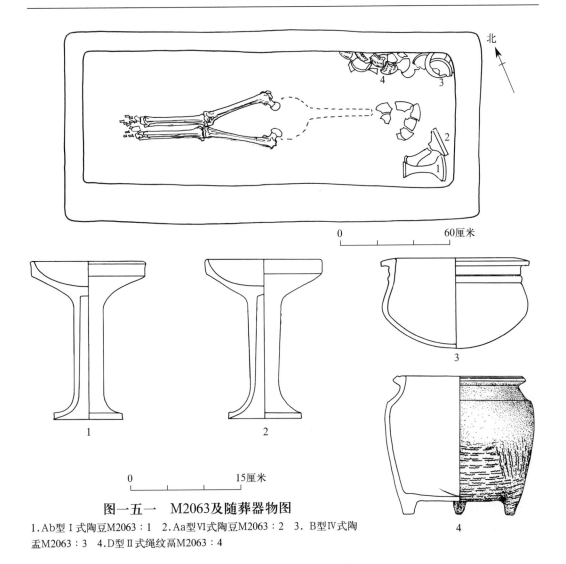

图一五一 M2063及随葬器物图

1.Ab型Ⅰ式陶豆M2063：1 2.Aa型Ⅵ式陶豆M2063：2 3．B型Ⅳ式陶盂M2063：3 4.D型Ⅱ式绳纹鬲M2063：4

棺内人骨1具，上身腐朽严重，下肢保存略好，两腿并拢。仰身直肢，头向东，面向上。

（三）随葬器物放置

随葬品有绳纹鬲1件，陶豆2件，陶盂1件，共4件，放置于棺盖板上部，棺板腐朽后落入墓底。2件陶豆位于墓主头端左侧，绳纹鬲和陶盂各1件位于墓主头部左侧。

（四）随葬器物

陶器4件。绳纹鬲1件，陶豆2件，陶盂1件。

绳纹鬲 1件。

D型Ⅱ式 标本M2063：4，夹砂灰陶。敛口，尖唇，束颈，鼓腹，折肩，沿面饰一周凹弦纹，低平裆微弧，三柱状矮足，腹下部、底部饰横竖向交错绳纹。口径 18.2、高 18.2 厘米（图一五一，4）。

陶豆　2 件。

Ab 型 I 式　1 件。标本 M2063：1，泥质灰陶。盘呈碗状，敞口，方唇，浅盘，内壁弧收，高柄中空，器座较小，呈喇叭状。口径 16.0、底径 9.6、高 21.0 厘米（图一五一，1）。

Aa 型 VI 式　1 件。标本 M2063：2，泥质灰陶。敞口，方唇，浅盘，高柄中空，喇叭状器座。口径 16.0、底径 10.0、高 21.1 厘米（图一五一，2）。

陶盂　1 件。

B 型 IV 式　标本 M2063：3，泥质灰陶。方唇，直口微敛，平沿外斜，颈部饰一周凸棱，深腹微鼓，圜底。口径 20.6、高 12.0 厘米（图一五一，3）。

# 四〇　M2064

位于发掘区二区西部，南邻 M2065，北邻 M2066，墓口开口于①层下（墓口上部未分层），西部被一条灰沟打破。

## （一）墓葬形制

长方形土坑竖穴墓，方向 105°（图一五二）。墓口距地表深 0.50、长 2.70、宽 1.74～1.78 米。墓底距地表深 4.90、长 2.70、宽 1.74～1.78 米。直壁。底部有生、熟土二层台各一，生土二层台宽 0.09～0.13、高 1.00 米，熟土二层台东、北宽 0.20、西、南宽 0.25、高 0.85 米（彩版四九，1）。

## （二）葬具葬式

葬具为一棺一椁。棺长 1.83、宽 0.70 米。椁长 2.05、宽 1.08、高 0.85 米。

棺内人骨 1 具，腐朽严重。头向东，葬式不详，面向不详。

## （三）随葬器物放置

随葬品有绳纹鬲、陶豆、陶罐、陶盂、骨簪共 6 件。随葬器物均放置棺椁之间。绳纹鬲 1 件，骨簪 1 件放置在墓主头端右侧，陶豆 2 件，陶盂 1 件，陶罐 1 件放置墓主右侧的下肢及足端。另在墓主头端左侧发现有数枚兽骨，放置棺内或棺顶部上。

## （四）随葬器物

共 6 件。包括陶器 5 件，骨器 1 件。其中未修复绳纹鬲 1 件。

1. 陶器

陶器 4 件。陶豆 2 件，陶罐 1 件，陶盂 1 件。

陶豆　2 件。

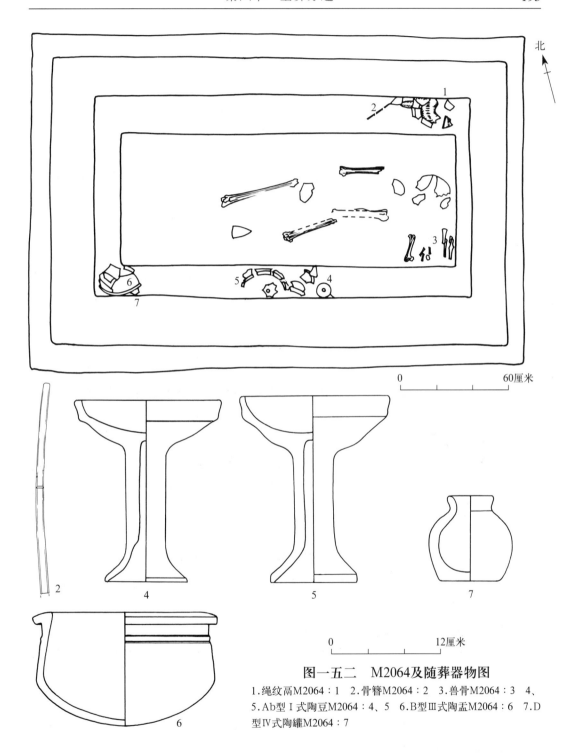

图一五二　M2064及随葬器物图

1.绳纹鬲M2064：1　2.骨簪M2064：2　3.兽骨M2064：3　4、
5.Ab型Ⅰ式陶豆M2064：4、5　6.B型Ⅲ式陶盂M2064：6　7.D
型Ⅳ式陶罐M2064：7

　　Ab型Ⅰ式　形制相同。泥质灰陶。盘呈碗形，敞口，方唇，浅盘，外壁微内
凹，下部弧收，高柄中空，喇叭状器座。标本M2064：4，口径16.0、底径9.0、高

19.2 厘米（图一五二，4）。标本 M2064：5，口径 16.0、底径 9.0、高 20.0 厘米（图
一五二，5）。

陶罐　1件。

D 型Ⅳ式　标本 M2064：7，泥质灰陶。器形较小，类似明器，直口微侈，圆唇，
束颈，鼓肩，深腹，平底。口径 5.0、底径 6.0、高 9.0 厘米（图一五二，7）。

陶盂　1件。

B 型Ⅲ式　标本 M2064：6，泥质灰陶，敛口，斜折沿，方唇，上腹直壁，深腹，
下腹弧收成圜底。口径 20.0、高 12.0 厘米（图一五二，6）。

2．骨器

骨簪　1件。

标本 M2064：2，通体磨光，截面呈梯形，首端残缺，尾端较薄。残长 22.6、宽 0.8
厘米（图一五二，2）。

# 四一　M2065

位于发掘区二区西部，北邻 M2064，西邻 M2068，开口于②层下。耕土层厚 0.24、
②层厚 0.36 米。

## （一）墓葬形制

长方形土坑竖穴墓，方向 95°（图一五三）。墓口距地表深 0.60、长 2.38、宽
1.09 ~ 1.20 米。墓底距地表深 2.65、长 2.08、宽 0.94 米。斜壁略内收（彩版四九，
2）。墓内填土为五花土。

## （二）葬具葬式

葬具为单棺。棺长 1.92、头宽 0.77、尾宽 0.60、高 0.50 米。

棺内人骨 1 具，上身腐朽较甚，下肢保存较好。仰身直肢，头向东，面向上，
双脚并拢。

## （三）随葬器物放置

随葬品有绳纹鬲 1 件，陶豆 2 件，陶盂 1 件，共 4 件，置于墓主前部的棺盖上，
棺板腐朽后落入墓底。

## （四）随葬器物

陶器 4 件。绳纹鬲 1 件，陶豆 2 件，陶盂 1 件。

绳纹鬲　1件。

D 型Ⅱ式　标本 M2065：3，夹砂灰陶。敛口，平沿，尖唇，束颈，折肩，鼓腹，
低裆略弧，三柱状矮足。器身通饰绳纹，颈为抹绳纹，腹饰竖向绳纹，底部为横竖

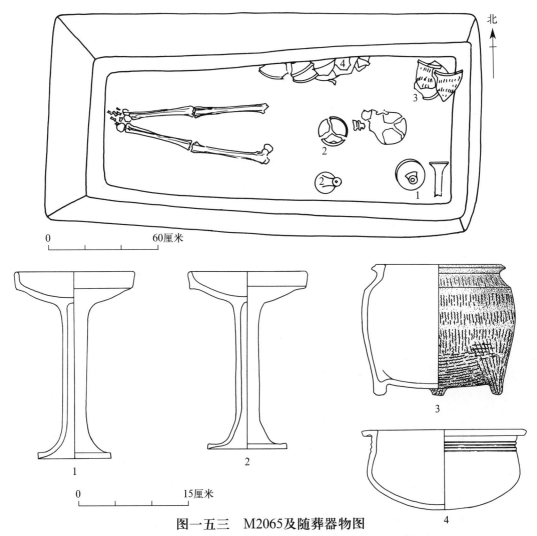

**图一五三　M2065及随葬器物图**

1、2.Aa型Ⅶ式陶豆M2065：1、2　3.D型Ⅱ式绳纹鬲M2065：3　4.B型Ⅲ式陶盂M2065：4

交错细绳纹。口径18.6、高17.4厘米（图一五三，3）。

　　陶豆　2件。

　　Aa 型Ⅶ式　形制相同。泥质灰陶。敞口，方唇，浅盘，盘壁内弧收，外折角明显，盘底近平，细高柄中空，喇叭状器座。标本 M2065：1，口径 16.6、底径 10.0、高24.8 厘米（图一五三，1）。标本 M2065：2，口径 16.2、底径 10.6、高 23.6 厘米（图一五三，2）。

　　陶盂　1件。

　　B 型Ⅲ式　标本 M2065：4，泥质灰陶。直口，宽沿微斜，方唇，鼓腹，颈部饰两周凸棱，深腹，上腹近直壁，下腹弧收，圜底。口径 22.6、高 10.6 厘米（图一五三，4）。

# 四二　M2066

位于发掘区二区西部，北邻 M2067，东南邻 M2064，墓口开口于①层下（墓口上部未分层）。墓东南角被灰坑打破。

## （一）墓葬形制

长方形土坑竖穴墓，方向 104°（图一五四）。墓口距地表深 0.65、长 2.50、宽 1.30

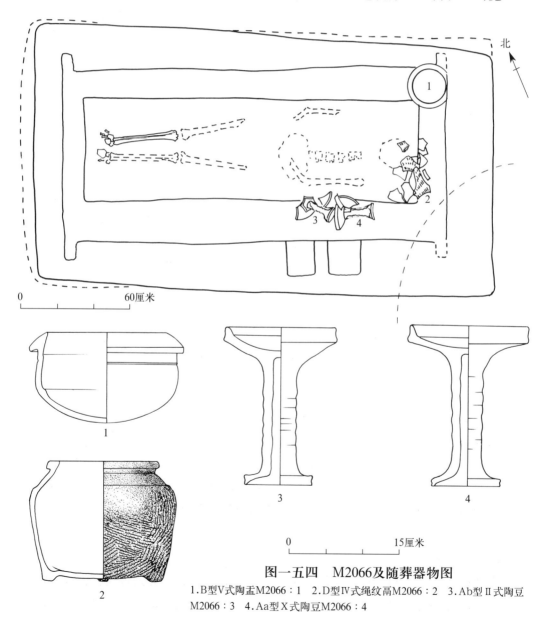

图一五四　M2066及随葬器物图

1.B型Ⅴ式陶盂M2066：1　2.D型Ⅳ式绳纹鬲M2066：2　3.Ab型Ⅱ式陶豆M2066：3　4.Aa型Ⅹ式陶豆M2066：4

米。墓底距地表深 3.50、长 2.58、宽 1.40 米。斜壁略外扩。底部有熟土二层台宽 0.13～0.30、高 0.83 米。墓内填土上部微灰褐色花土，接近椁盖板时较硬，椁周围为黄褐色细砂土。

### （二）葬具葬式

葬具为一棺一椁。棺长 1.83、宽 0.55 米。椁盖板宽约 1.25 米，横铺成。椁长 2.10、宽 0.90、高 0.83 米。

棺内人骨 1 具，保存较好。仰身直肢，头向东，面向不明，双手交叠于下腹部，下肢双脚并拢。

### （三）随葬器物放置

随葬品有绳纹鬲 1 件，陶豆 2 件，陶盂 1 件，共 4 件。随葬陶器放置在棺椁之间，绳纹鬲 1 件，盂 1 件放置在墓主头端，陶豆 2 件放置在墓主左侧上臂处。

### （四）随葬器物

陶器 4 件。绳纹鬲 1 件，陶豆 2 件，陶盂 1 件。

绳纹鬲　1 件。

D 型Ⅳ式　标本 M2066：2，夹砂灰陶。侈口，平沿，方唇，束颈，折肩，鼓腹，连平裆微弧，低矮，三柱状矮足。腹、底饰互相交错竖向粗绳纹，裆部饰横向粗绳纹。口径 15.0、高 16.0 厘米（图一五四，2）。

陶豆　2 件。

Ab 型Ⅱ式　1 件。标本 M2066：3，泥质灰陶。盘呈碗状，敞口，方唇，浅盘，盘外壁微凹，下部弧收，内壁弧收，高柄中空，柄有明显手抹痕迹，喇叭状器座。口径 15.4、底径 9.0、高 21.0 厘米（图一五四，3）。

Aa 型Ⅹ式　1 件。标本 M2066：4，泥质灰陶。盘呈碗状，方唇，敞口，浅盘，高柄中空，喇叭状器座。口径 16.0、底径 9.2、高 21.6 厘米（图一五四，4）。

陶盂　1 件。

B 型Ⅴ式　标本 M2066：1，泥质灰陶。敛口，圆唇，宽斜折沿，颈部饰一周凸弦纹，内壁加工痕迹明显，直腹，圜底。口径 21.0、高 12.0 厘米（图一五四，1）。

# 四三　M2067

位于发掘区二区西部，南邻 M2066，墓口开口于①层下（墓口上部未分层）。

### （一）墓葬形制

长方形土坑竖穴墓，方向 108°（图一五五）。墓口距地表深 0.55、长 2.35、宽 1.07 米。墓底距地表深 2.75、长 2.35、宽 1.07 米。直壁。底部有生土二层台，宽 0.05～0.20、高 0.78 米。墓内填土为黄褐色花土。

## （二）葬具葬式

葬具为单棺棺长 2.05、宽 0.55 米。

棺内人骨 1 具，腐朽严重。仰身直肢，头向东，面向上，双手交叠于腹部，下肢足端并拢。

## （三）随葬器物放置

随葬品有绳纹鬲 2 件，陶豆 2 件，陶盂 1 件，共 5 件。均放置于墓主右侧的棺椁之间。陶盂、陶豆上部有动物骨骼。

## （四）随葬器物

陶器 5 件。绳纹鬲 1 件，陶豆 2 件，陶盂 1 件，未修复绳纹鬲 1 件。

绳纹鬲　1 件。

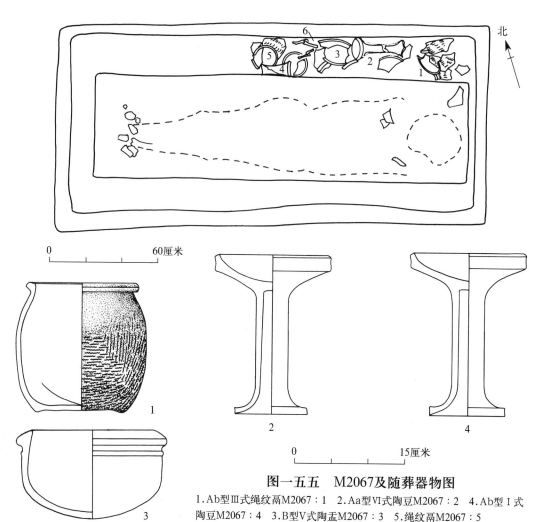

图一五五　M2067 及随葬器物图

1.Ab 型Ⅲ式绳纹鬲 M2067：1　2.Aa 型Ⅵ式陶豆 M2067：2　4.Ab 型Ⅰ式陶豆 M2067：4　3.B 型Ⅴ式陶盂 M2067：3　5.绳纹鬲 M2067：5

Ab 型 Ⅲ式　标本 M2067：1，夹砂灰陶。侈口，斜沿，尖圆唇，束颈，溜肩，深腹外鼓连平裆，三矮浅尖足，内收。腹、底通饰交错横竖向中绳纹。口径 15.4、高 17.0 厘米（图一五五，1）。

陶豆　2 件。

Aa 型Ⅵ式　1 件。标本 M2067：2，泥质灰陶。敞口，方唇，浅盘，盘外壁微内凹，内壁弧收，豆柄细高，中空，喇叭状器座。口径 15.8、底径 9.8、高 21.0 厘米（图一五五，2）。

Ab 型 Ⅰ式　1 件。标本 M2067：4，泥质灰陶。敞口，方唇，浅盘，盘外壁微凹，内壁弧收，高柄中空，喇叭状器座。口径 16.0、底径 10.0、高 21.6 厘米（图一五五，4）。

陶盂　1 件。

B 型 Ⅴ式　标本 M2067：3，泥质灰陶。敛口，斜折沿，圆唇，直腹，颈部饰一周凸弦纹，圜底。口径 20.8、高 11.8 厘米（图一五五，3）。

# 四四　M2069

位于发掘区二区西部，北邻 M2068，开口于②层下。耕土层厚 0.31、②层厚 0.59 米。

## （一）墓葬形制

长方形土坑竖穴墓，方向 107°（图一五六）。墓口距地表深 0.90、长 2.15、宽 1.01 米。墓底距地表深 2.95、长 2.31、宽 1.07 米。斜壁外扩。墓内填土为黄花土。

## （二）葬具葬式

葬具为单棺。棺长 1.89、东端宽 0.72、西端宽 0.69、高 0.48 米。

棺内人骨 1 具，上身腐朽严重，下肢保存较好。仰身直肢，头向东，面向南，双足并拢。

## （三）随葬器物放置

随葬品有绳纹鬲 1 件，陶豆 2 件，陶罐 1 件，陶盂 1 件，铜带钩 1 件，另有兽骨 1 件，共 7 件。绳纹鬲置于墓主头端左侧棺顶部，陶罐、陶豆、陶盂置于墓主头端右侧，兽骨放置于墓主头顶处。棺板腐朽后陶豆及兽骨落入墓主头前棺底（彩版五〇，1）。

## （四）随葬器物

共 7 件。包括陶器 5 件，铜器 1 件，兽骨 1 件。

### 1. 陶器

陶器 5 件。绳纹鬲 1 件，陶豆 2 件，陶罐 1 件，陶盂 1 件（彩版五〇，2）。

绳纹鬲　1 件。

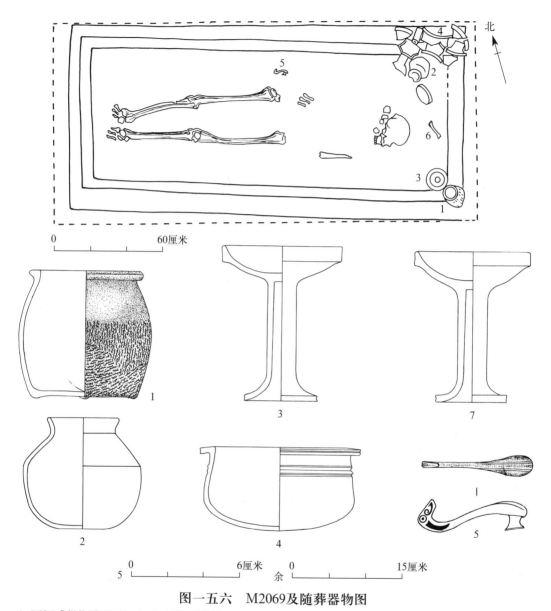

**图一五六 M2069及随葬器物图**

1.C型Ⅲ式绳纹鬲M2069：1 2.A型Ⅲ式陶罐M2069：2 3、7.Aa型Ⅵ式陶豆M2069：3、7 4.B型Ⅲ式陶盂
M2069：4 5.C型铜带钩M2069：5 6.兽骨M2069：6

　　C型Ⅲ式 标本M2069：1，夹砂红褐陶。敛口，平沿，圆唇，溜肩，鼓腹，下腹内收，低平裆，三袋足低矮不显。腹以下饰粗绳纹。口径15.6、高17.0厘米（图一五六，1；彩版五一，1）。

　　陶豆 2件。

　　Aa型Ⅵ式 形制相同。泥质灰陶。敞口，圆唇，浅盘，高柄中空，盘壁外折内弧，外壁转折明显，喇叭状器座。标本M2069：3，口径16.2、底径9.8、高20.4厘米（图一五六，3；彩版五一，3）。标本 M2069：7，口径 15.8、底径 9.6、高 20.0 厘米（图一五六，7；彩版五一，2）。

陶罐　1 件。

A 型Ⅲ式　标本 M2069：2，泥质灰陶。敞口，卷沿，圆唇，束颈，斜折肩，下腹内收，大平底。口径 9.8、底径 6.2、高 14.8 厘米（图一五六，2；彩版五一，4）。

陶盂　1 件。

B 型Ⅲ式　标本 M2069：4，泥质灰陶。敛口，尖圆唇，唇上有圈凹槽，颈部饰有两周凸棱，鼓腹，腹下部弧形内收，圜底。口径 21.8、高 11.2 厘米（图一五六，4；彩版五一，5）。

2．铜器

铜带钩　1 件。

C 型　标本 M2069：5，琵琶形，形钩部为鸟首，小眼圈，喙部有卷纹，颈部有长羽毛饰，平背，鼓腹，腹部有两条脊棱，铆纽近尾部。长 6.0、腹宽 1.1 厘米（图一五六，5）。

# 四五　M2070

位于发掘区二区，开口于②层下。耕土层厚 0.37、②层厚 0.43 米。

（一）墓葬形制

长方形土坑竖穴墓，方向 103°（图一五七）。墓口距地表深 0.80、长 3.10、宽 2.55 米。墓底距地表深 4.10、长 2.95、宽 2.28 米。斜壁内收。底部有生土二层台，宽 0.30、高 0.95 米（彩版五二，1）。墓内填土为黄褐色土，土质较松散。

（二）葬具葬式

葬具为一棺一椁。棺长 2.02、宽 1.00、残高 0.25 米，板痕厚 2.0 厘米。椁长 2.28、宽 1.38、高 0.95 米，板痕厚 2.0～5.0 厘米。

棺内人骨 1 具，骨骼腐朽较甚。仰身屈肢，头向东，面向上，双手交叠于下腹部，双腿下右弯曲。

（三）随葬器物放置

随葬品陶豆 2 件，陶盂 1 件，陶鼎 1 件，陶盖豆 2 件，陶敦 2 件，陶盘 1 件，铜戈 1 件，骨贝 3 件，共 13 件。铜戈放置于墓主左臂外侧的棺椁之间，陶盂放置在墓主头端右侧的棺椁之间，其余陶鼎、陶豆、陶盖豆、陶盘、陶敦等放置在墓主身下的棺底箱内。3 枚骨贝放置在墓主头骨右侧。

（四）随葬器物

图一五七　M2070平面图

1、2.陶盂　3.兽骨　4、15.红陶鼎　5.铜戈　6、7.红陶敦　8.红陶敦　9、10.陶盖豆　11、13.陶豆　12.陶盘
14.骨贝　15.陶鼎盖

共 13 件。包括陶器 9 件，铜器 1 件，骨器 3 件。其中未修复陶敦 2 件，盖豆 1 件，
骨贝 3 件。

**1. 陶器**

陶器 6 件。陶豆 2 件，陶盂 1 件，陶鼎 1 件，陶盖豆 1 件，陶盘 1 件。

陶豆　2 件。

Aa 型 X 式　形制相同。泥质灰黑陶。敞口，方唇，宽浅盘，内外壁折收明显，
细高柄下空，柄、足饰有六组凹弦纹，喇叭状器座，此两件豆制作精致，器形精美
高大。标本 M2070：11，口径 23.4、底径 19.8、高 46.4 厘米（图一五八，1）。标

本 M2070：13，口径 23.2、底径 20.0、高 46.2 厘米（图一五八，2）。

陶盂　1件。

A 型 V 式　标本 M2070：1、2，泥质灰陶。敛口，斜沿，尖圆唇，束颈，颈部有一周折棱，鼓腹，平底。口径 19.2、底径 10.0、高 10.0 厘米（图一五九，1）。

陶鼎　1件。

B 型　标本 M2070：4、15，泥质红陶。直口，平沿，长方形附耳外撇，腹壁较直，深腹，圜底，三蹄状足，较矮。无盖。口径 29.2、通高 30.2 厘米（图一五九，2）。

陶盖豆　1件。

Bb 型　标本 M2070：9，泥

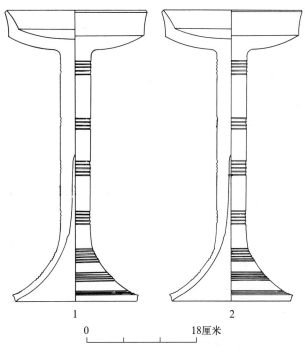

**图一五八　M2070随葬器物图**

1、2.Aa型Ⅹ式陶豆M2070：11、13

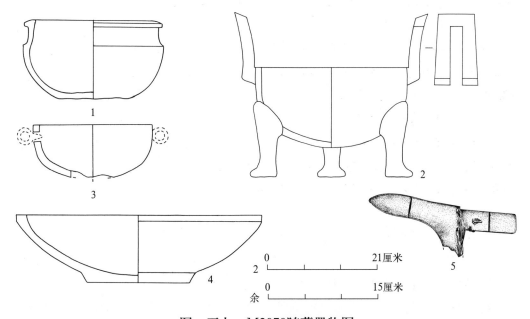

**图一五九　M2070随葬器物图**

1.A型Ⅴ式陶盂M2070：1、2　2.B型陶鼎M2070：4、15　3.Bb型陶盖豆M2070：9　4.A型Ⅰ式陶盘M2070：12
5.B型铜戈M2070：5

质红陶。平口豆腹，器呈半球状，方唇，直口，深腹，盘两侧有一对圆孔纳环纽。无盖。柄及器座残缺。口径 16.4、残高 7.0 厘米（图一五九，3）。

陶盘　1件。

A 型 I 式　标本 M2070：12，泥质红陶。敞口，平沿，方唇，斜弧腹，盘内外壁弧收，平底。口径 33.6、底径 13.8、高 9.0 厘米（图一五九，4）。

2. 铜器

铜戈　1件。

B 型　标本 M2070：5，窄短援，扁平无脊，弧刃锐锋，胡残缺，胡端三长条形穿，直内外端略上扬，内中有内长条形横穿。通长 21.0、内长 7.6 厘米（图一五九，5）。

# 四六　M2071

位于发掘区二区，墓口开口于①层下（墓口上部未分层）。墓南侧被晚期灰坑打破。

## （一）墓葬形制

长方形土坑竖穴墓，方向 100°（图一六〇）。墓口距地表深 0.65、长 2.35、宽 1.30 米。墓底距地表深 2.05、长 2.35、宽 1.30 米。直壁。底部有熟土二层台，东宽 0.10、西宽 0.15、南北宽 0.28～0.30、高 0.70 米。墓内填土为黄花土。

## （二）葬具葬式

葬具为一棺一椁。棺长 1.86、宽 0.55 米。椁长 2.10、宽 0.73、高 0.70 米。

棺内人骨 1 具，骨骼腐朽，保存不好。仰身直肢，头向东，面向上，双手放于下腹部，下肢伸直，双脚并拢。

## （三）随葬器物放置

随葬品有绳纹鬲 1 件，陶豆 1 件，陶盂 1 件，铜剑 1 件，铜戈 1 件，共 5 件。陶器均放置于二层台上，陶豆在墓主头端右侧，绳纹鬲在足端右侧，陶盂置于墓主头端右侧的棺椁之间。铜剑和铜戈放置于棺内墓主头前部。

## （四）随葬器物

共 5 件。包括陶器 3 件，铜器 2 件。

1. 陶器

陶器 3 件。绳纹鬲 1 件，陶豆 1 件，陶盂 1 件。

绳纹鬲　1件。

D 型 III 式　标本 M2071：2，夹砂灰陶。敛口，圆唇，束颈，折肩，鼓腹，腹下部微内凹，连裆平底，三矮柱状足。腹上部有一周竖向抹痕纹，饰斜竖向细绳纹，下部饰横向细绳纹，底部为交错细绳纹。口径 15.2、高 14.5 厘米（图一六〇，2）。

　　陶豆　1 件。

　　Ac 型Ⅲ式　标本 M2071：1，泥质灰陶。盘呈碗状，敞口，方唇，深盘，盘外

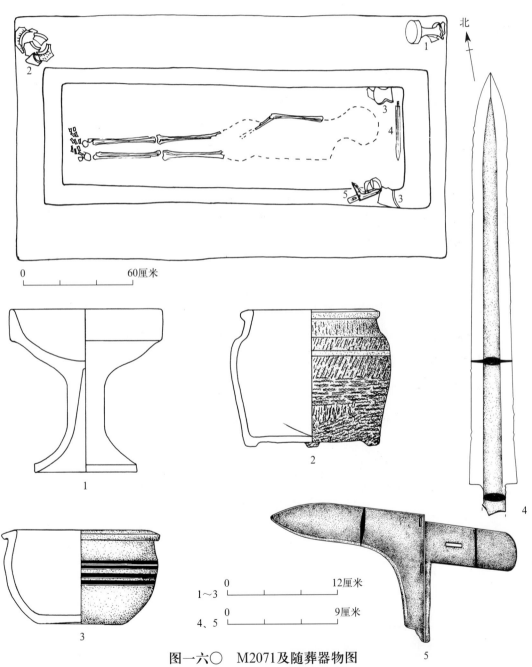

图一六〇　M2071 及随葬器物图

1.Ac 型Ⅲ式陶豆 M2071：1　2.D 型Ⅲ式绳纹鬲 M2071：2　3.Cb 型Ⅰ式陶盂 M2071：3　4.Ba 型Ⅰ式铜剑 M2071：4
5.A 型Ⅰ式铜戈 M2071：5

壁近直，下部弧收，柄较高、中空，喇叭状器座。口径 16.8、底径 11.0、高 17.0 厘米（图一六〇，1）。

陶盂　1 件。

Cb 型 I 式　标本 M2071：3，泥质灰陶，敛口，宽斜沿，方唇，圆腹，腹部饰四周彩绘纹，平底微内凹。口径 17.2、底径 9.2、高 10.0 厘米（图一六〇，3）。

2．铜器

2 件。铜剑 1 件，铜戈 1 件。

铜剑　1 件。

Ba 型 I 式　标本 M2071：4，圆脊较粗，剑身较宽，尖锋，中间为扁圆脊，脊两侧双刃较宽，扁圆茎，后端残缺。残长 35.4、宽 4.0 厘米（图一六〇，4）。

铜戈　1 件。

A 型 I 式　标本 M2071：5，内直近平，宽援，扁平无脊，弧刃尖锋，长胡，胡端二长条形穿。内近胡端略宽，上端外略下收，下端平直，外缘呈圆弧状，内中有长条形横穿。通长 20.04、内长 7.6 厘米（图一六〇，5）。

# 四七　M2073

位于发掘区二区南部，东邻 M2074，开口于②层下。耕土层厚 0.37、②层厚 0.78 米。

## （一）墓葬形制

长方形土坑竖穴墓，方向 102°（图一六一）。墓口距地表深 1.15、长 1.88、宽 1.10

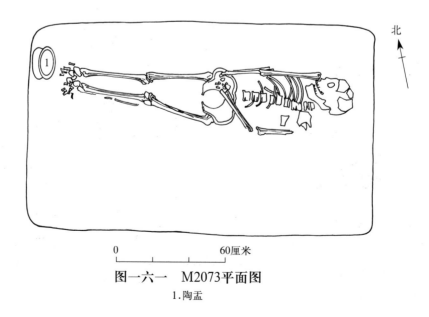

北

0　　　　　　　　60厘米

图一六一　M2073平面图

1.陶盂

米。墓底距地表深 1.95、长 1.88、宽 1.10 米。墓内填土为黄花土。

（二）葬具葬式

无葬具。

墓内人骨 1 具，骨骼保存较好。仰身直肢，头向东，面向右，左上肢贴放于身躯，右上肢放置于下腹部，下肢伸直，双脚并拢。

（三）随葬器物放置

随葬品有陶盂 1 件。放置在棺内脚端右侧。

（四）随葬器物

陶盂　1 件。

Ca 型 II 式　标本 M2073：1，泥质灰陶。侈口，斜沿，方唇，鼓腹，平底。口径 15.2、底径 9.0、高 7.6 厘米。

# 四八　M2078

位于发掘区东部，开口于②层下。耕土层厚 0.20、②层厚 0.60 米。

（一）墓葬形制

长方形土坑竖穴墓，方向 105°（图一六二），墓口距地表深 1.00、长 2.35、宽 0.96米。墓底距地表深 2.78、长 2.35、宽 0.96 米。壁面垂直，距墓口径 1.50 米有生土二层台，北壁东部除外，宽 0.10～0.15、高 0.17 米。墓内填土为黄褐色花土。

（二）葬具葬式

葬具为一棺，长方形，长 1.87、宽 0.59～0.62 米，高度不详。

人骨 1 具，人骨保存良好。头向东，面向上，仰身直肢，两手交叉置于下腹部。

（三）随葬器物放置

随葬品有绳纹鬲 1 件，陶豆 2 件，陶盂 1 件，共 4 件。陶豆及陶盂置于棺与二层台之间，陶盂内有动物下颌骨，绳纹鬲置于足端二层台西北角。

（四）随葬器物

陶器 4 件。陶豆 2 件，未修复绳纹鬲 1 件，陶盂 1 件。

陶豆　2 件。

A 型 VII 式　形制相同。泥质灰陶。敞口，圆唇，浅盘，盘内壁弧收，外壁折收，微内凹，高柄中空，柄有轮制痕迹，喇叭状器座。标本 M2078：2，口径 16.0、底径 9.0、高 21.2 厘米（图一六二，2）。标本 M2078：3，口径 15.8、底径 9.0、高 21.2 厘米（图一六二，3）。

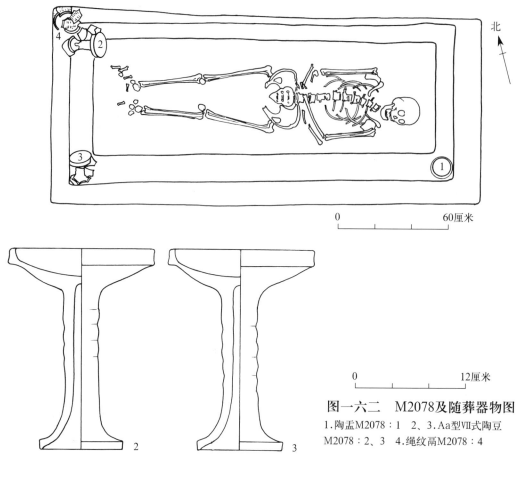

0　　　　　　　　　60厘米

0　　　　　　　　　12厘米

图一六二　M2078及随葬器物图
1.陶盂M2078：1　2、3.Aa型Ⅶ式陶豆
M2078：2、3　4.绳纹高M2078：4

## 四九　M2079

位于发掘区二区东部,开口于③层下。耕土层厚0.20、②层厚0.20、③层厚0.37米。

### （一）墓葬形制

长方形土坑竖穴墓,方向108°（图一六三）。墓口距地表深0.77、长2.24、宽1.28～1.39米。墓底距地表深2.64、长2.24、宽1.28～1.39米。直壁。底部有生土二层台,宽0.10～0.25、高0.38米,四角为斜角。

### （二）葬具葬式

葬具为单棺。棺长1.90、头宽0.78、足宽0.70、高0.38米。

棺内人骨1具,保存较好。仰身直肢,头向东,面向上,双手交叠于下腹部,左手在上,右手在下,下肢伸直,双足并拢,左足缺失趾骨。在墓主头端左侧棺外,发现有数块人趾骨,当时墓主左趾骨被砍下单独放置于棺外。

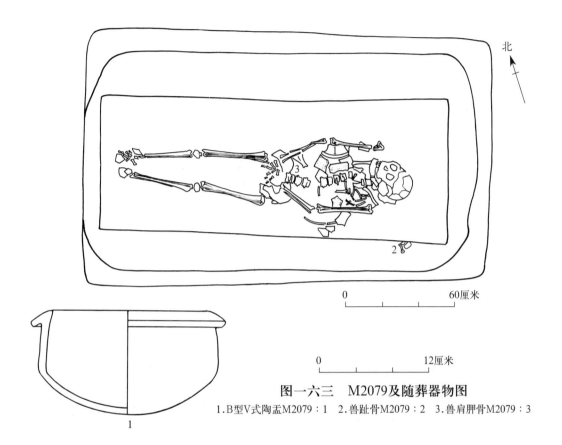

图一六三 M2079及随葬器物图

1.B型V式陶盂M2079：1 2.兽趾骨M2079：2 3.兽肩胛骨M2079：3

（三）随葬器物放置

随葬品有陶盂1件，盂内有动物肩胛骨，放置于墓主右胸下部。

（四）随葬器物

陶盂 1件。

B型V式 标本M2079：1，泥质灰陶。敛口，斜沿，方唇，直腹微鼓，圜底。口径21.2、高11.0厘米（图一六三，1）。

# 五〇 M2080

位于发掘区二区，开口于③层下。耕土层厚0.40、②层厚0.38、③层厚0.72米。

（一）墓葬形制

长方形土坑竖穴墓，方向95°（图一六四）。墓口距地表深1.50、长2.45、宽0.86米。墓底距地表深3.27、长2.40、宽0.82米。直壁略内收。墓内填土为黄灰花土，土质较松软。

（二）葬具葬式

葬具为单棺。棺长 1.95、宽 0.55、残高 0.30 米。

棺内人骨 1 具，保存良好。仰身直肢，头向东，面向南。

（三）随葬器物放置

随葬品有绳纹鬲 1 件，陶盂 1 件，陶罐 1 件，共 3 件。陶器置于墓主头前棺与墓壁之间。

（四）随葬器物

陶器 3 件。绳纹鬲 1 件，陶罐 1 件，陶盂 1 件。

绳纹鬲　1 件。

Aa 型 V 式　标本 M2080：2，夹砂灰陶。敞口，卷沿，内沿微凹，圆唇，束颈，溜肩，鼓腹，下腹斜直内收，平裆低矮，无实足尖。腹部以下饰竖向粗绳纹，底部及足部饰交错粗绳纹。口径 15.0、高 16.0 厘米（图一六四，2）。

陶罐　1 件。

B 型 Ⅱ 式　标本 M2080：3，泥质灰陶。侈口，圆唇，微卷沿，束颈，斜圆肩，

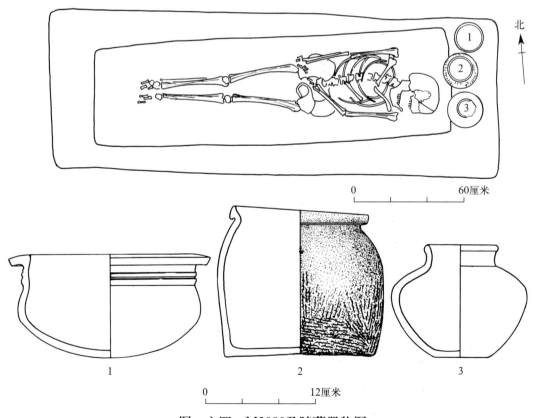

图一六四　M2080及随葬器物图

1. B型Ⅲ式陶盂M2080：1　2. Aa型V式绳纹鬲M2080：2　3. B型Ⅱ式陶罐M2080：3

鼓腹，下腹内收，平底。口径 8.0、底径 5.6、高 12.0 厘米（图一六四，3）。

陶盂 1 件。

B 型Ⅲ式 标本 M2080：1，泥质灰陶。微敛口，宽斜沿，方唇，颈部饰两周凸弦纹，鼓腹，圜底。口径 22.2、高 11.2 厘米（图一六四，1）。

# 五一 M2081

位于发掘区二区，开口于②层下。耕土层厚 0.29、②层厚 0.33 米。

## （一）墓葬形制

长方形土坑竖穴墓，方向 91°（图一六五）。墓口距地表深 0.62、长 2.60、宽 1.20 米。墓底距地表深 6.20、长 2.58、宽 1.20 米。直壁略内收。底部有熟土二层台，东宽 0.37、西台、南台、北台均宽 0.10、高 0.53 米。墓内填土为黄灰花土，土质较松软。

## （二）葬具葬式

葬具为一棺一椁。棺长 2.02、宽 0.84、残高 0.30 米。椁长 2.13、宽 1.00、残高 0.53 米。棺内人骨 1 具，保存良好。仰身直肢，头向东，面向南。

## （三）随葬器物放置

无随葬品，仅墓主口含小铜片。

## （四）随葬器物

仅有小铜片，且缺失。

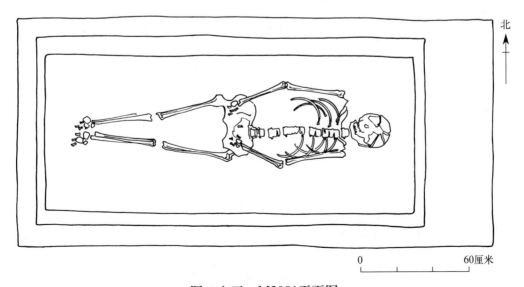

北

0          60厘米

图一六五 M2081平面图

# 五二　M2082

位于发掘区二区，开口于③层下。耕土层厚 0.36、②层厚 0.58、③层厚 0.60 米。

## （一）墓葬形制

长方形土坑竖穴墓，方向 109°（图一六六）。墓口距地表深 1.54、长 2.30、宽 1.00 米。墓底距地表深 4.67、长 2.31、宽 1.00 米。直壁，四角呈方形。墓内填土为黄褐花土，较松软。

## （二）葬具葬式

葬具为单棺。棺长 1.89、宽 0.48～0.65 米。

棺内人骨 1 具，保存较好。仰身直肢，头向东，面向上。

## （三）随葬器物放置

随葬品仅有陶罐 1 件，置于墓主头前棺顶，棺板腐朽后落入墓底。

## （四）随葬器物

陶罐　1 件。

C 型Ⅲ式　标本 M2082∶1，泥质灰陶。侈口，圆唇，束颈，折肩，肩部有一周凸棱，鼓腹，平底，内壁有加工痕迹。口径 8.0、底径 6.0、高 12.0 厘米（图一六六，1）。

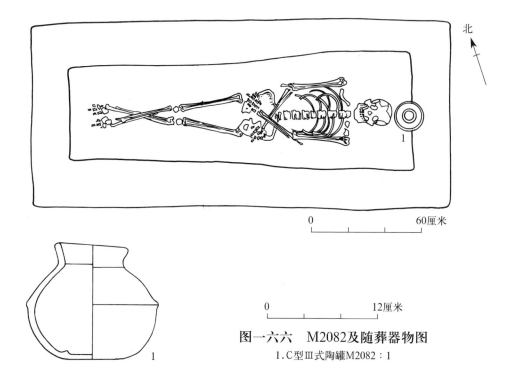

0　　　　　　　　60厘米

0　　　　　　12厘米

图一六六　M2082及随葬器物图

1. C型Ⅲ式陶罐M2082∶1

# 五三　M2084

位于发掘区二区南部,西邻M2085,开口于②层下。耕土层厚0.28、②层厚0.52米。

## (一) 墓葬形制

长方形土坑竖穴墓,方向105°(图一六七)。墓口距地表深0.80、长2.34、宽0.95米。墓底距地表深4.20、长2.40、宽0.95米。直壁略外扩。底部有生土二层台,宽0.10、高0.35米。墓内填土为黄褐色五花土。

## (二) 葬具葬式

葬具为单棺。棺长1.95、宽0.52、残高0.30米,厚5.0厘米。

棺内人骨1具,上身已朽,下肢保存较好。仰身屈肢,头向东,面向不详,双腿向右弯曲。

## (三) 随葬器物放置

随葬品有绳纹鬲1件,陶豆2件,陶罐1件,陶盂1件共5件。放置于墓主右

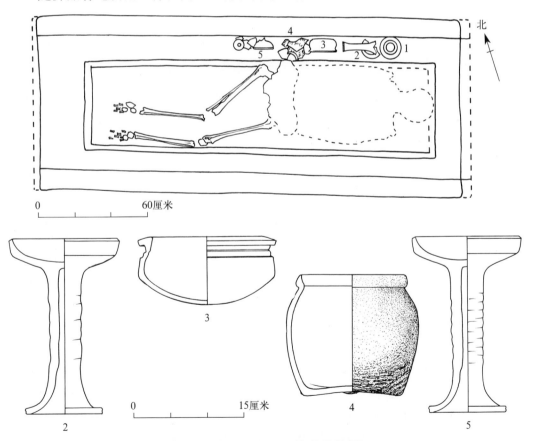

图一六七　M2084及随葬器物图

1.陶罐M2084:1　2、5.Aa型Ⅶ式陶豆M2084:2、5　3.B型Ⅲ式陶盂M2084:3　4.Aa型Ⅵ式绳纹鬲M2084:4

侧棺外与二层台之间。

（四）随葬器物

陶器 5 件。陶豆 2 件，绳纹鬲 1 件，陶盂 1 件，未修复陶罐 1 件（彩版五二，2）。

绳纹鬲　1 件。

Aa 型Ⅵ式　标本 M2084：4，夹砂灰陶。敞口，尖沿，圆唇，束颈，鼓腹，弧裆低平，三实心尖足。底部饰交错粗绳纹。口径 15.0、高 16.0 厘米（图一六七，4；彩版五三，1）。

陶豆　2 件。

Aa 型Ⅶ式　形制相同。泥质灰陶。器盘呈碗状，敞口，方唇，浅盘，豆盘外壁上部直壁，弧收，中有折棱，内壁弧收，豆柄细高，上有轮制痕迹，喇叭状器座。标本 M2084：2，口径 15.0、底径 10.4、高 23.2 厘米（图一六七，2；彩版五三，2）。标本 M2084：5，口径 15.0、底径 10.6、高 23.2 厘米（图一六七，5；彩版五三，3）。

陶盂　1 件。

B 型Ⅲ式　标本 M2084：3，泥质灰陶。敛口，方唇，宽折沿，垂腹，颈上饰一周凸弦纹，肩部有明显凸棱，上腹斜直外张，下腹弧收，中有圆钝转折，圜底。口径 19.0、高 9.0 厘米（图一六七，3；彩版五三，4）。

# 五四　M2085

位于发掘区二区南部，东邻 M2084，开口于②层下。耕土层厚 0.20、②层厚 1.00 米。

（一）墓葬形制

长方形土坑竖穴墓，方向 97°（图一六八）。墓口距地表深 1.20、长 2.30、宽 1.42～1.46 米。墓底距地表深 3.23、长 2.30、宽 1.42～1.46 米。直壁。底部有生土二层台，宽 0.10～0.45、高约 0.80 米。墓内填土为黄灰五花土。

（二）葬具葬式

葬具为一棺一椁。棺具体形制不清。椁长 2.10、宽 0.92、高 0.80 米。

棺内人骨 1 具，骨骼腐朽。仰身直肢，头向东，面向北。

（三）随葬器物放置

随葬品有绳纹鬲 1 件，陶豆 1 件，陶罐 1 件，陶盖豆 1 件，共 4 件。分别置于棺椁之间或椁顶。绳纹鬲在墓主头前，陶罐和陶豆 1 件在墓主足端，陶盖豆和陶豆 1 件落入到墓主骨骼上部。

（四）随葬器物

陶器 4 件。绳纹鬲 1 件，陶豆 1 件，陶罐 1 件，陶盖豆（无盖）1 件（彩版五二，2）。

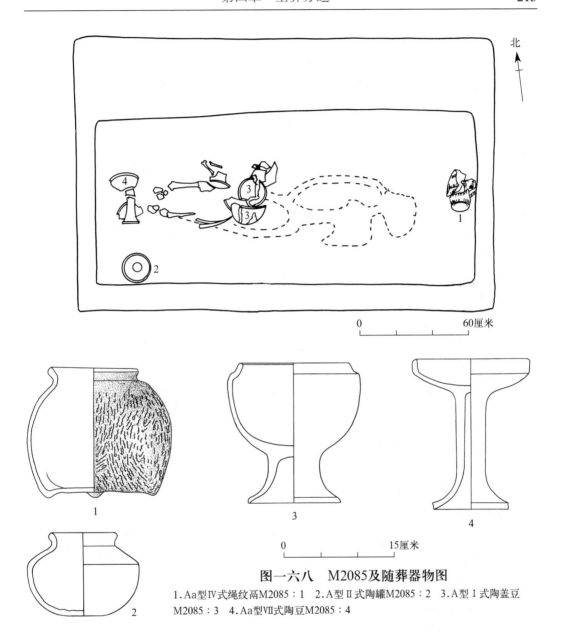

图一六八　M2085及随葬器物图

1.Aa型Ⅳ式绳纹鬲M2085：1　2.A型Ⅱ式陶罐M2085：2　3.A型Ⅰ式陶盖豆
M2085：3　4.Aa型Ⅶ式陶豆M2085：4

绳纹鬲　1件。

Aa 型Ⅳ式　标本 M2085：1，夹砂灰陶。侈口，斜沿，圆唇，束颈，鼓腹，连
裆低平，三袋状足。通身饰绳纹。口径 12.2、高 17.0 厘米（图一六八，1；彩版
五三，1）。

陶豆　1件。

Aa 型Ⅶ式　标本 M2085：4，泥质灰陶。敞口，圆唇，浅盘，细高柄中空，盘
壁外折内弧，腹内弧底较缓，喇叭形器座。口径 16.2、底径 10.2、高 20.0 厘米（图

一六八，4；彩版五三，2）。

　　陶罐　　1件。

　　A型Ⅱ式　标本M2085：2，泥质灰陶。侈口，卷沿，圆唇，束颈，折肩微鼓，下腹内收，小平底。口径9.4、高11.0厘米（图一六八，2；彩版五三，4）。

　　陶盖豆　　1件。

　　A型Ⅰ式　标本M2085：3，泥质灰陶。子母口，圆唇，深腹，矮柄中空，喇叭状器座。无盖。口径15.2、底径12.4、高18.6厘米（图一六八，3；彩版五三，3）。

# 五五　M2087

　　位于发掘区二区南部，北邻M2084，南邻M2093，开口于②层下。耕土层厚0.32、②层厚0.63米。

　　（一）墓葬形制

　　长方形土坑竖穴墓，方向103°（图一六九）。墓口距地表深0.95、长2.40、宽1.10米。墓底距地表深5.05、长2.40、宽1.10米。直壁。底部有熟土二层台，宽0.12～0.16、高0.50米（彩版五四，1）。墓内填土为黄褐色五花土。

　　（二）葬具葬式

　　葬具为一棺一椁。椁长2.10、头部宽0.85、足部宽0.72、高0.45米，板灰厚5.0厘米。棺不详。

　　棺内人骨1具，双足腐朽。仰身直肢，头向东，面向上，双手交叠于下腹部，下肢伸直。

　　（三）随葬器物放置

　　随葬有绳纹鬲1件，陶豆3件，陶罐1件，陶盖豆1件，铜带钩1件，共7件。绳纹鬲内有祭骨，置于墓主头端右侧二层台东南角上。其余陶器置于椁顶，椁板腐朽后落入墓底。铜带钩位于墓主右上臂外的棺椁之间。

　　（四）随葬器物

　　共7件。包括陶器6件，铜器1件。

　　1. 陶器

　　陶器6件。绳纹鬲1件，陶豆3件，陶罐1件，陶盖豆1件（彩版五四，2）。

　　绳纹鬲　　1件。

　　Aa型Ⅳ式　标本M2087：1，夹砂灰陶。小口，卷沿，圆唇，束颈，圆肩，鼓腹，连裆平底，腹下部略凹，三袋状足。通体饰由上向下放射竖向柳叶状纹饰。口径12.0、高19.2厘米（图一六九，1；彩版五五，1）。

陶豆　3件。

B型Ⅳ式　1件。泥质灰陶。敞口，圆唇，浅盘，盘壁外斜有折棱，高柄中空，喇叭状器座。标本 M2087∶4，口径 18.0、底径 14.0、高 19.0 厘米（图一六九，4；

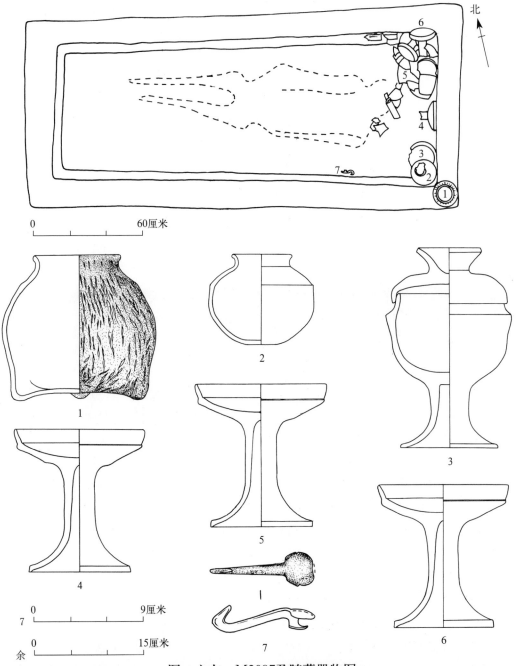

图一六九　M2087及随葬器物图

1.Aa型Ⅳ式绳纹鬲M2087∶1　2.B型Ⅲ式陶罐M2087∶2　3.A型Ⅰ式陶盖豆M2087∶3　4.B型Ⅳ式陶豆M2087∶4
5、6.Aa型Ⅷ式陶豆M2087∶5、6　7.D型铜带钩M2087∶7

彩版五五，2）。

Aa 型Ⅷ式　2件。形制相同。泥质灰陶。器形似笾，盘形较大，敞口，圆唇，浅盘，内外壁弧收，盘壁有一周凸棱，高柄中空，喇叭状器座。标本 M2087：5，口径 17.8、底径 13.1、高 19.0 厘米（图一六九，5）。标本 M2087：6，口径 17.9、底径 14.0、高 19.0 厘米（图一六九，6）。

陶罐　1件。

B 型Ⅲ式　标本 M2087：2，泥质灰陶。小口，卷沿，圆唇，束颈，折肩微鼓，腹较深，下腹内收，小平底。口径 8.2、底径 4.0、高 12.0 厘米（图一六九，2；彩版五五，4）。

陶盖豆　1件。

A 型Ⅰ式　标本 M2087：3，泥质灰陶。高子母口，敞口，深腹，内外壁弧收，圜底近平，粗矮柄内空，喇叭状器座。弧形盖，盖较小，盖顶中央有矮粗喇叭口状捉手。口径 14.4、底径 13.4、通高 26.6 厘米（图一六九，3；彩版五五，3）。

2. 铜器

铜带钩　1件。

D 型　标本 M2087：7，圆腹形，鼓腹，平背，铆钉状纽位于凹槽中，纽近尾部，钩体作兽形，马首形钩。长 8.6、宽 1.9、厚 0.6 厘米（图一六九，3）。

# 五六　M2088

位于发掘区二区南部，北邻 M2087，南邻 M2089。墓口开口于①层下（墓口上部未分层）。

## （一）墓葬形制

长方形土坑竖穴墓，方向 95°（图一七〇）。墓口距地表深 0.80、长 2.40、宽 1.02 米。墓底距地表深 2.66、长 2.50、宽 1.02 米。斜壁略外扩，北壁有壁龛，长 0.80、高 0.40、进深 0.25、龛底距二层台高 0.35 米。底部有生土二层台，宽 0.18～0.40、高 0.20 米。

## （二）葬具葬式

葬具为单棺。棺长 1.92、宽 0.65、残高 0.20 米。

棺内人骨 1 具，头部以下全部腐朽。头向东，面向上。

## （三）随葬器物放置

随葬有陶盂 1 件，陶豆 2 件，绳纹鬲 1 件，陶罐 1 件，共 5 件。陶器均置于壁龛中。

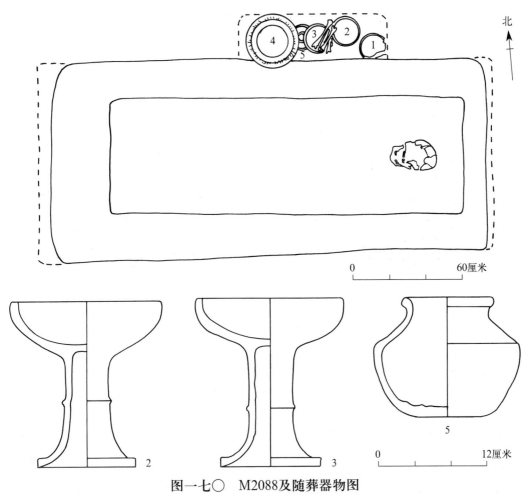

图一七〇　M2088及随葬器物图

1.陶盉M2088：1　2、3.Aa型Ⅲ式陶豆M2088：2、3　4.绳纹鬲M2088：4　5.B型Ⅱ式陶罐M2088：5

（四）随葬器物

陶器5件。陶豆2件，陶罐1件，未修复陶盉1件，绳纹鬲1件。

陶豆　2件。

Aa型Ⅲ式　形制相同。泥质灰陶。敞口，方唇，浅盘，内外壁弧收，柄略高、中空，柄中间饰一周凸棱，喇叭状器座。标本M2088：2，口径16.4、底径10.8、高17.4厘米（图一七〇,2）。标本M2088：3,口径16.0、底径10.8、高17.8厘米（图一七〇，3）。

陶罐　1件。

B型Ⅱ式　标本M2088：5,泥质灰陶。小口，卷沿，圆唇，斜折肩，束颈，折腹，下腹缓收，平底。口径10.0、底径6.8、高12.6厘米（图一七〇，5）。

# 五七　M2091

位于发掘区二区南部,西邻 M2088,北邻 M2092,开口于②层下。耕土层厚 0.15、②层厚 0.25 米。

（一）墓葬形制

长方形土坑竖穴墓,方向 100°（图一七一）,墓口距地表深 0.40、长 2.60、宽 1.08 米。墓底距地表深 3.90、长 2.60、宽 1.08 米。直壁。底部有熟土二层台,宽 0.19、高 0.65 米。墓内填土为褐色花土。

（二）葬具葬式

葬具为一棺一椁。棺长 2.05、宽 0.46 米。椁长 2.20、宽 0.66、高 0.65 米。

棺内人骨 1 具,保存较好。头向东,面向上,双臂交叉于骨盆之上,下肢伸直双脚并拢。

（三）随葬器物放置

随葬品仅有绳纹鬲 1 件,置于椁顶,椁板腐朽后落入墓主头部。

（四）随葬器物

绳纹鬲　1 件。

Aa 型 V 式　标本 M2091:1,夹砂灰陶。敞口,圆唇,束颈,沿内微凹,鼓腹,

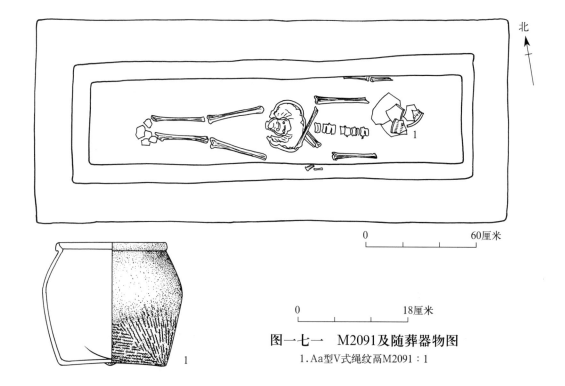

图一七一　M2091 及随葬器物图

1. Aa 型 V 式绳纹鬲 M2091:1

连裆平底，三袋状足，腹下部、底部饰斜竖横向绳纹。口径 18.5、高 20.0 厘米（图一七一，1）。

# 五八　M2092

位于发掘区二区东南部，北邻 M2093，南邻 M2091，墓口开口于①层下（墓口上部未分层）。

### （一）墓葬形制

长方形土坑竖穴墓，方向 102°（图一七二），墓口距地表深 1.50、长 2.50、宽 1.35 米。墓底距地表深 5.10、长 2.50、宽 1.35 米。直壁。底部有熟土二层台，宽 0.10～0.20、高 0.30 米。墓内填土为黄褐花土，墓口上部处经夯打。

### （二）葬具葬式

葬具为一棺一椁。棺长 1.80、宽 0.51～0.53、残高 0.10 米。椁长 2.25、宽 1.10、高 0.30 米。

棺内人骨 1 具，骨骼腐朽，保存一般。仰身直肢，头向东，面向上，双臂交叉于骨盆处，下肢伸直双脚并拢。

### （三）随葬器物放置

随葬品有陶豆 2 件，铜带钩 1 件，石刀 1 件，石片 2 件，共 6 件。陶豆放置于墓主足部右侧的二层台上，铜带钩置于棺内墓主右臂处，石刀和石片放置于墓主头前。

### （四）随葬器物

共 4 件。包括陶器 2 件，铜器 1 件，石器 3 件。

1. 陶器

陶豆　2 件。

Aa 型Ⅲ式　形制相同。泥质灰陶。豆盘呈碗状，敞口，平沿，方唇，内外壁弧收，细柄中空，喇叭状器座。标本 M2092：1，口径 17.4、底径 11.0、高 19.2 厘米（图一七二，1）。标本 M2092：2，口径 17.0、底径 10.4、高 18.3 厘米（图一七二，2）。

2. 铜器

铜带钩　1 件。

C 型　标本 M2092：3，琵琶形，鼓腹，腹部有两条脊棱，平背，铆钉状纽位于凹槽中，纽近尾部，钩体较长。长 9.4、宽 1.5 厘米（图一七二，3）。

3. 石器

共 3 件。石刀 1 件，石片 2 件。

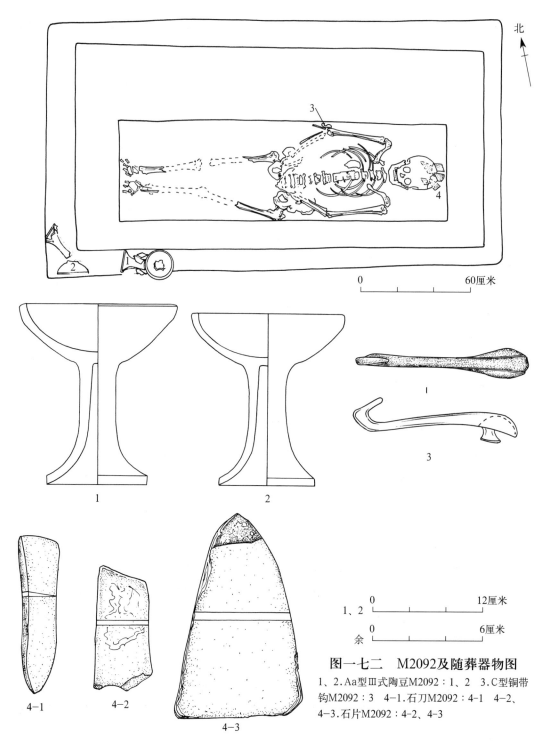

图一七二　M2092及随葬器物图

1、2.Aa型Ⅲ式陶豆M2092：1、2　3.C型铜带
钩M2092：3　4-1.石刀M2092：4-1　4-2、
4-3.石片M2092：4-2、4-3

石刀　1件。

标本 M2092：4-1，长条形，厚背薄刃，前端弧锐，后部残缺。残长 8.4、背厚

0.3 厘米（图一七二，4-1）。

石片 2 件。

标本 M2092：4-2，灰白色石质，长条形，厚度均匀，下部残缺。残长 6.6、厚 0.2 厘米（图一七二，4-2）。标本 M2092：4-3，灰白色页岩，近三角形，有打磨加工痕迹。通长 11.3、厚 0.4 厘米（图一七二，4-3）。

# 五九 M2094

位于发掘区二区南部，西邻 M2093，南邻 M2095，开口于②层下。耕土层厚 0.30、②层厚 0.55 米。

## （一）墓葬形制

长方形土坑竖穴墓，方向 105°（图一七三）。墓口距地表深 0.85、长 2.25、宽 0.80 米。墓底距地表深 2.51、长 2.25、宽 0.80 米。直壁。墓内填土为灰黄色细花土，含云母。

## （二）葬具葬式

葬具为单棺。棺长 2.02、头宽 0.70、足宽 0.60 米，板灰厚 5.0 厘米。

棺内人骨 1 具，骨骼保存较好。仰身直肢，头向东，面向上，双手交叉于骨盆处，下肢伸直，双脚并拢。

## （三）随葬器物放置

随葬品有绳纹鬲 1 件，陶豆 2 件，陶盂 1 件，铜带钩 1 件，共 5 件。陶器置于墓主右侧的棺外，铜带钩在棺内墓主左手处。

## （四）随葬器物

共 5 件。包括陶器 4 件，铜器 1 件。其中未修复绳纹鬲 1 件。

1. 陶器

陶器 3 件。陶豆 2 件，陶盂 1 件。

陶豆 2 件。

Ab 型 I 式 1 件。标本 M2094：1，泥质灰陶。敞口，圆唇，浅盘，内壁弧收，外壁折收，高柄中空，柄有明显加工痕迹，喇叭状器座。口径 17.0、底径 11.8、高 21.8 厘米（图一七三，1）。

Aa 型 VI 式 1 件。标本 M2094：4，泥质灰陶。敞口，圆唇，内壁弧收，外壁折收，高柄中空，喇叭状器座。口径 16.8、底径 11.0、高 21.2 厘米（图一七三，4）。

陶盂 1 件。

B 型 IV 式 标本 M2094：2，泥质灰陶，直口，斜沿，圆唇，颈部饰两周凸弦纹，

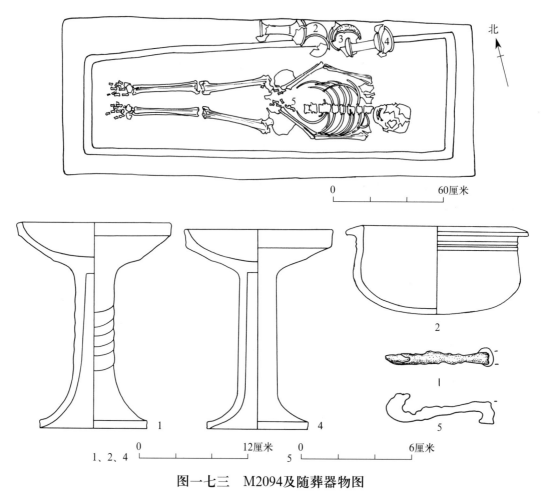

图一七三　M2094及随葬器物图

1.Ab型Ⅰ式陶豆M2094：1　2.B型Ⅳ式陶盂M2094：2　3.绳纹鬲M2094：3　4.Aa型Ⅵ式陶豆M2094：4　5.A
型铜带钩M2094：5

鼓腹，圜底。口径20.0、高9.4厘米（图一七三，2）。

　　2.铜器

　　铜带钩　1件。

　　A型　标本M2094：5，匙形，鼓腹，平背，铆钉状纽位于尾部，纽近尾部，
钩体作兽形且较短，锈蚀较严重。长5.8、宽0.6厘米（图一七三，5）。

## 六〇　M2095

　　位于发掘区二区南部，西邻M2091、M2092，开口于②层下。耕土层厚0.30、
②层厚0.40米。

## （一）墓葬形制

长方形土坑竖穴墓，方向 85°（图一七四）。墓口距地表深 0.70、长 2.40、宽 1.00
米。墓底距地表深 6.30、长 2.48、宽 1.18 米。斜壁略外扩，南壁西端距墓口径 3.00
米处有一凹坑，南、北壁有三脚窝。底部有熟土二层台。填土为黄褐色花土。

## （二）葬具葬式

葬具为一棺一椁。棺长 2.05、东头宽 0.70、西头宽 0.65 米。椁长 2.35、端宽 1.07、
腰宽 0.90、高 0.70 米。

棺内人骨 1 具，骨骼保存较好。仰身直肢，头向东，面向上，双手放于骨盆处
下腹部，下肢伸直。

## （三）随葬器物放置

随葬品有绳纹鬲 1 件，陶盂 1 件，罐 1 件，石片 23 件，共 26 件。均置于墓主
右侧的二层台上，陶罐位于墓主头前，绳纹鬲位于墓主足端，陶盂和石片位于墓主
右小臂处。

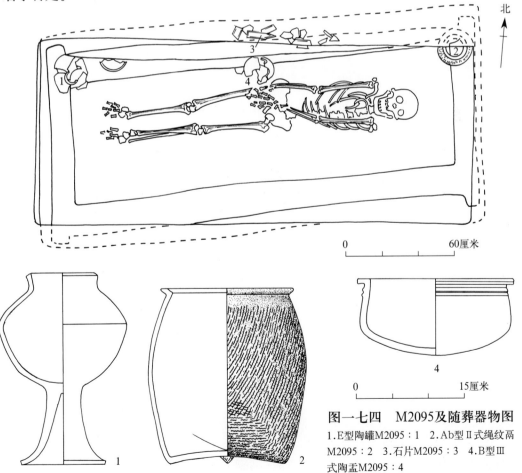

图一七四　M2095 及随葬器物图

1.E 型陶罐 M2095：1　2.Ab 型 II 式绳纹鬲
M2095：2　3.石片 M2095：3　4.B 型 III
式陶盂 M2095：4

（四）随葬器物

共 26 件。包括陶器 3 件，石器 23 件。其中未修复石器 23 件。

陶器 3 件。绳纹鬲 1 件，陶罐 1 件，陶盂 1 件。

绳纹鬲　1 件。

Ab 型 II 式　标本 M2095∶2，夹砂灰陶。侈口，平沿，尖唇，束颈，溜肩，深腹外鼓，浅足内收，弧裆低矮，沿下通饰斜竖向绳纹，底部饰横向绳纹，颈部抹平。口径 18.2、高 23.2 厘米（图一七四，2）。

陶罐　1 件。

E 型　标本 M2095∶1，泥质灰陶。敞口，方唇，束颈，鼓腹，内外壁折收，下腹缓收，细柄中空，喇叭状器座。口径 10.0、底径 11.6、高 25.4 厘米（图一七四，1）。

陶盂　1 件。

B 型 III 式　标本 M2095∶4，泥质灰陶。微敛口，方唇，平沿，沿外壁有一周弦纹，颈部饰两周凸弦纹，鼓腹，圜底。口径 21.8、高 10.2 厘米（图一七四，4）。

# 六一　M2096

位于发掘区二区南端，北邻 M2097，开口于②层下。耕土层厚 0.25、②层厚 0.50 米。

（一）墓葬形制

长方形土坑竖穴墓，方向 95°（图一七五），墓口距地表深 0.75、长 2.60、宽 1.09 米。墓底距地表深 4.10、长 2.60、宽 1.09 米。直壁。底部有生土二层台，宽 0.05～0.14、高 0.32 米。墓内填土为灰褐色土。

（二）葬具葬式

葬具为一棺一椁。棺长 2.00、宽 0.57、残高 0.08 米，板灰厚 2.0 厘米。椁长 2.14、宽 0.95、残高 0.30 米。

棺内人骨 1 具，保存较好。仰身直肢，头向东，面向右，双手交叠于下腹部，下肢伸直，双足并拢。

（三）随葬器物放置

随葬品有绳纹鬲 1 件，陶豆 2 件，陶罐 1 件，陶盂 1 件，共 5 件。均置于墓主头前的棺椁之间。

（四）随葬器物

陶器 5 件。绳纹鬲 1 件，陶豆 2 件，陶罐 1 件，陶盂 1 件。

绳纹鬲　1件。

Ab型Ⅱ式　标本 M2096：2，夹砂灰陶。侈口，方唇，束颈，圆鼓腹，平裆低矮，尖足。通身饰竖向细绳纹。口径 12.8、高 16.0 厘米（图一七五，2）。

陶豆　2件。

B型Ⅲ式　形制相同。泥质灰陶。敞口，圆唇，内外壁折收，高柄中空，喇叭状器座。标本 M2096：1，口径 17.0、底径 11.4、高 22.4 厘米（图一七五，1）。标本 M2096：4，口径 17.0、底径 11.0、高 23.0 厘米（图一七五，4）。

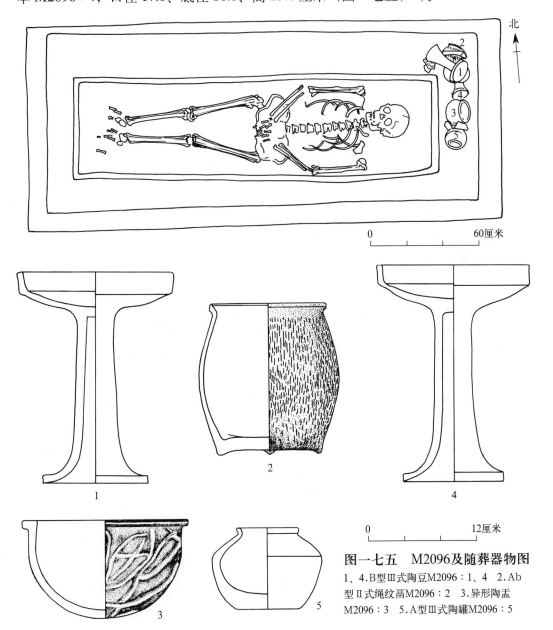

图一七五　M2096及随葬器物图

1、4.B型Ⅲ式陶豆M2096：1、4　2.Ab型Ⅱ式绳纹鬲M2096：2　3.异形陶盂M2096：3　5.A型Ⅲ式陶罐M2096：5

陶罐　1件。

A 型 Ⅲ 式　标本 M2096：5，泥质灰陶。侈口，圆唇，束颈，折肩，鼓腹，平底。口径 6.8、底径 6.0、高 8.6 厘米（图一七五，5）。

异形盂　1件。

标本 M2096：3，泥质灰陶。敛口，平沿，方唇，沿面有一周弦纹，圆鼓腹，圜底。器身饰刻划圆条纹。口径 18.2、高 10.4 厘米（图一七五，3）。

# 六二　M2097

位于发掘区二区南部，南邻 M2096，墓口开口于①层下（墓口上部未分层）。墓口大部被灰坑打破。

## （一）墓葬形制

长方形土坑竖穴墓，方向 100°（图一七六）。墓口距地表深 0.80、残长 2.00、宽 0.72 米。墓底距地表深 2.40、长 2.10、宽 0.73～0.78 米。斜壁略外扩。墓内填土为黄褐色花土，土质松软。

## （二）葬具葬式

葬具为单棺。棺长 1.90、宽 0.55 米。

棺内人骨 1 具，保存较好。仰身直肢，双手交叉于腹前，头向东，面向上，双手交叠于下腹部，腰部略向右侧弯，下肢伸直，双足并拢（彩版五六，1）。

## （三）随葬器物放置

随葬品有绳纹鬲 1 件，陶豆 2 件，陶罐 1 件，陶盂 1 件，共 5 件。均置于墓主头部棺盖之上，棺板腐朽后落入墓主头前，绳纹鬲内有兽骨放置于右侧肩上部。

## （四）随葬器物

陶器 5 件。绳纹鬲 1 件，陶豆 2 件，陶罐 1 件，陶盂 1 件（彩版五六，2）。

绳纹鬲　1件。

B 型 Ⅰ 式　标本 M2097：1，夹砂灰陶。侈口，卷沿，宽方唇，唇下沿内勾，溜肩，深腹内收，肩部饰一周绞索状附加堆纹，连裆平底，三实心尖足，较高，仅在裆、足饰横竖向绳纹。口径 17.6、高 14.8 厘米（图一七六，1；彩版五六，1）。

陶豆　2件。

Aa 型 Ⅲ 式　形制相同。泥质灰陶。豆盘呈碗状，敞口，方唇，深盘，内外壁弧收，柄略高中空，喇叭状器座。标本 M2097：3，口径 17.0、底径 10.0、高 16.4 厘米（图一七六，3；彩版五七，2）。标本 M2097：5，口径 17.0、底径 10.0、高 16.4 厘米（图一七六，5；彩版五七，3）。

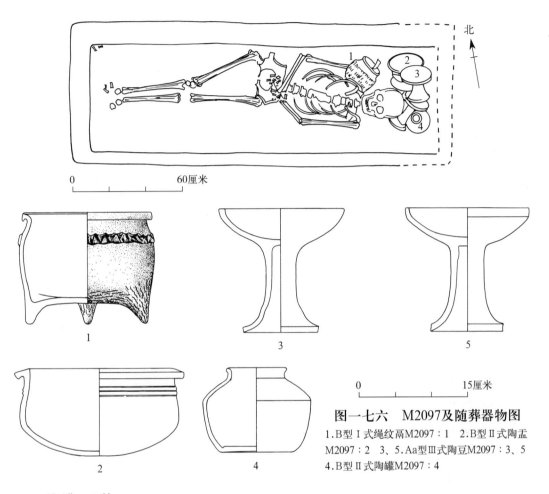

图一七六　M2097及随葬器物图

1.B型Ⅰ式绳纹鬲M2097：1　2.B型Ⅱ式陶盂
M2097：2　3、5.Aa型Ⅲ式陶豆M2097：3、5
4.B型Ⅱ式陶罐M2097：4

陶罐　1件。

B型Ⅱ式　标本M2097：4，泥质灰陶。侈口，方唇，束颈，折肩，斜腹，大平底。口径8.0、底径9.8、高11.2厘米（图一七六，4；彩版五七，4）。

陶盂　1件。

B型Ⅱ式　标本M2097：2，泥质灰陶。侈口，方唇，宽斜沿，颈部饰两道凸弦纹，鼓腹，圜底。口径23.0、高11.6厘米（图一七六，2；彩版五七，5）。

# 六三　M2099

位于发掘区二区南部，东邻发掘区一区。开口于①层下，厚0.25米。

## （一）墓葬形制

长方形土坑竖穴墓，方向94°（图一七七）。墓口距地表深0.25、长2.50、宽1.85米。墓底距地表深4.61、长2.80、宽2.00米。斜壁外扩。底部有生土二层台，

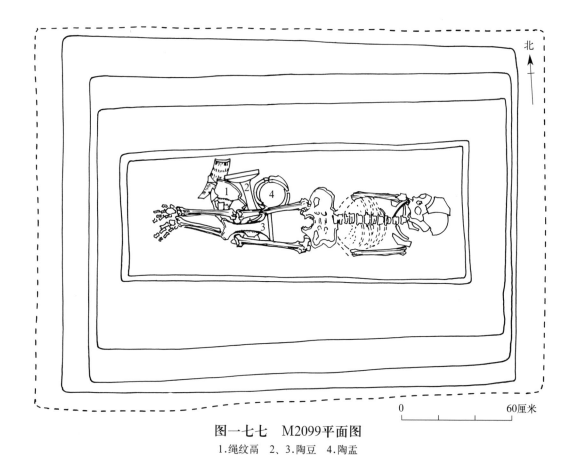

图一七七　M2099平面图
1.绳纹鬲　2、3.陶豆　4.陶盂

宽 0.15 ～ 0.28、高 1.11 米。墓内填土为黄花土。

（二）葬具葬式

葬具为一棺一椁。保存较好。棺长 1.92、宽 0.68 ～ 0.75 米。椁长 2.26、宽 1.55 ～ 1.63、高 0.55 米。棺下有底箱。

棺内人骨 1 具，仰身直肢，头向东，面向上，双手交叠于腹部，下肢伸直，双足交叠，右足叠压左足。

（三）随葬器物放置

随葬品有绳纹鬲 1 件，陶豆 2 件，陶盂 1 件，还有小铜饰 1 件，共 5 件。陶器置于棺底箱中。小铜饰件置于墓主胸部，锈蚀严重。

（四）随葬器物

共 5 件。包括陶器 4 件，绳纹鬲 1 件，陶豆 2 件，陶盂 1 件。铜器 1 件。其中未修复小铜器 1 件（图一七八）。

绳纹鬲　1 件。

D 型Ⅲ式　标本 M2099：1，夹砂灰陶。侈口，平沿，方唇，短颈，折肩，鼓腹，平裆微凸,三实小柱状足,腹部饰竖向细绳纹。口径17.6、高16.8厘米(图一七八,1)。

陶豆　2件。

Ab型Ⅱ式　形制相同。泥质灰陶。敞口,圆唇,浅盘,内壁弧收,外壁折收,盘壁微凹,粗柄较高、中空,喇叭形器座。标本M2099:2,口径17.0、底径12.0、

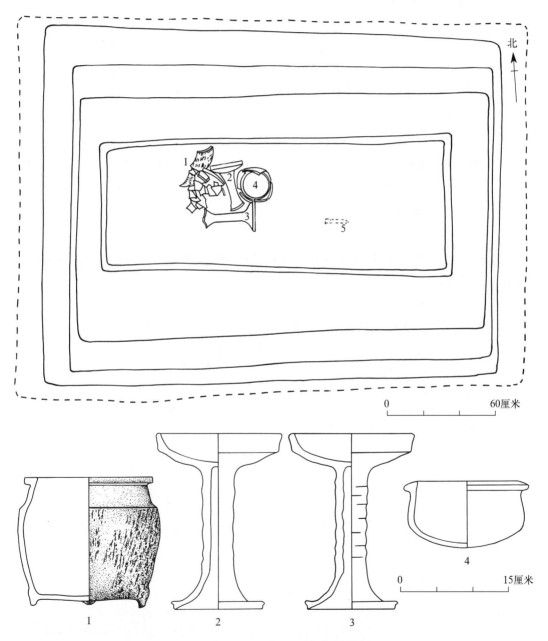

图一七八　M2099及随葬器物图

1.D型Ⅲ式绳纹鬲M2099:1　2、3.Ab型Ⅱ式陶豆M2099:2、3　4.B型Ⅴ式陶盂M2099:4　5.小铜饰M2099:5

高 23.2 厘米（图一七八,2）。标本 M2099：3,口径 16.8、底径 11.8、高 23.2 厘米（图一七八，3）。

陶盂　1 件。

B 型 V 式　标本 M2099：4,泥质灰陶。直口，斜沿，圆唇，直腹，下腹缓收，圜底。口径 17.2、高 8.8 厘米（图一七八，4）。

# 六四　M2100

位于发掘区二区南部,北邻 M2095,西南部打破西邻 M2090,开口于①层下（墓口上部未分层）。

## （一）墓葬形制

长方形土坑竖穴墓,方向 108°（图一七九）。墓口距地表深 0.80、长 2.08、宽 0.81 米。墓底距地表深 1.70、长 2.08、宽 0.81 米。直壁。墓内填土为黄褐色花土。

## （二）葬具葬式

葬具为单棺。棺长 1.89、宽 0.53 米。

棺内人骨 1 具,形制相同。仰身直肢,头向东,面向上,两手交叉于下腹部,下肢伸直,双足并拢。

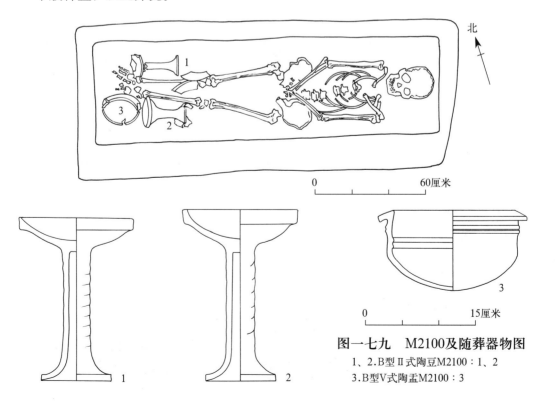

图一七九　M2100及随葬器物图

1、2.B型Ⅱ式陶豆M2100：1、2

3.B型V式陶盂M2100：3

（三）随葬器物放置

随葬品有陶豆2件，陶盂1件，共3件。均置于棺内墓主足端两侧。

（四）随葬器物

陶器3件。陶豆2件，陶盂1件。

陶豆　2件。

B型Ⅱ式　形制相同。泥质灰陶。敞口，圆唇，内壁弧收，外壁折收，粗柄中空，柄有轮制痕迹，喇叭状器座。标本M2100：1，口径16.0、底径9.6、高21.6厘米（图一七九，1）。标本M2100：2，口径16.0、底径9.6、高22.8厘米（图一七九，2）。

陶盂　1件。

B型Ⅴ式　标本M2100：3，泥质灰陶。敛口，平沿外斜，圆唇，微鼓腹，颈部及腹内侧均有两周凸弦纹，圜底。口径20.2、高10.6厘米（图一七九，3）。

# 六五　M2101

位于发掘区二区北部，南邻M2102，北邻M2103，与M2102两墓大致平行，开口于①层下（墓口上部未分层）。

（一）墓葬形制

长方形土坑竖穴墓，方向90°（图一八〇）。墓口距地表深0.80、长3.00、宽2.20米。墓底距地表深5.40、长3.00、宽2.20米。直壁。底部有生土二层台，宽0.10～0.24、高1.52米。墓内填土为黄花土。

（二）葬具葬式

一棺一椁。棺长1.90、宽0.87～0.95、残高0.80米。椁长2.30、宽1.50、高0.88米。棺内人骨1具，骨骼腐朽严重。仰身直肢，头向东，面向不详。

（三）随葬器物放置

随葬品有绳纹鬲1件，陶豆3件，陶盂1件，陶壶2件，陶盘2件，陶鼎1件，陶盖豆2件，陶环1件，共13件。陶器均置于椁顶或置于棺上面，棺椁腐朽后落入墓底（图一八一）。

（四）随葬器物

共13件。陶器8件，陶豆1件，陶鼎1件，陶盖豆2件，陶壶2件，陶盆1件，陶盂片1件。未修复陶豆2件，陶环1件，陶盘1件，绳纹鬲1件。

陶豆　1件。

Aa型Ⅹ式　标本M2101：8、11，泥质灰陶。敞口，尖唇，浅盘，内外壁折收，平底，细高柄中空，喇叭状器座。口径16.2、底径12.0、高25.8厘米（图一八二，1）。

0　　　　　　　　　60厘米

图一八〇　M2101平面图

1.陶盖豆　2.陶壶　3、13.陶盖豆　4、7.陶壶　5、15.陶鬲　6.陶盘　8、11.陶豆　9、17.陶鼎　10.陶豆

陶盂　1件。

Cb 型 I 式　标本 M2101∶18，泥质灰陶。直口，宽斜沿，方唇，束颈，圆鼓腹，大平底。腹下部饰数周弦纹。口径 18.0、底径 9.0、高 9.4 厘米（图一八二，2）。

陶鼎　1件。

A 型 IV 式　标本 M2101∶9、17，泥质灰陶。子母口，敛口，尖唇，深腹，腹中间饰一周凸弦纹，无附耳，圜底，三蹄状高足。口径 19.2、高 21.8 厘米（图一八二，3）。

陶盖豆　2件。

A 型 IV 式　形制相同。泥质灰陶。器呈钵状，子口内敛以承器盖，圆唇，内外

图一八一 M2101平面图

12.陶豆 13.陶豆片 14.陶环 16.陶盘 18.陶盂

壁弧收，鼓腹，矮柄中空、略粗，喇叭状器座。无盖。标本 M2101：1，口径 15.8、底径 18.0、高 21.8 厘米（图一八二，4）。标本 M2101：3，口径 16.0、底径 17.6、高 22.6 厘米（图一八二，5）。

陶壶　2 件。

D 型　形制相同。泥质灰褐陶。小敞口，长颈，圆唇，鼓腹，肩部有对称环耳，大平底。颈、肩部饰数组弦纹及三角内有圆点纹，现已模糊不清。制作精美。标本 M2101：2，口径 12.8、底径 15.4、高 27.0 厘米（图一八二，6）。标本 M2101：4、7，口径 13.0、底径 15.4、高 26.8 厘米（图一八二，7）。

陶盆　1 件。

A 型　标本 M2101：6，泥质灰陶。直口，宽平沿，沿面有一周刻槽，圆唇，折腹，下腹内凹弧收，平底。口径 38.8、底径 15.0、高 11.0 厘米（图一八二，8）。

图一八二　M2101随葬器物图

1.Aa型Ⅹ式陶豆M2101：8、11　2.Cb型Ⅰ式陶盉M2101：18　3.A
型Ⅳ式陶鼎M2101：9、17　4、5.A型Ⅳ式陶盖豆M2101：1、3
6、7.D型陶壶M2101：2、4、7　8.A型陶盆M2101：6

# 六六　M2102

位于发掘区二区，北邻M2101，西邻殉马坑，开口于①层下（墓口上部未分层）。

（一）墓葬形制

长方形土坑竖穴墓，方向100°（图一八三）。墓口距地表深0.50、长3.20、宽

图一八三　M2102平面图

2.40 米。墓底距地表深 5.50、长 3.20、宽 2.40 米。直壁。底部生、熟土二层台各一，外侧层生土东宽 0.55、南北宽各 0.35、西宽 0.30、高 1.50 米。内侧熟土东、南、北各宽 0.25、西宽 0.20、高 0.30 米。

（二）葬具葬式

一棺两椁。外椁上长 2.35、宽 1.70、高 1.50 米。内椁长 1.90、宽 1.20、高 0.30 米。棺长 1.60、宽 0.50 米。

棺内人骨 1 具，腐朽严重。仰身直肢，头向东，面向上。

（三）随葬器物放置

随葬品有陶盂 1 件，彩陶鼎 2 件，彩陶豆 6 件，彩陶盘 1 件，彩陶壶 2 件，陶环 1 件，陶璜 95 件，铜环 13 件，骨珠 1 宗，骨梳 1 件，骨簪 1 件，滑石环 56 件，滑石珠 1 宗。置于生土二层台上，其他装饰品置于椁顶。

（四）随葬器物

共 210 件。包括陶器 104 件，铜器 9 件，骨器 3 件，石器 94 件。其中未修复彩陶豆 3 件，彩陶盘 1 件。

1. 陶器

陶器 104 件。陶盂 1 件，彩陶豆 3 件，陶鼎 2 件，彩陶壶 2 件，陶璜 95 件，陶环 1 件。

陶豆　3 件。

　　Ab 型Ⅲ式　2件。形制相同。泥质灰陶。敞口，方唇，浅盘，豆盘较大，盘外壁微凹，内折角明显，平底略弧，柄较细、下部中空，喇叭状器座。标本 M2102：10，口径 18.8、底径 14.6、高 22.6 厘米（图一八四，1）。标本 M2102：11，口径 18.2、底径 14.8、高 22.6 厘米（图一八四，2）。

　　B 型Ⅳ式　1件。标本 M2102：16，泥质灰陶。敞口，圆唇，浅盘，盘内壁微凸，外壁内凹，下腹斜直内收。柄、足残缺。口径 21.0、残高 4.6 厘米（图一八四，3）。

　　陶盂　1件。

　　A 型Ⅴ式　标本 M2102：8，泥质灰陶。直口，窄斜沿，方唇，长颈，折肩外鼓，肩部有一周凸棱，浅腹，平底，微内凹。口径 17.8、底径 10.0、高 9.6 厘米（图一八四，4）。

　　陶鼎　2件，修复 1件。

　　A 型Ⅲ式　标本 M2102：9，泥质红陶。子口内敛，圆唇，深腹，圆底，长方形附耳外撇，三矮蹄足，附耳下饰一周凸弦纹。弧形盖，顶部隆弧。口径 21.0、通高 23.8 厘米（图一八四，5）。

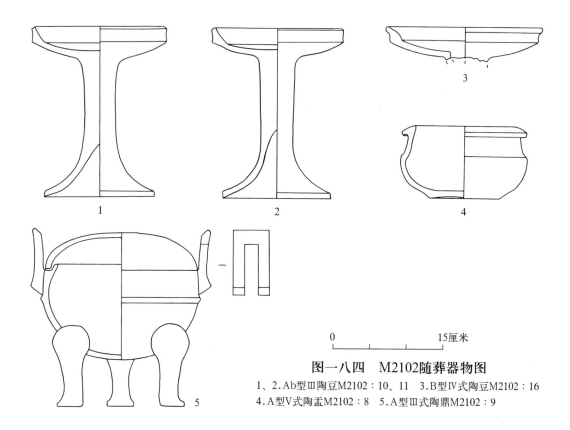

**图一八四　M2102随葬器物图**

1、2.Ab型Ⅲ陶豆M2102：10、11　3.B型Ⅳ式陶豆M2102：16
4.A型Ⅴ式陶盂M2102：8　5.A型Ⅲ式陶鼎M2102：9

彩陶壶　2件。

A型　标本 M2102：19，泥质红陶。侈口，方唇，平沿，长颈，鼓腹，肩部有对称两圆孔，器座外侈呈台式无底。折沿弧形盖，盖面饰有三圆孔，应有环纽，已失。素面。口径 13.2、底径 13.6、高 32.8 厘米（图一八五，1）。标本 M2102：20，泥质红陶，敞口，方唇，平沿，长颈，鼓腹，肩部有对称圆孔，圈足无底。弧形盖，盖顶部有三圆孔。口径 13.8、底径 13.2、高 32.8 厘米（图一八五，2）。

陶璜　95件。

数量众多，完整 19 件。形制相同。薄体弧顶，两端尖首，中部有穿孔。标本 M2102：3-8，尖首残缺。通长 15.6、通高 3.5、厚 0.4、孔径 0.2 厘米（图一八五，3）。标本 M2102：3-9，通长 15.5、通高 3.5、厚 0.4、孔径 0.2 厘米（图一八五，4）。标本 M2102：3-14，通长 15.6、通高 3.5、厚 0.4、孔径 0.2 厘米（图一八五，5）。

陶环　1件。

标本 M2102：4-2，泥质红陶。截面呈圆形。外径 5.8、厚 1.0 厘米（图一八五，6）

## 2．铜器

铜环　13件。

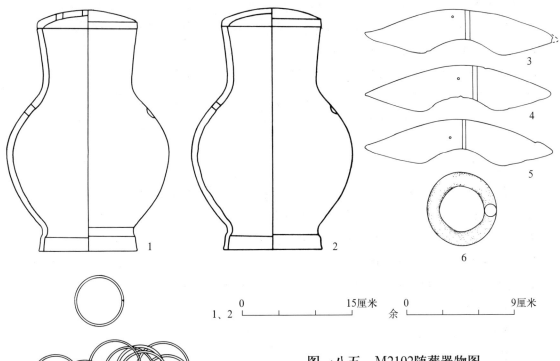

|  | 0 | | | 15厘米 | 0 | | | 9厘米 |
| 1、2 | | | | | 余 | | | |

图一八五　M2102随葬器物图

1、2.A型彩陶盖壶M2102：19、20　3～5.陶璜M2102：3-8、
3-9、3-14　6.陶环M2102：4-2　7.C型铜环M2102：1

C 型　断面内弧外呈直角状，大小略异。标本 M2102：1，直径 3.8、内径 3.5、厚 0.3 厘米（图一八五，7）。

3．石器

94 件。滑石环 56 件，滑石珠 38 件。

滑石环　56 件。

A 型　3 件。形制相同。薄体，圆形，正面刻划数周凹弦纹，并加刻不规则的云纹或锯齿纹。标本 M2102：4-1，正面刻划 5 周凹弦纹，外圈 3 周弦纹上刻划双短线。直径 8.6、内孔径 4.6、厚 0.3 厘米（图一八六，1）。标本 M2102：5-1，正面刻划 5 周凹弦纹，外圈 3 周弦纹上刻划不规则的锯齿纹。直径 8.4、内孔径 4.7、厚 0.6 厘米（图一八六，2）。标本 M2102：5-2（3 件），正面刻划 2 周凹弦纹，外圈单线、内圈双线弦纹上刻划不规则的月牙形云纹。直径 8.8、内孔径 4.5、厚 0.6 厘米（图一八六，3）。

B 型　53 件。形制相同。薄体，圆形，正面光滑，均为素面。标本 M2102：4-3，残缺近半，直径 4.8、厚 0.4 厘米（图一八六，4）。标本 M2102：4-8，直径 4.3、内径 1.9、厚 0.4 厘米（图一八六，5）。标本 M2102：4-11，直径 4.5、内径 2.0、厚 0.5 厘米（图一八六，6）。标本 M2102：4-16，直径 4.7、内径 2.1、厚 0.4 厘米（图一八六，7）。标本 M2102：4-32，厚度不均匀，截面呈梯形。直径 4.6、内径 2.2、厚 0.1 ～ 0.3 厘米（图一八六，8）。标本 M2102：4-37，直径 4.7、内径 2、厚 0.4 厘米（图一八六，9）。标本 M2102：4-39，直径 4.5、内径 2.0、厚 0.5 厘米（图一八六，10）。标本 M2102：4-50，较薄。直径 4.5、内径 2.0、厚 0.2 厘米（图一八六，11）。标本 M2102：4-54，直径 4.8、内径 2.0、厚 0.5 厘米（图一八六，12）。

滑石珠　38 件。

数量较多。矮柱状，截面呈矩形，中间有孔。标本 M2102：6，通高 1.0 ～ 1.5、孔径 0.1 厘米。（图一八七，1）。标本 M2102：6-31，较小，直径 1.5、厚 0.4 厘米（图一八七，2）。标本 M2102：6-34，较小，直径 1.5、厚 0.5 厘米（图一八七，3）。标本 M2102：6-35，直径 2.1、厚 0.8、孔径 0.2 厘米（图一八七，4）。标本 M2102：6-36，直径 2.15、厚 0.9、孔径 0.15 厘米（图一八七，5）。

4．骨器

3 件（组），骨簪 1 件，骨梳 1 件，骨珠 1 组。

骨簪　1 件。

B 型　标本 M2102：7，截面为扁状，面厚薄不一，通体磨光，两端残断。残长 20.8、厚 0.1 ～ 0.2 厘米（图一八七，6）。

骨梳　1件。

A 型　标本 M2102：22，短柄略窄，束腰斜收，梳齿部分已残缺，修复齿数在 14 齿以上。通高 6.6、宽 4.6、齿长 1.9～2.7、厚 0.4 厘米（图一八七，7）。

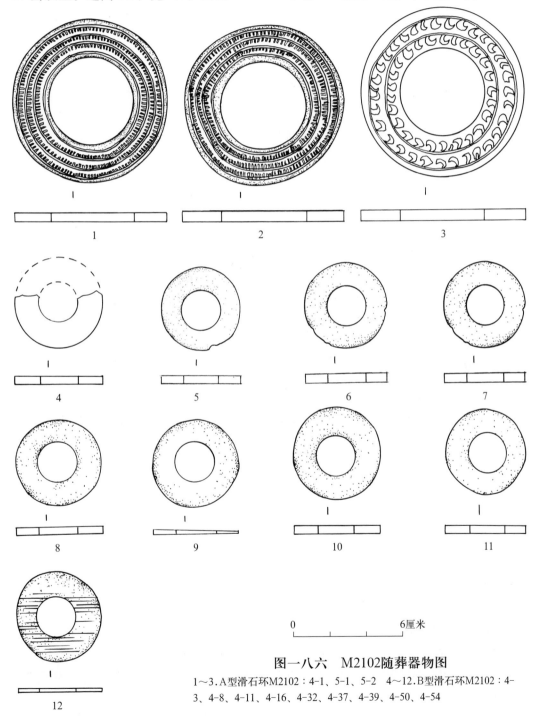

0　　　　　　　　6厘米

**图一八六　M2102随葬器物图**

1～3.A型滑石环M2102：4-1、5-1、5-2　4～12.B型滑石环M2102：4-3、4-8、4-11、4-16、4-32、4-37、4-39、4-50、4-54

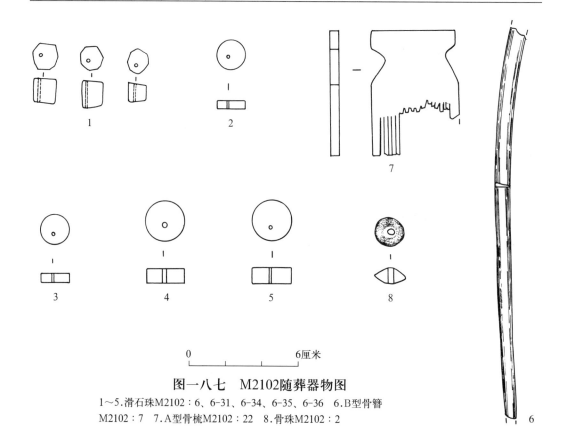

图一八七　M2102随葬器物图

1～5.滑石珠M2102：6、6-31、6-34、6-35、6-36　6.B型骨簪
M2102：7　7.A型骨梳M2102：22　8.骨珠M2102：2

骨珠　1组。

均为扁圆算盘珠形，中间有孔，外缘两侧斜收，断面近似扁体六角形。标本
M2102：2，平面呈不规则的圆形，内孔两侧对钻，开口处略大。直径1.5、中厚0.8
厘米（图一八七，8）

# 六七　M2103

位于发掘区二区北部，东邻M2104，开口于②层下。耕土层厚0.38、②层厚0.77米。

## （一）墓葬形制

长方形土坑竖穴墓，方向94°（图一八八）。墓口距地表深1.15、长2.15、宽0.90
米。墓底距地表深2.55、长2.25、宽0.96米。斜壁略外扩。墓内填土为黄褐花土。

## （二）葬具葬式

葬具为单棺。一棺长1.95、宽0.60～0.72、高0.30米。

棺内人骨1具，形制相同。仰身直肢，头向东，面向南，两手交叉于下腹部，
下肢伸直，双足并拢。

**（三）随葬器物放置**

随葬品有绳纹鬲1件，陶豆2件，陶盂1件，共4件。均放置于墓主右下肢棺与墓壁之间。

**（四）随葬器物**

陶器4件。绳纹鬲1件，陶豆2件，陶盂1件。

绳纹鬲 1件。

D型Ⅳ式 标本M2103：2，夹砂灰陶。敛口，方唇，平沿外斜，沿面有一周凹弦纹，束颈折肩，鼓腹，矮裆近平，微弧，三柱状矮足。器身上半部饰斜竖向细绳纹，并有一周抹痕纹，下部及底部饰交错粗绳纹。口径17.6、高16.8厘米（图一八八，2）。

陶豆 2件。

Ab型Ⅱ式 1件。标本M2103：4，泥质灰陶。敞口，圆唇，内外壁折收，内

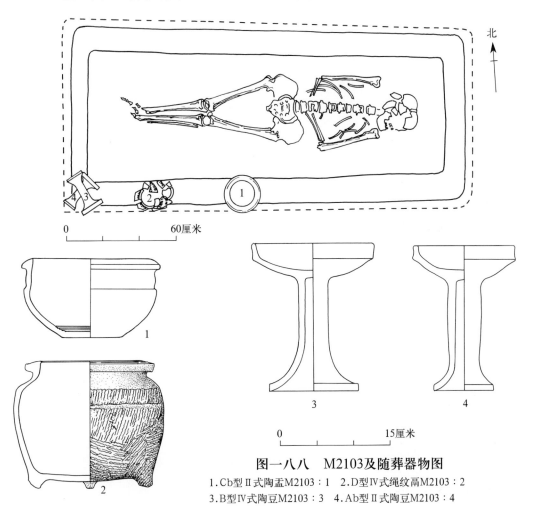

0 ————— 60厘米

0 ————— 15厘米

**图一八八 M2103及随葬器物图**

1.Cb型Ⅱ式陶盂M2103：1 2.D型Ⅳ式绳纹鬲M2103：2
3.B型Ⅳ式陶豆M2103：3 4.Ab型Ⅱ式陶豆M2103：4

壁有明显折棱，外壁微内凹，高柄中空，喇叭状器座。口径 14.1、底径 8.2、高 19.2 厘米（图一八八，4）。

B 型Ⅳ式　1 件。标本 M2103：3，泥质灰陶。敞口，圆唇，内外壁折收，外壁微凹，高柄中空，喇叭状器座。口径 16.6、底径 12.2、高 19.6 厘米（图一八八，3）。

陶盂　1 件。

Cb 型Ⅱ式　标本 M2103：1，泥质灰陶。直口微敛，窄斜沿，短方唇，长颈，鼓腹，平底。肩部有一周凹弦纹。内壁底部有明显轮制痕迹。口径 18.8、底径 7.8、高 10.3 厘米（图一八八，1）。

# 六八　M2104

位于发掘区二区北部，南邻 M2105，西邻 M2103，开口于②层下。耕土层厚 0.35、②层厚 0.42 米。

（一）墓葬形制

长方形土坑竖穴墓，方向 110°（图一八九）。墓口距地表深 0.77、长 2.41、宽 1.04 米。墓底距地表深 3.90、长 2.60、宽 1.26 米。斜壁外扩，南壁有两壁龛，东龛长 0.40、高 0.49、进深 0.22 米。西龛长 0.45、高 0.29、进深 0.19 米。

（二）葬具葬式

葬具为单棺。棺长 1.94、宽 0.60～0.65、高 0.55 米。

棺内人骨 1 具，骨骼已腐朽。仰身直肢，头向东，面向上，上肢交叉放于腹部，下肢伸直，双足并拢。

（三）随葬器物放置

随葬品有绳纹鬲 1 件，陶豆 4 件，陶罐 1 件，陶盂 1 件，共 7 件。陶盂放置于棺内墓主腹部右侧，其余陶器置于壁龛中。

（四）随葬器物

陶器 7 件。绳纹鬲 1 件，陶豆 4 件，陶盂 1 件，未修复陶罐 1 件。

绳纹鬲　1 件。

D 型Ⅴ式　标本 M2104：3，夹砂灰陶。宽平沿，小方唇，侈口，束颈，溜肩，鼓腹，平裆微弧，小实心尖足。腹上部饰斜竖绳纹，下部、底饰交错绳纹。口径 17.0、高 16.8 厘米（图一八九，3）。

陶豆　4 件。

Ac 型Ⅲ式　1 件。标本 M2104：4，泥质灰陶。敞口，圆唇，内壁弧收，外壁折收，细柄较高、中空，喇叭形器座。口径 16.0、底径 10.2、高 16.8 厘米（图一八九，4）。

Ac 型Ⅳ式　3 件。形制相同。泥质灰陶。敞口，圆唇，深盘，内壁弧收，外直壁折收，细柄中空，喇叭状器座。标本 M2104：5，口径 16.4、底径 10.2、高 17.5 厘米（图一八九，5）。标本 M2104：6，口径 16.4、底径 9.6、高 17.0 厘米（图一八九，6）。标本 M2104：7，口径 16.6、底径 10.0、高 17.0 厘米（图一八九，7）。

陶盂　1 件。

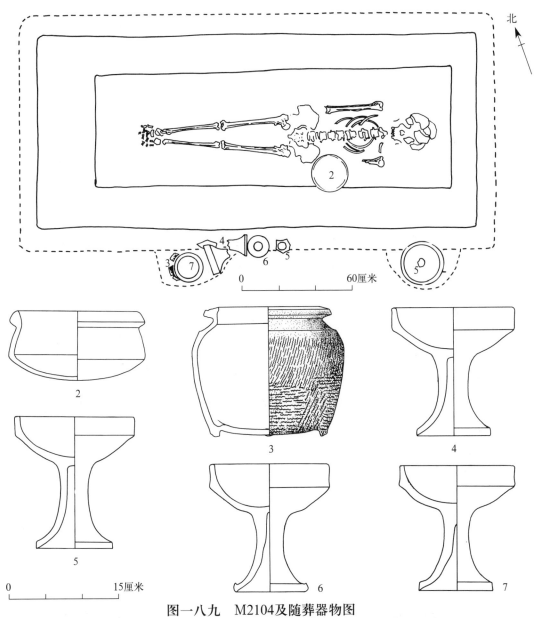

图一八九　M2104 及随葬器物图

1.陶罐M2104：1　2.B型Ⅶ式陶盂M2104：2　3.D型Ⅴ式绳纹鬲M2104：3　4.Ac型Ⅲ式陶豆M2104：4
5～7.Ac型Ⅳ式陶豆M2104：5～7

B 型Ⅶ式　标本 M2104：2，泥质灰陶。敞口，卷沿，斜鼓腹，内外壁转折明显，圜底。口径 18.6、高 9.2 厘米（图一八九，2）。

# 六九　M2105

位于发掘区二区，西邻 M2103，北邻 M2104，开口于①层下（墓口上部未分层）。

## （一）墓葬形制

长方形土坑竖穴墓，方向 90°（图一九〇）。墓口距地表深 1.00、长 2.70、宽 1.65 ~ 1.70 米。墓底距地表深 2.65、长 2.70、宽 1.70 米。直壁。底部有熟土二层台，宽 0.35 ~ 0.38、高 0.72 米。墓内填土为黄花土。

## （二）葬具葬式

葬具为一棺一椁。棺长 1.90、宽 0.80 米。椁长 2.00、宽 0.91、高 0.72 米。

棺内人骨 1 具，骨骼已腐朽。仰身直肢，头向东，面向南，双手交叉放于腹部，下肢伸直，双足并拢。

## （三）随葬器物放置

随葬品有绳纹鬲 1 件，陶豆 2 件，陶盂 1 件，骨锥 1 件，共 5 件。陶器置于墓主头前的二层台上。骨器出土于棺内上部的填土中。

## （四）随葬器物

共 5 件。包括陶器 4 件，骨锥 1 件（填土中）。其中未修复绳纹鬲 1 件。

1. 陶器

陶器 3 件。陶豆 2 件，陶盂 1 件。

陶豆　2 件。

Ac 型Ⅲ式　形制相同。泥质灰陶。盘呈碗状，敞口，圆唇，深盘，盘外壁上部微凹，并有明显折棱，内壁弧收，豆柄较高、中空，喇叭状器座。标本 M2105：2，口径 16.4、底径 10.6、高 16.2 厘米（图一九〇，2）。标本 M2105：3，口径 16.2、底径 10.3、高 16.4 厘米（图一九〇，3）。

陶盂　1 件。

A 型Ⅴ式　标本 M2105：4，泥质灰陶。直口微侈，斜沿，方唇，颈部有折棱，腹较深，弧腹，大平底。口径 17.8、底径 8.0、高 10.0 厘米（图一九〇，4）。

2. 骨器

骨锥　1 件。

标本 M2105：01，填土中出土，利用兽骨关节处制成，整体看呈长三角形，截面内呈三棱形，一端磨为锥状。长 12.0、厚约 0.4 厘米（图一九〇，01）。

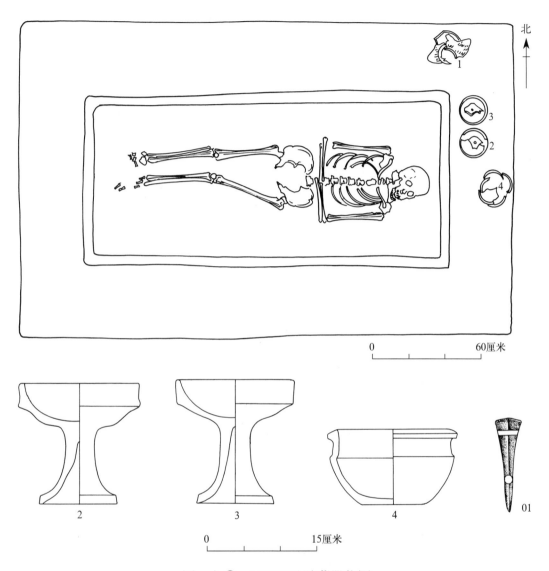

图一九〇 M2105及随葬器物图

1.绳纹鬲M2105：1 2、3.Ac型Ⅲ式陶豆M2105：2、3 4.A型V式陶盂M2105：4 01.骨锥M2105：1（填土出土）

# 七〇 M2106

位于发掘区二区北部，M2105之南，开口于①层下（墓口上部未分层）。

（一）墓葬形制

长方形土坑竖穴墓，方向114°（图一九一）。墓口距地表深 1.96、长 2.21、宽 1.29 米。墓底距地表深 4.16、长 2.34、宽 1.28～1.31 米。斜壁外扩。底部有生土二层台，东西各宽 0.14、北宽 0.28、南宽 0.20、高 0.67 米。

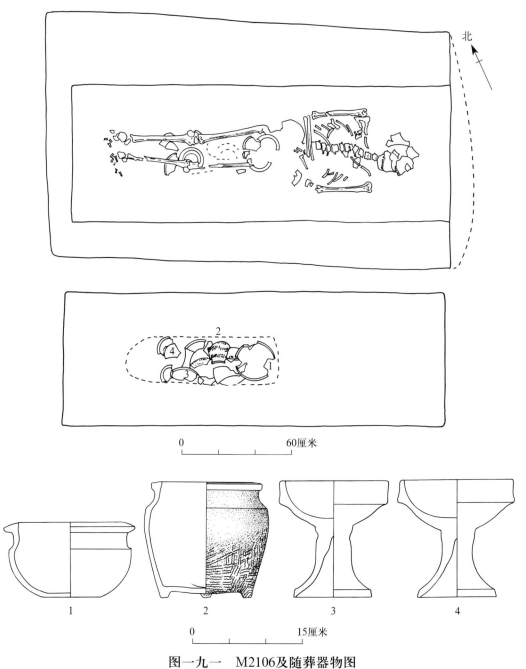

**图一九一　M2106及随葬器物图**

1.A型Ⅲ式陶盂M2106:1　2.D型Ⅲ式绳纹鬲M2106:2　3、4.Ac型Ⅲ式陶豆M2106:3、4

## （二）葬具葬式

葬具为单棺。棺长2.07、宽0.72米。

棺内人骨1具，骨骼已腐朽。仰身直肢，头向东，面向左，双手叠压于腹部，下肢伸直，双足并拢。

（三）随葬器物放置

随葬品有绳纹鬲 1 件，陶豆 2 件，陶盂 1 件，共 4 件。均置于棺下底箱中。

（四）随葬器物

陶器 4 件。绳纹鬲 1 件，陶豆 2 件，陶盂 1 件（彩版五八，1）。

绳纹鬲　1 件。

D 型Ⅲ式　标本 M2106：2，夹砂灰陶。敛口，近平沿，方唇，口沿上有两周凹弦纹，束颈，溜肩，鼓腹，下腹斜直内收，弧裆近平，低矮，三柱状矮小足。腹下部、底部饰横竖向交错细绳纹。口径 15.4、高 15.4 厘米（图一九一，2）。

陶豆　2 件。

Ac 型Ⅲ式　形制相同。泥质灰陶。盘呈碗状，敞口，圆唇，深盘，盘外壁有一周折棱，下部弧形内收，盘柄连接处作束腰状，柄较高、中空，喇叭状器座。标本 M2106：3，口径 15.5、底径 10.6、高 15.5 厘米（图一九一，3）。标本 M2106：4，口径 15.4、底径 10.6、高 15.5 厘米（图一九一，4）。

陶盂　1 件。

A 型Ⅲ式　标本 M2106：1，泥质灰陶。直口，平沿微斜，尖唇，束颈，肩部有一周折棱，腹弧圆内收，平底。口径 18.0、底径 12.8、高 9.8 厘米（图一九一，1）。

# 七一　M2111

位于发掘区二区东北部，东邻 M2112，西邻 M2110，墓上部被灰坑打破。

（一）墓葬形制

长方形土坑竖穴墓。方向 100°（图一九二）。墓口长 2.70、宽 1.48 米。墓底距地表 2.97、长 2.70、宽 1.48 米。直壁。底部有熟土二层台。墓室上部被灰坑打破，底部残留处填土为黄褐土。

（二）葬具葬式

葬具为一棺一椁。棺长约 2.10、宽 0.62 米。椁长 2.30、宽 1.26、高 0.57 米。

棺内人骨 1 具，腐朽严重。头向东，面向不详，葬式不清。

（三）随葬器物放置

随葬品有绳纹鬲 1 件，置于墓主足端右侧棺椁之间。

（四）随葬器物

绳纹鬲　1 件。

D 型Ⅳ式　标本 M2111：1，夹砂灰陶。敛口，平沿，方唇，沿有一周凸棱，束颈，

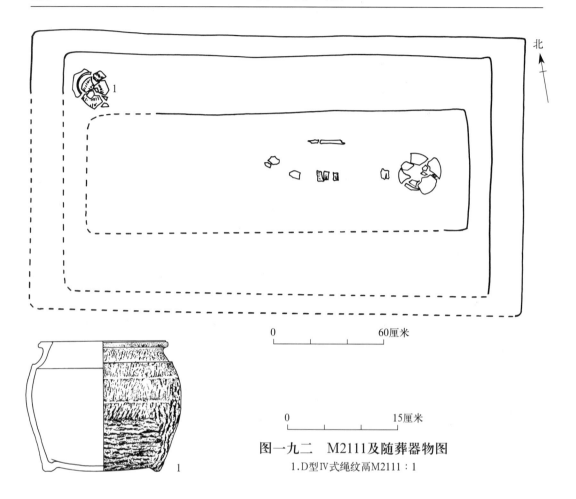

图一九二　M2111及随葬器物图
1.D型Ⅳ式绳纹高M2111：1

折肩，鼓腹，低连裆微弧，三柱状矮足。颈、腹上部饰斜竖向细绳纹，并有两周抹纹，下部、底部饰交错竖横向粗绳纹。口径17.8、高17.2厘米（图一九二，1）。

# 七二　M2112

位于发掘区二区，西邻M2111，北邻M2113，开口于①层下（墓口上部未分层）。

## （一）墓葬形制

长方形土坑竖穴墓，方向109°（图一九三）。墓口距地表深0.75、长2.63、宽1.45米。墓底距地表深3.35、长2.45、宽1.20米。斜壁内收，四壁下部不规整。底部有熟土二层台，宽0.14～0.24、高0.35米。墓内填土上部为灰色花土，质地较硬。下部为黄褐色花土，近棺木处为细砂土。

## （二）葬具葬式

葬具为一棺一椁。棺长1.98、宽0.50米。椁长2.13、宽0.80、高0.35米。

棺内人骨1具，保存尚好，上肢腐朽。仰身直肢，头向东，面向右，下肢略向右曲，双足并拢。

（三）随葬器物放置

随葬品有绳纹鬲1件，陶豆2件，陶盂1件，骨簪1件，共5件。陶器放于墓主右侧的棺椁之间。骨簪放于棺内墓主头部右侧。

（四）随葬器物

共5件。包括陶器4件，有绳纹鬲1件，陶豆2件，陶盂1件。骨器1件，未修复骨簪1件。

绳纹鬲　1件。

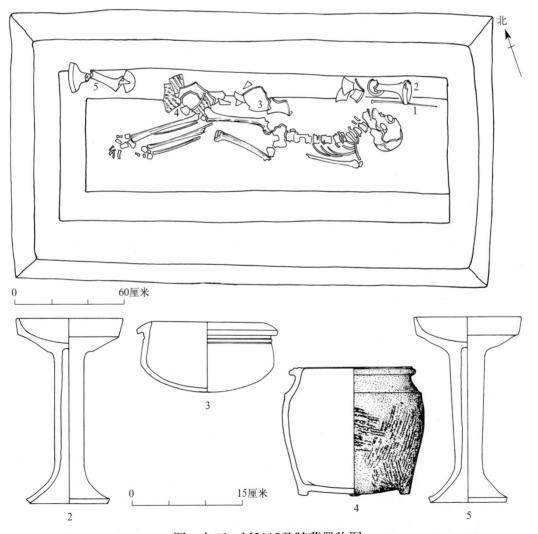

图一九三　M2112及随葬器物图

1.骨簪M2112：4　2、5.Aa型Ⅷ式陶豆M2112：2、5　3.B型Ⅲ式陶盂M2112：3　4.D型Ⅲ式绳纹鬲M2112：4

D 型Ⅲ式　标本 M2112:4，夹砂灰陶。敛口，平沿，沿面有一周凹弦纹，方唇，唇面内凹，束颈，折肩，鼓腹，连裆低矮，三柱状小尖足。器身下半部饰交错细绳纹。口径 17.4、高 16.4 厘米（图一九三，4）。

陶豆　2 件。

Aa 型Ⅷ式　形制相同。泥质灰陶。敞口，圆唇，浅盘，盘外壁上部斜直，下部微弧收，中有折棱，内壁弧收，豆柄细高，中空，喇叭口状器座。标本 M2112:2，口径 14.8、底径 10.6、高 24.6 厘米（图一九三，2）。标本 M2112:5，圆唇。口径 15.2、底径 10.4、高 24.6 厘米（图一九三，5）。

陶盂　1 件。

B 型Ⅲ式　标本 M2112:3，泥质灰陶。敛口，宽斜折沿，方唇，鼓腹，颈部饰一周凸弦纹，下腹弧收，圜底。口径 19.2、高 9.2 厘米（图一九三，3）。

# 七三　M2113

位于发掘区二区东北部，东邻 M2114，南邻 M2112，开口于②层下。耕土层厚 0.25、②层厚 0.75 米。

## （一）墓葬形制

长方形土坑竖穴墓，方向 100°（图一九四）。墓口距地表深 1.00、长 2.97、宽 1.84～1.88 米。墓底距地表深 4.73、长 2.97、宽 1.84～1.88 米。直壁。底部有生土二层台，上口不平整，用熟土扩充。东西台高 0.71 米。南北台有两级，内侧高 0.71、外侧台高 1.08 米。

## （二）葬具葬式

葬具为一棺一椁。椁高 1.08、长 2.16、宽 1.06 米，厚约 7.0 厘米。棺高 0.70、长 1.86、宽 0.59～0.65 米，厚 3.0～5.0 厘米。棺下有底箱。

棺内人骨 1 具，上肢腐朽较甚，下肢保存略好。仰身直肢，头向东，面向北，下肢伸直，双足并拢。

## （三）随葬器物放置

随葬品有绳纹鬲 1 件，陶盂 1 件，陶豆 2 件，铜带钩 2 件，骨梳 1 件，共 7 件。陶盂和陶豆 1 件放置于墓主头端左侧二层台东南角处，绳纹鬲和另 1 件陶豆置于墓主足端右二层台西北角处。铜带钩 2 件和骨梳分别置于棺内墓主头端上部右侧和左侧棺内。

另在墓主身下发现未经烧制的泥器，器形有鼎、豆、壶、盘等器类，应放置于棺底箱中，无法提取。

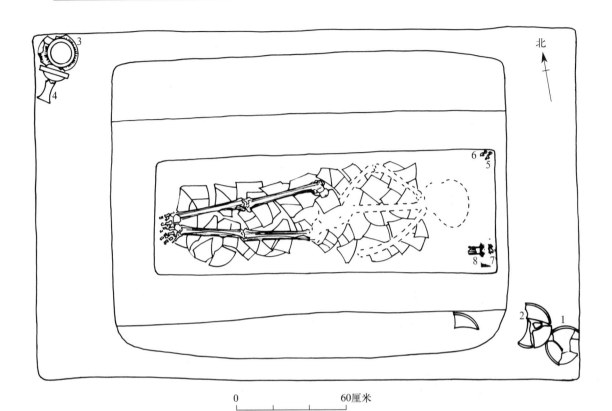

0 ————————— 60厘米

图一九四　M2113平面图

1.陶盂　2、4.异形豆　3.绳纹鬲　5、6.铜带钩　7、8.骨梳

（四）随葬器物

共 8 件。包括陶器 4 件，铜器 2 件，骨器 1 件。瓷碗（扰坑内）1 件。

1. 陶器

陶器 4 件。绳纹鬲 1 件，陶豆 2 件，陶盂 1 件。

绳纹鬲　1 件。

D 型Ⅳ式　标本 M2113：3，夹砂灰陶。敛口，平折沿,沿外壁有一周弦纹，方唇，束颈，斜肩，鼓腹，下腹斜直微内收，连裆平底，三柱状足。腹、底饰竖向细绳纹。口径 19.4、高 21.0 厘米（图一九五，1）。

异形豆　2 件。

形制相同。泥质灰陶。宽盘，敞口，方唇，外壁有折棱，内为弧壁，矮柄下空，柄有明显轮制痕迹，喇叭状器座。标本 M2113：2，口径 18.8、底径 12.2、高 15.0 厘米（图一九五，2）。标本 M2113：4，口径 18.0、底径 11.8、高 16.2 厘米（图一九五，3）。

陶盂　1 件。

A 型Ⅲ式　标本 M2113：1，泥质灰陶。直口，平沿，圆唇，束颈，折肩，弧腹内收，小平底。口径 19.0、底径 6.8、高 10.0 厘米（图一九五，4）。

2．铜器

铜带钩　2 件。

C 型　形制相同。琵琶形，鼓腹，腹部有两条脊棱，平背，铆钉状纽位于凹槽中，纽近尾部，钩体较短。标本 M2113：5，通长 6.4、腹宽 1.0 厘米（图一九五，5）。标本 M2113：6，通长 6.6、腹宽 1.1 厘米（图一九五，6）。

3．骨器

骨梳　1 件。

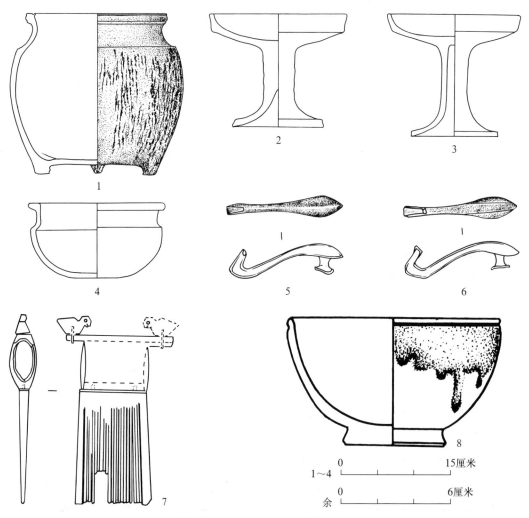

图一九五　M2113 及随葬器物图

1.D 型Ⅳ式绳纹高 M2113：3　2、3.异形豆 M2113：2、4　4.A 型Ⅲ式陶盅 M2113：1　5、6.C 型铜带钩 M2113：5、6
7.B 型骨梳 M2113：7、8　8.瓷碗（扰坑）M2113：01

B 型　柄齿分体，长背，密齿。标本 M2113：7、8，柄首平背外伸，两侧有穿孔，鼓腹中空，下有一凹槽与齿部相接，柄首两侧装饰对鸟，鸟首相对，鸟身下有孔，用穿木固定在背首上。齿部略呈上窄厚下宽薄的梯形，上部出隼与插入柄部，齿密略有残断，数量在 22 齿以上。通高 10.0、器高 9.0、柄首宽 5.8、器宽 3.8 ～ 4.4、齿长 5.0 ～ 4.8、柄厚 1.4 ～ 0.5、齿部厚 0.2 ～ 0.5 厘米（图一九五，7）。

4．其他

瓷碗　1 件。

扰坑内出土。标本 M2113：01，敞口，尖唇，弧腹较深，假器座。沿外饰一周凹弦纹。沿下施淡绿色釉，外釉不及底。口径 11.6、底径 5.6、高 6.8 厘米（图一九五，8）。

# 七四　M2114

位于发掘区二区的东部，北邻 M2115，西邻 M2113，开口于①层下（墓口上部未分层）。

## （一）墓葬形制

长方形土坑竖穴墓，方向 100°（图一九六）。墓口距地表深 0.80、长 2.55、宽 1.80 米。墓底距地表深 3.5、长 2.55、宽 1.80 米。直壁。底部有熟土二层台，宽 0.20 ～ 0.35、高 0.70 米。墓内填土为五花土。

## （二）葬具葬式

葬具为一棺一椁。棺长 1.80、宽 0.60、高 0.10 米。椁长 2.10、宽 1.20、高 0.70 米。

棺内人骨 1 具，骨骼已腐朽。仰身直肢，头向东，面向不详，双手交叉放于下腹部，下肢伸直。

## （三）随葬器物放置

随葬品有绳纹鬲 1 件，陶盂 1 件，陶豆 2 件，铜剑 1 件，共 5 件。陶盂和铜剑放置在墓主右侧的棺椁之间，两者之间还放置有兽骨。绳纹鬲和陶豆放置在墓主足端的棺椁之间。

## （四）随葬器物

共 5 件。包括陶器 4 件，铜器 1 件。

1．陶器

陶器 4 件。绳纹鬲 1 件，陶豆 2 件，陶盂 1 件。

绳纹鬲　1 件。

　　D 型Ⅳ式　标本 M2114∶4，夹砂灰陶。卷沿，尖圆唇，敛口，束颈，折肩，鼓腹，三柱状矮足，裆近平，腹下部、裆部饰交错粗绳纹。口径 16.0、高 18.8 厘米（图一九六，4）。

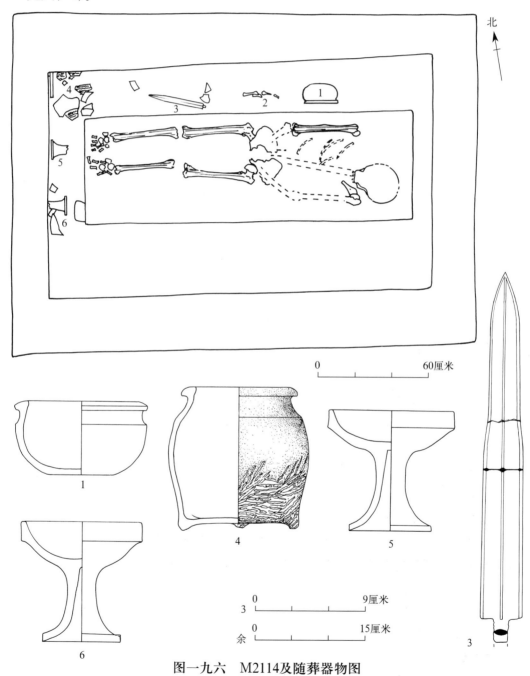

图一九六　M2114及随葬器物图

1.A型Ⅴ式陶盂M2114∶1　2.兽骨M2114∶2　3.Ba型Ⅱ式铜剑M2114∶3　4.D型Ⅳ式绳纹鬲M2114∶4　5、6.Ac型Ⅲ式陶豆M2114∶5、6

陶豆 2 件。

Ac 型Ⅲ式 形制相同。泥质灰陶。敞口,方唇,钵形折腹盘,盘外壁有折棱略凸,腹下部弧形内收,柄较高、中空,喇叭状器座。标本 M2114：5,口径 17.2、底径 11.2、高 16.0 厘米(图一九六,5)。标本 M2114：6,口径 16.8、底径 10.8、高 16.0 厘米(图一九六,6)。

陶盂 1 件。

A 型Ⅴ式 标本 M2114：1,泥质灰陶。敛口,斜沿,方唇,束颈,鼓腹,平底。口径 18.3、底径 8.8、高 9.4 厘米(图一九六,1)。

2. 铜器

铜剑 1 件。

Ba 型Ⅱ式 标本 M2114：3,圆脊较细,剑身较窄,尖锋,细圆脊,双刃内侧加厚,扁圆茎,后端残缺。残长 29.5、最宽 3.2 厘米(图一九六,3)。

# 七五 M2115

位于发掘区二区东北部,南邻 M2114,东邻 M2113,开口于②层下。耕土层厚 0.25、②层厚 0.75 米。

## (一)墓葬形制

长方形土坑竖穴墓,方向 100°(图一九七)。墓口距地表深 1.00、长 2.77、宽 1.83～1.87 米。墓底距地表深 4.70,长 2.77、宽 1.83～1.87 米。直壁。底部有生、熟土二层台各一。生土二层台高 1.40、宽 0.11～0.22 米,熟土二层台高 1.13、宽 0.07～0.17 米(彩版五八,2)。墓内填土为五花土。

## (二)葬具葬式

葬具为一棺一椁。棺长约 2.01、宽 0.85～0.92、高 0.73 米,板厚约 5.0 厘米。椁长 2.35、宽 1.21、高 1.13 米,板厚约 7.0 厘米。

棺内人骨 1 具,上身腐朽较甚。仰身直肢,头向东,面向北,下肢伸直并拢。

## (三)随葬器物放置

随葬品有绳纹鬲 1 件,陶豆 2 件,陶盂 1 件,陶舟 1 件,陶盖豆 2 件,陶敦 2 件,陶盘 1 件,陶壶 1 件,陶鼎 1 件,铜剑 1 件,铜戈 1 件,共 14 件。随葬品均放置于棺底箱中,其中铜剑在墓主右上臂处,铜戈位于墓主股骨右侧。

## (四)随葬器物

共 14 件。包括陶器 12 件,铜器 2 件。其中未修复铜戈 1 件,陶盂 1 件,陶盘 1 件。

北

0　　　　　　　　60厘米

图一九七　M2115平面图

1.2.陶豆　3.陶盘　4.绳纹鬲　5、6.陶盖豆　7、8.陶敦　9.陶舟　10.陶壶　11.陶盂　12.陶鼎　13.铜剑尖

**1. 陶器**

陶器 10 件。绳纹鬲 1 件，陶豆 2 件，陶鼎 1 件，陶盖豆 2 件，陶壶 1 件，陶敦 2 件，陶舟 1 件。

绳纹鬲　1 件。

D 型Ⅳ式　标本 M2115：4，夹砂灰陶。器形较小，敛口，平沿，方唇，束颈，圆肩，鼓腹，平裆微弧，三柱状矮足内倾，腹、底部饰交错细绳纹。口径 14.0、高 14.2 厘米（图一九八，1）。

陶豆　2 件。

Aa 型Ⅹ式　形制相同。泥质灰陶。敞口，圆唇，浅盘，盘内外壁均有一明显折棱，盘内壁斜收近平底，高柄实心，下部中空，喇叭状器座。标本 M2115：1，口径 19.8、底径 16.2、高 37.4 厘米（图一九八，2）。标本 M2115：2，口径 20.0、底径 16.0、高 40.0 厘米（图一九八，3）。

陶鼎　1 件。

B 型　标本 M2115：12，泥质红陶。直口微敛，平沿，腹较深，圜底近平，长

方形附耳外侈，三细高蹄状足。折沿弧顶盖，顶面微弧。制作粗糙。口径29.6、高
30.0厘米（图一九八，4）。

陶盖豆   2件。

Ba型   形制相同。泥质红陶。子母口，半球形腹，两侧有对称圆孔纳环纽，
纽已失，盘内壁弧形内收，高柄中空，喇叭状圆沿器座。半球状盖，盖顶弧圆，上
饰三圆孔纳三环纽，环纽残缺。标本M2115：5，口径16.0、底径14.6、通高32.4
厘米（图一九九，3）。标本M2115：6，柄及器座残缺，口径15.8、残高14.2厘米（图
一九九，2）。

陶壶   1件。

A型   标本M2115：10，泥质红陶。敞口，方唇，长颈，溜肩，鼓腹，下腹弧
收，高圈足，无底。外壁圆滑，内壁制作粗糙，凹凸不平。口径14.0、底径14.4、
高37.2厘米（图一九九，1）。

陶敦   2件。

B型   1件。标本M2115：7，泥质红陶。器呈球状，子母口，尖唇，腹侧有
对称活动环纽，平底。半球状盖，盖上饰三环纽。口径16.4、通高15.4厘米（图
一九九，4）。

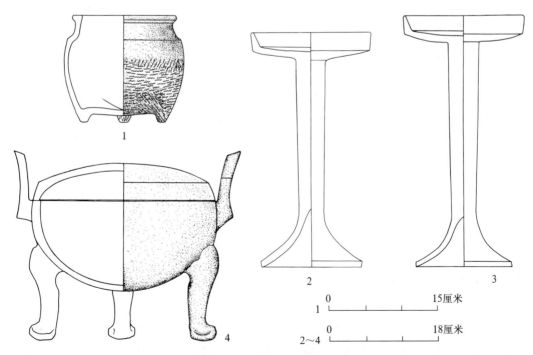

图一九八   M2115随葬器物图

1.D型Ⅳ式绳纹鬲M2115：4   2、3.Aa型Ⅹ式陶豆M2115：1、2   4.B型陶鼎M2115：12

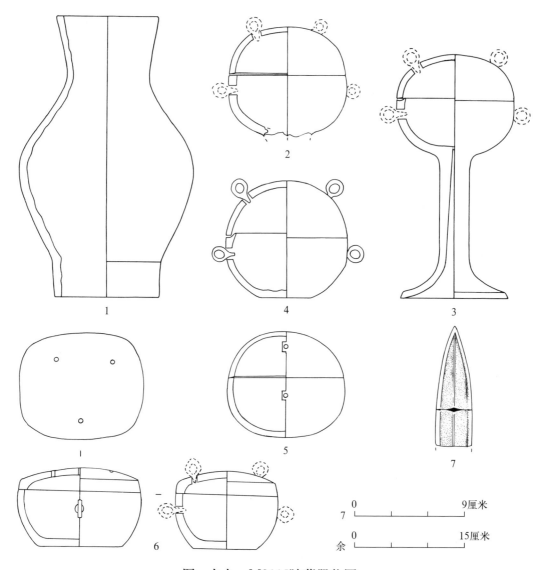

**图一九九　M2115随葬器物图**

1.A型陶壶M2115：10　2、3.Ba型陶盖豆M2115：6、5　4.B型陶敦M2115：7　5.C型陶敦M2115：8
6.陶舟M2115：9　7.Bb型铜剑尖M2115：13

　　C型　1件。标本M2115：8，器、盖形制，大小相似，平口，尖唇，浅腹，腹侧及盖均有环纽，圜底。口径15.6、高14.0厘米（图一九九，5）。

　　陶舟　1件。

　　标本M2115：9，泥质红陶。器呈圆角长方形，直口，平沿，弧腹，腹壁弧形内收，两侧有对称圆孔纳环纽，平底。弧形盖，盖顶三孔纳环纽。口径17.0、底径10.8、通高11.8厘米（图一九九，6）。

2. 铜器

铜剑尖　1 件。

Bb 型　标本 M2115：13，剑身中部起脊，横断面呈菱形脊，刃部略宽，后端残缺。残长 9.7、剑身后端最宽 3.0 厘米（图一九九，7）。

# 第三节　第三发掘区

第三发掘区位于墓地中部偏西，墓葬编号为 M3001 ～ M3220。

实际共发掘墓葬 184 座，编号为 M3001 ～ M3009、M3011 ～ M3017、M3019 ～ M3026、M3029 ～ M3073、M3075 ～ M3076、M3038 ～ M3080、M3082 ～ M3083、M3092 ～ M3098、M3100 ～ M3102、M3106 ～ M3111、M3113 ～ M3127、M3129 ～ M3149、M3151 ～ M3152、M3154、M3158 ～ M3168、M3170 ～ M3177、M3179 ～ M3180、M3183 ～ M3187、M3189 ～ M3190、M3192 ～ M3197、M3199 ～ M3201、M3203 ～ M3208、M3211 ～ M3220。

M3077、M3081、M3169、M3209、M3210 等 5 个空号，M3010、M3018、M3027、M3028、M3074、M3084 ～ M3091、M3099、M3103 ～ M3105、M3112、M3128、M3150、M3153、M3155 ～ M3157、M3178、M3181 ～ M3182、M3188、M3191、M3298、M3202 等 31 座墓仅探明位置未发掘。

# 一　M3001

位于发掘区三区中部，北邻 M3002，西邻 M3166，墓葬开口未标识。

（一）墓葬形制

长方形土坑竖穴墓，方向 99°（图二〇〇）。墓口长 2.75、宽 1.60 ～ 1.70 米。墓底距地表深 3.28、长 2.42、宽 1.50 ～ 1.60 米。斜壁内收。底部有熟土二层台，高 0.56、宽 0.20 ～ 0.35 米。墓内填土为五花土。

（二）葬具葬式

葬具为一棺一椁。棺长 1.97、宽 0.65、残高 0.17 米。椁长 2.15、宽 1.25、残高 0.56 米。棺内人骨 1 具，上肢腐朽较甚。仰身直肢，头向东，面向上，下肢伸直，双足并拢。

（三）随葬器物放置

随葬品有绳纹鬲 1 件，陶豆 2 件，陶盘 1 件，盖豆 1 件，共 5 件。绳纹鬲、陶盖豆和陶豆 1 件置于墓主左侧下肢和足端二层台上，陶盘和陶豆 1 件放置在墓主右侧。

（四）随葬器物

陶器5件。陶豆2件，陶盖豆1件，陶盘1件，另外未修复绳纹鬲1件。

陶豆　2件。

Ab 型 Ⅱ 式　形制相同。泥质灰陶。敞口，浅盘，方唇，盘外壁微内凹，下部有折棱，外壁弧形内收，内壁弧收，粗柄中空，柄壁制作粗糙，高低不平，喇叭状

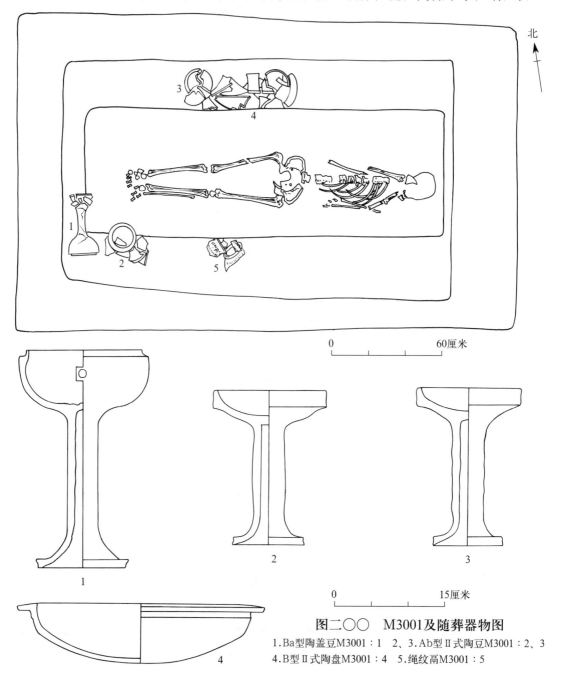

北

0　　　　　　　60厘米

0　　　　　15厘米

**图二〇〇　M3001及随葬器物图**

1.Ba型陶盖豆M3001：1　2、3.AbⅡ式陶豆M3001：2、3

4.B型Ⅱ式陶盘M3001：4　5.绳纹鬲M3001：5

器座。标本 M3001：2，口径 15.6、底径 10.1、高 20.6 厘米（图二〇〇，2）。标本 M3001：3，口径 14.4、底径 9.6、高 21 厘米（图二〇〇，3）。

陶盖豆 1 件。

Ba 型 标本 M3001：1，泥质红褐陶。器呈半球状，子母口，深腹，圜底，腹侧有对称圆孔，高柄中空，喇叭状器座。无盖。口径 17.6、底径 12.0、高 28.8 厘米（图二〇〇，1）。

陶盘 1 件。

B 型 II 式 标本 M3001：4，泥质红陶。敞口，平沿略外斜，方唇，颈部有一周凸棱，折腹，腹内外壁弧收，圜底近平。口径 34.2、高 8.0 厘米（图二〇〇，4）。

# 二 M3003

位于发掘区三区中部，西邻 M3004，北邻 M3008，墓葬开口未标识。

## （一）墓葬形制

土坑竖穴墓，方向 110°（图二〇一）。墓口长 2.30、宽 1.18 米。墓底距地表 1.36、长 2.30、宽 1.18 米。直壁。墓内填土为黄花土。

## （二）葬具葬式

葬具为一棺一椁。棺长 1.85、宽 0.70 米。椁长 2.30、宽 0.79、高 0.60 米。

棺内人骨 1 具，骨骼保存完好。仰身直肢，头向东，面向北，双手交叠放置于下腹部，下肢伸直并拢。

## （三）随葬器物放置

随葬品有绳纹鬲 1 件，陶豆 2 件，陶盂 1 件，共 4 件。绳纹鬲放置于棺内墓主头端右侧，其余陶器放置在墓主头端棺外，陶器北侧发现有小兽骨。

## （四）随葬器物

陶器 4 件。绳纹鬲 1 件，陶豆 2 件，陶盂 1 件。

绳纹鬲 1 件。

B 型 III 式 标本 M3003：1，夹细砂灰陶。器形较小，器表泛黑，侈口，卷沿，宽方唇，束颈，鼓肩，下腹内收，平裆微弧，三实矮小尖足，呈锥状。肩以下饰竖向粗绳纹。口径 15.4、高 13.8 厘米（图二〇一，1）。

陶豆 2 件。

Aa 型 VII 式 形制相同。泥质灰陶。器呈碗状，敞口，圆唇，浅盘，内外壁弧收，外壁微有一周折棱，内底近平，柄较高、中空，柄中部饰一周凸棱，喇叭状

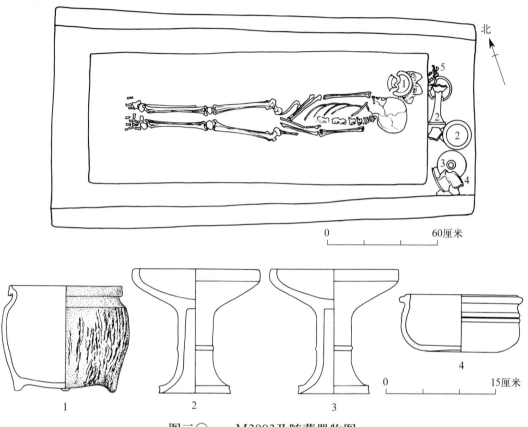

图二〇一　M3003及随葬器物图

1.B型Ⅲ式绳纹鬲M3003：1　2、3.A型Ⅶ式陶豆M3003：2、3　4.Ca型Ⅰ式陶盂M3003：4　5.兽骨M3003：5

器座。标本 M3003：2，口径 17.0、底径 9.8、高 16.4 厘米（图二〇一，2）。标本 M3003：3，口径 17.4、底径 9.6、高 17.5 厘米（图二〇一，3）。

　　陶盂　1 件。

　　Ca 型Ⅰ式　标本 M3003：4，泥质灰陶。直口微侈，沿微斜，沿面有一周弦纹，圆唇，圆腹微鼓，大平底内凹。腹上部饰两周凸弦纹。口径 16.8、底径 10.6、高 7.6 厘米（图二〇一，4）。

## 三　M3004

　　位于发掘区三区中部，东邻 M3003，西邻 M3002，墓葬开口未标识。

　　（一）墓葬形制

　　长方形土坑竖穴墓，方向 100°（图二〇二）。墓口长 2.92、宽 1.44 米。墓底距地表深 2.44、长 2.4、宽 1.20 米。斜壁内收。墓内填土为黄花土。

（二）葬具葬式

葬具不清。

人骨已腐朽，葬式不明。

（三）随葬器物放置

随葬品有绳纹鬲1件，陶豆2件，陶罐1件，骨簪1件，共5件。陶罐和骨簪放置在墓室东南角，绳纹鬲和陶豆放置在墓室西南角。

（四）随葬器物

共5件，包括陶器4件，骨器1件。其中未修复绳纹鬲1件。

1. 陶器

陶器3件。陶豆2件，陶罐1件。

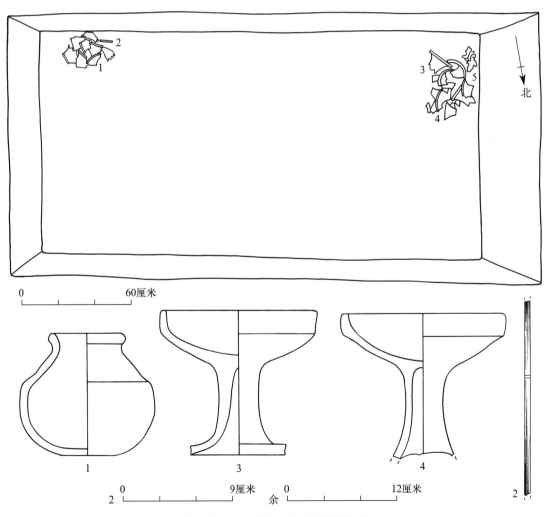

图二〇二　M3004及随葬器物图

1.A型Ⅲ式陶罐M3004：1　2.B型骨簪M3004：2　3、4.Ac型Ⅱ式陶豆M3004：3、4　5.绳纹鬲M3004：5

陶豆　2件。

Ac 型 Ⅱ式　形制相同。泥质灰陶。盘呈碗状，直口，方唇，深盘，盘外壁近直，下部弧收，内壁弧收，矮柄中空，喇叭状器座。标本 M3004：3，口径 17.0、底径 10.2、高 15.4 厘米（图二〇二，3）。标本 M3004：4，直口，方唇，矮柄中空，器座残缺。口径 18.2、残高 15.4 厘米（图二〇二，4）。

陶罐　1件。

A 型 Ⅲ式　标本 M3004：1，泥质灰陶。小口，卷沿，圆唇，束颈，斜折肩，鼓腹，下腹内收成平底。口径 8.0、底径 5.8、高 12.8 厘米（图二〇二，1）。

2．骨器

骨簪　1件。

B 型　标本 M3004：2，制作精细，通体磨光，断面为扁形，两端残缺。残长 16.0、厚 0.4 厘米（图二〇二，2）。

# 四　M3006

位于发掘区三区中部，南邻 M3005，西邻 M3037。

（一）墓葬形制

长方形土坑竖穴墓，方向 101°（图二〇三）。墓口距地表深 0.13、长 1.75、宽 0.73 米。墓底距地表深 0.72、长 1.75、宽 0.73 米。墓内填土为黄花土。

（二）葬具葬式

无葬具。

墓内人骨 1 具，骨骼保存完好。仰身直肢，头向东，面向北，双手交叠放置于下腹部，下肢伸直，双足并拢。

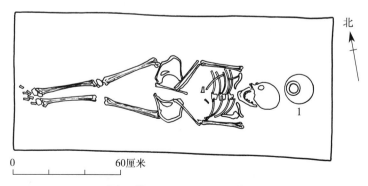

图二〇三　M3006平面图

1.簋形豆

（三）随葬器物放置

随葬品有陶簋形豆 1 件，放置于墓主头部上端。

（四）随葬器物

陶器 1 件。

簋形豆 1 件。

标本 M3006：1，泥质灰陶。子母口，尖唇，深腹，上腹近直壁，下腹弧收，柄粗矮中空，柄饰有一周凸棱，喇叭状器座。口径 18.6、底径 10.5、高 11.5 厘米。

# 五 M3007

位于发掘区三区中部，南邻 M3017，西邻 M3112。

（一）墓葬形制

长方形土坑竖穴墓，方向 94°（图二〇四）。墓口长 2.72、宽 2.00 米。墓底距

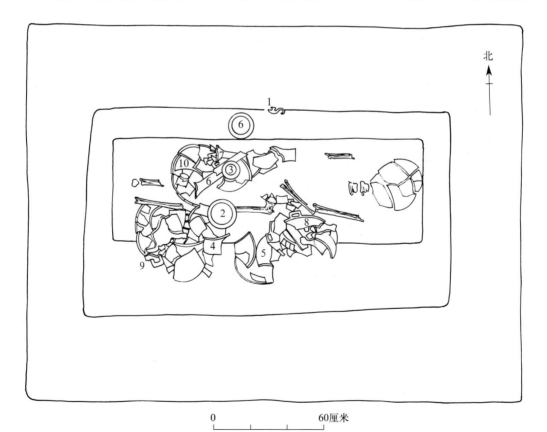

图二〇四 M3007平面图

1.铜带钩 2.陶盂 3～5.陶壶 6、7.陶盖豆 8、9.泥鼎 10.泥盖豆

地表深 2.85、长 2.72、宽 2.00 米。直壁。底部有熟土二层台，宽 0.32～0.40、高 0.95 米。墓内填土为黄褐花土。

### （二）葬具葬式

葬具为一棺一椁。棺长 1.70、宽 0.56、残高 0.20 米。椁长 2.00、宽 1.05 米。

棺内人骨 1 具，骨骼腐朽严重。仰身直肢，头向东，面向北，右上肢小臂位于下腹部，下肢直伸。

### （三）随葬器物放置

随葬品有陶盂 1 件，陶壶 3 件，陶盖豆 2 件，泥鼎 2 件，泥盖豆 1 件，铜带钩 1 件，共 10 件。陶盂、陶盖豆、陶壶放置于棺顶，泥鼎、泥盖豆置于棺下。铜带钩 1 件置于墓主腰部外侧的棺椁之间。泥盖豆、泥鼎，质地较差，未采集。

### （四）随葬器物

共 10 件。包括陶器 6 件，铜器 1 件，泥器 3 件。其中未修复泥鼎 2 件，泥盖豆 1 件。

1. 陶器

陶器 6 件。陶盖豆 2 件，陶壶 3 件，陶盂 1 件。

陶盂 1 件。

A 型 III 式 标本 M3007：2，泥质灰陶。直口，平沿，圆唇，束颈，折肩，弧腹，平底。口径 18.4、底径 8.5、高 8.8 厘米（图二〇五，1）。

陶盖豆 2 件。

Ba 型 形制相同。泥质红陶。器呈球状，子母口，尖唇，鼓腹，腹侧有对称圆孔纳环纽，细柄中空。标本 M3007：6，弧形盖，盖上有三圆孔纳三环纽。口径 13.0、残高 20.6 厘米（图二〇五，2）。标本 M3007：7，子母口，圆唇，鼓腹，无盖、柄、足残缺。口径 13.0、残高 13.8 厘米（图二〇五，3）。

陶壶 3 件。

A 型 形制相同。泥质红陶。微侈口，平沿，束颈，鼓腹，器座，无底，肩部有对称圆孔。标本 M3007：3，口径 10.2、底径 10.4、高 27.8 厘米（图二〇五，4）。标本 M3007：4，口径 11.4、底径 13.4、高 32.8 厘米（图二〇五，5）。标本 M3007：5，外壁光滑，内壁凹凸不平。口径 11.4、底径 13.6、高 32.8 厘米（图二〇五，6）。

2. 铜器

铜带钩 1 件。

A 型 标本 M3007：1，匙形，马首形钩，平背，鼓腹，铆纽近尾部。长 5.5、宽 0.8、厚 0.6 厘米（图二〇五，7）。

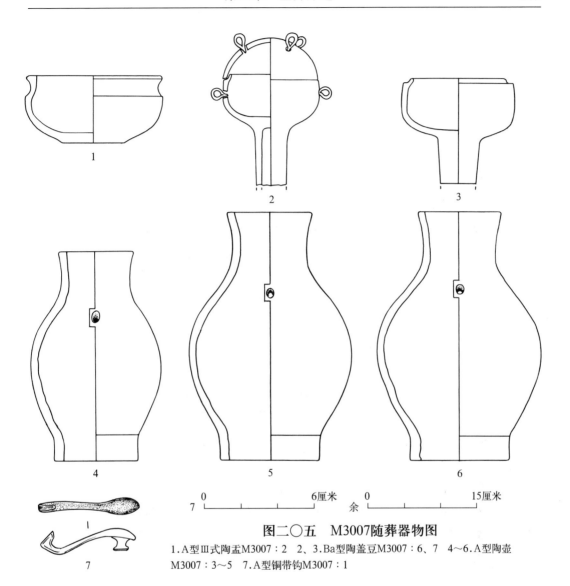

7      0                6厘米      0                15厘米

余

**图二〇五　M3007随葬器物图**

1.A型Ⅲ式陶盂M3007：2　2、3.Ba型陶盖豆M3007：6、7　4~6.A型陶壶
M3007：3~5　7.A型铜带钩M3007：1

# 六　M3008

位于发掘区三区中部，东邻 M3017，西邻 M3006。墓葬开口未标识。

## （一）墓葬形制

长方形土坑竖穴墓，方向 110°（图二〇六）。墓口长 2.30、宽 1.30 米。墓底距地表深 2.15、长 2.30、宽 1.30 米。直壁。墓内填土为五花土。

## （二）葬具葬式

葬具为单棺。棺长 1.85、宽 0.70 米。

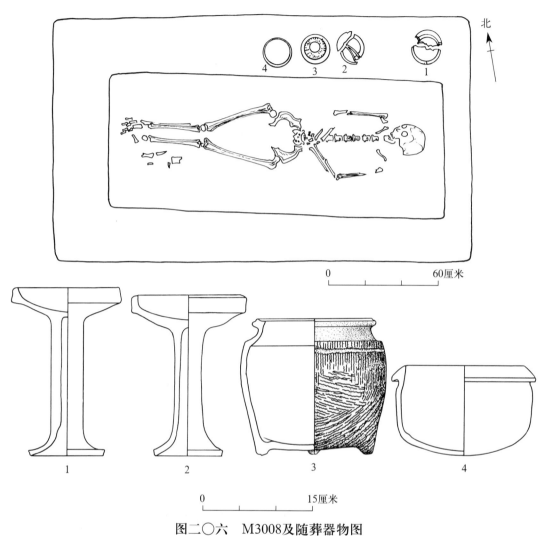

图二〇六　M3008及随葬器物图

1、2.Ab型Ⅱ式陶豆M3008：1、2　3.D型Ⅳ式绳纹鬲M3008：3　4.B型Ⅵ式陶盂M3008：4

　　棺内人骨1具，上身腐朽严重。仰身直肢，头向东，面向上，双手交叠放置于下腹部，下肢伸直，双足并拢。

　　（三）随葬器物放置

　　随葬品有绳纹鬲1件，陶豆2件，陶盂1件，共4件。随葬器物置于墓主右侧的棺外。

　　（四）随葬器物

　　陶器4件。绳纹鬲1件，陶豆2件，陶盂1件。

　　绳纹鬲　1件。

　　D型Ⅳ式　标本M3008：3，夹砂灰陶。敛口，折沿，叠圆唇，束颈，折肩，鼓腹，下腹直收，平裆微弧，三足尖矮，呈柱状。肩以下饰竖向细绳纹，并有一周抹痕纹，下腹饰交错粗绳纹，底部饰斜粗绳纹。口径 15.6、高 18.0 厘米（图二〇六，3）。

陶豆　2件。

Ab 型 II 式　形制相同。泥质灰陶。直口，方唇，盘较浅，内弧收，外直壁，壁下有明显折棱，高柄中空，喇叭状器座，柄有加工痕迹。标本 M3008：1，口径 14.6、底径 10.0、高 22.2 厘米（图二〇六，1）。标本 M3008：2，口径 15.9、底径 9.2、高 21.2 厘米（图二〇六，2）。

陶盂　1件。

B 型 VI 式　标本 M3008：4，泥质灰陶。直口微敛，窄沿外斜，方唇，无颈，直腹内收，圜底。口径 19.6、高 12.0 厘米（图二〇六，4）。

# 七　M3009

位于发掘区三区中部偏东，北邻 M3010，南邻 M3020。墓葬开口未标识。

## （一）墓葬形制

长方形土坑竖穴墓，方向 100°（图二〇七）。墓口长 2.60、宽 1.60～1.80 米。墓底距地表深 2.29、长 2.60、宽 1.60～1.80 米。直壁。底部有熟土二层台，宽 0.30～0.50、高 0.75 米。墓内填土为黄褐花土。

## （二）葬具葬式

葬具为一棺一椁。棺长 1.7、宽 0.35～0.44、高 0.09 米。椁长 2.15、宽 0.85、高 0.83 米。棺内人骨 1 具，上身腐朽严重。仰身直肢，头向东，面向上，下肢直伸。

## （三）随葬器物放置

随葬有绳纹鬲 1 件，陶豆 1 件，陶盂 1 件，簋形豆 1 件，共 4 件。均放置于棺椁之间，陶盂、绳纹鬲置于墓主头前，陶豆放置于足端。

## （四）随葬器物

陶器 4 件。绳纹鬲 1 件，陶豆 1 件，簋形豆 1 件，陶盂 1 件（彩版五九，1）。

绳纹鬲　1件。

Aa 型 II 式　标本 M3009：2，泥质灰陶。敞口，卷沿，沿壁有一周凹弦纹，圆唇，束颈，鼓腹，平底微鼓，三袋状尖足，通体饰交错绳纹。口径 15.6、高 15.2 厘米（图二〇七，2；彩版五九，2）。

陶豆　1件。

Aa 型 II 式　标本 M3009：4，泥质灰陶。器呈碗状，敞口，圆唇，深盘，内外壁弧收，矮柄中空，柄中间有一周凸棱，喇叭状器座。口径 18.0、底径 10.4、高

13.2 厘米（图二〇七，4；彩版五九，4）。

篹形豆　1 件。

标本 M3009：3，泥质灰褐陶，通体黑灰，器呈钵状，敞口，平沿，圆唇，内外壁弧收，高柄中空，喇叭状器座。口径 14.0、底径 9.0、高 17.8 厘米（图二〇七，3；彩版五九，3）。

陶盂　1 件。

A 型 II 式　标本 M3009：1，泥质灰陶。敛口，平沿，方唇，矮颈，折肩较窄，收腹，平底微凹。口径 20.4、底径 9.2、高 10.0 厘米（图二〇七，1；彩版五九，5）。

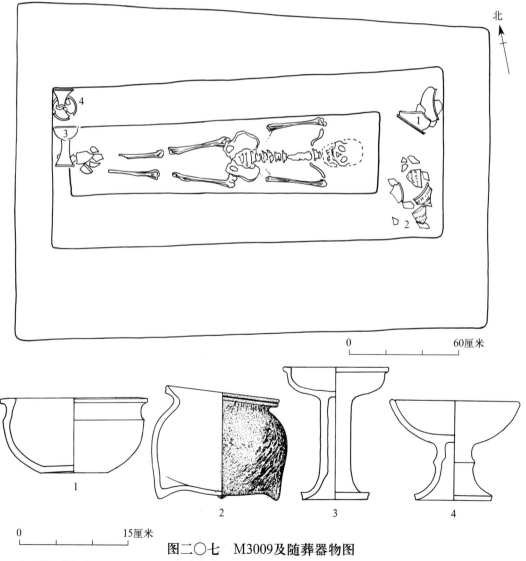

图二〇七　M3009 及随葬器物图

1. A 型 II 式陶盂 M3009：1　2. Aa 型 II 式绳纹鬲 M3009：2　3. 篹形豆 M3009：3　4. Aa 型 II 式陶豆 M3009：4

# 八 M3011

位于发掘区三区中部，北邻 M3022，西邻 M3012。墓葬开口未标识。

## （一）墓葬形制

长方形土坑竖穴墓，方向 100°（图二〇八）。墓口长 2.25、宽 0.87 米。墓底距地表深 1.15、长 2.25、宽 0.87 米。直壁。墓内填土为黄褐花土。

## （二）葬具葬式

葬具为单棺。棺长 2.00、宽 0.60 米。

棺内人骨 1 具，上身腐朽严重。仰身直肢，头向东，面向北，右上肢放置于下腹部，下肢伸直，双脚并拢。

## （三）随葬器物放置

随葬品有绳纹鬲 1 件，陶豆 3 件，陶盂 1 件，共 5 件。均放于墓主右侧棺外。

## （四）随葬器物

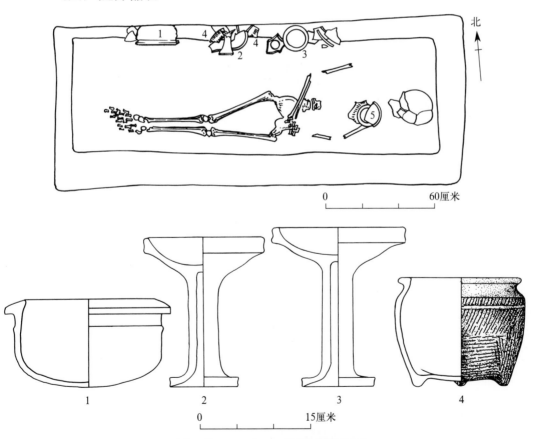

图二〇八 M3011及随葬器物图

1.B型Ⅵ式陶盂M3011：1 2、3.Ab型Ⅱ式陶豆M3011：2、3 4.D型Ⅳ式绳纹鬲M3011：4 5.陶豆M3011：5

陶器 5 件。绳纹鬲 1 件，陶豆 2 件，陶盂 1 件，未修复陶豆 1 件。

绳纹鬲　1 件。

D 型 Ⅳ式　标本 M3011：4，夹砂灰陶，器表黑灰。敛口，圆唇，束颈，折肩，鼓腹，腹弧收，平裆微弧，三柱状矮足。肩部以下饰竖向斜细绳纹，并有一周抹痕纹，下腹饰交错粗绳纹，底部饰横向细绳纹。口径 17.0、高 14.4 厘米（图二〇八，4）。

陶豆　2 件。

Ab 型 Ⅱ式　形制相同。泥质灰陶。敞口，圆唇，浅盘，盘外壁微内凹，下部弧收，并有明显折棱，内壁弧收，粗柄中空，柄有加工痕迹，喇叭状器座。标本 M3011：2，口径 16.4、底径 9.2、高 19.5 厘米（图二〇八，2）。标本 M3011：3，口径 18.0、底径 9.6、高 21.2 厘米（图二〇八，3）。

陶盂　1 件。

B 型 Ⅵ式　标本 M3011：1，泥质灰陶。器形较大，敛口，宽斜折沿，方唇，直腹，下腹弧收，转折圆钝，圜底。口径 22.6、高 11.6 厘米（图二〇八，1）。

# 九　M3012

位于发掘区三区中部，东邻 M3011，西邻 M3001。墓葬开口未标识。

## （一）墓葬形制

土坑竖穴墓，方向 98°（图二〇九）。墓口长 1.80、西宽 0.50、东宽 0.64 米。墓底距地表深 1.25、长 1.80、宽 0.50 ～ 0.64 米。墓内填土为五花土。

## （二）葬具葬式

葬具为单棺。棺长 1.65、宽 0.34 ～ 0.46 米。

棺内人骨 1 具，保存一般，上身腐朽，胫骨及脚部不见。仰身直肢，头向东，面向上，下肢直伸。

## （三）随葬器物放置

随葬品有绳纹鬲 1 件，陶豆 2 件，铜带钩 2 件，共 5 件。铜带钩放置于棺内墓主头东，陶器放置于棺顶，棺板腐朽后器物落入墓底。

## （四）随葬器物

共 5 件。包括陶器 3 件，其中未修复绳纹鬲 1 件。铜器 2 件。

1. 陶器

陶豆　2 件。

Aa 型 Ⅸ式　1 件。标本 M3012：5，泥质灰陶。盘呈碗状，敞口，圆唇，浅盘，盘内壁弧收，外壁折收，高柄中空，柄有轮制痕迹，喇叭形器座。口径 16.4、底径

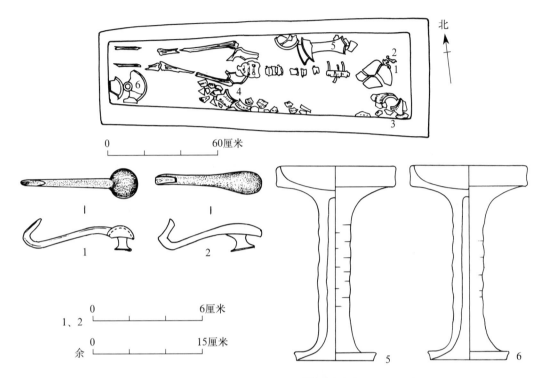

**图二○九　M3012及随葬器物图**

1.D型铜带钩M3012：1　2.A型铜带钩M3012：2　3、4.绳纹鬲M3012：3、4　5.Aa型Ⅸ式陶豆M3012：5　6.B型Ⅳ式陶豆M3012：6

10.6、高 26.0 厘米（图二○九，5）。

B 型Ⅳ式　1件。标本 M3012：6，泥质灰陶。浅盘，敞口，斜方唇，内壁弧收，外壁折收，高柄中空，喇叭状器座。口径 16.0、底径 10.6、高 26.0 厘米（图二○九，6）。

2.**铜器**

铜带钩　2件。

A 型　标本 M3012：2，匙形，鸟首状钩，鼓腹，平背，铆钉状纽位于凹槽中。素面，长 5.8、腹宽 1.2 厘米（图二○九，2）。

D 型　标本 M3012：1，圆腹形，腹部平面近似圆形，颈部较细长，颈部与腹部交界处有一处凹痕，平背，铆钉状纽位于凹槽中，纽近尾部。素面。长 6.0、腹宽 1.6 厘米（图二○九，1）。

# 一○　M3013

位于发掘区三区中部，开口于①层下。

（一）墓葬形制

长方形土坑竖穴墓，方向 10°（图二一〇）。墓口长 2.10、宽 0.80 米。墓底距地表深 0.80、长 2.10、宽 0.80 米。直壁。墓内填土为五花土。

（二）葬具葬式

葬具为单棺。棺长 1.85、宽 0.35～0.56 米。

棺内人骨 1 具，保存较好。仰身直肢，头向东，面向北，双手交叠于下腹部，下肢伸直，双足并拢。

（三）随葬器物放置

随葬品有绳纹鬲 1 件，陶豆 2 件，陶盂 1 件，共 4 件。均放置在棺外，绳纹鬲放于墓主足端右侧，陶盂、陶豆在墓主右股骨外侧。

（四）随葬器物

陶器 4 件。绳纹鬲 1 件，陶豆 2 件，陶盂 1 件。

绳纹鬲　1 件。

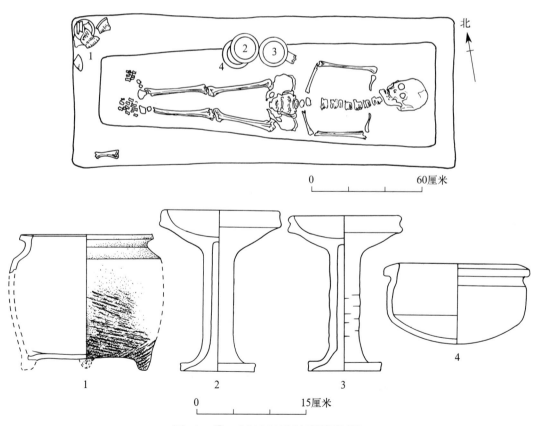

图二一〇　M3013 及随葬器物图

1.D 型Ⅲ式绳纹鬲 M3013：1　2、3.Ab 型Ⅱ式陶豆 M3013：2、3　4.B 型Ⅴ式陶盂 M3013：4

D 型 III 式　标本 M3013：1，夹砂灰陶。敛口，斜沿，方唇，折肩，鼓腹，下腹内收，平底微鼓，三柱状矮足，腹、底饰斜细绳纹。口径 18.2、高 17.8 厘米（图二一〇，1）。

陶豆　2 件。

Ab 型 II 式　形制相同。泥质灰陶。敞口，圆唇，盘外壁内凹折收，内壁弧收，高柄中空，喇叭状器座。标本 M3013：2，口径 16.4、底径 10.2、高 21.2 厘米（图二一〇，2）。标本 M3013：3，口径 15.4、底径 10.0、高 20.6 厘米（图二一〇，3）。

陶盂　1 件。

B 型 V 式　标本 M3013：4，泥质灰陶。敛口，斜沿，圆唇，短颈，直腹，圜底。内壁不平并有一周折棱。口径 19.8、高 10.8 厘米（图二一〇，4）。

# 一一　M3014

位于发掘区三区中部偏东，北邻 M3015，南邻 M3022。墓葬开口未标识。

## （一）墓葬形制

长方形土坑竖穴墓，方向 100°（图二一一）。墓口长 2.80、宽 2.10 米。墓底距地表深 2.60、长 2.80、宽 2.10 米。直壁。底部有熟土二层台，宽 0.25 ～ 0.37、高 0.85 米。墓内填土为黄褐花土。

## （二）葬具葬式

葬具为一棺一椁。棺长 1.78、宽 0.50 米。椁长 2.20、宽 1.30 米。

棺内人骨 1 具，保存较好。仰身直肢，头向东，面向北，双手交叠于下腹部，下肢直伸，双足并拢。

## （三）随葬器物放置

随葬品有绳纹鬲 1 件，陶豆 1 件，陶盂 1 件，共 3 件。均放于墓主右侧的二层台东南部。

## （四）随葬器物

陶器 3 件。绳纹鬲 1 件，陶豆 1 件，陶盂 1 件。

绳纹鬲　1 件。

D 型 III 式　标本 M3014：1，夹砂灰陶。敛口，平沿，沿面有一周弦纹，尖唇，束颈，折肩，直腹，平底微鼓，三柱状矮足，足尖外撇。腹、底饰交错绳纹。口径 16.2、高 18.4 厘米（图二一一，1）。

陶豆　1 件。

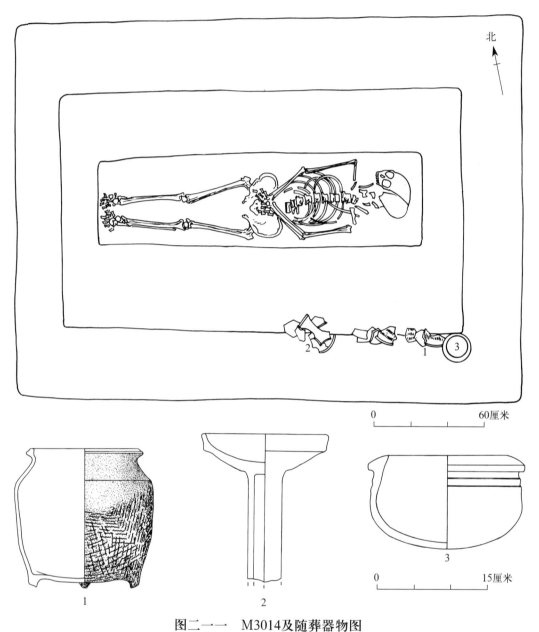

图二一一　M3014及随葬器物图

1.D型Ⅲ式绳纹鬲M3014：1　2.Ab型Ⅱ式陶豆M3014：2　3.B型Ⅴ式陶盂M3014：3

　　Ab型Ⅱ式　标本M3014：2，泥质灰陶。敞口，圆唇，浅盘，内壁弧收，外壁微内凹折收，柄中空，器座残缺。口径17.4、残高19.5厘米（图二一一，2）。

　　陶盂　1件。

　　B型Ⅴ式　标本M3014：3，泥质灰陶。敛口，斜沿，方唇，颈部饰一周凸弦纹，直腹微鼓，圜底。口径21.4、高12.6厘米（图二一一，3）。

# 一二　M3017

位于发掘区三区东部，南邻 M3015，东邻 M3013，东半部被灰坑打破。墓葬开口未标识。

## （一）墓葬形制

长方形土坑竖穴墓，方向 102°（图二一二）。墓口长 2.10、宽 1.00、墓深 1.15 米。墓底长 2.10、宽 1.00 米。墓内填土为黄褐花土。

## （二）葬具葬式

葬具为单棺。因该墓被灰坑打破，棺长不清，宽 0.59 米。

棺内人骨 1 具，保存一般。葬式不清，头向东，面向上，双手交叠于下腹部，下肢直伸，双足并拢。

## （三）随葬器物放置

随葬品至少两件，东部被灰坑打破残留陶豆残片，陶盂 1 件放置于棺上部，棺板腐朽后落入墓主股骨右侧。

## （四）随葬器物

陶器 2 件，其中未复原陶豆 1 件。

陶盂　1 件。

A 型Ⅲ式　标本 M3017：1，泥质灰陶。直口，方唇，鼓腹，平底略内凹。口径 18.8、高 10.2 厘米（图二一二，1）。

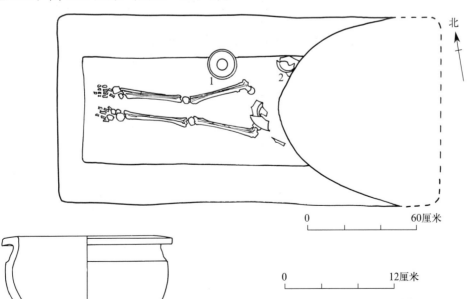

0　　　　　　　　60厘米

0　　　　　　　　12厘米

图二一二　M3017及随葬器物图
1.A型Ⅲ式陶盂M3017：1　2.陶豆M3017：2

# 一三　M3019

位于发掘区三区东部，南邻 M3030，西邻 M3009。墓葬开口未标识。

（一）墓葬形制

长方形土坑竖穴墓，方向 100°（图二一三）。墓口长 2.90、宽 2.30 米。墓底距地表深 3.38、长 2.90、宽 2.30 米。直壁。底部有生土与熟土混搭的二层台，内侧为生土窄台，外侧用熟土夯打加宽，宽 0.30～0.55、高 1.30 米。墓内填土为五花土，部分经过夯打，夯层不清，直径 4.0 厘米。

（二）葬具葬式

葬具为一棺一椁。棺长 1.80、宽 0.84 米，椁尺寸不详。

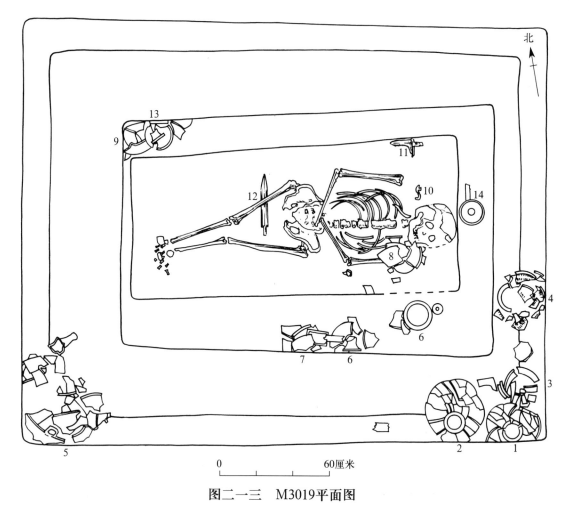

0　　　　　　　　60厘米

图二一三　M3019平面图

1、2.彩陶壶　3.陶盂　4.绳纹鬲　5.陶鼎　6、8.陶盖豆　7.陶匜　9.陶盘　10.铜带钩　11.铜戈　12.铜剑
13、14.陶盖豆

棺内人骨 1 具,骨骼腐朽严重。仰身直肢,头向东,面向南,双手交叠于下腹部,下肢直伸,双足并拢。

### (三)随葬器物放置

随葬品有绳纹鬲 1 件,陶盂 1 件,彩陶壶 2 件,陶鼎 1 件,陶盖豆 4 件,陶匜 1 件,陶盘 1 件,铜带钩 1 件,铜戈 1 件,铜剑 1 件,共 14 件。铜带钩、铜戈、放置于棺内墓主头端及右臂外侧,铜剑在右股骨之下。陶器大多放置在二层台上,陶鼎放置于墓主脚端左侧,彩陶壶、陶盂、绳纹鬲、陶盖豆、陶匜、陶盘,放置在墓主头端左侧的二层台上。另有陶盖豆和陶豆置于墓主足部右侧的棺椁之间。

### (四)随葬器物

共 14 件。包括陶器 11 件,铜器 3 件。其中未修复陶盖豆 3 件,陶盘 1 件,陶匜 1 件,陶鼎 1 件。

#### 1. 陶器

陶器 5 件。绳纹鬲 1 件,陶盂 1 件,盖豆 1 件,彩壶 2 件。

绳纹鬲 1 件。

Aa 型 Ⅶ式 标本 M3019:4,夹砂灰陶。器形圆鼓,侈口,圆唇,束颈,鼓腹,矮裆近平,三圆尖足。腹、底饰交错绳纹。口径 15.4、高 24.4 厘米(图二一四,1)

陶盂 1 件。

A 型 Ⅳ式 标本 M3019:3,泥质灰陶。直口,斜沿,尖唇,长颈,肩有一周凸棱,腹下部内收明显,大平底。口径 18.6、底径 8.8、高 10.2 厘米(图二一四,2)。

陶盖豆 1 件。

Bb 型 标本 M3019:6,泥质红陶。器呈钵状,敞口,平沿,腹侧有对称圆孔纳环纽,半球状盖,盖顶有对称圆孔纳环纽,纽已失,柄以下已残缺。口径 15.6、残高 14.8 厘米(图二一四,3)。

彩陶壶 2 件。

A 型 形制相同。泥质红陶。敞口,方唇,束颈,肩两侧有对称两圆孔,鼓腹,下腹略收,器座,无底。应有彩绘,现已脱落不清。标本 M3019:1,口径 12.4、底径 16.0、高 37.4 厘米(图二一四,4)。标本 M3019:2,残口径 9.4、底径 13.4、残高 33.6 厘米(图二一四,5)。

#### 2. 铜器

3 件。铜剑 1 件,铜戈 1 件,铜带钩 1 件。

铜剑 1 件。

Bb 型 标本 M3019:12,菱形脊,剑身较窄,较薄,中部起脊,中间横断面为菱形,双刃内侧略加厚,扁圆茎,前宽后窄。通长 36.7、宽 3.2、脊厚 0.3 厘米(图

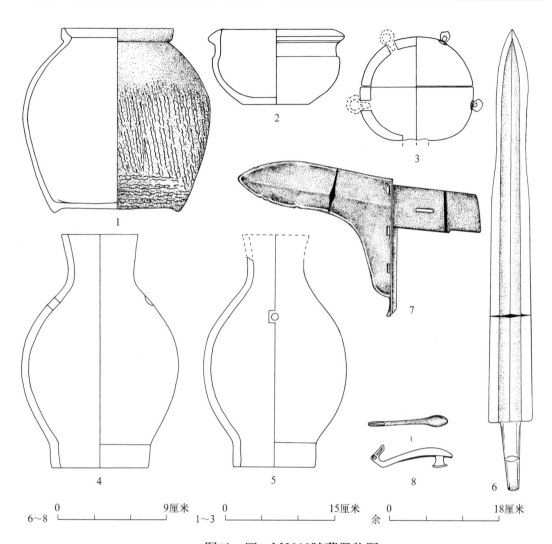

图二一四　M3019随葬器物图

1.Aa型VⅡ式绳纹鬲M3019：4　2.A型Ⅳ式陶盂M3019：3　3.Bb型陶盖豆M3019：6　4、5.A型彩陶壶M3019：1、2
6.Bb型铜剑M3019：12　7.A型Ⅱ式铜戈M3019：11　8.A型铜带钩M3019：10

二一四，6）。

　　铜戈　1件。

　　A型Ⅱ式　标本M3019：11，直内上扬。内外端上扬，外缘斜直，下端外侧有缺，内中有长条形横穿。通长20.4、内长7.1厘米（图二一四，7）。

　　铜带钩　1件。

　　A型　标本M3019：10，匙形，鼓腹，平背，铆钉状纽位于凹槽中，纽近尾部，马首形钩，钩体作兽形。长6.8、腹宽0.9、厚0.6厘米（图二一四，8）。

# 一四　M3020

位于发掘区三区东部，北邻 M3009，东邻 M3030。墓葬开口未标识。

（一）墓葬形制

洞室墓，方向 92°（图二一五）。竖井式墓道，侧室拱顶形。墓道长 2.05～2.35、宽 1.05、深 2.10 米。距墓道开口 1.00 米处，向南横伸掏出土洞墓室，墓室长 2.35～2.50、宽 0.80、高 1.20米。墓室为弧拱形顶。墓内填土为黄花土。

（二）葬具葬式

无葬具。

洞室内人骨 1 具，保存较好。仰身直肢，头向东，面向南，双臂略曲放于上身两侧，右下肢向南略曲。

# 一五　M3022

位于发掘区中部，北邻 M3014，东邻 M3024。墓葬开口未标识。

（一）墓葬形制

土坑竖穴墓，方向 90°（图二一六），墓口长 2.16、宽 0.92、深 1.31 米。有生土二层台，宽 0.06～0.10 米。

（二）葬具葬式

葬具不明，未见人骨。

（三）随葬器物放置

随葬品有陶鬲 1 件，陶豆 1 件，陶盂 1 件。放置于东南角二层台下。

（四）随葬器物

陶器 3 件。陶豆 1 件，绳纹鬲 1 件，陶盂 1 件。

绳纹鬲　1 件。

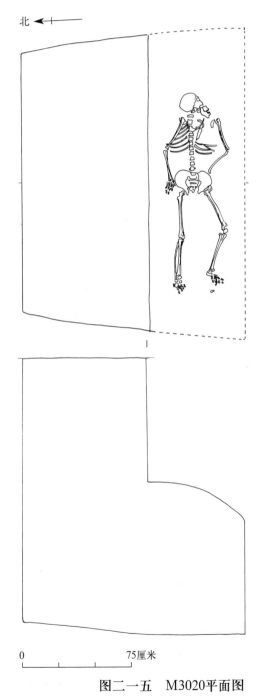

北 ←

0       75厘米

图二一五　M3020平面图

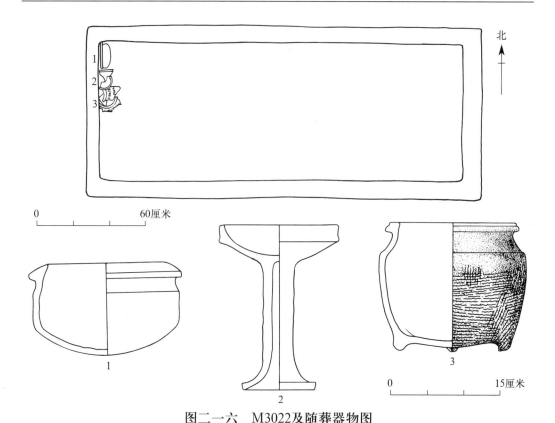

图二一六　M3022及随葬器物图

1.B型Ⅴ式陶盂M3022：1　2.Ab型Ⅱ式陶豆M3022：2　3.D型Ⅲ式绳纹高M3022：3

D型Ⅲ式　标本M3022：3，夹砂灰陶。微敛口，平沿，圆唇，束颈，折肩，鼓腹，下腹弧收，平裆微鼓，三柱状矮足。腹饰斜横向中绳纹，局部有交错，底部饰横向中绳纹。口径17.4、高17.2厘米（图二一六，3）。

陶豆　1件。

Ab型Ⅱ式　标本M3022：2，泥质灰陶。盘呈碗状，敞口，方唇，浅盘，盘外壁微凹，并有明显折棱，内壁弧收，高柄中空，喇叭状器座。口径16.2、底径9.8、高22.0厘米（图二一六，2）。

陶盂　1件。

B型Ⅴ式　标本M3022：1，泥质灰陶。敛口，斜沿，圆唇，直腹，内壁凹凸不平，下腹缓收，圜底。口径20.8、高12.2厘米（图二一六，1）。

# 一六　M3026

位于发掘区三区东部，南邻M3047，北邻M3027。墓葬开口未标识。

（一）墓葬形制

长方形土坑竖穴墓，方向 80°（图二一七）。墓口长 2.60、宽 1.28、墓深 2.32 米。墓底长 2.00、宽 1.00 米。斜壁内收。墓内填土为黄花土，经夯打。

（二）葬具葬式

葬具为一棺一椁。棺长 1.60、宽 0.50 米。椁长 2.00、宽 1.10 米。

棺内人骨一具，腐朽严重。葬式不清，头向不清，面向不清。

（三）随葬器物放置

随葬品有绳纹鬲 1 件，陶豆 2 件，陶盂 1 件，共 4 件。均置于棺椁之间，陶盂放置在棺外东南角，绳纹鬲、陶豆放置在棺外北侧。

（四）随葬器物

陶器 4 件。陶豆 2 件，异形盂 1 件，另外未修复绳纹鬲 1 件。

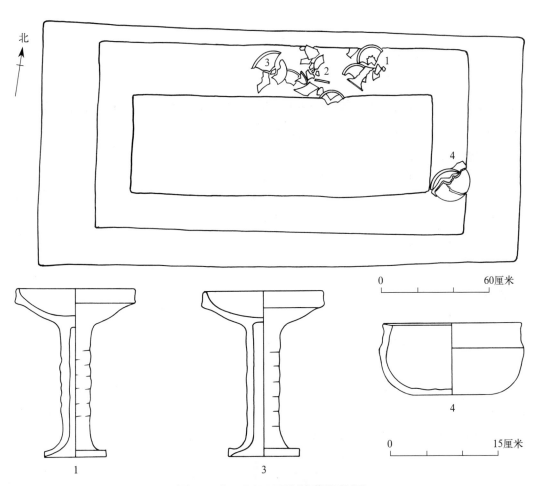

图二一七　M3026 及随葬器物图

1、3.Ab 型 I 式陶豆 M3026：1、3　2.绳纹鬲 M3026：2　4.异形陶盂 M3026：4

陶豆 2件。

Ab 型 I 式 形制相同。泥质灰陶。盘大足小，敞口，圆唇，浅盘，盘外壁微凹，并有折棱，内壁弧收，高柄中空，柄有明显轮制加工痕迹，喇叭状器座。标本M3026：1，口径 16.6、底径 8.4、高 22.3 厘米（图二一七，1）。标本 M3026：3，口径 16.4、底径 9.6、高 22.0 厘米（图二一七，3）。

异形盂 1件。

标本 M3026：4，泥质灰陶。器形同其他不同，敛口，内斜沿，方唇，肩部微折有棱，弧腹内收，大平底。口径 19.2、底径 11.0、高 9.6 厘米（图二一七，4）。

# 一七　M3030

位于发掘区三区东部，东邻 M3032，西邻 M3020。墓葬开口未标识。

## （一）墓葬形制

长方形土坑竖穴墓，方向 15°（图二一八）。墓口长 2.75、东宽 1.50、西宽 1.58、墓深 1.69 米。墓底长 2.75、东宽 1.50、西宽 1.58 米。直壁。底部有生土二层台，宽 0.30 ~ 0.40、高 0.69 米。墓内填土为五花土。

## （二）葬具葬式

葬具为单棺。棺长 1.85、宽 0.67 米。棺下有底箱。

棺内人骨 1 具，足部骨骼腐朽。仰身直肢，头向东，面向上，上肢小臂交叠放在胸部，下肢伸直。

## （三）随葬器物放置

随葬品有绳纹鬲 1 件，陶豆 2 件，陶盂 1 件，共 4 件。均放于墓主上半身下的棺底箱中。

## （四）随葬器物

陶器 4 件。绳纹鬲 1 件，陶豆 2 件，陶盂 1 件。

绳纹鬲 1 件。

D 型 Ⅲ 式 短颈，柱足变矮。标本 M3030：2，夹砂灰陶。口微敛，平沿，方唇，沿上有一道凹弦纹，束颈，折肩，鼓腹，下腹内收，平裆微弧，三柱状矮足。腹部以下饰竖向粗绳纹，底部饰横向粗绳纹，局部有交错绳纹。口径 17.8、高 18.8 厘米（图二一八，2）。

陶豆 2 件。

Ab 型 I 式 形制相同。泥质灰陶。敞口，方唇，盘较浅，外壁矮直微内凹，

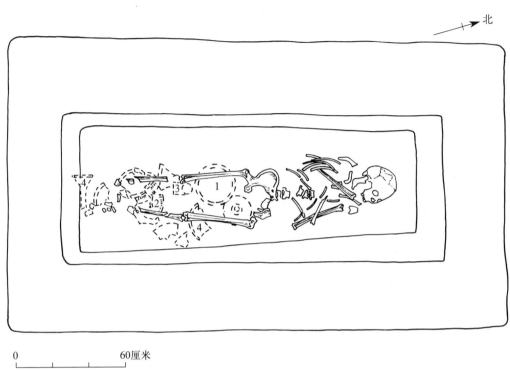

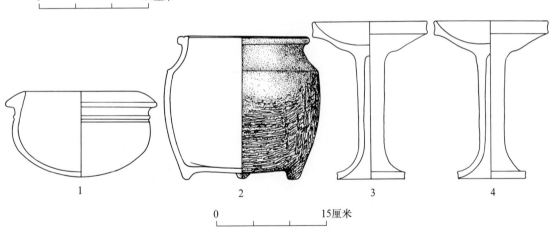

图二一八　M3030及随葬器物图

1.B型V式陶盂M3030：1　2.D型Ⅲ式绳纹鬲M3030：2　3、4.Ab型Ⅰ式陶豆M3030：3、4

下部微弧收，内壁弧收，高柄中空，喇叭状器座。标本 M3030：3，口径 16.0、底径 9.4、高 21.0 厘米（图二一八，3）。标本 M3030：4，口径 15.9、底径 9.4、高 21.0 厘米（图二一八，4）。

　　陶盂　1件。

　　B 型 V 式　标本 M3030：1，泥质灰陶。宽斜沿，圆唇，敛口，深腹，颈部有一周凸棱，弧腹内收，圜底。口径 20.8、高 11.3 厘米（图二一八，1）。

# 一八　M3031

位于发掘区三区东部，东邻 M3029，西南邻 M3019。墓葬开口未标识。

（一）墓葬形制

长方形土坑竖穴墓，方向 100°（图二一九）。墓口长 3.00、宽 2.11、墓深 3.30 米。墓底长 3.00、宽 2.11 米。直壁。底部有熟土二层台，北边宽 0.55、南宽 0.50、东宽 0.35、西宽 0.50、高 1.30 米。墓内填土为五花土。

（二）葬具葬式

葬具为一棺一椁。棺形制不明。椁长 2.15、宽 1.05 米。

棺内人骨 1 具，保存尚好，手骨腐朽。仰身直肢，头向东，面向北，上肢内曲置于下腹部，下肢伸直，双足并拢。

（三）随葬器物放置

随葬品有绳纹鬲 1 件，陶豆 2 件，陶盂 1 件，陶鼎 1 件，陶盖豆 2 件，铜剑 1 件，

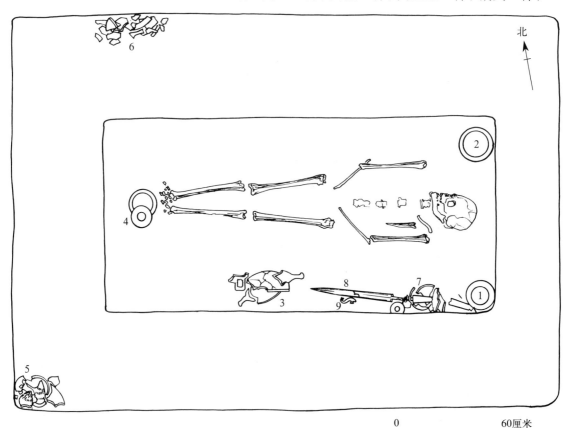

图二一九　M3031平面图

1、4.陶豆　2.陶盂　3.陶鼎　5.陶鬲　6.泥片　7.泥豆柄　8.铜剑　9.铜带钩

铜带钩 1 件，共 9 件。大部放置在棺椁之间，陶盂在墓主头端右侧，陶豆 1 件在墓主足下，陶鼎、铜剑、铜带钩、绳纹鬲、泥豆、陶豆依次西而东放置在墓主右侧的棺椁之间。陶盖豆 2 件（火候极低）放置在墓主足端左侧的二层台上。

**（四）随葬器物**

共 9 件。包括陶器 7 件，铜器 2 件。其中未修复绳纹鬲 1 件，陶盖豆 1 件。

**1. 陶器**

4 件。陶豆 2 件，陶盂 1 件，陶鼎 1 件，陶盖豆 1 件。

陶豆　2 件。

Ac 型Ⅲ式　形制相同。泥质灰陶。盘呈碗状，敞口，平沿，盘外壁斜收，下部弧收，并有一周折棱，内壁弧收，矮柄中空，喇叭状器座。标本 M3031：1，口径 16.2、底径 10.0、高 15.8 厘米（图二二〇，1）。标本 M3031：4，口径 16.2、底径 11.0、高 15.8 厘米（图二二〇，2）。

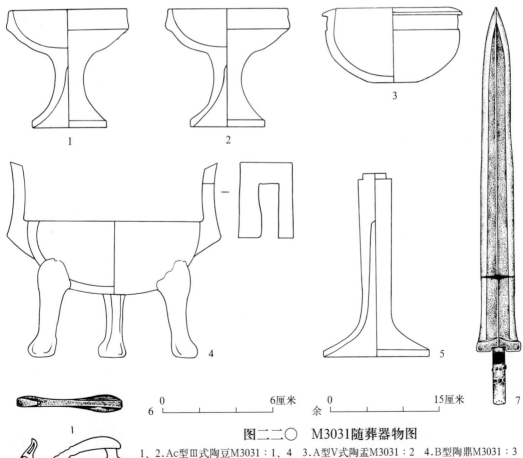

**图二二〇　M3031随葬器物图**

1、2. Ac 型Ⅲ式陶豆 M3031：1、4　3. A 型 V 式陶盂 M3031：2　4. B 型陶鼎 M3031：3
5. 陶盖豆 M3031：7　6. Aa 型Ⅰ式铜剑 M3031：8　7. B 型铜带钩 M3031：9

陶盂　1件。

A型V式　标本 M3031：2，泥质灰陶。直口，窄斜沿，尖圆唇，直颈，肩部有一周折棱，腹弧收，平底。口径 19.2、底径 5.2、高 10.0 厘米（图二二〇，3）。

陶鼎　1件。

B型　标本 M3031：3，泥质红陶。敛口，平沿，长方形对称附耳外撇，弧腹，下腹弧收，圜底，细高三蹄状足。无盖。制作粗糙。口径 23.4、通高 25.8 厘米（图二二〇，4）。

陶盖豆　1件。

标本 M3031：7，残存豆柄，豆盘缺失。高柄中空，上端有榫，喇叭状器座。底径 14.6、残高 24.4 厘米（图二二〇，5）。

2．铜器

2件。铜剑 1件，铜带钩 1件。

铜剑　1件。

Aa型I式　标本 M3031：8，圆茎，双箍，剑身横截面呈菱形，宽厚，较长，前三分之一处内收较明显，剑首残缺。通长 52.6、脊厚 0.6 厘米（图二二〇，6）。

铜带钩　1件。

B型　标本 M3031：9，马琴形，鼓腹，腹部有两条脊棱，平背，铆钉状纽位于凹槽中，纽近尾部，钩体作兽形且较短。长 5.7、腹宽 0.9 厘米（图二二〇，7）。

# 一九　M3032

位于发掘区三区东部，东邻 M3035，西邻 M3030。墓葬开口未标识。

## （一）墓葬形制

长方形土坑竖穴墓，方向 83°（图二二一）。墓口长 2.85、宽 2.19、墓深 2.35 米。墓底长 2.32、宽 2.19 米。南北壁为直壁，东西壁斜壁内收。墓内填土为黄花土，经夯打。

## （二）葬具葬式

葬具为一棺一椁。棺长 2.00、宽 0.86 米。椁长 2.50、宽 1.34 米。

棺内人骨 1具，骨骼腐朽较甚。仰身直肢，头向东，面向北，双手交叠于下腹部，下肢伸直，双足紧靠。

## （三）随葬器物放置

随葬品有绳纹鬲 1件，陶豆 2件，陶盂 1件，陶盘 1件，共 5件。绳纹鬲和陶豆置于棺椁顶部，腐朽后落入墓底。陶盘、陶盂放置于墓主身下的棺底箱中。

图二二一　M3032及随葬器物图

1.D型Ⅲ式绳纹鬲M3032：1　2、3.Ab型Ⅰ式陶豆M3032：2、3　4.B型Ⅴ式陶盉M3032：4　5.A型Ⅰ式陶盘M3032：5

（四）随葬器物

陶器 5 件。绳纹鬲 1 件，陶豆 2 件，陶盂 1 件，陶盘 1 件（彩版六〇，1）。

绳纹鬲　1 件。

D 型 III 式　标本 M3032：1，夹砂灰陶。器物较大，敞口，平沿，方唇，沿上有一周凹弦纹，唇壁有一周弦纹，束颈，折肩，鼓腹，平裆微弧，三柱状矮足。腹、底饰竖向中绳纹。口径 19.6、高 24.2 厘米（图二二一，1；彩版六〇，2）。

陶豆　2 件。

Ab 型 I 式　形制相同。泥质灰陶。敞口，圆唇，盘外壁微内凹，并有一周折棱，内壁弧收，高柄中空，喇叭状器座。标本 M3032：2，口径 16.0、底径 12.4、高 22.0 厘米（图二二一，2；彩版五九，3）。标本 M3032：3，口径 14.8、底径 9.6、高 21.6 厘米（图二二一，3；彩版六〇，4）。

陶盂　1 件。

B 型 V 式　标本 M3032：4，泥质灰陶。侈口，宽斜折沿，圆唇，束颈，折肩，直腹，内壁凹凸不平，下腹弧收，圜底。口径 20.8、高 12.0 厘米（图二二一，4；彩版六〇，5）。

陶盘　1 件。

A 型 I 式　标本 M3032：5，泥质红陶。器表局部泛黑灰。敞口，宽沿略外斜，沿内略凸，方唇，唇面略凹，曲腹微鼓，平底略内凹。口径 31.8、底径 8.6、高 7.9厘米（图二二一，5）。

# 二〇　M3033

位于发掘区三区东部，东邻 M3034，西邻 M3029。墓葬开口未标识。

（一）墓葬形制

长方形土坑竖穴墓，方向 101°（图二二二）。墓口长 3.05、宽 2.40、墓深 3.90米。墓底长 3.05、宽 2.40 米。直壁。底部有熟土二层台，宽 0.25 ～ 0.50、高 0.70米。墓内填土为五花土，有夯土块。墓底有一腰坑，形状呈长方形，长 0.60、宽 0.35、深 0.09 米。腰坑内殉葬狗，头向东，与墓主同向。

（二）葬具葬式

葬具为一棺一椁。棺长 1.85、宽 0.55 米。椁长 2.15、宽 1.30、高 0.70 米。

棺内人骨 1 具，保存一般，上身腐朽严重，双足已腐朽。葬式不清，头向东，面向南，下肢伸直。

（三）随葬器物放置

图二二二 M3033平面图

1、2.彩陶盖豆 3.陶鼎 4.彩陶壶 5.彩陶壶 6.陶盘 7.陶盂 8.铜戈 9.兽骨 10.铜剑

随葬品有陶盂 1 件，彩陶盖豆 2 件，陶壶 2 件，陶鼎 1 件，陶盘 1 件，铜戈 1 件，铜铍 1 件，共 9 件。彩陶盖豆、彩陶壶，置于墓主头端右侧的棺椁之间，陶鼎、泥陶盘、灰陶盘、陶盂和铜戈置于北侧二层台东部，铜戈南侧还有小兽骨。铜剑放置于墓主头端右侧棺椁之间。

（四）随葬器物

共 9 件。包括陶器 7 件，铜器 2 件。其中未修复彩陶壶 2 件。

1. 陶器

陶器 5 件。陶盂 1 件，陶鼎 1 件，陶盖豆 2 件，陶盘 1 件。

陶盂　1 件。

B 型 V 式　标本 M3033：7，泥质灰陶。敛口，方唇，宽斜沿，束颈，直腹，圜底。口径 21.4、高 12.4 厘米（图二二三，1）。

陶鼎　1 件。

B 型　标本 M3033：3，泥质红陶。直口，平沿，深腹，长方形附耳大而外撇，三粗高蹄足。折沿平顶盖，顶面略弧。口径 27.0、通高 30.2 厘米（图二二三，2）。

彩陶盖豆　2 件。

Ba 型　形制相同。泥质红陶。器呈钵状，子母口，高柄中空，喇叭状器座，腹两侧有一对称圆孔纳环纽。弧形盖，盖顶有三圆孔以纳三环纽。标本 M3033：1，口径 16.0、底径 14.0、通高 36.4 厘米（图二二三，3）。标本 M3033：2，口径 16.0、底径 13.8、通高 36.0 厘米（图二二三，4）。

陶盘　1 件。

B 型 II 式　标本 M3033：6，泥质灰陶。口略敞，宽斜沿，沿内凹，方唇，折腹较深，内外壁弧收，圜底。口径 32.4、高 10.0 厘米（图二二三，5）。

2. 铜器

2 件。铜戈 1 件，铜铍 1 件。

铜剑　1 件。

Bb 型　标本 M3033：10，剑身横断面呈大菱形，尖锋，前锐后宽，脊外双刃较窄，末端外侈。茎部为扁体状，前宽后窄，后部中间有穿孔，便于穿钉固定木柲。茎外缘留有铸造时范痕。长 40.6、脊厚 0.5、铍身中部宽 4.0 厘米（图二二三，6）。

铜戈　1 件。

B 型　标本 M3033：8，窄短援，扁平无脊，弧刃锐锋，长胡，胡端 3 长条形穿，直内外端略上扬，外缘斜弧，内中有内长条形横穿。通长 19.0、内长 7.9 厘米（图二二三，7）。

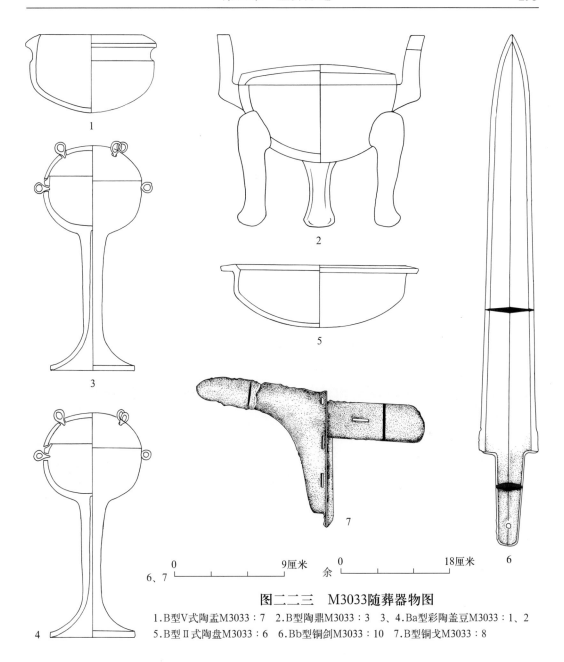

**图二二三　M3033随葬器物图**

1.B型V式陶盂M3033：7　2.B型陶鼎M3033：3　3、4.Ba型彩陶盖豆M3033：1、2
5.B型II式陶盘M3033：6　6.Bb型铜剑M3033：10　7.B型铜戈M3033：8

# 二一　M3034

位于发掘区三区东端，西邻M3033，南邻M3035。墓葬开口未标识。

## （一）墓葬形制

长方形土坑竖穴墓，方向103°（图二二四）。墓口长2.65、宽1.27、墓深2.60米。
墓底长2.80、宽1.37米。斜壁外扩。墓底有熟土二层台，宽0.31～0.43、高0.57米。

墓底有一椭圆形腰坑，长径 0.65、深 0.15 米。墓内填土为黄花土，经夯打，层次不清。

### （二）葬具葬式

葬具为一棺一椁。棺长 2.01、宽 0.62 米，椁不清。

棺内人骨 1 具，腐朽严重。仰身直肢，头向东，面向不明，下肢直肢。

### （三）随葬器物放置

随葬品有陶豆 2 件，陶盂 1 件，陶鼎 1 件，铜带钩 1 件，骨管 1 件，共 6 件。置于棺顶部，板腐朽后落入墓底，陶鼎、骨管在棺右侧，陶豆、陶盂和铜带钩在墓主头前端。

### （四）随葬器物

共 6 件。包括陶器 4 件，铜器 1 件，骨器 1 件。

#### 1. 陶器

陶器 4 件。陶豆 2 件，陶盂 1 件，陶鼎 1 件。

陶豆　2 件。

Ab 型 Ⅱ 式　形制相同。泥质灰陶。敞口，圆唇，浅盘，外壁微内凹，并有明显折棱，内壁弧收，粗高柄中空，喇叭状器足，足盘较小。标本 M3034：1，口径 16.8、底径 10.4、高 24.2 厘米（图二二四，1）。标本 M3034：2，口径 16.3、底径 9.6、高 20.3 厘米（图二二四，2）。

陶盂　1 件。

B 型 Ⅳ 式　标本 M3034：3，泥质灰陶。敛口，宽斜折沿，圆唇，颈部饰有两周凸棱，深腹外鼓，弧腹缓收，圜底。口径 22.8、高 10.4 厘米（图二二四，3）。

陶鼎　1 件。

B 型　标本 M3034：6，泥质红陶。器形较大且宽扁，敞口，平沿，浅腹，长方形附耳微外撇，圜底，三蹄状细高足。无盖。口径 26.0、高 18.0、通高 26.0 厘米（图二二四，6）。

#### 2. 铜器

铜带钩　1 件。

C 型　标本 M3034：4，琵琶形，鼓腹，腹部有两条脊棱，平背，铆钉状纽位于凹槽中，纽近尾部，钩体作兽形且较短。长 5.0、腹宽 0.6 厘米（图二二四，4）。

#### 3. 骨器

骨管　1 件。

标本 M3034：5，中间有穿孔的短管。圆管形，内外壁均呈不规则的圆形，表面修磨光洁。长 2.4、径 1.4 厘米（图二二四，5）。

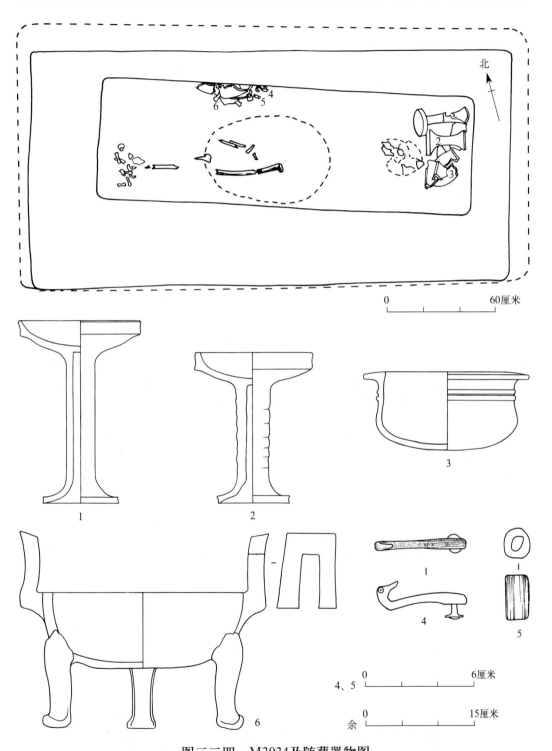

图二二四 M3034及随葬器物图

1、2.Ab型Ⅱ式陶豆M3034：1、2 3.B型Ⅳ式陶盂M3034：3 4.C型铜带钩M3034：4 5.骨管M3034：5 6.B型陶鼎M3034：6

# 二二　M3036

位于发掘区三区东部，北邻 M3035，南邻 M3037。墓葬开口未标识。

## （一）墓葬形制

长方形土坑竖穴墓，方向 100°（图二二五）。墓口长 3.30、宽 2.60、墓深 3.24 米。墓底长 2.20、宽 2.00 米。墓内填土为黄花土，经夯打。

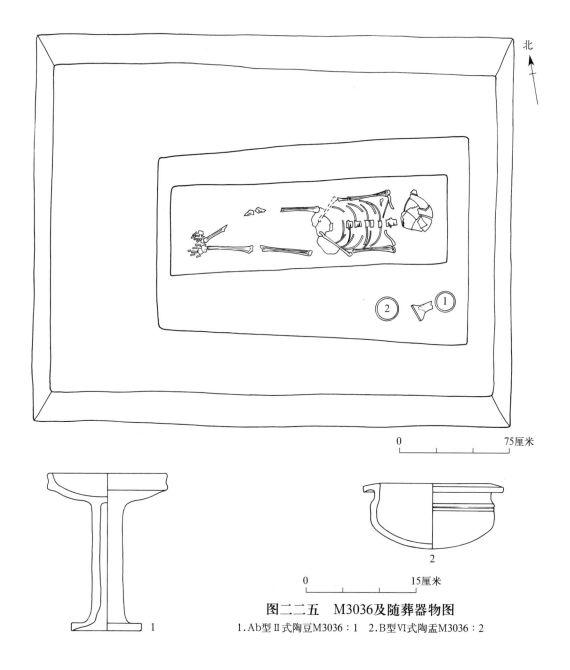

图二二五　M3036及随葬器物图

1. Ab型Ⅱ式陶豆M3036：1　2.B型Ⅵ式陶盂M3036：2

（二）葬具葬式

葬具为一棺一椁。棺长 1.90、宽 0.60 米。椁长 2.12、宽 1.40 米。

棺内人骨 1 具，保存一般。仰身直肢，头向东，面向不清，双手交叠放置于下腹部，下肢伸直，双足并拢。

（三）随葬器物放置

随葬品有陶豆 1 件，陶盂 1 件，共 2 件。放置于墓主头部右侧东南角处的棺椁之间。

（四）随葬器物

陶器 2 件。陶豆 1 件，陶盂 1 件。

陶豆　1 件。

Ab 型 II 式　标本 M3036：1，泥质灰陶。敞口，方唇，浅盘，盘外壁微凹且折收，盘底部有 "X" 刻划纹，内壁弧收，粗高柄中空，喇叭状器座。口径 16.6、底径 10.0、高 20.8 厘米（图二二五，1）。

陶盂　1 件。

B 型 VI 式　标本 M3036：2，泥质灰陶。直口，宽斜折沿，方唇，束颈，直腹，下腹弧收，转折较圆钝，圜底。口径 19.0、高 8.6 厘米（图二二五，2）。

# 二三　M3038

位于发掘区三区东端，南邻 M3042，西邻 M3027。墓葬开口未标识。

（一）墓葬形制

长方形土坑竖穴墓，方向 105°（图二二六）。墓口长 2.10、宽 1.00、墓深 1.71 米。墓底长 1.99、宽 0.90 米。斜壁内收。底部有生土二层台，台宽 0.03～0.14 米。墓内填土为五花土。

（二）葬具葬式

葬具为单棺。棺长 1.79、宽 0.54 米。

棺内人骨 1 具，保存较好。仰身直肢，头向东，面向上，双手交叠放置于腹部，下肢伸直，双足并拢。

（三）随葬器物放置

随葬品有绳纹鬲 1 件，陶豆 2 件，陶盂 1 件，共 4 件。均放置于棺内，陶盂放置在墓主头端右侧，陶豆、绳纹鬲放置于左侧。

（四）随葬器物

陶器 4 件。陶豆 2 件，陶盂 1 件，未修复绳纹鬲 1 件。

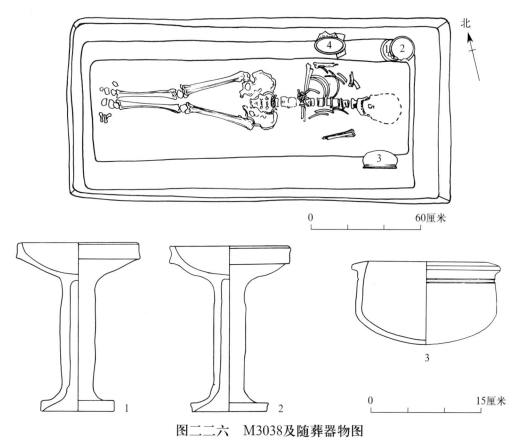

图二二六　M3038及随葬器物图

1、2.Ab型Ⅱ式陶豆M3038：1、2　3.B型Ⅴ式陶盂M3038：3　4.绳纹鬲M3038：4

陶豆　2件。

Ab型Ⅱ式　2件。形制相同。泥质灰陶。方唇，敞口，盘外壁微内凹，并有折棱，内壁弧收，高柄中空，喇叭状器座。标本M3038：1，口径16.8、底径11.2、高22.4厘米（图二二六，1）。标本M3038：2，口径16.4、底径10.0、高22.0厘米（图二二六，2）。

陶盂　1件。

B型Ⅴ式　标本M3038：3，泥质灰陶。微敛口，宽斜折沿，方唇，颈部有两周凹弦纹，上腹近直壁，下腹弧收，中有圆钝转折，圜底。口径20.0、高10.8厘米（图二二六，3）。

## 二四　M3039

位于发掘区三区中部偏北，北邻M3204，南端紧邻M3031。

（一）墓葬形制

圆形土坑墓，方向5°（图二二七）。墓口为近似圆形，直径1.40米。弧壁，底近平。墓底直径1.35米。墓内填土为黄花土。

（二）葬具葬式

无葬具。

人骨架3具，均为侧身屈肢葬，头向北，面向东，由西向东相互交叠，保存完好。

（三）随葬器物放置

随葬品有陶罐1件，铜块1件，共2件。陶罐放置于西侧人骨外侧，铜块放于人骨足端西南处。

（四）随葬器物

共2件。陶器1件，铜器1件。其中未修复陶罐1件。

铜块　1件。

标本M3039：2，长条形，横截面为梯形，两端为平面。通高2.0、厚1.1厘米（图二二七，2）。

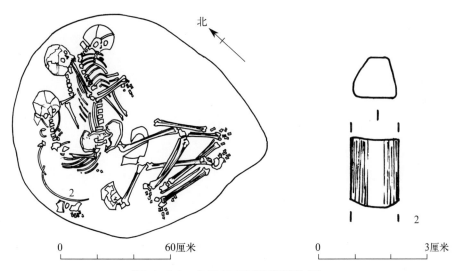

0 　　　　　60厘米　　　　　　　　　　0 　　　　　3厘米

图二二七　M3039及随葬器物图

2.铜块M3039：2

## 二五　M3040

位于发掘区三区东部，该墓的上部已破坏掉，仅剩底部。

（一）墓葬形制

长方形土坑竖穴墓。方向71°（图二二八）。墓口长3.00、宽1.80、深0.23米。

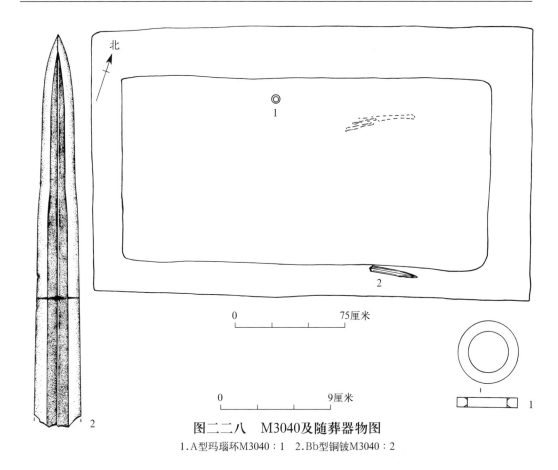

图二二八　M3040及随葬器物图
1.A型玛瑙环M3040：1　2.Bb型铜铍M3040：2

墓底长 3.00、宽 1.80 米。残壁为直壁。底部有熟土二层台,宽 0.10 ～ 0.14、残高 0.20 米。墓内填土为五花土。

（二）葬具葬式

葬具为一棺一椁。棺形制不清。椁长 2.50、宽 1.20 米。

棺内人骨 1 具,腐朽严重。葬式不清,头向东,面向不清。

（三）随葬器物放置

随葬品有陶器、玛瑙环、铜铍,其中陶器均被破坏,器形、数量不明。明确的有水晶环 1 件,铜铍 1 件。

（四）随葬器物

共 2 件。铜铍 1 件,玛瑙环 1 件。

1. 铜器

铜铍　1 件。

Bb 型　标本 M3040：2,铍头中间横断面为小菱形,双刃内侧加厚呈三角形,尖锋,前窄后宽,中间为菱形凸脊,双刃较宽,刃内侧增厚,茎部残缺。残长

31.5、脊厚 0.4、中宽 3.6 厘米（图二二八，2）。

2．玛瑙器

玛瑙环　1件。

A 型　标本 M3040：1，扁圆环形，环外缘平直，内侧两面斜收，横截面外缘呈直角，内侧呈四角状。外径 5.0、内径 3.4、厚 0.8 厘米（图二二八，1）。

# 二六　M3041

位于发掘区三区东部。墓葬开口未标识。

## （一）墓葬形制

长方形土坑竖穴墓，方向 104°（图二二九）。墓口长 2.84、宽 1.64、墓深 0.66 米。墓底长 2.84、宽 1.64 米。直壁。墓内填土为黄褐花土。

## （二）葬具葬式

葬具为单棺。棺长 2.06、宽 0.94、残高 0.36 米。

棺内人骨 1 具，骨骼腐朽严重。仰身直肢，头向东，面向上，小臂交叠于胸部，下肢伸直，双足并拢。

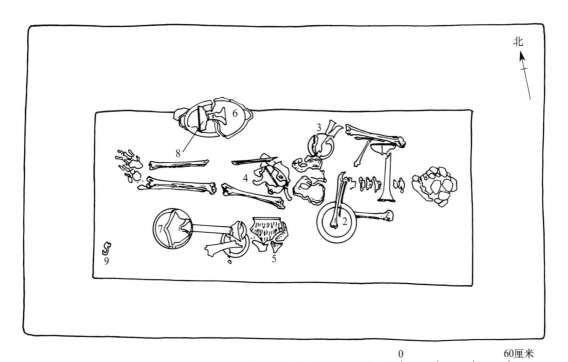

图二二九　M3041平面图

1、3、7、8.陶豆　2.陶盂　4.陶鼎　5.陶鬲　6.陶盘　9.铜带钩　10.泥豆

（三）随葬器物放置

随葬品有绳纹鬲 1 件，陶豆 4 件，陶盂 1 件，陶鼎 1 件，彩陶盘 1 件，泥豆 1 件，铜带钩 1 件，共 10 件。铜带钩放置于棺内墓主足端西南角处，陶器、泥器放置于棺顶上，棺板腐朽后落入墓底。其中 8 号陶豆放置于 6 号陶盆中。

（四）随葬器物

共 10 件。包括陶器 8 件，铜器 1 件，泥器 1 件。其中未修复泥豆 1 件。

1. 陶器

陶器 8 件。绳纹鬲 1 件，陶盂 1 件，陶鼎 1 件，陶豆 4 件，彩绘盆 1 件（彩版六一，1）。

绳纹鬲　1 件。

D 型 V 式　标本 M3041：5，夹砂灰陶。敛口，宽平沿，沿面有一周凹弦纹，束颈，方唇微凹，鼓腹，溜肩，下腹急收，连裆平底，三实心尖足。腹、底饰交错中绳纹。口径 15.8、高 18.8 厘米（图二三〇，1；彩版六一，2）。

陶盂　1 件。

A 型 VI 式　标本 M3041：2，泥质灰陶。直口，宽斜折沿，尖圆唇，束颈，肩部有一周折棱，下腹弧收，平底。口径 18.6、底径 7.8、高 8.6 厘米（图二三〇，2；彩版六一，4）。

陶豆　4 件。

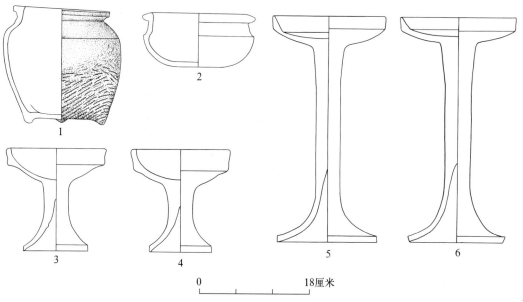

图二三〇　M3041随葬器物图

1.D型V式绳纹鬲M3041：5　2.A型VI式陶盂M3041：2　3、4.Ac型Ⅲ式陶豆M3041：1、3　5、6.Aa型X式陶豆M3041：7、8

Ac 型Ⅲ式  2件。形制相同。泥质灰陶。器形较小，盘呈碗状，敞口，圆唇，深盘，外壁折棱略凹，柄较高、中空，喇叭状器座。标本 M3041：1，口径 16.0、底径 10.6、高 16.4 厘米（图二三〇，3）。标本 M3041：3，口径 16.2、底径 10.2、高 16.4 厘米（图二三〇，4）。

Aa 型Ⅹ式  2件。形制相同。泥质红陶。器形高细，制作规整，敞口，尖圆唇，浅盘，盘内外壁皆有折棱，下腹弧收，高柄中空，喇叭状器座。标本 M3041：7，口径 18.4、底径 16.4、高 36.0 厘米（图二三〇，5）。标本 M3041：8，口径 19.0、底径 15.2、高 36.0 厘米（图二三〇，6）。

陶鼎  1件。

B 型  标本 M3041：4，泥质红陶。器形高大宽厚，直口，平沿，弧腹，下部弧收，腹部饰有一周宽凸弦纹，长方形附耳高而外撇，圜底，三蹄形足，较细高，足外撇较甚。足上部饰有中间扁棱两侧各有目形刻划纹饰一个，似人之鼻目，形象逼真。口径 32.2、通高 39.0 厘米（图二三一，1；彩版六一，3）。

彩陶盆  1件。

B 型  标本 M3041：6，泥质灰陶。敛口，平沿，圆腹，平底，有一对宽厚附耳。

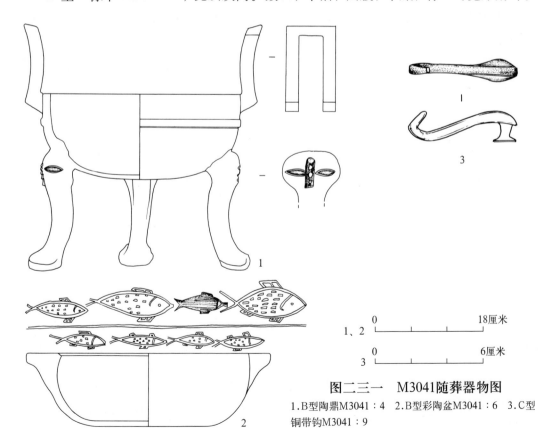

图二三一  M3041随葬器物图

1.B型陶鼎M3041：4  2.B型彩陶盆M3041：6  3.C型铜带钩M3041：9

内壁绘两周大小不一朱色双勾鱼纹彩绘图案，造型优美，形象逼真。口径 32.0、高 11.6 厘米（图二三一，2；彩版六一，5）。

2. 铜器

铜带钩　1 件。

C 型　标本 M3041：9，琵琶形，器短小，钩身扁平，鸟首状钩，平背，鼓腹，铆钉状纽，腹部有两道折棱，素面。长 6.0、腹宽 1.2 厘米（图二三一，3）。

# 二七　M3042

位于发掘区三区东端，北邻 M3038，南邻 M3043，开口于①层下。

## （一）墓葬形制

长方形土坑竖穴墓，方向 100°（图二三二）。墓口距地表深 0.40、长 2.90、宽 1.71～1.75 米。墓底距地表深 2.82、长 2.90、宽 1.71～1.75 米。直壁。底部有熟土二层台，宽 0.40、高 0.62 米。墓内填土为黄褐色沙土。

## （二）葬具葬式

葬具为一棺一椁。棺形制不清。椁长 2.11、宽 0.91～0.96、高 0.62 米，板灰宽 7.0 厘米。

棺内人骨 1 具，上肢骨骼已朽。仰身直肢，头向东，面向不清，下肢伸直，足部并拢。

## （三）随葬器物放置

随葬品有陶盂 1 件，陶鼎 1 件，陶盘 1 件，陶敦 1 件，铜带钩 1 件，共 5 件。分别置于棺椁之间和二层台上，陶敦置于墓主右侧的棺椁之间，放置于墓主左侧的二层台上，陶鼎、陶盘和铜带钩放置于墓主足端北侧的二层台上。

## （四）随葬器物

共 5 件。包括陶器 4 件，铜器 1 件。其中未修复陶盘 1 件。

1. 陶器

陶器 3 件。陶盂 1 件，陶鼎 1 件，陶敦 1 件（彩版六二，1）。

陶盂　1 件。

B 型 IV 式　标本 M3042：4，泥质灰陶。敛口，平沿微斜，方唇，颈部饰两周凸棱，直腹外斜，圜底。口径 20.0、高 11.8 厘米（图二三二，4；彩版六二，4）。

陶鼎　1 件。

A 型 I 式　标本 M3042：1，泥质灰陶。子母口，圆唇，扁圆腹较浅，长方形

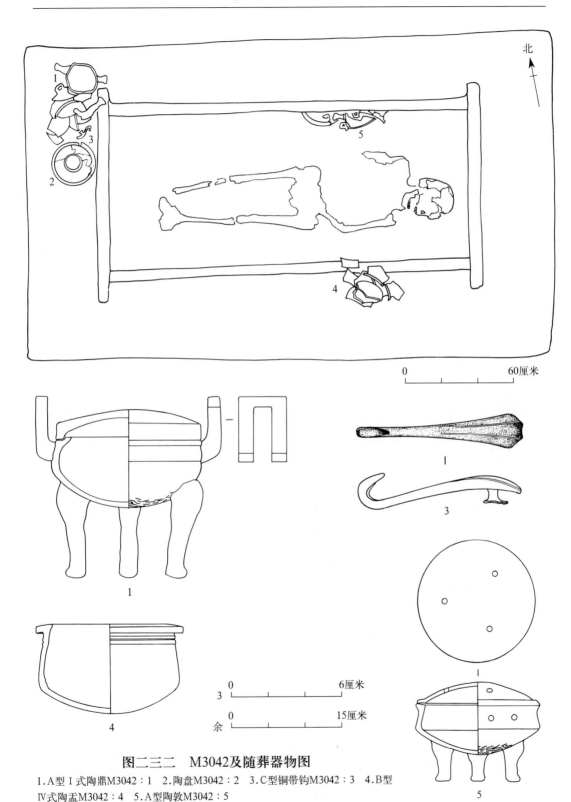

图二三二 M3042及随葬器物图

1.A型Ⅰ式陶鼎M3042：1 2.陶盘M3042：2 3.C型铜带钩M3042：3 4.B型 Ⅳ式陶盂M3042：4 5.A型陶敦M3042：5

直附耳，腹部饰一周弦纹，三蹄足细高。折沿弧盖，顶中部略弧。圜底，底部饰交错绳纹。口径 20.0、通高 23.8 厘米（图二三二，1；彩版六二，2）。

陶敦　1 件。

A 型　标本 M3042：5，夹砂灰陶。敛口，平沿，折腹，圜底，三蹄足。平沿弧顶盖。器身和盖分别有三孔。口径 17.2、通高 13.2 厘米（图二三二，5；彩版六二，3）。

2．铜器

铜带钩　1 件。

C 型　标本 M3042：3，琵琶形，鼓腹，腹部平面呈蹼状，且腹部有两条脊棱，平背，铆钉状纽位于凹槽中，纽近尾部，钩体较长。长 9.1、腹宽 1.8、厚 0.8 厘米（图二三二，3）。

# 二八　M3043

位于发掘区三区东部，北邻 M3042，西邻 M3045，开口于①层下。

（一）墓葬形制

长方形土坑竖穴墓，方向 114°（图二三三）。墓口距地表深 0.55、长 2.95、宽 1.85～1.80 米。墓底距地表深 3.67、长 2.95、宽 1.85～1.80 米。底部有熟土二层台高 0.83、宽 0.35～0.40 米。墓底有腰坑，椭圆形，径 0.35～0.45、深 0.21 米。墓内填土为黄褐色沙土。

（二）葬具葬式

葬具为一棺一椁。棺范围不清。椁长 2.18、宽 1.11、高 0.85 米。

棺内人骨 1 具，上身腐朽。仰身直肢，头向东，面向不清，下肢伸直，双足并拢。

（三）随葬器物放置

随葬品有陶豆 2 件，陶鼎 1 件，骨簪 1 件，骨盒 2 件，共 6 件。陶器置于棺椁顶部，棺板腐朽后落入墓底墓主右侧。骨簪、骨盒放置于墓主左侧南二层台中部。

（四）随葬器物

共 6 件。包括陶器 3 件，骨器 3 件。其中未修复骨盒 1 件。

1．陶器

陶器 3 件。陶豆 2 件，陶鼎 1 件（彩版六三，1）。

陶豆　2 件。

Aa 型Ⅵ式　形制相同。泥质灰陶。敞口，平沿，浅盘，盘内壁弧折收，外壁折收，高柄中空，喇叭状器座。标本 M3043：1，口径 15.2、底径 8.8、高 20.0 厘米（图

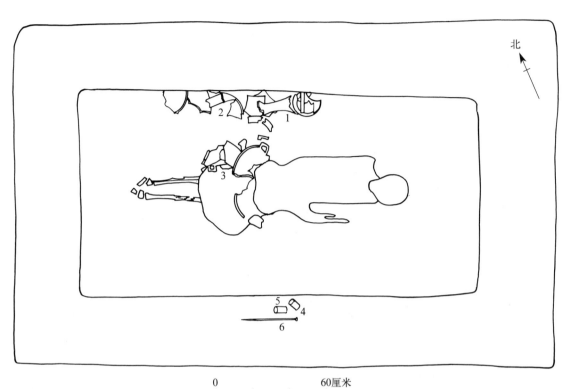

0　　　　　　　　60厘米

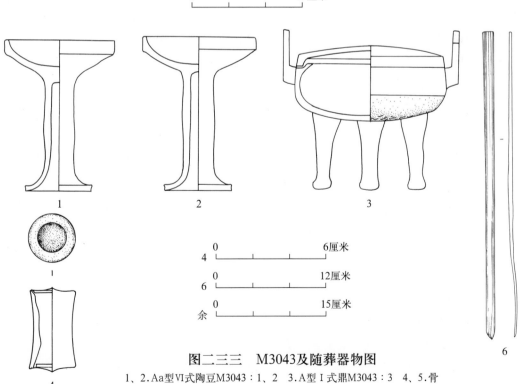

4　0　　　　　　6厘米

6　0　　　　　　12厘米

余　0　　　　　　15厘米

**图二三三　M3043及随葬器物图**

1、2.Aa型Ⅵ式陶豆M3043：1、2　3.A型Ⅰ式鼎M3043：3　4、5.骨
盒M3043：4、5　6.B型骨簪M3043：6

二三三，1；彩版六三，3）。标本 M3043：2，口径 15.6、底径 9.0、高 20.4 厘米（图二三三，2；彩版六三，4）。

陶鼎　1 件。

A 型 I 式　标本 M3043：3，泥质灰陶。器形扁矮，子母口，圆唇，长方形直立附耳，三蹄足细高内敛，平底。折沿平顶盖，中部略弧。腹部有一周折线底部饰交错中绳纹。口径 20.4、高 21.0 厘米（图二三三，3；彩版六三，2）。

**2. 骨器**

2 件。骨盒 1 件，骨簪 1 件。

骨簪　1 件。

B 型　标本 M3043：6，完整，通体磨光，横截面为扁状，器体两端薄中间厚。通长 32.8、宽 1.0、厚 0.5 厘米（图二三三，6）。

骨盒　1 件。

标本 M3043：4，圆形束腰，上盖及底中间凸起圆锥状的短尖。通高 4.5、口径 2.5、腰径 2.1、底径 2.6 厘米（图二三三，4）。

# 二九　M3044

位于发掘区三区东部，南邻 M3045，西邻 M3047，开口于①层下。

## （一）墓葬形制

长方形土坑竖穴墓，方向 105°（图二三四）。墓口距地表深 0.40、长 2.70、宽 1.74 米。墓底距地表深 4.08、长 2.70、宽 1.74 米。底部有生土二层台，宽 0.21～0.35、高 0.88 米。墓内填土为五花土，含黄土点较多。

## （二）葬具葬式

葬具为一棺一椁。棺长 1.70、宽 0.57、残高 0.12 米。椁长 1.85、宽 0.91、残高 0.56 米。棺内人骨 1 具，上身腐朽严重。仰身直肢，头向东，面向上，下肢伸直，双足并拢。

## （三）随葬器物放置

随葬品绳纹鬲 1 件，陶豆 2 件，陶盂 1 件，骨簪 1 件，共 5 件。陶器置于墓主左侧的棺椁之间，陶盂在墓主头端东南角处，陶豆、绳纹鬲由东而西放置。骨簪放置在棺内墓主右下腹部。

## （四）随葬器物

共 5 件。包括陶器 4 件，骨器 1 件。

**1. 陶器**

陶器 4 件。绳纹鬲 1 件，陶豆 2 件，陶盂 1 件。

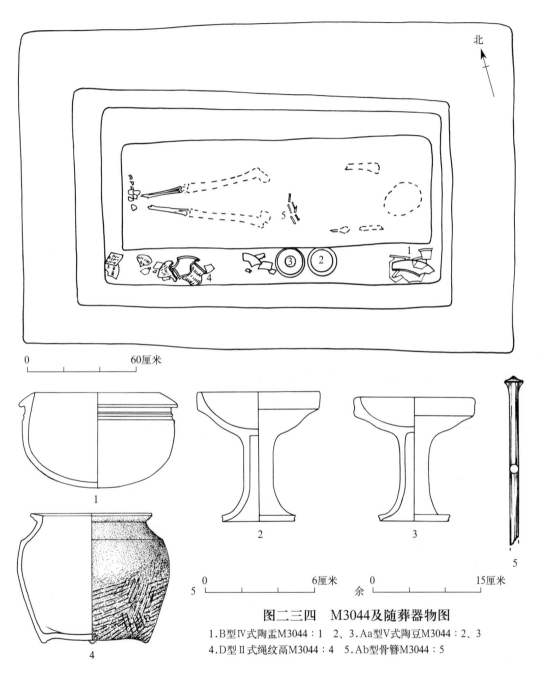

图二三四　M3044及随葬器物图

1.B型Ⅳ式陶盉M3044：1　2、3.Aa型Ⅴ式陶豆M3044：2、3

4.D型Ⅱ式绳纹鬲M3044：4　5.Ab型骨簪M3044：5

绳纹鬲　1件。

D型Ⅱ式　标本M3044：4，夹砂灰陶。敛口，沿内凹，尖唇，束颈，鼓腹，平底微弧，三实心尖足，腹下部、底部饰交错粗绳纹。口径16.6、高17.0厘米（图二三四，4）。

陶豆　2件。

Aa 型 V 式　形制相同。泥质灰陶。器呈碗状，敞口，圆唇，盘外直壁，下部微弧收，中有折棱，内壁弧收，细柄中空，喇叭状器座。标本 M3044：2，口径 16.6、底径 9.8、高 17.2 厘米（图二三四，2）。标本 M3044：3，口径 16.4、底径 9.6、高 16.4 厘米（图二三四，3）。

陶盂　1 件。

B 型 IV 式　标本 M3044：1，泥质灰陶。敛口，斜折沿，圆唇，深腹外鼓，弧腹缓收，颈部饰一周凸棱，圜底。口径 21.8、高 12.6 厘米（图二三四，1）。

2. 骨器

骨簪　1 件。

Ab 型　标本 M3044：5，通体磨光，横截面为圆形，首端凸出为圆饼形，尾端残缺。残长 9.0、径 0.5、首径 1.0 厘米（图二三四，5）。

# 三〇　M3045

位于发掘区三区东部，北邻 M3044，南邻 M3046，开口于②层下，墓葬东北角被晚期墓葬打破。耕土层厚 0.22、②层厚 0.38 米。

（一）墓葬形制

长方形土坑竖穴墓，方向 110°（图二三五）。墓口距地表深 0.60、长 2.45、宽 1.20～1.30 米。墓底距地表深 3.35、长 2.45、宽 1.20～1.30 米。直壁。底部有熟土二层台，宽 0.11～0.18、高 1.10 米。墓内填土为五花土。

（二）葬具葬式

葬具为一棺一椁。棺形制不清。椁长 2.16、宽 0.90、高 1.10 米。

棺内人骨 1 具，腐朽较甚。仰身直肢，头向东，面向不清。

（三）随葬器物放置

随葬品有绳纹鬲 1 件，陶豆 2 件，陶盂 1 件，共 4 件。放置在棺椁之间，陶盂在墓主头前右侧，绳纹鬲内有兽骨，放置在墓主足端左侧，2 件陶豆放置在足端左侧。

（四）随葬器物

陶器 4 件。绳纹鬲 1 件，陶豆 2 件，陶盂 1 件。

绳纹鬲　1 件。

D 型 II 式　标本 M3045：4，夹砂灰陶。微敛口，平叠沿，尖唇，束颈，折肩，鼓腹，平裆微弧，三柱状矮实心足。腹、底饰交错横竖向粗绳纹。口径 16.4、高 14.0 厘米（图二三五，4）。

陶豆　2 件。

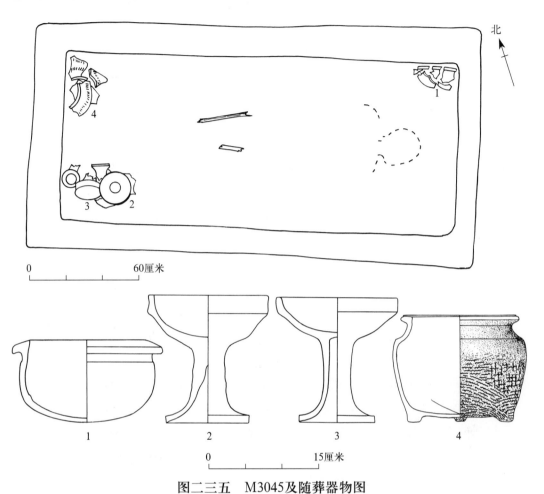

图二三五　M3045及随葬器物图

1.B型V式陶盂M3045：1　2、3.Aa型V式陶豆M3045：2、3　4.D型Ⅱ式绳纹鬲M3045：4

　　Aa 型 V 式　形制相同。泥质灰陶。器呈碗状，敞口，圆唇，内壁弧收，外壁折收，细柄中空，喇叭状器座。标本 M3045：2，外壁微凹，柄有轮制痕迹。口径 16.4、底径 10.2、高 16.8 厘米（图二三五，2）。标本 M3045：3，口径 16.5、底径 10.4、高 16.6 厘米（图二三五，3）。

　　陶盂　1 件。

　　B 型 V 式　标本 M3045：1，泥质灰陶。直口微敛，斜沿，圆唇，束颈，直腹，下腹缓收，圜底。口径 20.4、高 10.8 厘米（图二三五，1）。

# 三一　M3046

　　位于发掘区三区东部偏南，北邻 M3045，西邻 M3048，开口于②层下。耕土层厚 0.23、②层厚 0.22 米。

### （一）墓葬形制

长方形土坑竖穴墓，方向 92°（图二三六）。墓口距地表深 0.45、长 2.50、宽 1.05 米。墓底距地表深 4.60、长 2.75、宽 1.30 米。斜壁外扩，北壁、南壁两面有脚窝各 3 个。脚窝间距 0.40～0.50 米，进深 0.08～0.15、高 0.10～0.18 米。底部有熟土二层台，二层台高 1.10、宽 0.20～0.32 米。

### （二）葬具葬式

葬具为一棺一椁。棺长 2.15、宽 0.80 米。椁长 2.50、宽 1.05、高 1.10 米。

棺内人骨 1 具，保存一般。仰身直肢，头向东，面向不清，双手交叠于下腹部，下肢伸直，双足并拢。

### （三）随葬器物放置

随葬品有陶豆 2 件，陶罐 1 件，陶盂 1 件，铜带钩 1 件，骨管 1 件，骨镞 3 件，共 9 件。均放置于棺内，除骨管置于墓主盆骨左侧外，陶器放置于墓主头左侧，铜带钩和骨镞在东南角处。

### （四）随葬器物

共 9 件。包括陶器 4 件，铜器 1 件，骨器 4 件。其中未修复骨镞 1 件。

#### 1. 陶器

陶器 4 件。陶豆 2 件，陶罐 1 件，陶盂 1 件。

陶豆　2 件。

Ab 型Ⅱ式　形制相同。泥质灰陶。盘呈碗状，敞口，圆唇，盘内部弧收，外壁微凹，下部弧收，并有明显折棱，粗高柄中空，喇叭状器座。标本 M3046：2，口径 16.8、底径 10.6、高 23.0 厘米（图二三六，2）。标本 M3046：3，口径 16.4、底径 11.8、高 23.8 厘米（图二三六，3）。

陶罐　1 件。

A 型Ⅲ式　标本 M3046：4，泥质灰陶。敞口，卷沿，圆唇，束颈，折肩，鼓腹，大平底。口径 9.4、底径 7.0、高 12.2 厘米（图二三六，4）。

陶盂　1 件。

B 型Ⅲ式　宽斜沿，深腹，圜底。标本 M3046：1，泥质灰陶。宽斜沿，圆唇，微敛口，颈部饰有两周凸棱，鼓腹，下腹弧收，圜底。口径 20.8、高 13.0 厘米（图二三六，1）。

#### 2. 铜器

铜带钩　1 件。

C 型　标本 M3046：5，琵琶形，鼓腹，腹部有两条脊棱，平背，铆钉状组

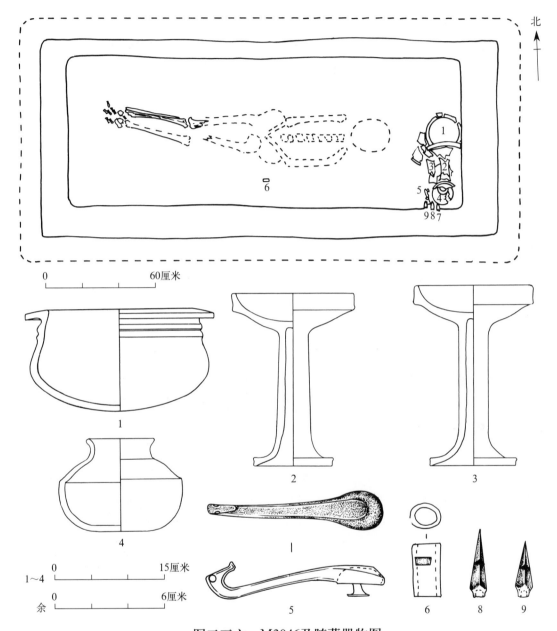

图二三六　M3046及随葬器物图

1.B型Ⅲ式陶盂M3046：1　2、3.Ab型Ⅱ式陶豆M3046：2、3　4.A型Ⅲ式陶罐M3046：4　5.C型铜带钩M3046：5
6.骨管M3046：6　7～9.骨镞M3046：7～9

位于凹槽中，纽近尾部，钩体作兽形且较长。长9.4、腹宽2.1、厚1.0厘米（图二三六，5）。

**3.骨器**

4件。骨管1件，骨镞3件。

骨管　1件。

均为中间有穿孔的短管。标本 M3046：6，扁圆管形，外壁表面修磨光洁，一侧留有加工的小凹槽。长 2.8、宽 1.5、径 1.2 厘米（图二三六，6）。

骨镞　3件。

标本 M3046：8，三棱体，尖锋，铤部残缺。残长 3.7 厘米（图二三六，8）。标本 M3046：9，三棱体，略短，铤部残缺。残长 3.0 厘米（图二三六，9）。

# 三二　M3047

位于发掘区三区中部，东邻 M3044，南邻 M3048，开口于②层下。耕土层厚 0.40、②层厚 0.55 米。

## （一）墓葬形制

长方形土坑竖穴墓，方向 94°（图二三七）。墓口距地表深 0.95、长 2.85、宽 1.46 米。墓底距地表深 4.25、长 2.85、宽 1.46 米。直壁。底部有熟土二层台，高 0.45、东宽 0.75、西宽 0.35、南宽 0.26、北宽 0.35 米。墓内填土为细五花土。

## （二）葬具葬式

葬具为一椁一棺。椁长 2.15、宽 0.80 米、椁高 0.23，棺痕不清晰。

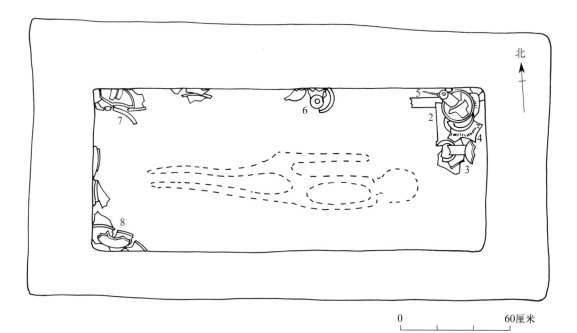

0　　　　　　　　60厘米

图二三七　M3047平面图

1、2、6.陶盘豆　3.陶罐　4.陶鬲　5.骨笄　7、8.陶盂

棺内人骨1具，上肢腐朽严重，脚骨腐朽。仰身直肢，头向东，面向上，下肢伸直，并拢。

（三）随葬器物放置

随葬品绳纹鬲1件，陶豆3件，陶罐1件，陶盂2件，骨簪1件，共8件。均置于棺椁之间，陶盂置于墓主脚端左右两侧，绳纹鬲、陶罐、陶豆放置于墓主头前右侧。

（四）随葬器物

共8件。包括陶器7件，骨器1件。其中未修复陶罐1件。

1. 陶器

陶器6件。绳纹鬲1件，陶豆3件，陶盂2件。

绳纹鬲　1件。

D型Ⅲ式　标本M3047：4，夹砂灰陶。敛口，平沿，方唇，束颈，折肩，鼓腹，平裆微弧，三柱状实心矮足。腹、底饰横竖向交叉粗绳纹。口径15.4、高18.8厘米（图二三八，1）。

陶豆　3件。

Ab型Ⅰ式　1件。标本M3047：2，泥质灰陶。敞口，方唇，盘外壁为直壁，

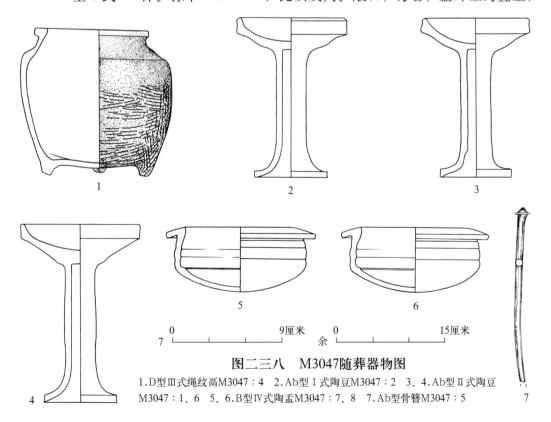

图二三八　M3047随葬器物图

1.D型Ⅲ式绳纹鬲M3047：4　2.Ab型Ⅰ式陶豆M3047：2　3、4.Ab型Ⅱ式陶豆M3047：1、6　5、6.B型Ⅳ式陶盂M3047：7、8　7.Ab型骨簪M3047：5

下部弧收，并有一周折棱，内壁弧收，细高柄中空，喇叭状器座。口径 14.8、底径 10.0、高 21.2 厘米（图二三八，2）。

Ab 型 II 式　2 件。形制相同。泥质灰陶。敞口，方唇，盘外直壁，下部弧收，并有明显折棱，豆柄略粗、中空，喇叭状器座。标本 M3047：1，口径 14.8、底径 4.8、高 21.0 厘米（图二三八，3）。标本 M3047：6，口径 16.4、底径 10.0、高 23.7 厘米（图二三八，4）。

陶盂　2 件。

B 型 IV 式　形制相同。泥质灰陶。直口微敛，宽斜折沿，方唇，颈下有两周，内壁腹下有三周瓦棱纹，深腹，腹微鼓，内壁下有一周圆钝的凸棱，圜底。标本 M3047：7，口径 20.2、高 8.4 厘米（图二三八，5）。标本 M3047：8，口径 20.2、高 8.6 厘米（图二三八，6）。

2. 骨器

骨簪　1 件。

Ab 型　标本 M3047：5，通体磨光，横截面为圆形，首端凸出呈圆饼形，下端残缺。残长 13.8、首径 1.1、径 0.5 厘米（图二三八，7）。

# 三三　M3048

位于发掘区三区南部，东邻 M3046，北邻 M3047，开口于②层下。上层为扰层厚 0.40、②层厚 0.26 米。

（一）墓葬形制

长方形土坑竖穴墓，方向 78°（图二三九）。墓口距地表深 0.66、长 2.44、宽 1.10 米。墓底距地表深 4.67、长 2.76、宽 1.40 米。斜壁外扩，南北壁共有脚窝 7 个。墓底有腰坑，长 0.39、宽 0.27 米。墓内填土为细花土，含有黏土块。

（二）葬具葬式

葬具为一棺一椁。棺形制不清。椁长 2.17、宽 0.90 ～ 1.03、残高 0.90 米。

棺内人骨 1 具，上肢与足部腐朽。仰身直肢，头向东，面向不清，下肢伸直。

（三）随葬器物放置

随葬品有绳纹鬲 1 件，陶豆 2 件，陶罐 1 件，陶盂 1 件，铜带钩 1 件，共 6 件。均放置于墓主右侧的棺椁之间。

（四）随葬器物

共 6 件。包括陶器 5 件，铜器 1 件。

1. 陶器

陶器5件。绳纹鬲1件，陶豆2件，陶罐1件，陶盂1件（彩版六四，1）。

绳纹鬲　1件。

C型Ⅲ式　标本M3048∶5，夹砂灰陶。敛口，平沿，圆唇，束颈，折肩，鼓腹，

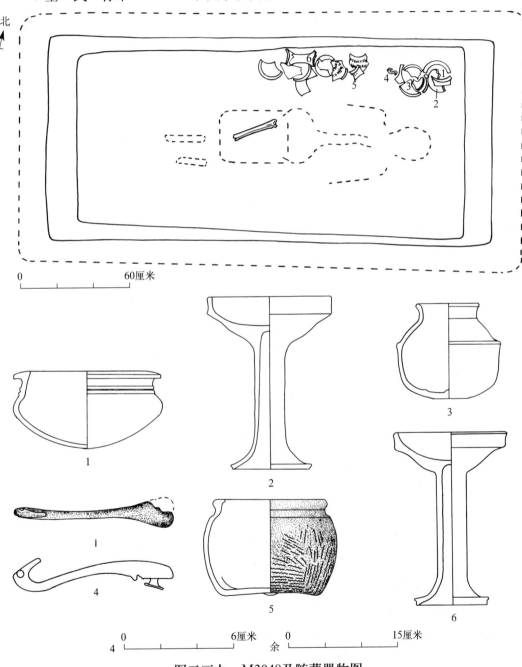

图二三九　M3048及随葬器物图

1.B型Ⅰ式陶盂M3048∶1　2、6.Ab型Ⅰ式陶豆M3048∶2、6　3.B型Ⅱ式陶罐M3048∶3　4.A型铜带钩M3048∶4
5.C型Ⅲ式绳纹鬲M3048∶5

平裆，三袋实心足。腹、底饰横竖向绳纹。口径 15.4、高 12.6 厘米（图二三九，5；彩版六四，2）。

陶豆　2 件。

Ab 型 I 式　形制相同。泥质灰陶。敞口，圆唇，盘外壁折收，细高柄中空，喇叭形器座。标本 M3048：2，口径 16.8、底径 10.4、高 23.8 厘米（图二三九，2；彩版六四，3）。标本 M3048：6，口径 15.8、底径 9.8、高 23.0 厘米（图二三九，6；彩版六四，4）。

陶罐　1 件。

B 型 II 式　标本 M3048：3，泥质灰陶。侈口，卷沿，圆唇，折肩，斜鼓腹，平底。口径 8.8、底径 4.6、高 12.6 厘米（图二三九，3；彩版六四，5）。

陶盂　1 件。

B 型 I 式　标本 M3048：1，泥质灰陶。直口，平沿微斜，方唇，颈部饰两周凸棱纹，圆鼓腹，腹下半部饰数周暗弦纹，圜底。口径 20.0、高 10.4 厘米（图二三九，1；彩版六四，6）。

2．铜器

铜带钩　1 件。

A 型　标本 M3048：4，匙形，鼓腹，腹部残缺，平背，铆钉状纽位于凹槽中，纽近尾部，纽上部有一处凹痕，钩体作兽形。长 8.7、腹部残宽 1.0 厘米（图二三九，4）。

# 三四　M3052

位于发掘区三区北部，北邻 M3051，南邻 M3053，开口于②层下。耕土层厚 0.22、②层厚 0.28 米。

## （一）墓葬形制

长方形土坑竖穴墓，方向 108°（图二四〇）。墓口距地表深 0.50、长 2.75、宽 1.20 米。墓底距地表深 4.10、长 2.97、宽 1.50 米。斜壁外扩。底部有熟土二层台，高 0.73、东台宽 0.30、西台宽 0.44、南台宽 0.32、北台宽 0.26 米。墓内填土为细五花土，内含少量黄褐色硬土块。

## （二）葬具葬式

葬具为一棺一椁。棺不清。椁长 2.20、宽 0.90 米。二层台内壁灰痕范围较大，高度约 0.70 米，应为椁的高度。

棺内人骨 1 具，保存不好，上身及足部腐朽严重。仰身直肢，头向东，面向不清，双手应放于下腹部，下肢伸直。

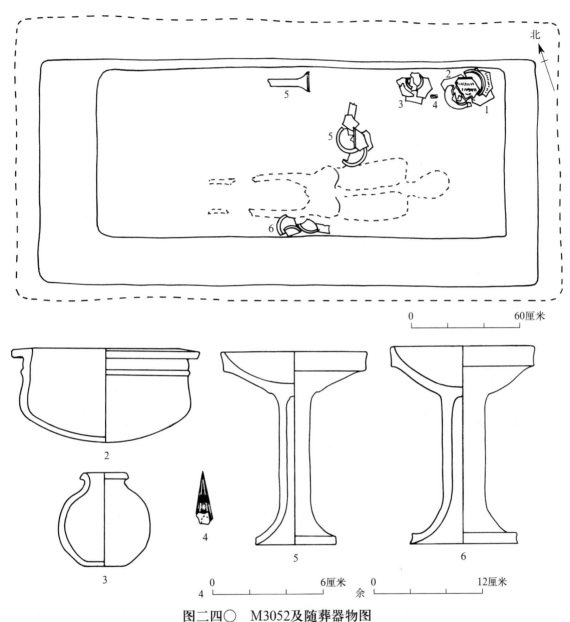

图二四〇 M3052及随葬器物图

1.绳纹鬲M3052：1 2.B型Ⅲ式陶盂M3052：2 3.D型Ⅳ式陶罐M3052：3 4.骨镞M3052：4 5、6.Ab型Ⅰ式陶豆M3052：5、6

### （三）随葬器物放置

随葬有绳纹鬲1件，陶豆2件，陶罐1件，陶盂1件，骨镞1件，共6件。绳纹鬲、陶盂、陶罐和骨镞放置在墓主头前右侧的棺椁之间。陶豆应置于椁顶，椁板腐朽后落入墓底。

### （四）随葬器物

共 6 件。包括陶器 5 件，骨器 1 件。其中未修复绳纹鬲 1 件。

1. 陶器

陶器 4 件。陶豆 2 件，陶罐 1 件，陶盂 1 件。

陶豆　2 件。

Ab 型 I 式　形制相同。泥质灰陶。敞口，方唇，盘较浅，外壁微凹，下部斜直内收，并有一周折棱，内壁弧收，高柄中空，喇叭状器座，足盘较小。标本 M3052：5，口径 16.0、底径 8.6、高 20.5 厘米（图二四〇，5）。标本 M3052：6，口径 15.8、底径 12.0、高 21.0 厘米（图二四〇，6）。

陶罐　1 件。

D 型Ⅳ式　标本 M3052：3，泥质灰陶。器形较小，直口微侈，卷沿，尖圆唇，束颈，平底。口径 5.0、底径 4.6、高 9.8 厘米（图二四〇，3）。

陶盂　1 件。

B 型Ⅲ式　标本 M3052：2，泥质灰陶。直口，宽折沿，方唇，颈部饰一周凸弦纹，腹下部弧鼓，圜底。口径 20.4、高 10.0 厘米（图二四〇，2）。

2. 骨器

骨镞　1 件。

标本 M3052：4，镞身呈四角形，通体磨光，磨制规整，尾部有圆孔。通长 2.7、厚 5.0 厘米（图二四〇，4）。

# 三五　M3054

位于发掘区三区东北部，西邻 M3060，东邻 M3053，开口于②层下。耕土层厚 0.20、②层厚 0.30 米。

## （一）墓葬形制

长方形土坑竖穴墓，方向 105°（图二四一）。墓口距地表深 0.50、长 1.95、宽 0.64 米。墓底距地表深 2.10、长 1.95、宽 0.64 米。直壁。墓内填土为黄褐色花土。

## （二）葬具葬式

葬具为单棺。棺长 1.70、宽 0.50、高 0.40 米。

棺内人骨 1 具，保存尚好。仰身直肢，头向东，面向上双手交叠于下腹部，下肢伸直，双足并拢。

## （三）随葬器物放置

随葬品有绳纹鬲 1 件，陶盂 1 件，陶罐 1 件，铜环 2 件，共 5 件。均置于棺内，绳纹鬲在墓主头端右侧，陶盂在左侧，陶罐在陶盂下方，铜环放置在墓主胸前右侧。

（四）随葬器物

共 5 件。包括陶器 3 件，铜器 2 件。

1. 陶器

陶器 3 件。绳纹鬲 1 件，陶罐 1 件，陶盂 1 件。

绳纹鬲 1 件。

Aa 型 V 式 标本 M3054：1，夹砂灰陶。敞口，卷沿，沿内凹，厚圆唇，束颈，溜肩，鼓腹，平裆微弧，低矮，三袋状足，腹、底饰竖向粗绳纹。口径 16.4、高 17.6 厘米（图二四一，1）。

陶罐 1 件。

B 型 II 式 标本 M3054：3，泥质灰陶。敞口，卷沿，方唇，厚壁，斜折肩，鼓腹，平底。口径 9.0、底径 5.6、高 13.0 厘米（图二四一，3）。

陶盂 1 件。

B 型 II 式 标本 M3054：2，泥质灰陶。直口微敛，宽平沿微斜，方唇，颈部有一周凸弦纹，下腹鼓出，圜底。口径 20.0、高 11.6 厘米（图二四一，2）。

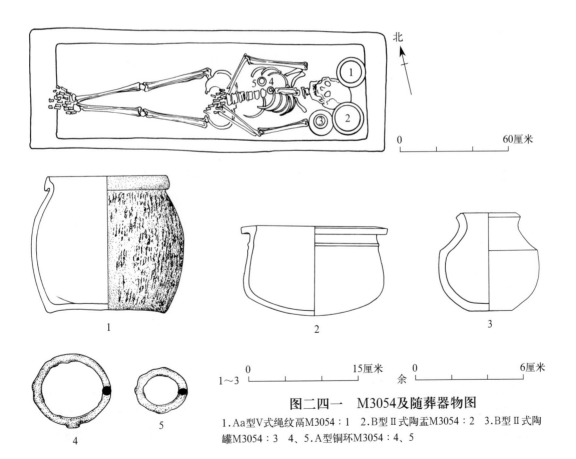

图二四一 M3054 及随葬器物图

1.Aa型V式绳纹鬲M3054：1 2.B型II式陶盂M3054：2 3.B型II式陶罐M3054：3 4、5.A型铜环M3054：4、5

## 2．铜器

铜环 2件。

A型 标本 M3054：4，外缘有一扁弧外鼻。直径 4.4、厚 0.3 厘米（图二四一，4）。标本 M3054：5，外缘锈蚀。直径 2.8、厚 0.3 厘米（图二四一，5）。

# 三六 M3055

位于发掘区三区中部偏南，北邻 M3056，东邻 M3052，开口于②层下。耕土层厚 0.20、②层厚 0.14 米。

## （一）墓葬形制

长方形土坑竖穴墓，方向 107°（图二四二）。墓口距地表深 0.34、长 2.20、宽 0.90 米。墓底距地表深 3.30、长 2.25、宽 1.20 米。斜壁外扩。填土为黄花土，经过夯打。

## （二）葬具葬式

葬具为单棺。棺长 2.05、宽 0.62、高 0.55 米。

棺内人骨 1具，保存尚好。仰身直肢，头向东，面向上，双手交叉放于腹部，下肢伸直，双足并拢。

## （三）随葬器物放置

随葬品有绳纹鬲 1件，陶豆 2件，陶罐 1件，陶盂 1件，共 5件。均置于墓主足端棺顶上，棺板腐朽后落入墓底。

## （四）随葬器物

陶器 5件。陶豆 2件，陶罐 1件，陶盂 1件，未修复绳纹鬲 1件。

陶豆 2件。

Ab型Ⅰ式 形制相同。标本 M3055：1，泥质灰陶。盘呈碗状，较浅，敞口，圆唇，外壁微内凹，并有一周折棱，下部弧收，内壁弧收，高柄中空，喇叭状器座。口径 15.2、底径 9.6、高 20.0 厘米（图二四二，1）。标本 M3055：2，口径 14.8、底径 9.2、高 20.8 厘米（图二四二，2）。

陶罐 1件。

B型Ⅲ式 标本 M3055：3，泥质灰陶。小口，圆唇，束颈，折肩，鼓腹，下腹弧收，小平底，内壁凹凸不平，口沿歪斜，制作粗糙。口径 8.0、高 14.4 厘米（图二四二，3）。

陶盂 1件。

B型Ⅳ式 标本 M3055：4，泥质灰陶。敛口，宽斜折沿，方唇，颈部有一周凸棱，鼓腹，下腹弧收，圆底。口径 21.6、高 10.8 厘米（图二四二，4）。

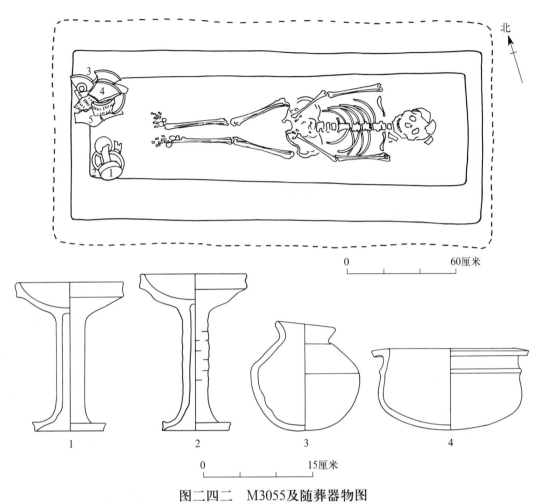

图二四二　M3055及随葬器物图

1、2.Ab型Ⅰ式陶豆M3055：1、2　3.B型Ⅲ式陶罐M3055：3　4.B型Ⅳ式陶盂M3055：4　5.绳纹鬲M3055：5

# 三七　M3059

位于发掘区三区中部偏南，东邻 M3055，南邻 M3060，开口于②层下。耕土层厚 0.47、②层厚 0.20 米。

## （一）墓葬形制

长方形土坑竖穴墓，方向 115°（图二四三）。墓口距地表深 0.57、长 2.41、宽 1.14 米。墓底距地表深 2.22、长 2.41、宽 1.14 米。直壁。底部有生土二层台，宽 0.13～0.24、高 0.35 米。墓内填土为褐色花土。

## （二）葬具葬式

葬具为单棺。棺长 1.85、宽 0.64、高 0.41 米。

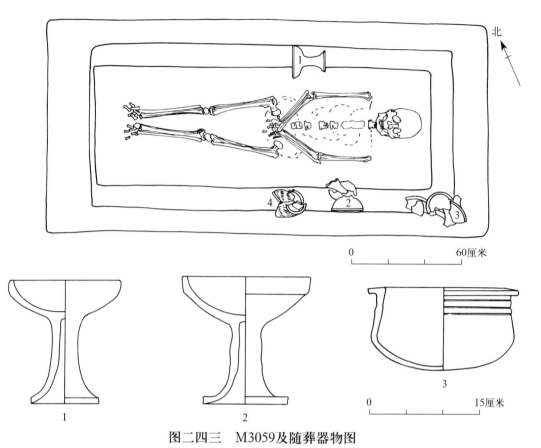

图二四三　　M3059及随葬器物图

1.Aa型Ⅳ式陶豆M3059：1　2.Aa型Ⅴ式陶豆M3059：2　3.B型Ⅲ式陶盉M3059：3　4.绳纹鬲M3059：4

　　棺内人骨1具，保存较好。仰身直肢，头向东，面向上，两手交叠放于腹部，下肢伸直，双足并拢。

　　（三）随葬器物放置

　　随葬品绳纹鬲1件，陶豆2件，陶盉1件，共4件。均放置于棺椁之间，除1件陶豆在墓主右侧，其余均在墓主左侧。陶盉位于墓主头前东南角处，绳纹鬲和陶豆1件在墓主左臂处。

　　（四）随葬器物

　　陶器4件。陶豆2件，陶盉1件，未修复绳纹鬲1件。

　　陶豆　2件。

　　Aa型Ⅳ式　1件。标本M3059：1，泥质灰陶。盘呈碗状，敞口，圆唇，内外壁弧收，细柄中空、渐高，喇叭状器座。口径15.2、底径9.2、高16.2厘米（图二四三，1）。

　　Aa型Ⅴ式　1件。标本M3059：2,泥质灰陶。敞口，方唇，内壁弧收，外壁折收，

柄较高、中空，柄处有手抹痕迹，喇叭状器座。口径 17.2、底径 11.2、高 16.8 厘米（图
二四三，2）。

陶盂　1 件。

B 型 Ⅲ 式　标本 M3059：3，泥质灰陶。敛口，方唇，斜折沿，颈部有
两周凸弦纹，腹斜直，下腹弧收，圜底。口径 20.8、高 11.0 厘米（图二四
三，3）。

# 三八　M3060

位于发掘区三区的中部偏东，东邻 M3054，西邻 M3061，开口于②层下。耕
土层厚 0.10、②层厚 0.14 米。

（一）墓葬形制

长方形土坑竖穴墓，方向 108°（图二四四）。墓口距地表深 0.24、长 2.65、宽
1.25 ～ 1.28 米。墓底距地表深 3.55、长 2.65、宽 1.25 ～ 1.28 米。直壁。底部有熟
土二层台，宽 0.15 ～ 0.29、高 0.55 米。墓底有腰坑，长 0.50、宽 0.22、深 0.05 米。
墓内填土为黄褐色花土。

（二）葬具葬式

葬具为一棺一椁。棺长 1.66、宽 0.33、残高 0.10 米。椁长 2.16、宽 0.80 ～ 0.91、
高 0.55 米。

棺内人骨 1 具，保存一般。上身及足腐朽。仰身直肢，头向东，面向不清，下

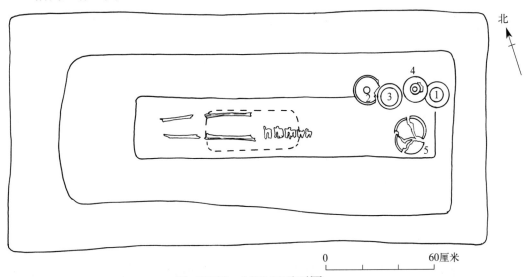

图二四四　M3060平面图
1、2.陶豆　3.三足小鼎　4.陶罐

肢伸直。

（三）随葬器物放置

随葬品有陶豆2件，陶罐1件，陶盂1件，陶鼎1件，共5件。陶豆、绳纹高、陶鼎均置于棺椁顶部，椁板腐朽后落入墓底，陶盂置于墓主头前的棺椁之间。

腰坑内有一殉狗，骨骼保存较好，头与墓主头向相反。

（四）随葬器物

陶器5件。陶豆2件，陶罐1件，三足小鼎1件，另外未修复陶盂1件。

陶豆　2件。

Ab型Ⅰ式　形制相同。泥质灰陶。敞口，圆唇，浅盘，盘外壁微凹且折收，内壁弧收，高细柄中空，喇叭状器足。标本M3060：1，口径16.4、底径10.4、高20.8厘米（图二四五，1）。标本M3060：2，口径16.4、底径10.0、高20.8厘米（图二四五，2）。

陶罐　1件。

D型Ⅲ式　标本M3060：4，泥质灰陶。侈口，圆唇，束颈，溜肩，鼓腹，平底。口径10.2、高11.6厘米（图二四五，3）。

三足小鼎　1件。

标本M3060：3，泥质灰陶。器形小巧，敛口，圆唇，束颈，腹微鼓，圜底，三柱状足内收。口径13.0、高6.8厘米（图二四五，4）。

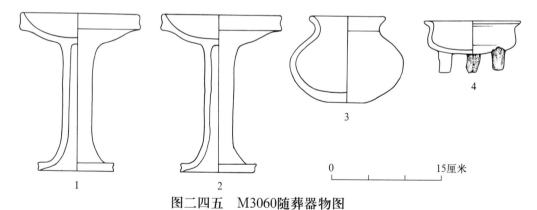

图二四五　M3060随葬器物图

1、2.Ab型Ⅰ式陶豆M3060：1、2　3.D型Ⅲ式陶罐M3060：4　4.三足小鼎M3060：3

# 三九　M3062

位于发掘区三区中部偏南，东邻M3060，南邻M3061，开口于②层下。耕土层厚0.18～0.20、②层厚0.20～0.22米。墓葬西部被扰坑破坏到底部。

**（一）墓葬形制**

长方形土坑竖穴墓，方向 110°（图二四六）。墓口距地表深 0.35～0.40、长 2.20、宽 1.00 米。墓底距地表深 2.55～2.60、长 2.44、宽 1.00 米。南北壁为直壁，东西壁斜壁外扩。墓内填土为黄花土。

**（二）葬具葬式**

葬具为单棺。棺长 2.00、宽 0.65、高 0.20 米。

棺内人骨 1 具，保存较差，被扰乱。仰身直肢，头向东，面向不清，双手交叠于下腹部，下肢伸直。

**（三）随葬器物放置**

随葬品有绳纹鬲 1 件，陶豆 2 件，陶罐 1 件，共 4 件。置于棺顶部，棺板腐朽后落入墓底。

距地表 2.00 米处填土中有殉狗骨架一具，头与墓主头向相反。

**（四）随葬器物**

陶器 4 件。绳纹鬲 1 件，陶豆 2 件，陶罐 1 件。

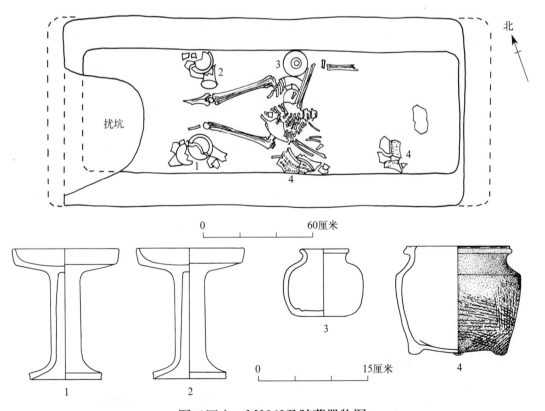

**图二四六　M3062 及随葬器物图**

1、2.Aa 型Ⅶ式陶豆 M3062∶1、2　3.D 型Ⅳ式陶罐 M3062∶3　4.D 型Ⅳ式绳纹鬲 M3062∶4

绳纹鬲　1件。

D型Ⅳ式　标本 M3062：4，夹砂灰陶，敛口，叠平沿，圆唇，沿上有一周凹弦纹，束颈，折肩鼓腹，平裆微弧，三柱状矮足，腹、底饰有斜横竖向交错绳纹。口径 15.0、高 14.4 厘米（图二四六，4）。

陶豆　2件。

Aa型Ⅶ式　形制相同。泥质灰陶。敞口，圆唇，浅盘，盘外壁折收，内壁弧收，盘壁较薄，高柄中空，喇叭状器座。标本 M3062：1，口径 14.8、底径 10.0、高 17.2 厘米（图二四六，1）。标本 M3062：2，口径 14.4、底径 10.0、高 17.2 厘米（图二四六，2）。

陶罐　1件。

D型Ⅳ式　标本 M3062：3，泥质灰陶。器形较小，直口，圆唇，束颈，鼓腹，平底。口径 6.6、底径 6.4、高 8.8 厘米（图二四六，3）。

# 四〇　M3063

位于发掘区三区中部，北邻 M3011，南邻 M3064，开口于①层下（墓口上部未分层）。

（一）墓葬形制

长方形土坑竖穴墓，方向 105°（图二四七）。墓口距地表深 0.40、长 2.65、宽 1.59 米。墓底距地表深 3.30、长 2.65、宽 1.59 米。直壁。底部有熟土二层台，宽 0.15～0.30、高 0.80 米。墓内填土为由胶泥块与砂土构成的花土，上部多褐色胶泥块。

（二）葬具葬式

葬具为一棺一椁。棺不清。椁长 2.16、宽 1.04、高 0.80 米。

棺内人骨 1 具，骨骼保存较完整。仰身屈肢，头向东，面向北，两手置于胸部，下肢向北弯曲，双足并拢交叠。

（三）随葬器物放置

随葬品有绳纹鬲 1 件，陶豆 1 件，陶盂 1 件，陶鼎 1 件，铜剑 1 件，铜带钩 1 件，共 6 件。均放置于棺椁之间，陶盂在墓主右侧，绳纹鬲、铜剑、铜带钩在墓主头端右侧，陶鼎、陶豆位于墓主足端。

（四）随葬器物

共 6 件。包括陶器 4 件，铜器 2 件。其中未修复陶盂 1 件，陶鼎 1 件，绳纹鬲 1 件。

**1. 陶器**

陶豆　1件。

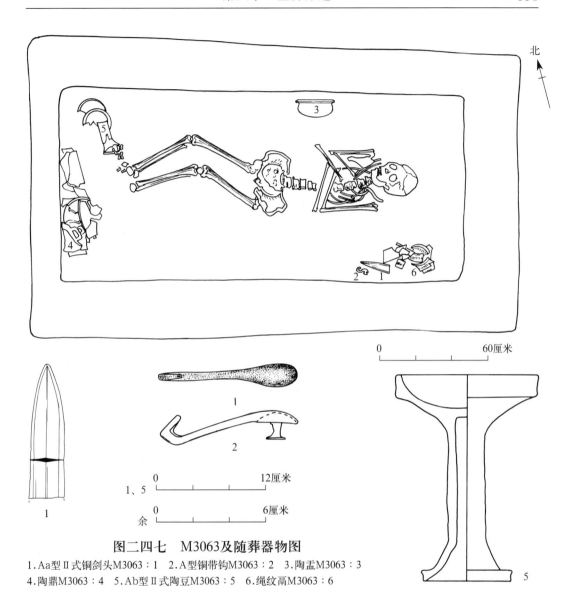

图二四七　M3063及随葬器物图

1. Aa型Ⅱ式铜剑头M3063：1　2. A型铜带钩M3063：2　3.陶盂M3063：3
4.陶鼎M3063：4　5. Ab型Ⅱ式陶豆M3063：5　6.绳纹高M3063：6

Ab型Ⅱ式　标本 M3063：5，泥质灰陶。敞口，圆唇，浅盘，盘外壁微凹且折收，内壁弧收，粗高柄中空，喇叭状器座。口径 15.8、底径 9.6、高 21.6 厘米（图二四七，5）。

2. 铜器

共2件。铜剑1件，带钩1件。

铜剑　1件。

Aa型Ⅱ式　标本 M3063：1，剑身较宽，中部起脊，横断面为菱形，双刃略宽，后部残缺。残长 14.4、宽 3.6、脊厚 0.4 厘米（图二四七，1）。

铜带钩　1件。

A 型　标本 M3063：2，匙形，鼓腹，平背，铆钉状纽位于凹槽中，纽近尾部，钩体作兽形。长 7.1、腹宽 1.2 厘米（图二四七，2）。

# 四一　M3065

位于发掘区三区，M3068 东部，北邻 M3066，开口于②层下。耕土层厚 0.10～0.20、②层厚 0.20～0.25 米。

## （一）墓葬形制

长方形土坑竖穴墓，方向 110°（图二四八）。墓口距地表深 0.35～0.45、长 2.55、宽 1.17～1.20 米。墓底距地表深 3.45～3.55、长 2.55、宽 1.17～1.20 米。直壁。墓底有一腰坑，长 0.60、宽 0.28、深 0.20 米。墓内填土为黄花土。

## （二）葬具葬式

葬具为单棺。棺长 2.30、宽 0.90、残高 0.20 米。

棺内人骨 1 具，保存一般，上肢及足腐朽。仰身直肢，头向东，面向不清，下肢伸直。

## （三）随葬器物放置

随葬品有绳纹鬲 1 件，陶豆 2 件，陶罐 1 件，陶盂 1 件，铜带钩 1 件，共 6 件。陶器放置于棺内墓主头前左侧，铜带钩在墓主头端右侧。在墓主头前还发现有兽骨。

## （四）随葬器物

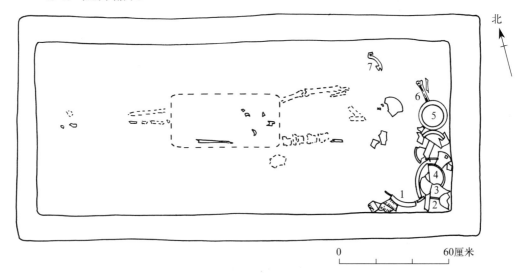

图二四八　M3065平面图

1.绳纹鬲　2.陶盂　3.陶罐　4、5.陶豆　6.兽骨　7.铜带钩共6件。包括陶器5件，铜带钩1件。

**1. 陶器**

陶器5件。绳纹鬲1件，陶豆2件，陶罐1件，陶盂1件。

绳纹鬲　1件。

B型Ⅱ式　标本M3065：1，夹砂灰陶。侈口，圆唇，卷沿，束颈，肩部饰一周附加堆纹，上腹微鼓，下腹直收，连裆较平，三柱状实心足，腹、底饰竖向斜绳纹。口径17.8、高16.8厘米（图二四九，1）。

陶豆　2件。

Ab型Ⅰ式　形制相同。泥质灰陶。敞口，方唇，浅盘，盘外壁微凹，折收并有一周凸棱，内壁弧收，细高柄中空，喇叭状器座。标本M3065：4，口径15.6、底径10.6、高22.8厘米（图二四九，2）。标本M3065：5，口径15.4、底径9.2、高22.4厘米（图二四九，3）。

陶罐　1件。

A型Ⅱ式　标本M3065：3，泥质灰陶。器形较小，敞口，圆唇，束颈，折肩，肩部有一周凸棱，鼓腹，平底。口径9.0、底径6.0、高12.8厘米（图二四九，4）。

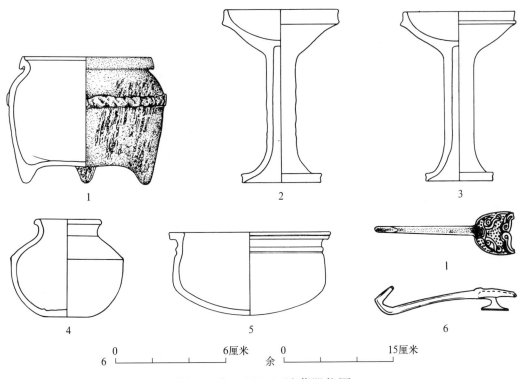

**图二四九　M3065随葬器物图**

1.B型Ⅱ式绳纹鬲M3065：1　2、3.Ab型Ⅰ式陶豆M3065：4、5　4.A型Ⅱ式陶罐M3065：3　5.B型Ⅱ式陶盂M3065：2　6.F型铜带钩M3065：7

陶盂　1件。

B型Ⅱ式　标本 M3065：2，泥质灰陶。敛口，平沿，方唇，唇壁有一周弦纹，颈下部有一周凸棱纹，鼓腹，圜底。口径 22.0、高 10.8 厘米（图二四九，5）。

2．铜器

铜带钩　1件。

F型　标本 M3065：7，枭首形，鼓腹，腹部饰有兽面纹，颈部较细，平背，铆钉状纽位于凹槽中，纽近尾部。长 7.5、腹宽 2.2、厚 0.4 厘米（图二四九，6）。

# 四二　M3067

位于发掘区三区中部，南邻 M3066，东邻 M3064，开口于②层下。耕土层厚 0.33、②层厚 0.32 米。

## （一）墓葬形制

长方形土坑竖穴墓，方向 100°（图二五〇）。墓口距地表深 0.65、长 2.70、宽

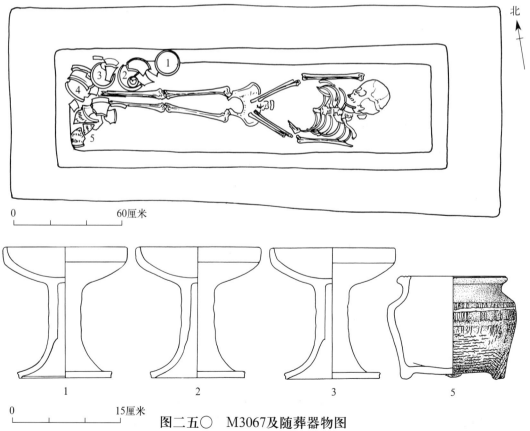

0　　　　　　　　　60厘米

0　　　　　　　　　15厘米

图二五〇　M3067及随葬器物图

1～3.Aa型Ⅴ式陶豆M3067：1～3　4.陶盂M3067：4　5.D型Ⅱ式绳纹鬲M3067：5

1.03～1.12 米。墓底距地表深 2.75、长 2.70、宽 1.03～1.12 米。直壁。墓内填土为黄花土。

### （二）葬具葬式

葬具为单棺。棺长 2.15、宽 0.45、残高 0.05 米。

棺内人骨 1 具，保存基本完好。仰身直肢，头向东，面向上，双手交叉于腹部，下肢伸直并拢。

### （三）随葬器物放置

随葬品有绳纹鬲 1 件，陶豆 3 件，陶盂 1 件，共 5 件。均置于棺内墓主足端。

### （四）随葬器物

陶器 5 件。绳纹鬲 1 件，陶豆 3 件，未修复陶盂 1 件。

绳纹鬲 1 件。

D 型 II 式 标本 M3067：5，夹砂灰陶。器形较小，口微敛，平沿，沿上有两周凹弦纹，圆唇，束颈，折肩，肩部有三道抹痕，鼓腹，下腹弧收，连裆平底微弧，三矮柱状足，腹、底饰绳纹。口径 14.8、高 13.4 厘米（图二五〇，5）。

陶豆 3 件。

Aa 型 V 式 形制相同。泥质灰陶。敞口，圆唇，浅盘，盘内壁弧收，外壁折收，柄较高、中空，喇叭状器座。标本 M3067：1，口径 17.2、底径 12.8、高 17.4 厘米（图二五〇，1）。标本 M3067：2，口径 17.2、底径 12.8、高 17.2 厘米（图二五〇，2）。标本 M3067：3，口径 17.2、底径 12.6、高 17.3 厘米（图二五〇，3）。

# 四三 M3068

位于发掘区三区中部，东邻 M3065，南邻 M3075，开口于②层下。耕土层厚 0.38、②层厚 0.30 米。

### （一）墓葬形制

长方形土坑竖穴墓，方向 100°（图二五一）。墓口距地表深 0.68、长 2.08、宽 0.82 米。墓底距地表深 2.26、长 2.05、宽 0.60 米。东西壁为直壁，南北斜壁内收，北壁有一壁龛，长 0.60、高 0.36、进深 0.35 米。底部有生土二层台，宽 0.08～0.15、高 0.23 米。墓底有一腰坑，长 0.65、宽 0.35、深 0.24 米。墓内填土为黄花土。

### （二）葬具葬式

无葬具。

墓内人骨 1 具，保存一般，上身腐朽。仰身直肢，头向东，面向不清，下肢伸直，双足并拢。

### （三）随葬器物放置

随葬品有绳纹鬲1件，陶豆2件，陶罐1件，陶盂1件，共5件。绳纹鬲、陶罐、陶盂、陶豆1件放置于壁龛内，其中陶罐放置陶盂内，罐中放有兽骨。另有陶豆1件放置在墓主右侧的二层台上。

腰坑内有动物骨骼，腐朽严重。

### （四）随葬器物

陶器5件。陶豆2件，陶罐1件，未修复绳纹鬲1件，陶盂1件。

陶豆　2件。

Aa型Ⅲ式　形制相同。泥质灰陶。器形呈碗状，敞口，圆唇，盘内外壁弧收，柄中空，喇叭状器座。标本M3068：1，口径16.8、底径10.0、高16.4厘米（图二五一，1）。标本M3068：2，口径18.0、底径9.8、高16.8厘米（图二五一，2）。

陶罐　1件。

C型Ⅱ式　标本M3068：4，泥质灰陶。敞口，圆唇，束颈，折肩，鼓腹，平底微凹。口径10.4、底径7.2、高11.8厘米（图二五一，4）。

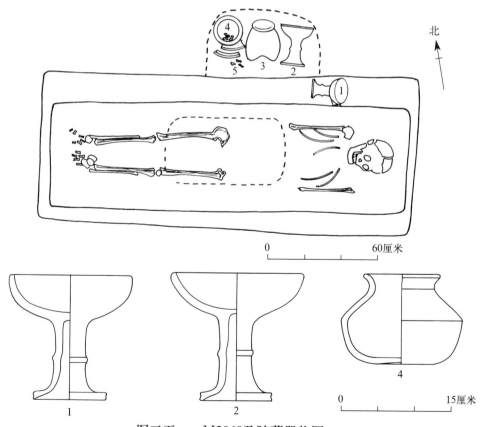

图二五一　M3068及随葬器物图

1、2.Aa型Ⅲ式陶豆M3068：1、2　3.绳纹鬲M3068：3　4.C型Ⅱ式陶罐M3068：4　5.陶盂M3068：5

# 四四　M3069

位于发掘区三区中部，北邻 M3067，开口于②层下，东部被 M3066 打破。耕土层厚 0.35、②层厚 0.50 米。

## （一）墓葬形制

长方形土坑竖穴墓，方向 110°（图二五二）。墓口距地表深 0.85、长 2.70、宽 1.60 米。墓底距地表深 3.23、长 2.78、宽 1.70 米。斜壁外扩。底部有生土二层台，宽 0.15～0.40、高 0.67 米。墓内填土为花土，上部褐色胶泥块较多，下部黄沙土多，胶泥块少。

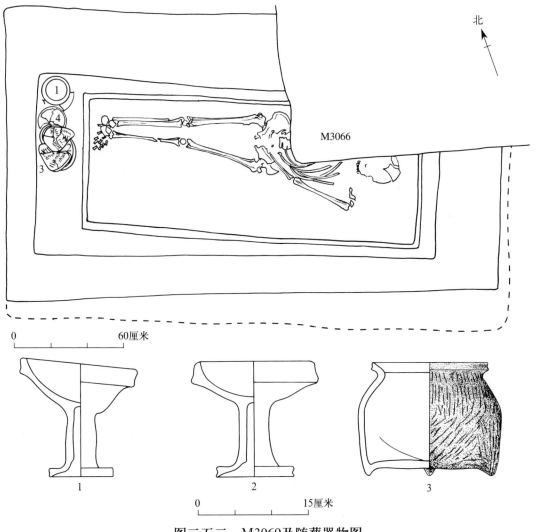

北

M3066

0　　　　　　60厘米

0　　　　　　15厘米

图二五二　M3069及随葬器物图

1、2.Ac型Ⅰ式陶豆M3069∶1、2　3.Aa型Ⅱ式绳纹鬲M3069∶3　4.陶盂M3069∶4

（二）葬具葬式

葬具为一棺一椁。棺长 1.85、宽 0.75 米，厚 5.0 厘米。椁长 2.20、宽 0.90～1.00、高 0.67 米。

棺内人骨 1 具，部分头骨及右上身骨骼被 M3066 破坏。仰身直肢，头向东，面向上，两手交叠于下腹部，下肢伸直，双足并拢交叠。

（三）随葬器物放置

随葬品有绳纹鬲 1 件，陶豆 2 件，陶盂 1 件，共 4 件。均置于墓主足端的棺椁之间。

（四）随葬器物

陶器 4 件。绳纹鬲 1 件，陶豆 2 件，未修复陶盂 1 件。

绳纹鬲　1 件。

Aa 型 Ⅱ 式　标本 M3069：3，夹砂红褐陶。敛口，方唇，唇壁微内凹，束颈，溜肩，下腹近直壁，弧裆近平，三袋实心足尖矮。腹、底饰横竖向斜似柳叶纹，纹路较深。口径 16.0、高 14.8 厘米（图二五二，3）。

陶豆　2 件。

Ac 型 Ⅰ 式　形制相同。标本 M3069：1，泥质灰陶。盘呈碗状，敞口，圆唇，深盘，盘外壁内收，并有一周折棱，矮柄中空，喇叭状器座。制作粗糙。口径 16.0、高 14.8 厘米（图二五二，1）。标本 M3069：2，口径 16.0、高 15.2 厘米（图二五二，2）。

# 四五　M3070

位于发掘区三区中部，东邻 M3067，西邻 M3091，开口于②层下。耕土层厚 0.25、②层厚 0.30 米。

（一）墓葬形制

长方形土坑竖穴墓，方向 98°（图二五三）。墓口距地表深 0.55、长 2.95、宽 1.45 米。墓底距地表深 3.95、长 2.90、宽 1.40 米。直壁。底部有熟土二层台，宽 0.20～0.48、高 1.00 米，墓内填土为黄花土。

（二）葬具葬式

葬具为一棺一椁。棺长 1.77、宽 0.48～0.52、残高 0.20 米。椁长 2.18、宽 0.80～0.97、高 1.00 米。

棺内人骨 1 具，保存一般，足部朽腐。仰身直肢，头向东，面向上，上肢贴放于躯干两侧，下肢伸直。

（三）随葬器物放置

随葬品有绳纹鬲 1 件，陶豆 2 件，陶舟 1 件，共 4 件。均置于墓主头前的棺椁之间。

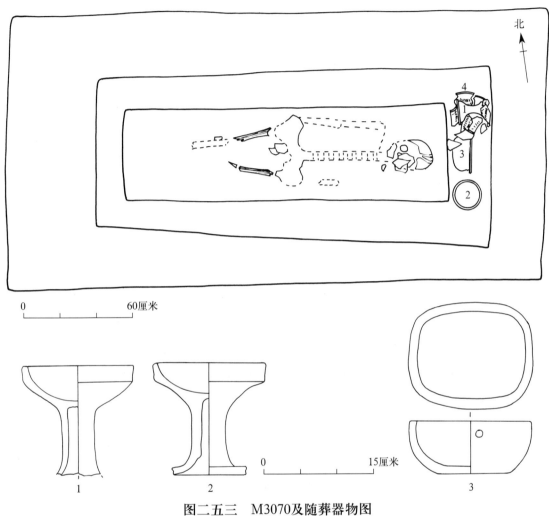

图二五三 M3070及随葬器物图

1、2.Ac型Ⅲ式陶豆M3070：1、2　3.陶舟M3070：3　4.绳纹鬲M3070：4

## （四）随葬器物

陶器 4 件。陶豆 2 件，陶舟 1 件，未修复绳纹鬲 1 件。

陶豆 2 件。

Ac 型Ⅲ式 形制相同。泥质灰陶。盘呈碗状，敞口，方唇，内壁弧收，外壁折收，粗柄中空，喇叭状器座，标本 M3070：1，器座残缺。口径 15.2、残高 14.4 厘米（图二五三，1）。标本 M3070：2，口径 15.4、底径 9.6、高 14.8 厘米（图二五三，2）。

陶舟 1 件。

标本 M3070：3，泥质红陶。器形呈圆角长方形，直口，平沿，方唇，上腹近直壁，下腹弧收，腹两侧有对称圆孔，平底。无盖。口径 16.8、高 7.2、底径 10.0 厘米（图二五三，3）。

# 四六　M3071

位于发掘区三区中部，北邻 M3070，南邻 M3072，开口于①层下（墓口上部未分层）。

## （一）墓葬形制

长方形土坑竖穴墓，方向 115°（图二五四）。墓口距地表深 0.45、长 2.05、宽 0.82 米。墓底距地表深 2.15、长 2.05、宽 0.82 米。直壁。墓内填土为灰褐土。

## （二）葬具葬式

葬具为单棺。棺长 1.87、宽 0.52 米。

棺内人骨 1 具，保存较好。仰身直肢，头向东，面向上，两手交叠于下腹部，下肢伸直，双足并拢交叠。

## （三）随葬器物放置

随葬品有绳纹鬲 1 件，陶豆 2 件，陶盂 1 件，共 4 件。均置于棺外，绳纹鬲在

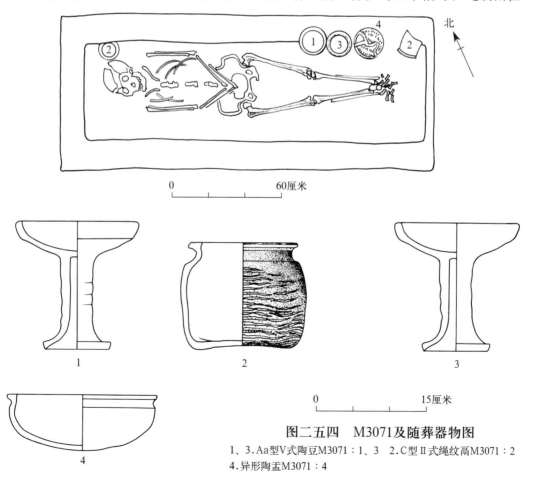

0　　　　　　　60厘米

0　　　　　　　15厘米

图二五四　M3071及随葬器物图

1、3.Aa型V式陶豆M3071：1、3　2.C型Ⅱ式绳纹鬲M3071：2
4.异形陶盂M3071：4

墓主头端右侧，其余在右侧下肢及足端外侧。

（四）随葬器物

陶器 4 件。绳纹鬲 1 件，陶豆 2 件，异形盂 1 件。

绳纹鬲　1 件。

C 型 Ⅱ 式　标本 M3071：2，夹砂灰陶。器形较小，敛口，圆唇，平沿，沿上有一周凹弦纹，束颈，折肩，上腹微鼓，下腹直收，三袋足近平，连裆平底，肩部以下饰有横向粗绳纹。口径 14.4、高 14.2 厘米（图二五四，2）。

陶豆　2 件。

Aa 型 Ⅴ 式　形制相同。泥质灰陶。敞口，圆唇，内外壁折收，豆柄中空，柄有轮制加工痕迹，喇叭状器座。标本 M3071：1，口径 16.8、底径 8.8、高 16.9 厘米（图二五四，1）。标本 M3071：3，口径 17.0、底径 8.6、高 17.0 厘米（图二五四，3）。

异形盂　1 件。

标本 M3071：4，泥质灰陶。盘口宽大，敛口，圆唇，平沿，鼓腹，圜底。口径 20.6、高 7.4 厘米（图二五四，4）。

# 四七　M3073

位于发掘区三区中部偏南，南邻 M3074，东邻 M3075，开口于②层下。耕土层厚 0.25、②层厚 0.45 米。

（一）墓葬形制

长方形土坑竖穴墓，方向 115°（图二五五）。墓口距地表深 0.70、长 2.98、宽 1.70 ~ 1.82 米，墓底距地表深 4.08、长 2.90、宽 1.65 米。斜壁内收。底部有熟土二层台，宽 0.25 ~ 0.30、高 1.14 米。墓底有腰坑，长 0.70、宽 0.36、深 0.19 米。墓内填土为黄花土。

（二）葬具葬式

葬具为一棺一椁。棺长 1.96、宽 0.70、残高 0.05 米，板灰厚 1.5 ~ 2.0 厘米。椁长 2.40、宽 1.21、高 1.14 米，板灰厚 5.0 ~ 7.0 厘米。

棺内人骨 1 具，腐朽严重。仰身直肢，头向东，面向上。

（三）随葬器物放置

随葬品有陶鬲 1 件，陶豆 2 件，陶罐 1 件，陶盂 1 件，铜带钩 1 件，共 6 件。陶器放置在墓主右侧的棺椁之间。铜带钩放置在墓主头前棺椁之间。

腰坑内有一枚鹿角及一个小兽头骨。

（四）随葬器物

共 6 件。包括陶器 5 件，铜带钩 1 件。其中未修复陶鬲 1 件，陶豆 1 件。

1. 陶器

陶器 3 件。陶豆 1 件，陶罐 1 件，陶盂 1 件。

陶豆　1 件。

Ab 型 I 式　标本 M3073：4，泥质灰陶。敞口，方唇，外折内弧盘、较浅，外

0　　　　　　　　60厘米

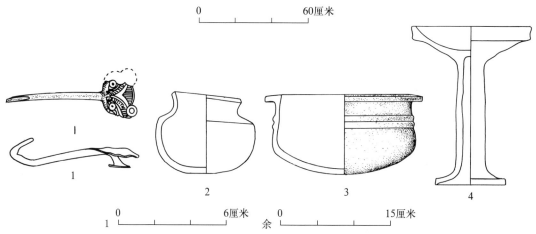

**图二五五　M3073及随葬器物图**

1.F型铜带钩M3073：1　2.B型Ⅲ式陶罐M3073：2　3.B型Ⅲ式陶盂M3073：3　4.Ab型Ⅰ式陶豆M3073：4
5.陶豆M3073：5　6.陶鬲M3073：6

壁内凹,盘底斜收。高柄中空,喇叭口状器座。口径 16.4、高 21.0 厘米(图二五五,4)。

陶罐 1 件。

B 型Ⅲ式 标本 M3073:2,泥质灰陶。器形较小,敞口,方唇,束颈,折肩,鼓腹,圜底。口径 9.6、高 10.4 厘米(图二五五,2)。

陶盂 1 件。

B 型Ⅲ式 标本 M3073:3,泥质灰陶。敛口,宽斜沿,方唇,颈部有两周凸棱纹,上腹近直壁,下腹弧收,圜底。口径 21.2、高 10.4 厘米(图二五五,3)。

2. 铜器

铜带钩 1 件。

F 型 标本 M3073:1,枭首形,腹部饰有兽面纹,腹部已残,颈部较细,平背,铆钉状纽位于凹槽中,纽近尾部。长 7.3、残宽 1.8 厘米(图二五五,1)。

# 四八 M3083

位于发掘区三区南部,北邻 M3076,南邻 M3078,开口于②层下。耕土层厚 0.26、②层厚 0.14 米。

## (一)墓葬形制

长方形土坑竖穴墓,方向 105°(图二五六)。墓口距地表深 0.40、长 2.35、宽 1.22

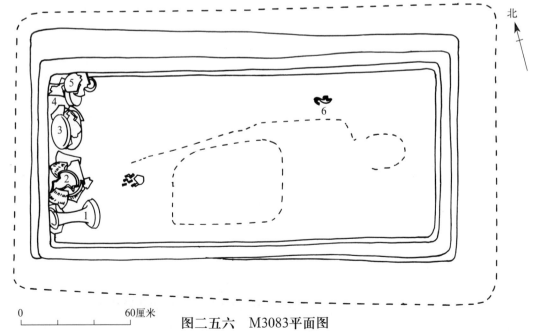

北

0        60厘米

图二五六 M3083平面图
1、4.陶豆 2.陶鬲 3.陶盂 5.陶罐 6.铜带钩

米。墓底距地表深 2.85、长 2.70、宽 1.61 米。底部有生土二层台,高 0.38、宽 0.14～0.26
米。墓底有腰坑,长 0.60、宽 0.45、深 0.35 米。墓内填土为灰褐色花土。

### （二）葬具葬式

葬具为一棺一椁。棺形制不明。椁长 2.15、宽 1.05、残高 0.38 米。

棺内人骨 1 具,已腐朽。葬式不明,头向东,面向不明。

### （三）随葬器物放置

随葬品有陶豆 2 件,绳纹鬲 1 件,陶盂 1 件,陶罐 1 件,铜带钩 1 件,共 6 件。
随葬陶器置于墓主足端棺椁之间,铜带钩在棺内墓主右臂外侧。

### （四）随葬器物

共 6 件。包括陶器 5 件,铜带钩 1 件。其中未修复绳纹鬲 1 件。

1. 陶器

陶器 4 件。陶豆 2 件,陶罐 1 件,陶盂 1 件。

陶豆　2 件。

Ab 型 I 式　形制相同。泥质灰陶。敞口,方唇,内壁弧收,外壁微凹且折收,
高柄中空,喇叭状器座。标本 M3083:1,口径 14.2、底径 8.6、高 19.8 厘米（图
二五七,1）。标本 M3083:4,口径 14.2、底径 8.0、高 20.2 厘米（图二五七,2）。

陶罐　1 件。

D 型 III 式　标本 M3083:5,泥质灰陶。直口,圆唇,圆肩,鼓腹,下腹弧收,
平底,一侧残缺。口径 7.2、高 9.6 厘米（图二五七,3）。

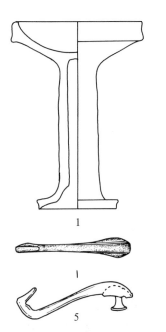

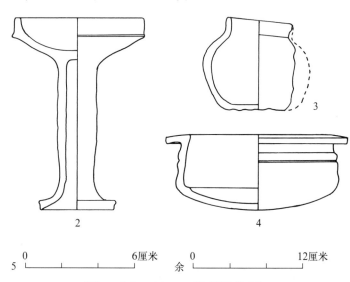

图二五七　M3083随葬器物图

1、2.Ab型 I 式陶豆M3083:1、4　3.D型III式陶罐M3083:5　4.B型III式陶
盂M3083:3　5.C型铜带钩M3083:6

陶盂　1 件。

B 型Ⅲ式　标本 M3083：3，泥质灰陶。敛口，宽斜沿，方唇，颈下部有一圈凸棱纹，上腹近直壁，下腹弧收，圜底。口径 20.0、高 7.8 厘米（图二五七，4）。

### 2. 铜器

铜带钩　1 件。

C 型　标本 M3083：6，琵琶形，鼓腹，腹部有两条脊棱，平背，铆钉状纽位于凹槽中，纽近尾部。长 6.4、腹宽 1.0、厚 0.7 厘米（图二五七，5）。

## 四九　M3092

位于发掘区三区中部偏南，南邻 M3084，东邻 M3091，开口于②层下，西北部被 M3150 打破，未打破到墓底。耕土层厚 0.25、②层厚 0.30 米。

### （一）墓葬形制

长方形土坑竖穴墓，方向 105°（图二五八）。墓口距地表深 0.40、长 2.66、宽 1.45 米。墓底距地表深 2.99、长 2.66、宽 1.45 米。直壁，东南部有脚窝。底部四周有生土二层台，宽 0.18～0.40、高 0.55 米。墓内填土为黄花土。

### （二）葬具葬式

葬具为一棺一椁。棺长 1.87、宽 0.54、厚度 0.04 米。椁长 1.96、宽 1.05、高 0.55 米。棺内人骨 1 具，上身已腐朽。仰身直肢，头向东，面向不清，下肢伸直，双足并拢。

### （三）随葬器物放置

随葬品有绳纹鬲 1 件，陶豆 2 件，陶盂 1 件，共 4 件。均置于椁盖上，腐朽后落入墓主右侧。

### （四）随葬器物

陶器 4 件。绳纹鬲 1 件，陶豆 2 件，陶盂 1 件。

绳纹鬲　1 件。

D 型Ⅲ式　标本 M3092：1，夹砂灰陶。敛口，平沿，圆唇，束颈，折肩，鼓腹，下腹弧收，三柱状矮足，连裆平底。腹下部、底部饰有横斜交错绳纹。口径 16.8、高 18.0 厘米（图二五八，1）。

陶豆　2 件。

Ab 型Ⅰ式　形制相同。泥质灰陶。敞口，方唇，浅盘，内壁弧收，外壁折收，高柄中空，柄有明显加工痕迹，喇叭状器座。标本 M3092：2，口径 16.0、底径 10.0、高 22.2 厘米（图二五八，2）。标本 M3092：3，口径 15.4、底径 9.8、高 22.6 厘米（图二五八，3）。

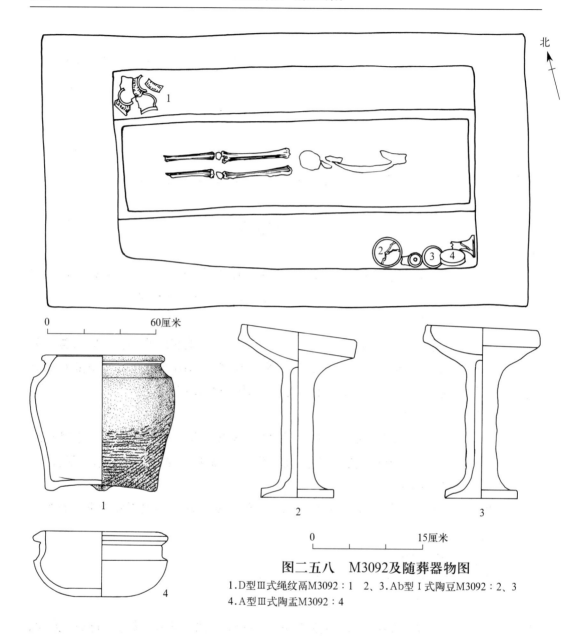

图二五八　M3092及随葬器物图
1.D型Ⅲ式绳纹鬲M3092：1　2、3.Ab型Ⅰ式陶豆M3092：2、3
4.A型Ⅲ式陶盂M3092：4

陶盂　1件。

A型Ⅲ式　标本M3092：4，泥质灰陶。口微敛，斜折沿，圆唇，束颈，折肩，肩部有一周折棱，腹部弧收，平底。口径18.6、底径7.0、高8.6厘米（图二五八，4）。

## 五〇　M3094

位于发掘区三区南部，东邻M3093，开口于②层下。耕土层厚0.20、②层厚0.25米。

**（一）墓葬形制**

长方形土坑竖穴墓，方向 115°（图二五九）。墓口距地表深 0.45、长 2.30、宽 1.05 米。墓底距地表深 1.30、长 2.43、宽 1.15 米。斜壁外扩。墓内填土为灰褐花土。

**（二）葬具葬式**

葬具为单棺。棺长 2.00、宽 0.45 米。

棺内人骨 1 具，保存一般。仰身直肢，头向东，面向不清，双手交叠于下腹部，下肢伸直，双足靠拢。

**（三）随葬器物放置**

随葬品为绳纹鬲 1 件，陶豆 2 件，陶盂 1 件，共 4 件。均置于棺外，陶盂、陶豆 1 件置于墓主头端右侧，绳纹鬲在墓主下肢右侧，陶豆 1 件在墓主头端左侧。

**（四）随葬器物**

陶器 4 件。绳纹鬲 1 件，陶豆 2 件，陶盂 1 件。

绳纹鬲　1 件。

Aa 型 VI 式　标本 M3094：4，夹砂灰陶。器形较大，侈口，圆唇，束颈，鼓腹，腹下部弧收，三袋足，平裆微弧。腹下部饰横向绳纹。口径 16.4、高 24.6 厘米（图二五九，4）。

陶豆　2 件。

Ab 型 II 式　形制相同。泥质灰陶。敞口，方唇，内壁弧收，外壁微凹且折收，高柄中空，喇叭状器座。标本 M3094：1，口径 16.4、底径 12.8、高 29.6 厘米（图二五九，1）。标本 M3094：3，口径 16.4、底径 12.4、高 29.8 厘米（图二五九，3）。

陶盂　1 件。

B 型 IV 式　标本 M3094：2，泥质灰陶。口微敛，斜折沿，方唇，颈部有两周凸棱纹，上腹近直壁，下腹弧收，圜底。口径 20.2、高 9.5 厘米（图二五九，2）。

# 五一　M3097

位于发掘区三区西北部，南邻 M3098，北邻 M3001，开口于①层下（墓口上部未分层）。

**（一）墓葬形制**

长方形土坑竖穴墓，方向 290°（图二六〇）。墓口距地表深 0.40、长 2.30、宽 1.38 米。墓底距地表深 3.32、长 2.30、宽 1.40 米。直壁。底部有生土二层台，宽 0.08～0.10、高 0.57 米。墓内填土为黄褐土。

**（二）葬具葬式**

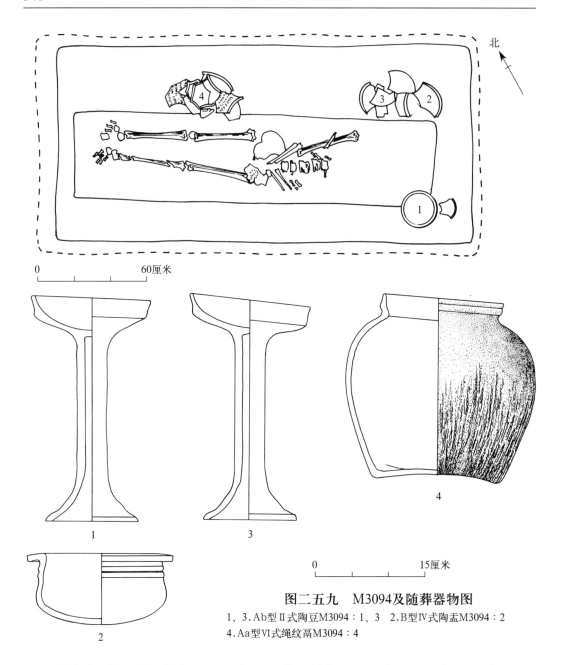

图二五九　M3094及随葬器物图

1、3.Ab型Ⅱ式陶豆M3094：1、3　2.B型Ⅳ式陶盂M3094：2

4.Aa型Ⅵ式绳纹鬲M3094：4

　　葬具为一棺一椁。棺长 2.00、宽 0.80 米。椁长 2.14、宽 1.23、高 0.57 米。

　　棺内人骨 1 具，骨骼保存完好。仰身直肢，头向西，面向上，双手交叠于下腹部，下肢伸直，双足靠拢。

　　（三）随葬器物放置

　　随葬品有绳纹鬲 1 件，陶豆 2 件，陶盂 1 件，骨簪 2 件，共 6 件。陶器置于棺内墓主左侧，骨簪放置于陶盂上部。

（四）随葬器物

共 6 件。包括陶器 4 件，骨器 2 件。

1. 陶器

4 件。绳纹鬲 1 件，陶豆 2 件，陶盂 1 件。

绳纹鬲　1 件。

D 型Ⅲ式　标本 M3097：3，泥质灰陶。敛口，方唇，唇上有凹弦纹一周，折肩，微鼓腹，弧裆低矮近平，三实足尖短小呈柱状。腹上部饰粗绳纹。口径 14.0、腹径 17、高 15 厘米（图二六一，1）。

陶豆　2 件。

B 型Ⅰ式　形制相同。泥质灰陶。敞口，方唇，豆盘外壁有折棱，内壁圆弧，下腹斜直内收，细高柄中空，喇叭状器座。标本 M3097：2，口径 12、底径 8.4、高 20.8 厘米（图二六一，2）。标本 M3097：4，口径 15.2、底径 10.5、高 21.0 厘米（图二六一，3）。

陶盂　1 件。

A 型Ⅲ式　标本 M3097：1，泥质灰陶。微敛口，平沿，方唇，微束颈，颈下折棱一道，腹弧收，平底。口径 19.6、底径 8.4、高 9.8 厘米（图二六一，4）。

2. 骨器

骨簪　2 件。

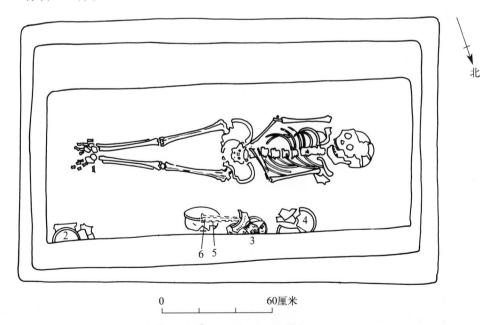

图二六〇　M3097平面图

1.陶盂　2、4.陶豆　3.绳纹鬲　5、6.骨簪

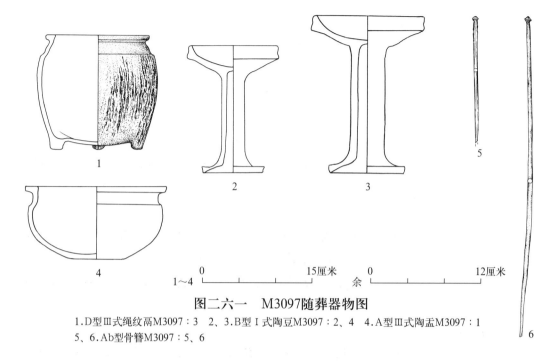

图二六一　M3097随葬器物图

1. D型Ⅲ式绳纹鬲M3097：3　2、3. B型Ⅰ式陶豆M3097：2、4　4. A型Ⅲ式陶盂M3097：1
5、6. Ab型骨簪M3097：5、6

**Ab型**　标本M3097：5，通体磨光，截断面呈圆形。尾端残，弧顶簪首。残长13.4、径0.4厘米（图二六一，5）。标本M3097：6，通体磨光，锥形簪首，横截面为圆形，尾端磨尖保持骨骼的天然弧度。长33.8、腰径0.5厘米（图二六一，6）。

# 五二　M3098

位于发掘区三区，东邻M3096，开口于②层下。

**（一）墓葬形制**

长方形土坑竖穴墓，方向100°（图二六二）。墓口距地表深0.70、长2.80、宽1.80米。墓底距地表深3.40、长2.50、宽1.47米。斜壁内收。底部有熟土二层台，宽1.70～2.50、高0.60米。墓内填土为黄褐花土，部分经夯打，夯窝呈弧状底，直径6.0厘米。

**（二）葬具葬式**

一棺一椁。棺长1.81、宽0.70、残高0.40米。椁长2.05、宽1.02～1.05、高0.60米。棺内人骨1具，仅留有头部和左下肢部分痕迹，仰身直肢，头向东，面向上。

**（三）随葬器物放置**

随葬品有陶豆1件，陶盂1件，陶壶2件，陶盖豆3件，陶盘1件，陶鼎1件，骨簪2件，共11件。均置于棺上或棺椁之间（彩版六四，1）。陶盂在墓主头端右上侧，

图二六二　M3098平面图

1.陶盂　2、3.骨簪　4、7.陶壶　5、8、9.陶盖豆
6.陶盘　10.陶鼎　11.陶豆

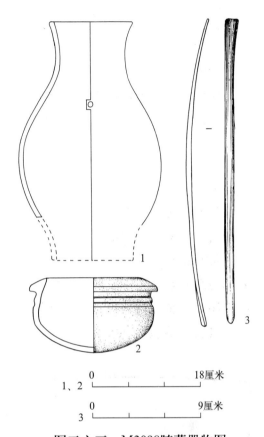

图二六三　M3098随葬器物图

1.A型陶壶M3098：4　2.B型Ⅴ式陶盂M3098：1
3.B型骨簪M3098：3

骨簪在头端右侧，陶鼎、陶豆在墓主右侧的棺椁之间，其余陶器置于棺上，棺板腐朽后落入棺底。

（四）随葬器物

共11件。包括陶器9件，骨器2件。其中未修复盖豆3件，陶豆1件，陶壶1件，陶盘1件，陶鼎1件，骨簪1件。

1.陶器

陶器2件。陶盂1件，陶壶1件。

陶壶　1件。

A型　标本M3098：4，泥质红陶。侈口，方唇，束颈，鼓腹，圈足无底。口径13.6、高38.1厘米（图二六三，1）。

陶盂　1件。

B型Ⅴ式　标本M3098：1，泥质灰陶。微敛口，宽折沿，束颈，颈部有一道凸棱，腹部弧收，圜底。口径 21.0、高 12.0 厘米（图二六三，2）。

2. 骨器

骨簪　1 件。

B 型　标本 M3098：3，扁圆体，首端扁宽，簪身中部略厚，近尾端内收，尾端钝圆。长 24.4、首宽 1.1、厚 0.2 ～ 0.4 厘米（图二六三，3）

# 五三　M3100

位于发掘区三区北部，北邻 M3102，开口于②层下。耕土层厚 0.17、②层厚 0.25 米。

## （一）墓葬形制

长方形土坑竖穴墓，方向 100°（图二六四）。墓口距地表深 0.42、长 2.70、宽 1.75 米。墓底距地表深 4.70、长 2.70、宽 1.75 米。直壁。底部有生土二层台，宽 0.12 ～ 0.40、高 1.20 米。墓内填土为花土，经夯打，夯窝直径 5.0 厘米，排列整齐。

## （二）葬具葬式

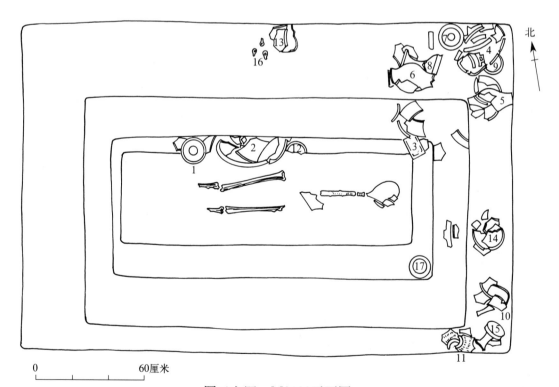

0　　　　　　　　60厘米

图二六四　M3100平面图

1. 陶盂　2. 陶盘　3. 陶舟　4. 陶鼎　5、6. 陶壶　7～9. 陶盘豆　10、14. 陶敦　11. 陶鬲　12、13、16. 陶敦　15. 陶盘豆　16. 器钮　17. 陶罐

葬具为一棺一椁。棺长 1.60、宽 0.49、残高 0.10 米。椁长 1.78、宽 0.79、高 0.60 米。

棺内人骨 1 具，保存较差，上肢及胫骨腐朽。仰身直肢，头向东，面向上，上肢已腐朽，下肢伸直。

### （三）随葬器物放置

随葬品有绳纹鬲 1 件，陶豆 4 件，陶罐 1 件，陶盂 1 件，陶盘 1 件，陶舟 1 件，陶鼎 1 件，陶壶 2 件，陶敦 2 件，共 14 件。陶器放置于棺椁之间和二层台上。置于棺椁之间有陶敦 1 件，在墓主头前右侧，陶舟在头端右侧，陶盂、陶盘、陶敦各 1 件在墓主右侧腰部及下肢处。其余的陶鼎、陶豆、陶壶、陶敦、绳纹鬲等，分别放置在墓主头前及两侧的二层台上。

填土中有殉狗骨架一具。

### （四）随葬器物

共 14 件。包括陶器 14 件。未修复陶盘 1 件，陶舟 1 件，陶鼎 1 件，陶敦 2 件，陶罐 1 件。

#### 1. 陶器

陶器 8 件。绳纹鬲 1 件，陶盂 1 件，陶豆 4 件，陶壶 2 件。

绳纹鬲　1 件。

D 型Ⅳ式　标本 M3100：11，夹砂灰陶。口微敛，斜折沿，方唇，束颈，上腹微鼓，下腹弧收，裆近平，三乳状足。腹部以下饰有绳纹。口径 15.8、高 15.2 厘米（图二六五，1）。

陶豆　4 件。

Ac 型Ⅲ式　形制相同。泥质灰陶。侈口，方唇，内壁弧收，外壁微凹且折收，豆柄中空，喇叭状器座。标本 M3100：7，口径 16.0、底径 9.8、高 16.8 厘米（图二六五，2）。标本 M3100：8，口径 14.8、底径 10.0、高 17.0 厘米（图二六五，3）。标本 M3100：9，口径 16.0、底径 10.2、高 15.8 厘米（图二六五，4）。标本 M3100：15，口径 16.0、底径 10.0、高 16.0 厘米（图二六五，5）。

异形盂　1 件。

标本 M3100：1，泥质灰陶。敛口，平沿，方唇，束颈，折肩，鼓腹，圜底。口径 18.0、高 9.0 厘米（图二六五，6）。

陶壶　2 件。

A 型　形制相同。泥质红陶。侈口，方唇，束颈，鼓腹，圈足无底。标本 M3100：5，口径 11.0、高 26.8 厘米（图二六五，7）。标本 M3100：6，口径 10.6、高 32.2 厘米（图二六五，8）。

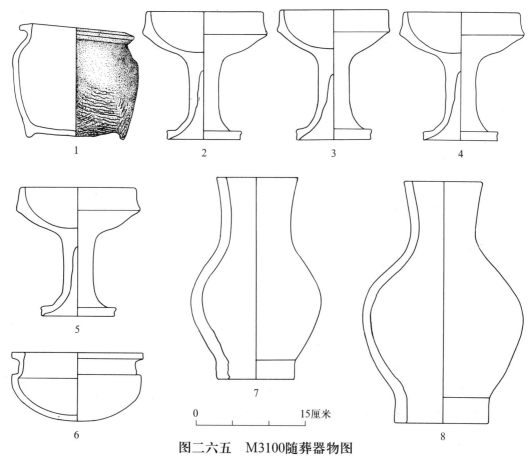

**图二六五　M3100随葬器物图**

1.D型Ⅳ式绳纹鬲M3100:11　2~5.Ac型Ⅲ式陶豆M3100:7~9、15　6.异形盂M3100:1　7、8.A型陶壶
M3100:5、6

# 五四　M3101

位于发掘区三区南部,北邻M3100,南邻M3150,开口于②层下。耕土层厚0.20、②层厚0.30米。

## (一)墓葬形制

长方形土坑竖穴墓,方向15°(图二六六)。墓口距地表深0.50、长1.90、宽0.77米。墓底距地表深2.00、长2.05、宽0.87米。斜壁外扩,北壁有头龛,长0.87、高0.43、进深0.22米。墓底有椭圆形腰坑,长0.30、宽0.28、高0.19米(彩版六四,2)。墓内填土为花土。

## (二)葬具葬式

葬具为单棺。棺长1.90、宽0.42米。

棺内人骨1具,保存基本完好。仰身直肢,头向北,面向上,双手交叠于下腹部,

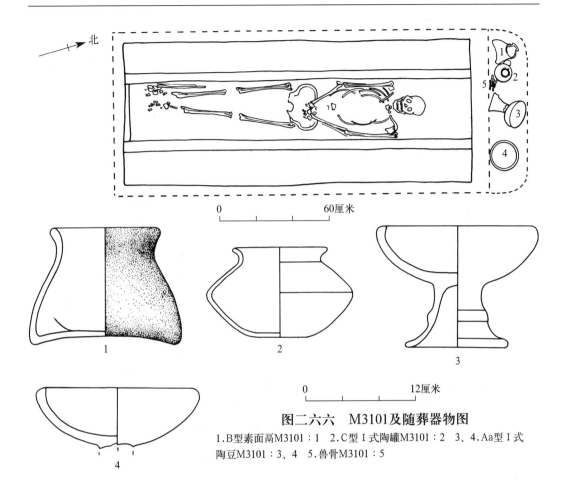

0　　　　　60厘米

0　　　　　12厘米

**图二六六　M3101及随葬器物图**
1.B型素面鬲M3101:1　2.C型I式陶罐M3101:2　3、4.Aa型I式
陶豆M3101:3、4　5.兽骨M3101:5

下肢伸直，双足并拢。

（三）随葬器物放置

随葬品有绳纹鬲1件，陶豆2件，陶罐1件，共4件。均放于墓主头前壁龛内，陶豆与陶罐之间有兽骨。

腰坑内殉狗1只，头向东，与墓主头向相同。

（四）随葬器物

陶器4件。素面鬲1件，陶豆2件，陶罐1件。

素面鬲　1件。

B型　标本M3101:1，夹砂灰陶。卷沿，斜腹，圆唇，束颈，三足外撇，弧裆低矮近平。素面。口径12.0、高12.4厘米（图二六六，1）。

陶豆　2件。

Aa型I式　形制相同。泥质灰陶。微敛口，方圆唇，内外壁弧收，中部饰一凸棱纹，喇叭形器座。标本M3101:3，口径17.8、高12.8厘米（图二六六，3）。

标本 M3101：4，豆柄及器座残缺。口径 17.8、残高 6.4 厘米（图二六六，4）。

陶罐　1 件。

C 型 I 式　标本 M3101：2，泥质灰陶。侈口卷沿，圆唇，矮颈，折腹急收，小平底。口径 10.4、高 9.6 厘米（图二六六，2）。

## 五五　M3106

位于发掘区三区北部，西邻 M3105，开口于②层下。耕土层厚 0.20、②层厚 0.30 米。

### （一）墓葬形制

长方形土坑竖穴墓，方向 10°（图二六七）。墓口距地表深 0.50、长 2.30、宽 0.93 米。墓底距地表深 2.30、长 2.30、宽 0.93 米。直壁，头前部有一壁龛，长 0.77、高 0.30、进深 0.23 米。墓内填土为五花土，土质较硬。

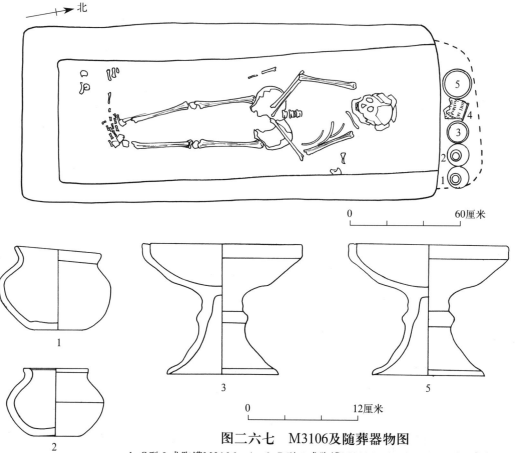

图二六七　M3106 及随葬器物图

1. C 型 I 式陶罐 M3106：1　2. D 型 I 式陶罐 M3106：2　3、5. Aa 型 I 式陶豆 M3106：3、5　4. 绳纹鬲 M3106：4

## （二）葬具葬式

葬具为单棺。棺长 2.10、宽 0.68 米。

棺内人骨 1 具，保存较好。仰身直肢，头向北，面向上，双手交叠于下腹部，下肢伸直，双足并拢。

## （三）随葬器物放置

随葬品有绳纹鬲 1 件，陶豆 2 件，陶罐 2 件共 5 件。均置于墓主头前的壁龛内。

## （四）随葬器物

陶器 5 件。陶豆 2 件，罐 2 件，未修复绳纹鬲 1 件。

陶豆　2 件。

Aa 型 I 式　形制相同。泥质灰陶。直口，方唇，内壁弧收，外壁折收，矮粗空心豆柄且中部有一周凸棱，喇叭状器座。标本 M3106：3，口径 17.6、底径 12.2、高 13.8 厘米（图二六七,3）。标本 M3106：5，口径 17.5、底径 12.2、高 13.8 厘米（图二六七，5）。

陶罐　2 件。

C 型 I 式　1 件。标本 M3106：1，泥质灰陶，小口卷沿，圆唇，束颈，斜肩，折腹，平底微凹。口径 9.6、底径 5.2、高 8.4 厘米（图二六七，1）。

D 型 I 式　1 件。标本 M3106：2，泥质灰陶。侈口，圆唇，束颈，鼓肩，扁圆腹，平底。口径 9.5、底径 6.0、高 9.8 厘米（图二六七，2）。

# 五六　M3109

位于发掘区三区北部，北邻 M3111，被 M3108 打破，开口于①层下（墓口上部未分层）。

## （一）墓葬形制

长方形土坑竖穴墓，方向 7°（图二六八）。墓口距地表深 0.50、长 2.50、宽 0.86 米。墓底距地表深 2.50、长 2.50、宽 0.86 米。斜壁外扩。东、南、北距墓底 0.45 米有一周二层台，宽 0.10～0.30 米。在墓主头部右侧，二层台上部有壁龛，南部被 M3108 打破，高 0.35、进深 0.31 米。

## （二）葬具葬式

葬具为单棺。棺长 2.15、宽 0.75 米。

棺内人骨 1 具，被 M3108 破坏。仰身直肢，头向北，面向西。

## （三）随葬器物放置

随葬品有陶豆 2 件，陶罐 1 件，共 3 件。在未被破坏的壁龛北部。

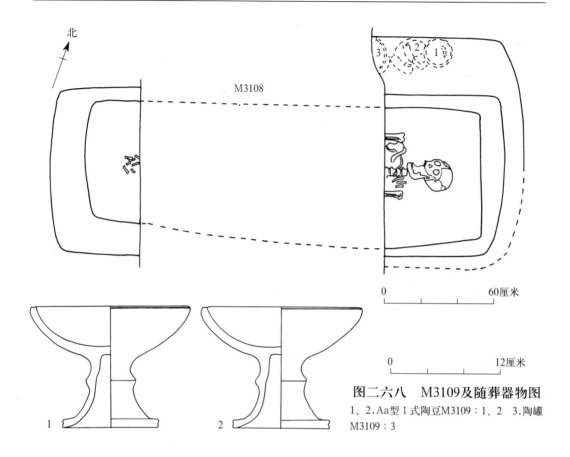

图二六八　M3109及随葬器物图
1、2.Aa型Ⅰ式陶豆M3109：1、2　3.陶罐
M3109：3

（四）随葬器物

陶器3件。陶豆2件，未修复陶罐1件。

陶豆　2件。

Aa型Ⅰ式　标本M3109：1，泥质灰陶。敞口，圆唇，内外壁弧收，矮粗空心豆柄，柄中部有一周凸棱，喇叭状器座。口径17.6、底径10.6、高12.9厘米（图二六八，1）。标本M3109：2，形制相同。口径17.6、底径10.6、高12.8厘米（图二六八，2）。

# 五七　M3110

位于发掘区三区北部，北邻M3200，开口于②层下。耕土层厚0.20、②层厚0.30米。

（一）墓葬形制

长方形土坑竖穴墓，方向15°（图二六九）。墓口距地表深0.67、长1.75、宽0.76～0.78米。墓底距地表深2.47、长2.01、宽0.96米。斜壁外扩，北有壁龛，长0.82、高0.55、进深0.30米。墓底有椭圆形腰坑，长0.30、宽0.26、深0.19米。墓内填土为褐黄花土。

（二）葬具葬式

葬具为单棺。棺长 1.73、宽 0.79 米。

棺内人骨 1 具，保存良好。仰身直肢，头向东，面向上。

（三）随葬器物放置

随葬品有陶盂 1 件，绳纹鬲 1 件，陶豆 2 件，共 4 件。均放置于墓主头前的壁龛内，在壁龛中部有小兽骨，腐朽严重（彩版六五，1）。

墓底腰坑殉狗 1 只，头向与墓主相向。

（四）随葬器物

陶器 4 件。素面鬲 1 件，陶豆 2 件，陶盂 1 件（彩版六五，2）。

素面鬲　1 件。

A 型 I 式　标本 M3110：2，夹砂红陶。侈口，卷沿，方唇，束颈，圆腹，裆微高，

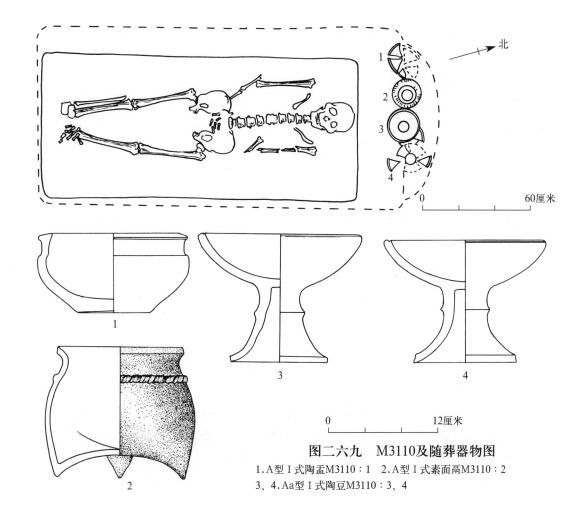

**图二六九　M3110及随葬器物图**

1.A型 I 式陶盂M3110：1　2.A型 I 式素面鬲M3110：2

3、4.Aa型 I 式陶豆M3110：3、4

三乳状足，颈下饰一周绞索状附加堆纹。素面。口径 13.8、高 13.8 厘米（图二六九，2；彩版六六，1）。

陶豆　2 件。

Aa 型 I 式　形制相同。泥质灰陶。敞口，圆唇，内外壁弧收，矮粗空心豆柄，柄中部有一周凸棱，喇叭状器座。标本 M3110：3，口径 18.1、底径 10.6、高 13.6 厘米（图二六九，3；彩版六六，2）。标本 M3110：4，口径 18.0、底径 11.4、高 13.0 厘米（图二六九，4；彩版六六，3）。

陶盂　1 件。

A 型 I 式　标本 M3110：1，泥质灰陶。敛口，沿微斜，圆唇，束颈，鼓腹斜收，平底微凹。口径 16.4、底径 7.8、高 8.4 厘米（图二六九，1；彩版六六，4）。

# 五八　M3111

位于发掘区三区北部，北邻 M3193，南邻 M3107，开口于②层下。耕土层厚 0.30、②层厚 0.30 米。

## （一）墓葬形制

长方形土坑竖穴墓，方向 5°（图二七〇）。墓口距地表深 0.60、长 2.47、宽 1.05 米。墓底距地表深 2.57、长 2.47、宽 1.05 米。直壁，北壁有一头龛，长 1.07、高 0.53、进深 0.20 米。墓内填土为褐色胶泥花土，夹黄沙土。

## （二）葬具葬式

葬具为一棺一椁。棺不清。椁长 2.03、宽 0.77、高 0.52 米。

棺内人骨 1 具，保存较好。仰身直肢，头向北，面向上，双手放在下腹部，下肢伸直，双足并拢。

## （三）随葬器物放置

随葬品有陶豆 2 件，陶罐 1 件，共 3 件。置于墓主头前的壁龛中，龛内还有 7 块小兽骨。

## （四）随葬器物

陶器 3 件。陶豆 2 件，陶罐 1 件。

陶豆　2 件。

Aa 型 II 式　形制相同。泥质灰陶。敞口，圆唇，内外壁弧收，矮粗空心豆柄，柄中部有一周凸棱，喇叭状器座。标本 M3111：1，器座残缺。口径 17.2、残高 10.8 厘米（图二七〇，1）。标本 M3111：2，口径 18.1、底径 11.0、高 13.6 厘米（图二七〇，2）。

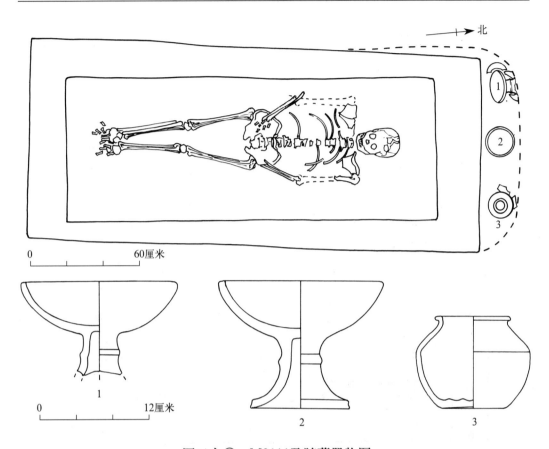

图二七〇　M3111及随葬器物图

1、2.Aa型Ⅱ式陶豆M3111:1、2　3.B型Ⅰ式陶罐M3111:3

陶罐　1件。

B型Ⅰ式　标本M3111:3,泥质灰陶。侈口,平沿,方唇,矮颈,折肩微鼓,平底微凹。口径8.4、底径6.8、高9.8厘米(图二七〇,3)。

## 五九　M3113

位于发掘区三区南部,东邻M3008,北邻M3150,开口于①层下(墓口上部未分层)。

### (一)墓葬形制

长方形土坑竖穴墓,方向113°(图二七一)。墓口距地表深0.55、长2.35、宽1.20米。墓底距地表深2.70、长2.35、宽1.20米。直壁。底部有熟土二层台,宽0.10~0.15、高0.50米。墓内填土为黄花土。

## （二）葬具葬式

葬具为一棺一椁。棺长 1.90、宽 0.60 米。椁长 2.15、宽 0.90、高 0.50 米。

棺内人骨 1 具，上身腐朽。仰身直肢，头向东，面向上，下肢伸直，双足并拢，脚趾骨在胫骨一侧。

## （三）随葬器物放置

随葬品有绳纹鬲 1 件，陶豆 2 件，陶盂 1 件，骨簪 1 件，共 5 件。随葬陶器放置于棺顶，腐朽后陶盂在墓主头端左侧，绳纹鬲在墓主脚端右侧，陶豆在股骨两侧。骨簪在墓主头端左侧的棺椁之间。

## （四）随葬器物

共 5 件。包括陶器 4 件，骨器 1 件。未修复陶盂 1 件。

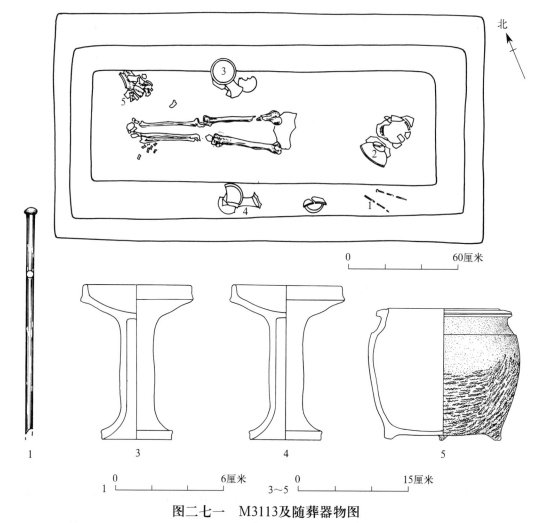

图二七一　M3113 及随葬器物图

1.Ab型骨簪M3113：1　2.陶盂M3113：2　3、4.Ab型Ⅰ式陶豆M3113：3、4　5.D型Ⅲ式绳纹鬲M3113：5

1．陶器

3件。绳纹鬲1件，陶豆2件。

绳纹鬲　1件。

D型Ⅲ式　标本M3113：5，夹砂灰陶。斜沿，方唇，唇面微凹，束颈，折肩，鼓腹弧收，裆部低矮，三柱状足。下半身饰粗绳纹。口径18.4、高17.4厘米（图二七一，5）。

陶豆　2件。

Ab型Ⅰ式　形制相同。泥质灰陶。敞口，圆唇，内壁弧收，外壁折收，高柄中空，喇叭状器座。标本M3113：3，口径15.1、底径9.8、高20.5厘米（图二七一，3）。标本M3113：4，口径15.0、底径9.8、高20.5厘米（图二七一，4）。

2．骨器

骨簪　1件。

Ab型　标本M3113：1，通体磨光，弧顶簪首，尾部残缺，横截面呈圆形。残长12.0、径0.4厘米（图二七一，1）。

# 六〇　M3114

位于发掘区三区南部，北邻M3089，南邻M3116，开口于②层下。上层厚0.70、②层厚0.30米。

（一）墓葬形制

长方形土坑竖穴墓，方向80°（图二七二）。墓口距地表深1.00、长2.90、宽1.70米。墓底距地表深4.70、长2.90、宽1.70米。直壁。底部有生、熟土二层台各一，生土二层台宽0.08～0.25、高1.00米，熟土二层台宽0.08～0.24、高0.40米。墓内填土为五花土，含黄土、黑褐土粒较多，土质较硬。

（二）葬具葬式

葬具为一棺一椁。棺长2.03、宽0.82～0.77、高0.15米。椁长2.41、宽1.04～1.38、高0.40米。

棺内人骨1具，保存较差，上身及胫骨朽腐。葬式不清，头向东，面向不清，下肢伸直。

（三）随葬器物放置

随葬品有陶豆2件，盂1件，彩绘壶1件，彩绘盖豆2件，彩绘匜1件，彩绘盘（器盖）1件，彩绘盒1件，彩绘陶鼎盖1件，共10件。放置于棺椁之间。

（四）随葬器物

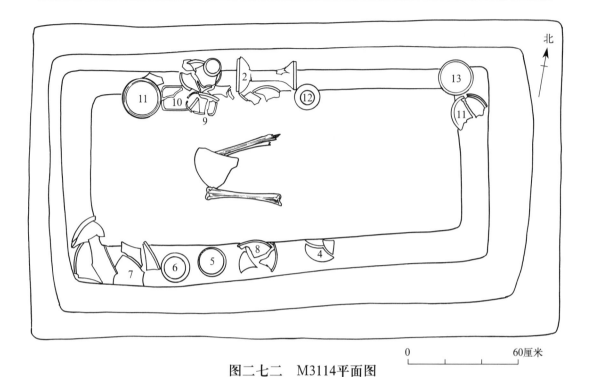

图二七二　M3114平面图

1.陶盖壶　2、12.彩绘盖豆　3、13.彩绘盖豆　4.彩陶匜　5、8.陶豆　6.陶盉　7.彩绘陶盘　9、10.彩绘盒
11.彩绘鼎盖

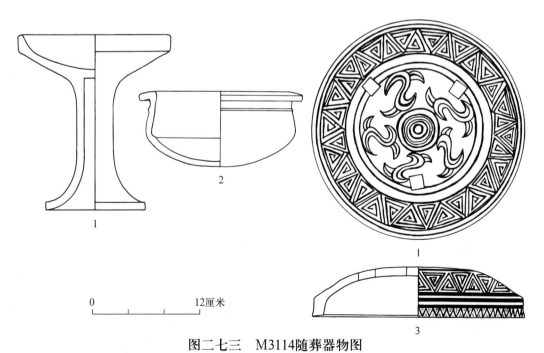

图二七三　M3114随葬器物图

1.Aa型Ⅶ式陶豆M3114：8　2.B型Ⅴ式陶盉M3114：6　3.彩绘鼎盖M3114：11

陶器 10 件。陶豆 2 件，陶盂 1 件，彩绘鼎盖 1 件，彩陶盖豆 2 件，彩陶壶 1 件，彩绘陶匜 1 件，彩绘盘 1 件，陶敦 1 件。

陶豆 2 件。

Aa 型Ⅶ式 1 件。标本 M3114：8，泥质灰陶。敞口，圆唇，内壁弧收，外壁折收，柄较高、中空，喇叭器座。口径 16.8、底径 11.0、高 18.6 厘米（图二七三，1）。

Ab 型Ⅱ式 1 件。标本 M3114：5，泥质灰陶。敞口，圆唇，内壁弧收，外壁折收，豆柄中空，器座残缺。口径 15.8、残高 18.6 厘米。

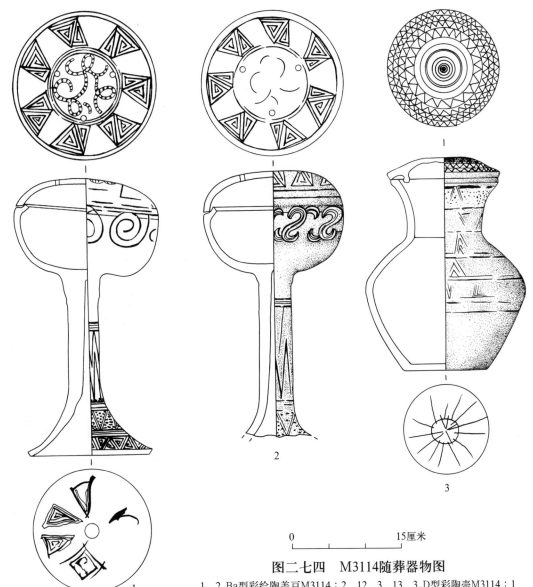

0               15 厘米

图二七四 M3114随葬器物图

1、2.Ba型彩绘陶盖豆M3114：2、12、3、13 3.D型彩陶壶M3114：1

陶盂　1件。

B 型 V 式　标本 M3114：6，泥质灰陶。敛口，圆唇，鼓腹，圜底。口径 18.0、高 8.0 厘米（图二七三，2）。

彩绘鼎盖　1件。

标本 M3114：11，泥质灰陶。弧形盖顶，盖上有三方形孔，盖顶部饰三角雷纹及 "S" 形纹饰。口径 23.2、高 5.3 厘米（图二七三，3）。

彩陶盖豆　2件。

Ba 型　形制相同。泥质灰陶。子母口，豆盘较深，细高柄中空并刻划折线纹，喇叭状器座。弧形顶盖，顶部有三圆孔。器盖上饰有曲线纹及三角雷纹。标本 M3114：2、12，豆盘上部饰有涡纹，器座外部饰有三角雷纹，内部饰有三角几何纹。口径 19.8、底径 16.2、高 36.6 厘米（图二七四，1）。标本 M3114：3、13，豆盘上部饰一周 "S" 纹，器座残缺。口径 19.0、残高 35.2 厘米（图二七四，2）。

彩陶壶　1件。

D 型　标本 M3114：1，泥质灰陶。字母口，侈口，长颈，溜肩，鼓腹，平底。颈及腹部饰有数周红彩绘弦纹，器身饰有几何纹及刻划纹，底部纹饰呈弧形顶盖。放射状。盖顶部饰有圆形及放射网状纹。口径 14.8、底径 11.4、高 28.2 厘米（图二七四，3）。

彩绘陶匜　1件。

A 型　标本 M3114：4，泥质灰陶。器做瓢形，方唇，直口微敛，平沿，弧腹，平底，短流上翘。口沿及内腹饰朱红彩绘，内底以十字形纹四分，饰四块同心圆，内壁饰一周组合三角纹，流口饰竖向直线。盘径 14.4、流长 5.8、底径 9.0、高 6.8 厘米（图二七五，1）。

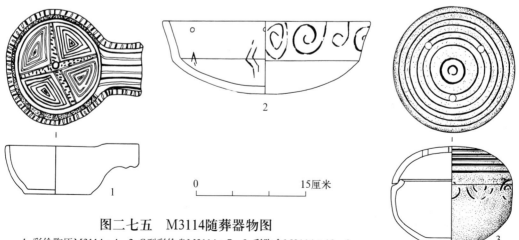

0　　　　　　　　15厘米

**图二七五　M3114随葬器物图**

1.彩绘陶匜M3114：4　2.C型彩绘盘M3114：7　3.彩陶盒M3114：10、9

彩绘盘　1件。

C型　标本 M3114：7，泥质灰陶。方唇，敞口，上腹斜直内收，下腹弧收，内外壁中部有折棱，圜底。外壁上腹饰一周涡纹。口径 28.6、高 9.6 厘米（图二七五，2）。

彩陶盒　1件。

标本 M3114：10、9，泥质灰陶。子母口，鼓腹，平底。半圆弧形顶盖，盖顶部饰三环纽。器盖顶部饰七周弦纹，器腹上部饰红黄相间圆形涡纹。口径 16.6、底径 7.0、高 12.6 厘米（图二七五，3）。

# 六一　M3116

位于发掘区三区南部，北邻 M3114，南侧紧邻 M3117，开口于①层下（墓口上部未分层）。

（一）墓葬形制

长方形土坑竖穴墓，方向 93°（图二七六）。墓口距地表深 0.65、长 1.96、宽 0.87 米。墓底距地表深 2.55、长 2.05、宽 0.88 米。斜壁外扩，北壁东侧有壁龛，长 1.05、高 0.50、进深 0.22 米。墓底有一腰坑，长 0.35、宽 0.20、深 0.22 米。墓内填土为黄花土。

（二）葬具葬式

葬具为单棺。棺长 1.70、宽 0.48 米。

棺内人骨 1 具，保存较好。仰身直肢，头向东，面向北，双手放置于下腹部，

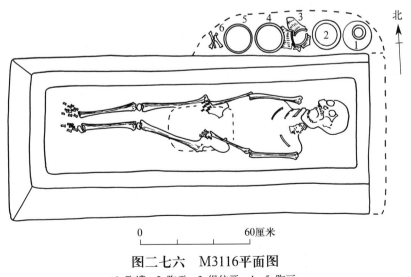

图二七六　M3116平面图
1.陶罐　2.陶盂　3.绳纹鬲　4、5.陶豆

下肢伸直，双足并拢。

## （三）随葬器物放置

随葬品有绳纹鬲 1 件，陶豆 2 件，陶罐 1 件，陶盂 1 件，共 5 件。均放置于壁龛中，壁龛最西侧放置数块兽骨。

腰坑内兽骨腐朽。

## （四）随葬器物

陶器 5 件。绳纹鬲 1 件，陶豆 2 件，陶罐 1 件，陶盂 1 件（彩版六七，1）。

绳纹鬲　1 件。

Aa 型Ⅲ式　标本 M3116：3，夹砂灰陶。斜折沿，束颈，溜肩，下腹内收，浅宽足，矮尖圆形足跟。腹下部饰粗绳纹。口径 15.6、高 20.0 厘米（图二七七，1；彩版六七，2）。

陶豆　2 件。

Aa 型Ⅲ式　形制相同。泥质灰陶。敞口，平沿，圆唇，盘壁内外均弧收，豆柄矮粗中空且中部有一周凸棱，喇叭状器座。标本 M3116：4，口径 18.4、底径 10.4、高 17.4 厘米（图二七七，2；彩版六七，3）。标本 M3116：5，器座上部饰三道凸棱。口径 18.0、底径 9.6、高 16.4 厘米（图二七七，3）。

陶罐　1 件。

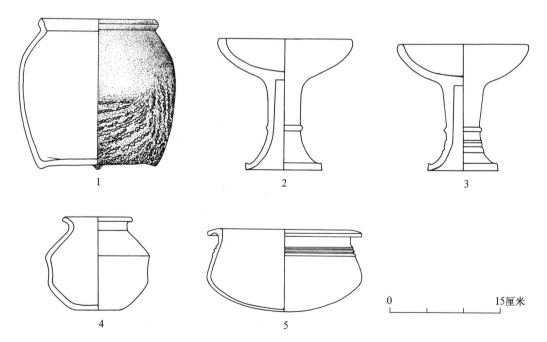

图二七七　M3116随葬器物图

1.Aa型Ⅲ式绳纹鬲M3116：3　2、3.Aa型Ⅲ式陶豆M3116：4、5　4.B型Ⅱ式陶罐M3116：1　5.B型Ⅰ式陶盂M3116：2

B 型 II 式　标本 M3116：1，泥质灰陶。侈口，卷沿，圆唇，折肩，斜鼓腹，腹上部微凹平底。口径 9.7、底径 6.4、高 12.4 厘米（图二七七，4；彩版六七，4）。

陶盂　1 件。

B 型 I 式　标本 M3116：2，泥质灰陶。敛口，宽沿，方唇，颈部饰三周凸棱，斜鼓腹，圜底。口径 21.0、高 10.9 厘米（图二七七，5；彩版六七，5）。

# 六二　M3119

位于发掘区三区南部，北邻 M3118，南邻 M3120，开口于①层下（墓口上部未分层）。

## （一）墓葬形制

长方形土坑竖穴墓，方向 88°（图二七八）。墓口距地表深 0.30、长 2.10、宽 0.95 米。墓底长 2.10、宽 1.05、墓深 1.72 米。东、西、北为直壁。南壁斜壁外扩，墓底处向外凹，中部类似壁龛，长 0.85、进深 0.18 米，放置陶器。墓内填土为黄花土。

## （二）葬具葬式

葬具为单棺。长 1.88、宽 0.63、残高 0.36 米。

棺内人骨 1 具，腐朽严重，残存下肢骨和脚趾骨残块。葬式不清，头向东，面向南。

## （三）随葬器物放置

随葬品有绳纹鬲 1 件，陶豆 2 件，陶盂 1 件，共 4 件。置于墓主左侧棺外壁龛内。

## （四）随葬器物

陶器 4 件。绳纹鬲 1 件，陶豆 2 件，陶盂 1 件。

绳纹鬲　1 件。

Ab 型 V 式　标本 M3119：4，夹砂红褐陶。侈口，尖圆唇，卷沿，束颈，鼓肩，深腹，宽足沿下处有一凹槽，三实状尖足裆收低。腹以下饰粗绳纹，下腹饰竖绳纹，裆部为横纹。口径 17.0、高 24.4 厘米（图二七八，4）。

陶豆　2 件。

B 型 IV 式　形制相同。泥质灰陶。圆唇，内外壁折收，盘壁下部内凹。豆柄中空、中部饰有一凸棱，喇叭状器座。标本 M3119：1，口径 17.2、底径 11.0、高 19.6 厘米（图二七八，1）。标本 M3119：2，口径 18.6、底径 11.2、高 22.0 厘米（图二七八，2）。

陶盂　1 件。

B 型 III 式　标本 M3119：3，泥质灰陶。敛口，宽斜折沿，圆唇，颈部饰三周凹弦纹，斜鼓腹，圜底。口径 21.0、高 10.8 厘米（图二七八，3）。

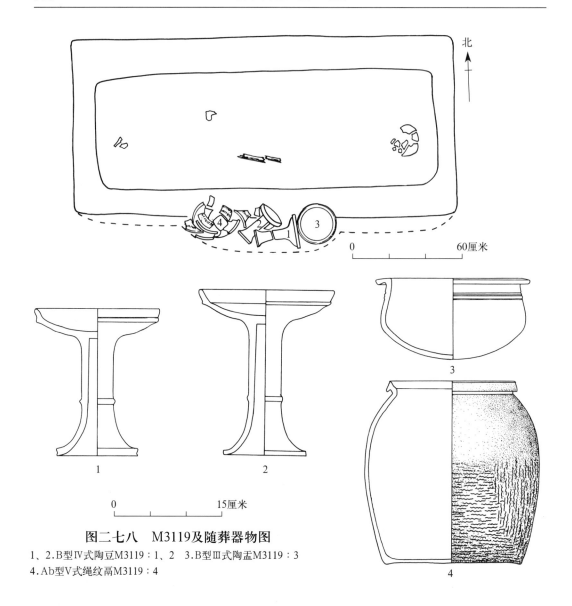

图二七八　M3119及随葬器物图

1、2.B型Ⅳ式陶豆M3119：1、2　3.B型Ⅲ式陶盂M3119：3
4.Ab型Ⅴ式绳纹高M3119：4

# 六三　M3120

位于发掘区三区南端，北邻 M3119，东邻 M3146，开口于①层下（墓口上部未分层）。

## （一）墓葬形制

长方形土坑竖穴墓，方向86°（图二七九）。墓口距地表深0.35、长2.20、宽1.03米。墓深2.20、墓底长2.45、宽1.19米。斜壁外扩，北壁有一壁龛。底部有熟土二层台，宽0.21～0.30、高0.37米。墓底有一腰坑，长0.82、宽0.23、深0.20米。墓内填土为黄花土。

### （二）葬具葬式

葬具为单棺。长 1.96、宽 0.67 米。

棺内人骨 1 具，保存尚好。仰身直肢，头向东，面向上，双手交叠于下腹部，下肢伸直，双足并拢。

### （三）随葬器物放置

随葬品有绳纹鬲 1 件，陶豆 2 件，陶罐 1 件，陶盂 1 件，共 5 件。随葬陶器放置于墓主头端右侧的壁龛及二层台上。壁龛内陶盂西侧放有兽骨。

### （四）随葬器物

陶器 5 件。陶盂 1 件，陶罐 1 件，陶豆 2 件，未修复绳纹鬲 1 件。

陶豆　2 件。

Aa 型Ⅲ式　形制相同。泥质灰陶。敞口，方唇，浅盘，内外壁弧收，豆柄中空且中部饰一周凸棱，喇叭状器座。标本 M3120：3，口径 17.8、底径 11.0、高 17.6 厘米（图二八〇，1）。标本 M3120：4，器座残缺。口径 18.0、残高 15.6 厘米（图二八〇，2）。

陶罐　1 件。

C 型Ⅲ式　标本 M3120：2，泥质灰陶。直口，圆唇，折肩较广，下腹内折，平底较大。口径 8.0、底径 6.8、高 12.0 厘米（图二八〇，3）。

陶盂　1 件。

B 型Ⅱ式　标本 M3120：1，泥质灰陶。口微敛，平沿微斜，方唇，斜鼓腹，圜底，颈部饰两周凸棱。口径 21.6、高 11.4 厘米（图二八〇，4）。

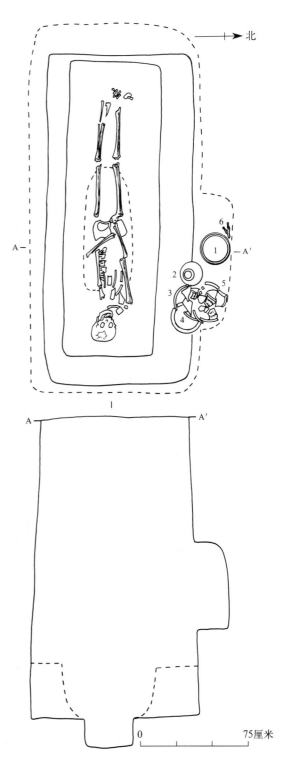

图二七九　M3120 平、剖面图

1.陶盂　2.陶罐　3、4.陶豆　5.绳纹鬲　6.兽骨

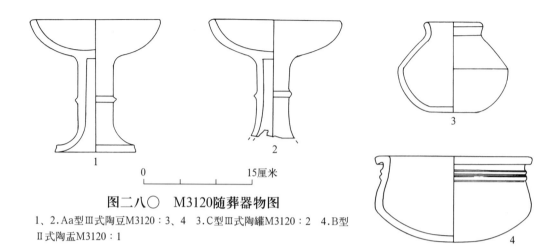

图二八〇　M3120随葬器物图

1、2.Aa型Ⅲ式陶豆M3120：3、4　3.C型Ⅲ式陶罐M3120：2　4.B型
Ⅱ式陶盂M3120：1

# 六四　M3122

位于发掘区三区南部，北邻M3123，南邻M3121，开口于①层下（墓口上部
未分层）。

## （一）墓葬形制

长方形土坑竖穴墓，方向270°（图二八一）。墓口距地表深0.35、长2.40、宽1.09
米。墓深2.47、墓底长2.40、宽1.09米。直壁。墓底有一腰坑，长0.80、宽0.40、
深0.25米。墓内填土为黄花土。

## （二）葬具葬式

葬具为单棺。棺长2.15、宽0.78、残高0.30米。

棺内人骨1具，上身及下肢腐朽。葬式不详，头向西。

## （三）随葬器物放置

随葬品有绳纹鬲（破碎）1件，陶豆2件，陶罐1件，陶盂1件，共5件。均
放置在墓主足端，靠墓壁发现数块兽骨。

## （四）随葬器物

陶器5件。陶豆2件，陶罐1件，陶盂1件，未修复绳纹鬲1件。

陶豆　2件。

B型Ⅰ式　形制相同。泥质灰陶。侈口，圆唇，盘内外壁折收，矮柄中空，柄
下部有一周凸棱，喇叭状器座。标本M3122：1，口径16.2、底径9.2、高16厘米（图
二八一，1）。标本M3122：2，口径16.2、底径10.6、高16.6厘米（图二八一，2）。

陶罐　1件。

A型Ⅱ式　标本M3122：4，泥质红陶。敞口，方唇，折肩，收腹，平底，斜直领。

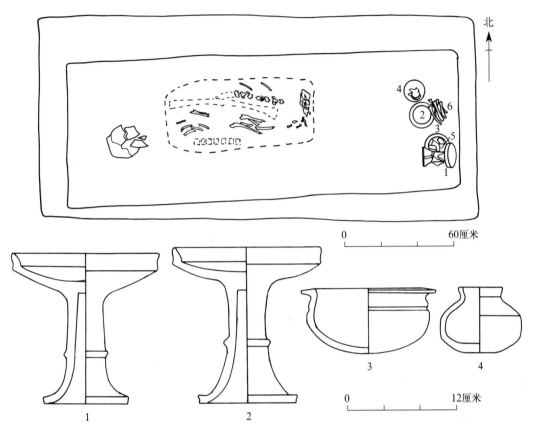

**图二八一　M3122及随葬器物图**

1、2.B型Ⅰ式陶豆M3122：1、2　3.B型Ⅰ式陶盂M3122：3　4.A型Ⅱ式陶罐M3122：4　5.陶鬲M3122：5
6.兽骨M3122：6

口径4.8、底径3.6、高7.0厘米（图二八一，4）。

陶盂　1件。

B型Ⅰ式　标本M3122：3，泥质红陶。微敛口，平沿外斜，斜鼓腹，圜底，腹上部有一周凹弦纹。口径14.8、高7.0厘米（图二八一，3）。

# 六五　M3124

位于发掘区三区南部，北邻M3125，东邻M3122，开口于①层下（墓口上部未分层）。

## （一）墓葬形制

长方形土坑竖穴墓，方向95°（图二八二）。墓口距地表深0.65、长2.57、宽1.31米。墓深2.95、墓底长2.60、宽1.32米。直壁。底部有熟土二层台，南北宽0.27、东宽 0.35、西宽 0.25 米。墓底有一腰坑，长 0.82、宽 0.45、深 0.20 米。墓内填土为黄花土。

### （二）葬具葬式

葬具为单棺。棺长 2.25、宽 0.95、高 0.73 米。

棺内人骨 1 具，严重腐朽，仅存数段下肢骨。头向东，葬式不明。

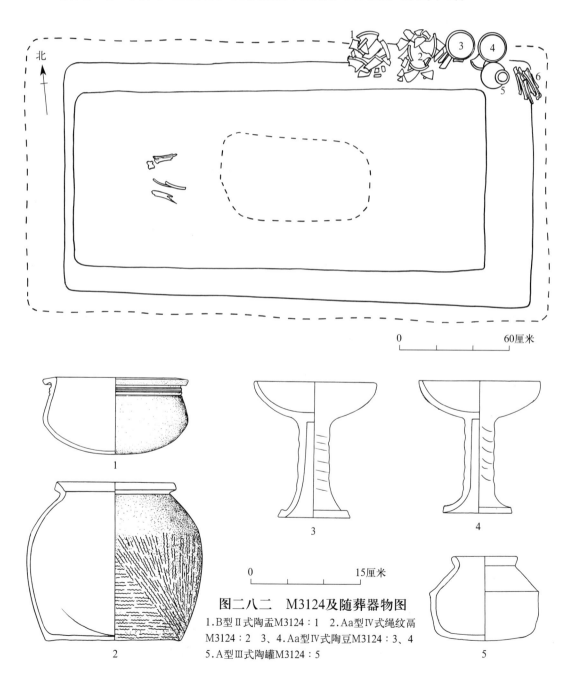

图二八二　M3124及随葬器物图

1.B型Ⅱ式陶盂M3124：1　2.Aa型Ⅳ式绳纹鬲
M3124：2　3、4.Aa型Ⅳ式陶豆M3124：3、4
5.A型Ⅲ式陶罐M3124：5

### （三）随葬器物放置

随葬品有绳纹鬲 1 件，陶豆 2 件，陶罐 1 件，陶盂 1 件，共 5 件。均放置于二层台北台东部。陶器东侧有数块兽骨，位于二层台靠近东北角处。

腰坑内兽骨已腐朽。

### （四）随葬器物

陶器 5 件。绳纹鬲 1 件，陶豆 2 件，陶罐 1 件，陶盂 1 件（彩版六八，1）。

绳纹鬲　1 件。

Aa 型 IV 式　标本 M3124：2，夹砂灰陶。侈口，方唇，鼓腹，斜折沿，束颈，圆肩，连裆近平，三袋足。肩下部饰横竖粗绳纹。口径 16.8、高 21.0 厘米（图二八二，2；彩版六八，2）。

陶豆　2 件。

Aa 型 IV 式　形制相同。泥质灰陶。敞口，浅盘，圆唇，盘壁内外转折呈弧形，高柄中空，柄部有明显的手抹痕迹，喇叭状器座。标本 M3124：3，口径 16.8、底径 10.0、高 18.0 厘米（图二八二，3）。标本 M3124：4，口径 16.6、底径 9.4、高 17.6 厘米（图二八二，4；彩版六八，3）。

陶罐　1 件。

A 型 III 式　标本 M3124：5，泥质灰陶。敞口，圆唇，束颈，折肩，内收腹。口径 9.0、高 11.2 厘米（图二八二，5；彩版六八，4）。

陶盂　1 件。

B 型 II 式　标本 M3124：1，泥质灰陶。敛口，平沿略斜，方唇，斜鼓腹，圜底。颈部饰两周凸棱。口径 20.0、高 10.2 厘米（图二八二，1；彩版六八，5）。

# 六六　M3126

位于发掘区三区南部，南邻 M3125，打破 M3127 南部。墓葬开口层位未标识。

### （一）墓葬形制

长方形土坑竖穴墓，方向 276°（图二八三）。墓口距地表深 0.35、长 3.00、宽 2.23 米。墓深 4.00、墓底长 3.00、宽 2.23 米。直壁。底部有熟土二层台，北宽 0.37、东、南宽 0.20、西宽 0.30、高 1.20 米。墓底有一长方形腰坑，长 0.50、宽 0.25、深 0.16 米。墓内填土为黄花土。

### （二）葬具葬式

葬具为一棺一椁。棺长 2.10、宽 0.90、高 0.80 米。椁长 2.50、宽 1.68、高 1.20 米。棺内人骨 1 具，骨骼腐朽严重。仰身直肢，头向西，面向上，双手交叠放置于

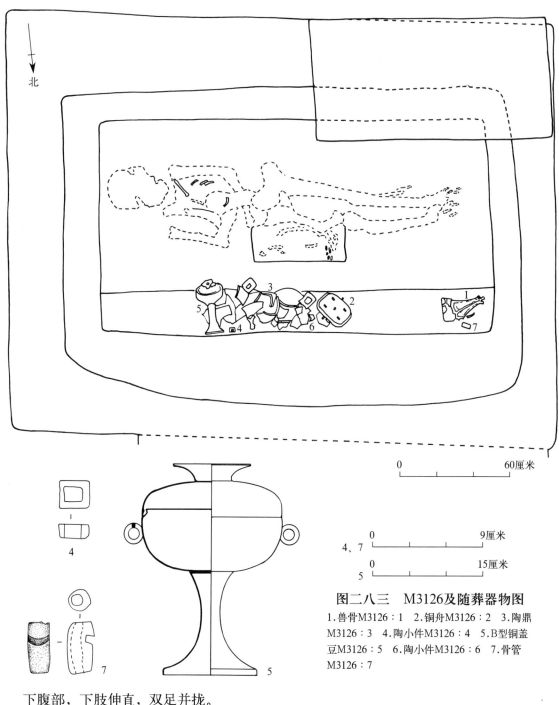

图二八三　M3126及随葬器物图

1.兽骨M3126：1　2.铜舟M3126：2　3.陶鼎
M3126：3　4.陶小件M3126：4　5.B型铜盖
豆M3126：5　6.陶小件M3126：6　7.骨管
M3126：7

下腹部，下肢伸直，双足并拢。

　　（三）随葬器物放置

　　随葬品有陶鼎1件，陶小件2件，铜舟1件，铜盖豆1件，骨管1件，共6件。
陶器和铜器置于墓主南侧棺椁之间，骨管在足端南侧，并伴有兽骨。

腰坑内有殉狗 1 只，头向东，与墓主头向相反。

（四）随葬器物

共 6 件。陶器 3 件，铜器 2 件，骨器 1 件。其中未修复陶鼎 1 件，陶小件 1 件，铜舟 1 件。

1. 陶器

陶小件　1 件。

标本 M3126:4，陶质，器平面呈抹角正方形，中央空心，壁厚不同。长 2.5、宽 2.2、壁厚 0.3 ～ 0.5 厘米（图二八三，4）。

2. 铜器

铜盖豆　1 件。

B 型　标本 M3126:5，方唇，子口微敛，弧壁深腹，上腹部有对环形耳，圜底近平。矮柄较细、中空、盘柄分铸，喇叭状圈足、有窄折壁。弧顶盖，上有喇叭状捉手。口径 18.6、底径 13.0、通高 28.0 厘米（图二八三，5）。

3. 骨器

骨管　1 件。

标本 M3126:7，较细短，壁较厚，圆形孔。表面光滑，中部有弧形凹槽。长 4.1、孔径 0.9 厘米（图二八三，7）。

# 六七　M3127

位于发掘区三区南部，南邻 M3126，南部被 M3126 打破，墓葬开口层位未标识。

（一）墓葬形制

长方形土坑竖穴瓮棺墓，方向 101°（图二八四）。墓口距地表深 0.35、长 1.30、宽 0.67 米。墓深 0.65、长 1.30、宽 0.67 米。墓内填土为黄花土。

（二）葬具葬式

葬具由两件器身饰竖向绳纹的陶罐相对扣合而成。

内有儿童骨骼 1 具，骨骼保存一般，上肢腐朽。仰身屈肢，头向东，面向上，下身屈肢，双足并拢。

（三）随葬器物

无随葬品。陶葬具有圜底罐 2 件，修复 1 件。

圜底罐　2 件。

标本 M3127:1，泥质灰陶。敞口，方唇，唇上有多周弦纹，束颈，圆腹，圜底，颈部以下均饰粗绳纹，肩上部有一周抹痕。口径 25.6、高 41.2 厘米（图二八四，1）。

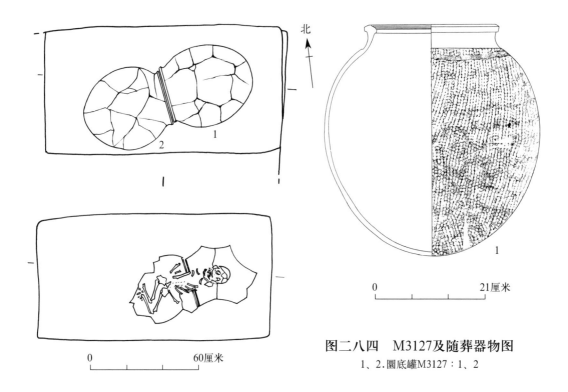

北

**图二八四　M3127及随葬器物图**
1、2. 圜底罐M3127∶1、2

# 六八　M3129

位于发掘区三区南部，东邻M3132，南邻M3130，开口于①层下（墓口上部未分层）。

（一）墓葬形制

长方形土坑竖穴墓，方向94°（图二八五）。墓口距地表深0.55、长2.40、宽1.10米。墓深2.63、长2.70、宽1.45米。斜壁外扩。墓内填土为灰黄花土。

（二）葬具葬式

葬具为单棺。棺长2.13、宽0.80米。

棺内人骨1具，骨骼保存较差。仰身直肢，头向东，面向不清，下肢伸直，双足并拢。

（三）随葬器物放置

随葬品有绳纹鬲1件，陶豆3件，陶罐1件，陶盂1件，共6件。分别放置于棺内、棺椁之间和二层台上。其中绳纹鬲、陶罐分别放置在棺内墓主头端两侧，陶盂和2件陶豆放置在墓主头前棺椁之间，另有1件陶豆放置在墓主左侧的南二层台上。

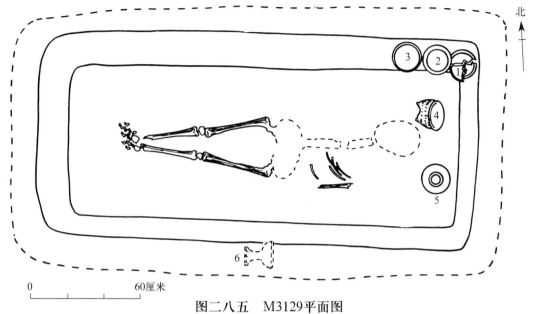

0　　　　　　　60厘米

**图二八五　M3129平面图**

1、2.陶豆　3.陶盉　4.绳纹鬲　5.陶罐　6.陶豆

## （四）随葬器物

陶器6件。绳纹鬲1件，陶豆3件，陶罐1件，陶盉1件。

绳纹鬲　1件。

D型Ⅰ式　标本M3129：4，夹砂灰陶。敛口，平沿，微凹，尖唇，束颈，折肩收腹，裆近平，三柱状足。肩以下饰绳纹。口径15.0、高11.0厘米（图二八六，1）。

陶豆　3件。

Ab型Ⅰ式　2件。形制相同。泥质灰陶。盘外壁转折有棱，内壁成弧形，直口微敞，外壁内凹，豆盘较深，高柄中空，柄部有手抹加工痕迹，喇叭状器座。标本M3129：1，方唇。口径15.2、底径10.0、高21.6厘米（图二八六，3）。标本M3129：2，尖圆唇。口径16.0、底径10.6、高23.0厘米（图二八六，2）。

Aa型Ⅳ式　1件。标本M3129：6，泥质灰陶。碗口状浅盘，圆唇，盘壁内外转折呈弧形，柄较高、中空，喇叭状器座。口径16.8、底径9.6、高16.4厘米（图二八六，4）。

陶罐　1件。

B型Ⅲ式　标本M3129：5，夹砂灰陶。侈口，圆唇，束颈，折肩收腹，平底。口径9.0、底径7.6、高12.0厘米（图二八六，5）。

陶盉　1件。

B型Ⅲ式　标本M3129：3，泥质灰陶。敛口，平沿外斜，圆唇，斜鼓腹，圜底，颈部饰两周凸棱。口径20.2、高10.2厘米（图二八六，6）。

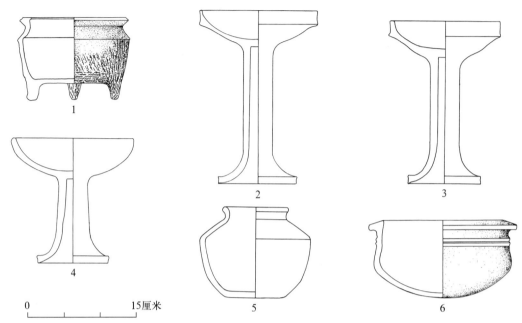

0　　　　　　15厘米

**图二八六　M3129随葬器物图**

1.D型Ⅰ式绳纹鬲M3129：4　2、3.Ab型Ⅰ式陶豆M3129：1、2　4.Aa型Ⅳ式陶豆M3129：6　5.B型Ⅲ式陶罐M3129：5　6.B型Ⅲ式陶盂M3129：3

# 六九　M3131

位于发掘区三区南部，北邻M3130，东邻M3145。开口于①层下（墓口上部未分层）。墓葬被盗扰，有一盗洞从墓北侧穿入墓室。

（一）墓葬形制

长方形土坑竖穴墓，方向117°（图二八七）。墓口距地表深0.70、长2.25、宽1.23米。墓底距地表深4.65、长2.25、宽1.23米。直壁，北壁有一洞穴，当为一个盗洞。墓内填土为灰黄灰土。

（二）葬具葬式

葬具为一棺一椁。棺长1.80、宽1.70、高0.24米，板灰厚3.0厘米。椁长2.03、宽1.94、高0.54米，板灰厚3.0厘米。

棺内人骨1具，上身及足部腐朽。仰身直肢，头向东，面向不清，下肢伸直。

（三）随葬器物放置

随葬有陶豆2件（填土中残片），鎏金铜饰8件，共计10件。8件鎏金铜饰放置于棺内墓主左侧板处。

（四）随葬器物

共10件。包括鎏金铜饰8件，陶豆2件（填土中残片）。其中未修复鎏金饰件

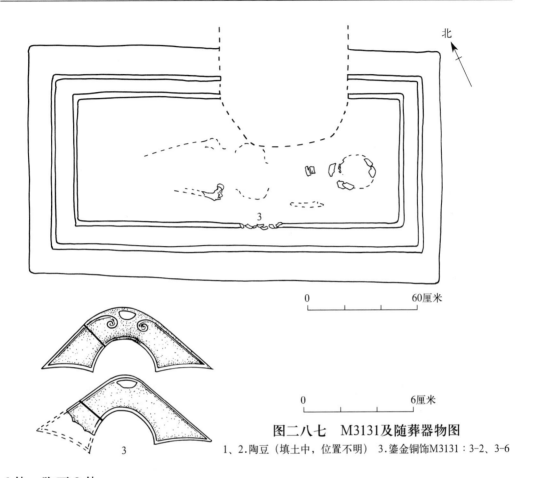

图二八七 M3131及随葬器物图

1、2.陶豆（填土中，位置不明） 3.鎏金铜饰M3131：3-2、3-6

6件，陶豆2件。

鎏金饰件 8件（修复2件）。

形制相近，近似拱桥状。两侧直角略内弧，弧顶中间有扁圆孔，孔两侧各有凸起内旋卷云纹。标本M3131：3-2，长9.4、高3.4、厚0.1厘米（图二八七，3上）。标本M3131：3-6，残长8.1、残高3.4、厚0.1厘米（图二八七，3下）。

# 七〇 M3132

位于发掘区三区南部，东邻M3136，西邻M3129，开口于②层下。耕土层厚0.20、②层厚0.35米。

## （一）墓葬形制

长方形土坑竖穴墓，方向105°（图二八八）。墓口距地表深0.55、长2.24、宽0.94米。墓底距地表深3.85、长2.40、宽0.97米。南北近直壁，东西斜壁外扩，南壁有脚窝，长0.45、高0.38、深0.30米。墓底有腰坑，长0.38、宽0.43、深0.31米。

墓内填土为黄花土。

### （二）葬具葬式

葬具为单棺。棺长 2.00、头端宽 0.72、足端宽 0.60、高 0.30、厚 0.06 米。

棺内人骨 1 具，保存较好。仰身直肢，头向东，面向上，右手叠压下腹部，左臂紧贴身躯，下肢伸直，双足并拢。

### （三）随葬器物放置

随葬品有绳纹鬲 1 件，陶豆 2 件，陶罐 1 件，陶盂 1 件，共 5 件。陶器置于棺上，腐朽后落入墓主头前两侧。腰坑内有殉狗骨一具，头向未标识。

### （四）随葬器物

陶器 5 件。陶豆 2 件，陶罐 1 件，未修复陶盂 1 件，绳纹鬲 1 件。

陶豆　2 件。

Aa 型Ⅳ式　形制相同。泥质灰陶。敞口，浅盘，盘内外壁弧收，豆柄中空，喇叭形器座。标本 M3132：1，方唇。口径 16.1、底径 11.6、高 18.4 厘米（图

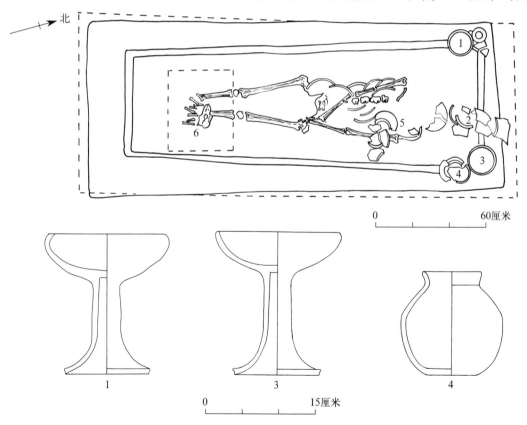

**图二八八　M3132 及随葬器物图**

1、3.Aa型Ⅳ式陶豆M3132：1、3　2.陶盂M3132：2　4.D型Ⅲ式陶罐M3132：4　5.绳纹鬲M3132：5　6.狗骨架 M3132：6

二八八，1)。标本 M3132：3，圆唇。口径 17.0、底径 11.4、高 19.0 厘米（图二八八，3)。

陶罐 1 件。

D 型Ⅲ式 标本 M3132：4，泥质灰陶。长卷沿，圆唇，高领，深腹下内收，大平底。口径 7.8、底径 6.2、高 13.8 厘米（图二八八，4)。

# 七一 M3133

位于发掘区三区南部，北邻 M3132，东邻 M3134。墓葬开口层位未标识。

## （一）墓葬形制

长方形土坑竖穴墓，方向 105°（图二八九)。墓口距地表深 0.65、长 2.40、宽 1.07 米。墓底距地表深 3.15、长 2.40、宽 1.07 米。直壁。墓内填土为灰黄花土。

## （二）葬具葬式

葬具为单棺。棺长 2.22、宽 0.73 米。墓主头前部有头箱。

棺内人骨 1 具，骨骼保存较差。仰身直肢，头向东，面向上，下肢伸直，双足并拢。

## （三）随葬器物放置

随葬品有绳纹鬲 1 件，陶豆 2 件，陶罐 1 件，陶盂 1 件，铜带钩 1 件，共 6 件。陶器置于墓主头箱内，陶豆东侧还有兽骨 4 块。铜带钩置于棺内墓主左股骨外侧。在墓主左侧棺外还有鱼骨。

## （四）随葬器物

共 6 件。包括陶器 5 件，铜器 1 件。未修复陶盂 1 件。

### 1. 陶器

4 件。绳纹鬲 1 件，陶豆 2 件，陶罐 1 件。

绳纹鬲 1 件。

Aa 型 V 式 标本 M3133：4，泥质灰褐陶。侈口，折沿，尖唇，溜肩，垂腹，连裆较平，且裆底微凸，三足足尖圆钝近乎消失。腹下部至裆部饰竖向粗绳纹，足侧绳纹磨平。口径 14.4、高 17.2 厘米（图二八九，4)。

陶豆 2 件。

Ab 型 I 式 形制相同。泥质灰陶。豆盘较浅，方唇，口微敞，外壁内凹，转折有棱，下部斜收。内壁缓弧。柄细高，有轮制痕迹。喇叭状器座。标本 M3133：2，口径 15.9、底径 10.2、高 22.4 厘米（图二八九，2)。标本 M3133：3，口径 16.2、底径 9.8、高 23.4 厘米（图二八九，3)。

陶罐 1 件。

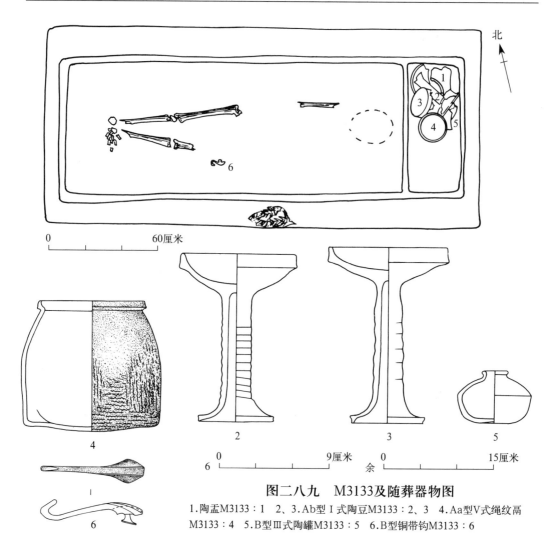

图二八九　M3133及随葬器物图

1.陶盂M3133：1　2、3.Ab型Ⅰ式陶豆M3133：2、3　4.Aa型Ⅴ式绳纹鬲M3133：4　5.B型Ⅲ式陶罐M3133：5　6.B型铜带钩M3133：6

　　B型Ⅲ式　标本M3133：5，泥质红陶。外有黑色陶衣。小口，卷沿，圆唇，折肩，直腹，下腹弧收，平底微凹。口径3.6、底径3.8、高7.0厘米（图二八九，5）。

　　2.铜器

　　铜带钩　1件。

　　B型　标本M3133：6，马琴形，鼓腹，腹部平面近似五边形且有两条脊棱，平背，铆钉状纽位于凹槽中，钩体较长。长8.5、腹宽1.9厘米（图二八九，6）。

# 七二　M3134

　　位于发掘区三区南部，北邻M3132，东邻M3136，开口于②层下。耕土层厚0.27、②层厚0.20米。

（一）墓葬形制

长方形土坑竖穴墓，方向 95°（图二九〇）。墓口距地表深 0.47、长 2.85、宽 1.31米。墓底距地表深 3.62、长 3.18、宽 1.54 米。斜壁外扩。底部有熟土二层台，高 0.76、宽 0.30～0.40 米。墓内填土大部为黄褐色细花土，局部为细沙土，松软。

（二）葬具葬式

葬具为一棺一椁。棺长 1.90、宽 0.60 米。椁长 2.46、宽 0.89～0.99 米。二层台西部有一宽 0.90、长 1.16 米的横木朽痕，性质不明。

棺内人骨 1 具，骨骼保存一般。仰身直肢，头向东，面向不明，上肢贴放于两侧，下肢伸直，双足并拢。

（三）随葬器物放置

随葬品有绳纹鬲 1 件，陶豆 2 件，陶罐 1 件，陶盂 1 件，铜带钩 1 件，琉璃珠3 件，共 9 件。陶器置于墓主头前的棺椁之间。铜带钩和骨珠放置于墓主头顶部。

（四）随葬器物

共 9 件。包括陶器 5 件，铜器 1 件，骨器 3 件。

1. 陶器

5 件。绳纹鬲 1 件，陶豆 2 件，陶罐 1 件，陶盂 1 件。

绳纹鬲　1 件。

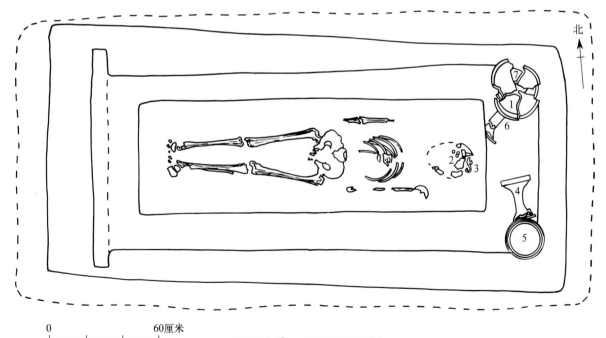

0　　　　　　　　60厘米

图二九〇　M3134平面图

1.陶盂　2.骨珠　3.铜带钩　4、6.陶豆　5.绳纹鬲　7.陶罐

D型I式　标本M3134：5，夹砂灰陶。侈口，平沿，沿面有一凹弦纹，尖唇，束颈折肩，斜直腹，裆近平三柱状足。器身下半部饰满绳纹。口径17.4、高14.8厘米（图二九一，1）。

陶豆　2件。

Ab型I式　形制相同。泥质灰陶。盘呈碗状，敞口，圆唇，盘外壁微内凹，柄有明显的加工痕迹，喇叭状器座。标本M3134：4，口径16.2、底径10.6、高22.6厘米（图二九一，2）。标本M3134：6，口径16.2、底径10.6、高22.6厘米（图二九一，3）。

陶罐　1件。

D型Ⅲ式　标本M3134：7，泥质灰陶。侈口，方唇，束颈，溜肩，直腹，平底。口径9.2、底径2.2、高12.4厘米（图二九一，4）。

陶盂　1件。

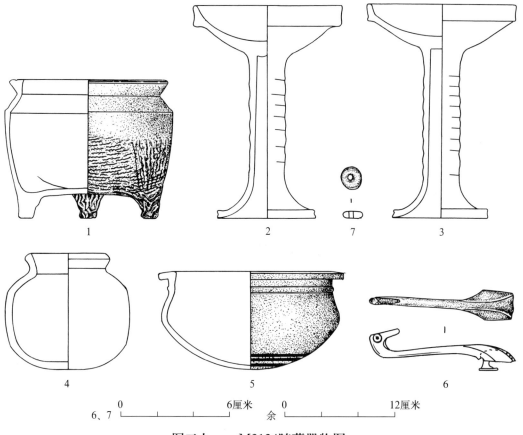

**图二九一　M3134随葬器物图**

1.D型I式绳纹鬲M3134：5　2、3.Ab型I式陶豆M3134：4、6　4.D型Ⅲ式陶罐M3134：7　5.B型Ⅱ式陶盂M3134：1　6.B型铜带钩M3134：3　7.骨珠M3134：2

B 型 II 式　标本 M3134：1，泥质灰陶。口微敛，平沿微斜，方唇，颈部饰一周凸棱，斜鼓腹，圜底。口径 20.2、高 10.4 厘米（图二九一，5）。

2. 铜器

铜带钩　1 件。

B 型　标本 M3134：3，马琴形，鼓腹，腹部平面近似五边形且有两条脊棱，平背，铆钉状纽位于凹槽中，纽近尾部，钩体作兽形。长 7.9、腹宽 1.5 厘米（图二九一，6）。

3. 骨器

共 3 件骨珠（修复 1 件）。

骨珠　1 件。

标本 M3134：2，扁圆体，中间有穿孔。外径 1.2、孔径 0.2、厚 0.3 厘米（图二九一，7）。

# 七三　M3135

位于发掘区三区南端，北邻 M3134，东邻 M3137，开口于②层下。耕土层厚 0.30、②层厚 0.35 米。

（一）墓葬形制

长方形土坑竖穴墓，方向 106°（图二九二）。墓口距地表深 0.65、长 2.30、宽 1.16 米。墓底距地表深 3.03、长 2.30、宽 1.22 米。墓内填土为黄褐细花土。

（二）葬具葬式

葬具为单棺。棺长 1.84、宽 0.57 ~ 0.82、高 0.15 米。

棺内人骨 1 具，保存较差。仰身直肢，头向东，面向不清，下肢伸直。

（三）随葬器物放置

随葬品有陶豆 2 件，陶盂 1 件，铜带钩 1 件，共 4 件。铜带钩置于墓主头部棺外右侧，陶盂在墓主右臂处，陶豆 1 件放置于棺顶，棺板腐朽后落入棺内墓主右下肢及足端。填土中出陶豆 1 件。

（四）随葬器物

共 4 件。包括陶器 3 件，铜器 1 件。

1. 陶器

陶器 3 件。陶盂 1 件，陶豆 2 件。

陶豆　2 件。

Ab 型 I 式　形制相同。泥质灰陶。敞口，方唇，浅盘，盘内壁弧收，外壁折收，高柄、空心、喇叭状器座。标本 M3135：3，口径 16.4、底径 10.2、高 22.2 厘

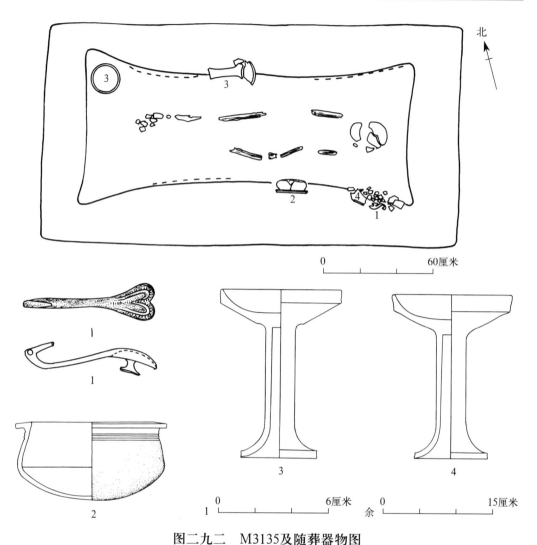

**图二九二　M3135及随葬器物图**
1.E型铜带钩M3135：1　2.B型Ⅱ式陶盂M3135：2　3、4.Ab型Ⅰ式陶豆M3135：3、4

米（图二九二，3）。标本 M3135：4，口径 16.4、底径 10.0、高 21.8 厘米（图二九二，4）。

陶盂　1件。

B 型Ⅱ式　标本 M3135：2，泥质灰陶。敛口，平沿微斜，方唇，沿下部有两周凹弦纹，斜鼓腹，圜底。口径 20.8、高 10.4 厘米（图二九二，2）。

2. 铜器

铜带钩　1件。

E 型　标本 M3135：1，双羽形，鼓腹，腹部平面近似心形，腹部饰有叶脉纹，平背，铆钉状纽位于凹槽中，纽近尾部，钩体作兽形。长 7.0、腹宽 1.9 厘米（图二九二，1）。

# 七四　M3136

位于发掘区三区南部，西南邻 M3134，东南邻 M3139，开口于②层下。耕土层厚 0.23、②层厚 0.27 米。

### （一）墓葬形制

长方形土坑竖穴墓，方向 96°（图二九三）。墓口距地表深 0.50、长 2.25、宽 1.18 ~ 1.20 米。墓底距地表深 3.15、长 2.25、宽 1.18 ~ 1.20 米。直壁。墓内填土为黄褐花土。

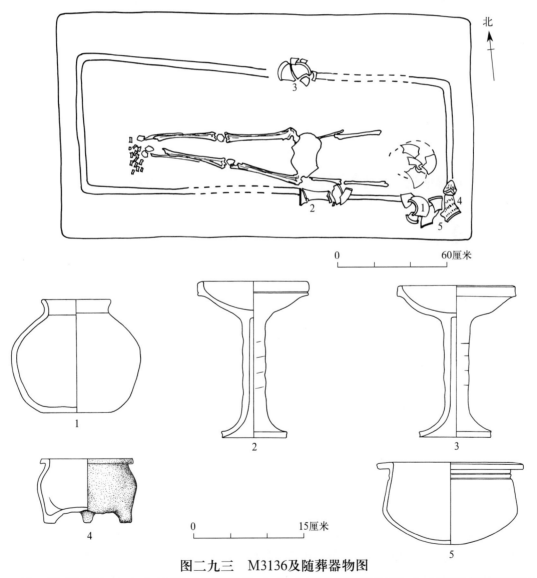

图二九三　M3136及随葬器物图

1.D型Ⅱ式陶罐M3136：1　2、3.Ab型Ⅰ式陶豆M3136：2、3　4.A型Ⅱ式素面鬲M3136：4　5.B型Ⅱ式陶盂M3136：5

（二）葬具葬式

葬具为单棺。棺长 2.04、宽 0.74、高 0.20、厚 0.05 米。

棺内人骨 1 具，骨骼保存较差。仰身直肢，头向东，面向不清，下肢伸直，双足并拢。

（三）随葬器物放置

随葬品有素面鬲 1 件，陶豆 2 件，陶罐 1 件，陶盂 1 件，共 5 件。陶器置于棺外，除 1 件陶豆在墓主右侧，其余素面鬲、陶盂、陶罐和陶豆均放置墓主右侧的上肢至头部外侧。

（四）随葬器物

陶器 5 件。素面鬲 1 件，陶豆 2 件，陶罐 1 件，陶盂 1 件。

素面鬲　1 件。

A 型 Ⅱ 式　标本 M3136：4，夹砂灰陶。口微敛，平沿，方唇，鼓腹，下腹斜直微内收，矮裆近平，三矮柱状实心足。素面。口径 12.6、高 8.5 厘米（图二九三,4）。

陶豆　2 件。

Ab 型 Ⅰ 式　形制相同。泥质灰陶。敞口，斜沿，圆唇，直壁并有一凹弦纹，盘外壁折收，细高豆柄有轮制痕迹，喇叭状器座。标本 M3136：2，口径 15.1、底径 8.8、高 20.8 厘米（图二九三，2）。标本 M3136：3，口径 16.0、底径 9.8、高 20.2 厘米（图二九三，3）。

陶罐　1 件。

D 型 Ⅱ 式　标本 M3136：1，泥质灰陶。侈口，卷沿，圆唇，短颈，鼓腹，平底。口径 9.8、底径 9.0、高 15.0 厘米（图二九三，1）。

陶盂　1 件。

B 型 Ⅱ 式　标本 M3136：5，泥质灰陶。敛口，宽平沿略斜，圆角方唇，束颈，颈部饰一周凸棱纹，斜鼓腹，圜底。口径 20.3、高 11.0 厘米（图二九三，5）。

# 七五　M3137

位于发掘区三区南端，东邻 M3138，西邻 M3135，开口于①层下（墓口上部未分层）。

（一）墓葬形制

长方形土坑竖穴墓，方向 105°（图二九四）。墓口距地表深 0.60、长 2.35、宽 1.13米。墓底距地表深 2.89、长 2.35、宽 1.13 米。直壁。墓内填土为黄褐花土。

（二）葬具葬式

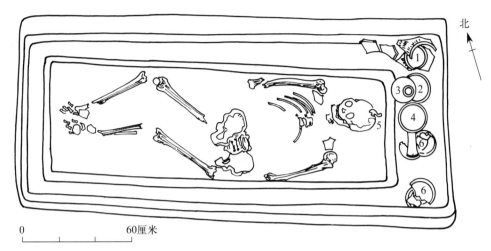

图二九四　M3137平面图

1.异形鬲　2、4.陶豆　3.陶罐　5.铜带钩　6.陶盂

葬具为一棺一椁。椁长2.20、宽0.92、高0.30米，厚6.0厘米。棺长1.90、宽0.64、高0.20米，厚5.0厘米。

棺内人骨1具，骨骼保存良好，上身腐朽。仰身直肢，头朝东，面部不清，下肢伸直，双足并拢。

### （三）随葬器物放置

随葬品有绳纹鬲1件，陶豆2件，陶罐1件，陶盂1件，铜带钩1件，共5件。随葬陶器放置于墓主头前棺外，铜带钩放置于墓主头顶。

### （四）随葬器物

共6件。包括陶器5件，铜器1件。

1. 陶器

陶器5件。异形鬲1件，陶豆2件，陶罐1件，陶盂1件。

异形鬲　1件。

标本M3137∶1，夹砂灰陶。侈口，圆唇，束颈，鼓腹，裆近平，三乳状足，颈下器身满饰绳纹。口径14.0、高14.2厘米（图二九五，1）。

陶豆　2件。

Aa型Ⅸ式　泥质灰陶。敞口，浅盘，小方唇，盘内外壁折收，细高豆柄，柄上端饰三周凹弦纹，喇叭形器座。标本M3137∶2，豆柄及器座残缺。口径15.6、残高9.0厘米（图二九五，2）。标本M3137∶4，口径15.6、底径12.0、高24.2厘米（图二九五，3）。

陶罐　1件。

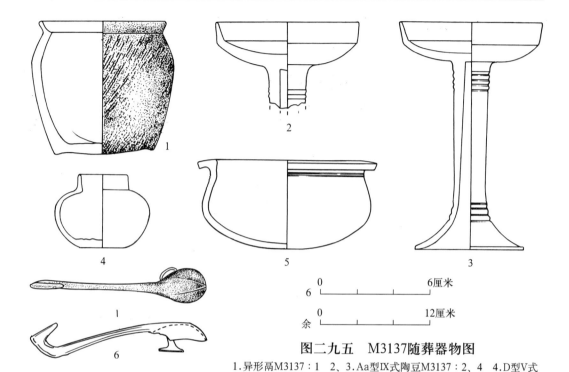

**图二九五　M3137随葬器物图**

1.异形鬲M3137：1　2、3.Aa型Ⅸ式陶豆M3137：2、4　4.D型Ⅴ式
陶罐M3137：3　5.B型Ⅳ式陶盂M3137：6　6.C型铜带钩M3137：5

D型Ⅴ式　标本M3137：3，泥质灰陶。直口微侈，尖唇，矮束颈，圆鼓腹，平底。口径5.6、底径4.8、高7.8厘米（图二九五，4）。

陶盂　1件。

B型Ⅳ式　标本M3137：6，泥质灰陶。方唇，直口，斜折沿，深腹微鼓，圜底。颈部有两周浅弦纹。口径19.8、高9.4厘米（图二九五，5）。

2．铜器

铜带钩　1件。

C型　标本M3137：5，琵琶形，鼓腹，腹部有两条脊棱，颈部较细，平背，铆钉状纽位于凹槽中，纽近尾部，钩体较长。长9.7、腹宽1.8、厚0.9厘米（图二九五，6）。

# 七六　M3138

位于发掘区三区南部，北邻M3139，东邻M3140，开口于②层下。耕土层厚0.40、②层厚0.55米。

## （一）墓葬形制

长方形土坑竖穴墓，方向106°（图二九六）。墓口距地表深0.95、长2.46、宽

1.15 米。墓底距地表深 3.32 ～ 3.57、长 2.46、宽 1.25 米。东西直壁，南北斜壁外扩。底部有熟土二层台，宽 0.20 ～ 0.30、高 0.24 米。墓内填土为黄褐细花土。

### （二）葬具葬式

葬具为一棺一椁。棺不清。椁长 2.07、宽 0.82 米。

棺内人骨 1 具，已腐朽。葬式不明，头向东，面向不清。

### （三）随葬器物放置

随葬品有绳纹鬲 1 件，异形豆 2 件，陶罐 1 件，共 4 件。陶豆 1 件置于棺顶，腐朽后落入墓底。其余均置于墓主头前部棺椁之间。

### （四）随葬器物

陶器 4 件。异形鬲 1 件，异形豆 2 件，陶罐 1 件。

异形鬲　1 件。

标本 M3138：2，泥质灰陶。微敞口，平沿微凹，方唇，折鼓腹，上腹部饰二圈凸棱，裆内凹，三乳状足。足部有明显的手捏痕迹。口径 13.6、高 5.0 厘米（图二九六，2）。

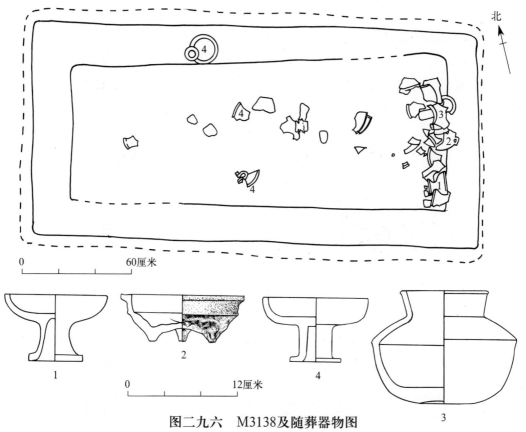

**图二九六　M3138 及随葬器物图**

1、4.异形豆 M3138：1、4　2.异形鬲 M3138：2　3.D 型Ⅲ式陶罐 M3138：3

异形豆　2件。

形制相同。泥质灰陶。敞口，方唇，浅盘，内外壁弧收，豆柄中空，上粗下细，喇叭状器座。标本 M3138：1，口径 11.4、底径 5.6、高 7.0 厘米（图二九六，1）。标本 M3138：4，口径 11.6、底径 5.6、高 6.8 厘米（图二九六，4）。

陶罐　1件。

D 型Ⅲ式　标本 M3138：3，泥质灰陶。直口微侈，高领，圆肩，鼓腹，平底。口径 9.8、底径 4.4、高 12.0 厘米（图二九六，3）。

# 七七　M3139

位于发掘区三区南部，南邻 M3138，开口于②层下。耕土层厚 0.34、②层厚 0.75 米。

## （一）墓葬形制

长方形土坑竖穴墓，方向 109°（图二九七）。墓口距地表深 1.05、长 2.02、宽 0.81 米。墓底距地表深 3.00～3.20、长 2.04、宽 0.88 米。斜壁外扩，拐角呈圆形。底部有熟土二层台，宽 0.5～0.16、高 0.60 米。墓内填土为黄褐色花土。

## （二）葬具葬式

葬具为一棺一椁。棺长 1.70、宽 0.60 米。椁长 1.90、宽 0.60、高 0.60 米。

棺内人骨 1 具，骨骼大部已腐朽。仰身直肢，头向东，面向不明。

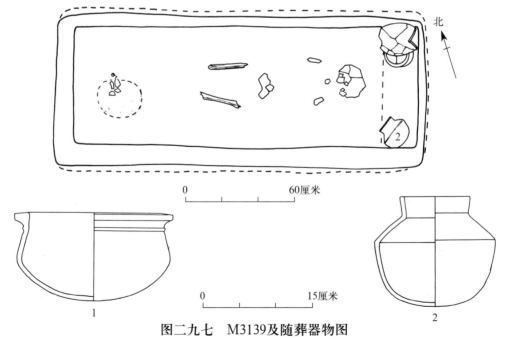

图二九七　M3139及随葬器物图
1.B型Ⅲ式陶盂M3139：1　2.A型Ⅲ式陶罐M3139：2

（三）随葬器物放置

随葬品有陶罐 1 件，陶盂 1 件，共 2 件。均放置在墓主头前的棺椁之间，青石板盖于陶盂口部。

（四）随葬器物

陶器 2 件。陶盂 1 件，陶罐 1 件。

陶罐 1 件。

A 型 III 式 标本 M3139：2，泥质灰陶。敞口，方唇高领广肩，收腹，圜底。口径 9.8、高 14.6 厘米（图二九七，2）。

陶盂 1 件。

B 型 III 式 标本 M3139：1，泥质灰陶。微敛口，平沿稍外斜，方唇，微内凹，腹上收下鼓，圜底。口径 22.0、高 11.8 厘米（图二九七，1）。

# 七八 M3140

位于发掘区三区南部，东南邻 M3141，西邻 M3138，开口于②层下。耕土层厚 0.30、②层厚 0.75 米。

（一）墓葬形制

长方形土坑竖穴墓，方向 103°（图二九八）。墓口距地表深 1.05、长 2.60、宽 1.42 ～ 1.55 米。墓底距地表深 3.75、长 2.60、宽 1.49 ～ 1.55 米。直壁。填土为黄褐色细花土，下部为松软细沙土，内含绳纹瓦片、陶罐等。

（二）葬具葬式

葬具为一棺一椁。棺大小范围不详。椁长 2.10、宽 1.00、高 0.75 米，板灰厚 10.0 厘米，椁盖板宽 1.40 米，用横木板铺成。

棺内人骨 1 具，骨骼已腐朽。葬式不明，头向东，面向不明。

（三）随葬器物放置

随葬品有绳纹鬲 1 件，陶豆 2 件，陶罐 1 件，陶盂 1 件，骨器帽 1 件，骨梳 1 件，共 7 件。陶器置于棺椁之间，陶罐放置脚部椁盖板右角。骨器帽、骨梳置于棺内。

（四）随葬器物

共 7 件。包括陶器 5 件，骨器 2 件。

1. 陶器

陶器 5 件。绳纹鬲 1 件，陶豆 2 件，陶罐 1 件，陶盂 1 件（彩版六九，1）。

绳纹鬲 1 件。

C 型 I 式 标本 M3140：6，夹砂灰黑陶。直口，宽平沿，方唇，短颈，折肩，

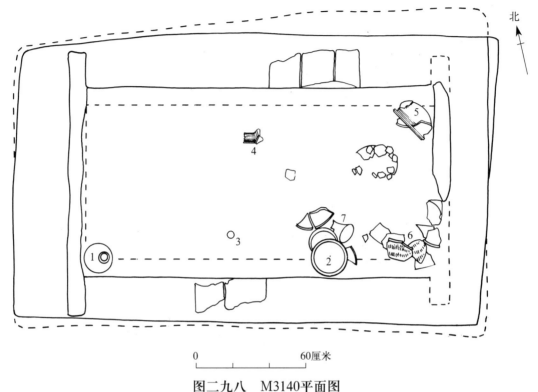

北

0　　　　　　　60厘米

**图二九八　M3140平面图**

1.陶罐　2、7.陶豆　3.骨器帽　4.骨梳　5.陶盂　6.绳纹鬲

深腹，弧裆较低，袋足较浅。肩部一周折线纹，肩部以下饰粗绳纹。口径19.0、高22.1厘米（图二九九，1；彩版六九，2）。

陶豆　2件。

Aa型Ⅲ式　形制相同。泥质灰陶。浅盘，方唇，内外管弧壁，柄上部略细，喇叭口状器座。标本M3140：2，口径18.6、底径11.6、高16.8厘米（图二九九，2；彩版六九，3）。标本M3140：7，口径17.6、底径10.0、高16.6厘米（图二九九，3）。

陶罐　1件。

D型Ⅱ式　标本M3140：1，泥质灰陶。侈口，卷沿，圆唇，溜肩，直腹，腹下部弧收，平底。口径9.4、底径6.2、高14.0厘米（图二九九，4；彩版六九，4）。

陶盂　1件。

B型Ⅰ式　标本M3140：5，泥质灰陶。敛口，平沿略斜，方唇，肩部饰两道凸弦纹，鼓腹，下腹弧收，圜底。口径21.0、高11.4厘米（图二九九，5；彩版六九，5）。

2．骨器

2件。骨器帽1件，骨梳1件。

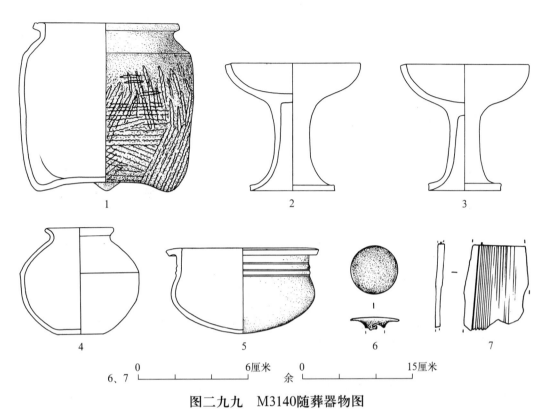

图二九九　M3140随葬器物图

1.C型Ⅰ式绳纹鬲M3140∶6　2、3.Aa型Ⅲ式陶豆M3140∶2、7　4.D型Ⅱ式陶罐M3140∶1　5.B型Ⅰ式陶盂M3140∶5　6.骨器帽M3140∶3　7.骨梳M3140∶4

骨梳　1件。

标本M3140∶4,仅存梳身,两侧残缺,上窄下宽,上部只在梳身刻划成槽,下部分开成齿,顶部有与梳首相接的榫头。残高4.5、残宽3.6、厚0.4厘米(图二九九,7)。

骨器帽　1件。

标本M3140∶3,兽骨磨制而成,平顶圆形,下端残缺。直径2.6、残高0.7厘米(图二九九,6)。

# 七九　M3141

位于发掘区三区南部,北邻M3140,南邻M3143,开口于②层下。耕土层厚0.40、②层厚0.60米。

## (一)墓葬形制

长方形土坑竖穴墓,方向105°(图三〇〇)。墓口距地表深1.00、长2.75、宽

1.70 米。墓底距地表深 4.05、长 2.87、宽 1.89 米。斜壁外扩。底部有熟土二层台，宽 0.15 ～ 0.37、高 0.80 米。墓底有腰坑，长 0.52、宽 0.40、深 0.30 米。墓内填土为黄褐色五花土。

### （二）葬具葬式

葬具为一棺一椁。棺长 1.95、宽 0.70、高 0.50 米，板灰厚 5.0 厘米。椁长 2.42、宽 1.30、高 0.86 米，板灰厚 6.0 厘米。

棺内人骨 1 具，骨骼保存较差。仰身直肢，头向东，面向不清，下肢伸直，双足并拢。

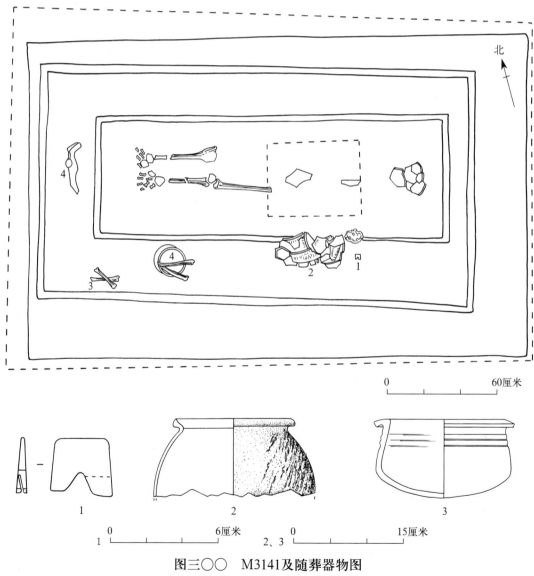

图三〇〇　M3141及随葬器物图

1.骨器M3141：1　2.Aa型Ⅴ式绳纹鬲M3141：2　3.B型Ⅱ式陶盂M3141：3　4.兽骨M3141：4

## （三）随葬器物放置

随葬绳纹鬲 1 件，陶盂 1 件，骨管 1 件，共 3 件。陶器置于墓主左侧的棺椁之间，在陶盂内有祭骨 2 根，南二层西部祭骨 2 根，墓主足端二层台上祭骨 1 根。有棺钉痕迹。

## （四）随葬器物

共 3 件。陶器 2 件，骨器 1 件。

### 1. 陶器

陶器 2 件。绳纹鬲 1 件，陶盂 1 件。

绳纹鬲　1 件。

Aa 型 V 式　标本 M3141：2，夹砂灰陶。侈口，方唇，斜鼓腹，腹部以下残缺。口径 16.6、残高 10.0 厘米（图三〇〇，2）。

陶盂　1 件。

B 型 II 式　标本 M3141：3，泥质灰陶。敛口，平沿略斜，方唇，鼓腹，圜底，沿下饰两周凸棱。口径 19.2、高 10.4 厘米（图三〇〇，3）。

### 2. 骨器

骨器　1 件。

标本 M3141：1，兽骨磨制而成，器体呈抹角梯形，下端中部有凹口，截面呈上窄下宽三角形，下部有一斜长条凹槽。宽 3.0～3.5、高 3.1、厚 0.2～0.5 厘米（图三〇〇，1）。

# 八〇　M3143

位于发掘区三区南端，北邻 M3142，东邻 M3144，开口于②层下。耕土层厚 0.40、②层厚 0.40 米。

## （一）墓葬形制

长方形土坑竖穴墓，方向 110°（图三〇一）。墓口距地表深 0.80、长 2.35、宽 0.80～0.90 米。墓底距地表深 3.00、长 2.55、宽 1.05～1.10 米。斜壁外扩。墓内部填土为黄褐花土，底部细黄沙土。

## （二）葬具葬式

葬具为一棺一椁。棺长 1.85、宽 0.60 米。椁长 2.40 米，宽不清。

棺内人骨 1 具，骨骼保存一般。仰身直肢，头向东，面向北，上肢交叉有腹部，下肢伸直，双足并拢。

## （三）随葬器物放置

随葬品有绳纹鬲 1 件，陶豆 2 件，陶罐 1 件，陶盂 1 件，骨簪 1 件，共 6 件。

均放置于棺椁之间，陶罐和骨簪放置于墓主头前右侧，绳纹鬲、陶豆放置于墓主足端放于棺外右侧，陶盂与殉狗一只在墓主头端左侧。殉狗头向东，与墓主头向相向。

### （四）随葬器物

共 6 件。包括陶器 5 件，骨器 1 件。

**1. 陶器**

陶器 5 件。绳纹鬲 1 件，陶豆 2 件，陶罐 1 件，陶盂 1 件。

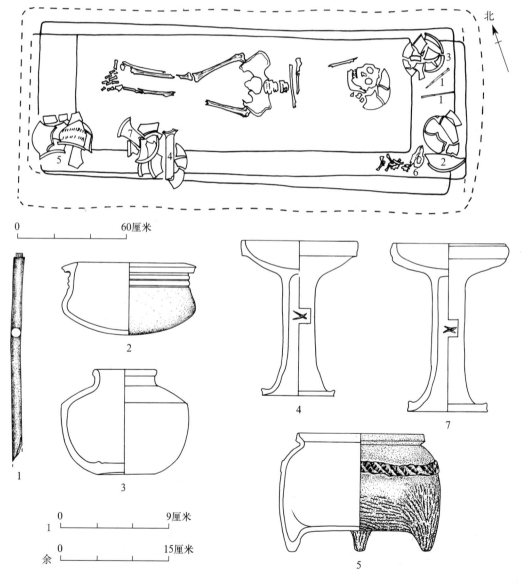

**图三〇一　M3143及随葬器物图**

1. A型骨簪M3143∶1　2. B型Ⅱ式陶盂M3143∶2　3. B型Ⅱ式陶罐M3143∶3　4、7. Aa型Ⅴ式陶豆M3143∶4、7
5. B型Ⅱ式绳纹鬲M3143∶5　6. 狗骨架M3143∶6

绳纹鬲　1件。

B 型Ⅱ式　标本 M3143：5，夹砂灰褐陶。敛口，卷沿，沿面内凹，方唇，束颈，圆肩，直腹，平裆，足跟内空。肩部饰一周宽体绞索状附加堆纹，下腹、裆及足部饰绳纹。口径 17.2、高 15.4 厘米（图三〇一，5）。

陶豆　2件。

Aa 型Ⅴ式　形制相同。泥质灰陶。敞口，圆唇，浅盘，圜底，腹、底间呈弧形折转，细高柄中空，柄中部饰有"X"形图案，喇叭状器座。标本 M3143：4，口径 16.8、底径 9.8、高 20.6 厘米（图三〇一，4）。标本 M3143：7，口径 15.4、底径 5.5、高 22.2 厘米（图三〇一，7）。

陶罐　1件。

B 型Ⅱ式　标本 M3143：3，夹砂灰陶。直口，折沿，圆唇，束颈，斜肩，腹微直，平底。口径 8.8、底径 7.8、高 13.9 厘米（图三〇一，3）。

陶盂　1件。

B 型Ⅱ式　标本 M3143：2，泥质灰陶。敛口，平沿外斜，斜方唇，鼓腹，圜底，颈部有两周凸棱。口径 18.4、高 9.6 厘米（图三〇一，2）。

**2．骨器**

骨簪　1件。

A 型　标本 M3143：1，器表磨光，长条状，横截面为圆形，较粗。上部有一榫头，并有一小孔，下部残缺。残长 16.6、径 0.8 厘米（图三〇一，1）。

# 八一　M3144

位于发掘区三区南端，北邻 M3142，西邻 M3143，开口于②层下。耕土层厚 0.40、②层厚 0.60 米。

## （一）墓葬形制

长方形土坑竖穴墓，方向 95°（图三〇二）。墓口距地表深 0.95、长 2.12、宽 0.83 米。墓底距地表深 2.12、长 2.14、宽 0.87 米。斜壁外扩。墓内填土为黄褐色五花土。

## （二）葬具葬式

葬具为单棺。棺长 1.92、宽 0.62、高 0.30 米，板灰厚 3.0 厘米。

棺内人骨 1 具，骨骼保存差。仰身直肢，头向东，面向不清，上肢斜放于下腹部，下肢伸直，双足并拢。

## （三）随葬器物放置

随葬品有绳纹鬲 1 件，陶豆 2 件，陶罐 1 件，陶盂 1 件，铜带钩 1 件，共 6 件。

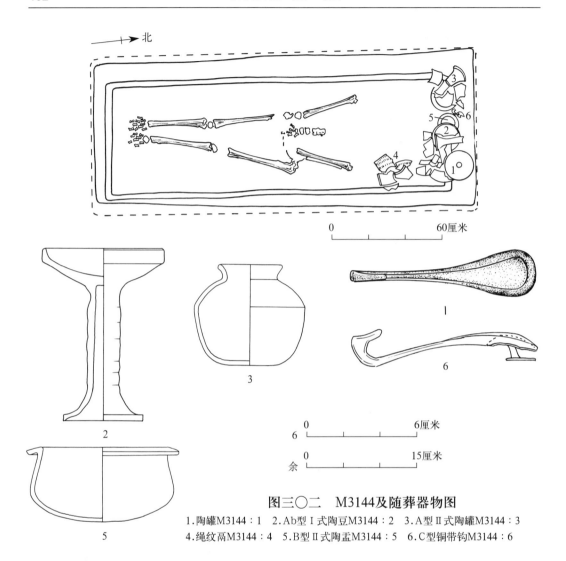

图三〇二　M3144及随葬器物图

1.陶罐M3144∶1　2.Ab型Ⅰ式陶豆M3144∶2　3.A型Ⅱ式陶罐M3144∶3
4.绳纹鬲M3144∶4　5.B型Ⅱ式陶盂M3144∶5　6.C型铜带钩M3144∶6

均放置于棺上，腐朽后落入墓主头部附近。

（四）随葬器物

共6件。包括陶器5件，铜器1件。其中未修复陶罐1件，绳纹鬲1件。

1.陶器

陶器3件。陶豆1件，陶罐1件，陶盂1件。

陶豆　1件。

Ab型Ⅰ式　标本M3144∶2，盘直口微敞，外折内弧，外壁内凹，外折棱外凸明显，高柄中空，喇叭状器座。口径16.8、底径11.0、高22.8厘米（图三〇二，2）。

陶罐　1件。

A型Ⅱ式　标本M3144∶3，泥质灰陶。敞口，圆唇，束颈广肩，收腹，平底。

口径 8.6、底径 5.2、高 13.4 厘米（图三〇二，3）。

陶盂　1 件。

B 型 II 式　标本 M3144 : 5，泥质灰陶。敛口，平沿，外斜，腹下鼓上收，圜底。口径 21.0、高 10.0 厘米（图三〇二，5）。

2．铜器

铜带钩　1 件。

C 型　标本 M3144 : 6，琵琶形，鼓腹，腹部有两条脊棱，平背，铆钉状纽位于凹槽中，纽近尾部，钩体较长。长 10.1、腹宽 2.5 厘米（图三〇二，6）。

# 八二　M3145

位于发掘区三区南部，东北与 M3135 相邻，开口于②层下。①上层厚 0.54、②层厚 0.22 米。

### （一）墓葬形制

长方形土坑竖穴墓，方向 104°（图三〇三）。墓口距地表深 0.76、长 2.34、宽 1.00 米。墓底距地表深 2.89、长 2.30、宽 0.93 米。斜壁内收。墓内填土为黄褐色细花土。

### （二）葬具葬式

葬具为单棺。棺长 2.00、宽 0.50、残高 0.27 米。

棺内人骨 1 具，骨骼已腐朽。仰身直肢，头向东，面向不清，下肢伸直，双足并拢。

### （三）随葬器物放置

随葬品有绳纹鬲 1 件，陶豆 2 件，陶罐 1 件，陶盂 1 件，骨镞 2 件，铜带钩 1 件，

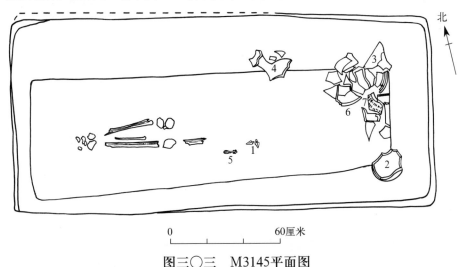

图三〇三　M3145平面图

1.骨镞　2.陶罐　3、4.陶豆　5.铜带钩　6.陶盂　7.绳纹鬲

共 8 件。陶器置于棺顶，棺板腐朽后大部落入墓主头前。骨镞，铜带钩置于棺内墓主左侧。

### （四）随葬器物

共 8 件。包括陶器 5 件，铜器 1 件，骨器 2 件。未修复骨镞 1 件。

#### 1. 陶器

陶器 5 件。绳纹鬲 1 件，陶豆 2 件，陶罐 1 件，陶盂 1 件（彩版七〇，1）。

绳纹鬲　1 件。

B 型 Ⅱ 式　标本 M3145：7，夹砂灰陶。侈口，斜折沿，宽方唇，深腹内收，足内侧内凹。肩部饰一周宽体按压状附加堆纹，下腹、裆及足跟饰绳纹。口径 20.0、高 16.2 厘米（图三〇四，1；彩版七〇，2）。

陶豆　2 件。

Aa 型 Ⅴ 式　形制相同。泥质灰陶。敞口，方唇，深盘，盘内壁弧收，外壁折

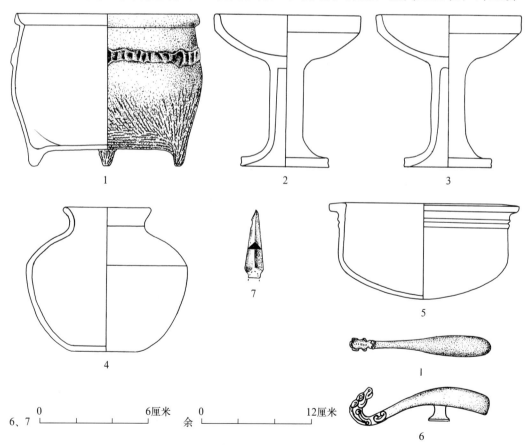

**图三〇四　M3145随葬器物图**

1.B型Ⅱ式绳纹鬲M3145：7　2、3.Aa型Ⅴ式陶豆M3145：3、4　4.A型Ⅱ式陶罐M3145：2　B型Ⅲ式陶盂M3145：6　6.A型铜带钩M3145：5　7.骨镞M3145：1-1

收，空心豆柄，喇叭形器座。标本 M3145：3，口径 16.0、底径 9.6、高 16.2 厘米（图三〇四，2；彩版七〇，3）。标本 M3145：4，口径 15.8、底径 9.6、高 16.0 厘米（图三〇四，3；彩版七〇，4）。

陶罐　1 件。

A 型 II 式　标本 M3145：2，泥质灰陶。卷沿，圆唇，折肩略鼓，下腹内收，大平底。口径 9.8、底径 6.6、高 15.4 厘米（图三〇四，4；彩版七〇，4）。

陶盂　1 件。

B 型 III 式　标本 M3145：6，泥质灰陶。微敛口，平沿外斜，方唇，沿下有两周凸棱，鼓腹，圜底。口径 20.8、高 10.2 厘米（图三〇四，5）。

2．铜器

铜带钩　1 件。

A 型　标本 M3145：5，匙形，鼓腹，平背，铆钉状纽位于凹槽中，纽近带钩中部，钩体作兽形，马首形钩。长 7.8、腹宽 1.1 厘米（图三〇四，6）。

3．骨器

骨镞　1 件。

标本 M3145：1-1，三棱体，前锋略残，铤部残缺。残长 3.6、宽 0.4 厘米（图三〇四，7）。

# 八三　M3147

位于发掘区三区西部，北邻 M3146，墓口上部被①层下灰坑打破（墓口上部未分层）。

## （一）墓葬形制

长方形土坑竖穴墓，方向 114°（图三〇五）。墓口距地表深 0.80、长 2.00、宽 0.80 米。墓底距地表深 2.90、长 2.02、宽约 0.83 米。直壁，四壁规整，坚实，经过加工。墓内填土上部为松软灰色花土，下部为灰褐色花土，棺周围为坚实黄褐色细土。

## （二）葬具葬式

葬具为单棺。棺长 1.95、宽 0.60、高约 0.60 米。

棺内人骨 1 具，上身已腐朽。仰身直肢，头向东，面向不明，下肢伸直，足部并拢。

## （三）随葬器物放置

随葬品有绳纹鬲 1 件，陶豆 2 件，陶罐 1 件，陶盂 1 件，共 5 件。均置于棺顶上，棺板腐朽后落入墓底。

## （四）随葬器物

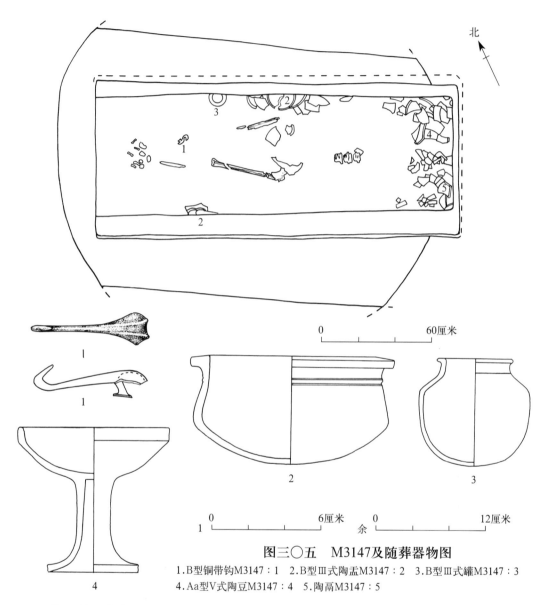

图三〇五　M3147及随葬器物图

1.B型铜带钩M3147：1　2.B型Ⅲ式陶盂M3147：2　3.B型Ⅲ式罐M3147：3
4.Aa型Ⅴ式陶豆M3147：4　5.陶鬲M3147：5

共5件。包括陶器4件，铜器1件。未修复绳纹鬲1件。

**1. 陶器**

陶器3件。陶豆1件，陶罐1件，陶盂1件。

陶豆　1件。

Aa型Ⅴ式　标本M3147：4，泥质灰陶。敞口，方唇，深盘，盘内壁弧收，外壁折收，豆柄中空，喇叭状器座。口径16.8、底径10.0、高15.4厘米（图三〇五，1）。

陶罐　1件。

B型Ⅲ式　标本M3147：3，泥质灰陶。敛口，平沿，厚圆唇，高颈，斜折肩，微鼓腹，下腹缓收呈圜底。口径 8.4、高 11.4 厘米（图三○五，3）。

陶盂　1 件。

B 型Ⅲ式　标本 M3147：2，泥质灰陶。直口，平沿稍外斜，颈部有一周凸棱，腹下鼓上收，圜底。口径 22.2、高 11.6 厘米（图三○五，2）。

2．铜器

铜带钩　1 件。

B 型　标本 M3147：1，马琴形，鼓腹，腹部平面呈鸭蹼状，且腹部有两条脊棱，平背，铆钉状纽位于凹槽中，纽近尾部。长 6.3、腹宽 1.6、高 1.5 厘米（图三○五，1）。

# 八四　M3148

位于发掘区三区，开口于②层下。耕土层厚 0.25、②层厚 0.42 米。

## （一）墓葬形制

长方形土坑竖穴墓，方向 105°（图三○六）。墓口距地表深 0.67、长 1.87、宽 0.69 米。墓底距地表深 1.67、长 1.87、宽 0.69 米。直壁。墓内填土为灰褐色花土。

## （二）葬具葬式

葬具不明。

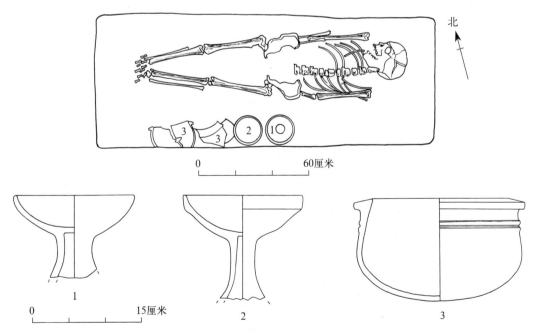

图三○六　M3148 及随葬器物图

1. Aa 型Ⅲ式陶豆 M3148：1　2. Aa 型Ⅴ式陶豆 M3148：2　3. B 型Ⅳ式陶盂 M3148：3

墓内人骨 1 具，骨骼保存一般。仰身直肢，头向东，面向北，上肢贴放于躯干两侧，下肢伸直，双足并拢。

（三）随葬器物放置

随葬品有陶豆 2 件，陶盂 1 件，共 3 件。放置于墓主腰部及下肢左侧。

（四）随葬器物

陶器 3 件。陶豆 2 件，陶盂 1 件。

陶豆　2 件。

Aa 型 Ⅲ 式　1 件。标本 M3148：1，泥质灰陶。敞口，圜底，深盘，盘内壁弧收，豆柄中空，器座残缺。口径 16.8、残高 11.0 厘米（图三〇六，1）。

Aa 型 Ⅴ 式　1 件。标本 M3148：2，泥质灰陶。敞口，方唇，深盘，盘内壁弧折，外壁折收，空心豆柄中空，器座残缺。口径 16.4、残高 13.6 厘米（图三〇六，2）。

陶盂　1 件。

B 型 Ⅳ 式　标本 M3148：3，泥质灰陶。敛口，沿面外斜，圆唇，深腹外鼓，弧腹缓收，圜底。颈部饰两周凸弦纹。口径 23.6、高 13.6 厘米（图三〇六，3）。

# 八五　M3149

位于发掘区三区，开口于 ② 层下。墓葬上口西南部被一墓葬（未编号）打破。耕土层厚 0.30、② 层厚 0.45 米。

（一）墓葬形制

长方形土坑竖穴墓，方向 88°（图三〇七）。墓口距地表深 0.75、长 2.00、宽 0.68～0.72 米。墓底距地表深 2.18、长 2.00、宽 0.68～0.72 米。直壁，北壁有一壁龛，长 0.7、高 0.45、进深 0.25 米。底部有生土二层台，宽 0.05～0.16、高 0.18 米（彩版七一，1）。墓底有一腰坑，长 0.75、宽 0.5、深 0.22 米。墓内填土为灰褐土。

（二）葬具葬式

葬具为一棺。棺长 1.76、宽 0.50 米。

棺内人骨 1 具，骨骼保存较好。仰身直肢，头向东，面向右，上肢交叠放置于下腹部，下肢伸直，双足并拢。

（三）随葬器物放置

随葬品绳纹鬲 1 件，陶豆 2 件，陶盂 1 件，共 4 件。陶器均放置于墓主右侧的壁龛中。

腰坑内殉狗 1 只，头向西，与墓主头向相反。

（四）随葬器物

陶器 4 件。绳纹鬲 1 件，陶豆 2 件，陶盂 1 件（彩版七一，2）。

绳纹鬲　1 件。

Ab 型Ⅳ式　标本 M3149：4，夹砂灰陶。侈口，斜折沿，宽方唇，束颈，圆肩，下腹内收，平裆宽足。肩以下饰绳纹。口径 17.2、高 26.6 厘米（图三〇八，1；彩

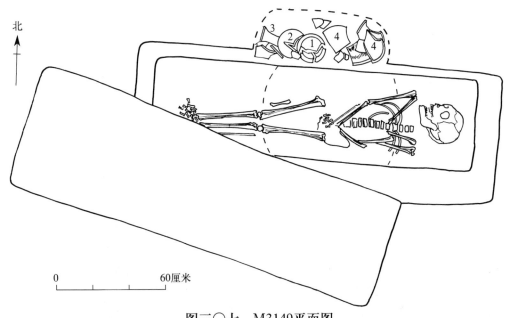

图三〇七　M3149平面图

1.陶盂　2、3.陶豆　4.绳纹鬲

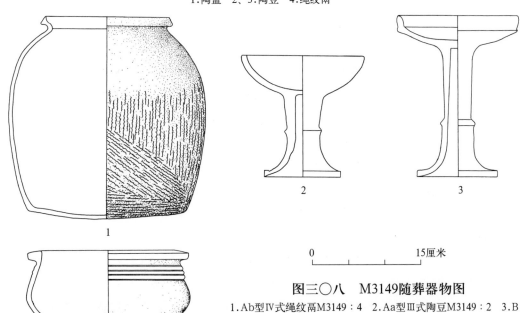

图三〇八　M3149随葬器物图

1.Ab型Ⅳ式绳纹鬲M3149：4　2.Aa型Ⅲ式陶豆M3149：2　3.B型Ⅲ式陶豆M3149：3　4.B型Ⅲ式陶盂M3149：1

版七二，1）。

陶豆　2件。

Aa 型Ⅲ式　1件。标本 M3149：2，泥质灰陶。敞口，方唇，深盘，内外壁弧收，豆柄中空，中间有一周凸棱。喇叭形器座。口径 17.0、底径 10.4、高 16.2 厘米（图三〇八，2；彩版七二，3）。

B 型Ⅲ式　1件。标本 M3149：3，泥质灰陶。敞口，尖唇，浅盘，内外壁折收，盘外壁折棱外凸，饰一周凹弦纹。细高柄，中空，中间凸棱偏下。喇叭形器座。口径 16.6、底径 11.0、高 21.4 厘米（图三〇八，3；彩版七二，2）。

陶盂　1件。

B 型Ⅲ式　标本 M3149：1，泥质灰陶。敛口，平沿外斜，方唇，腹上收下鼓，弧收成圜底，沿下有三周凸棱。口径 22.0、高 11.2 厘米（图三〇八，4；彩版七二，4）。

# 八六　M3151

位于发掘区三区西南部，南邻 M3152，西邻 M3154，开口于①层下。

## （一）墓葬形制

长方形土坑竖穴墓，方向 90°（图三〇九）。墓口距地表深 0.25、长 2.00、宽 0.90～0.95 米。墓底距地表深 1.50～1.65、长 2.00、宽 0.90～0.95 米。直壁，南壁有一壁龛，长 0.90、高 0.35、进深 0.25 米（彩版七三，1）。墓内填土为红褐花土，带胶性，棺上部有一层夯土，厚 0.25 米。

## （二）葬具葬式

葬具为单棺。棺长 1.80、宽 0.55、残高 0.15～0.25 米。

棺内人骨 1 具，骨骼保存一般。仰身直肢，头向东，面向上，双手交叠于下腹部，下肢伸直，双足并拢。

## （三）随葬器物放置

随葬品有绳纹鬲 1 件，陶豆 2 件，陶罐 1 件，共 4 件。均置于墓主左侧南壁龛内。

## （四）随葬器物

陶器 4 件。陶豆 2 件，陶罐 1 件，未修复绳纹鬲 1 件。

陶豆　2件。

Aa 型Ⅲ式　形制相同。泥质灰陶。敞口，碗状浅盘，圆唇，盘壁内外转折呈弧形，高柄中空，柄上端有一周凸棱。标本 M3151：3，口径 17.8、底径 11.2、高 15.6 厘米（图三〇九，3）。标本 M3151：4，凸棱以下残缺。口径 18.4、残高 11.0 厘米（图三〇九，4）。

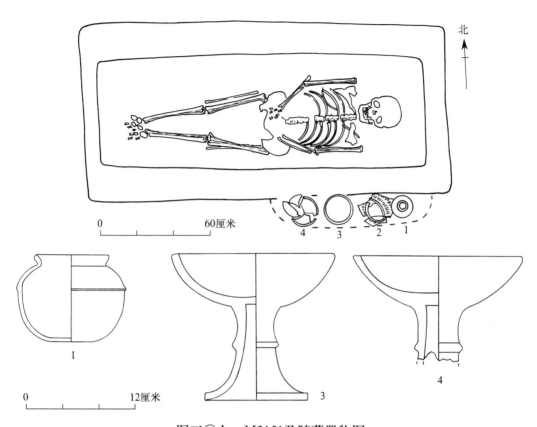

图三〇九 M3151及随葬器物图

1.D型Ⅱ式陶罐M3151：1 2.绳纹鬲M3151：2 3、4.Aa型Ⅲ式陶豆M3151：3、4

陶罐 1件。

D型Ⅱ式 标本M3151：1，泥质灰陶。侈口，圆唇，束颈，鼓腹，平底。腹上部饰一周凸棱。口径8.2、底径4.0、高9.2厘米（图三〇九，1）。

# 八七 M3152

位于发掘区三区西南部，北邻M3151，南邻M3153，开口于②层下。耕土层厚0.20、②层厚0.25米。

## （一）墓葬形制

长方形土坑竖穴墓，方向112°（图三一〇）。墓口距地表深0.45、长2.80、宽2.00米。墓底距地表深3.90、长2.80、宽2.00米。直壁。底部有生土二层台，宽0.20～0.30、高1.10米。墓内填土为黄花土，土质较硬。

## （二）葬具葬式

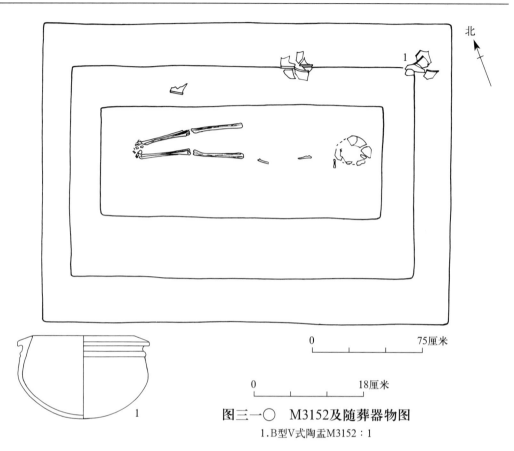

图三一〇　M3152及随葬器物图
1.B型V式陶盂M3152：1

葬具为一棺一椁。棺长 1.93、宽 0.75、残高 0.15 米。椁长 2.25、宽 1.40、高 1.10 米。

棺内人骨 1 具，保存一般，上身腐朽严重。仰身直肢，头向东，面向不清，下肢伸直，双足并拢。

（三）随葬器物放置

随葬品有陶盂 1 件。放置于墓主头端右侧东北角处的二层台上，已破碎，碎片分为三处。

（四）随葬器物

陶盂　1 件。

B 型 V 式　标本 M3152：1，泥质灰陶。敛口，斜沿，方唇，斜鼓腹，圜底。颈部饰一周凸棱。口径 21.8、高 13.2 厘米（图三一〇，1）。

# 八八　M3154

位于发掘区三区，东邻 M3152，西邻 M3159，开口于②层下。耕土层厚 0.20、②层厚 0.38 米。

## （一）墓葬形制

长方形土坑竖穴墓，方向 100°（图三一一）。墓口距地表深 0.58、长 2.65、宽 1.47 米。墓底距地表深 2.85、长 2.65、宽 1.47 米。直壁。底部有生土二层台，宽 0.13～0.28、高 0.76 米。墓内填土为黄花土。

## （二）葬具葬式

葬具为一棺一椁。棺长 2.10、宽 0.38 米，板灰厚 3.5 厘米。椁长 2.24、宽 1.05、高 0.76 米。

棺内人骨 1 具，骨骼已腐朽。仰身直肢，头向东，面向不清。

## （三）随葬器物放置

随葬品有绳纹鬲 1 件，陶豆 2 件，陶盂 1 件，共 4 件。均置于棺顶上，棺板腐朽后落入到墓底，陶盂在墓主头前右侧，绳纹鬲、陶豆在股骨右侧处。

## （四）随葬器物

陶器 4 件。陶盂 1 件，未修复陶豆 2 件，绳纹鬲 1 件。

陶盂　1 件。

B 型 V 式　标本 M3154：1，泥质灰陶。敛口，斜沿，圆唇，斜鼓腹，平底。口径 20.8、高 11.6 厘米（图三一一，1）。

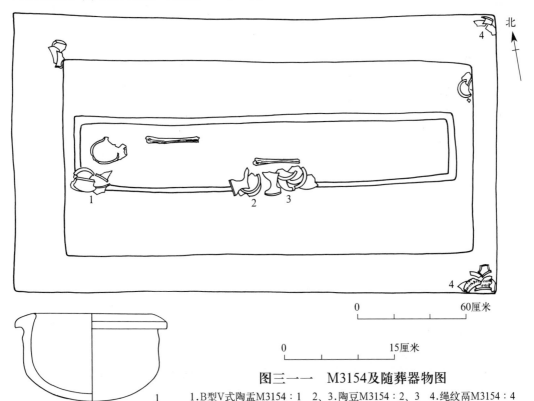

0　　　　　　　　60厘米

0　　　　　　　15厘米

图三一一　M3154及随葬器物图

1.B型V式陶盂M3154：1　2、3.陶豆M3154：2、3　4.绳纹鬲M3154：4

# 八九　M3158

位于发掘区三区西部，东邻 M3159，南邻 M3160，开口于②层下。耕土层厚 0.20、②层厚 0.38 米。

## （一）墓葬形制

长方形土坑竖穴墓，方向 12°（图三一二）。墓口距地表深 0.80、长 3.00、宽 2.20米。墓底距地表深 5.00、长 2.40、宽 1.40 米。底部有生土二层台，宽 0.20、高 1.10米。墓内填土为黄花土。

## （二）葬具葬式

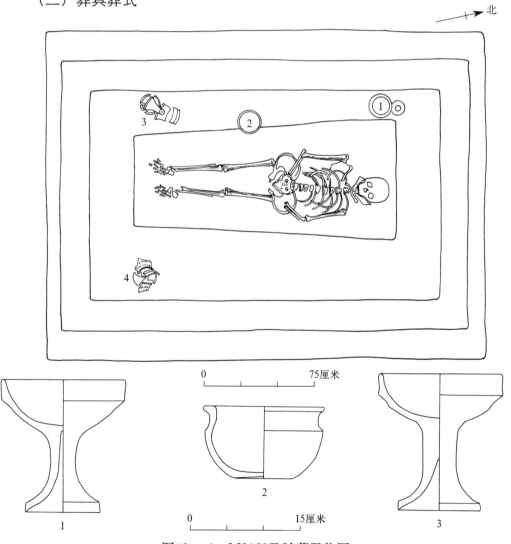

图三一二　M3158 及随葬器物图

1、3. Ac 型 Ⅱ 式陶豆 M3158：1、3　2. A 型 Ⅲ 式陶盂 M3158：2　4. 绳纹鬲 M3158：4

葬具为一棺一椁。棺长 1.80、宽 0.60～0.80、高 0.60 米。椁长 2.40、宽 1.40 米。

棺内人骨 1 具，股骨保存差。仰身直肢，头向东，面向上，双手交叉于下腹部，下肢伸直，双足直伸。

（三）随葬器物放置

随葬品有绳纹鬲 1 件，陶豆 2 件，陶盂 1 件，共 4 件。均置于棺椁之间，绳纹鬲位于墓主足端左侧，陶豆、陶盂分别放置在墓主头右侧。

（四）随葬器物

陶器 4 件。陶豆 2 件，陶盂 1 件，未修复绳纹鬲 1 件。

陶豆　2 件。

Ac 型Ⅱ式　形制相同。泥质灰陶。敞口，微尖唇，深盘，盘内壁弧收，外壁折收，空心豆柄，喇叭形器座。标本 M3158：1，口径 17.2、底径 10.0、高 17.6 厘米（图三一二，1）。标本 M3158：3，口径 16.8、底径 10.8、高 18.0 厘米（图三一二，3）。

陶盂　1 件。

A 型Ⅲ式　标本 M3158：2，泥质灰陶。直口微侈，平沿圆唇，束颈鼓腹，平底略凹，并有一"十"字刻划纹。口径 16.4、底径 7.4、高 9.6 厘米（图三一二，2）。

# 九〇　M3159

位于发掘区三区西部，东邻 M3154，西邻 M3160，开口于①层下（墓葬口上部未分层）。

（一）墓葬形制

长方形土坑竖穴墓，方向 120°（图三一三）。墓口距地表深 0.80、长 2.50、宽 1.40 米。墓底距地表深 2.25、长 2.50、宽 1.40 米。直壁。底部有熟土二层台，高 0.75、宽 0.10 米。墓内填土为黄花土。

（二）葬具葬式

葬具为一棺一椁。棺长 1.95、宽 0.75 米。椁长 2.30、宽 1.20、高 0.75 米。棺下有底箱。

棺内人骨 1 具，上身腐朽严重。仰身直肢，头向东，面向上，下肢伸直，双足并拢。

（三）随葬器物放置

随葬品有绳纹鬲 1 件，陶豆 1 件，陶盂 1 件，陶敦 2 件，陶盘 1 件，泥鼎 1 件，泥壶 2 件，泥豆 2 件，共 11 件。绳纹鬲、陶豆、陶盂置于椁顶。陶敦、陶盘，泥鼎、泥壶、泥豆，置于棺底箱。泥质器物未提取。

（四）随葬器物

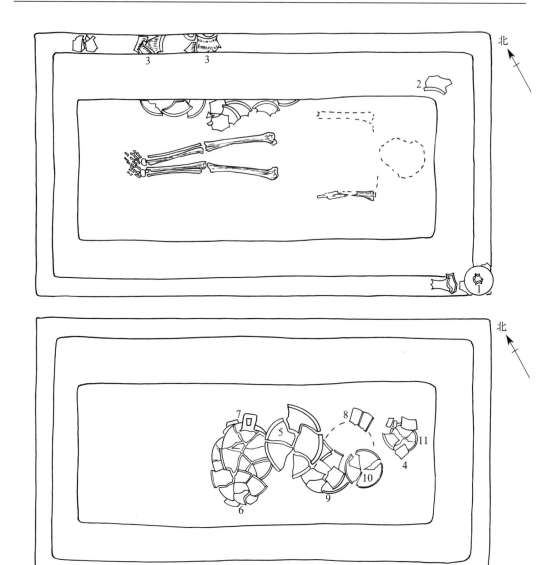

图三一三　M3159平面图

1.陶豆　2.陶盂　3.陶鬲　4、6.陶敦　5.陶盘　7.泥鼎　8、9.泥壶　10、11.泥豆

　　共11件。包括陶器6件，泥器5件。其中未修复陶敦2件，泥鼎1件，泥壶2件，泥豆2件。

　　陶器4件。绳纹鬲1件，陶盂1件，陶豆1件，陶盘1件。

　　绳纹鬲　1件。

　　B型Ⅳ式　标本M3159∶3，夹砂灰陶。侈口，圆唇，卷沿，矮颈，圆肩，深腹，

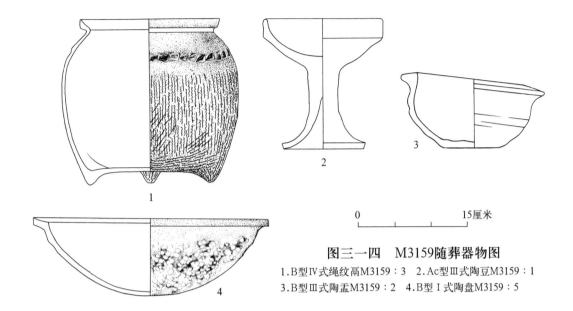

图三一四 M3159随葬器物图

1.B型Ⅳ式绳纹鬲M3159：3 2.Ac型Ⅲ式陶豆M3159：1
3.B型Ⅲ式陶盂M3159：2 4.B型Ⅰ式陶盘M3159：5

腹足不分，实足跟较矮，矮裆近平，三袋足。肩部饰一周戳印纹，腹部以下饰绳纹。口径19.2、高21.8厘米（图三一四，1）。

陶豆 1件。

Ac型Ⅲ式 标本M3159：1，泥质灰陶。敞口，圆唇，深盘，盘内壁弧收，外壁折收，实心豆柄，喇叭形器座。口径16.2、底径11.0、高17.2厘米（图三一四，2）。

陶盂 1件。

B型Ⅲ式 标本M3159：2，泥质灰陶。敛口，平沿外斜，方唇，腹下鼓上收，圜底，沿下两周凸棱。口径20.0、高9.8厘米（图三一四，3）。

陶盘 1件。

B型Ⅰ式 标本M3159：5，泥质灰陶。敞口，宽沿内斜，方唇，唇面略凹，深腹，圜底。腹部饰拍印粗绳纹。口径32.4、高10.4厘米（图三一四，4）。

# 九一 M3160

位于发掘区三区西部，东邻M3159，南邻M3161，开口于②层下。上层厚0.75、②层厚0.40米。

## （一）墓葬形制

长方形土坑竖穴墓，方向118°（图三一五）。墓口距地表深1.15、长2.15、宽1.20米。墓底距地表深3.70、长2.25、宽1.30米。底部有生土二层台，宽0.18～0.20、

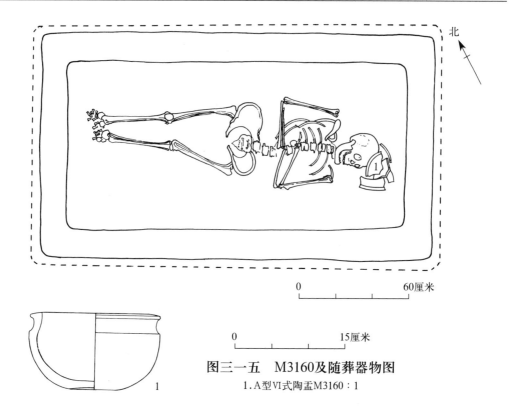

**图三一五　M3160及随葬器物图**
1. A型Ⅵ式陶盂M3160：1

高 0.50 米。墓内填土为黄花土。

（二）葬具葬式

葬具为一棺。棺长 1.85、宽 0.90、高 0.50 米。

棺内人骨 1 具，股骨保存一般。仰身直肢，头向东，面向上，双手交叉于腹部，下肢伸直，双足并拢。

（三）随葬器物放置

随葬品有陶盂 1 件。置于棺内墓主头端右侧。

（四）随葬器物

陶盂　1 件。

A 型Ⅵ式　标本 M3160：1，泥质灰陶。口微敛，平沿外斜，束颈，鼓腹，平底微凹。口径 18.0、底径 6.0、高 10.0 厘米（图三一五，1）。

# 九二　M3161

位于发掘区三区西部，北邻 M3160，东邻 M3162，开口于②层下。耕土层厚 0.15、②层厚 0.55 米。

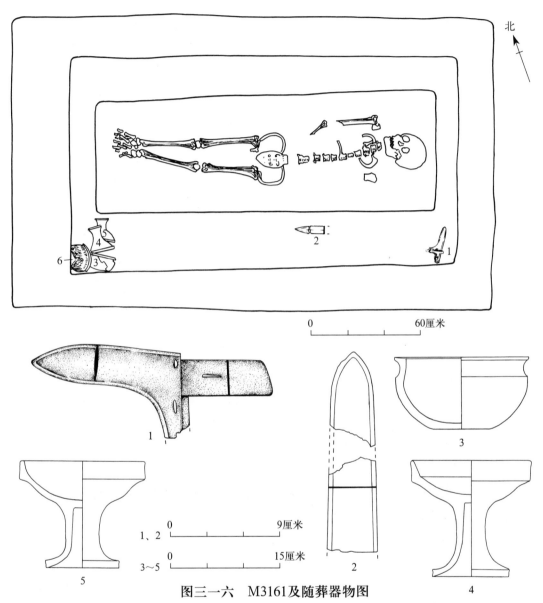

图三一六　M3161及随葬器物图

1.A型Ⅱ式铜戈M3161：1　2.C型铜剑M3161：2　3.A型Ⅴ式陶盂M3161：3　4、5.Ac型Ⅲ式陶豆M3161：4、5
6.绳纹鬲M3161：6

（一）墓葬形制

长方形土坑竖穴墓,方向110°（图三一六）。墓口距地表深0.70、长2.64、宽1.55米。墓底距地表深3.90、长2.64、宽1.55米。直壁。底部有熟土二层台,高0.70、宽0.20米。墓内填土为黄褐色花土。

（二）葬具葬式

葬具为一棺一椁。棺长1.85、宽0.65米。椁长2.11、宽1.10米。

棺内人骨 1 具,骨骼保存一般。仰身直肢,头向东,面向北,下肢伸直,双足并拢。

（三）随葬器物放置

随葬品有绳纹鬲 1 件,陶豆 2 件,陶盂 1 件,铜戈 1 件,铜剑 1 件,共 6 件。陶器置于墓主足端左侧椁顶西南角。铜戈在墓主头端右侧、铜剑在墓主上臂右侧,均置于棺椁之间。

（四）随葬器物

共 6 件。包括陶器 4 件,铜器 2 件。其中未修复绳纹鬲 1 件。

1. 陶器

3 件。陶豆 2 件,陶盂 1 件。

陶豆　2 件。

Ac 型Ⅲ式　形制相同。泥质灰陶。敞口,深盘,盘内外壁折收,空心豆柄,喇叭形器座。标本 M3161：4,方唇。口径 16.8、底径 10.4、高 15.4 厘米（图三一六,4）。标本 M3161：5,圆唇。口径 17.2、底径 10.0、高 14.3 厘米（图三一六,5）。

陶盂　1 件。

A 型Ⅴ式　标本 M3161：3,泥质灰陶,敛口,内斜沿,束颈,鼓腹,平底。口径 18.6、底径 7.6、高 9.6 厘米（图三一六,3）。

2. 铜器

2 件。铜剑（残）1 件,铜戈 1。

铜剑　1 件。

C 型　标本 M3161：2,薄体,无刃,前部残断,后部残缺。中部残存木屑痕迹,构成边缘类似刃痕。残长约 15.8、宽 4.1、厚 0.2 厘米（图三一六,2）。

铜戈　1 件。

A 型Ⅱ式　标本 M3161：1,援略短,扁平无脊,弧刃尖锋,胡下端残缺,残存 2 扁圆形穿。直内外端略上扬,外缘略斜弧,内中有内宽外窄长条形横穿。通长 19.7、内长 7.4 厘米（图三一六,1）。

# 九三　M3162

位于发掘区三区西部,北邻 M3154,西邻 M3161,开口于①于层下（墓葬口上部未分层）。

（一）墓葬形制

长方形土坑竖穴墓,方向 110°（图三一七）。墓口距地表深 1.10、长 2.35、宽 1.24

米。墓底距地表深 1.60、长 2.35、宽 1.24 米。直壁。底部有生土二层台,宽 0.20 ～ 0.30、高 0.70 米。墓内填土为黄花土。

### (二)葬具葬式

葬具为一棺。棺长 2.00、宽 0.65 ～ 0.76 米。

棺内人骨 1 具,保存较好。仰身直肢,头向东,面向上,双手交叠于下腹部,下肢伸直,双足并拢。

### (三)随葬器物放置

随葬品有绳纹鬲 1 件,陶豆 2 件,陶盂 1 件,共 4 件。绳纹鬲、陶豆置于墓主头前二层台,陶盂置于棺内墓主足端左侧。

### (四)随葬器物

陶器 4 件。绳纹鬲 1 件,陶豆 2 件,陶盂 1 件。

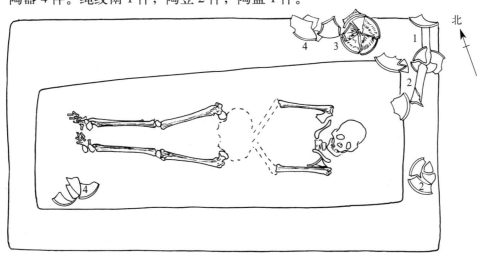

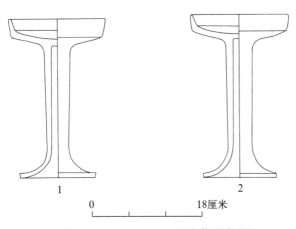

**图三一七　M3162 及随葬器物图**

1、2.Aa型Ⅸ式陶豆M3162:1、2　3.D型Ⅴ式绳纹鬲M3162:3

4.异形盂M3162:4

绳纹鬲　1件。

D 型 V 式　标本 M3162：3，夹砂灰陶。敛口，平沿，沿面有一周凹弦纹，方唇，唇面有一周凹弦纹，束颈，折肩，鼓腹，裆近平，三袋足。器表下半身饰绳纹。口径 19.2、高 21.0 厘米（图三一七，3）。

陶豆　2件。

Aa 型Ⅸ式　形制相同。泥质灰陶。尖唇，敞口，浅盘，盘壁内外均折角明显，细高柄中空，喇叭形器座。标本 M3162：1，口径 15.8、底径 12.0、高 26.0 厘米（图三一七，1）。标本 M3162：2，口径 15.8、底径 12.4、高 25.4 厘米（图三一七，2）。

异形盂　1件。

标本 M3162：4，泥质灰陶。侈口，折沿，圆唇，鼓腹，圜底近平，盂身饰交错绳纹。口径 22.2、高 10.5 厘米（图三一七，4）。

# 九四　M3163

位于发掘区三区西半部，东南邻 M3002，西南邻 M3164，开口于①层下。墓葬被晚期灰坑打破。

（一）墓葬形制

长方形土坑竖穴墓，方向 98°（图三一八）。墓口距地表深 0.25～0.30、长 2.90、宽 1.90 米。墓底距地表深 3.80、长 2.90、宽 1.90 米。直壁。底部有熟土二层台，宽 0.30～0.40、高 0.80 米。墓内填土为黄褐花土，并经夯实，夯层、夯具不清。

（二）葬具葬式

葬具为一棺一椁。棺长 1.75、宽 0.47、残高 0.10 米。椁长 2.20、宽 1.20、高 0.70 米。

棺内人骨 1 具，股骨以上被灰坑破坏，仅存下肢胫骨及脚趾骨，骨骼保存较差。葬式不清，头向东。

（三）随葬器物放置

随葬品有陶鼎 1 件，陶盘 1 件，陶敦 1 件，泥器 1 件，共 4 件。均放置于墓主左侧的棺椁之间，其中陶鼎放置于墓主足端，鼎盖、陶盘在头端，陶敦、泥器在中间。

（四）随葬器物

共 4 件。包括陶器 3 件，陶鼎 1 件，陶盘 1 件，陶敦 1 件。泥器 1 件未修复。

陶鼎　1件。

B 型　标本 M3163：1、5，泥质红陶。直口，方唇，斜鼓腹，圜底，三蹄形足，有一对长方形附耳，弧形盖，盖顶饰有三组放射条纹。口径 20.0、高 19.2、通高

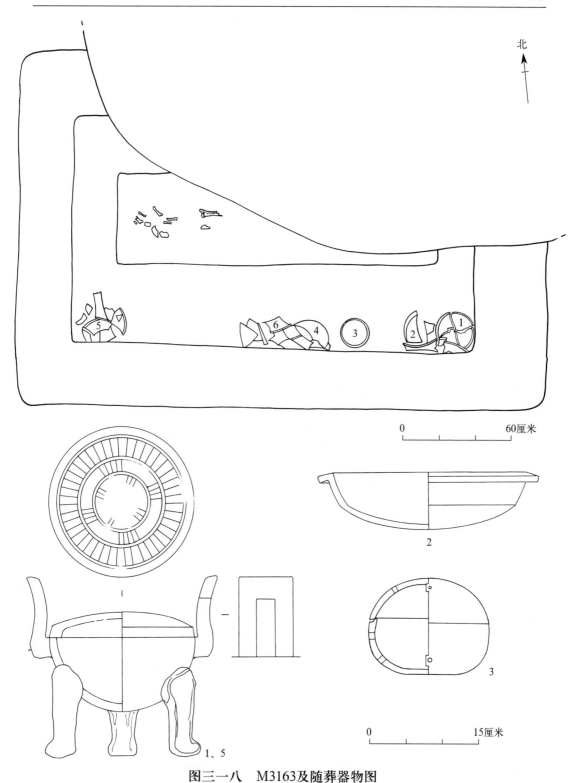

**图三一八　M3163及随葬器物图**

1、5.B型陶鼎M3163：1、5　2.B型Ⅱ式陶盘M3163：2　3、4.C型陶敦M3163：3、4　6.泥器M3163：6

24.2 厘米（图三一八，1、5）。

陶盘　1 件。

B 型 Ⅱ 式　标本 M3163：2，夹砂灰陶。敞口，平沿外斜，方唇，内斜鼓腹，圜底。口径 30.2、高 7.6 厘米（图三一八，2）。

陶敦　1 件。

C 型　标本 M3163：3、4，泥质灰陶。子母口，内斜收腹，小平底，底上部有三个活动环纽。口径 16.4、底径 6.8、高 12.8 厘米（图三一八，3）。

# 九五　M3164

位于发掘区三区西南部，东北邻 M3163，北邻 M3162，开口于①层下（墓葬口上部未分层）。

## （一）墓葬形制

长方形土坑竖穴墓，方向 90°（图三一九）。墓口距地表深 0.80、长 2.90、宽 1.70 米。墓底距地表深 3.45、长 2.90、宽 1.70 米。直壁。底部有熟土二层台，宽 0.35～0.40、高 0.85 米（彩版七三，2）。墓内填土为五花土，含黄土块较多。

## （二）葬具葬式

葬具为一棺一椁。棺长 1.85、宽 0.65 米。椁长 2.15、宽 0.89、高 0.85 米。下有底箱。

棺内人骨 1 具，骨骼已腐朽。仰身直肢，头向东，面向不清。

## （三）随葬器物放置

随葬品有陶豆 2 件，陶盂 1 件，陶敦 1 件，陶匜 1 件，陶鼎 1 件，陶舟 2 件，陶壶 1 件，泥盘 1 件，泥器盖 1 件，铜钺 1 件，铜戈 1 件，共 13 件。陶器、泥器除陶盂外置于棺底箱内，陶盂放置于墓主足端的二层台上，铜钺放置于棺内墓主右侧，铜戈在墓主头端左侧的棺椁之间。

## （四）随葬器物

共 13 件。包括陶器 9 件，铜器 2 件，泥器 2 件。其中未修复陶舟 1 件，泥盘 1 件，泥器盖 1 件。

### 1. 陶器

陶器 8 件。陶盂一件。陶鼎 1 件，陶盖豆 2 件，陶壶 1 件，陶匜 1 件，陶敦 1 件，陶舟 1 件。

陶盂　1 件。

A 型 Ⅳ 式　标本 M3164：1，泥质灰陶。敛口，平沿外斜，圆唇，束颈，直腹微鼓，

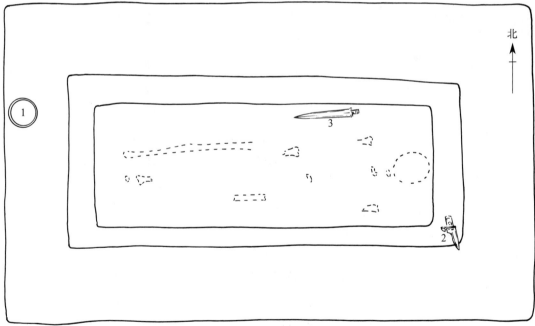

0 　　　　　　　　　60厘米

**图三一九　M3164平面图**

1.陶盂　2.铜戈　3.铜铍　4.陶敦　5、6.陶盖豆　7.陶匜　8.陶鼎　9、11.陶舟　10.陶壶　12.泥盘　13.泥器盖

平底。口径 17.2、底径 7.8、高 10.6 厘米（图三二〇，1）。

陶鼎　1 件。

B 型　标本 M3164：8，泥质红陶。直口，方唇，内斜鼓腹，圜底，三蹄形足，口下一对长方形穿耳。弧形顶盖。口径 28.0、高 28.4、通高 31.2 厘米（图三二〇,2）。

陶盖豆　2 件。

Ba 型　形制相同。泥质灰陶。子母口，深腹盘内外壁弧收，在盘壁中上部有对称圆孔，空心豆柄，上粗下细，喇叭器座，豆盖残缺。标本 M3164：5，口径 17.6、底径 12.4、高 28.6 厘米（图三二〇，3）。标本 M3164：6，器座残缺。口径 16.8、残高 28.8 厘米（图三二〇，4）。

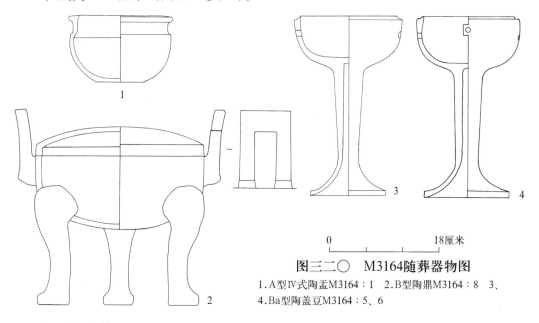

0　　　　　　　　　　18厘米

图三二〇　M3164随葬器物图

1.A型Ⅳ式陶盂M3164：1　2.B型陶鼎M3164：8　3、4.Ba型陶盖豆M3164：5、6

陶壶　1 件。

A 型　标本 M3164：10，泥质红陶。侈口，方唇，高领，瘦圆腹，两环耳，无底，肩部一对称圆孔。平盖中间略鼓，并有一锥形圆孔。口径 10.6、底径 10.8、高 29.2 厘米（图三二一，6）。

陶匜　1 件。

A 型　标本 M3164：7，泥质红陶。敛口，平沿，弧腹，平底，短流，尾部至流渐高，尾部有一环钮。宽 19.4、底径 5.2、高 5.6 厘米（图三二一，1）。

陶敦　1 件。

B 型　标本 M3164：4，泥质红陶。微敞口，方唇，内斜鼓腹，腹中间两侧有一对称活动环钮。球形盖，有三个活动环钮。口径 14.8、底径 5.0、通高 13.2 厘米（图三二一，2）。

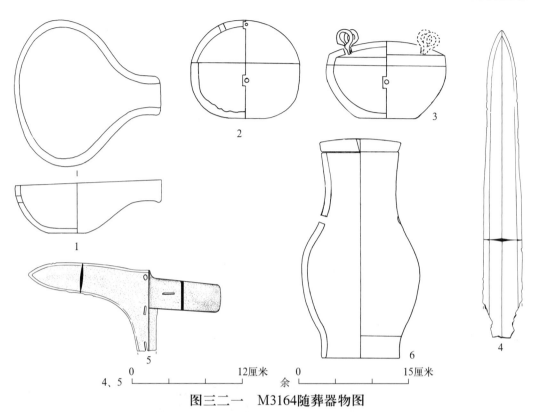

**图三二一　M3164随葬器物图**

1.A型陶匜M3164：7　2.B型陶敦M3164：4　3.陶舟M3164：9　4.Ba型铜钺M3164：3　5.A型Ⅰ式铜戈M3164：2
6.A型陶壶M3164：10

陶舟　1件。

标本M3164：9，泥质红陶，直口，平沿，弧腹，平底，腹中上部两侧有一对称环纽，弧顶盖，盖顶有四个对称环纽。口径16.4、底径8.0、通高12.0厘米（图三二一，3）。

2．铜器

2件。铜钺1件，铜戈1件。

铜钺　1件。

Ba型　标本M3164：3，钺头横断面呈大菱形，钺身较薄，茎部为不规整的扁体状，系铸好加工而成，中间有亚腰，便于捆绑固定木柲，后端残缺。残长32.6、中间宽4.5厘米（图三二一，4）。

铜戈　1件。

A型Ⅰ式　标本M3164：2，援略长，扁平无脊，胡端三穿，下穿残断，上端为圆穿。内近胡端略宽，上端平直，下端略上收，外缘弧角，内中有长条形横穿。通长21.4、内长7.8厘米（图三二一，5）。

# 九六　M3165

位于发掘区三区西部，东邻 M3166，开口于①层下。

## （一）墓葬形制

长方形土坑竖穴墓，方向 80°（图三二二），墓口距地表深 0.35、长 2.25、宽 1.01 米。墓底距地表深 2.25、长 2.25、宽 0.98 米。墓底有腰坑，长 0.60、宽 0.35、深 0.24 米。墓主足端左侧棺外也有殉狗 1 只。填土为黄花土，土质较硬。

## （二）葬具葬式

葬具为单棺。棺长 2.00、宽 0.75、残高 0.50 米。

棺内人骨 1 具，骨骼保存一般。仰身直肢，头向东，面向上，右手放置于下腹部，下肢伸直，双足并拢。

## （三）随葬器物放置

随葬品有绳纹鬲 1 件，陶豆 2 件，陶盂 1 件，共 4 件。均放置于墓主左端的棺外。

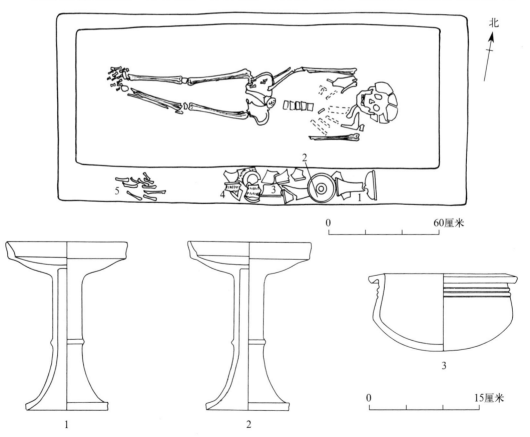

**图三二二　M3165 及随葬器物图**

1、2.B 型Ⅲ式陶豆 M3165：1、2　3.B 型Ⅱ式陶盂 M3165：3　4.绳纹鬲 M3165：4　5.兽骨 M3165：5

墓主足端左侧棺外有兽骨，腐朽较甚，或为殉狗。腰坑内有殉狗1只，头向东，与墓主头向相反。

（四）随葬器物

陶器4件。陶豆2件，陶盂1件，未修复绳纹鬲1件。

陶豆 2件。

B型Ⅲ式 形制相同。泥质灰陶。尖唇，敞口，浅盘，曲腹不显，高柄中空，中部饰一周凸棱，喇叭状器座。标本M3165:1，口径16.6、底径10.2、高22.2厘米（图三二二，1）。标本M3165:2，口径16.8、底径11.2、高22.2厘米（图三二二，2）。

陶盂 1件。

B型Ⅱ式 标本M3165:3，泥质灰陶。敛口，平沿外斜，方唇，斜鼓腹，圜底，颈部饰两周凸棱。口径20.2、高10.2厘米（图三二二，3）。

# 九七　M3166

位于发掘区三区，M3165东侧，开口于①层下。

（一）墓葬形制

长方形土坑竖穴墓，方向104°（图三二三）。墓口距地表深0.35、长2.19、宽1.04米。墓底距地表深1.50、长2.15、宽1.00米（彩版七四，1）。直壁略内收。墓内填土为黄花土。

（二）葬具葬式

葬具为单棺。棺长1.77、宽0.58、残高0.40米。

棺内人骨1具，骨骼保存一般。仰身直肢，头向东，面向上，双手交叠于下腹部，下肢伸直，双足并拢。

（三）随葬器物放置

随葬品有绳纹鬲1件，陶豆2件，陶盂1件，共4件。均置于墓主右侧棺外。其中3号陶豆内有小兽骨。

（四）随葬器物

陶器4件。陶豆2件，陶盂1件，未修复绳纹鬲1件。

陶豆 2件。

B型Ⅱ式 形制相同。泥质灰陶。敞口，尖唇，盘腹略深，圜底近平。柄上部近盘处渐粗、中空，下部饰一周凸棱。喇叭状器座。标本M3166:3，口径17.6、底径10.4、高20.4厘米（图三二三，3）。标本M3166:4，口径17.4、底径10.2、高20.2厘米（图三二三，4）。

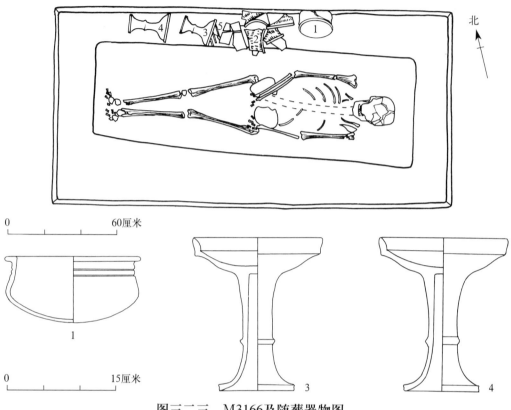

图三二三　M3166及随葬器物图

1.B型Ⅱ式陶盂M3166：1　2.绳纹鬲M3166：2　3、4.B型Ⅱ式陶豆M3166：3、4　5.兽骨M3166：5

陶盂　1件。

B型Ⅱ式　标本 M3166：1，泥质灰陶。敛口，平沿，圆唇，斜鼓腹，圜底，颈部饰一周凸棱。口径 18.8、高 8.8 厘米（图三二三，1）。

# 九八　M3167

位于发掘区三区西部，西邻 M3168，开口于①层下。

（一）墓葬形制

长方形土坑竖穴墓，方向 270°（图三二四）。墓口距地表深 0.30、长 2.40、宽 1.20 米。墓底距地表深 4.17 ～ 4.34、长 2.65、宽 1.37 米。斜壁外扩。底部有熟土二层台，宽 0.10 ～ 0.40、高 0.52 ～ 0.62 米。墓内填土为黄褐花土。

（二）葬具葬式

葬具为一棺一椁。棺长 1.82、宽 0.58、高 0.12 ～ 0.17 米，椁长 2.15、宽 0.97 ～ 1.02、高 0.40 ～ 0.54 米。

棺内人骨 1 具,骨骼腐朽严重。仰身直肢,头向西,面向上,双手交叠于下腹部,下肢伸直,双足并拢。

### (三) 随葬器物放置

随葬品有绳纹鬲 1 件,陶豆 2 件,陶罐 1 件,陶盂 1 件,共 5 件。绳纹鬲放置于墓主足端左侧的二层台上,其余陶器均置于墓主下肢左侧的棺椁之间。

### (四) 随葬器物

陶器 5 件。绳纹鬲 1 件,陶罐 1 件,陶盂 1 件,未修复陶豆 2 件。

绳纹鬲　1 件。

C 型 II 式　标本 M3167:5,夹砂灰陶。敛口,平沿,尖唇,束颈,圆肩,深腹内收,袋足略凹。肩部饰一周窄体绞索状附加堆纹,仅在裆及足部饰绳纹。口径 18.4、高 22.0 厘米 (图三二四,5)。

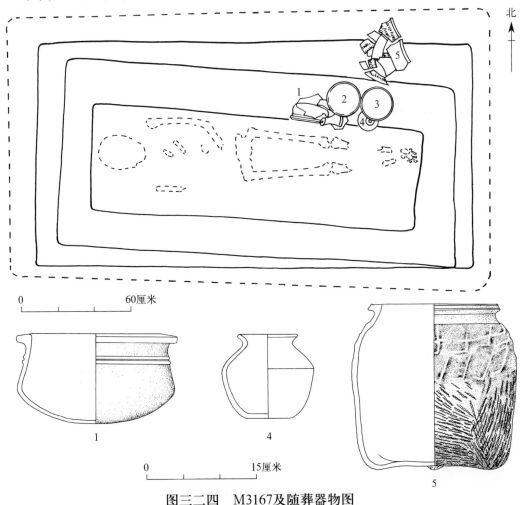

图三二四　M3167 及随葬器物图

1.B 型 III 式陶盂 M3167:1　2、3.陶豆 M3167:2、3　4.A 型 II 式罐 M3167:4　5.C 型 II 式绳纹鬲 M3167:5

陶罐　1件。

A 型 II 式　标本 M3167：4，泥质灰陶。敞口，圆唇，束颈，折肩收腹，小平底。口径 10.0、底径 6.0、高 14.0 厘米（图三二四，4）。

陶盂　1件。

B 型 III 式　标本 M3167：1，泥质灰陶。敛口，宽斜沿，方唇，斜鼓腹，圜底，颈部饰两周凸棱。口径 21.8、高 12.0 厘米（图三二四，1）。

# 九九　M3170

位于发掘区三区西部，西邻 M3172，东邻 M3164，开口于①层下（墓口上部未分层）。

## （一）墓葬形制

长方形土坑竖穴墓，方向 110°（图三二五）。墓口距地表深 1.40、长 2.70、宽 1.40～1.50 米。墓底距地表深 3.20、长 2.70、宽 1.50 米。直壁。底部有生土二层台，高 0.80、宽 0.18～0.25 米。墓内填土为黄花土。

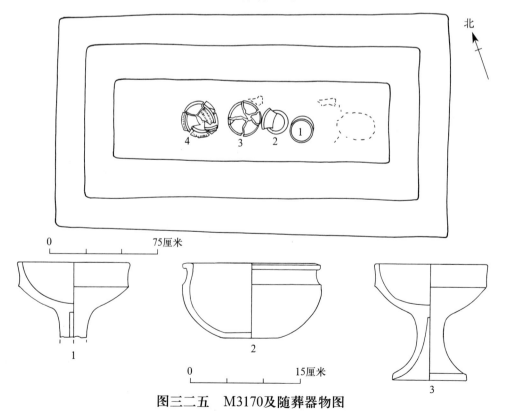

图三二五　M3170及随葬器物图

1、3.Ac型III式陶豆M3170：1、3　2.A型IV式陶盂M3170：2　4.绳纹高M3170：4

### （二）葬具葬式

葬具为一棺一椁。棺长 1.90、宽 0.53 米。椁长 2.30、宽 1.00、高 0.80 米。棺下有底箱。

棺内人骨 1 具，骨骼腐朽严重，保存不好。葬式不清，头向东，面向不清。

### （三）随葬器物放置

随葬品有绳纹鬲 1 件，陶豆 2 件，陶盂 1 件，共 4 件。均置于墓主身下的棺底箱内。

### （四）随葬器物

陶器 4 件。陶豆 2 件，陶盂 1 件，未修复绳纹鬲 1 件。

陶豆　2 件。

Ac 型Ⅲ式　形制相同。泥质灰陶。敞口，盘呈碗状，方唇，盘内壁弧收，外壁折收，柄较高、空心，喇叭状器座。标本 M3170：1，柄残。口径 15.4、残高 10.0 厘米（图三二五，1）。标本 M3170：3，口径 15.4、底径 10.2、高 15.5 厘米（图三二五，3）。

陶盂　1 件。

A 型Ⅳ式　标本 M3170：2，泥质灰陶。微敛口，沿微斜，方唇，束颈，直腹微鼓，底近平微鼓。口径 18.8、底径 7.6、高 10.0 厘米（图三二五，2）。

## 一〇〇　M3174

位于发掘区三区的西北部，北邻 M3175，南邻 M3173，开口于②层下。上层厚 0.50、②层厚 0.70 米。

### （一）墓葬形制

长方形土坑竖穴墓，方向 105°（图三二六）。墓口距地表深 1.20、长 2.10、宽 0.67～0.73 米。墓底距地表深 2.65、长 2.10、宽 0.67～0.73 米。直壁。墓底有腰坑，

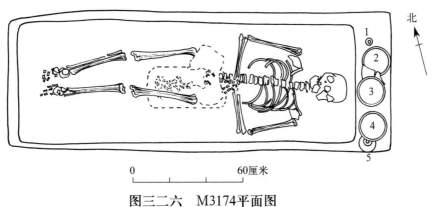

图三二六　M3174 平面图

1.陶纺轮　2、3.陶豆　4.绳纹鬲　5.陶罐

长 0.43、宽 0.21、深 0.20 米。墓内填土为黄褐色花土。

（二）葬具葬式

葬具为单棺。棺长 1.85、宽 0.65、残高 0.45 米。

棺内人骨 1 具，骨骼保存完好。仰身直肢，头向东，面向上，手交叠于腹部，下肢伸直，双足并拢。

（三）随葬器物放置

随葬品有绳纹鬲 1 件，陶豆 2 件，陶罐 1 件，陶纺轮 1 件，共 5 件。均置于墓主头前棺外。

腰坑内殉狗 1 只，头向西，与墓主头向相反。

（四）随葬器物

陶器 5 件。绳纹鬲 1 件，陶豆 2 件，陶罐 1 件，陶纺轮 1 件（彩版七四，2）。

绳纹鬲　1 件。

Ab 型 I 式　标本 M3174：4，夹砂灰陶。方唇，斜沿，侈口，鼓腹，三袋状足，连裆较高。器身饰绳纹。口径 17.8、高 19.0 厘米（图三二七，1；彩版七五，1）。

陶豆　2 件。

Aa 型 I 式　标本 M3174：2，泥质灰陶。方唇，浅盘，内外壁均弧收，矮柄中空，豆柄中部有一周凸棱，喇叭状器座。口径 17.8、底径 10.8、高 11.8 厘米（图三二七，2；彩版七五，2）。标本 M3174：3，形制相同。口径 17.8、底径 10.7、高 11.7 厘米（彩版七五，3）。

陶罐　1 件。

A 型 I 式　标本 M3174：5，泥质灰陶。圆唇，斜沿，侈口，束颈，折肩略鼓，

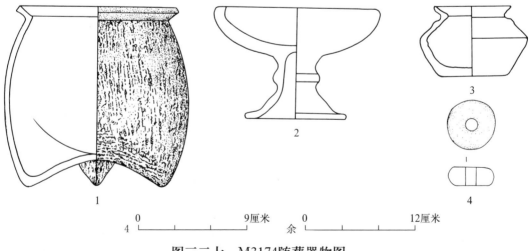

图三二七　M3174随葬器物图

1.Ab型I式绳纹鬲M3174：4　2.Aa型I式陶豆M3174：2　3.A型I式陶罐M3174：5　4.陶纺轮M3174：1

斜鼓腹，平底。口径8.6、底径7.4、高7.4厘米（图三二七，3；彩版七五，4）。

陶纺轮 1件。

标本M3174：1，泥质灰陶。素面。中穿圆孔。直径8.0、内径2.0、厚3.0厘米（图三二七，4）。

## 一〇一　M3176

位于发掘区三区西北部，南邻M3175，西邻M3177，开口于②层下。耕土层厚0.40、②层厚0.75米。

（一）墓葬形制

长方形土坑竖穴墓，方向0°（图三二八）。墓口距地表深1.15、长2.15、宽0.70～0.74米。墓底距地表深2.15、长2.15、宽0.70～0.74米（彩版七六，1）。直壁。墓内填土为黄褐花土。

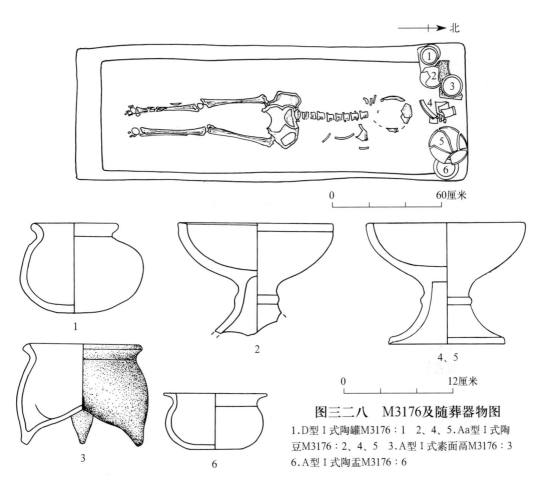

图三二八　M3176及随葬器物图

1.D型Ⅰ式陶罐M3176：1　2、4、5.Aa型Ⅰ式陶豆M3176：2、4、5　3.A型Ⅰ式素面高M3176：3　6.A型Ⅰ式陶盂M3176：6

## （二）葬具葬式

葬具为单棺。棺长 1.90、宽 0.60、高 0.35 米。

棺内人骨 1 具，上肢及足腐朽。仰身直肢，头向北，面向上，下肢伸直。

## （三）随葬器物放置

随葬品有素面鬲 1 件，陶豆 2 件，陶罐 1 件，陶盂 1 件，共 5 件。均置于墓主头端棺顶部，腐朽后落入墓底。其中 4 号陶豆置于墓口下部。

## （四）随葬器物

陶器 5 件。素面鬲 1 件，陶豆 2 件，陶罐 1 件，陶盂 1 件（彩版七六，2、七七，1）。

素面鬲　1 件。

A 型 I 式　标本 M3176：3，夹砂灰陶。侈口，斜沿，方唇，束颈，鼓腹，圆锥状袋形足，足尖较高。素面。口径 13.2、高 10.6 厘米（图三二八，3；彩版七七，2）。

陶豆　2 件。

Aa 型 I 式　形制相同。泥质灰陶。钵形弧腹盘，柄部甚矮，粗柄中空，中间有凸棱外突较甚，喇叭口状器座。标本 M3176：2，器座残缺。口径 16.8、残高 12.0 厘米（图三二八，2；彩版七七，4）。标本 M3176：4、5，口径 17.6、底径 12.8、高 12.9 厘米（图三二八，4、5；彩版七七，3）。

陶罐　1 件。

D 型 I 式　标本 M3176：1，泥质灰褐陶。手制粗糙，厚胎，不规整。侈口，卷沿，圆唇，矮颈，鼓肩，扁圆腹，圜底。器物变形。口径 9.6、高 9.6 厘米（图三二八，1）。

陶盂　1 件。

A 型 I 式　标本 M3176：6，泥质褐陶。直口，宽平沿，圆唇，鼓腹。口径 11.2、底径 5.0、高 6.0 厘米（图三二八，6；彩版七七，5）。

# 一〇二　M3177

位于发掘区三区西北部，东邻 M3176，开口于②层下。耕土层厚 0.40、②层厚 0.95 米。

## （一）墓葬形制

长方形土坑竖穴墓，方向 102°（图三二九）。墓口距地表深 1.35、长 2.50、宽 1.20 米。墓底距地表深 4.25、长 2.52、宽 1.20 米。底部有熟土二层台，东宽 0.25、西宽 0.20、南宽 0.22、北宽 0.25、高 0.60 米。墓内填土为黄花土。

## （二）葬具葬式

葬具为一棺一椁。椁长 2.05、宽 0.73、高 0.60 米。棺长 1.78、宽 0.45 ～ 0.47、残高 0.20 米。

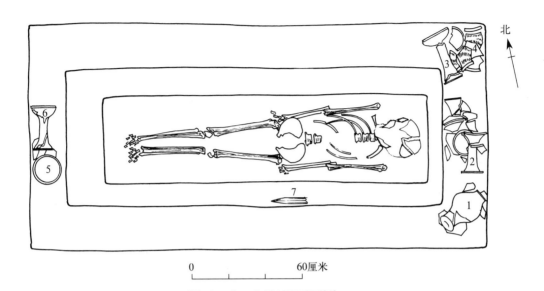

0 ⊢————————⊣ 60厘米

图三二九　M3177平面图

1.陶壶　2.陶盖豆　3、6.陶豆　4.绳纹鬲　5.陶盂　7.铜剑

棺内人骨 1 具,骨骼已腐朽。仰身直肢,头向东,面向北,双手贴放于躯干两侧,下肢伸直,双足并拢。

（三）随葬器物放置

随葬品有绳纹鬲 1 件,陶豆 2 件,陶盂 1 件,陶壶 1 件,陶盖豆 1 件,铜剑 1 件,共 7 件。陶器分别置于墓主头前和足端二层台上。铜剑放置于墓主左侧的棺椁之间。

（四）随葬器物

共 7 件。包括陶器 6 件,铜器 1 件。其中未修复陶盖豆 1 件。

1. 陶器

5 件。绳纹鬲 1 件,陶豆 2 件,陶盂 1 件,陶壶 1 件。

绳纹鬲　1 件。

D 型 V 式　标本 M3177：4,夹砂灰陶。敛口,束颈,宽平沿,小方唇,溜肩,鼓腹,下腹急收,裆近平,三矮柱状小实足。肩以下通饰绳纹,沿面中间有一周凹弦纹。口径 19.2、高 19.3 厘米（图三三〇,1）。

陶豆　2 件。

Aa 型 X 式　形制相同。敞口,浅盘,内外壁折收,豆柄中空,喇叭状器座。标本 M3177：3,口径 17.8、底径 12.7、高 24.0 厘米（图三三〇,2）。标本 M3177：6,口径 17.8、底径 12.6、高 24.4 厘米（图三三〇,3）。

陶盂　1 件。

B 型Ⅶ式　标本 M3177：5,泥质灰陶。敛口,外斜沿,方唇,鼓腹外斜,圜底。

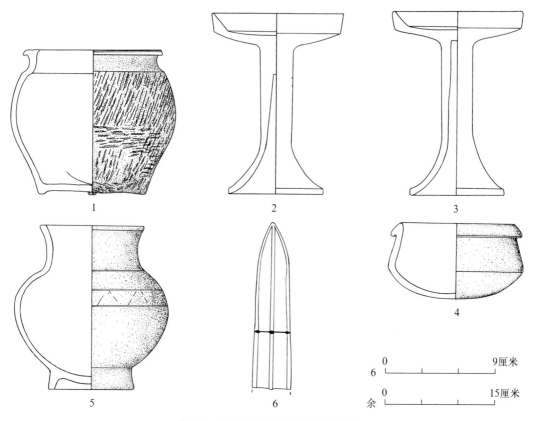

**图三三〇　M3177随葬器物图**

1.D型Ⅴ式绳纹鬲M3177：4　2、3.Aa型Ⅹ式陶豆M3177：3、5　4.B型Ⅶ式陶盂M3177：5　5.B型Ⅰ式陶壶 M3177：1　6.Bb型铜剑M3177：7

口径 18.0、高 10.0 厘米（图三三〇，4）。

陶壶　1件。

B 型Ⅰ式　标本 M3177：1，泥质灰陶。敞口，方唇，束颈，圆鼓腹，腹部有两周凹弦纹，矮圈足。口径 14.2、底径 11.6、高 21.9 厘米（图三三〇，5）。

2．铜器

铜剑　1件。

Bb 型　标本 M3177：7，呈暗灰色，仅残存前部，凸棱脊，两侧有血槽，斜首锋。残长 13.4、宽 3.0 厘米（图三三〇，6）。

# 一〇三　M3179

位于发掘区三区西北部，北邻 M3180，开口于②层下。耕土层 0.40、②层厚 0.80 米。

## （一）墓葬形制

长方形土坑竖穴墓，方向 108°（图三三一）。墓口距地表深 1.10、长 2.25、宽 0.80 米。墓底距地表深 2.60、长 2.25、宽 0.80 米。直壁，头部有壁龛，长 0.80、宽 0.25、高 0.40 米。底部有生土二层台，宽 0.05～0.12、高 0.50 米。墓底有腰坑，长 0.35、宽 0.16、深 0.15 米。墓内填土为黄褐花土。

## （二）葬具葬式

葬具为一棺。棺长 2.10、宽 0.55、深 0.50 米。

棺内人骨一具，骨骼保存完好。仰身，头向东，面相上，双手交叉于下腹部，下直肢。双足并拢。

## （三）随葬器物放置

随葬器物有陶豆 2 件，陶罐 1 件，共 3 件。均放于墓主头部壁龛内。腰坑内有数块兽骨。

## （四）随葬器物

共 4 件。包括陶器 3 件，陶豆 2 件，陶罐 1 件。随葬祭骨 1 件。

陶豆　2 件。

A 型 I 式　形制相同。泥质灰陶。碗状深盘，圆唇，矮柄中空，中部有凸棱

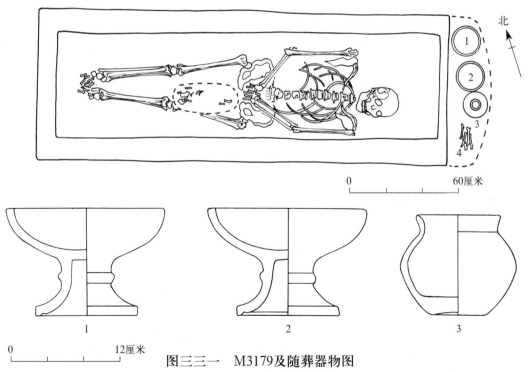

图三三一　M3179 及随葬器物图

1、2.A 型 I 式陶豆 M3179：1、2　3.D 型 I 式陶罐 M3179：3　4.兽骨 M3179：4

一周，盘壁内外弧收，喇叭状器座。器座内有一周凹弦纹。标本 M3179：1，口径 17.2、底径 11.0、高 11.4 厘米（图三三一，1）。标本 M3179：2，口径 17.2、底径 11.0、高 11.2 厘米（图三三一，2）。

陶罐　1 件。

D 型 I 式　标本 M3179：3，泥质灰陶。敞口，圆唇，斜肩，鼓腹，平底微凹。口径 9.2、底径 6.0、高 10.6 厘米（图三三一，3）。

# 一〇四　M3180

位于发掘区三区西北，南与 M3179 为邻，开口于②层下。耕土层厚 0.40、②层厚 0.80 米。

## （一）墓葬形制

长方形土坑竖穴墓，方向 114°（图三三二）。墓口距地表深 1.20、长 2.10、宽 0.82 米。墓底距地表深 2.50、长 2.10、宽 0.82 米。直壁，头部有壁龛，长 0.82、高 0.20、深 0.70 米。底部有生土二层台，高 0.25、宽 0.10 ~ 0.15 米（彩版七八，1）。墓底有腰坑，深 0.20、长 0.40、宽 0.20 米。墓内填土为细五花土。

## （二）葬具葬式

葬具为一棺一椁。椁长 1.87、宽 0.55、高 0.26、椁板宽 0.45 米。棺不清。

棺内人骨 1 具，骨骼保存一般。仰身，头向东，面向北，双手交叉于下腹部，下肢向左弯曲，双足紧靠。

## （三）随葬器物放置

随葬品有素面鬲 1 件，陶豆 2 件，陶罐 2 件，共 5 件。均放置于墓主头前的壁龛内。

## （四）随葬器物

陶器 5 件。素面鬲 1 件，陶豆 2 件，陶罐 2 件（彩版七八，2）。

素面鬲　1 件。

A 型 I 式　标本 M3180：3，夹砂灰陶。侈口，斜沿，圆唇，束颈，鼓腹，裆较低，三袋形足，足跟外撇，素面。口径 12.8、高 10.6 厘米（图三三二，3；彩版七九，1）。

陶豆　2 件。

Aa 型 I 式　形制相同。泥质灰陶。敞口，浅盘，圆唇，内外壁均弧收，矮柄中空，豆柄中部有一圈凸棱纹，喇叭状器座。标本 M3180：1，口径 15.6、底径 10.8、高 13.0 厘米（图三三二，1；彩版七九，3）。标本 M3180：2，口径 17.0、底径 11.4、高 12.6 厘米（图三三二，2；彩版八一，2）。

陶罐　2 件。

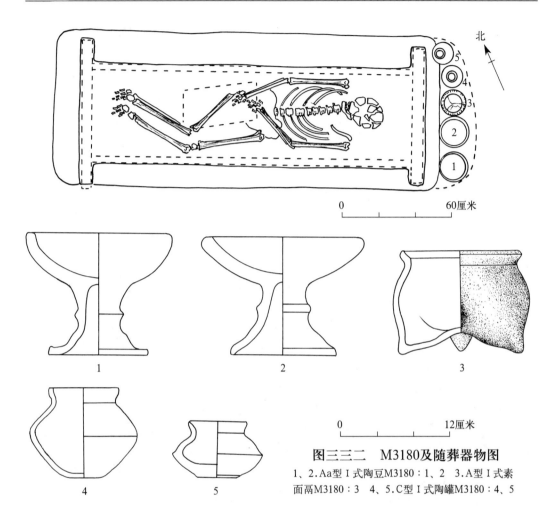

图三三二 M3180及随葬器物图

1、2.Aa型Ⅰ式陶豆M3180∶1、2 3.A型Ⅰ式素面鬲M3180∶3 4、5.C型Ⅰ式陶罐M3180∶4、5

C型Ⅰ式 形制相同。泥质灰陶。敞口，平沿，斜肩，鼓腹，小平底。标本 M3180∶4，口径 7.6、底径 4.2、高 9.6 厘米（图三三二，4）。标本 M3180∶5，口径 6.0、底径 4.6、高 6.0 厘米（图三三二，5；彩版七九，4）。

# 一〇五 M3183

位于发掘区三区西北部，北邻 M3182，南邻 M3184，开口于①层下（墓葬口上部未分层）。

（一）墓葬形制

长方形土坑竖穴墓，方向 100°（图三三三）。墓口距地表深 1.20、长 2.95、宽 1.67 ~ 1.77 米。墓底距地表深 3.30、长 2.95、宽 1.67 ~ 1.77 米。直壁，头部有壁龛，宽 1.02、高 0.55、进深 0.35 米。墓内填土为五花土。

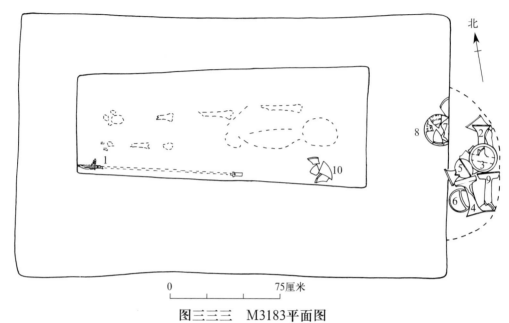

图三三三　M3183平面图

1.铜戈　2～4.陶盘豆　5、6.陶盖豆　7.三足钵　8.绳纹鬲　9.陶盘豆　10.陶盂（残）

### （二）葬具葬式

葬具为单棺。棺长 2.00、宽 0.66～0.81、残高 0.35 米。

棺内人骨 1 具，上身腐朽严重。仰身直肢葬，头向东，面向不清，下肢伸直，双足相离。

### （三）随葬器物放置

随葬品有绳纹鬲 1 件，陶豆 4 件，陶盂 1 件（残片）、陶盖豆 2 件，陶壶 1 件，陶三足钵 1 件，铜戈 1 件，共 11 件。陶器中除陶盂在棺内墓主头端左侧，陶壶在墓葬填土中，其余均置于壁龛中。铜戈放置在棺内墓主左侧。

### （四）随葬器物

共 11 件。包括陶器 10 件，铜戈 1 件。其中未修复绳纹鬲 1 件，陶盂 1 件。

1. 陶器

8 件。陶盖豆 2 件，陶豆 4 件，三足钵 1 件，陶壶（填土中）1 件。

陶豆　4 件。

Aa 型 X 式　形制相同。泥质灰陶。敞口，小方唇，内外壁折收，浅盘，实心豆柄，喇叭状器座。标本 M3183：2，口径 17.0、底径 12.4、高 24.3 厘米（图三三四，1）。标本 M3183：3，口径 16.8、底径 12.2、高 22.8 厘米（图三三四，2）。标本 M3183：4，口径 16.0、底径 12.4、高 22.8 厘米（图三三四，3）。标本 M3183：9，口径 17.0、底径 12.2、高 22.6 厘米（图三三四，4）。

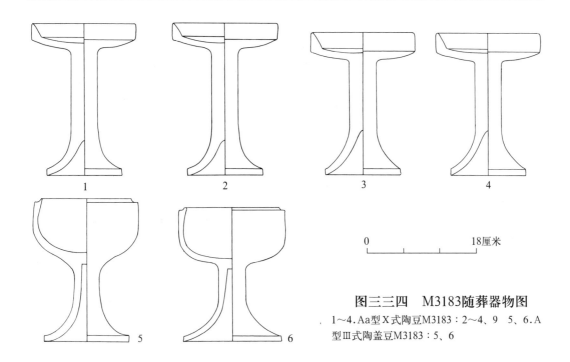

0　　　　　　　　　　18厘米

**图三三四　M3183随葬器物图**

1～4.Aa型Ⅹ式陶豆M3183：2～4、9　5、6.A
型Ⅲ式陶盖豆M3183：5、6

陶盖豆　2件。

A型Ⅲ式　形制相同。泥质灰陶。子母口，深盘，内外壁弧收，空心豆柄，大喇叭器座。标本 M3183：5，豆盖缺失。口径 17.2、底径 14.0、高 22.8 厘米（图三三四，5）。标本 M3183：6，豆盖缺失。口径 17.2、底径 16.0、高 21.2 厘米（图三三四，6）。

陶壶　1件。

C型　标本 M3183：01，填土中发现。泥质灰陶。敞口，方唇，束颈，圆鼓肩，矮圈足。口径 13.6、底径 12.0、高 18.4 厘米（图三三五，1）。

三足钵　1件。

标本 M3183：7，夹砂灰陶。敞口，圆唇，内外壁弧收，实心锥状足，足部有明显的刮痕。口径 16.8、高 7.6 厘米（图三三五，2）。

**2. 铜器**

铜戈　1件。

D型　标本 M3183：1，窄长弧援，弧刃尖锋，援前端略下弧，中部加厚起脊，断面近菱形。长胡有刃，胡端有凸起的三棘刺，三穿，上穿为圆形。曲内上扬，外缘上端尖锐，中间有长条形横穿，近穿端内上下及外缘均有刃。通长 30.5、援长 19.3、内长 11.2 厘米（图三三五，3）。

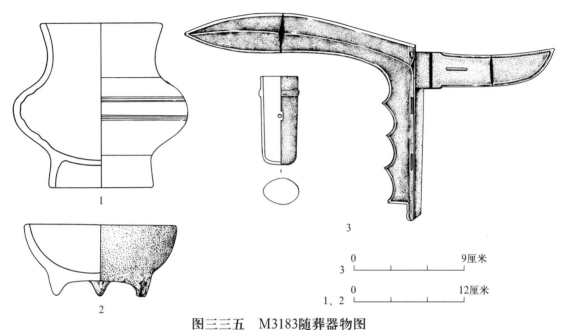

图三三五　M3183随葬器物图

1. C型陶壶M3183：01　2.三足钵M3183：7　3.D型铜戈M3183：1

# 一〇六　M3184

位于发掘区三区西北部，北邻M3183，开口②层下。耕土层厚0.45、②层厚0.65米。

## （一）墓葬形制

长方形土坑竖穴积石墓，方向100°（图三三六）。墓口距地表深1.10、长2.60、宽1.40米。墓底距地表深4.82、长2.60、宽1.40米。直壁，北壁有壁龛，长1.27、高0.40～0.65、进深0.35米。底部有熟土二层台，上部填有鹅卵石，宽0.13～0.35、高1.01米（彩版八〇，1）。墓内填土为黄褐花土。

## （二）葬具葬式

葬具为一棺一椁。棺长1.75、宽0.53～0.55、高0.47米。椁长1.90、宽1.00、高1.01米。

棺内人骨1具，骨骼腐朽严重。头向东，面向不清，双手交叠于腹部，下肢伸直，双足并拢。

## （三）随葬器物放置

随葬品有绳纹鬲1件，陶豆3件，陶盂1件，陶盖豆2件，陶壶1件，共8件。随葬的陶器除陶盂放置在墓主右侧的二层台上外，其余均置于墓主右侧的北壁龛内。

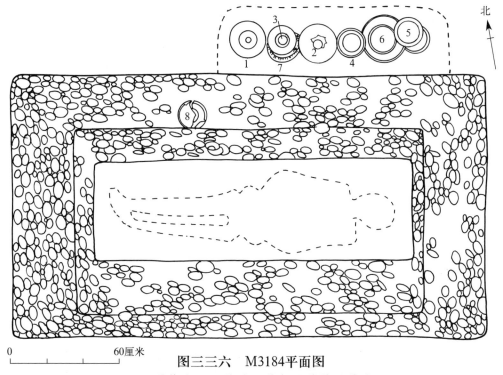

图三三六　M3184平面图

1、2.陶盖豆　3～5.陶豆　6.陶壶　7.陶鬲　8.陶盂

（四）随葬器物

陶器8件。陶盖豆2件，陶豆3件，陶壶1件，绳纹鬲1件，陶盂1件（彩版八〇，2；彩版八一，1）。

绳纹鬲　1件。

D型Ⅵ式　标本M3184：7，夹砂灰陶。直口，平沿，长颈，溜肩，鼓腹，三足内聚。下腹部饰绳纹，上侧修抹稀疏。口径16.0、高19.2厘米（图三三七，1；彩版八一，2）。

陶豆　3件。

Aa型Ⅹ式　形制相同。泥质灰陶。敞口，圆唇，浅盘，盘内壁弧收，外壁折收，实心豆柄，喇叭状器座。标本M3184：3，口径16.4、底径10.8、高23.6厘米（图三三七，2）。标本M3184：4，口径16.4、底径11.2、高23.1厘米（图三三七，3）。标本M3184：5，口径16.8、底径12.0、高24.0厘米（图三三七，4）。

陶盂　1件。

A型Ⅴ式　标本M3184：8，泥质灰陶。敞口，斜沿，方唇，束颈，斜鼓腹，平底微凹。口径18.0、底径10.0、高9.8厘米（图三三八，1；彩版八一，5）。

陶盖豆　2件。

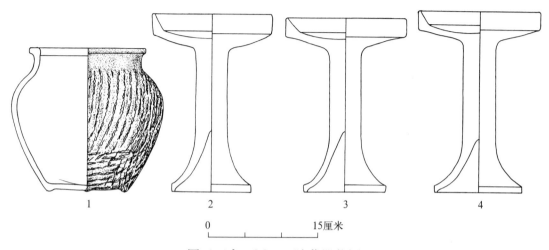

0 　　　　　　　　15厘米

**图三三七　　M3184随葬器物图**

1.D型Ⅵ式绳纹鬲M3184：7　2～4.Aa型Ⅹ式陶豆M3184：3～5

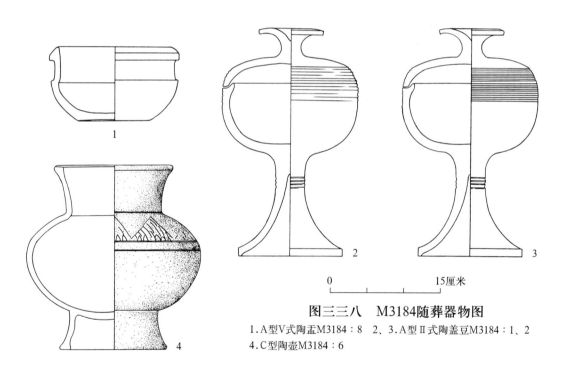

0 　　　　　　　　15厘米

**图三三八　　M3184随葬器物图**

1.A型Ⅴ式陶盂M3184：8　2、3.A型Ⅱ式陶盖豆M3184：1、2

4.C型陶壶M3184：6

　　A型Ⅱ式　形制相同。泥质灰陶。子母口，深鼓腹，豆柄中空，豆柄中部有三周凹弦纹，喇叭状器座。弧形顶盖。口沿及器盖有数周弦纹，顶部有喇叭形捉手。标本M3184：1，口径18.4、底径14.2、高30.2厘米（图三三八，2）。标本M3184：2，口径18.8、底径14.2、高30.2厘米（图三三八，3；彩版八一，3）。

陶壶　1件。

C 型　标本 M3184：6，泥质灰陶。侈口外卷，溜肩，扁圆腹，圜底近平，器座较高。颈下、肩及上腹部各饰一周凹弦纹，肩部刻划一周三角纹。口径 16.5、底径 15.0、高 24.5 厘米（图三三八，4；彩版八一，4）。

# 一〇七　M3185

位于发掘区三区东南部，东邻 M3186，西邻 M3142，开口于②层下。耕土层厚 0.18、②层厚 0.33 米。

## （一）墓葬形制

长方形土坑竖穴墓，方向 105°（图三三九）。墓口距地表深 0.51、长 1.90、宽 0.75 米。墓底距地表深 1.25、长 1.90、宽 0.75 米。直壁。墓内填土为灰褐花土。

## （二）葬具葬式

葬具为单棺。具体形制不清。

棺内人骨 1 具，骨骼保存较好。仰身直肢，头向东，面向左，双手交叠于下腹部，下肢伸直，双足并拢。

## （三）随葬器物放置

随葬品有绳纹鬲 1 件，陶豆 2 件，陶罐 1 件，陶盂 1 件，共 5 件。置于棺顶，棺板腐朽后落入墓主骨骼之上。

## （四）随葬器物

陶器 5 件。绳纹鬲 1 件，陶豆 2 件，陶罐 1 件，陶盂 1 件（彩版八二，1）。

绳纹鬲　1件。

Ab 型Ⅲ式　标本 M3185：4，夹砂灰陶。侈口，方唇，束颈，鼓腹，裆外凸，高于三乳状足。器物下半身饰粗绳纹。口径 17.2、高 24.8 厘米（图三三九，4；彩版八二，2）。

陶豆　2件。

B 型Ⅳ式　形制相同。泥质灰陶。敞口，浅盘，盘内壁折收，外壁弧收，高柄中空，喇叭形器座。标本 M3185：1，小方唇。口径 16.4、底径 10.4、高 19.8 厘米（图三三九，1；彩版八二，3）。标本 M3185：5，圆唇。口径 16.2、底径 11.0、高 20.4 厘米（图三三九，5）。

陶罐　1件。

A 型Ⅰ式　标本 M3185：2，泥质灰陶。侈口，圆唇，束颈，折肩，鼓腹，平底微凹。口径 9.0、底径 5.0、高 11.6 厘米（图三三九，2；彩版八二，4）。

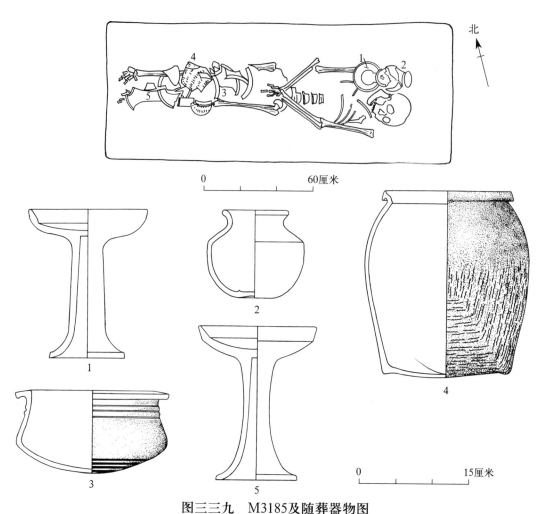

图三三九　M3185及随葬器物图

1、5.B型Ⅳ式陶豆M3185：1、5　2.A型Ⅰ式陶罐M3185：2　3.B型Ⅱ式陶盂M3185：3　4.Ab型Ⅲ式绳纹高
M3185：4

陶盂　1件。

B型Ⅱ式　标本M3185：3，泥质灰陶。敛口，平沿外斜，方唇，颈部有两周凸棱纹，斜鼓腹，圜底，底部有五周暗弦纹。口径21.0、高11.0厘米（图三三九，3；彩版八二，5）。

## 一○八　M3186

位于发掘区三区东南部，东邻M3187，西邻M3185，开口于②层下。耕土层厚0.30、②层厚0.60米。

（一）墓葬形制

长方形土坑竖穴墓,方向 105°(图三四〇)。墓口距地表深 0.90、长 2.10、宽 0.80 米。墓底距地表深 4.55、长 2.10、宽 0.80 米。直壁。底部有生土二层台,宽 0.05 ～ 0.15 米。墓内填土为黄花土。

（二）葬具葬式

葬具为单棺。棺长 2.0、宽 0.60、残高 0.15 米。

棺内人骨 1 具,保存较好。仰身直肢葬,头向东,面向北,两手交于腹部,下肢伸直,双足紧邻。

（三）随葬器物放置

随葬品有绳纹鬲 1 件,陶豆 1 件,陶罐 1 件,陶盂 1 件,共 4 件。均放置于棺顶,棺板腐朽后落入墓主头前及两侧。

（四）随葬器物

陶器 4 件。绳纹鬲 1 件,陶豆 1 件,陶罐 1 件,陶盂 1 件。

绳纹鬲　1 件。

Aa 型 V 式　标本 M3186∶2,夹砂灰陶。侈口,方唇,束颈,鼓腹,裆近平,三乳状足。器表下半部及底部饰粗绳纹。口径 17.4、高 19.2 厘米（图三四〇,2）。

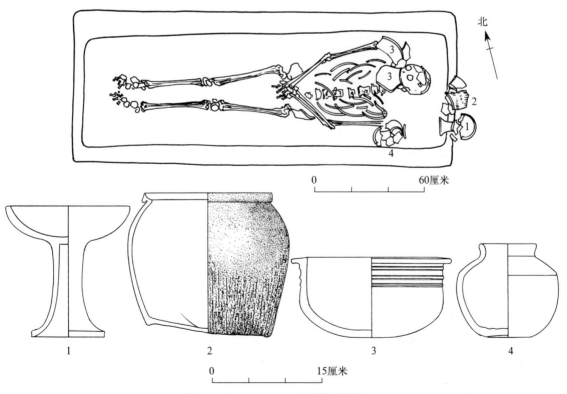

图三四〇　M3186 及随葬器物图

1.Aa 型Ⅳ式陶豆 M3186∶1　2.Aa 型Ⅴ式绳纹鬲 M3186∶2　3.B 型Ⅳ式陶盂 M3186∶3　4.B 型Ⅲ式陶罐 M3186∶4

陶豆　1件。

Aa 型Ⅳ式　标本 M3186：1，泥质灰陶。敞口，方唇，内外壁弧收，空心豆柄，柄部渐细，喇叭形器座。口径 17.0、底径 10.0、高 17.4 厘米（图三四〇，1）。

陶罐　1件。

B 型Ⅲ式　标本 M3186：4，泥质灰陶。敞口，圆唇，束颈，折肩，斜鼓腹，平底，微内凹。口径 8.0、底径 5.8、高 12.4 厘米（图三四〇，4）。

陶盂　1件。

B 型Ⅳ式　标本 M3186：3，泥质灰陶。微敛口，平沿外斜，颈部有两周凹弦纹，斜鼓腹，圜底。口径 22.0、高 10.6 厘米（图三四〇，3）。

# 一〇九　M3187

位于发掘区三区东南部，西邻 M3186，东为发掘区二区，开口于①层下。

## （一）墓葬形制

长方形土坑竖穴墓，方向 96°（图三四一）。墓口距地表深 0.30、长 2.00、宽 0.66 ～ 0.62 米。墓底距地表深 2.29、长 2.00、宽 0.66 ～ 0.62 米。直壁。底部有生土二层台，宽 0.03 ～ 0.14、高 0.39 米。墓内填土为黄褐土、黄沙土。

## （二）葬具葬式

葬具为单棺。棺长 1.81、宽 0.48 ～ 0.58、残高 0.39 米。

棺内人骨 1 具，骨骼保存基本完整。仰身直肢，头向东，面向北，双手交叠于下腹部，下肢伸直，双足并拢。

## （三）随葬器物放置

随葬品有绳纹鬲 1 件，陶豆 2 件，陶盂 1 件，骨簪 1 件，共 5 件。陶器置于棺顶上，棺板腐朽后落入墓主两侧。骨管放置在墓主头前左侧棺内。

## （四）随葬器物

共 5 件。包括陶器 4 件，骨器 1 件。

1. 陶器

4 件。绳纹鬲 1 件，陶豆 2 件，陶盂 1 件。

绳纹鬲　1件。

Aa 型Ⅵ式　标本 M3187：3，夹砂灰陶。斜折沿，束颈，鼓肩，下腹内收，浅窄足，无足跟。下腹部饰绳纹，上侧修抹稀疏。口径 13.8、高 15.6 厘米（图三四一，3）。

陶豆　2件。

Ab 型Ⅱ式　形制相同。泥质灰陶。敞口，圆唇，内壁弧收，外壁折收，高柄中空，

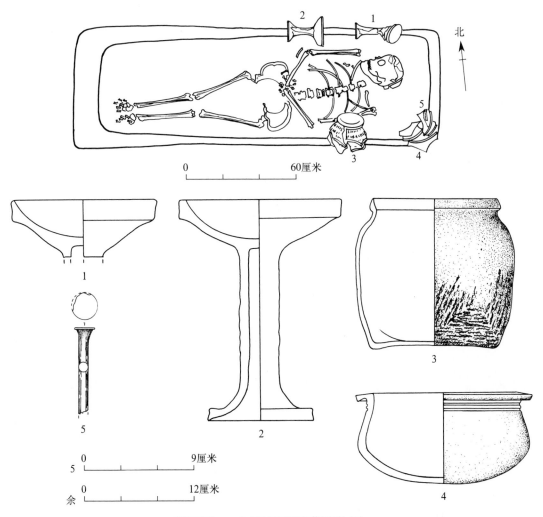

**图三四一　M3187及随葬器物图**

1、2.Ab型Ⅱ式陶豆M3187∶1、2　3.Aa型Ⅵ式绳纹鬲M3187∶3　4.B型Ⅲ式陶盂M3187∶4　5.Aa型骨簪 M3187∶5

柄有明显手制痕迹，喇叭状器座。标本 M3187∶1，口径 16.0、残高 6.0 厘米（图三四一，1）。标本 M3187∶2，口径 18.0、底径 11.4、高 23.6 厘米（图三四一，2）。

陶盂　1 件。

B 型Ⅲ式　标本 M3187∶4，泥质灰陶。方唇，平沿外斜，颈部饰两道凸棱，斜鼓腹，圜底。口径 19.4、高 9.6 厘米（图三四一，4）。

2. 骨器

骨簪　1 件。

Aa 型　标本 M3187∶5，通体磨光，如钉状，横截面为圆形，簪前端残断。残长 6.8 厘米（图三四一，5）。

## 一一〇　M3189

位于发掘区三区的北部，东邻 M3102，被 M3100 打破，开口于②层下。

（一）墓葬形制

长方形土坑竖穴墓，方向北偏东 10°（图三四二）。墓口距地表深 0.50、残长 1.90、宽 0.90～1.00 米。墓底距地表深 2.30、残长 1.90、宽 0.90～1.00 米。直壁，北壁有一壁龛，长 0.65、高 0.20、进深 0.20 米（彩版八三，1）。填土为五花土，经夯打，但夯打质量差，夯层、夯窝不明。

（二）葬具葬式

葬具为单棺。棺残长 1.77、宽 0.62、残高 0.30 米。

棺内人骨 1 具，保存一般。仰身直肢葬，头向北，面向上。

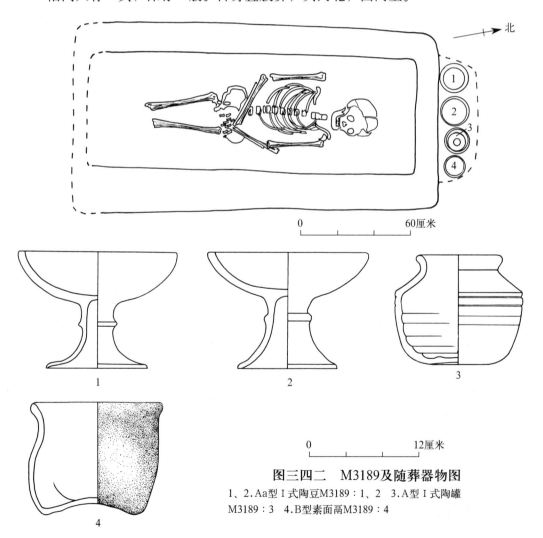

图三四二　M3189 及随葬器物图
1、2.Aa型Ⅰ式陶豆 M3189：1、2　3.A型Ⅰ式陶罐 M3189：3　4.B型素面鬲 M3189：4

## （三）随葬器物放置

随葬品有素面鬲 1 件，陶豆 2 件，陶罐 1 件，共 4 件。均放置于壁龛中（彩版八三，2）。

## （四）随葬器物

陶器 4 件。素面鬲 1 件，陶豆 2 件。陶罐 1 件。

素面鬲　1 件。

B 型　标本 M3189：4，夹砂灰陶。敞口，卷沿，圆唇，粗颈，微鼓腹，连裆稍高，三袋足。器形不规整，做工粗糙。素面。口径 14.5、高 11.6 厘米（图三四二，4）。

陶豆　2 件。

Aa 型 I 式　形制相同。泥质灰陶。豆盘较深，圆唇，盘壁内外弧收，矮柄中空，喇叭状器座。标本 M3189：1，口径 17.4、底径 11.2、高 12.2 厘米（图三四二，1）。标本 M3189：2，口径 17.6、底径 11.0、高 12.2 厘米（图三四二，2）。

陶罐　1 件。

A 型 I 式　标本 M3189：3，泥质灰陶。圆唇，侈口，直腹，外腹部饰数周凹弦纹，内腹部有加工痕迹，平底微凹。口径 9.0、高 11.6 厘米（图三四二，3）。

# 一一一　M3192

位于发掘区三区北部，北邻 M3194，东邻 M3193，开口于②层下。上层厚 0.50、②层厚 0.30 米。

## （一）墓葬形制

长方形土坑竖穴墓，方向 100°（图三四三）。墓口距地表深 0.80、长 2.25、宽 0.90米。墓底距地表深 2.30、长 2.30、宽 1.10 米。斜壁外扩，东壁有一壁龛，长 0.85、高 0.45、进深 0.40 米。墓内填土为黄花土、黑褐土，土质较松。

## （二）葬具葬式

葬具为单棺。棺长 2.05、宽 0.65、残高 0.16 米，厚约 7.0 厘米。

棺内人骨 1 具，骨骼保存一般。仰身直肢，头向东，面向上，双手交叠于下腹部，下肢伸直，双足相靠。

## （三）随葬器物放置

随葬品有陶豆 2 件，陶罐 1 件，共 3 件。均放置墓主头前东壁龛中，壁龛内陶器北侧有小兽骨。

## （四）随葬器物

陶器 3 件。陶豆 2 件，陶罐 1 件。

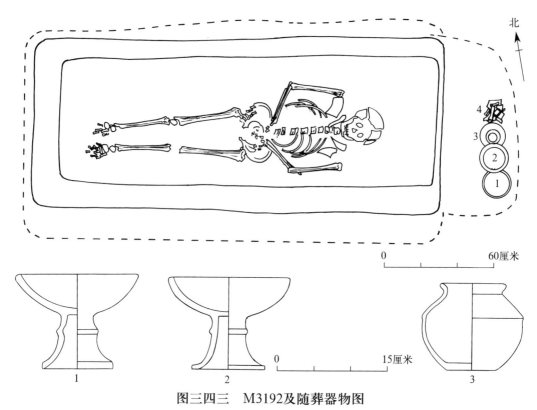

图三四三　M3192及随葬器物图

1、2.Aa型Ⅰ式陶豆M3192：1、2　3.A型Ⅰ式陶罐M3192：3　4.兽骨M3192：4

陶豆　2件。

Aa型Ⅰ式　形制相同。泥质灰陶。豆盘较深，盘壁内外弧收，矮柄中空，豆柄中部一周凸棱，喇叭状器座。标本 M3192：1，口径 16.8、底径 9.6、高 12.6 厘米（图三四三，1）。标本 M3192：2，口径 16.8、底径 10.0、高 12.2 厘米（图三四三，2）。

陶罐　1件。

A型Ⅰ式　标本 M3192：3，泥质灰陶。敞口，圆唇，卷沿，折肩微鼓，下腹内收，厚平底，腹部偏上稍有内凹。口径 9.8、底径 6.6、高 11.6 厘米（图三四三，3）。

# 一一二　M3194

位于发掘区三区北部，东邻 M3198，南邻 M3192，开口于②层下。耕土层厚 0.30、②层厚 0.20 米。

## （一）墓葬形制

长方形土坑竖穴墓，方向 110°（图三四四）。墓口距地表深 0.50、长 2.10、宽 0.85米。墓底距地表深 2.25、长 2.20、宽 1.17 米。斜壁外扩，头部有一壁龛，长 0.92、

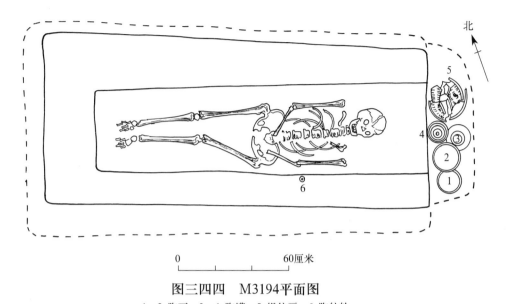

图三四四　M3194平面图
1、2.陶豆　3、4.陶罐　5.绳纹鬲　6.陶纺轮

进深 0.25、高 0.39 米（彩版八四，1）。墓内填土为黄花土，含有胶土块，土质较松。

（二）葬具葬式

葬具为单棺。棺长 1.82、宽 0.50 米。

棺内人骨 1 具，骨骼保存一般。仰身直肢，头向西，面向上，双手交叠于下腹部，下肢伸直，双足并拢。

（三）随葬器物放置

随葬品有绳纹鬲 1 件，陶豆 2 件，陶罐 2 件，陶纺轮 1 件。共 6 件。陶容器置于墓主头前的西壁龛内，陶纺轮放置在墓主左臂处。

（四）随葬器物

陶器 6 件。绳纹鬲 1 件，陶豆 2 件，陶罐 2 件，陶纺轮 1 件（彩版八四，2）。

绳纹鬲　1 件。

Aa 型 I 式　标本 M3194：5，夹砂灰陶。侈口，卷沿，方唇，束颈，鼓腹，袋足无足跟。唇面中部饰一周凹弦纹，口沿下通饰绳纹，颈上部抹平。口径 18.8、高 14.4 厘米（图三四五，1；彩版八五，1）。

陶豆　2 件。

Aa 型 I 式　形制相同。泥质灰陶。盘壁内外弧收，矮柄中空，豆柄中部有一周凸棱，喇叭状大器座。标本 M3194：1，方唇。口径 17.8、底径 10.8、高 11.8 厘米（图三四五，2；彩版八五，2）。标本 M3194：2，圆唇。口径 17.4、底径 10.6、高 12.4 厘米（图三四五，3）。

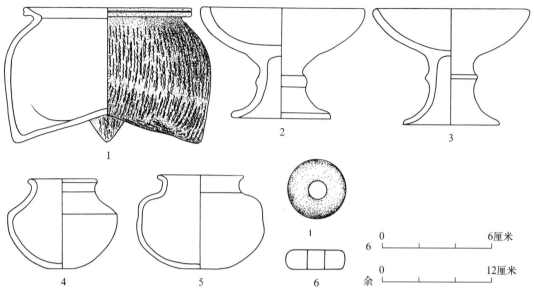

图三四五　M3194随葬器物图

1.Aa型Ⅰ式绳纹鬲M3194:5　2、3.Aa型Ⅰ式陶豆M3194:1、2　4.A型Ⅰ式陶罐M3194:3　5.D型Ⅰ式陶罐M3194:4　6.陶纺轮M3194:6

陶罐　2件。

A型Ⅰ式　1件。标本M3194:3，泥质灰陶。小口，微敛，卷沿，圆唇，斜折肩，腹圆弧内收，平底微凹。口径7.4、底径2.8、高9.6厘米（图三四五，4；彩版八五，3）。

D型Ⅰ式　1件。标本M3194:4，泥质灰陶。侈口，卷沿，束颈，扁圆腹，平底。口径9.8、底径4.0、高10.0厘米（图三四五，5；彩版八五，4）。

陶纺轮　1件。

标本M3194:6，泥质灰陶。素面。中穿圆孔。外径3.2、内径0.9、厚1.0厘米（图三四五，6）。

# 一一三　M3196

位于发掘区三区西北部，北邻M3195，南邻M3197，开口于②层下。耕土层厚0.30、②层厚0.65米。

## （一）墓葬形制

长方形土坑竖穴积石墓，方向95°（图三四六）。墓口距地表深0.95、长2.45、宽1.20米。墓底距地表深4.35、长2.75、宽1.38米。斜壁外扩，南壁有一壁龛，长0.83、高0.95、进深0.19米。底部棺外有积石二层台，由鹅卵石堆成宽0.30、残高0.70米。墓内填土为黄褐色细花土，含深褐色生土块。

（二）葬具葬式

葬具为一棺。棺长 1.90、宽 0.55 ～ 0.60 米。

棺内人骨 1 具，骨骼保存一般。仰身直肢，头向东，面向上，双手贴放于躯干两侧，下肢略向左弯曲，双足紧靠。

（三）随葬器物放置

随葬品有绳纹鬲（破碎）1 件，陶豆 2 件，陶盂 1 件，陶壶 1 件，共 5 件。除陶盂外均放置在壁龛内，陶盂放在棺顶上，朽后落在墓主腹部。

（四）随葬器物

陶器 5 件。陶豆 2 件，陶壶 1 件，未修复绳纹鬲 1 件，陶盆 1 件。

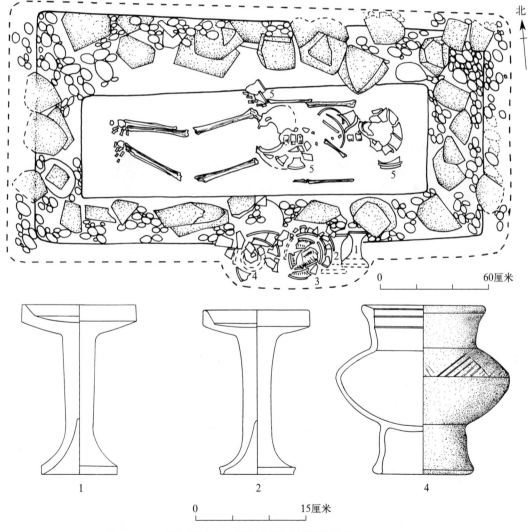

图三四六　M3196 及随葬器物图

1、2.Aa 型 X 式陶豆 M3196：1、2　3.绳纹鬲 M3196：3　4.C 型陶壶 M3196：4　5.陶盆 M3196：5

陶壶　1件。

C 型　标本 M3196：4，泥质灰陶。侈口，圆肩，扁圆腹，圜底近平，高圈足外侈。颈下及肩部各饰两周弦纹之间一周三角条纹。颈部内侧饰两周凹弦纹。口径 17.1、底径 13.6、高 22.4 厘米（图三四六，4）。

陶豆　2件。

Aa 型 X 式　形制相同。泥质灰陶。敞口，内外壁均折收，高柄实心，喇叭状器座盘形斜腹。标本 M3196：1，方唇。口径 15.6、底径 10.4、高 22.5 厘米（图三四六，1）。标本 M3196：2，圆唇。口径 14.4、底径 10.0、高 21.8 厘米（图三四六，2）。

# 一一四　M3197

位于发掘区三区的北部，南邻 M3198，北邻 M3196。开口于②层下。上层厚 0.60、②层厚 1.20 米。

## （一）墓葬形制

长方形土坑竖穴积石墓，方向 110°（图三四七）。墓口距地表深 1.80、长 3.15、宽 2.35 米。墓底距地表深 6.80、长 3.15、宽 2.35 米。直壁。底部有熟土二层台，上部填有鹅卵石，宽 0.13 ~ 0.35、高 1.01 米。墓内填土为黄褐花土。

## （二）葬具葬式

葬具为一棺一椁。棺长 1.65、宽 0.90、高 0.47 米。椁长 2.00、宽 1.40 ~ 1.45 米。

棺内人骨 1 具，保存一般，上身及足部腐朽严重。仰身直肢，头向东，面向不清，下肢伸直。

## （三）随葬器物放置

葬品有陶豆 4 件，陶盂 1 件，陶盖豆 2 件，陶壶 2 件，陶盘 1 件，陶匜 1 件，陶鼎 1 件，铜剑 1 件，铜戈 2 件，铜矛 2 件，共 17 件。随葬铜剑、铜矛、铜戈放置于棺内墓主头端左侧，随葬的陶器均放置在墓主身下的棺底箱内。

## （四）随葬器物

共 17 件。包括陶器 12 件。铜器 5 件。其中未修复陶盖豆 1 件，陶鼎 1 件，陶盘 1 件，陶壶 2 件。

### 1. 陶器

8 件。陶豆 4 件，陶盂 1 件，盖豆 2 件，陶匜 1 件。

陶豆　4件。

Aa 型 IX 式　形制相同。泥质灰陶。方唇，内外壁均斜折收，内壁折收处有一

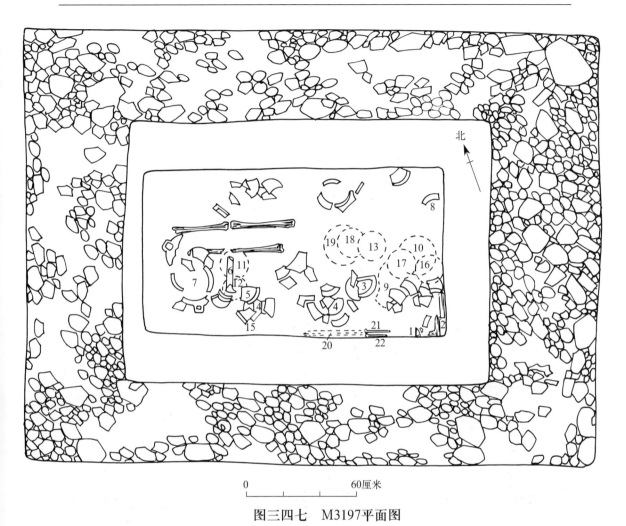

0　　　　　　　　　　60厘米

**图三四七　M3197平面图**

1、2.铜戈　3、4.陶豆　5、6、11、12.陶豆　7、19.陶鼎　8.陶盂　9.陶匜　10.陶盘　13、16、17、18.陶盖豆
20.铜剑　21、22.铜矛

周凹弦纹，豆柄中空，喇叭状器座。标本 M3197：3，口径 18.0、底径 14.4、高
23.6 厘米（图三四八，1）。标本 M3197：4，口径 20.4、底径 18.8、高 18.6 厘米
（图三四八，2）。标本 M3197：5、6，内壁微鼓。口径 20.6、底径 18.0、高 18 厘
米（图三四八，3）。标本 M3197：11、12，口径 18.4、底径 14.8、高 23.0 厘米（图
三四八，4）。

　　陶盂　1件。

　　A 型Ⅲ式　标本 M3197：8，泥质灰陶。直口，斜沿，尖唇，束颈，肩部有折棱，
直腹，下腹弧收，平底。口径 17.2、底径 6.0、高 9.4 厘米（图三四九，1）。

　　陶盖豆　2件。

　　C 型　形制相同。泥质灰陶。子母口，子口微敛，器呈钵状，深鼓腹，子母口，

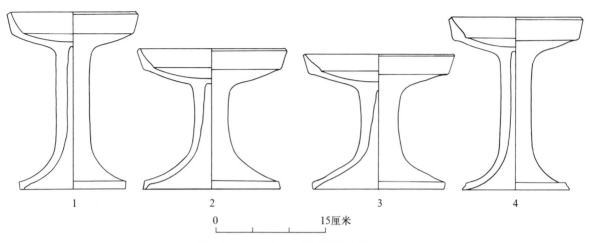

**图三四八　M3197随葬器物图**

1～4.Aa型Ⅸ式陶豆M3197：3、4、5、6、11、12

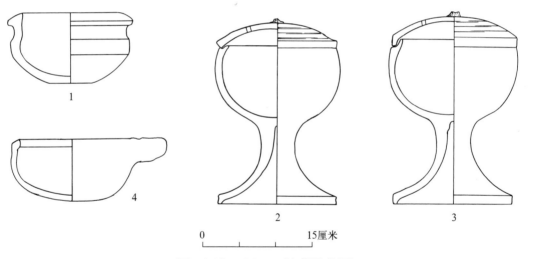

**图三四九　M3197随葬器物图**

1.A型Ⅲ式陶盂M3197：8　2、3.C型陶盖豆M3197：13、18、16、17　4.A型陶匜M3197：9

豆柄中空，喇叭状器座。弧形器盖，盖顶部有一提纽，器盖饰有三道弦纹，且有圆孔。标本 M3197：13、18，口径16.0、底径16.2、残高24.8厘米（图三四九，2）。标本 M3197：16、17，口径16.2、底径15.6、残高25.3厘米（图三四九，3）。

陶匜　1件。

A 型　标本 M3197：9，泥质灰陶。瓢形，方唇，鼓腹，小平底，槽形口流微微上仰，与槽形口流正对的口沿内敛，无鋬。口径21.6、高8.0厘米（图三四九，4）。

**2. 铜器**

5件。铜剑1件，铜戈2件，铜矛两件。

铜剑 1件。

Bb型 标本 M3197：20，残断，仅存上部，尖锋，残长 28.7、脊厚 0.6 厘米（图三五〇，1）。

铜戈 2件。

B型 1件。标本 M3197：2，短援略宽，扁平无脊，弧刃锐锋，长胡，胡端三穿，上穿为圆形，直内外端略上扬，外缘斜弧，内中有长条形横穿。通长 18.5、援长 11.5、内长 7.0 厘米（图三五〇，2）。

D型 1件。标本 M3197：1，整体近似拨片状，残断为数块。可大体修复。宽援、平脊、无刃，前端残缺。长胡无穿。直内略上扬，无穿，直外缘直，外角有小缺。通长 22.2、援残长约 15.7、内残长约 5.6 厘米（图三五〇，3）。

铜矛 2件。

形制相同。尖锋，中间起脊，截面呈菱形，双刃扁薄，末端近骹处内收。圆骹较粗，近叶处略细，并有一小圆形钉孔。标本 M3197：21，通长 15.8、骹长 6.8、骹径 2.0 厘米。标本 M3197：22，通长 15.8、骹长 6.8、骹径 2.0 厘米（图三五〇，4）。

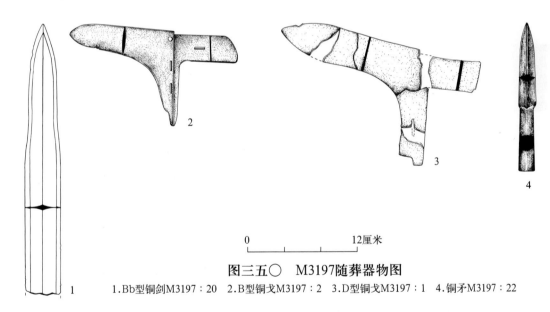

0                12厘米

图三五〇 M3197随葬器物图

1.Bb型铜剑M3197：20　2.B型铜戈M3197：2　3.D型铜戈M3197：1　4.铜矛M3197：22

## 一一五 M3199

位于发掘区三区西北部，南邻 M3200，北邻 M3197，开口于②层下。墓葬西部被 M3100 打破。耕土层厚 0.15、②层厚 0.32 米。

（一）墓葬形制

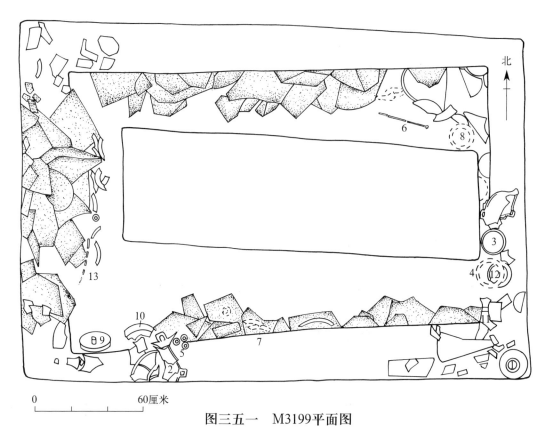

图三五一　M3199平面图

1、12.陶盖壶　2、8.陶鼎　3、9～11.陶豆　4.陶盘豆　5.滑石环、管　6.骨簪　7.石璜　13.骨簪

长方形土坑竖穴积石墓，方向 90°（图三五一）。墓口距地表深 0.47、长 2.75、宽 1.86 米。墓底距地表深 6.17、长 2.75、宽 1.86 米。直壁。底部有积石块和熟土组成的二层台，宽 0.13～0.27、高 0.96 米。墓内填土为黄花土，经夯打，夯层厚 0.23、夯窝直径 0.05 米。

（二）葬具葬式放置

葬具为一棺一椁。棺长 1.95、宽 0.60 米。椁长 2.30、宽 1.40、高 0.96 米。

棺内人骨 1 具，腐朽严重，葬式不明，棺内西侧有残存的胫骨，墓主头应向东。

（三）随葬器物

随葬品陶豆 4 件，陶壶 1 件，陶鼎 1 件，滑石环 21 件，滑石管 12 件（串饰），石璜 21 件，骨簪 2 件，共 62 件。陶器放置在南二层台西部和西侧二层台上，2 件骨簪分别在北侧和东侧二层台上。滑石环、石璜散放在四周二层台上。

（四）随葬器物

62 件。包括陶器 6 件，骨器 2 件，石器 54 件。其中未修复石璜 21 件。

1. 陶器

6件。陶豆4件，陶鼎1件，陶壶1件。

陶豆 4件。

Aa型X式 3件。形制相同。泥质灰陶。浅盘，尖唇，盘外壁直折底成弧形，内壁斜折成弧形盘，底器座残缺。标本M3199：4，口径17.2、残高23.0厘米（图三五二，1）。标本M3199：9，口径17.8、残高5.0厘米（图三五二，2）。标本M3199：10，口径18.8、残高4.5厘米（图三五二，3）。

Ab型Ⅱ式 1件。标本M3199：11、3，泥质灰陶。浅盘敞口，圆唇，盘内壁方折成平盘底，外壁方折成弧底，高柄中空，柄有明显的手制痕迹，喇叭状器座。口径19.0、底径15.4、高23.4厘米（图三五二，4）。

陶鼎 1件。

A型Ⅳ式 标本M3199：2，泥质灰陶。子母口，一对称立耳，鼓腹，三柱状足，

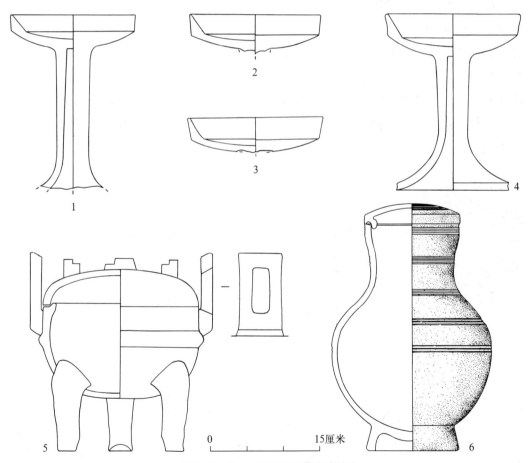

图三五二 M3199随葬器物图

1～3.Aa型X式陶豆M3199：4、9、10 4.Ab型Ⅱ式陶豆M3199：11、3 5.A型Ⅳ式陶鼎M3199：2 6.B型Ⅰ式陶壶M3199：1、12

弧形盖，盖顶部饰三组。口径21.2、通高26.6、高25.6厘米（图三五二，5）。

陶壶　1件。

B型Ⅰ式　标本M3199：1、12，泥质灰陶。侈口外卷，长颈，溜肩，半球形圆腹，腹底下垂，器座较高外折。子母口折沿弧顶盖。壶口、颈、肩、腹部和盖上各装饰一组数周凹弦纹。口径13.4、高32.8厘米（图三五二，6）。

2．石器

共33件（组），包括滑石环21件，滑石管串饰12件（串饰）。

滑石环　21件。

A型　1件，标本M3199：5-19，正面刻划6周凹弦纹，外圈5周弦纹上分别局部刻划不规则的锯齿纹，纹饰未完成。直径6.8、内孔径3.1、厚0.4厘米（图三五三，1）。

C型　20件。形制相同。薄体，圆形，正面刻划凹弦纹，并加刻不规则锯齿、短线纹。标本M3199：5-1，正面刻划三周不规则凹弦纹，外圈2周弦纹上刻划不规则的短齿或双短线。直径3.2、内孔径1.5、厚0.3厘米（图三五三，2）。标本M3199：5-5，正面刻划2周凹弦纹，弦纹上刻划不规则的齿纹。外缘略残，直径3.4、内孔径1.4、厚0.5厘米（图三五三，3）。标本M3199：5-8，正面刻划三周凹弦纹，外圈二周弦纹上刻划不规则的锯齿或双短线。直径3.6、内孔径1.4、厚0.4厘米（图三五三，4）。

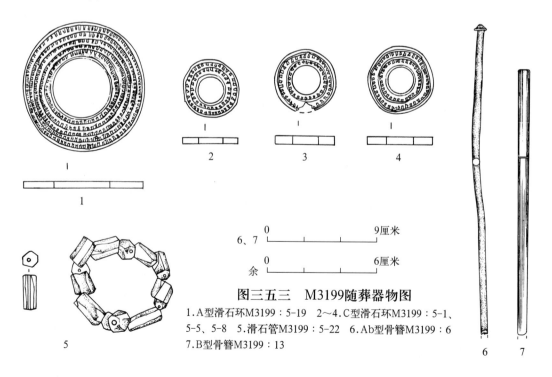

图三五三　M3199随葬器物图

1.A型滑石环M3199：5-19　2～4.C型滑石环M3199：5-1、5-5、5-8　5.滑石管M3199：5-22　6.Ab型骨簪M3199：6　7.B型骨簪M3199：13

滑石管　12 件（串饰）。

由数量不等的不规则多棱柱形和腰鼓形，中间穿孔的石管组成。标本 M3199：5-22，选择 11 枚滑石管组串，石管均为不规整多棱柱状，长度不一。长 0.9 ～ 1.8、直径 0.6 ～ 1.2 厘米（图三五三，5）。

3．骨器

骨簪　2 件。

Ab 型　1 件。标本 M3199：6，圆锥形首顶，圆柱簪身略弯曲，近尾端渐细，尾端残缺。残长 24.8、首径 1.1、径 0.5 厘米（图三五三，6）。

B 型　1 件。标本 M3199：13，器体片扁平。首端略宽，近尾端内收，尾端残缺，磨制光滑。残长 21.2、首径 1.1、径 0.1 厘米（图三五三，7）。

# 一一六　M3200

位于发掘区三区北部，北邻 M3199，南邻 M3110，开口于①层下。

## （一）墓葬形制

长方形土坑竖穴墓，方向 93°（图三五四），墓口距地表深 0.20、长 3.15、宽 2.44 米。墓底距地表深 4.70、长 3.15、宽 2.44 米。直壁。底部有生土二层台，高 0.90、宽 0.18 ～ 0.45 米。墓内填土为黄花土，含有较大的黑土块，经夯打，夯层 0.33、夯窝直径 0.05 米。

## （二）葬具葬式

葬具为一棺一椁。棺长 2.04、宽 0.70、残高 0.20 米。椁长 2.30、宽 1.72、高 0.90 米。

棺内人骨 1 具，骨骼已腐朽。仰身直肢，两手放于腹部，头向东，面向不清，双手交叠放置于下腹部，下肢伸直，双足并拢。

## （三）随葬器物放置

随葬品有陶盂 1 件，陶豆 2 件，陶鼎 1 件，盖豆 2 件，铜戈 1 件，铜剑 1 件，铜带钩 1 件，共 9 件。陶器放置于棺椁之间或二层台上，陶鼎、陶盂分别放置于墓主头端左右两侧的棺椁之间，足端放置陶豆 2 件和陶鼎盖，陶盖豆 2 件置于墓主足端的二层台上。铜剑、铜戈放置于墓主左侧的棺椁之间，铜带钩或放置在棺内。

## （四）随葬器物

共 9 件。包括陶器 6 件，铜器 3 件。其中未修复陶豆 2 件。

1．陶器

4 件。陶鼎 1 件，陶盖豆 2 件，陶盂 1 件。

陶鼎　1 件。

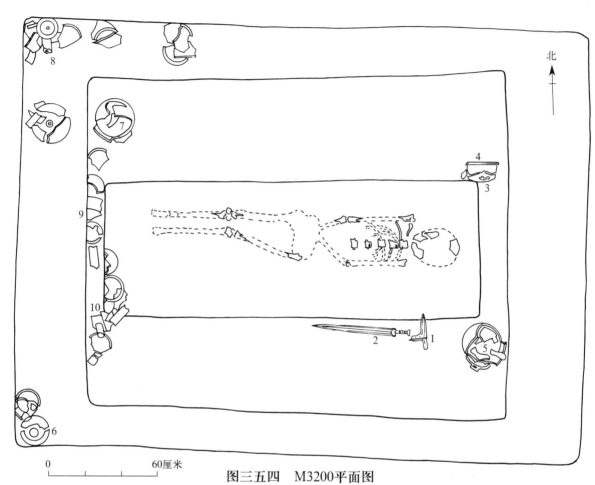

0　　　　　　　　60厘米

**图三五四　M3200平面图**

1.铜戈　2.铜剑　3.铜带钩　4.陶盂　5、7.陶鼎　6、8.陶盖豆　9、10.陶豆

　　A 型Ⅳ式　标本 M3200∶5、7，泥质灰陶。子母口，子口微敛，一对立耳，鼓腹，圜底，三蹄形足，盖近平，三纽。口径 20.0、高 22.5 厘米（图三五五，1）。

　　陶盖豆　2 件。

　　A 型Ⅲ式　形制相同。泥质灰陶。豆盘为子母口，直腹，圜底近平，柄细高、半中空，喇叭状器座。弧顶盖，高喇叭口捉手。腹部、盖、柄部均装饰数周凹弦纹。标本 M3200∶6，器盖残缺。口径 18.6、底径 17.6、残高 33.4 厘米（图三五五，2）。标本 M3200∶8，口径 18.6、底径 17.4、高 34.6 厘米（图三五五，3）。

　　陶盂　1 件。

　　A 型Ⅴ式　标本 M3200∶4，泥质灰陶。敛口，平沿微斜，圆唇，束颈，斜鼓腹，平底。口径 17.6、底径 10.0、高 10.2 厘米（图三五五，4）。

　　**2. 铜器**

　　3 件。铜剑 1 件，铜戈 1 件，铜带钩 1 件。

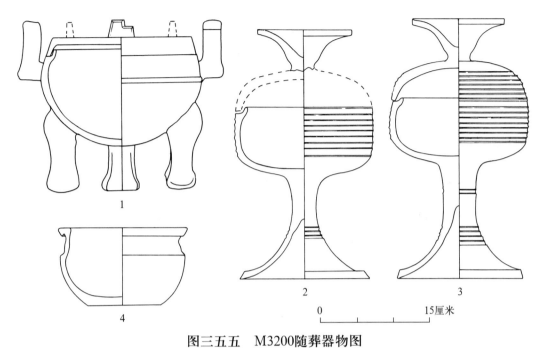

**图三五五　M3200随葬器物图**

1.A型Ⅳ式陶鼎M3200：5、7　2、3.A型Ⅲ式陶盖豆M3200：6、8　4.A型Ⅴ式陶盂M3200：4

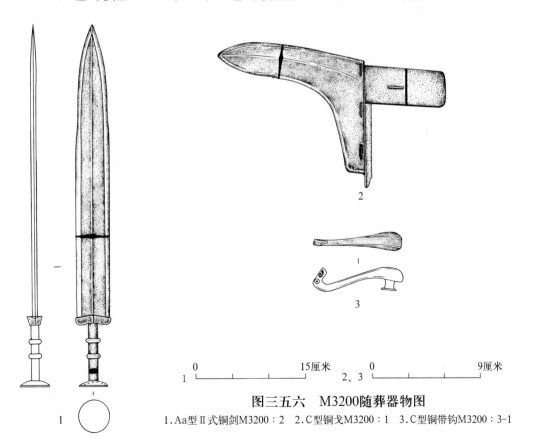

**图三五六　M3200随葬器物图**

1.Aa型Ⅱ式铜剑M3200：2　2.C型铜戈M3200：1　3.C型铜带钩M3200：3-1

铜剑　1 件。

Aa 型 Ⅱ式　标本 M3200：2，扁圆茎，双箍，圆首。剑身较薄，中部略厚，起脊，横断面呈菱形。通长 48.3、剑身宽 4.8、脊厚 0.3 厘米（图三五六，1）。

铜戈　1 件。

C 型　标本 M3200：1，短援，弧刃锐锋，中厚起脊，长胡，胡端三长条形穿，直内外端上扬，外缘斜直弧角，内中有长条形横穿。通长 18.9、内长 6.6 厘米（图三五六，2）。

铜带钩　1 件。

C 型　标本 M3200：3-1，琵琶形，鼓腹，腹部有两条脊棱，平背，铆钉状纽位于凹槽中，纽近尾部，钩体作兽形。长 7.3、腹宽 1.5 厘米（图三五六，3）。

# 一一七　M3201

位于发掘区三区北部，东南邻 M3204，墓葬上部被破坏，开口于地表。

## （一）墓葬形制

长方形土坑竖穴墓，方向 100°（图三五七）。墓口长 3.23、宽 2.50 米。墓底距地表深 5.25、长 3.23、宽 2.50 米。直壁。底部有两层生土二层台，上层距墓底高 1.45、宽 0.15 ～ 0.25、下层距墓底高 0.75、宽 0.15 ～ 0.40 米。墓底不平。墓内填土为黄花夯土，经夯打，夯层厚 0.13 ～ 0.10 米，夯具不清。

## （二）葬具葬式

葬具为一棺一椁。椁长 2.33、宽 1.40、高 0.75 米。棺长 1.98、宽 0.80、高 0.20 米。墓底有底箱。椁上部有盖板，位于第一层二层台上。

棺内人骨 1 具，腐朽严重。仰身直肢，头向东，面向不清，双手交叠于下腹部，下肢伸直。

## （三）随葬器物放置

随葬品有陶罐 1 件，陶敦 2 件，陶盘 2 件，陶盖豆 4 件，陶筥 4 件，陶壶 4 件，陶舟 1 件，陶鼎 1 件，陶匜 1 件，铜戈 1 件，铜剑 1 件，铜带钩 4 件，共 26 件（发掘编号共 32 个，有 2 个号为 1 件）。分别放置于棺椁之间和棺底箱中。铜戈、铜剑、铜带钩放在墓主左侧和足端棺椁之间，陶盘、陶舟盖放置于右侧棺椁之间（图三五八）。其余陶器放置在墓主身下的棺底箱中。

## （四）随葬器物

共 26 件。包括陶器 20 件，铜器 6 件。其中未修复陶壶 1 件，陶盖豆 3 件，陶敦 1 件。

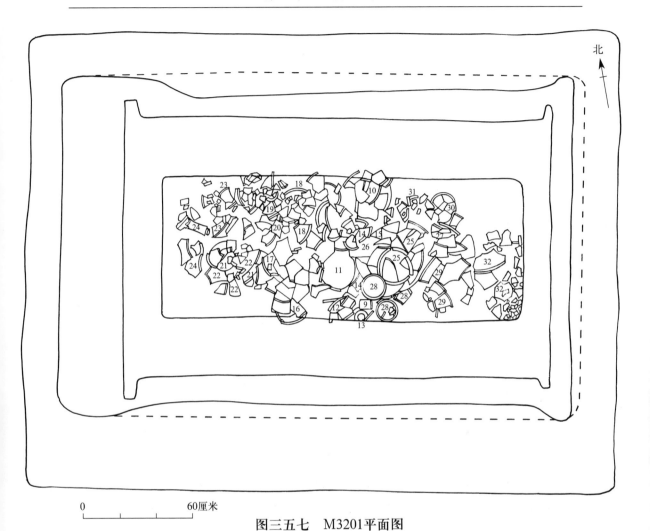

0          60厘米

图三五七  M3201平面图

9、14、18、24、26、15.陶笾  10.陶盘  11、12、16、17、23、32.陶壶  20、21、28、29.陶盖豆  22.陶鼎
25.陶罐  27.陶匜  30.陶敦  31、13.陶舟

**1. 陶器**

15 件。陶罐 1 件，陶鼎 1 件，陶盖豆 1 件，陶壶 3 件，陶盘 2 件，陶匜 1 件，
陶敦 1 件，陶舟 1 件，陶笾 4 件（彩版八六，1）。

陶罐  1 件。

E 型  标本 M3201：25，泥质灰陶。侈口，平沿外斜，方唇，微束颈，折肩，
下腹急收，肩腹部有一周暗弦纹，喇叭状器座中空。口径 16.6、底径 19.3、高 27.2
厘米（图三五九，1）。

陶鼎  1 件。

B 型  标本 M3201：22，夹砂灰陶。平口微敛，口下有一对长方形附耳且耳外撇，

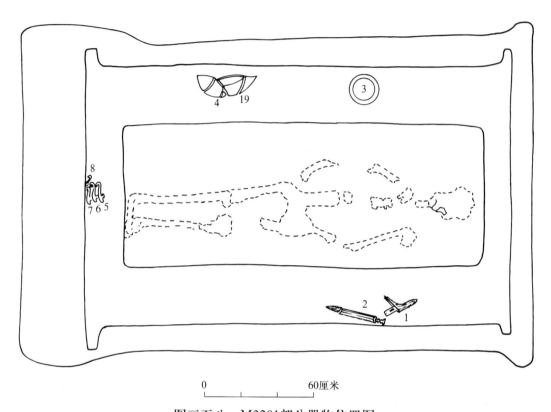

0 ├────────────┤ 60厘米

**图三五八　M3201部分器物位置图**

1.铜戈　2.铜剑　3.陶敦　4、19.陶盘　5～8.铜带钩

深腹，圜底，三蹄形足。弧形鼎盖。口径32.6、高25.4、通高31.8厘米（图三五九，2）。

陶盖豆　1件。

Bb型　标本M3201：20，泥质红陶。直口，方唇，豆盘呈半球状，腹上部对称两个圆孔，高柄实心，喇叭状器座。无盖。口径14.0、底径14.0、高27.0厘米（图三五九，3）。

壶　3件。

A型　形制相同。泥质红陶。侈口，方唇，高领，圆肩外鼓，腹下弧收，器座，无底，肩部有对称的两个圆孔。标本M3201：11、12，口径9.8、底径12.4、高32.4厘米（图三五九，4）。标本M3201：16、17，口径10.2、底径13.0、高33.0厘米（图三五九，5）。标本M3201：23，口径10.2、底径13.2、高33.0厘米（图三五九，6）。

陶盘　2件。

A型Ⅱ式　形制相同。泥质灰陶。口微敛，平沿微凹，方唇，下腹斜直内收，平底微凹。标本M3201：4、19，斜折腹。口径33.0、底径14.8、高9.0厘米（图

**图三五九　M3201随葬器物图**

1.E型陶罐M3201：25　2.B型陶鼎M3201：22　3.Bb型彩陶盖豆M3201：20　4~6.A型陶壶M3201：11、12、16、17、23

三六〇，1；彩版八七，1）。标本 M3201：10，泥质红陶。口径32.4、底径11.6、高9.0厘米（图三六〇，2；彩版八七，2）。

陶匜　1件。

A 型　标本 M3201：27，泥质灰陶。瓢形，方唇，鼓腹，平底，口侧有一槽形短流，短流微微上仰，无鋬。口径17.4、流长约4.2、底径6.6、通高7.0厘米（图三六〇，3；彩版八七，3）。

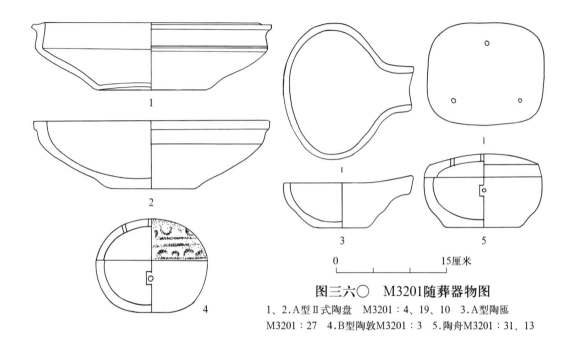

图三六○　M3201随葬器物图

1、2.A型Ⅱ式陶盘　M3201：4、19、10　3.A型陶匜
M3201：27　4.B型陶敦M3201：3　5.陶舟M3201：31、13

陶敦　1件。

B型　标本M3201：3，泥质红陶。器做半球形，方唇，微敞口，鼓腹，腹部有一对圆孔以纳穿耳，平底。覆钵状盖，盖顶有圆孔，器盖饰有彩绘纹饰。口径15.4、底径3.8、高12.6厘米（图三六○，4；彩版八七，4）。

陶舟　1件。

标本M3201：31、13，形制相同。器呈圆角长方形，口微敛，方唇，弧腹，腹部有两个对称圆孔，弧形盖，盖顶有三个圆孔。口径16.2、底径10.0、通高9.8厘米（图三八八，5；彩版八七，5）。

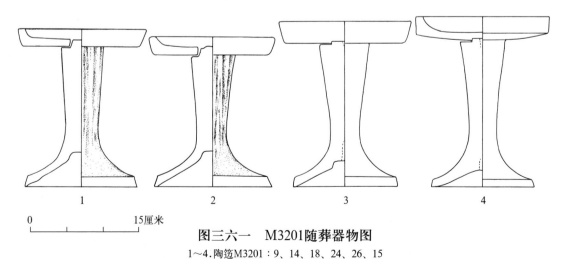

图三六一　M3201随葬器物图

1～4.陶豆M3201：9、14、18、24、26、15

陶笾　4件。

形制相同，盘与柄榫卯结合可分离。豆盘方唇，斜壁，平底。粗实心柄，下部略细。喇叭状器座略外撇。标本 M3201：9、14，口径 17.6、底径 15.2、高 21.0 厘米（图三六一，1；彩版八七，6）。标本 M3201：18，有彩绘。口径 17.2、底径 16.2、高 20.0 厘米（图三六一，2）。标本 M3201：24，口径 18.0、底径 14.1、高 22.0 厘米（图三六一，3）。标本 M3201：26、15，口径 18.2、底径 14.2、高 22.6 厘米（图三六一，4）。

2. 铜器

6件。铜剑1件，铜戈1件，铜带钩4件。

铜剑　1件。

Aa型 I 式　标本 M3201：2，圆茎，双箍，圆首。剑身中厚，有脊，横断面呈菱形，剑身较宽，前端内收略弧，尖锋。通长 47.6、剑身宽 5.4、脊厚 0.3 厘米（图三六二，1）。

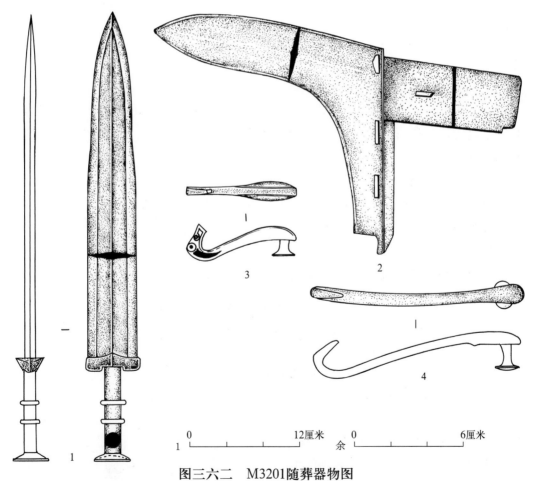

图三六二　M3201随葬器物图

1.Aa型 I 式铜剑M3201：2　2.B型铜戈M3201：1　3.A型铜带钩M3201：8　4.C型铜带钩M3201：6

铜戈　1 件。

B 型　标本 M3201：1，窄援直内，援略长，弧刃尖锋，扁平无脊，长胡，胡端三长条形穿。直内外端上扬，外缘直，下端外侧有缺，内中有条形横穿。通长 20.4、内长 7.5 厘米（图三六二，2）。

铜带钩　4 件。

A 型　2 件。标本 M3201：8，长匙形，鼓腹，平背，铆钉状纽位于凹槽中，纽近尾部。长 11.8、腹宽 1.0 厘米（图三六二，3）。

C 型　2 件。标本 M3201：6，琵琶形，鼓腹，腹部有两条脊棱，平背，铆钉状纽位于凹槽中，纽近尾部，钩体作兽形。长 6.0、腹宽 1.0 厘米（图三六二，4）。

# 一一八　M3204

位于发掘区三区北部，西北邻 M3201，东邻 M3203，墓葬上口被破坏，开口于地表。

## （一）墓葬形制

长方形土坑竖穴墓，方向 100°（图三六三）。墓口距地表深 0、长 2.85、宽 2.00 米。墓底距地表深 3.50、长 2.85、宽 2.00 米。直壁。底部有生土二层台，宽 0.33～0.50、高 0.60 米。

## （二）葬具葬式

葬具为一棺一椁。棺长 1.85、宽 0.84、高 0.20 米。椁长 2.00、宽 1.17、高 0.40 米。底箱长 1.85、宽 0.84、高 0.20 米（图三六四）。

棺内人骨 1 具，腐朽严重。葬式不清，头向东，面向不清。

## （三）随葬器物放置

随葬品有绳纹鬲 1 件，陶豆 2 件，陶盂 1 件，陶匜 1 件，陶壶 2 件，陶盖豆 2 件，陶敦 2 件，陶鼎 1 件，泥盘 1 件，泥壶 1 件，泥器盖 2 件，骨簪 1 件，滑石环 2 件，共 19 件。分别放置于棺内和棺底箱中，2 件滑石环放置于棺内墓主头前，其余随葬品放

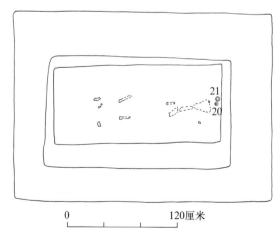

0 　　　　　　　　120厘米

图三六三　M3204平面图
20、21.滑石环

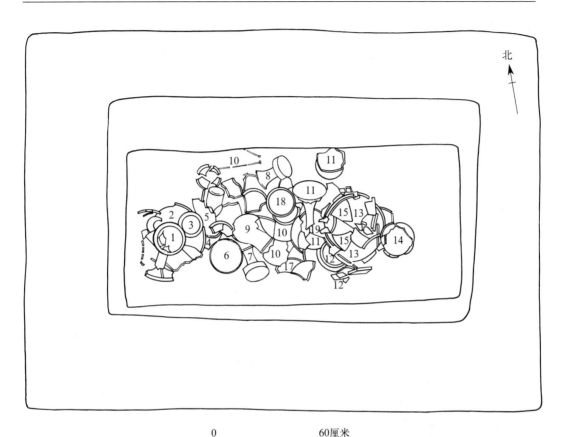

**图三六四　M3204平面图**

1.陶盂　2.泥盘　3.泥器盖　4.陶匜　5、10.陶壶　6、11、19.陶盖豆　7、8.陶豆　9.泥壶　12、18.陶敦
13、15.陶鼎　14.陶鬲　16.骨簪　17.泥器盖

置于棺底箱内（彩版八六，2）。

### （四）随葬器物

共 19 件。包括陶器 12 件，泥器 4 件，骨器 1 件，石器 2 件。其中未修复陶匜 1 件，泥盘 1 件，泥器盖 2 件，泥壶 1 件。

**1. 陶器**

陶器 11 件。绳纹鬲 1 件，陶豆 2 件，陶盂 1 件，陶鼎 1 件，陶盖豆 2 件，陶壶 2 件，陶敦 2 件。

绳纹鬲　1 件。

D 型Ⅳ式　标本 M3204：14，夹砂灰陶。敛口，平沿，方唇，唇沿有一周弦纹，束颈，鼓腹直收，鼓连裆，圆柱三足。肩部有凸棱，全身布满细绳纹。口径 15.6、高 15.0 厘米（图三六五，1）。

陶盂　1 件。

B 型 V 式　标本 M3204：1，泥质灰陶。敛口，斜圆唇，鼓腹，唇内凹，直腹弧收成平底。口径 17.4、底径 7.8、高 9.6 厘米（图三六五，2）。

陶豆　2 件。

Ac 型 Ⅲ 式　形制相同。泥质灰陶。深盘，圆唇，内壁弧收，外壁折收，高柄中空，喇叭状器座。标本 M3204：7，口径 15.2、底径 9.8、高 15.2 厘米（图三六五，3）。标本 M3204：8，残缺底座。口径 16.0、残高 15.4 厘米（图三六五，4）。

陶鼎　1 件。

A 型 Ⅱ 式　标本 M3204：13、15，泥质红陶。子母口内敛，下腹略鼓，平底，附耳斜顶，上端略外侈，蹄足粗壮，内侧中空，折沿弧顶盖。口径 30.0、高 24.6、通高 28.4 厘米（图三六五，5）。

陶盖豆　2 件。

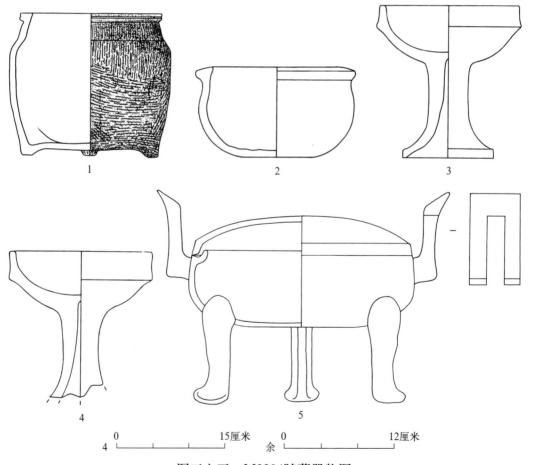

图三六五　M3204随葬器物图

1.D型Ⅳ式绳纹鬲M3204：14　2.B型V式陶盂M3204：1　3、4.Ac型Ⅲ式陶豆M3204：7、8　5.A型Ⅱ式陶鼎 M3204：13、15

Bb 型　标本 M3204 : 6，平口，豆腹及盖均呈半圆形，扣合体近似圆球状。豆柄及器座残缺。口径 15.6、残高 13.0 厘米（图三六六，1）。

Ba 型　标本 M3204 : 11、19，泥质灰陶。子母口，子口内敛，豆盘呈钵状，实心豆柄，喇叭状器座。半球状弧顶盖，盖顶部有圆孔。口径 16.0、底径 13.4、高 31.6 厘米（图三六六，2）。

陶壶　2 件。

A 型　形制相同。泥质红陶。敞口，高颈，鼓腹，圆收成直壁，无底，肩部有对称两眼。标本 M3204 : 5，口径 10.4、底径 10.6、高 32.8 厘米（图三六六，3）。标本 M3204 : 10，口径 10.8、底径 10.4、高 33.0 厘米（图三六六，4）。

陶敦　2 件。

C 型　形制相同。泥质红陶。器形呈球状，子母口，圜底，腹部有对称两孔。

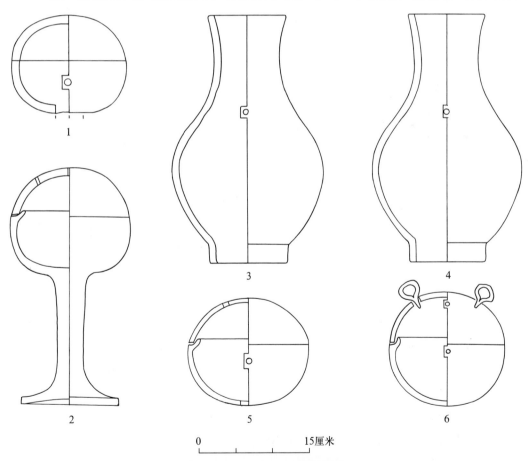

图三六六　M3204随葬器物图

1.Bb型陶盖豆M3204 : 6　2.Ba型陶盖豆M3204 : 11、9　3、4.A型陶壶M3204 : 5、10　5、6.C型陶敦M3204 : 12、18

标本 M3204：12，盖顶有对称
左右两孔。口径 16.4、高 14.2
厘米（图三六六，5）。标本
M3204：18，半圆形弧顶盖，
盖上饰三环纽盖顶有三角形状
的三孔。口径 16.2、高 15.0、
通高 16.6 厘米（图三六六,6）。

　　2. 石器
　　滑石环　2 件。
　　A 型　形制相同。石质，
环形，通体刻划卷云纹。标本
M3204：20，直径 5.4、内径
3.0、厚 0.6 厘米（图三六七，
1）。标本 M3204：21,直径 5.2、
内径 3.1、厚 0.6 厘米（图三六七，2）。

　　3. 骨器

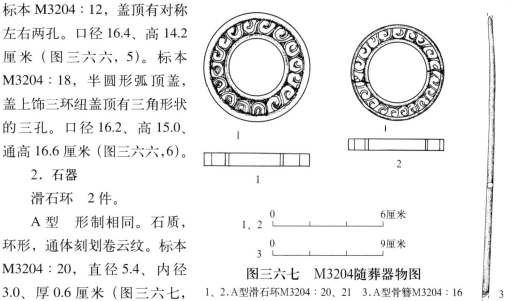

图三六七　M3204随葬器物图
1、2.A型滑石环M3204：20、21　3.A型骨簪M3204：16

　　骨簪　1 件。
　　A 型　标本 M3204：16，通体磨光，圆柱形，残缺，下端略细。通长 22.3、径
0.5 厘米（图三六七，3）。


# 一一九　M3205


　　位于发掘区三区东北部，东邻 M3207，南邻 M3206，开口于②层下。耕土层
厚 0.15、②层厚 0.32 米。

　　（一）墓葬形制
　　长方形土坑竖穴墓，方向 107°（图三六八）。墓口距地表深 0.55、长 2.48、宽 1.42
米。墓底距地表深 3.38、长 2.60、宽 1.51 ～ 1.45 米。斜壁外扩，口小底大。底部
有熟土二层台，高 0.15、宽 0.15 ～ 0.36 米。墓内填土为黄褐五花土。

　　（二）葬具葬式
　　葬具为单棺。棺长 2.08、宽 0.90 米，高不明。
　　棺内人骨 1 具，骨骼保存良好。仰身直肢，头向东，面向北，双手交叠于腹部，
下肢伸直，双足并拢。

　　（三）随葬器物放置

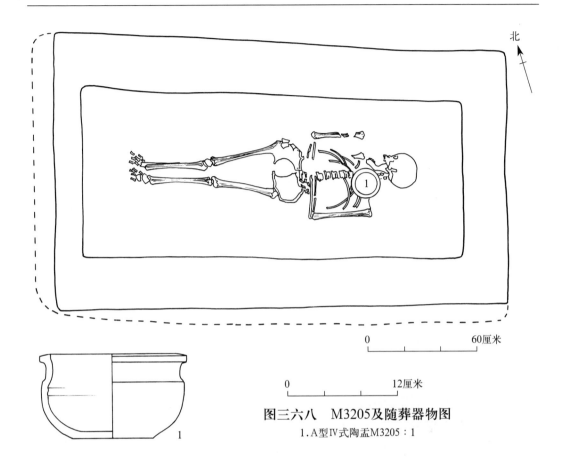

图三六八　M3205及随葬器物图

1. A型Ⅳ式陶盂M3205：1

随葬品仅有陶盂1件，放置于棺内墓主左胸部。

（四）随葬器物

陶盂　1件。

A型Ⅳ式　标本M3205：1，泥质灰陶。直口，斜沿，方唇，束颈，腹弧收成平底。肩有明显的凸棱角，内有两周瓦棱暗纹。口径16.0、底径8.8、高9.2厘米（图三六八，1）。

# 一二〇　M3206

位于发掘区三区东北角，北邻M3205，东邻M3213，开口于②层下。耕土层厚0.22、②层厚0.42米。

（一）墓葬形制

长方形土坑竖穴墓，方向100°（图三六九）。墓口距地表深0.64、长2.15、宽0.85米。墓底距地表深2.18、长2.15、宽0.85米。直壁。底部有生土二层台，宽0.07～0.15、

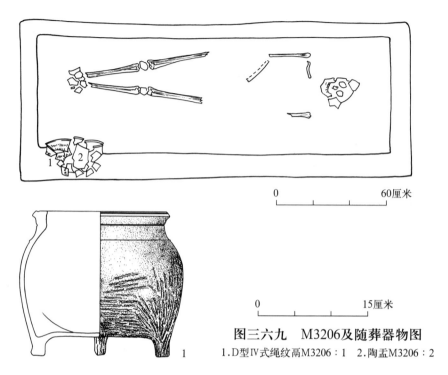

图三六九　M3206及随葬器物图
1.D型Ⅳ式绳纹鬲M3206：1　2.陶盂M3206：2

高 0.15 米。墓内填土为黄褐花土。

（二）葬具葬式

葬具为单棺。棺长 1.93、宽 0.62 ～ 0.66、高 0.15 米。

棺内人骨 1 具，保存一般。仰身直肢，头向东，面向上。

（三）随葬器物放置

随葬品有绳纹鬲 1 件，陶盂 1 件，共 2 件。放置于墓主足端左侧南二层台的西南角。

（四）随葬器物

陶器 2 件。绳纹鬲 1 件，未修复陶盂 1 件。

绳纹鬲　1 件。

D 型Ⅳ式　标本 M3206：1，夹砂灰陶。敛口，平沿，斜尖唇，束颈，鼓腹，三足呈圆柱状，平裆。腹下部及底饰粗绳纹，纹饰很深。口径 19.0、高 19.2 厘米（图三六九，1）。

## 一二一　M3207

位于发掘区三区东北角，东邻 M2102，墓口上部均被灰坑打破。

（一）墓葬形制

长方形土坑竖穴墓，方向 110°（图三七〇）。墓口距地表深 0.50、长 2.50、宽 1.56 米。墓底距地表深 3.70、长 2.50、宽 1.56 米。直壁。底部有熟土二层台，宽 0.15～0.30、高 0.50 米。墓底有腰坑，长 0.58、宽 0.21、深 0.19 米。墓内填土为花土。

（二）葬具葬式

葬具为一棺一椁。椁长 2.10、宽 1.24 米，棺不清。

棺内人骨 1 具，保存较差，上身及足部腐朽。仰身直肢，头向东，面向不清，下肢伸直。

（三）随葬器物放置

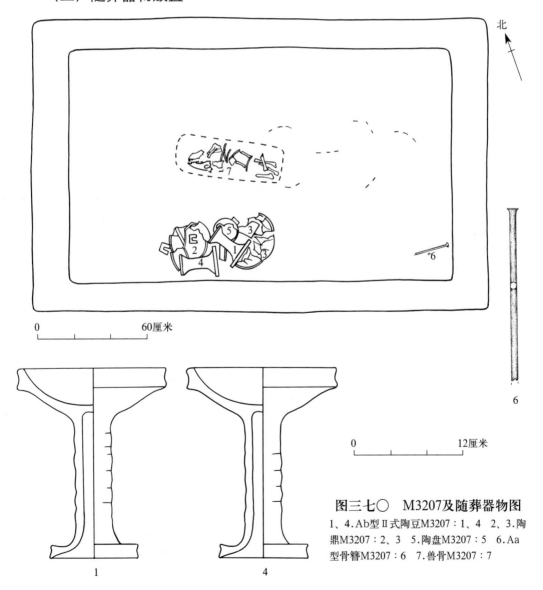

图三七〇 M3207及随葬器物图

1、4.Ab型Ⅱ式陶豆M3207：1、4 2、3.陶鼎M3207：2、3 5.陶盘M3207：5 6.Aa型骨簪M3207：6 7.兽骨M3207：7

随葬品有陶豆2件，陶鼎1件，陶盘1件，骨簪1件，共5件。随葬陶器放置于墓主左侧的棺椁之间，骨簪放置在墓主头端左侧棺椁之间。

腰坑内殉狗1只，头向西，与墓主头向相反。

（四）随葬器物

共5件。包括陶器4件，骨器1件。其中未修复陶鼎1件，陶盘1件。

1. 陶器

陶豆　2件。

Ab型Ⅱ式　形制相同。泥质灰陶。浅盘，圆唇，盘壁微内凹，内壁弧收，外壁折收，高柄中空，柄部有手捏痕迹，喇叭状器座。标本M3207∶1，口径16.2、底径9.6、高20.2厘米（图三七〇，1）。标本M3207∶4，口径16.0、底径9.6、高20.0厘米（图三七〇，4）。

2. 骨器

骨簪　1件。

Aa型　标本M3207∶6，簪首平顶，身圆直，尾端残缺。残长18.5、首径1.2、径0.7厘米（图三七〇，6）。

# 一二二　M3212

位于发掘区三区北部，墓东南部被M3195打破，开口于②层下。耕土层厚0.35、②层厚0.60米。

（一）墓葬形制

长方形土坑竖穴墓，方向273°（图三七一）。墓口距地表深0.95、长2.00、宽0.68米。墓底距地表深2.56、长2.21、宽0.78米。斜壁外扩，头部有壁龛。底部有生土二层台，宽0.03～0.10米。墓底有椭圆形腰坑，长0.45、宽0.28、深0.15米。

（二）葬具葬式

葬具为单棺。棺长2.02、宽0.65米。

棺内人骨1具，保存一般，左臂及下肢腐朽。仰身直肢，头向西，面向上，右臂放置于下腹部，双脚趾骨并拢。

（三）随葬器物放置

随葬品有陶豆2件，陶罐1件，共3件。均放置于墓主头前壁龛内。腰坑内殉狗1只，头朝东，与墓主头向相反。

（四）随葬器物

陶器3件。陶罐1件，未修复陶豆2件。

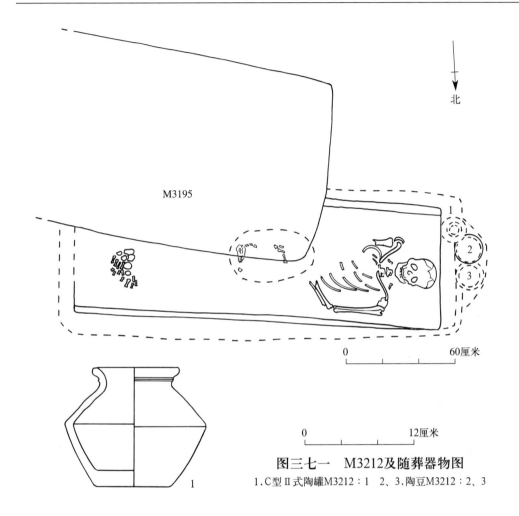

图三七一　M3212及随葬器物图

1.C型Ⅱ式陶罐M3212：1　2、3.陶豆M3212：2、3

陶罐　1件。

C型Ⅱ式　标本M3212：1，泥质灰陶。敞口，圆唇，束颈，斜肩，折腹，折线在腹中部略下。沿下有两周暗弦纹。口径9.4、底径8.2、高12.6厘米（图三七一，1）。

## 一二三　M3213殉马坑

位于发掘区三区东北角，东邻M2102，南邻M3206，开口于①层下。殉坑内埋葬殉马2匹，狗1只。

（一）马坑形制

殉马坑呈长方形竖穴，方向102°（图三七二）。殉马坑口部距地表0.44、长3.9、宽2.0～2.3、深1.93米。直壁平底，剖面呈长方形。坑内填土为黄褐土，土质较硬。

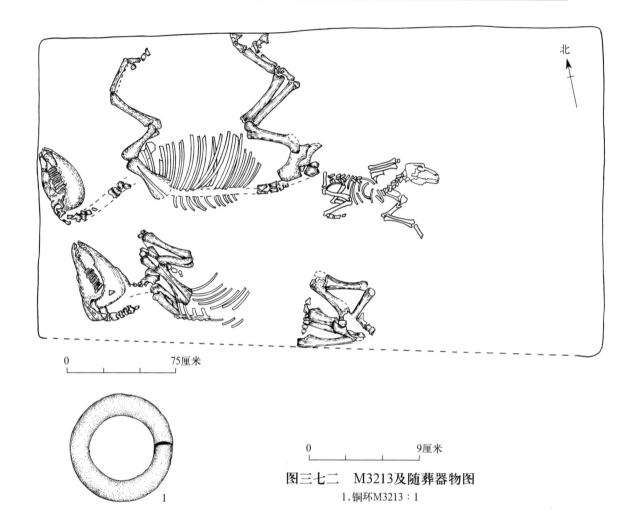

图三七二　M3213及随葬器物图

1.铜环M3213∶1

　　坑内东侧有马骨两具，头向东，四足朝南，南北并列。南部马骨尾部西侧有狗骨一具，长约0.85米，头向西，与马头向相反（彩版八八，1）。马坑内仅随葬铜环1件。

　　（二）随葬器物

　　铜环　1件。

　　标本M3213∶1，正面凸弧，背面平整，环壁较宽。直径8.5、内径5.2厘米（图三七二，1）。

# 一二四　M3215

　　位于发掘区三区南部，开口于①层下。

## （一）墓葬形制

长方形土坑竖穴墓，方向100°（图三七三）。墓口距地表深0.35、长2.31、宽0.87米。墓底距地表深2.88、长2.31、宽0.95米。东、西、北三壁为直壁，南壁斜壁外扩。底部有生土二层台，宽0.17～0.04、高0.78米。墓内填土为黄花土，含沙较多，含黑褐土块。

## （二）葬具葬式

葬具为单棺。棺长2.00、宽0.74米。

棺内人骨1具，保存较差，上身及盆骨腐朽，仰身直肢，头向东，面向不清，下肢伸直。

## （三）随葬器物放置

随葬品有绳纹鬲1件，陶豆2件，陶盂1件，共4件。均置于棺内墓主右侧，陶盂在墓主头侧，绳纹鬲在墓主足端，陶豆放置在中间。

## （四）随葬器物

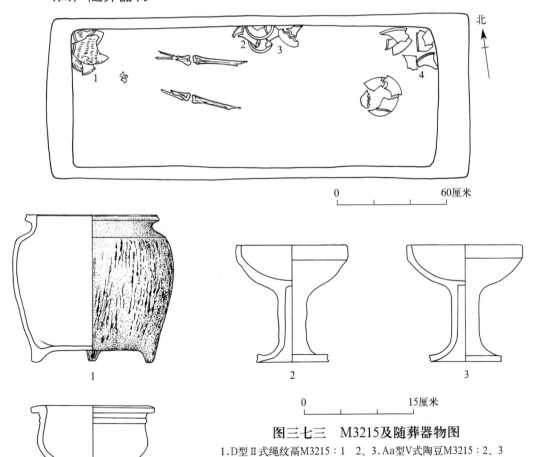

图三七三　M3215及随葬器物图
1.D型Ⅱ式绳纹鬲M3215：1　2、3.Aa型V式陶豆M3215：2、3
4.B型Ⅲ式陶盂M3215：4

陶器 4 件。绳纹鬲 1 件，陶豆 2 件，陶盂 1 件。

绳纹鬲　1 件。

D 型 Ⅱ 式　标本 M3215：1，夹砂灰陶。卷沿，方唇，唇上饰凹弦纹一道，束颈，折肩，微鼓腹，裆部极低，三足短小，呈锥状。肩部以下饰竖向粗绳纹。口径 18.2、高 19.6 厘米（图三七三，1）。

陶豆　2 件。

Aa 型 Ⅴ 式　标本 M3215：2，泥质灰陶。直口，方唇，内壁折收，外壁弧收，高柄中空，并有手捏痕迹，喇叭状器座。口径 15.2、底径 9.8、高 15.6 厘米（图三七三，2）。标本 M3215：3，泥质灰陶。口微敞，方唇，内壁弧收，外壁折收，喇叭状器座。口径 16.0、底径 9.8、高 15.6 厘米（图三七三，3）。

陶盂　1 件。

B 型 Ⅲ 式　标本 M3215：4，泥质灰陶。方唇，直口微敛，宽斜沿，外壁上部饰凸棱一道，直腹，下腹弧收，圜底。口径 17.0、高 9.0 厘米（图三七三，4）。

# 一二五　M3218

位于发掘区三区，开口于①层下。

## （一）墓葬形制

长方形土坑竖穴墓，方向 110°（图三七四）。墓口距地表深 0.30、长 2.19、宽 0.95 米。墓底距地表深 3.58、长 2.18、宽 1.16 米。南北两壁上部较直，下部外扩，

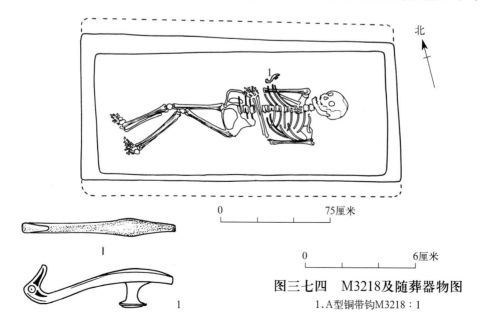

图三七四　M3218及随葬器物图

1. A型铜带钩 M3218：1

像是与墓同长的壁龛。墓内填土为黄花土。

### （二）葬具葬式

葬具为单棺。棺长 2.00、宽 0.80、高 0.95 米。

棺内人骨 1 具，保存较好。侧身屈肢，头向东，面向北，左臂叠压于腹部，下肢略曲，左腿膝部叠压右腿。

### （三）随葬器物放置

随葬品仅有铜带钩 1 件，放置右臂处。

### （四）随葬器物

铜带钩　1 件。

A 型　标本 M3218∶1，长匙形，鼓腹，腹部近似菱形，平背，铆钉状纽位于凹槽中，纽近尾部，钩体作兽形。长 6.4、腹宽 0.7 厘米（图三七四，1）。

# 一二六　M3219

位于发掘区三区，开口于①层下。

### （一）墓葬形制

长方形土坑竖穴墓，方向 110°（图三七五）。墓口距地表深 0.40、长 2.35、宽 1.00 米。墓底距地表深 2.40、长 2.35、宽 1.45 米。东西为直壁，南北壁斜壁外扩。底部南北两侧有熟土二层台，南宽 0.28、北宽 0.47、高 0.50 米。墓圹口小底大，北二层台放置器物处外扩明显。墓内填土为黄褐花土。

### （二）葬具葬式

葬具为单棺。腐朽严重，结构不清。

棺内人骨一具，腐朽严重。葬式不明，头向不清。

### （三）随葬器物放置

随葬品有绳纹鬲 1 件，陶豆 2 件，陶罐 1 件，陶盂 1 件，共 5 件。放置于北二层台上。在陶器中间发现小兽骨。

### （四）随葬器物

陶器 5 件。陶豆 2 件，陶罐 1 件，陶盂 1 件，另外未修复绳纹鬲 1 件。

陶豆　2 件。

B 型Ⅲ式　形制相同。泥质灰陶。浅盘，圆唇，盘壁内外均折收，内壁折收处有一周弦纹，高柄中空，豆柄中部有一凸棱，下部有手捏痕迹，喇叭状器座。标本 M3219∶3，口径 17.6、底径 10.6、高 20.8 厘米（图三七五，3）。标本 M3219∶5，口径 17.6、底径 10.6、高 21.0 厘米（图三七五，5）。

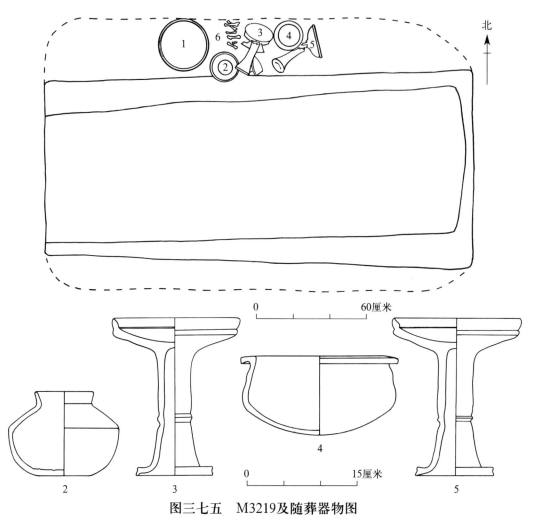

图三七五　M3219及随葬器物图

1.绳纹高M3219：1　2.D型Ⅲ式陶罐M3219：2　3、5.B型Ⅲ式陶豆M3219：3、5　4.B型Ⅱ式陶盂M3219：4
6.兽骨M3219：6

　　陶罐　1件。

　　D 型Ⅲ式　标本 M3219：2，泥质灰陶。侈口，圆唇，斜肩，鼓腹，平底。口径 8.0、底径 7.0、高 11.2 厘米（图三七五，2）。

　　陶盂　1件。

　　B 型Ⅱ式　标本 M3219：4，泥质灰陶。敛口，平沿外斜，方唇，鼓腹，圜底。口径 21.4、高 10.4 厘米（图三七五，4）。

# 一二七　M3220

　　位于发掘区三区。

## （一）墓葬形制

长方形土坑竖穴墓，方向94°（图三七六）。墓口距地表深0.40、长2.20、宽1.02米。墓底距地表深2.65、长2.47、宽1.15米。斜壁外扩，南壁有一壁龛，长0.72、高0.55、进深0.35米。底部有生土二层台，宽0.14～0.20、高0.18米。墓底有腰坑，长0.68、宽0.34、深0.15米。墓内填土为黄花土。

## （二）葬具葬式

葬具为单棺。棺长2.08、宽0.85、高0.52米。

棺内人骨1具，腐朽严重，葬式不明，头向东，面向不清。

## （三）随葬器物放置

随葬品有绳纹鬲1件，陶豆2件，陶罐1件，陶盂1件，共5件。绳纹鬲置于南壁龛中，龛内并发现兽骨，其余陶器放置在壁龛外侧的二层台上。

腰坑内殉狗1只，骨骼腐朽。

## （四）随葬器物

陶器5件。绳纹鬲1件，陶豆2件，陶罐1件，陶盂1件（彩版八八，2）。

绳纹鬲 1件。

Aa型Ⅲ式 标本M3220∶5，夹砂灰陶。敞口，尖唇，圆颈，尖足，低连裆，圆腹。腹上部可见压印痕迹。下部至底皆饰粗绳纹。口径18.0、高24.0厘米（图三七七，1）。

陶豆 2件。

Aa型Ⅲ式 形制相同。泥质灰陶。碗状盘，圆唇，内外壁均弧收，

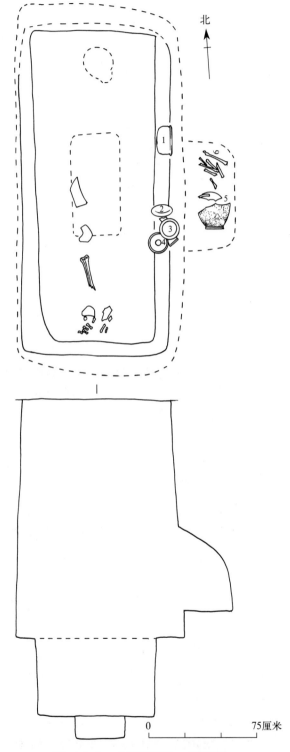

图三七六 M3220平、剖面图

1.陶盂 2、3.陶豆 4.陶罐 5.绳纹鬲 6.兽骨

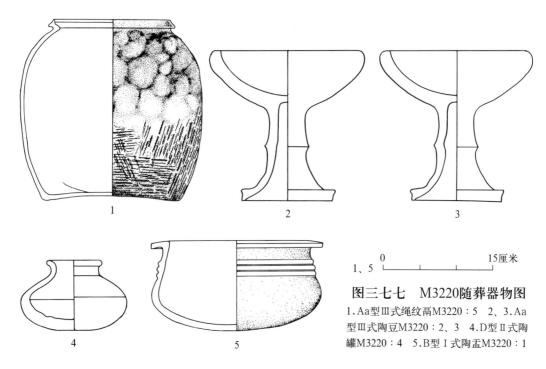

**图三七七　M3220随葬器物图**

1.Aa型Ⅲ式绳纹鬲M3220：5　2、3.Aa型Ⅲ式陶豆M3220：2、3　4.D型Ⅱ式陶罐M3220：4　5.B型Ⅰ式陶盂M3220：1

高柄中空，柄中部有一周凸棱，喇叭状器座。标本 M3220：2，口径 16.0、底径 9.8、高 16.2 厘米（图三七七，2）。标本 M3220：3，口径 15.8、底径 9.8、高 16.0 厘米（图三七七，3）。

陶罐　1件。

D 型Ⅱ式　标本 M3220：4，泥质灰陶。侈口，束颈，圆肩，鼓腹，平底。口径 6.0、底径 3.6、高 7.6 厘米（图三七七，4）。

陶盂　1件。

B 型Ⅰ式　标本 M3220：1，泥质灰陶。敛口，平沿外斜，方唇，鼓腹，圜底。沿下有三周弦纹。口径 23.4、高 12.0 厘米（图三七七，5）。

# 第四节　第四发掘区墓葬

第四发掘区位于墓地最西部，墓葬编号为 M4001～M4035，其中 M4002～M4005、M4007～M4008、M4012～M4014、M4016～M4020、M4022、M4025、M4027～M4030、M4032，计 21 个编号未发掘。

实际发掘墓葬 14 座，编号为 M4001、M4006、M4009～M4011、M4015、M4021、M4023～M4024、M4026、M4031、M4033～M4035。

选择 5 座典型墓葬介绍。

# 一　M4021

位于发掘区四区西北部,南邻 M4031,开口于②层下。耕土层厚 0.22、②层厚 0.42 米。

## （一）墓葬形制

长方形土坑竖穴墓,方向 112°（图三七八）。墓口距地表深 0.64、长 2.60、宽 1.23 米。墓底距地表深 4.53、长 2.72、宽 1.27 米。斜壁外扩。墓内填土为细五花土,含少量褐色硬土块及石块。

## （二）葬具葬式

葬具为单棺。棺长 2.21、宽 0.85、高 0.28 米,厚 2.0 厘米。

棺内人骨 1 具,保存一般,上身腐朽。仰身直肢,头向东,面向上,下肢伸直,双足并拢。

## （三）随葬器物放置

随葬品有陶盂 1 件,打碎后置于棺内及墓主身下。

## （四）随葬器物

陶盂　1 件。

Ca 型Ⅲ式　标本 M4021:1,泥质灰陶。圆唇,敛口,微束颈,平底。口径 13.2、高 9.6 厘米（图三七八,1）。

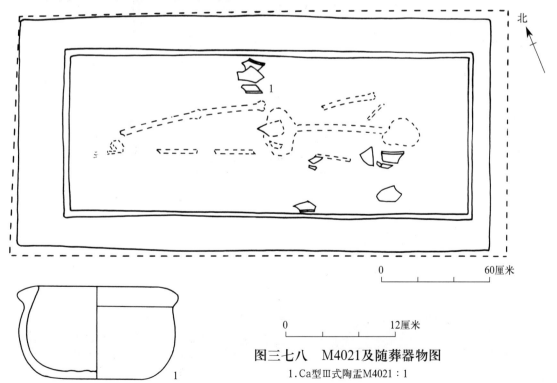

0　　　　　　60厘米

0　　　　　12厘米

图三七八　M4021及随葬器物图

1.Ca型Ⅲ式陶盂M4021:1

# 二　M4023

位于发掘区四区北部，北邻 M4024，开口于②层下，耕土层厚 0.35、②层厚 0.65 米。

## （一）墓葬形制

长方形土坑竖穴墓，方向 90°（图三七九），墓口距地表深 1.00、长 2.12、宽 1.06 米，四壁有加工的痕迹，墓底深 5.20、长 2.08、宽 1.12 米。墓底有生土二层台，台宽 0.05 ～ 0.10、高 0.90 米，填土为黄花沙土，夹少许黑胶土块。

## （二）葬具葬式

葬具为一椁。椁长 2.07、宽 1.05 米。椁盖灰厚 8.0、壁灰厚 1.2 厘米。

椁内有人骨 1 具，骨骼已腐朽不清，仅残存头骨和四肢骨。仰身直肢，头向东，面向上，上下肢自然直伸，足部微分。

## （三）随葬器物放置

随葬器物有铁锸 1 件，鎏金铜饰 6 件，小铜铃 4 件，共 11 件。铁锸置于椁外，鎏金铜饰及小铜铃置于左手外侧，鎏金铜饰和小铜铃堆聚在一起，铜铃两件完整，两件残碎。

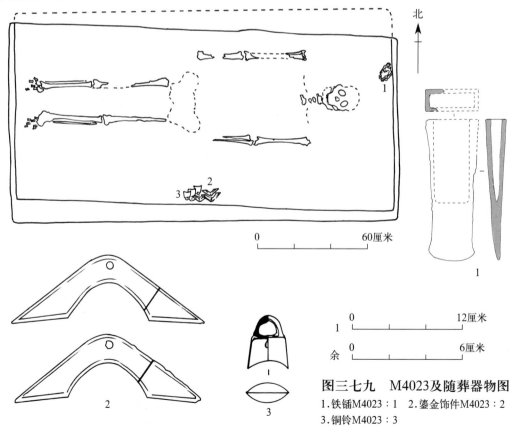

图三七九　M4023 及随葬器物图

1.铁锸 M4023：1　2.鎏金饰件 M4023：2　3.铜铃 M4023：3

（四）随葬器物

共 11 件。包括铁器 1 件，铜器 10 件。

1. 铜器

10 件，鎏金璜式铜饰 6 件，小铜铃 4 件。

鎏金铜饰 6 件。

形制相同。标本 M4023∶2，为三角形薄片，形似拱桥式，长边缺弧如璜，尖部内侧有一小孔，背面平，平面有直线纹，表面残存鎏金痕迹。宽 6.8～8.0、高 6.3、厚 0.02 厘米（图三七九，2）。

小铜铃 4 件。

形制相同。标本 M4023∶3，质地较薄，和瓦体，腔阔略小于腔高，口凹弧形，横截面呈扁椭圆形，顶部有一环形纽，素面。通高 2.8、口高 2.2 厘米（图三七九，3）。

2. 铁器

铁锸 1 件。

标本 M4023∶1，空首锸。扁体长条形，竖銎，銎口呈长方形，内侧变窄，刃部略窄于銎部，锸体侧视近三角形。通长 15.0、銎口宽 5.8、刃宽 5.0 厘米（图三七九，1）。

# 三 M4026

位于发掘区四区北部，南邻 M4025，开口于②层下。耕土层厚 0.30、②层厚 0.45 米。

（一）墓葬形制

长方形竖穴土坑洞室墓，方向 290°（图三八〇）。竖穴墓道开口距地表 0.75、长 1.95、宽 0.96、深 2.10 米。东西斜壁外扩，至墓底深约 2.15 米。墓口向下 0.60 米处，向北横掏墓室，弧形顶，横长 2.15、高 1.60、进深约 0.80 米，墓室底略低于墓道底。

（二）葬具葬式

葬具为单棺。棺长 1.87、宽 0.40～0.60 米。

棺内人骨 1 具，骨骼保存较好。侧身屈肢，头向西，面向南，下肢略向右屈，足部并拢。

（三）随葬器物放置

随葬品有陶纺轮 1 件，置于棺内墓主腰部。

（四）随葬器物

陶纺轮 1 件。

标本 M4026∶1，泥质灰陶。素面，中穿圆孔。外径 4.5、厚 1.5 厘米（图三八〇，1）。

## 四　M4034

位于发掘区四区中部，开口于②层下。耕土层厚 0.25～0.30、②层厚 0.30 米。

（一）墓葬形制

长方形土坑竖穴墓，方向 14°（图三八一）。墓口长 2.15、宽 1.15、距地表深 0.55～0.60 米。墓底距地表深 1.45、长 2.15、宽 1.15 米。直壁，壁表面有加工痕迹。墓内填土为黄花土。

（二）葬具葬式

葬具由 2 件圆筒状夹砂瓮构成，长 2.05、直径 0.65～0.75、两瓮相对扣合放置。

瓮内人骨一具，骨骼保存一般。仰身直肢，头向北，面向上，上肢伸直，双手在下腹部，下肢微曲前伸，双足并拢。

该墓无随葬品。仅有葬具，陶瓮 2 件。

陶瓮　2 件。

形制相同，修复 1 件。标本 M4034：1，夹砂灰陶。圆唇，直口，斜沿，长颈直

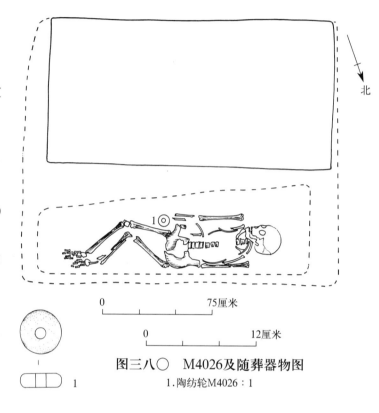

图三八〇　M4026及随葬器物图

1. 陶纺轮M4026：1

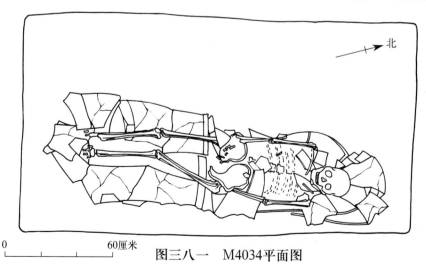

图三八一　M4034平面图

腹，下部微鼓，腹部弧收成尖圆底。颈部饰数周瓦棱纹，下腹饰方格纹。口径45.6、高98.0厘米。

## 五 M4035

位于发掘区四区东南部，西邻M4001。墓葬上部被晚期灰坑打破。

### （一）墓葬形制

长方形竖穴墓道洞室墓，方向3°（图三八二）。竖井式墓道，侧室拱顶形。墓道口上部被晚期灰坑打破。墓道在墓室左侧，距地表深1.17、墓道口长2.14、宽1.18米。墓道底距地表深4.07米。墓壁略扩，墓道底部长2.18、宽1.20米。墓道口向下1.80、向西横掏出土洞墓室。墓室为拱形弧顶，横长2.40、高1.00、进深约1.20米。墓壁有加工痕迹，长0.20～0.26、工具痕迹宽0.05米。东壁有两脚窝，高0.12～0.20、深0.12～0.14米。

### （二）葬具葬式

洞室内葬具为单棺。棺长2.38、宽0.80米。棺下有垫木两根，东西向，长1.98、宽0.08米。应为将棺横推滑向洞室而用。

棺内人骨1具，骨骼保存一般。仰身直肢。头向北，面向上，上肢直伸，下肢伸直，双足靠近。

### （三）随葬器物放置

无随葬器物。

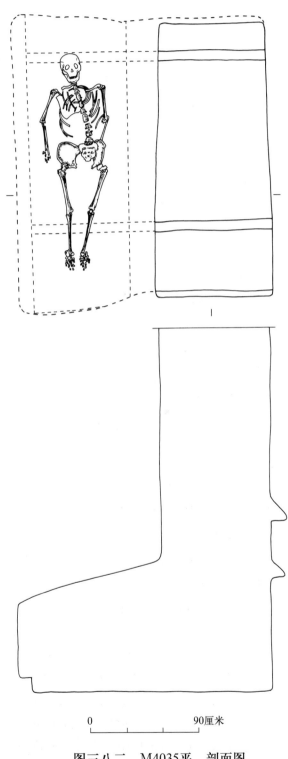

图三八二 M4035平、剖面图

# 第五章　分期与年代

　　两醇墓地（孙家庄村北墓地）面积约 3.2 万余平方米，经过正式发掘的墓葬计有 322 座（包括殉马坑 1 座）。由于墓地是在施工中发现，受到工程占压及施工破坏，发掘时许多墓葬上部受到破坏，开口层位不明。经过勘探及勘察，该墓地埋藏的墓葬应在 350 ～ 400 座。从该墓地墓葬布局看，分布疏密不均，有的排列非常密集，但极少有相互叠压打破关系，已经发掘的 322 座墓葬中，同时期的墓葬基本没有打破现象，墓葬相互打破关系 15 组，而且年代相差较大，有的还没有随葬品。属于并葬的墓葬有 43 组可作为分期参考。由于墓葬随葬品主要为陶器，铜器不仅出土数量少，而且多为铜剑、铜戈之类的兵器，铜礼器甚少。因此，对墓葬的分期和年代分析主要根据陶器的变化和陶器组合的演变规律，同时参考墓地的整体布局和墓葬分布排列规律。

## 一　陶器分期

　　在 322 座墓葬中有 240 座墓葬随葬陶器（含虽出土陶器但未能修复的 12 座墓葬），计出土陶器 1069 件（含未能修复的 208 件），其中数量较多、变化规律明显的主要有鬲、豆、罐、盂、鼎、盖豆、壶、盘、匜、敦 10 大器类。根据这些陶器的特征、器形的变化以及器物组合演变规律，筛选出具有一定代表性的典型陶器组合共有 32 种。

　　第 1 种，Aa 型 I 式绳纹鬲、Aa 型 I 式豆、A 型 I 式罐、D 型 I 式罐（M3194）。
　　第 2 种，A 型 I 式素面鬲、Aa 型 I 式豆、D 型 I 式罐、A 型 I 式盂（M3176）。
　　第 3 种，A 型 I 式素面鬲、Aa 型 I 式豆、C 型 I 式罐（M3180）。
　　第 4 种，Aa 型 II 式豆、B 型 I 式罐（M3111）。
　　第 5 种，Aa 型 II 式绳纹鬲、Aa 型 II 式豆、A 型 II 式盂（M3009）。
　　第 6 种，Aa 型 III 式绳纹鬲、Aa 型 III 式豆、D 型 II 式罐、B 型 I 式盂（M3220）。
　　第 7 种，Aa 型 III 式绳纹鬲、Aa 型 III 式豆、B 型 II 式罐、B 型 I 式盂（M3116）。
　　第 8 种，B 型 I 式绳纹鬲、Aa 型 III 式豆、B 型 II 式罐、B 型 II 式盂（M2097）。

第 9 种，C 型 I 式绳纹鬲、Aa 型Ⅲ式豆、D 型Ⅱ式罐、B 型 I 式盂（M3140）。

第 10 种，D 型 I 式绳纹鬲、Ac 型 I 式豆，D 型Ⅱ式罐、B 型 I 式盂（M2021）。

第 11 种，Ab 型Ⅲ式绳纹鬲、B 型Ⅳ式豆、A 型 I 式罐、B 型Ⅱ式盂（M3185）。

第 12 种，Ab 型Ⅳ式绳纹鬲、Aa 型Ⅲ式豆、B 型Ⅲ式豆、B 型Ⅲ式盂（M3149）。

第 13 种，B 型Ⅱ式绳纹鬲、Aa 型 V 式豆、A 型Ⅱ式罐、B 型Ⅲ式盂（M3145）。

第 14 种，Aa 型Ⅳ式绳纹鬲、Aa 型Ⅳ式豆、A 型Ⅲ式罐、B 型Ⅱ式盂（M3124）。

第 15 种，D 型Ⅱ式绳纹鬲、Aa 型 V 式豆、B 型Ⅳ式盂、A 型Ⅲ式罐（M3051）。

第 16 种，C 型Ⅲ式绳纹鬲、Aa 型Ⅵ式豆、A 型Ⅲ式罐、B 型Ⅲ式盂（M2069）。

第 17 种，Aa 型Ⅳ式绳纹鬲、Aa 型Ⅶ式豆、A 型Ⅱ式罐、A 型 I 式盖豆（M2085）。

第 18 种，Aa 型Ⅳ式绳纹鬲、B 型Ⅳ式豆、A 型 I 式盖豆、B 型Ⅲ式罐（M2087）。

第 19 种，Aa 型Ⅵ式绳纹鬲、Ab 型Ⅱ式豆、B 型Ⅲ式盂（M3187）。

第 20 种，D 型Ⅲ式绳纹鬲、Ab 型 I 式豆、B 型 V 式盂、A 型 I 式盘（M3032）。

第 21 种，A 型 I 式鼎、B 型Ⅳ式盂、A 型敦（M3042）。

第 22 组，D 型Ⅲ式绳纹鬲、Ac 型Ⅲ式豆、A 型Ⅲ式盂（M2106）。

第 23 种，B 型鼎、D 型Ⅳ式绳纹鬲、Aa 型Ⅸ式豆、Bb 型盖豆、A 型壶、A 型Ⅱ式盘（M2032）。

第 24 种，Aa 型Ⅶ式绳纹鬲、A 型Ⅳ式盂、Bb 型盖豆、A 型壶（M3019）。

第 25 种，A 型Ⅱ式鼎、A 型 V 式盂、Ac 型Ⅲ式豆、A 型Ⅱ式盖豆、B 型 I 式壶（M1009）。

第 26 种，A 型Ⅱ式鼎、D 型Ⅳ式绳纹鬲、Ac 型Ⅲ式豆、Ba 型盖豆、Bb 型盖豆、B 型 V 式盂、A 型壶、C 型敦（M3204）。

第 27 种，A 型Ⅲ式鼎、Ab 型Ⅲ式豆、B 型Ⅳ式豆、A 型壶、A 型 V 式盂（M2102）。

第 28 种，B 型鼎、D 型 V 式绳纹鬲、Aa 型Ⅹ式豆、Ac 型Ⅲ式豆、A 型Ⅵ式盂（M3041）。

第 29 种，A 型Ⅲ式鼎、Aa 型Ⅹ式豆、A 型Ⅲ式盖豆、Ca 型Ⅱ式盂、B 型 I 式壶（M1010）。

第 30 种，C 型Ⅳ式绳纹鬲、Aa 型Ⅹ式豆、A 型Ⅲ式盖豆、C 型壶（M1046）。

第 31 种，D 型Ⅵ式绳纹鬲、Aa 型Ⅹ式豆、A 型Ⅱ式盖豆、A 型 V 式盂、C 型壶（M3184）。

第 32 种，A 型 V 式鼎、Aa 型Ⅺ式豆、A 型Ⅳ式盖豆、Cb 型Ⅲ式盂、B 型Ⅱ式壶（M1008）。

上述的 32 种陶器组合依据器物组合的演变规律以及典型器物形态变化分为 11 段。

第 1 段，第 1 ～ 3 种组合，完整的组合形态为鬲、豆、罐、盂，鬲、豆、罐是常见的组合形式，盂少见。组合核心器物为鬲，并有绳纹和素面两种形制，以素面鬲为主。罐类型多样，豆类型单一。

第 2 段，为第 4、5 种组合，从整体组合到器物形态特征两方面均为上段的延续，其中豆、罐变化不大，鬲裆部变低。盂腹部变深。

第 3 段，为第 6 ～ 10 种组合，鬲、豆、罐、盂这一完整的组合形态在本段得以定型，绳纹鬲成为组合的核心，素面鬲基本不见。圜底盂是本段新出现的器类，并成为后期组合中盂的主要形态。

第 4 ～ 6 段，第 4 段（第 11、12 种组合），第 5 段（第 13、14 种组合），第 6 段（第 15、16 种组合）器物组合并未出现明显变化，始终以鬲、豆、罐、盂为基本组合，各段以器物形态的逐步演进为主。

第 7 段，第 17 ～ 22 种组合，本段开始除器物形态本身的变化外，新的器形加入到陶器组合中来，新出现鼎、盖豆、盘和敦等器类，陶鼎逐步取代鬲成为组合核心，盖豆也成为日后陶器组合的核心器类之一，而敦和盘的流行也给组合带来新的变数。

第 8 段，第 23 ～ 26 种组合，本组开始出现重大变化，陶器组合由鼎、豆、盖豆、壶、盘、匜、敦等器类成为新的组合形态，绳纹鬲、盂得以延续，但鬲已失去组合核心的地位，盂开始由圜底变为平底。由本段开始，以日常生活用具鬲、豆、罐、盂作为随葬主要器类组合发生质变，由鼎、豆、盖豆、壶、盘、匜、敦等仿铜陶礼器取代，这些器类制作粗糙，火候较低，非实用属于明器类，如陶壶，甚至出现无底的现象。

第 9 段，第 27、28 种组合，本组基本延续了上组的陶礼器组合。鼎、豆、盖豆、绳纹鬲变化明显，但无底的 A 型壶和火候极低的 B 型盖豆消失，新出现制作比较精致的 B 型壶，A 型豆和 A 型盖豆器体也变得比较厚重。

第 10 段，第 29 ～ 31 种组合，本组陶礼器组合器类有所减少，敦、盘、匜消失不见，以鼎、豆、盖豆、壶、盂为基本组合，而且器物组合整体变得厚重。

第 11 段，第 32 种组合，组合仍以鼎、豆、盖豆、壶、盂为主，虽然大多器类如豆、盖豆、壶、盂整体仍然变化不大，但作为陶礼器核心的鼎，出现明显变化，不仅鼎足由过去的高蹄足变为矮柱状足，而且整体器形变得矮小粗陋，前段制作精致的高柄豆，也明显变矮，陶礼器整体组合出现逐渐衰弱趋势。

根据以上对 32 种陶器组合和所划分的 11 段典型器类组合的综合分析，可以看出，11 段典型陶器组合的变化分别代表了不同的演变过程，据此，可将典型陶器组合分为七期，每期代表了一定的时间段（图三八三）。

# 二　墓葬分期

两醇墓地出土随葬品中以陶器为大宗且具有组合和形态的演变特征，是该墓地墓葬分期的主要依据。上述 11 期典型陶器组合具有一定的时代特征及演变规律。出土铜器等其他器类数量少、种类分散可作为墓葬分期时的补充。两醇墓地中随葬典型陶器组合的墓葬共计 208 座，参照 11 期陶器组合的综合特征，可将随葬陶器的墓葬分为七期十一段。

第一期：

第一段，11 座墓葬，计有 M3101、M3106、M3109、M3110、M3174、M3176、M3179、M3180、M3189、M3192、M3194。

第二期，分前、后两段。

第二段：3 座墓葬，M3009、M3069、M3111。

第三段：12 座墓葬，M2021、M2088、M2092、M2097、M3068、M3116、M3122、M3140、M3151、M3166、M3212、M3220。

第三期：

第四段：18 座墓葬，M2004、M2055、M2056、M2095、M2096、M3054、M3119、M3120、M3134、M3135、M3136、M3141、M3144、M3149、M3165、M3167、M3185、M3219。

第五段：24 座墓葬，M2005、M2022、M2051、M2052、M2059、M2080、M2082、M2091、M3003、M3048、M3065、M3067、M3071、M3073、M3124、M3129、M3132、M3139、M3143、M3145、M3147、M3148、M3186、M3215。

第四期：

第六段：24 座墓葬。M2014、M2015、M2020、M2025、M2026、M2058、M2063、M2064、M2065、M2067、M2069、M2094、M3026、M3044、M3045、M3051、M3052、M3055、M3059、M3060、M3083、M3097、M3113、M3133。

第七段：40 座墓葬。M2002、M2003、M2009、M2017、M2027、M2037、M2038、M2039、M2053、M2072、M2079、M2084、M2085、M2087、M2099、M2100、M2106、M2112、M3004、M3011、M3013、M3014、M3022、M3029、M3030、M3032、M3037、M3038、M3042、M3043、M3046、M3047、M3062、M3092、M3094、M3152、M3154、M3158、M3187、M3217。

第五期：

第八段：49 座墓葬。M1005、M1007、M1009、M1048、M2012、M2018、M2032、M2033、M2034、M2035、M2042、M2046、M2062、M2066、M2070、

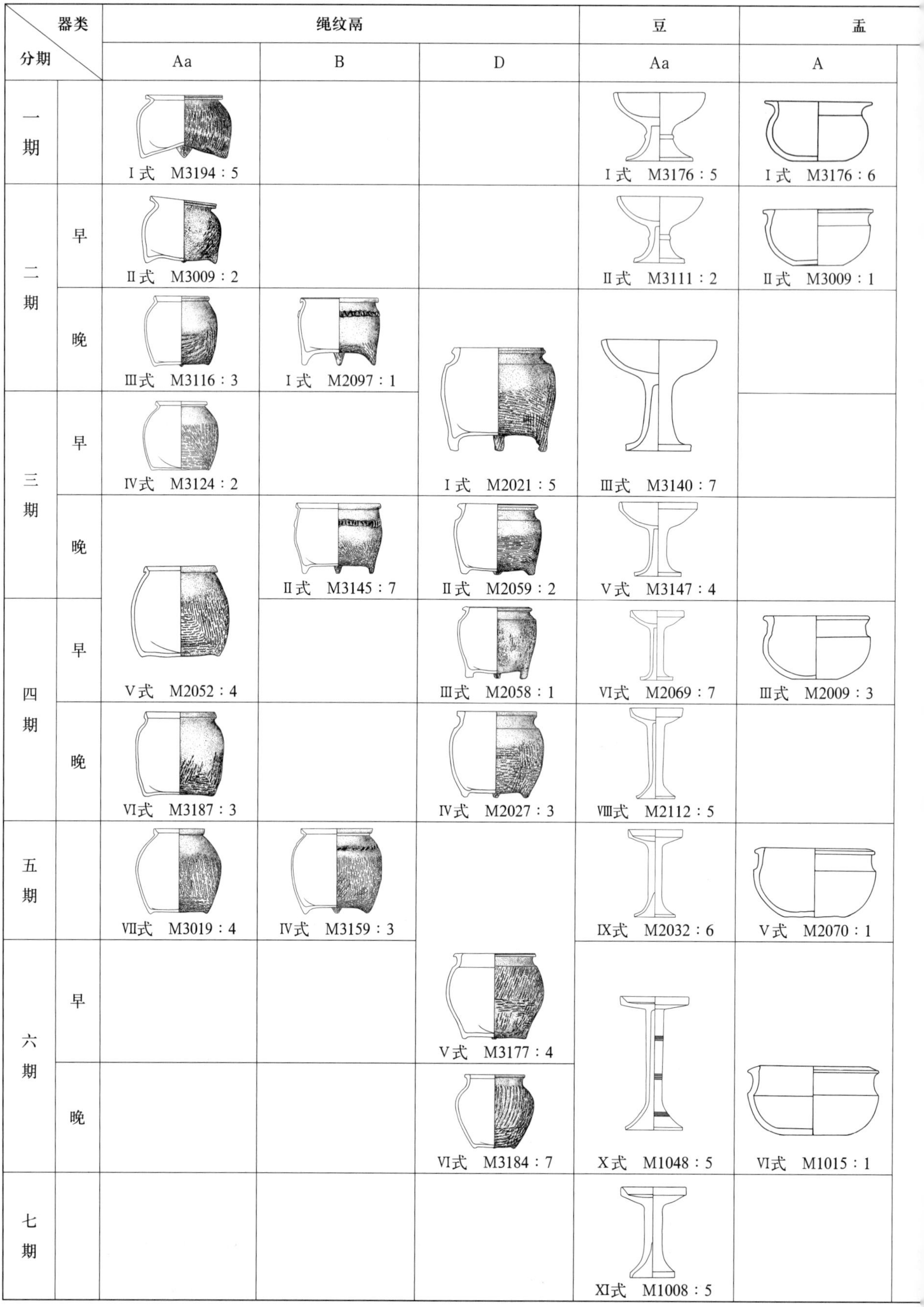

| 器类\分期 | | 绳纹鬲 | | | 豆 | 盂 |
|---|---|---|---|---|---|---|
| | | Aa | B | D | Aa | A |
| 一期 | | I式　M3194∶5 | | | I式　M3176∶5 | I式　M3176∶6 |
| 二期 | 早 | II式　M3009∶2 | | | II式　M3111∶2 | II式　M3009∶1 |
| | 晚 | III式　M3116∶3 | I式　M2097∶1 | I式　M2021∶5 | III式　M3140∶7 | |
| 三期 | 早 | IV式　M3124∶2 | | | | |
| | 晚 | | II式　M3145∶7 | II式　M2059∶2 | V式　M3147∶4 | |
| 四期 | 早 | V式　M2052∶4 | | III式　M2058∶1 | VI式　M2069∶7 | III式　M2009∶3 |
| | 晚 | VI式　M3187∶3 | | IV式　M2027∶3 | VIII式　M2112∶5 | |
| 五期 | | VII式　M3019∶4 | IV式　M3159∶3 | | IX式　M2032∶6 | V式　M2070∶1 |
| 六期 | 早 | | | V式　M3177∶4 | | |
| | 晚 | | | VI式　M3184∶7 | X式　M1048∶5 | VI式　M1015∶1 |
| 七期 | | | | | XI式　M1008∶5 | |

**图三八三　两醇墓地典型陶器分期图**

| | 鼎 | 盖豆 | 壶 | | 敦 |
|---|---|---|---|---|---|
| B | A | A | A | B | |
| | | | | | |
| | | | | | |
| I 式　M2021：3 | | | | | |
| II 式　M3166：1 | | | | | |
| III 式　M2080：1 | | | | | |
| IV 式　M3148：3 | | | | | |
| V 式　M2099：4 | I 式　M3043：3 | I 式　M2087：3 | | | A型　M3042：5 |
| VI 式　M3008：4 | II 式　M3204：13 | II 式　M1009：9 | M2115：10 | | |
| | III 式　M2102：9 | III 式　M3200：8 | | I 式　M3199：1 | B型　M2045：46 |
| VII 式　M1003：1 | IV 式　M3199：2 | IV 式　M1008：10 | | II 式　M1008：3 | |
| | V 式　M1008：1 | | | | |

M2071、M2103、M2105、M2111、M2113、M2114、M2115、M3001、M3007、M3008、3012、M3017、M3019、M3031、M3033、M3034、M3036、M3049、M3063、M3070、M3100、M3114、M3137、M3159、M3161、M3163、M3164、M3170、M3197、M3201、M3204、M3205、M3206、M3207。

第六期：

第九段：8座墓葬。M1002、M1015、M2045、M2102、M3041、M3196、M3199、M3200。

第十段：15座墓葬。M1001、M1003、M1004、M1006、M1010、M1011、M1012、M1046、M2101、M2104、M3162、M3177、M3183、M3184、M4021。

第七期：

第十一段：4座墓葬。M1008、M1016、M1018、M1053。

# 三 墓葬年代

由于地层信息和相互叠压打破关系较少，以陶器的类型学研究为基础，同时参照墓地布局、墓葬形制、分布现象、排列规律、并葬关系、个别相互打破关系以及其他类随葬品的时代特征等因素，同时与临淄周边考古资料对比以确定墓葬年代分期。

## 1. 第一期

属于本期的陶器组合主要有三种：第1种为Aa型Ⅰ式绳纹鬲、A型Ⅰ式豆、A型Ⅰ式罐、D型Ⅰ式罐；第2种，A型Ⅰ式素面鬲、A型Ⅰ式豆、D型Ⅰ式罐、A型Ⅰ式盂；第3种，A型Ⅰ式素面鬲、A型Ⅰ式豆、C型Ⅰ式罐。其基本完整的组合由鬲、豆、罐、盂构成。从随葬陶器的特征看，绳纹Aa型Ⅰ式、Ab型Ⅰ式鬲为弧裆较高、袋足肥硕，其中M3174：4与曲阜鲁故城甲组墓Ⅵ式鬲相近或略晚，M3194：5略晚于曲阜鲁故城遗址Ⅶ式陶鬲[1]，年代当为西周晚期；A型Ⅰ式素面鬲斜沿，高弧裆，有细尖实足跟，与昌乐岳家河遗址B型Ⅰ式鬲[2]（M132：2）基本一致，均具有西周晚期陶鬲的特征。Aa型Ⅰ式豆，钵形豆盘，粗柄中空，中间有一周凸棱，与昌乐岳家河周墓C型豆（M132：10）[3]相同，具有典型的西周晚期陶豆的特征；出土A型Ⅰ式盂，宽平沿、束颈、鼓腹、平底，从形制看，介于昌乐岳家河Ⅰ式盂（M118：11）[4]和章丘宁家埠甲组A型Ⅰ式盂（M51：2）[5]之间，属于西周晚期形制。

---

[1] 山东省文物考古研究所等：《曲阜鲁国故城》，第55～98页，齐鲁书社，1982年。

[2] 山东省潍坊市博物馆：《昌乐岳家河》，《考古学报》1990年第1期。

[3] 山东省潍坊市博物馆：《昌乐岳家河》，《考古学报》1990年第1期。

[4] 山东省潍坊市博物馆：《昌乐岳家河》，《考古学报》1990年第1期。

[5] 济青公路文物考古队宁家埠分队：《章丘宁家埠发掘报告》，《济青高级公路考古发掘报告集》，齐鲁书社，1993年。

本期年代当为西周晚期。

2. 第二期

分早、晚两段。

早段：本段从器物组合和器形演变上具有明显延续性和过渡性的特征。组合主要包括 Aa 型Ⅱ式绳纹鬲、A 型Ⅱ式盂和 Aa 型Ⅱ式豆。Aa 型Ⅱ式绳纹鬲较一期裆部变低，袋足变瘦直；A 型Ⅱ式盂沿变窄平，腹部变深；Aa 型Ⅱ式豆相较早期变化不大，豆柄略变高。从器物形态看，本期器物略晚于第一期，其年代定为春秋早期早段。

晚段：鬲、盂、豆、罐的陶器组合方式在本段定型，并长期延续。主要器物包括 Aa 型Ⅲ式、B 型Ⅰ式、C 型Ⅰ式、D 型Ⅰ式绳纹鬲，B 型Ⅰ式盂，Aa 型Ⅲ式豆，B 型Ⅱ式、D 型Ⅱ式罐。素面鬲基本消失，绳纹鬲取代素面鬲成为核心。本段绳纹鬲以 Aa 型Ⅲ式为主要形态，并新出 B 型Ⅰ式、C 型Ⅰ式、D 型Ⅰ式鬲，D 型鬲与 Aa 型鬲并行发展，并在后期成为组合中陶鬲的主要形态。陶鬲比较明显的共性在于裆部较低，弧裆近平。Aa 型Ⅲ式鬲与昌乐岳家河 B 型Ⅳ式陶鬲及章丘宁家埠甲组墓 A 型Ⅱ式素面鬲形制类同，C 型Ⅰ式鬲与曲阜鲁故城甲组四期Ⅷ式鬲（M202：1）基本相同，属春秋早期形制。陶豆以 Aa 型Ⅲ式为主流，豆柄明显变高，柄中部的凸棱有的开始消失，具有春秋早期特征。陶盂不再是偶见的器形，并出现新的圜底 B 型盂，并成为后期组合中盂的主要形态。本段 B 型Ⅰ式盂尚能看到受 A 型Ⅰ式盂影响的特征，宽平沿，圆肩，鼓腹，只是肩部饰有凸棱，平底变为圜底，具有春秋早期的风格特点。本段陶器器形均具有春秋早期特点，从形制上又明显晚于早段，年代基本可确定为春秋早期晚段。

3. 第三期

分早、晚两段。

早段：陶器组合上并没有出现变化，组合中常见 Aa 型Ⅳ式、Ab 型Ⅲ式、Ab 型Ⅳ式、B 型Ⅱ式、D 型Ⅰ式绳纹鬲，B 型Ⅲ式、B 型Ⅳ式豆，A 型Ⅱ式、A 型Ⅲ式罐，B 型Ⅱ式、B 型Ⅲ式盂等。绳纹鬲中 Aa 型Ⅳ式裆部继续变矮变平，与曲阜鲁故城甲组墓Ⅸ式陶鬲[1] 相似，只是口沿略斜，年代应较为接近而略早，属春秋中期。B 型Ⅱ式鬲袋足与实足跟内凹变浅，与新泰郭家泉墓地出土的Ⅱ式鬲[2]非常接近，年代为春秋中期。春秋早期出现的 D 型Ⅰ式鬲延续至本段。豆的柄部继续变高。B 型圜底盂由宽平沿变为斜沿，沿仍较宽，鼓腹也逐渐变为斜腹，仍可见外鼓的特征，是春秋中期的风格特点。本段陶器既保留春秋早期遗风，又有春秋中期的特征，年

[1] 山东省文物考古研究所等：《曲阜鲁国故城》，第95～98页，齐鲁书社，1982年。

[2] 山东大学历史系考古专业等：《山东新泰郭家泉东周墓》，《考古学报》1989年第4期。

代为春秋中期早段。

晚段：陶器组合仍延续鬲、盂、豆、罐的传统，主要以 Aa 型 V 式、B 型 Ⅱ 式、C 型 Ⅱ 式、D 型 Ⅱ 式绳纹鬲、Aa 型 Ⅳ 式、Aa 型 V 式豆，A 型 Ⅲ 式罐，B 型 Ⅲ 式盂为基本陶器组合。Aa 型 V 式、C 型 Ⅱ 式绳纹鬲已近平裆。D 型 Ⅱ 式鬲颈略变高，柱状足略变矮，与长清仙人台 5 号墓出土的陶鬲[1] 接近而肩腹略直，显示出略早的特征，当为春秋中期偏晚。豆的变化明显，尤其 Aa 型 V 式豆钵形豆盘外壁出现折棱，豆柄继续变高，具备春秋中期陶豆的特点。本段年代当为春秋中期晚段。

### 4. 第四期

分早、晚两段。

早段：陶器组合仍无突破。主要见 C 型 Ⅲ 式、D 型 Ⅲ 式绳纹鬲，Aa 型 V 式、Ⅵ 式、Ab 型 Ⅰ 式豆，B 型 Ⅲ 式、B 型 Ⅳ 式盂，A 型 Ⅲ 式、B 型 Ⅲ 式罐。绳纹鬲仍是器物组合的核心，D 型鬲已占据主导地位。Aa 型 Ⅵ 式、C 型 Ⅲ 式鬲裆部变低，出现腹足不分的现象。D 型 Ⅲ 式鬲腹部略鼓，颈部继续变长，柱足继续变矮。Aa 型 Ⅵ 式豆柄部变高，腹部略变浅。B 型 Ⅳ 式盂沿变窄变斜，腹基本不见外鼓。均具有春秋晚期特征，本段年代定为春秋晚期早段。

晚段：本段起陶器组合开始发生变化，虽仍以鬲、盂、豆、罐为基本组合，但出现盖豆、鼎、敦、盘等新的器形。本段常见 D 型 Ⅲ 式、D 型 Ⅳ 式绳纹鬲，B 型 Ⅳ 式、B 型 V 式盂，Aa 型 Ⅶ 式、Ab 型 Ⅱ 式豆，B 型 Ⅲ 式罐，新出现 A 型 Ⅰ 式盖豆、A 型 Ⅰ 式鼎、A 型敦及 A 型 Ⅰ 式盘。Aa 型 Ⅶ 式豆豆盘由钵形演变为盘形，豆柄也变高。Ab 型豆为本段新出现器形，应为 Aa 型豆和 B 型豆相互影响的结果，本段内其豆盘外折内弧，高柄中空。A 型 Ⅰ 式盖豆粗柄、深腹，盖厚重，开盖豆器类先河。盖豆成为日后陶器组合的主要器类之一。A 型 Ⅰ 式鼎平盖，浅腹、瘦高蹄足，长方形直立附耳，与临朐杨善公社出土的"公孙灶铜鼎"[2] 形制基本一致，同类器在淄川磁村[3]、长清仙人台 5 号墓[4] 均有出土，应为春秋晚期。鼎后期逐渐取代鬲成为组合的核心。敦和盘的出现也丰富了器物组合的种类，本期鼎形敦浅腹、瘦蹄足，整体形制与 A 型 Ⅰ 式鼎类似。本段年代当为春秋晚期晚段。

### 5. 第五期

本期开始，器物组合发生质变。鼎、豆、盖豆、壶、盘、匜、敦作为新的组合形态定型。主要见 A 型 Ⅱ 式鼎，D 型 Ⅳ 式鬲，A 型 Ⅳ 式、A 型 V 式盂，Aa 型 Ⅸ 式、

[1] 山东大学考古系：《长清仙人台五号墓发掘简报》，《文物》1998年第9期。
[2] 齐文涛：《概述近年来山东出土的商周青铜器》，《文物》1972年第5期。
[3] 淄博市博物馆：《山东淄博磁村发现四座春秋墓》，《考古》1991年第6期。
[4] 山东大学考古系：《长清仙人台五号墓发掘简报》，《文物》1998年第9期。

Aa 型 X 式、Ac 型 Ⅲ 式豆，A 型 Ⅱ 式盖豆，A 型、B 型 Ⅰ 式壶，A 型 Ⅱ 式盘等，罐基本消失。D 型 Ⅳ 式绳纹鬲仍继续存在并发展。Aa 型豆豆盘变浅，且内壁也出现折棱，豆柄继续变高，是战国早期陶豆的典型特征。A 型 Ⅱ 式盖豆豆柄变矮，腹略变浅变直，整体形制与曲阜鲁故城甲组墓 Ⅳ 式盖豆 [1] 近似，仅豆柄和盖捉手更细，年代略晚，应为战国早期。本期尚有一类火候较低的泥质红陶器物组合，有 B 型鼎、Bb 型盖豆、A 型壶和 B 型敦，其中 A 型壶无底，属于非实用的仿青铜礼器的陶明器组合。A 型 Ⅱ 式鼎腹部略扁深变直，蹄足略变矮，附耳略斜，与淄河店 2 号墓 A 型 Ⅰ 式陶盖鼎 [2] 基本一致，器形相近的铜鼎在济南左家洼 M1[3]、莱芜戴鱼池墓地 [4] 均有发现，属战国早期。同出的 Bb 型盖豆、A 型陶壶、陶敦均可与临淄地区战国早期贵族墓随葬器物对应吻合。从陶礼器组合、制作方式和器物形制看，均与临淄地区战国早期齐国大型贵族墓中所见陶礼器基本接近。本期年代应为战国早期。

6. 第六期

分早、晚两段。

早段：陶礼器组合基本延续，常见 A 型 Ⅲ 式鼎，A 型 Ⅵ 式盂，Aa 型 X 式豆，A 型 Ⅱ 式、A 型 Ⅲ 式盖豆，D 型 Ⅴ 式鬲，A 型、B 型 Ⅰ 式壶等。A 型 Ⅲ 式鼎腹部变深，底变为圜底，蹄形足变矮变粗，且明显内聚，腹部出现凸棱，鼎盖也变为弧形，与临淄单家庄 M1 出土 A 型 Ⅱ 式盖鼎 [5] 形制接近，属战国中期。A 型 Ⅲ 式盖豆豆盘变浅，豆柄明显变细，同样的器形也见于临淄单家庄 M1 陪葬坑 [6] 中。新出的 B 型陶壶制作精致，半球形圆腹，圈足较高，与临淄相家庄墓地的 C 型 Ⅰ 式壶 [7] 形制基本一致，具有典型战国中期的形制特征。D 型 Ⅴ 式鬲束颈、鼓腹、下腹急收，小实足，与临淄相家庄战国中期墓 M5 出土的 A 型 Ⅱ 式鬲 [8] 相近，相比腹部略直而足略高，年代略早。本段年代明显晚于战国早期，而具有战国中期的特征，属战国中期早段。

晚段：陶礼器组略有变化，种类有所减少。以鼎、豆、盖豆、壶、盂、鬲组合为主，主要见 A 型 Ⅲ 式、A 型 Ⅳ 式鼎，Aa 型 X 式豆，A 型 Ⅲ 式、A 型 Ⅳ 式盖豆，B 型 Ⅰ 式壶，B 型 Ⅶ 式、Ca 型 Ⅱ 式盂，D 型 Ⅴ 式、D 型 Ⅵ 式鬲等。A 型 Ⅳ 式鼎整体变低矮，腹部变深，蹄足变为矮柱状，附耳变矮，形制上与上段 A 型 Ⅲ 式鼎接近而略晚。D 型 Ⅵ 式鬲下腹内收，三足内聚，已近似陶釜，与临淄地区战国晚期的

---

[1]　山东省文物考古研究所等：《曲阜鲁国故城》，第105～107页，齐鲁书社，1982年。

[2]　山东省文物考古研究所：《临淄齐墓（第一集）》，第313～315页，文物出版社，2003年。

[3]　济南市文化局文物处：《山东济南市左家洼出土战国青铜器》，《考古》1975年第3期。

[4]　莱芜市图书馆等：《山东莱芜戴鱼池战国墓》《文物》1989年第2期。

[5]　山东省文物考古研究所：《临淄齐墓（第一集）》，第138～146页，文物出版社，2007年。

[6]　山东省文物考古研究所：《临淄齐墓（第一集）》，第138～146页，文物出版社，2007年。

[7]　山东省文物考古研究所：《临淄齐墓（第一集）》，第182～228页，文物出版社，2007年。

[8]　山东省文物考古研究所：《临淄齐墓（第一集）》，第254～274页，文物出版社，2007年。

淄河店 M67 出土的 A 型Ⅲ式鬲[1] 相比腹略斜直，足内聚略不明显，年代应略早。A型Ⅳ式盖豆腹部变浅，柄略变粗，盖捉手变矮，仍具战国中期特征。综合看来，本段年代应在战国中期晚段。

7. 第七期

本期墓葬较少，典型器物有 A 型Ⅴ式鼎，A 型Ⅳ式盖豆，Ca 型Ⅲ式、Ca 型Ⅳ式盂，B 型Ⅱ式壶，D 型Ⅵ式鬲等。A 型Ⅴ式鼎腹部下垂，呈扁圆状，柱足变矮粗，与章丘宁家埠乙组战国晚期墓葬 A 型Ⅳ式陶鼎[2] 相同；A 型Ⅺ式豆柄部由高变矮，上部变实心，中部略粗，整体器形显得厚重。B 型Ⅱ式壶由圆腹变为鼓腹，圈足变矮，弧顶盖变为折沿平顶盖，形制与战国晚期晚段的临淄单家庄 M2 出土的 C型Ⅲ式壶[3] 十分相近，具有战国末期的特征。Ca 型Ⅲ式、Ca 型Ⅳ式盂均为战国晚期齐国地区常见的陶盂形制，而 Ca 型Ⅳ式盂年代更可晚至战国末期。本期年代应为战国晚期。

两醇墓地墓葬自西周晚期一直延续至战国晚期，其间一脉相承，并无断裂与缺环。

---

[1]　山东省文物考古研究所：《临淄齐墓（第一集）》，第410～413页，文物出版社，2007年。

[2]　济青公路考古队宁家埠分队：《章丘宁家埠发掘报告》，《济青高级公路考古发掘报告集》，齐鲁书社，1993年。

[3]　山东省文物考古研究所《临淄齐墓（第一集）》，第158～174页，文物出版社，2007年。

# 第六章　结语

## 一　墓地布局

两醇墓地共发掘墓葬 322 座（含殉马坑 1 座），根据墓葬空间分布的距离远近和集结情况，两醇墓地自东向西分为四个大区，每个区根据墓葬的聚集情况又可进一步分为不同的墓组。一区自北向南分为 A、B、C、D 四组，二区可分为 A、B、C、D、E 五组，三区可分为 A、B、C、D、E、F、G 七组，四区则可分为 A、B 两组。在墓葬分期研究的基础上，可以看出墓葬分区、分组还是有一定分布规律的。一区均为战国时期墓葬，而以战国中期墓葬为主。四区均为战国中晚期墓葬，以战国晚期占绝对多数。二区墓葬年代集中在春秋中期至战国中期，具体到每个墓组则其年代基本集中在前后相继的两期，比如，A 组、C 组主要为春秋晚期至战国早期，B 组主要为战国早期至战国中期，D 组主要为春秋中期至春秋晚期，E 组主要为春秋早期至春秋晚期，空间上显示出从南向北渐晚的趋势。三区墓葬主要为西周晚期至春秋晚期，另有部分战国早中期墓葬，除 C 组墓葬年代稍显混乱，其余墓组内墓葬年代接近。A 组主要分布战国早、中期墓葬，B 组主要为西周晚期至春秋早期早段，D 组主要为春秋晚期至战国早期，E 组主要为春秋中、晚期，F 组、G 组主要为春秋中期，除了 B 组，基本上自南向北年代渐晚。

总体来看，时代最早的西周晚期墓葬均分布在三区 B 组，位于发掘区的西北部（图三八四）。春秋时期墓葬主要在整个二区及三区的中南部区域，从位置上看，主要集中于发掘区的中部（图三八五）。战国时期的墓葬在一至四区均有分布，一区、四区基本全部为战国时期墓葬，另外在二区、三区的北部分布也比较集中，整体上看，战国时期墓葬大多分布于发掘区东、西、北三面外围区域，在中部区域仅有零星分布（图三八六）。

根据对各组墓葬空间关系的观察，有些现象值得注意。三区 B 组内的墓葬时代集中在西周晚期至春秋初期，在墓葬棺椁使用、葬式、腰坑和壁龛的设置及随葬品放置及组合等方面显示出一致性，但在墓向的选择上表现出截然不同的两组，甲组为南北向（15°～345°），共计 6 座墓葬，乙组为东西向（100°～114°），共计 5 座墓葬，尽管由于该区因厂区中和池的破坏有些墓葬未能发掘，但这两组的墓葬的排列规律还是能够大致显现，甲组墓葬自南向北呈现倒金字塔形，乙组墓葬自东向西呈现类似的布局。这样看来，甲组、乙组墓葬内部关系相对接近，两组墓葬可能分别代表了不同的社会集团。春秋时期的墓葬集中分布在二区和三区的南部，以分组来看，二区 D 组、E 组，三区 E 组、F 组和 G 组大体同时而略有时间先后，就是说整个春秋时期墓葬分组聚集分布的现象明显，且墓组内的墓葬空间关系显得尤为密切。在不考虑葬制葬俗和随葬品等因素的情况下，共时背景下墓葬的分组集结或代表其分属不同的社会集团，时间的前后相继则代表了社会集团内部的传承和延续。二区 D 组墓葬年代为春秋中期至春秋晚期，在葬制葬俗、随葬品等方面并无差别，而在墓向上绝大多数墓葬为东西向，集中在 93°～115°，仅 M2048 为南北向墓葬（5°）。从年代看，自东向西显示出渐晚的趋势。墓葬的排列显示出自东向西成排分布的特点，如 M2049、M2050、M2053、M2058 组成东西一排，M2051、M2054、M2055、M2059、M2060、M2064、M2065、M2069 自东向西可分一排或两排。在分期的基础上，二区 E 组，三区 E 组、F 组和 G 组也有东西向成排分布的现象，成排的墓葬或许代表了一种更小规模的社会集团，可能是时间延续或代际传承在空间上的表现形式。这些墓葬在葬制葬俗、棺椁制度、墓葬规模和随葬品等方面表现出一致性，并没有明显的区分，在空间分布中占据优势地位的墓葬没有区别于其他墓葬的高等级随葬品或相应的高规格，随葬器物上也没有指向不同社会集团的"符号"或文字。这样一来判断墓葬区组所代指社会集团性质的考古学信息似乎中断了。相似的考古材料或许能给我们解决问题提供一些有益的线索，有考古学者对殷墟西区墓地进行了综合分析，认为其为多个族聚族而葬所形成，其中分区代表较大的社会集团——族，分组则为其下更低的人们共同体——分族[1]。两醇墓地的社会集团性质很可能与之类似，其所代表的社会集团也可能与族有关。

除却空间布局与墓葬年代上的存在相互对应之外，墓葬间相互打破关系非常少见，我们不能将之理解为偶然现象或特殊巧合。除了墓上标识和墓地管理，很难想象有别的原因会导致出现这种现象。据《周礼·春官》所载，"冢人"和"墓大夫"分别负墓地管理之责。冢人所掌为王或诸侯之"公墓"，规格高而排列有序，墓大夫所掌之邦墓则被认为是一般贵族和平民墓地。"公墓"和"邦墓"多被认为是《周礼》中记载的"族坟墓"的两种表现形式。《周礼·地官·大司徒》"以本俗六安万民：一曰媺宫室，二曰族坟墓……"。郑玄注："族犹类也，同宗者，生相近，死相迫。"族坟墓制度被认为是西周宗法制度在丧葬制度上的反映。"墓大夫掌凡邦墓之地域，为之图，令国民族葬，而掌其禁令，正其位，掌其度数，使皆

---

[1]　韩建业：《殷墟西区墓地分析》，《考古》1997 年第 1 期。

有私地域"。其中给我们的启示是，反映宗法制度的族墓地，重点关注葬制葬俗中的"位、度、数"。"正其位"则指"宗法"所反映的天然伦理之位，即长幼有序，嫡庶有别。度或指墓葬方向，以别族属。数指墓葬大小规格，或反映其世俗社会地位。

如果将这种墓葬空间集结和成排分布所昭示的社会集团视作"族"，那么两醇墓地也不是单一家族墓地，这里指的不仅是历时性的（即历史原因导致的人群变化），也是共时性的，即在同一段时间内，本墓地内也不是单纯的族墓地，而是由多个不同的家族墓地共同构成的。或许，邦墓并不单单是血缘性和宗法性的，"实际可以看作是超越了血缘纽带的地缘性墓地，这应该与居住形式反映的情况是一致的。"[1]《逸周书·大聚》载"以国为邑，以邑为乡，以乡为闾……男女有婚，坟墓相连，民乃有亲……"两醇墓地可能正是这种"坟墓相连，民乃有亲"的现实反映，即应是由不同家族（社会集团）墓地构成的地缘性墓地。

战国时期墓葬主要在墓地外围，虽仍有分组集结的现象，与春秋时期相比呈现出散布的特征，相互之间的空间关系并不密切。整体散布的现象中呈现出另一种分布规律，即成组、成排的组群基本消失，与之同时，两墓并葬的现象增多。一区和四区基本为战国时期墓葬，从位置上看属于并葬关系的有一区9组19座墓葬，四区6组13座墓葬。二区的M2114与M2115一组墓葬可确定为战国时期的并葬墓。并葬墓的数量占战国时期墓葬总数的37.4%。这种情况反映了墓地背后的社会集团（族）规模变小且变得更加松散，以往社会集团内起到连接作用的制度性纽带似乎失效。男女并葬墓的发展强调的是社会集团内部对偶制核心家庭的地位。这样看来，对偶制核心家庭与宗法制之间似乎存在一种竞争关系。核心家庭地位的提高对宗法制形成了某种不可避免的冲击。

## 二　葬制葬俗

墓地以长方形土坑竖穴墓为主，仅发现11座土坑竖穴洞室墓。墓葬以东西向为主，共290座，其中墓主头向东的约有282座，头向西者共计8座，南北向墓葬共计30座，有2座头向南，其余头向北。南北向墓葬在三区B组分布最为集中，可辨别年代者主要集中在西周晚期至春秋初期。

可辨别墓主骨架和葬式者共计273座，其中仰身直肢者共计254座，占93%以上，另有少量侧身屈肢葬和仰身屈肢葬。

骨架保存较好可提供性别或年龄鉴定信息的共有146座墓葬，占45.5%（图三八七；表一。墓主骨骼由中国社会科学院考古研究所韩康信研究员、北京大学郑

---

[1]　张礼艳：《丰镐地区西周墓葬研究》，吉林大学博士论文，2015年。

晓瑛博士在 1992 年鉴定）。其中性别明确者 125 例，鉴定率为 85.6%，年龄明确者 101 例，鉴定率为 69.2%。可鉴定性别者中男性共计 81 例，占 64.8%，女性个体共计 44 例，占 35.2%。男女性别比为 1.84∶1，性别比例存在严重不平衡的现象。性别明确的墓葬中时代明确的共计 83 座，若以春秋晚期为界，前、后两段性别存在明显差异，前段男性 36 例，女性 19 例，性别比为 1.89∶1，基本接近前值，后段战国时期男性为 13 例，女性为 15 例，性别比为 0.87∶1，相比前值出现较大反转。结合随葬品的情况来看，在西周晚期至春秋晚期两性墓葬随葬品基本没有差异，而到战国时期，男、女性墓葬随葬品开始出现分化，在随葬陶礼器方面两者基本一致，分别有 2 座男性墓、3 座女性墓随葬陶礼器。而在铜兵器方面，男性墓计 7 座，女性墓仅有 1 座，且为铜剑或铍的尖部，说明男女在财富分配和世俗地位上可能差异较小，而与女性相比，男性则涉及了另一重军士身份。春秋之前男女性别比失调应该有深层次复杂的社会背景，需要进一步探讨。而到战国时期，性别比趋于平衡且出现了比例的反转可能与军事战争有关，造成这种现象的具体原因可能有很多，比如对于阵亡将士就近埋葬或不同的埋葬习俗等会导致墓地内男性人口减少；军士出征后随军迁徙或者获得军功后的地位升迁等都可能导致男性参军人口脱离故土从而使男性墓主比例下降。两醇墓地死亡年龄主要集中在青年期、壮年期和中年期，而以中年期最多，其次为壮年期和青年期，偶见未成年和婴幼儿个体，至老年死亡的个体极少，仅有 3 例。基本不见未成年墓葬和婴幼儿墓，可能也反映了当时社会对婴幼儿与成人死亡有着不同的理解与埋葬方式。

　　除去 2 座瓮棺葬外，可辨木质葬具者共计 271 座，仅 1 座为一棺双椁，其余皆为一棺（144 座）或一棺一椁（123 座）。有在木质葬具外填充河卵石者，一般习称积石墓。

表一　两醇墓地人口统计表

| 年　龄 | 男 | 女 | 性别不明 | 合　计 |
|---|---|---|---|---|
| 未成年（＜15岁） | 2（2.5%） | 0（0%） | 2（9.5%） | 4（2.7%） |
| 青年期（15～25岁） | 3（3.7%） | 5（11.4%） | 3（14.3%） | 11（7.5%） |
| 壮年期（25～35岁） | 12（14.8%） | 10（22.7%） | 4（19.0%） | 26（17.8%） |
| 中年期（35～55岁） | 39（48.1%） | 14（31.8%） | 4（19.0%） | 57（39.0%） |
| 老年期（＞55岁） | 0（0%） | 2（4.5%） | 1（4.8%） | 3（2.1%） |
| 成年（具体年龄不详） | 25（30.9%） | 13（29.5%） | 7（33.3%） | 45（30.1%） |
| 合　计 | 81（100%） | 44（100%） | 21（100%） | 146（100%） |

墓地流行腰坑及殉狗葬俗（表二）。带腰坑的墓葬共发现 34 座。腰坑一般位于墓底墓主腰部位置，多为长方形或椭圆形浅坑，其内多为殉狗，殉狗头向与墓主头向大多相反，个别相同。腰坑在春秋时期盛行，至战国中期基本消失。战国时期个别腰坑内放置陶豆盘。除却腰坑殉狗之外，下葬过程的其他阶段也有殉狗现象，墓葬填土或二层台上也可见到殉狗现象。

带壁龛的墓葬共发现 37 座（表三）。其中西周晚期的 10 座墓葬中有 8 座设置壁龛，其壁龛位置固定，均位于墓主的头部一侧，其内放置随葬器物且多伴出牲肉。壁龛一直延续至战国晚期，但自春秋早期始设置壁龛的墓葬比例便大幅度降低，壁

### 表二　腰坑殉狗统计表

| 墓号 | 腰坑 | 殉狗 | 方向 | 墓号 | 腰坑 | 殉狗 | 方向 |
|---|---|---|---|---|---|---|---|
| M1002 | 有 | 不详 |  | M3101 | 有 | 不详 |  |
| M1009 | 有 | 不详 |  | M3114 | 有 | 不详 |  |
| M2018 | 有 | 有 | 不详 | M3116 | 有 | 有? | 不详 |
| M2022 | 有 | 不详 |  | M3120 | 有 | 不详 |  |
| M2026 | 无 | 有 | 向左 | M3122 | 有 | 有 | 不详 |
| M2037 | 无 | 有 | 不详 | M3124 | 有 | 有 | 不详 |
| M2042 | 有 | 不详 |  | M3126 | 有 | 有 | 相反 |
| M2058 | 有 | 有 | 不详 | M3132 | 有 | 有 | 不详 |
| M2061 | 有 | 不详 |  | M3141 | 有 | 不详 |  |
| M3033 | 有 | 有 | 相同 | M3143 | 无 | 有 | 相同 |
| M3034 | 有 | 不详 |  | M3149 | 有 | 有 | 相反 |
| M3043 | 有 | 不详 |  | M3165 | 有 | 有 | 不详 |
| M3048 | 有 | 不详 |  | M3173 | 有 | 不详 |  |
| M3060 | 有 | 有 | 相同 | M3174 | 有 | 有 | 相反 |
| M3062 | 无 | 有 | 相反 | M3179 | 有 | 有 | 不详 |
| M3065 | 有 | 不详 |  | M3180 | 有 | 不详 |  |
| M3068 | 有 | 有 | 不详 | M3207 | 有 | 有 | 相反 |
| M3073 | 有 | 有? | 不详 | M3212 | 有 | 有 | 相反 |
| M3083 | 有 | 不详 |  | M3220 | 有 | 有 | 不详 |
| M3100 | 无 | 有 | 不详 |  |  |  |  |

龛位置也发生变化，位于头部者极少，多位于墓主身体左右两侧，而以右侧居多，少量墓葬左右均设置壁龛。也有极少设置于墓主脚部。

墓内殉狗和设置壁龛是齐地传统，在历史发展过程中，两者发生了分化，殉狗习俗被各个阶层普遍认可，且在贵族墓葬中得以加强。目前齐地东周贵族墓葬常见殉牲现象，多为殉狗，贵族墓葬殉狗数量较多，多见于二层台或棺椁顶部，有的专门设殉坑埋葬。而小型墓葬殉狗数量不多，一条者居多，多置于椁底腰坑内，有的也在棺椁顶部埋葬殉狗。而壁龛在中小型墓葬中得以保留并延续，贵族墓多在器物坑或宽大二层台上随葬器物，极少采用壁龛。

两醇墓地部分墓葬存在设置棺底箱随葬器物的现象。墓地中所见的现象是随葬

## 表三 两醇墓地壁龛统计表

| 壁龛数量 | 墓号 | 墓向 | 壁龛位置 | 方位关系 |
|---|---|---|---|---|
| 1 | M1003 | 90° | 东壁 | 头部 |
| 1 | M1004 | 110° | 西壁 | 脚部 |
| 1 | M1008 | 103° | 北壁 | 右侧 |
| 1 | M1009 | 150° | 北壁 | 右侧 |
| 1 | M1012 | 102° | 东壁 | 头部 |
| 1 | M1014 | 104° | 北壁 | 右侧 |
| 1 | M1016 | 15° | 西壁 | 右侧 |
| 1 | M1046 | 100° | 东壁 | 头部 |
| 1 | M1048 | 10° | 东壁 | 头部 |
| 1 | M2088 | 95° | 北壁 | 右侧 |
| 1 | M3068 | 100° | 北壁 | 右侧 |
| 1 | M3101 | 345° | 北壁 | 头部 |
| 1 | M3106 | 10° | 北壁 | 头部 |
| 1 | M3109 | 7° | 西壁 | 右侧 |
| 1 | M3110 | 15° | 北壁 | 头部 |
| 1 | M3111 | 5° | 北壁 | 头部 |
| 1 | M3114 | 80° | 北壁 | 右侧 |
| 1 | M3116 | 93° | 北壁 | 右侧 |
| 1 | M3119 | 88° | 南壁 | 左侧 |

| 1 | M3120 | 86° | 北壁 | 右侧 |
|---|---|---|---|---|
| 1 | M3149 | 88° | 北壁 | 右侧 |
| 1 | M3151 | 92° | 南壁 | 左侧 |
| 1 | M3179 | 108° | 东壁 | 头部 |
| 1 | M3180 | 114° | 东壁 | 头部 |
| 1 | M3183 | 100° | 东壁 | 头部 |
| 1 | M3184 | 100° | 北壁 | 右侧 |
| 1 | M3189 | 10° | 北壁 | 头部 |
| 1 | M3192 | 100° | 西壁 | 脚部 |
| 1 | M3194 | 290° | 西壁 | 头部 |
| 1 | M3196 | 95° | 南壁 | 左侧 |
| 1 | M3212 | 273° | 西壁 | 头部 |
| 1 | M3219 | 110° | 北壁 | 右侧 |
| 1 | M3220 | 86° | 南壁 | 左侧 |
| 2 | M1006 | 105° | 南壁、北壁 | 左、右两侧 |
| 2 | M2104 | 110° | 南壁2 | 右侧2 |
| 3 | M1007 | 107° | 南壁1、北壁2 | 左1、右2 |

器物放置于墓主骨架底部。这种现象在曲阜鲁故城有过发现，“虽然葬具已朽，棺的具体结构已无法搞清，但也应是棺分两层，上层放死者，下层无底，罩住放在椁底上的器物。”[1]之所以可以如此推断，得益于新汶县曾发现未腐的棺底箱实物资料。两醇墓地所见的现象与之是一致的，可以断定为是棺底箱无疑。自春秋晚期始见，战国早期流行，战国中晚期逐渐消失。底箱中一般放置成组的陶器，同出的铜兵器、铜带钩等一般置于墓主身侧而不在底箱内。现有资料看来，山东地区的齐、鲁等国基本同时出现棺底箱随葬器物的现象，至于这种葬俗的起源则需要更多的考古资料进行研究。

自春秋晚期开始，齐国地区部分贵族墓葬出现构筑石椁的现象，至战国早期，这种葬俗在齐国大、中型贵族墓中普遍流行，并延续至战国中晚期。其做法大致相同，多数是椁室修筑好后底部先平铺一层石块或卵石，而后紧贴四壁垒砌数层自然

---

[1]　山东省文物考古研究所等：《曲阜鲁国故城》，第92页，齐鲁书社，1982年。

石块构成石椁，其间以河卵石填充，然后放置木棺椁。石椁多与二层台齐平。有的墓葬石椁略有不同，有的在石椁外二层台上也铺设一圈石块，有的木椁与椁室壁之间并非垒砌石块而是均填充河卵石。从其构筑方式看，石椁并不具备任何防盗功能，或许是一种礼制意义的反映。迄今所见最早的齐国石椁墓是临淄齐故城东周 5 号墓 [1]，或为春秋晚期的国君墓葬，战国早期以后，目前考古所见齐国大、中型贵族墓葬无一例外的构筑石椁，相比而言，中小型墓葬中石椁少见，这正是石椁礼制意义的实证。

　　两醇墓地共发现 14 座积石墓，均在棺椁外填充卵石，一般与椁的高度大体相等或略高，二层台也铺设卵石。主要流行是在战国中期，至战国晚期消失。积石墓的规格较一般墓葬略大，长度多在 2.5 米以上，随葬品也较为丰富，陶器组合完整度较高，有的随葬部分铜兵器（剑、戈、铍）或水晶饰品等，或出土滑石制棺饰件，显示出墓主略高的身份地位。小型积石墓出现、流行的时间均略晚于大型贵族墓，仅以卵石填充木质棺椁外侧，在同一墓地中积石墓墓主地位略高，可能是对贵族墓葬中构筑石椁的一种模仿和学习，属于自上而下的文化传播。

　　墓地中共发现洞室墓 11 座，均为长方形竖井式墓道，多为直壁平底，墓室均在墓道长边一侧横向掏挖而成，与墓道长度基本相同，平面看基本呈“日”字形。墓室正面为弧顶或斜形拱顶，侧剖面呈外侧高内地渐低的弧顶形。墓室底部与墓道底部基本一致或略低。能确认葬具者均为一棺。均葬一人，基本为仰身直肢，仅 M1018 为侧身屈肢。墓主头向与墓道方向保持一致。洞室墓一般无随葬品，或仅随葬 Ca 型Ⅳ式陶盂。墓葬年代一致，应是战国晚期至战国末集中出现。葬制葬俗和随葬品组合发生了显著的变化，最大可能的原因是人群变动，这种变动可能与战国末期的社会动荡有关。在齐文化的传统中，并不见洞室墓这种葬俗，与同时期比较流行洞室墓的秦文化洞室墓风格迥异，而随葬的陶盂明显是齐地长期流行风格的延续，这批洞室墓墓主人群的来源则是需要探究的问题。

## 三　器用制度

　　鬲、盂、豆、罐的陶器组合自西周晚期持续到春秋中晚期，持续时间长，组合器物基本稳定。完整组合形式一般表现为鬲 1，盂 1，豆 2，罐 1 或罐 2。综合齐地西周早期至西周晚期的墓葬材料来看，鬲、盂、豆、罐的器物组合应是由西周早期至西周中期的鬲、簋、罐或鬲、簋、豆、罐组合演变而来，至西周中晚期盂才逐渐取代簋的地位，整体与丰镐地区周人墓的器物组合及演变是相同的。与之同时，齐

---

[1]　山东省文物考古研究所：《齐故城五号东周墓及大型殉马坑的发掘》，《文物》1984 年第 9 期。

地还流行另一种风格差异较大的器物组合，即偶数的鬲、豆、豆式簋、罐组合，反映的是当地夷人传统。葬制葬俗一般被认为是族群中比较稳定的因素，这两种风格迥异的陶器组合传统背后所代表的人群可能存在差异。两醇墓地墓主可能与来自中原的周人关系密切。

西周晚期至春秋中期，陶器组合基本为实用器具，鬲作为炊器，豆、盂作为食器，罐指向盛器，这代表了最基本的食物生产、消费链条。鬲主要有绳纹鬲和素面鬲两种形式，素面鬲被视为鲁北地区东夷人的传统，然而采用周式连裆鬲的制作方法，仅保留素面作风。素面鬲在西周中期之后逐渐内化为"齐文化"的特征之一，并失去其作为族群表征的意义。陶盂形制与其他地区差异较大，具有浓厚的地方风格。西周晚期开始进入陶器组合，但并没有流行，春秋早期之后，开始成为组合的常数之一。

仅统计随葬陶器的墓葬（包含未修复者），陶器组合中盂出现几率为 76.2% 以上，仅次于陶豆（79.2%）。在随葬单件（类）器物的墓葬中，随葬陶盂者占比达 55.6%，是所有器物中最高的，豆其次，为 19.4%。综合来看，在随葬品选择上，豆、盂所代表的食器优先级高于炊器（鬲占 64.6%）和盛器。豆、盂两种不同器形代表不同的使用场景和使用方式，如果器物组合的完整度能一定程度反映墓主财富和地位，那么盂在更底层的墓葬中显得更加不可或缺，一定程度反映其被视为基本食器的地位，而豆在器物组合中更加稳定和常见，也可能说明豆代表了稍高层级的使用场景。

春秋晚期至战国早期器物组合开始发生变化，新出现了盖豆、鼎、敦、壶、盘、匜等器形。与之同时，陶鬲、盂、豆等器物发展序列清晰，一脉相承，并无缺环与断裂，说明这并不是人群的变动引起的组合突变，更可能是深层次的社会变革背景的反映。陶敦以两半球上下扣合为完整的球形为基本特征，足和耳均为环状，形制基本完全仿制铜器，球形敦是春秋时期楚国首创。足部的不同是齐、楚的最大区别，楚以柱状足或蹄形足为主，而齐则以环形足为基本特征，从形制上看，齐国地区球形敦产生受到了楚文化的影响，而在传播过程中形成了自身的风格特征。

战国时期完整的器物组合以鼎、鬲、盂、豆、盖豆、壶、盘、匜为代表，器物组合的丰富和扩大化，从功能上代表了更加完善的食物生产、消费链条，最为直观的反映是墓主生前财富的增加。而仿铜陶鼎、盖豆、壶、敦等一般被赋予礼制意义，墓地出土以 B 型鼎、Bb 型盖豆、A 型壶（无底）、B 型 II 式敦为代表的一类非实用陶礼器组合，更加印证了这种判断。仿铜陶礼器组合在齐国贵族墓葬中比较普遍，也显示出了一定的规范[1]。本墓地中的组合基本为鼎 1、盖豆 2、壶 2、敦 2，未有超

[1]　山东省文物考古研究所：《临淄齐墓（第一集）》，文物出版社，2007年。

越者，从器用制度上看应属"士"。这或许是墓主身份地位的一种象征，而在器用制度并不严格的战国时期，这也可能表示财富增加导致的墓主需要身份认同的一种政治诉求。另一值得注意的现象是器物组合完整性的差异化扩大，可能反映了地缘组织内部贫富差距或社会地位差距的增大。

两醇墓地自西周晚期开始均为中小型墓葬，属一般平民，至春秋中期出现随葬1件铜鼎的士一级小贵族墓（M2004），同时随葬戈、镞等青铜兵器。至战国早期出现一批随葬青铜兵器的墓葬，共计22座，其中战国早期14座，战国中期8座。兵器以铜戈、剑、铍居多，另有铜镞、矛等。组合配备以剑（铍）、戈同出为主，剑（铍）、戈单独随葬也较常见。与兵器共出的陶器组合完整度差异较大，与仿铜陶礼器组合并没有明确的对应关系，说明其与墓主在社会集团中的社会地位并无直接关联。兵器随葬直观反映出墓主的军旅生涯和军士身份。这种情况自春秋中晚期开始萌芽，至战国时期数量增多。同样的情况在昌乐岳家河、章丘宁家埠等墓地中也有发现。可能说明随着国家武装力量的不断扩大需要武装力量来源的也在增加。

淄河谷地为齐国都城临淄向南通过泰沂山脉进入鲁南的重要通道，经此可入鲁境。战国时期，齐国在战略上向鲁南扩张，并与楚、吴、越等不断发生战争摩擦，泰沂山脉作为防卫屏障保护齐国腹地，在其间重要通道处增加军事力量也是整体战略的需要。两醇墓地临近淄河，黄山山脉和泰山余脉夹淄河呈喇叭口，墓地正处喇叭口外缘，北上即入鲁北平原，10余千米即到都城临淄。这里可说是都城临淄在淄河谷地上的最后一道天然屏障。

# 四　余论

自西周晚期至春秋中晚期，作为反映了地缘性居住情况的邦墓，两醇墓地整体上显示出稳定性和延续性的特征。器物组合整体稳定，且不同墓葬之间器物组合的完整度差异化很小。可能代表了墓主生前所处的地缘性组织相对比较稳定、公平。自春秋晚期开始，墓地布局、随葬品器物组合及葬制葬俗等方面开始发生变化。

墓地布局的变化反映出社会集团向小型化方向发展，其内社会结构也趋向分散，同时对偶制核心家庭的地位得以提升。这可能代表了社会生产关系的转变，即从大规模的集体劳动转向小规模的家庭作业，家庭逐步成为主力的社会生产单元。这可能与春秋战国时期齐国改革有关，管仲改革的重要内容之一便是"相地而衰征"，其核心内容有二，即"均地分力"与"与之分货"。"均地分力"是改革的第一环，就是把公田（徭役田）分配给农户耕种，变集体劳作为一家一户的分散经营。"与之分货"则是一种社会再分配，就是按土地质量测定粮食产量，把一部分产品交给国家，其余部分留用。墓地布局的变化符合由集体劳作到个体独立生产的社会背景。

　　器物组合的变化，更准确的说是器物组合的扩大化，反映出社会财富的增加。基本的趋势是壶取代罐，而鼎、盖豆、敦、盘、匜等器形成为组合的主要成员。组合扩大的最直观原因是墓主生前财富的增加。这正是改革的结果，土地私有和实物赋税，使得劳动者不再进行不情愿的集体劳作，满足了自私性的需求，大大提高了劳动者的积极性，使得社会生产力得以解放，社会物质财富普遍增加。陶器组合的完整度在这一时期差距变大，与西周春秋时期相对比较公平的情况（仅指墓群所对应的地缘性组织）形成鲜明对比，墓主的贫富差距在这时被拉大了，也应该是社会变化改革的结果。

　　同时，春秋晚期之后，尤其是战国时期，墓地流行随葬陶礼器现象，随葬的陶鼎、敦、壶、盖豆等一般为非实用的仿铜陶礼器，在礼制规范下的器用制度中，两醇墓地中所见的配置一般被认为是"士"级享用的规格。平民墓葬中随葬陶礼器的现象在战国时期比较流行，在礼制方面来看，这是一种典型的"僭越"行为。战国时期，自上而下的僭越现象在整个社会中普遍存在。在新的社会生产关系下，礼制的约束效力在下降，而社会财富的增加导致人们通过这样一种形式来表达对于身份认同的心理需求，这种在礼制混乱甚至失去效用的情况下，仍用礼制的话语诉说需求的矛盾现象，或许正是变革时期的特征。

# 附表 两醇墓葬登记总表

| 墓号 | 墓向（度） | 长×宽－深（米） | 形制 | 二层台 | 壁龛 | 腰坑 | 脚窝 | 填土 | 葬式 | 年龄 | 性别 | 葬具 |
|---|---|---|---|---|---|---|---|---|---|---|---|---|
| M1001 | 104 | 口2.56×1.33－0.44<br>底2.84×1.47－3.54 | 口小底大 | 熟 | 无 | 无 | 无 | 细五花土 | 仰直 | 中年以上 | 男 | 一棺 |
| M1002 | 72 | 口2.45×1.29－0.75<br>底2.44×1.27－3.63 | 直壁 | 熟 | 无 | 有 | 无 | 黄褐色沙土，夯 | 仰直 | 35～40岁 | 不详 | 一棺一椁 |
| M1003 | 90 | 口2.40×1.01－0.40<br>底2.62×1.30－2.80 | 口小底大 | 无 | 有 | 无 | 无 | 黄褐色花土 | 仰直 | 35～40岁 | 男 | 一棺 |
| M1004 | 110 | 口2.25×0.90－1.18<br>底2.25×0.93－2.90 | 口小底大 | 熟 | 有 | 无 | 无 | 黄褐色花土 | 仰直 | 不详 | 不详 | 一棺 |
| M1005 | 110 | 口2.45×1.10－0.80<br>底2.75×1.35－3.70 | 口小底大 | 生 | 无 | 无 | 无 | 褐色花土 | 仰直 | 35～40岁 | 男 | 一棺一椁 |
| M1006 | 105 | 口2.85×1.28－0.80<br>底3.04×1.45－5.40 | 口小底大 | 积石 | 有 | 无 | 无 | 褐色黄花土 | 不详 | 不详 | 不详 | 一棺 |
| M1007 | 107 | 口2.85×1.72－1.50<br>底2.85×1.72－5.75 | 直壁 | 积石 | 有 | 无 | 无 | 黄褐色花土 | 仰直 | 约50岁 | 女 | 一棺一椁 |
| M1008 | 103 | 口2.90×1.62－0.70<br>底3.25×1.94－6.80 | 口小底大 | 积石 | 有 | 无 | 无 | 黄褐色土与细沙土 | 仰直 | 不详 | 不详 | 一棺一椁 |
| M1009 | 150 | 口3.00×1.75－0.50<br>底3.00×1.75－5.84 | 直壁 | 积石 | 有 | 有 | 有 | 黄褐色花土 | 仰直 | >50岁 | 女 | 一棺一椁 |
| M1010 | 105 | 口3.06×2.24－0.80<br>底2.90×1.99－6.50 | 口大底小 | 积石 | 有 | 无 | 无 | 五花土、细沙土 | 仰直 | 不详 | 不详 | 一棺一椁 |
| M1011 | 105 | 口2.30×1.08－0.60<br>底2.66×1.30－3.20 | 口小底大 | 熟 | 无 | 无 | 无 | 黄褐色花土，含大量云母 | 仰直 | 成年 | 男 | 一棺一椁 |
| M1012 | 102 | 口2.43×1.16－0.45<br>底2.66×1.47－4.20 | 口小底大 | 熟 | 有 | 无 | 无 | 浅黄灰沙土 | 仰直 | 不详 | 不详 | 一棺一椁 |
| M1013 | 100 | 口2.05×0.92－0.35<br>底2.46×1.10－2.67 | 口小底大 | 无 | 无 | 无 | 无 | 黄褐色花土 | 仰直 | 壮年 | 不详 | 无葬具 |
| M1014 | 104 | 口2.15×1.10－0.36<br>底2.15×1.10－3.90 | 直壁 | 积石 | 有 | 无 | 有 | 黄褐色花土 | 仰直 | 30～35 | 女 | 一棺 |
| M1015 | 100 | 口2.35×0.98－0.50<br>底2.67×1.34－3.20 | 口小底大 | 无 | 无 | 无 | 无 | 黄褐土 | 仰直 | 中年以上 | 女 | 一棺 |
| M1016 | 15 | 口2.56×1.40－0.94<br>底2.68×1.62－5.60 | 口小底大 | 熟 | 有 | 无 | 有 | 黄褐色细花土 | 仰直 | 壮年 | 女 | 一棺一椁 |
| M1017 | 79 | 口2.00×0.85－0.60<br>底2.20×0.98－2.80 | 口小底大 | 无 | 无 | 无 | 有 | 五花土 | 仰直 | 成年 | 男 | 无葬具 |
| M1018 | 107 | 口2.10×0.95－0.25<br>底2.20×1.06－2.05 | 口小底大 | 无 | 无 | 无 | 有 | 黄花土，沙性较大 | 侧屈 | 40～45岁 | 女 | 一棺 |
| M1020 | 102 | 口2.05×0.88－0.60<br>底2.05×0.88－4.35 | 直壁 | 熟 | 无 | 无 | 无 | 黄褐色土 | 仰直 | 不详 | 不详 | 不详 |
| M1022 | 20 | 口1.80×0.92－0.60<br>底2.23×0.97－3.40 | 口小底大 | 无 | 无 | 无 | 无 | 黏褐色，夯 | 仰直 | 3～4岁 | 不详 | 一棺 |
| M1023 | 10 | 口2.35×1.00－0.70<br>底2.60×1.20－5.10 | 口小底大 | 无 | 无 | 无 | 无 | 黏褐色，夯 | 不详 | 不详 | 不详 | 一棺 |
| M1024 | 10 | 口1.90×0.97－1.17<br>底2.00×1.10－3.80 | 口小底大 | 无 | 无 | 无 | 无 | 黏褐色，夯 | 仰直 | 8～10岁 | 不详 | 一棺 |
| M1038 | 115 | 口2.48×1.25－0.65<br>底2.48×1.25－2.30 | 直壁 | 熟 | 无 | 无 | 无 | 黄褐色土 | 仰直 | 45～50 | 男 | 不详 |
| M1046 | 100 | 口2.35×1.38－0.85<br>底2.55×1.64－4.25 | 口小底大 | 熟 | 有 | 无 | 无 | 五花土 | 仰直 | 成年 | 男 | 一棺一椁 |
| M1047 | 10 | 口2.50×1.10－1.00<br>底2.50×1.10－7.00 | 直壁 | 积石 | 无 | 无 | 无 | 黄花土 | 侧屈 | 不详 | 不详 | 一棺一椁 |

| 底箱 | 殉狗 | 随葬陶器 | 其他随葬品 | 缺失器物编号及名称（编号、器物名称） | 年代 | 备注 |
|---|---|---|---|---|---|---|
| 无 | 无 | 鬲DV，盖豆AIII（2），笾（2） | 铜钺A，铜戈D | | 战国中期 | 有盖板 |
| 有 | 不详 | 鬲DV，盂AVI，豆AcIII（2） | | | 战国中期 | 有椭圆形腰坑，有底箱填土经夯打 |
| 无 | 无 | 盂BVII | 铜剑BaII，铜带钩C， | 4蚌壳 | 战国中期 | 东壁有壁龛 |
| 无 | 无 | 盂CaII | | | 战国中期 | 西壁有壁龛。陶盂内放兽骨 |
| 无 | 无 | 盂BIII，豆AaVII（2），圜底罐 | 铜钺Ba，铜带钩A | | 战国早期 | |
| 无 | 无 | 鬲DVI，盂BVII，豆AaX（3），盖豆AIII（2），陶壶BII（2） | | | 战国晚期 | 南、北壁有壁龛，积石 |
| 无 | 无 | 鬲DVI，盂AIV，豆AaX（2），盖豆AIII，陶壶BI（3），陶匜B，鼎AII | | 1小铜器，4、7陶豆（2件） | 战国中期 | 南、北壁有壁龛，北壁二壁龛。积石 |
| 无 | 无 | 鼎AV，盂CbIII，豆AaXI（4），盖豆AIV（2），陶壶BII（2），陶鬲CII | | | 战国晚期 | 北壁有壁龛，积石 |
| 无 | 不详 | 盂AV，残陶豆AcIII（2），盖豆AII（2），陶壶BI（2），罐E，鼎AII | | 1～3陶豆3件 | 战国早期 | 有腰坑，北壁有壁龛，西、南壁有脚窝，积石 |
| 无 | 无 | 鼎AIII，盂CaII，豆AaX（4），盖豆AIII，陶壶BI（2），陶匜A | 铜钺Ba | 4～6盖豆1件 | 战国中期 | 北壁有壁龛，积石 |
| 无 | 无 | 盂AVI | | | 战国中期 | |
| 无 | 无 | 盂CaII，豆AcIII（2） | | | 战国中期 | 东壁有壁龛 |
| 无 | 无 | | 铁带钩 | | | |
| 无 | 无 | | | | | 北壁有壁龛，西壁有脚窝，积石 |
| 无 | 无 | 盂AVI | | | 战国中期 | |
| 无 | 无 | 陶壶BII（2），陶豆AaX（4），盘BIII，盖豆AIV（2），鼎AV | | 11骨簪 | 战国晚期 | 西壁有壁龛，东、西、北壁有脚窝 |
| 无 | 无 | | | | | 南、北壁有脚窝 |
| 无 | 无 | 盂CaIV | | | 战国晚期 | 土坑竖穴洞室墓，南、北壁有脚窝 |
| 无 | 无 | | | | | 土坑竖穴洞室墓 |
| 无 | 无 | | | | | 填土经夯打 |
| 无 | 无 | | | | | 填土经夯打 |
| 无 | 无 | | | | | 填土经夯打 |
| 无 | 无 | | | | | |
| 无 | 无 | 鬲CIV，豆AaX（4），盖豆AIII（2），陶壶C | | 6铜戈 | 战国中期 | 东壁有壁龛，积石 |
| 无 | 无 | | 铜戈B，铜剑Ab | | 战国中期 | 积石 |

| M1048 | 10 | 口2.68×1.30-0.66 底2.75×1.32-6.50 | 口小底大 | 积石 | 有 | 无 | 无 | 五花土 | 仰直 | 不详 | 不详 | 一棺 |
|---|---|---|---|---|---|---|---|---|---|---|---|---|
| M1049 | 98 | 口2.30×0.93-0.80 底2.30×0.98-3.60 | 直壁 | 无 | 无 | 无 | 无 | 五花土 | 仰直 | 不详 | 不详 | 一棺 |
| M1050 | 21 | 口2.10×1.14-1.10 底2.08×1.12-3.70 | 直壁 | 熟 | 无 | 无 | 无 | 黄褐花土 | 不详 | 不详 | 不详 | 一棺 |
| M1051 | 10 | 口1.95×0.88-1.28 底2.1×1.92-2.05 | 直壁 | 无 | 无 | 无 | 无 | 五花土 | 仰直 | 不详 | 不详 | 一棺 |
| M1052 | 110 | 口2.10×0.88-0.50 底2.10×0.88-1.97 | 直壁 | 无 | 无 | 无 | 无 | 五花土 | 仰直 | 不详 | 不详 | 一棺 |
| M1053 | 101 | 口长2.20×0.96 底2.20×1.95-3.35 | 直壁 | 无 | 无 | 无 | 无 | 五花土 | 不详 | 不详 | 不详 | 一棺 |
| M1054 | 108 | 口2.55×1.29-0.85 底2.55×1.29-4.15 | 直壁 | 积石 | 无 | 无 | 无 | 黄褐色，夯 | 仰直 | 不详 | 不详 | 一棺 |
| M1055 | 102 | 口2.25×1.00 底2.25×1.00-0.95 | 直壁 | 无 | 无 | 无 | 无 | 五花土 | 仰直 | 不详 | 不详 | 一棺 |
| M2002 | 110 | 口2.20×0.82-0.90 底2.10×0.72-2.90 | 口大底小 | 熟 | 无 | 无 | 无 | 黄褐沙土 | 仰直 | 成年 | 女 | 一棺 |
| M2003 | 100 | 口2.10×0.90-0.57 底2.10×0.90-2.23 | 直壁 | 生 | 无 | 无 | 无 | 花土 | 仰直 | 35～40岁 | 男 | 一棺 |
| M2004 | 98 | 口3.15×2.25-1.60 底3.15×2.25-5.65 | 直壁 | 生 | 无 | 无 | 无 | 黄花土 | 仰直 | 不详 | 不详 | 一棺一椁 |
| M2005 | 102 | 口2.35×1.12-1.03 底2.35×1.12-2.64 | 直壁 | 无 | 无 | 无 | 无 | 黄褐色花土 | 仰直? | 不详 | 不详 | 一棺 |
| M2008 | 103 | 口2.71×1.48-0.82 底2.60×1.40-3.02 | 口大底小 | 熟 | 无 | 无 | 无 | 黄花土 | 仰直 | 不详 | 不详 | 一棺一椁 |
| M2009 | 118 | 口2.33×1.30-2.20 底2.36×1.29-3.45 | 直壁 | 熟 | 无 | 无 | 无 | 黄花土 | 仰直 | 成年 | 女 | 一棺一椁 |
| M2010 | 110 | 口2.10×0.86-0.85 底2.05×0.80-2.95 | 口小底大 | 无 | 无 | 无 | 无 | 黄褐色花土 | 仰直 | 30～35岁 | 男 | 无 |
| M2011 | 105 | 口1.90×0.66-0.41 底1.90×0.66-1.97 | 直壁 | 无 | 无 | 无 | 无 | 黄褐色花土 | 仰直 | 成年 | 男 | 无 |
| M2012 | 105 | 口2.10×1.54-0.95 底2.34×1.28-3.70 | 口大底小 | 生 | 无 | 无 | 无 | 花土 | 仰直 | 45～55岁 | 男 | 一棺 |
| M2014 | 106 | 口2.70×1.65-1.20 底2.31×1.40-3.5 | 口大底小 | 生 | 无 | 无 | 无 | 黄花土 | 仰直 | 不详 | 不详 | 一棺一椁 |
| M2015 | 102 | 口2.20×1.00-1.10 底2.08×0.90-2.00 | 口大底小 | 无 | 无 | 无 | 无 | 黄灰花土 | 仰直 | 成年 | 女 | 一棺 |
| M2016 | 108 | 口1.53×0.40-0.71 底1.50×0.40-1.50 | 直壁 | 无 | 无 | 无 | 无 | 灰花土 | 仰直 | 约6岁 | 男? | 一棺 |
| M2017 | 93 | 口2.20×0.76-0.85 底2.20×0.76-2.05 | 直壁 | 无 | 无 | 无 | 无 | 花土夹砂砾石 | 仰直 | 成年 | 男 | 无 |
| M2018 | 105 | 口2.55×1.40-1.00 底2.34×1.13-2.9 | 口大底小 | 无 | 无 | 有 | 有 | 花土、沙土 | 不详 | 成年 | 不详 | 一棺一椁 |
| M2019 | 105 | 口2.24×0.97-0.80 底2.10×0.72-2.44 | 口大底小 | 生 | 无 | 无 | 无 | 黄花土 | 仰直 | 成年 | 男? | 一棺 |

| | | | | | |
|---|---|---|---|---|---|
| 无 | 无 | 鼎AII，豆AaX（4），盖豆AIII（2），陶壶BI（2） | 铜环B（2），水晶环（2），玛瑙环 | | 战国中期 | 东壁有壁龛，积石 |
| 无 | 无 | | | | | |
| 无 | 无 | | | | | |
| 无 | 无 | | 玉环 | 玉环 | | 土坑竖穴洞室墓 |
| 无 | 无 | | | | | |
| 无 | 无 | 盂CaIV | | | 战国晚期 | 土坑竖穴洞室墓 |
| 无 | 无 | | | | | 积石 |
| 无 | 无 | | | | | |
| 无 | 无 | 盂BIII，豆BIV | 骨簪Aa | 2陶豆 | 春秋晚期 | |
| 无 | 无 | 豆AbII | | | 春秋晚期 | |
| 无 | 无 | 盂BII，豆AIII（2），圜底罐 | 铜鼎，石章料，石片，骨贝革皮，铜泡（4），铜盖豆A（2），铜戈AI，铜马衔（2），铜残片，铜舟，铜镞AI，铜镞AII，铜镞BII（3），铜镞BI铜镞C，石戈 | 18铜剑，19铜带钩，20铜刀削，21铜串饰一组，1～56号（1、2、16销号） | 春秋中期 | |
| 无 | 无 | 盂BIV，罐DIII | | 3陶鬲 | 春秋中期 | |
| 无 | 无 | | 骨簪（残） | 2陶豆（残） | | |
| 无 | 无 | 盂AIII，豆AcII（2） | 铜环C（6） | 4陶鬲 | 春秋晚期 | |
| 无 | 无 | | | | | |
| 无 | 无 | 盂AV | | | | |
| 有 | 无 | 鼎B，盖豆Ba（2），盘BII | | | 战国早期 | 有底箱 |
| 无 | 无 | 盂BV，豆AbI（2）， | | 3陶鬲 | 春秋晚期 | |
| 无 | 无 | 盂BV，豆AV | | | 春秋晚期 | |
| 无 | 无 | 豆AbI | | | | |
| 无 | 无 | 盂BV | | | 春秋晚期 | |
| 无 | 有 | 豆AbII（2），盖豆Ba | 铜环A，骨簪Aa，水晶串饰3 | 9水晶串饰 | 战国早期 | 墓壁有脚窝，腰坑有殉狗 |
| 无 | 无 | | | | | |

| | | | | | | | | | | | | | |
|---|---|---|---|---|---|---|---|---|---|---|---|---|---|
| M2020 | 95° | 口2.85×1.35-1.10<br>底2.00×0.80-2.50 | 口大底小 | 生 | 无 | 无 | 无 | 五花土 | 仰直 | 不详 | 不详 | 一棺<br>一椁 |
| M2021 | 105 | 口2.30×1.10-0.75<br>底2.30×1.10-3.10 | 直壁 | 无 | 无 | 无 | 无 | 黑褐色花土 | 不详 | 不详 | 不详 | 一棺 |
| M2022 | 104 | 口2.25×1.10-0.65<br>底2.53×1.37-3.35 | 口小底大 | 无 | 无 | 有 | 无 | 黄褐色花土 | 仰直 | 不详 | 不详 | 一棺<br>一椁 |
| M2023 | 103 | 口2.40×1.05-0.80<br>底2.53×1.37-2.10 | 口小底大 | 生 | 无 | 无 | 无 | 黄色细花土，含云母 | 仰直 | 40~45岁 | 男 | 无 |
| M2024 | 108 | 口2.01×0.90-0.80<br>底2.16×1.00-4.05 | 口小底大 | 无 | 无 | 无 | 无 | 黄褐色细花土，含云母 | 仰直 | 20~25岁 | 女 | 一棺 |
| M2025 | 100 | 口2.90×1.10-0.60<br>底2.92×1.31-5.70 | 口小底大 | 生 | 无 | 无 | 无 | 黄褐色花土 | 不详 | 不详 | 不详 | 一棺<br>一椁 |
| M2026 | 95 | 口3.12×1.92-0.60<br>底3.00×1.79-3.72 | 口大底小 | 熟 | 无 | 无 | 无 | 黄灰色五花土 | 仰直 | 不详 | 不详 | 一棺<br>一椁 |
| M2027 | 105 | 口2.95×1.85-0.80<br>底2.65×1.50-4.60 | 口大底小 | 熟 | 无 | 无 | 无 | 细五花土 | 仰直 | 不详 | 不详 | 一棺<br>一椁 |
| M2032 | 100 | 口3.30×2.55-0.90<br>底3.30×2.55-5.7 | 直壁 | 生 | 无 | 无 | 无 | 五花土，含沙较多，夯打 | 不详 | 不详 | 不详 | 一棺<br>一椁 |
| M2033 | 100 | 口3.40×2.20-1.07<br>底3.40×2.20-3.73 | 直壁 | 生 | 无 | 无 | 无 | 黄色花土，夯 | 仰直 | 不详 | 不详 | 一棺<br>一椁 |
| M2034 | 100 | 口3.40×2.74-1.13<br>底2.60×1.74-4.80 | 口大底小 | 生 | 无 | 无 | 无 | 黄花土 | 仰直 | 不详 | 不详 | 一棺<br>一椁 |
| M2035 | 98 | 口2.85×1.70-1.00<br>底2.85×1.70-4.45 | 直壁 | 生 | 无 | 无 | 无 | 黄花土，夯 | 仰直 | 不详 | 不详 | 一棺<br>一椁 |
| M2036 | 100 | 口2.60×1.28-1.10<br>底2.15×0.79-3.30 | 口大底小 | 生 | 无 | 无 | 无 | 黄色花土 | 仰直 | 35~40岁 | 男 | 无 |
| M2037 | 100 | 口2.41×1.26-0.65<br>底2.41×1.26-3.45 | 直壁 | 无 | 无 | 无 | 无 | 花土、沙土 | 仰直 | 30~35岁 | 男 | 一棺 |
| M2038 | 104 | 口2.45×1.07-0.83<br>底2.41×1.02-2.90 | 直壁 | 无 | 无 | 无 | 无 | 黄褐色花土 | 仰直 | 35~40岁 | 男 | 一棺 |
| M2039 | 90 | 口2.45×1.20-1.16<br>底2.45×1.20-2.85 | 直壁 | 无 | 无 | 无 | 无 | 花土 | 仰直 | 25~30岁 | 男 | 一棺 |
| M2041 | 110 | 口2.05×0.90-1.10<br>底2.00×0.85-1.40 | 直壁 | 无 | 无 | 无 | 无 | 黄褐色含黏土 | 仰直 | 16~18岁 | 女 | 无 |
| M2042 | 100 | 口3.20×2.50-1.30<br>底3.20×2.50-6.20 | 直壁 | 生、熟 | 无 | 有 | 无 | 黄土夹黑胶土 | 仰直 | 不详 | 不详 | 一棺<br>一椁 |

| | | | | | | |
|---|---|---|---|---|---|---|
| 无 | 无 | 盂BV，豆AbI（2） | | 3陶鬲 | 春秋晚期 | |
| 无 | 无 | 鬲DI，盂BI，豆AcI（2），罐DII | 骨簪Ab | | 春秋早期 | |
| 无 | 不详 | 鬲DII，豆AaV，异形罐，盂BIV | 铜带钩A | 7豆 | 春秋中期 | 有腰坑 |
| 无 | 无 | | | 1、2陶豆2件 | | |
| 无 | 无 | | | | | |
| 无 | 无 | 鬲DI，盂BV，罐BII，豆AaV | 残铜削 | | 春秋晚期 | |
| 无 | 有 | 鬲DII，盂BIII，豆AaVI（2） | | 2陶罐 | 春秋晚期 | 墓主足部有殉狗 |
| 无 | 无 | 鬲DIV，盂BV，豆AbII（2） | | | 春秋晚期 | |
| 无 | 无 | 鬲DIV，鼎B，异形盂，豆AaIX，盖豆Bb，陶壶A（2），盘AII，敦B | 骨簪Ab，骨簪B，滑石管（60），蚌鱼（4），陶俑（2），石璜（12）骨梳B，骨盒（2），滑石环B（20），骨珠（12），石蚕饰 | 5陶豆，7泥豆，13泥敦，14泥器，16、18陶俑2件，25骨器，另缺陶盖豆1件 | 战国早期 | |
| 无 | 无 | 鼎B，豆BV（2），盖豆Ba，盖豆Bb（2），陶壶A（2），敦B，陶匜A，陶盘AII | 铜钺Ba，铜戈AII | 3豆，13泥舟 | 战国早期 | 填土经夯打 |
| 无 | 无 | 盂AV，豆AbII，盖豆Bb（2），壶A | | 1陶鼎，9陶壶，10陶鬲，5、6陶豆2件，8豆盖，11陶匜，12陶敦，13牙 | 战国早期 | |
| 有 | 无 | 盂BV，豆AaX，豆AbII，盖豆Ba（3），陶壶A（2），敦B | 文蛤饰件，骨管 | 1～7陶环，11陶鼎，12陶盘，19器盖，21陶鬲，23泥盘 | 战国早期 | |
| 无 | 无 | | 铜带钩C | | | |
| 无 | 有 | 豆AbII（3） | | 4陶盂，6陶鬲 | 春秋晚期 | |
| 无 | 无 | 鬲DIII，盂AIII，豆AcII（2） | 铜带钩C | | 春秋晚期 | |
| 无 | 无 | 盂AIII，豆AaV（2） | | 3陶鬲（残） | 春秋晚期 | |
| 无 | 无 | | | | | |
| 无 | 不详 | 盂AV，陶壶BI（2），陶舟 | 滑石环A（4）滑石环B（31），滑石管（14），铜环C（6） | 2、3、12、14陶豆4件，4陶盘，8骨簪，5石珠 | 战国中期 | 有腰坑 |

| 墓号 | | 尺寸 | | | | | | 填土 | 葬式 | 年龄 | 性别 | 葬具 |
|---|---|---|---|---|---|---|---|---|---|---|---|---|
| M2045 | 98 | 口2.85×1.90-0.90<br>底2.70×1.75-4.20 | 口大底小 | 熟 | 无 | 无 | 无 | 黄褐色细花土 | 仰直 | 不详 | 不详 | 一棺一椁 |
| M2046 | 105 | 口2.90×1.90-0.85<br>底2.75×1.90-4.20 | 口大底小 | 熟 | 无 | 无 | 无 | 黄褐色花土 | 仰直 | 不详 | 不详 | 一棺一椁 |
| M2048 | 5 | 口2.00×0.90-0.45<br>底2.30×1.20-3.20 | 口小底大 | 无 | 无 | 无 | 无 | 黄花土 | 仰直 | 成年 | 男 | 一棺 |
| M2049 | 115 | 口2.68×1.80-0.40<br>底2.36×1.46-4.50 | 口大底小 | 生、熟 | 无 | 无 | 无 | 黄褐土夹砂夹黏土 | 仰直 | 不详 | 不详 | 一棺一椁 |
| M2051 | 100 | 口2.15×0.70-0.70<br>底2.15×0.70-2.90 | 直壁 | 无 | 无 | 无 | 无 | 黄花土 | 不详 | 不详 | 不详 | 一棺 |
| M2052 | 93 | 口2.45×0.94-1.60<br>底2.69×1.30-4.15 | 口小底大 | 熟 | 无 | 无 | 无 | 黄花土 | 仰直 | 40~45岁 | 男 | 一棺一椁 |
| M2053 | 100 | 口2.45×1.20-0.60<br>底2.65×1.26-3.30 | 口大底小 | 无 | 无 | 无 | 无 | 黄花土 | 仰直 | 35~40岁 | 女 | 一棺 |
| M2054 | 100 | 口2.05×0.74-0.70<br>底2.15×0.89-2.47 | 口小底大 | 无 | 无 | 无 | 无 | 黄花土 | 仰屈 | 约45岁 | 男 | 一棺 |
| M2055 | 98 | 口2.05×0.74-1.13<br>底2.04×0.72-2.26 | 直壁 | 无 | 无 | 无 | 无 | 黄褐花土，质硬 | 仰直 | 约45岁 | 男 | 一棺 |
| M2056 | 98 | 口2.04×0.85-0.70<br>底2.00×0.84-2.90 | 直壁 | 无 | 无 | 无 | 无 | 黄花土 | 仰直 | 35~40岁 | 男 | 一棺 |
| M2057 | 98 | 口1.98×0.60-0.28<br>底1.88×0.58-1.08 | 口大底小 | 无 | 无 | 无 | 无 | 黄花土 | 仰直 | 20~25岁 | 男 | 不详 |
| M2058 | 106 | 口2.52×1.10-0.55<br>底2.50×1.18-2.78 | 直壁 | 熟 | 无 | 有 | 无 | 黄褐花土 | 仰直 | 成年 | 不详 | 一棺一椁 |
| M2059 | 108 | 口1.70×0.64-0.83<br>底1.68×0.60-1.67 | 直壁 | 无 | 无 | 无 | 无 | 黄花土 | 仰直 | 20~25岁 | 女 | 无 |
| M2061 | 110 | 口2.17×0.82-1.10<br>底2.15×0.82-2.45 | 直壁 | 生 | 无 | 有 | 无 | 黄灰花土 | 仰直 | 40~45岁 | 男 | 无 |
| M2062 | 102 | 口3.10×2.10-1.00<br>底2.90×2.05-4.20 | 口大底小 | 生、熟 | 无 | 无 | 无 | 黄褐花土含云母 | 仰直 | 成年 | 男 | 一棺一椁 |
| M2063 | 110 | 口2.27×1.00-0.50<br>底2.27×1.00-1.90 | 直壁 | 生 | 无 | 无 | 无 | 花土 | 仰直 | 不详 | 不详 | 一棺 |
| M2064 | 105 | 口2.70×1.78-0.50<br>底2.70×1.78-4.90 | 直壁 | 生、熟 | 无 | 无 | 无 | 黄褐土含沙 | 不详 | 不详 | 不详 | 一棺一椁 |
| M2065 | 95 | 口2.38×1.20-0.60<br>底2.08×0.94-2.65 | 口大底小 | 无 | 无 | 无 | 无 | 花土 | 仰直 | 不详 | 不详 | 一棺 |
| M2066 | 104 | 口2.50×1.30-0.65<br>底2.58×1.40-3.50 | 口小底大 | 熟 | 无 | 无 | 无 | 灰褐色花土 | 仰直 | 不详 | 不详 | 一棺一椁 |
| M2067 | 108 | 口2.35×1.07-0.55<br>底2.35×1.07-2.75 | 口大底小 | 生 | 无 | 无 | 无 | 黄褐色花土 | 仰直 | 不详 | 不详 | 一棺 |
| M2068 | 107 | 口2.32×1.21-0.60<br>底2.32×1.21-2.75 | 直壁 | 生 | 无 | 无 | 无 | 黄花土 | 仰直 | 不详 | 不详 | 仅有盖 |
| M2069 | 107 | 口2.15×1.01-0.90<br>底2.31×1.07-2.95 | 口小底大 | 无 | 无 | 无 | 无 | 黄花土 | 仰直 | 成年 | 男? | 一棺 |
| M2070 | 103 | 口3.10×2.55-0.80<br>底2.95×2.28-4.10 | 口大底小 | 生 | 无 | 无 | 无 | 黄褐土 | 仰直 | 45~50岁 | 男 | 一棺一椁 |
| M2071 | 100 | 口2.35×1.30-0.65<br>底2.35×1.30-2.05 | 直壁 | 熟 | 无 | 无 | 无 | 黄花土 | 仰直 | 不详 | 不详 | 一棺一椁 |

| | | | | | | |
|---|---|---|---|---|---|---|
| 无 | 无 | 盂AV，豆AaX（2），敦B，陶环8 | 骨梳A，骨簪Ab，骨珠18（串环） | 1~3、6~9、11、12、14~16、18、20、23~25、30~32陶环20件，33、45、40、44陶盒4件，34、39陶壶2件，35、36陶豆2件，29骨贝 | 战国中期 | |
| 有 | 无 | 鼎B，盂AV，豆AbII，豆AcIII，陶壶A（3），敦B（2） | 骨梳A | 3陶鬲，8、9泥盖豆2件，12骨簪，15陶盘 | 战国中期 | 带底箱 |
| 无 | 无 | | | | | |
| 无 | 无 | | 骨簪Aa | | | |
| 无 | 无 | 盂BIII，罐DIII，豆AaIII（2），鬲AaIV | | | 春秋中期 | |
| 无 | 无 | 鬲AaV，豆AaV（2） | 铜带钩B | | 春秋中期 | |
| 无 | 无 | 盂BIII，豆AbII | 骨簪Aa | | 春秋晚期 | |
| 无 | 无 | | 骨簪Ab | | | |
| 无 | 无 | 鬲AaIV，盂BII | | | 春秋中期 | |
| 无 | 无 | 鬲DI，盂BIII，异形豆，豆AaIII | | | 春秋中期 | |
| 无 | 无 | 陶盂BIV | | | | |
| 无 | 不详 | 鬲DIII，盂BIII，豆AbI（2），罐AIII | 铜镞AII（填土内） | | 春秋晚期 | 有长方形腰坑 |
| 无 | 无 | 鬲DII，豆AaIV | | | 春秋中期 | |
| 无 | 不详 | | | | | 有腰坑 |
| 有 | 无 | 鬲DIII，盂CbI，陶壶A（3） | 铜剑BaII，铜戈B，铜带钩B，铜带钩C | 4陶鼎，9、14、15陶盂3件，8陶盘，10陶盅，11陶豆，13陶盘 | 战国早期 | 有底箱 |
| 无 | 无 | 鬲DII，盂BIV，豆AaVI，豆AbI | | | 春秋晚期 | |
| 无 | 无 | 豆AbI（2），罐DIV，盂BIII | 骨器（骨簪） | 1陶鬲 | 春秋晚期 | |
| 无 | 无 | 鬲DII，盂BIII，豆AaVII（2） | | | 春秋晚期 | |
| 无 | 无 | 鬲DIV，盂BV，豆AbII，豆AaX | | | 春秋晚期 | |
| 无 | 无 | 盂BV，豆AaVI，豆AbI，鬲AbIII | | 5陶鬲 | 春秋晚期 | |
| 无 | 无 | | | | | 有盖板 |
| 无 | 无 | 鬲CIII，盂BIII，豆AaVI（2），罐AIII | 铜带钩C | | 春秋晚期 | |
| 有 | 无 | 鼎B，盂AV，盖豆Bb，豆AaX（2），盘AI | 铜戈B | 6、7红陶敦，8红陶敦，10盖豆，14骨贝3枚 | 战国早期 | 有底箱 |
| 无 | 无 | 鬲DIII，盂CbI，豆AcIII | 铜剑BaI，铜戈AI | | 战国早期 | |

| M2072 | 112 | 口2.40×1.20-1.70<br>底2.40×1.20-2.80 | 直壁 | 无 | 无 | 无 | 无 | 黄花土 | 仰直 | >25岁 | 女 | 一棺 |
|---|---|---|---|---|---|---|---|---|---|---|---|---|
| M2073 | 102 | 口1.88×1.20-1.50<br>底1.88×1.10-1.95 | 直壁 | 无 | 无 | 无 | 无 | 黄褐花土 | 仰直 | 不详 | 不详 | 无 |
| M2074 | 98 | 口2.00×0.71-2.90<br>底2.20×0.71-3.12 | 直壁 | 无 | 无 | 无 | 有 | 褐色 | 仰直 | 45~50岁 | 男 | 一棺 |
| M2078 | 105 | 口2.35×0.96-1.00<br>底2.35×0.96-2.78 | 直壁 | 生 | 无 | 无 | 无 | 黄褐色花土 | 仰直 | 不详 | 不详 | 一棺 |
| M2079 | 108 | 口2.24×1.39-0.77<br>底2.24×1.39-2.64 | 直壁 | 生 | 无 | 无 | 无 | 黄褐色花土 | 仰直 | 45~50岁 | 男 | 一棺 |
| M2080 | 95 | 口2.45×0.86-1.50<br>底2.40×0.82-3.27 | 直壁 | 无 | 无 | 无 | 无 | 黄灰花土 | 仰直 | 35~40岁 | 女 | 一棺 |
| M2081 | 91 | 口2.60×1.20-0.62<br>底2.58×1.20-6.20 | 直壁 | 熟 | 无 | 无 | 无 | 黄灰花土 | 仰直 | 约50岁 | 男 | 一棺一椁 |
| M2082 | 109 | 口2.30×1.00-1.54<br>底2.31×1.00-4.67 | 直壁 | 熟 | 无 | 无 | 无 | 黄褐花土 | 仰直 | 25~30岁 | 不详 | 一棺 |
| M2084 | 105 | 口2.34×0.95-0.80<br>底2.40×0.95-4.20 | 直壁 | 生 | 无 | 无 | 无 | 黄褐色花土 | 屈肢 | 不详 | 不详 | 一棺 |
| M2085 | 97 | 口2.30×1.46-1.20<br>底2.30×1.46-3.23 | 直壁 | 生 | 无 | 无 | 无 | 黄灰花土 | 仰直 | 不详 | 不详 | 一棺一椁 |
| M2086 | 75 | 口2.20×0.90-0.45<br>底2.33×1.10-4.15 | 口小底大 | 无 | 无 | 无 | 无 | 黄褐花土 | 仰直 | 不详 | 不详 | 一棺一椁 |
| M2087 | 103 | 口2.40×1.10-0.95<br>底2.40×1.10-5.05 | 直壁 | 熟 | 无 | 无 | 无 | 黄褐花土 | 仰直 | 不详 | 不详 | 一棺 |
| M2088 | 95 | 口2.40×1.02-0.80<br>底2.50×1.02-2.66 | 口小底大 | 生 | 有 | 无 | 无 | 褐色花土 | 不详 | 不详 | 不详 | 一棺 |
| M2090 | 104 | 口2.85×1.34-0.70<br>底2.85×1.34-4.36 | 直壁 | 无 | 无 | 无 | 无 | 黄褐色花土 | 仰屈 | 约45岁 | 男 | 一棺一椁 |
| M2091 | 100 | 口2.60×1.08-0.40<br>底2.60×1.08-3.90 | 直壁 | 熟 | 无 | 无 | 无 | 褐色花土 | 仰直 | 不详 | 不详 | 一棺一椁 |
| M2092 | 102 | 口2.50×1.35-1.50<br>底2.50×1.35-5.10 | 直壁 | 熟 | 无 | 无 | 无 | 黄褐花土 | 仰直 | 40~45岁 | 男 | 一棺一椁 |
| M2094 | 105 | 口2.25×0.80-0.85<br>底2.25×0.80-2.51 | 直壁 | 无 | 无 | 无 | 无 | 灰黄色细花土，含云母 | 仰直 | >50岁 | 男 | 一棺 |
| M2095 | 85 | 口2.40×1.00-0.70<br>底2.48×1.18-6.30 | 口小底大 | 熟 | 无 | 无 | 有 | 黄褐色花土 | 仰直 | 25~30岁 | 男 | 一棺一椁 |
| M2096 | 95 | 口2.60×1.09-0.75<br>底2.60×1.09-4.10 | 直壁 | 生 | 无 | 无 | 无 | 灰褐色花土 | 仰直 | 40~45岁 | 不详 | 一棺一椁 |
| M2097 | 100 | 口不清×0.72-0.80<br>底2.10×0.78-2.40 | 口小底大 | 无 | 无 | 无 | 无 | 黄褐色花土 | 仰直 | 35~40岁 | 男 | 一棺 |
| M2099 | 94 | 口2.50×1.85-0.25<br>底2.80×2.00-4.61 | 口小底大 | 生 | 无 | 无 | 无 | 黄花土 | 仰直 | 约50岁 | 男 | 一棺一椁 |
| M2100 | 108 | 口2.08×0.81-0.80<br>底2.08×0.81-1.70 | 直壁 | 无 | 无 | 无 | 无 | 黄褐色花土 | 仰直 | 20~25岁 | 男 | 一棺 |
| M2101 | 90 | 口3.00×2.20-0.80<br>底3.00×2.20-5.40 | 直壁 | 生 | 无 | 无 | 无 | 黄花土 | 仰直 | 不详 | 不详 | 一棺一椁 |
| M2102 | 100 | 口3.20×2.40-0.50<br>底3.20×2.40-5.50 | 直壁 | 生、熟 | 无 | 无 | 无 | 黄花土 | 仰直 | 不详 | 不详 | 一棺双椁 |

| | | | | | | |
|---|---|---|---|---|---|---|
| 无 | 无 | 豆AcIII（2） | | 3陶鬲，4陶盂 | 春秋晚期 | |
| 无 | 无 | 陶盂CaIIM2073：1 | | | 战国中期 | |
| 无 | 无 | | 海贝？ | 注:表格记录海贝1件 | | 土坑竖穴洞室墓南壁有脚窝 |
| 无 | 无 | 陶豆AaVII（2） | | 1陶盂，4陶鬲 | | 北壁东侧无二层台 |
| 无 | 无 | 盂BV | | | 春秋晚期 | |
| 无 | 无 | 鬲AaV，盂BIII，罐BII | | | 春秋中期 | |
| 无 | 无 | | | 1铜片（口含） | | |
| 无 | 无 | 罐CIII | | | 春秋中期 | |
| 无 | 无 | 盂BIII，豆AaVII（2），鬲AaVI | | 1陶罐 | 春秋晚期 | |
| 无 | 无 | 鬲AaIV，豆AaVII，盖豆AI，AII罐 | | | 春秋晚期 | |
| 无 | 无 | | | | | |
| 无 | 无 | 鬲AaIV，豆AaVIII（2），豆BIV，盖豆AI，罐BIII | 铜带钩D | | 春秋晚期 | |
| 无 | 无 | 豆AIII（2），罐BII | | 1陶盂，4陶鬲 | 春秋早期 | 北壁有壁龛 |
| 无 | 无 | | | | | |
| 无 | 无 | 鬲AaV | | | 春秋中期 | |
| 无 | 无 | 豆AaIII（2） | 铜带钩C，石片（2），石刀 | | 春秋早期 | |
| 无 | 无 | 盂BIV，豆AaVI，豆AbI | 铜带钩A | 3陶鬲 | 春秋晚期 | |
| 无 | 无 | 鬲AbII，盂BIII，罐E | | 3石片（23） | 春秋中期 | 有脚窝 |
| 无 | 无 | 鬲AbII，异形盂，豆BIII（2），罐AIII | | | 春秋中期 | |
| 无 | 无 | 鬲BI，豆AaIII（2），罐BII，盂BII | | | 春秋早期 | 被打破，墓口长度不明 |
| 有 | 无 | 盂BV，豆AbII（2），鬲DIII | | 5小铜器 | 春秋晚期 | 有底箱 |
| 无 | 无 | 盂BV，豆AbII（2） | | | 春秋晚期 | |
| 无 | 无 | 鼎AIV，盂CbI，豆AaX，盖豆AIV（2），陶壶D（2），盆A | | 10、12陶豆2件，14陶环，16陶盘，5、15陶鬲1件 | 战国中期 | |
| 无 | 无 | 鼎AIII（2），盂AV，豆AbIII（2），豆BIV，陶壶A（2） | 骨梳A，骨珠，骨簪B，铜环C（13），滑石环B（53），滑石珠1宗（38），陶璜（95），滑石环A（3） | 12、14、15陶豆3件，17陶盘 | 战国中期 | |

| 墓号 | 深度 | 尺寸 | 壁 | | | | | 填土 | 葬式 | 年龄 | 性别 | 葬具 |
|---|---|---|---|---|---|---|---|---|---|---|---|---|
| M2103 | 94 | 口2.15×0.90-1.15<br>底2.25×0.96-2.55 | 口小底大 | 无 | 无 | 无 | 无 | 黄褐花土 | 仰直 | 约30岁 | 女 | 一棺 |
| M2104 | 110 | 口2.41×1.04-0.77<br>底2.60×1.26-3.90 | 口小底大 | 无 | 有 | 无 | 无 | 灰褐土 | 仰直 | 不详 | 不详 | 一棺 |
| M2105 | 90 | 口2.70×1.70-1.00<br>底2.70×1.70-2.65 | 直壁 | 熟 | 无 | 无 | 无 | 黄花土 | 仰直 | 30～35岁 | 女 | 一棺<br>一椁 |
| M2106 | 114 | 口2.21×1.29-1.96<br>底2.34×1.31-4.16 | 口小底大 | 生 | 无 | 无 | 无 | 黄花土 | 仰直 | 约50岁 | 男 | 不详 |
| M2110 | 110 | 口2.00×0.83-0.65<br>底2.00×0.83-1.75 | 直壁 | 无 | 无 | 无 | 无 | 褐土 | 侧屈 | 不详 | 不详 | 无 |
| M2111 | 100 | 口2.10×1.48<br>底2.70×1.48-2.97 | 直壁 | 熟 | 无 | 无 | 无 | 黄褐土 | 不详 | 不详 | 不详 | 一棺<br>一椁 |
| M2112 | 109 | 口2.63×1.45-0.75<br>底2.45×1.20-3.35 | 口大底小 | 熟 | 无 | 无 | 无 | 黄褐花土 | 仰屈 | >50岁 | 男 | 一棺<br>一椁 |
| M2113 | 100 | 口2.97×1.88-1.00<br>底2.97×1.88-4.73 | 直壁 | 半生熟 | 无 | 无 | 无 | 花土 | 仰直 | 不详 | 不详 | 一棺<br>一椁 |
| M2114 | 100 | 口2.55×1.80-0.80<br>底2.55×1.80-3.50 | 直壁 | 熟 | 无 | 无 | 无 | 五花土 | 仰直 | 成年 | 男 | 一棺<br>一椁 |
| M2115 | 100 | 口2.77×1.87-1.00<br>底2.77×1.87-4.70 | 直壁 | 生、熟 | 无 | 无 | 无 | 五花土 | 仰直 | 不详 | 不详 | 一棺<br>一椁 |
| M3001 | 99 | 口2.75×1.70<br>底2.42×1.60-3.28 | 口大底小 | 熟 | 无 | 无 | 无 | 五花土 | 仰直 | 不详 | 不详 | 一棺<br>一椁 |
| M3002 | 不详 | 口2.20×0.90<br>底2.20×0.90-1.37 | 直壁 | 无 | 无 | 无 | 无 | 五花土 | 仰直 | 不详 | 不详 | 一棺 |
| M3003 | 110 | 口2.30×1.18<br>底2.30×1.18-1.36 | 直壁 | 生 | 无 | 无 | 无 | 黄花土 | 仰直 | 不详 | 不详 | 一棺<br>一椁 |
| M3004 | 100 | 口2.92×1.44<br>底2.40×1.20-2.44 | 口大底小 | 无 | 无 | 无 | 无 | 黄花土 | 不详 | 不详 | 不详 | 不详 |
| M3005 | 70 | 口2.00×0.80<br>底2.00×0.80-0.32 | 直壁 | 无 | 无 | 无 | 无 | 黄花土 | 仰直 | 不详 | 不详 | 无 |
| M3006 | 101 | 口1.75×0.73-0.13<br>底1.75×0.73-0.72 | 直壁 | 无 | 无 | 无 | 无 | 黄褐花土 | 仰直 | 不详 | 不详 | 无 |
| M3007 | 94 | 口2.72×2.00<br>底2.72×2.00-2.85 | 直壁 | 熟 | 无 | 无 | 无 | 黄褐花土 | 仰直 | 成年 | 女 | 一棺<br>一椁 |
| M3008 | 110 | 口2.30×1.30<br>底2.30×1.30-2.15 | 直壁 | 无 | 无 | 无 | 无 | 五花土 | 仰直 | 老年 | 女 | 一棺 |
| M3009 | 100 | 口2.60×1.80<br>底2.60×1.80-2.29 | 直壁 | 熟 | 无 | 无 | 无 | 黄褐花土 | 仰直 | 25～30岁 | 男 | 一棺 |
| M3011 | 100 | 口2.25×0.87<br>底2.25×0.87-1.15 | 直壁 | 无 | 无 | 无 | 无 | 黄褐花土 | 仰直 | 不详 | 不详 | 一棺 |
| M3012 | 98 | 口1.80×0.64<br>底1.80×0.64-1.25 | 直壁 | 无 | 无 | 无 | 无 | 五花土 | 仰直 | 不详 | 不详 | 一棺 |
| M3013 | 101 | 口2.10×0.80<br>底2.10×0.80-0.80 | 直壁 | 无 | 无 | 无 | 无 | 五花土 | 仰直 | 成年 | 不详 | 一棺 |
| M3014 | 100 | 口2.80×2.10<br>底2.80×2.10-2.60 | 直壁 | 熟 | 无 | 无 | 无 | 黄褐土 | 仰直 | 不详 | 不详 | 一棺<br>一椁 |
| M3015 | 105 | 口2.10×0.95<br>底2.10×0.95-0.75 | 直壁 | 无 | 无 | 无 | 无 | 五花土 | 仰直 | 30～45岁 | 女 | 一棺 |
| M3016 | 18 | 口1.85×0.43<br>底1.85×0.43-0.3 | 直壁 | 无 | 无 | 无 | 无 | 黄褐花土 | 仰直 | 不详 | 不详 | 无 |
| M3017 | 102 | 口2.10×1.00<br>底2.10×1.00-1.15 | 直壁 | 无 | 无 | 无 | 无 | 黄褐花土 | 不详 | 不详 | 不详 | 一棺 |

| | | | | | | |
|---|---|---|---|---|---|---|
| 无 | 无 | 鬲DIV，盂CbII，豆AbII，豆BIV | | | 战国早期 | |
| 无 | 无 | 盂BVII，豆AcIII，豆AcIV（3），鬲DV | | 1陶罐 | 战国中期 | 南壁两龛 |
| 无 | 无 | 盂AV，豆AcIII（2） | 骨锥（填土内） | 1鬲 | 战国早期 | |
| 有 | 无 | 鬲DIII，盂AIII，豆AcIII（2） | | | 春秋晚期 | 有底箱 |
| 无 | 无 | | | | | |
| 无 | 无 | 鬲DIV | | | 战国早期 | 被灰坑打破 |
| 无 | 无 | 鬲DIII，盂BIII，豆AaVIII（2） | | 1骨簪 | 春秋晚期 | |
| 有 | 无 | 鬲DIV，盂AIII，异形豆（2） | 铜带钩C（2），骨梳B，瓷碗（扰坑内） | | 战国早期 | 有底箱 |
| 无 | 无 | 鬲DIV，盂AV，豆AcIII（2） | 铜剑BaII， | | 战国早期 | |
| 有 | 无 | 鬲DIV，鼎B，豆AaX（2），盖豆Ba（2），陶壶A，敦B（2），陶舟 | 铜剑Bb（仅存尖端） | 14铜戈，11陶盂，3陶盘 | 战国早期 | 有底箱 |
| 无 | 无 | 豆AbII（2），盖豆Ba，盘BII | | 5陶鬲 | 战国早期 | |
| 无 | 无 | | | | | |
| 无 | 无 | 鬲BIII，盂CaI，豆AaVII（2） | | | 春秋中期 | |
| 无 | 无 | 豆AcII（2），罐AIII | 骨簪B | 5陶鬲 | 春秋晚期 | 无人骨 |
| 无 | 无 | 大口罐 | | 1陶盂 | | |
| 无 | 无 | 簋形豆 | | | | |
| 无 | 无 | 盂AIII，盖豆Ba（2），陶壶A（3） | 铜带钩A | 8、9泥鼎2件，10泥盖豆 | 战国早期 | |
| 无 | 无 | 鬲DIV，盂BVI，豆AbII（2） | | | 战国早期 | |
| 无 | 无 | 盂AII，豆AaII，簋形豆，鬲AaII | | | 春秋早期 | |
| 无 | 无 | 鬲DIV，盂BVI，豆AbII（2） | | 5陶豆残 | 春秋晚期 | |
| 无 | 无 | 豆AaIX，豆BIV， | 铜带钩A，铜带钩D | 3陶鬲 | 春秋晚期 | |
| 无 | 无 | 鬲DIII，盂BV，豆AbII（2） | | | 春秋晚期 | |
| 无 | 无 | 鬲DIII，盂BV，豆AbII | | | 春秋晚期 | |
| 无 | 无 | | | 1陶盂 | | |
| 无 | 无 | | | | | |
| 无 | 无 | 盂AIII | | 2陶豆 | 战国早期 | |

| M3019 | 100 | 口2.90×2.30<br>底2.90×2.30-3.38 | 直壁 | 半生熟 | 无 | 无 | 无 | 五花土，夯 | 仰直 | 不详 | 不详 | 一棺<br>一椁 |
|---|---|---|---|---|---|---|---|---|---|---|---|---|
| M3020 | 92 | 口2.50×1.85<br>底2.50×1.85-2.10 | 直壁 | 无 | 无 | 无 | 无 | 黄花土 | 仰直 | 不详 | 不详 | 无 |
| M3021 | 100 | 口2.06×0.90-0.11<br>底2.06×0.91-1.22 | 直壁 | 熟 | 无 | 无 | 无 | 黄褐花土 | 仰直 | 不详 | 不详 | 一棺 |
| M3022 | 90° | 口2.16×0.92<br>底2.16×0.92-1.31 | 直壁 | 生 | 无 | 无 | 无 | 不详 | 不详 | 不详 | 不详 | 不详 |
| M3023 | 83 | 口2.40×1.20<br>底2.40×1.20-0.60 | 直壁 | 无 | 无 | 无 | 无 | 黄花夯土 | 仰直 | 不详 | 不详 | 一棺 |
| M3024 | 21 | 口2.10×0.70<br>底2.10×0.70-0.40 | 直壁 | 无 | 无 | 无 | 无 | 五花土 | 仰直 | 不详 | 不详 | 无 |
| M3025 | 80 | 口1.60×0.70<br>底1.60×0.70-0.17 | 直壁 | 无 | 无 | 无 | 无 | 黄花土 | 仰直 | 不详 | 不详 | 不详 |
| M3026 | 80 | 口2.60×1.28<br>底2.60×1.28-2.32 | 直壁 | 无 | 无 | 无 | 无 | 黄花夯土 | 不详 | 不详 | 不详 | 一棺<br>一椁 |
| M3029 | 102 | 口2.00×0.76<br>底1.85×0.50-1.30 | 口大底小 | 熟 | 无 | 无 | 无 | 五花土 | 仰直 | 不详 | 不详 | 一棺 |
| M3030 | 15 | 口2.75×1.58<br>底2.75×1.58-1.69 | 直壁 | 生 | 无 | 无 | 无 | 五花土 | 仰直 | 不详 | 不详 | 一棺 |
| M3031 | 100 | 口3.00×2.11<br>底3.00×2.11-3.30 | 直壁 | 熟 | 无 | 无 | 无 | 黄褐花土 | 仰直 | 不详 | 不详 | 一棺 |
| M3032 | 83° | 口2.85×2.19<br>底2.32×2.19-2.35 | 口大底小 | 无 | 无 | 无 | 无 | 黄花夯土 | 仰直 | 不详 | 不详 | 一棺<br>一椁 |
| M3033 | 101 | 口3.05×2.40<br>底3.05×2.40-3.90 | 直壁 | 熟 | 无 | 有 | 无 | 五花土有夯<br>土块 | 不详 | 不详 | 不详 | 一棺<br>一椁 |
| M3034 | 103 | 口2.65×1.27<br>底2.80×1.37-2.60 | 口小底大 | 熟 | 无 | 有 | 无 | 黄花夯土 | 不详 | 不详 | 不详 | 一棺<br>一椁 |
| M3035 | 120 | 口1.98×0.89<br>底1.98×0.89-074 | 直壁 | 熟 | 无 | 无 | 无 | 花土 | 仰直 | 不详 | 不详 | 一棺 |
| M3036 | 100 | 口3.30×2.60<br>底2.20×2.00-3.24 | 口大底小 | 无 | 无 | 无 | 无 | 黄花夯土 | 仰直 | 不详 | 不详 | 一棺<br>一椁 |
| M3037 | 101° | 口2.70×1.90-2.86<br>底2.70×1.90-2.86 | 直壁 | 熟 | 无 | 无 | 无 | 黄褐花土 | 不详 | 不详 | 不详 | 一棺 |
| M3038 | 105 | 口2.10×1.00<br>底1.99×0.90-1.71 | 口大底小 | 生 | 无 | 无 | 无 | 五花土 | 仰直 | 不详 | 不详 | 一棺 |
| M3039 | 320 | 口径1.40、底径1.35 | 不详 | 无 | 无 | 无 | 无 | 五花土 | 侧屈 | 不详 | 不详 | 无 |
| M3040 | 71 | 口3.00×1.80<br>底3.00×1.80-0.23 | 直壁 | 熟 | 无 | 无 | 无 | 五花土 | 不详 | 不详 | 不详 | 一棺<br>一椁 |
| M3041 | 104 | 口2.84×1.64<br>底2.84×1.64-0.66 | 直壁 | 无 | 无 | 无 | 无 | 黄褐花土 | 仰直 | 不详 | 不详 | 一棺 |
| M3042 | 100 | 口2.90×1.75-0.40<br>底2.90×1.75-2.82 | 直壁 | 熟 | 无 | 无 | 无 | 黄褐色沙土 | 不详 | 不详 | 不详 | 一棺<br>一椁 |
| M3043 | 114 | 口2.95×1.85-0.55<br>底2.95×1.85-3.67 | 直壁 | 熟 | 无 | 有 | 无 | 黄褐色沙土 | 仰直 | 不详 | 不详 | 一棺<br>一椁 |
| M3044 | 105 | 口2.70×1.74-0.40<br>底2.70×1.74-4.08 | 直壁 | 生 | 无 | 无 | 无 | 黄花土 | 仰直 | 不详 | 不详 | 一棺<br>一椁 |
| M3045 | 110° | 口2.45×1.30-0.60<br>底2.45×1.30-3.35 | 直壁 | 熟 | 无 | 无 | 无 | 细五花土 | 仰直 | 不详 | 不详 | 一棺<br>一椁 |
| M3046 | 92 | 口2.50×1.05-0.45<br>底2.75×1.30-4.60 | 口小底大 | 熟 | 无 | 无 | 有 | 细花土 | 仰直 | 不详 | 不详 | 一棺<br>一椁 |
| M3047 | 94 | 口2.85×1.46-0.95<br>底2.85×1.46-4.25 | 直壁 | 熟 | 无 | 无 | 无 | 细五花土 | 仰直 | 不详 | 不详 | 一棺<br>一椁 |

| | | | | | | |
|---|---|---|---|---|---|---|
| 无 | 无 | 鬲AaVII，盂AIV，盖豆Bb，陶壶A（2） | 铜剑Bb，铜戈AII，铜带钩A | 5陶鼎，7陶匜，9陶盘，8、13、14盖豆3件 | 战国早期 | |
| 无 | 无 | | | | | 土坑竖穴洞室墓 |
| 无 | 无 | | | | | |
| 无 | 无 | 鬲DIII，豆AbII，盂BV | | | | 无记录 |
| 无 | 无 | | | 1陶鬲，2、3陶豆2件，4陶盂 | | |
| 无 | 无 | | | | | |
| 无 | 无 | | | 1陶豆 | | 上部被打破 |
| 无 | 无 | 异形盂，豆AbI（2） | | 2陶鬲 | 春秋晚期 | 填土经夯打、无人骨 |
| 无 | 无 | 鬲DIII | | 陶盂 | | |
| 有 | 无 | 鬲DIII，盂BV，豆AbI（2） | | | 春秋晚期 | 有底箱 |
| 无 | 无 | 鼎B，盂AV，豆AcIII（2），泥豆柄（盖豆） | 铜剑AaI，铜带钩B | 5陶鬲，6盖豆 | 战国早期 | |
| 有? | 无 | 鬲DIII，盂BV，豆AbI（2），盘AI | | | 春秋晚期 | 可能有底箱 |
| 无 | 有 | 鼎B，盂BV，盘BII，盖豆Ba（2） | 铜剑Bb，铜戈B | 4彩陶壶，5红陶壶 | 战国早期 | 有腰坑有殉狗 |
| 无 | 不详 | 鼎B，豆AbII（2），盂BIV | 铜带钩C，骨管 | | 战国早期 | 有椭圆形腰坑 |
| 无 | 无 | | | | | |
| 无 | 无 | 盂BVI，豆AbII | | | 战国早期 | |
| 无 | 无 | 盂BV，豆AaVII，豆AbII | 骨簪A，泥鼎 | 5陶鬲 | 春秋晚期 | |
| 无 | 无 | 盂BV，豆AbII（2） | | 3陶鬲 | 春秋晚期 | |
| 无 | 无 | | 铜块 | 1陶罐 | | 圆形墓（晚期） |
| 无 | 无 | | 铜钺Bb，玛瑙环 | | | |
| 无 | 无 | 鬲DV，鼎B，盂AVI，豆AaX（2），豆AcIII（2），盆B | 铜带钩C | 10泥豆 | 战国中期 | |
| 无 | 无 | 盂BIV，敦A，鼎AI， | 铜带钩C | 2陶盘 | 春秋晚期 | |
| 无 | 不详 | 豆AaVI（2），鼎AI | 骨簪B，骨盒（2缺1） | 5骨盒 | 春秋晚期 | 有椭圆形腰坑 |
| 无 | 无 | 豆AaV（2），盂BIV，鬲DII | 骨簪Ab | | 春秋晚期 | |
| 无 | 无 | 鬲DII，豆AaV（2），盂BV | | | 春秋晚期 | |
| 无 | 无 | 盂BIII，豆AbII（2），罐AIII | 铜带钩C，骨镞（2），骨管 | 7骨镞1件 | 春秋晚期 | 南、北壁有脚窝 |
| 无 | 无 | 盂BIV（2），豆AbI，豆（2）AbII，鬲DIII | 骨簪Ab | 3陶罐 | 春秋晚期 | |

| M3048 | 78 | 口2.44×1.10-0.66 底2.76×1.40-4.67 | 口小底大 | 无 | 无 | 有 | 有 | 细花土夹黏土块 | 仰直 | 不详 | 不详 | 一棺一椁 |
|---|---|---|---|---|---|---|---|---|---|---|---|---|
| M3049 | 87 | 口2.10×0.70-0.66 底2.18×0.80-2.44 | 口小底大 | 无 | 无 | 无 | 无 | 黄褐细五花土 | 仰屈 | 成年 | 男 | 一棺 |
| M3050 | 102 | 口2.10×0.90-0.35 底2.10×0.90-1.90 | 直壁 | 无 | 无 | 无 | 无 | 黄褐花土 | 仰直 | 成年 | 男 | 无 |
| M3051 | 109 | 口2.70×1.67-0.82 底2.70×1.67-3.80 | 直壁 | 熟 | 无 | 无 | 无 | 细五花土 | 仰直 | 成年 | 男 | 一棺一椁 |
| M3052 | 108 | 口2.75×1.20-0.50 底2.97×1.50-4.10 | 口小底大 | 熟 | 无 | 无 | 无 | 细五花土夹黄褐色硬土块 | 仰直 | 不详 | 不详 | 一棺一椁 |
| M3053 | 108 | 口2.20×1.00-0.57 底2.53×1.20-3.04 | 口小底大 | 无 | 无 | 无 | 无 | 黄褐花土 | 仰直 | 18～20岁 | 不详 | 一棺 |
| M3054 | 105 | 口1.95×0.64-0.50 底1.95×0.64-2.10 | 直壁 | 无 | 无 | 无 | 无 | 黄褐花土 | 仰直 | 约45岁 | 女 | 一棺 |
| M3055 | 107 | 口2.20×0.90-0.34 底2.25×1.20-3.30 | 口小底大 | 无 | 无 | 无 | 无 | 黄花土，夯 | 仰直 | 不详 | 不详 | 一棺 |
| M3056 | 105 | 口2.06×0.69-0.30 底2.06×0.69-1.03 | 直壁 | 无 | 无 | 无 | 无 | 黄沙土，夯 | 仰直 | 不详 | 不详 | 无 |
| M3057 | 14 | 口2.35×1.00-0.40 底3.00×1.37-4.35 | 口小底大 | 无 | 无 | 无 | 有 | 黄花土夹黄褐土块 | 仰直 | 30～35岁 | 男 | 一棺 |
| M3058 | 105 | 口2.20×0.90-0.60 底2.20×0.90-1.45 | 直壁 | 无 | 无 | 无 | 无 | 褐色花土，夹胶泥块 | 仰屈 | 约13岁 | 男 | 无 |
| M3059 | 115 | 口2.41×1.14-0.57 底2.41×1.14-2.22 | 直壁 | 生 | 无 | 无 | 无 | 褐色花土 | 仰直 | 成年 | 女 | 一棺 |
| M3060 | 108 | 口2.65×1.28-0.24 底2.65×1.28-3.55 | 直壁 | 熟 | 无 | 有 | 无 | 黄褐色花土 | 仰直 | 不详 | 不详 | 一棺一椁 |
| M3061 | 110 | 口2.17×0.89-0.30 底2.17×0.89-2.43 | 直壁 | 生 | 无 | 无 | 无 | 黄褐花土 | 仰直 | 成年 | 女 | 一棺 |
| M3062 | 110 | 口2.20×1.00-0.40 底2.44×1.00-2.55 | 直壁 | 无 | 无 | 无 | 无 | 黄花土 | 仰直 | 成年 | 男 | 一棺 |
| M3063 | 105 | 口2.65×1.59-0.40 底2.65×1.59-3.30 | 直壁 | 熟 | 无 | 无 | 无 | 花土夹胶泥与砂土 | 侧屈 | 30～35岁 | 女 | 一棺一椁 |
| M3064 | 104 | 口2.25×0.90-0.85 底2.15×0.82-2.10 | 口大底小 | 无 | 无 | 无 | 无 | 花土 | 仰屈 | 约25岁 | 男 | 无 |
| M3065 | 110 | 口2.55×1.20-0.45 底2.55×1.20-3.55 | 直壁 | 无 | 无 | 有 | 无 | 黄花土 | 仰直 | 不详 | 不详 | 一棺 |
| M3066 | 93 | 口2.10×1.02-0.60 底2.10×1.02-3.80 | 直壁 | 无 | 无 | 无 | 无 | 花土 | 仰屈 | 40～45岁 | 女？ | 一棺 |
| M3067 | 100 | 口2.70×1.12-0.65 底2.70×1.12-2.75 | 直壁 | 无 | 无 | 无 | 无 | 黄花土 | 仰直 | 约35岁 | 男 | 一棺 |
| M3068 | 100 | 口2.08×0.82-0.68 底2.05×0.60-2.26 | 口大底小 | 生 | 有 | 有 | 无 | 黄花土 | 仰直 | 成年 | 男？ | 无 |
| M3069 | 110 | 口2.70×1.60-0.85 底2.78×1.70-3.23 | 口小底大 | 生 | 无 | 无 | 无 | 花土含胶泥和沙土 | 仰直 | 成年 | 男 | 一棺一椁 |
| M3070 | 98 | 口2.95×1.45-0.55 底2.90×1.40-3.95 | 直壁 | 熟 | 无 | 无 | 无 | 黄花土 | 仰直 | 不详 | 不详 | 一棺一椁 |
| M3071 | 115 | 口2.05×0.82-0.45 底2.05×0.82-2.15 | 直壁 | 无 | 无 | 无 | 无 | 灰褐土 | 仰直 | 成年 | 女 | 一棺 |
| M3072 | 105 | 口2.00×1.00-0.55 底2.00×1.00-3.50 | 直壁 | 无 | 无 | 无 | 无 | 黄花土 | 仰屈 | 25～30岁 | 女 | 一棺 |
| M3073 | 115 | 口2.98×1.82-0.70 底2.90×1.65-4.08 | 口大底小 | 熟 | 无 | 有 | 无 | 黄花土 | 仰直 | 不详 | 不详 | 一棺一椁 |

| | | | | | | |
|---|---|---|---|---|---|---|
| 无 | 不详 | 鬲CIII，豆AbI（2），罐BII，盂BI | 铜带钩A | | 春秋中期 | 有腰坑、有脚窝 |
| 无 | 无 | 盂BVI | | | 战国早期 | |
| 无 | 无 | | 铜带钩A，石块，铁铲蚌壳 | | | |
| 无 | 无 | 鬲DII，盂BIV，豆AaV（2），罐AIII | 骨簪A | 1陶罐 | 春秋晚期 | |
| 无 | 无 | 盂BIII，豆AbI（2），罐DIV | 骨镞 | 1陶鬲 | 春秋晚期 | |
| 无 | 无 | | | | | |
| 无 | 无 | 鬲AaV，盂BII，罐BII | 铜环A（2） | | 春秋中期 | |
| 无 | 无 | 盂BIV，豆AbI（2），罐BIII | | 5陶鬲 | 春秋晚期 | 填土经夯打 |
| 无 | 无 | | | 1盂 | | 填土经夯打 |
| 无 | 无 | | | | | 西壁有脚窝 |
| 无 | 无 | | | | | |
| 无 | 无 | 豆AaIV，豆AaV，盂BIII | | 4陶鬲 | 春秋中期 | |
| 无 | 有 | 豆AbI（2），三足小黑，罐DIII | | 5陶盂 | 春秋晚期 | 有腰坑，内殉狗 |
| 无 | 无 | | | 1陶盂 | | |
| 无 | 有 | 鬲DIV，豆AaVII（2），罐DIV | | | 春秋晚期 | 殉狗在填土中 |
| 无 | 无 | 豆AbII | 铜带钩A，铜剑头AaII | 3陶盂，4陶鼎，6陶鬲 | 战国早期 | |
| 无 | 无 | | | | | |
| 无 | 不详 | 鬲BII，盂BII，罐AII，豆AbI（2） | 铜带钩F | | 春秋中期 | 有腰坑 |
| 无 | 无 | | 骨簪（残未取） | | | |
| 无 | 无 | 豆AaV（3），鬲DII | | 4陶盂 | 春秋中期 | |
| 无 | 有 | 豆AaIII（2），罐CII | | 3陶鬲，5陶盂 | 春秋早期 | 有腰坑，内有殉狗。北壁有壁龛 |
| 无 | 无 | 鬲AaII，豆AcI（2） | | 4陶盂 | 春秋早期 | |
| 无 | 无 | 陶豆AcIII（2），陶舟 | | 4陶鬲 | 战国早期 | |
| 无 | 无 | 豆AaV（2），鬲CII，异形盂 | | | 春秋中期 | |
| 无 | 无 | | | 3陶鬲，4陶盂 | | |
| 无 | 有？ | 盂BIII，罐BIII陶豆AbI | 铜带钩F | 5陶豆，6陶鬲 | 春秋中期 | 有腰坑，内有兽头 |

| | | | | | | | | | | | | |
|---|---|---|---|---|---|---|---|---|---|---|---|---|
| M3075 | 105 | 口2.25×0.95−0.65<br>底2.25×0.95−2.25 | 直壁 | 无 | 无 | 无 | 无 | 黄花土 | 仰直 | 不详 | 不详 | 一棺 |
| M3076 | 115 | 口2.00×0.80−0.35<br>底2.00×0.80−2.07 | 直壁 | 无 | 无 | 无 | 无 | 黄褐土含块状褐色黏土 | 不详 | 不详 | 不详 | 一棺 |
| M3078 | 285 | 口2.35×1.05−0.75<br>底2.34×1.05−2.00 | 直壁 | 生 | 无 | 无 | 无 | 灰褐土 | 不详 | 不详 | 不详 | 无 |
| M3079 | 90 | 口2.05×0.80−0.68<br>底2.05×0.80−1.85 | 直壁 | 无 | 无 | 无 | 无 | 五花土 | 仰直 | 成年 | 不详 | 无 |
| M3080 | 86 | 口2.03×0.96−0.45<br>底2.20×1.20−4.35 | 口小底大 | 生 | 无 | 无 | 无 | 黄褐色花土 | 仰屈 | 35～40岁 | 男 | 一棺 |
| M3082 | 98 | 口2.10×0.95−0.70<br>底1.80×0.80−4.20 | 口大底小 | 生 | 无 | 无 | 有 | 五花土 | 仰屈 | 不详 | 不详 | 一棺 |
| M3083 | 105 | 口2.35×1.22−0.40<br>底2.70×1.61−2.85 | 口小底大 | 生 | 无 | 有 | 无 | 灰褐花土 | 仰直 | 不详 | 不详 | 一棺一椁 |
| M3092 | 105 | 口2.66×1.45−0.40<br>底2.66×1.45−2.99 | 直壁 | 生 | 无 | 无 | 有 | 黄花土 | 仰直 | 不详 | 不详 | 一棺一椁 |
| M3093 | 105 | 口2.20×1.17−0.40<br>底2.20×1.17−1.95 | 直壁 | 无 | 无 | 无 | 无 | 灰褐花土 | 仰直 | 不详 | 不详 | 一棺 |
| M3094 | 115 | 口2.30×1.05−0.45<br>底2.43×1.15−1.30 | 口小底大 | 无 | 无 | 无 | 无 | 灰褐花土 | 仰直 | 成年 | 男 | 一棺 |
| M3095 | 94 | 口2.40×1.20−0.50<br>底2.30×1.10−2.85 | 口大底小 | 熟 | 无 | 无 | 无 | 黄花土 | 仰直 | 成年 | 男 | 一棺 |
| M3096 | 105 | 口2.50×1.14−0.40<br>底2.50×1.14−2.50 | 直壁 | 生 | 无 | 无 | 无 | 黄花土 | 仰直 | 25～30岁 | 男 | 一棺一椁 |
| M3097 | 290 | 口2.30×1.38−0.40<br>底2.30×1.40−3.32 | 直壁 | 生 | 无 | 无 | 无 | 黄褐土 | 仰直 | 30～35岁 | 女 | 一棺一椁 |
| M3098 | 100 | 口2.80×1.80−0.70<br>底2.50×1.47−3.40 | 口大底小 | 熟 | 无 | 无 | 无 | 黄褐花土，夯 | 仰直 | 不详 | 不详 | 一棺一椁 |
| M3100 | 100 | 口2.70×1.75−0.42<br>底2.70×1.75−4.70 | 直壁 | 生 | 无 | 无 | 无 | 花土，夯 | 仰直 | 不详 | 不详 | 一棺一椁 |
| M3101 | 345 | 口1.90×0.77−0.50<br>底2.05×0.87−2.00 | 口小底大 | 无 | 有 | 有 | 无 | 花土 | 仰直 | 老年 | 不详 | 一棺 |
| M3102 | 7 | 口1.40×0.35−0.35<br>底1.40×0.35−0.75 | 直壁 | 无 | 无 | 无 | 无 | 灰褐花土 | 仰直 | 不详 | 不详 | 无 |
| M3106 | 10 | 口2.30×0.93−0.50<br>底2.30×0.93−2.30 | 直壁 | 无 | 有 | 无 | 无 | 五花土，质硬 | 仰直 | 成年 | 女 | 一棺 |
| M3107 | 16 | 口2.05×0.87−0.40<br>底2.05×0.87−2.08 | 直壁 | 生 | 无 | 无 | 无 | 褐色花土 | 仰直 | 不详 | 不详 | 一棺 |
| M3108 | 103 | 口2.75×1.27−0.56<br>底2.75×1.27−3.56 | 直壁 | 熟 | 无 | 无 | 无 | 黄褐花土 | 仰直 | 不详 | 不详 | 一棺一椁 |
| M3109 | 7 | 口2.50×0.86−0.50<br>底2.50×0.86−2.50 | 直壁 | 生 | 有 | 无 | 无 | 花土 | 仰直 | 不详 | 不详 | 一棺 |
| M3110 | 15 | 口1.75×0.78−0.67<br>底2.01×0.96−2.47 | 口小底大 | 无 | 有 | 无 | 无 | 黄褐花土 | 仰直 | 不详 | 不详 | 一棺 |
| M3111 | 5 | 口2.47×1.05−0.60<br>底2.47×1.05−2.57 | 直壁 | 无 | 有 | 无 | 无 | 褐色胶泥花土 | 仰直 | 35～40岁 | 男 | 一棺一椁 |
| M3113 | 113 | 口2.35×1.20−0.55<br>底2.35×1.20−2.70 | 直壁 | 熟 | 无 | 无 | 无 | 黄花土 | 仰直 | 不详 | 不详 | 一棺一椁 |
| M3114 | 80 | 口2.90×1.70−1.00<br>底2.90×1.70−4.70 | 直壁 | 生、熟 | 有 | 有 | 无 | 黄花土 | 不详 | 不详 | 不详 | 一棺一椁 |

| | | | | | | |
|---|---|---|---|---|---|---|
| 无 | 无 | | | | | |
| 无 | 无 | | 器物残片 | 1、2陶豆2件 | | |
| 无 | 无 | 陶盂BV | | | | |
| 无 | 无 | | | | | |
| 无 | 无 | | | | | |
| 无 | 无 | | | | | 南、北壁有脚窝 |
| 无 | 不详 | 豆AbI（2），盂BIII，罐DIII | 铜带钩C | 2陶鬲 | 春秋晚期 | 有腰坑 |
| 无 | 无 | 鬲DIII，盂AIII，豆AbI（2） | | | 春秋晚期 | 东南有脚窝 |
| 无 | 无 | | | 1、2陶豆，3陶盂，4陶鬲 | | |
| 无 | 无 | 豆AbII（2），盂BIV，鬲AaVI | | | 春秋晚期 | |
| 无 | 无 | 陶豆AaVI（2） | | 1陶盂，4陶鬲 | | |
| 无 | 无 | 陶盂CaII | | 2、3陶豆2件，4陶鬲 | | |
| 无 | 无 | 鬲DIII，豆AbI（2），盂AIII | 骨簪Ab（2） | | 春秋晚期 | |
| 无 | 无 | 陶盂BV，陶壶A | 骨簪B | 2骨簪，5、8、9盖豆3件，7彩陶壶，6陶盘，10陶鼎，11陶豆 | 战国早期 | 填土部分经夯打 |
| 无 | 有 | 豆AcIII（4），壶A（2），异形盂，鬲DIV | | 2陶盘，3陶舟，4陶鼎，12、13、16、10、14陶敦2件，17陶罐 | 战国早期 | 填土经夯打，其内殉狗骨架 |
| 无 | 不详 | 素面鬲B，豆AaI（2），罐CI | | | 西周晚期 | 有椭圆形腰坑，北壁有壁龛 |
| 无 | 无 | | | | | 可能为儿童墓 |
| 无 | 无 | 豆AaI（2），罐CI，罐DI | | 4陶鬲 | 西周晚期 | 北壁有壁龛，头部。 |
| 无 | 无 | | | | | |
| 无 | 无 | | | | | |
| 无 | 无 | 豆AaI（2） | | 3陶罐 | 西周晚期 | 西壁有壁龛 |
| 无 | 无 | 素面鬲AI，盂AI，豆AaI（2） | | | 西周晚期 | 北有壁龛 |
| 无 | 无 | 豆AaII（2），罐BI | | | 春秋早期 | 北壁有头龛，龛内有祭骨 |
| 无 | 无 | 鬲DIII，豆AbI（2） | 骨簪Ab（残） | 2陶盂 | 春秋晚期 | |
| 无 | 不详 | 盂BV，豆AaVII，豆AbII，盖豆Ba（2），陶壶D，盘C，彩陶盒，彩陶器盖，彩陶匜A | | | 战国早期 | 有腰坑，北壁有壁龛 |

| M编号 | | 尺寸 | | | | | | 土质 | 葬式 | 年龄 | 性别 | 葬具 |
|---|---|---|---|---|---|---|---|---|---|---|---|---|
| M3115 | 100 | 口2.20×0.90−0.40<br>底2.20×0.90−1.87 | 直壁 | 无 | 无 | 无 | 无 | 黄花土 | 仰直 | 不详 | 不详 | 一棺 |
| M3116 | 93 | 口1.96×0.87−0.65<br>底2.05×0.88−2.55 | 口小底大 | 无 | 有 | 有 | 无 | 黄花土 | 仰直 | >40岁 | 男 | 一棺 |
| M3117 | 95 | 口2.40×1.26−0.20<br>底2.40×1.26−4.55 | 直壁 | 无 | 无 | 无 | 有 | 花土较疏松 | 仰直 | 20～25岁 | 男 | 一棺 |
| M3118 | 95 | 口2.10×0.96<br>底2.30×0.96−3.05 | 口小底大 | 无 | 无 | 无 | 无 | 花土 | 仰直 | 不详 | 不详 | 一棺 |
| M3119 | 88 | 口2.10×0.95−0.30<br>底2.10×1.05−1.72 | 口小底大 | 无 | 有 | 无 | 无 | 黄花土 | 不详 | 不详 | 不详 | 一棺 |
| M3120 | 86 | 口2.20×1.03−0.35<br>底2.45×1.19−2.20 | 口小底大 | 熟 | 有 | 有 | 无 | 黄花土 | 仰直 | 40～45岁 | 男 | 一棺 |
| M3121 | 102 | 口2.27×0.98−0.20<br>底2.03×0.80−4.70 | 口大底小 | 生 | 无 | 无 | 有 | 黄花土，夯 | 仰直 | 40～45岁 | 女 | 一棺 |
| M3122 | 270 | 口2.40×1.09−0.35<br>底2.40×1.09−2.47 | 直壁 | 无 | 无 | 有 | 无 | 黄花土 | 不详 | 不详 | 不详 | 一棺 |
| M3123 | 100 | 口2.06×0.90−0.40<br>底2.06×0.90−0.94 | 直壁 | 无 | 无 | 无 | 无 | 黄花土 | 仰直 | 不详 | 不详 | 一棺 |
| M3124 | 95 | 口2.57×1.31−0.65<br>底2.60×1.32−2.95 | 直壁 | 熟 | 无 | 有 | 无 | 黄花土 | 不详 | 不详 | 不详 | 一棺 |
| M3125 | 99 | 口2.26×1.23−0.35<br>底2.36×1.10−4.00 | 口小底大 | 无 | 无 | 无 | 无 | 黄花土，夯 | 仰直 | 不详 | 不详 | 一棺 |
| M3126 | 276 | 口3.00×2.23−0.35<br>底3.00×2.23−4.00 | 直壁 | 熟 | 无 | 有 | 无 | 黄花土 | 仰直 | 成年 | 男？ | 一棺<br>一椁 |
| M3127 | 101 | 口1.30×0.67−0.35<br>底1.30×0.67−0.65 | 直壁 | 无 | 无 | 无 | 无 | 黄花土 | 仰屈 | 不详 | 不详 | 瓮棺 |
| M3129 | 94 | 口2.40×1.10−0.55<br>底2.70×1.45−2.63 | 口小底大 | 无 | 无 | 无 | 无 | 黄花土 | 仰直 | 成年 | 女 | 一棺 |
| M3130 | 100 | 口2.30×1.00−0.65<br>底2.30×1.30−3.50 | 直壁 | 无 | 无 | 无 | 无 | 灰黄花土 | 仰直 | 不详 | 不详 | 一棺 |
| M3131 | 117 | 口2.25×1.23−0.70<br>底2.25×1.23−4.65 | 直壁 | 无 | 无 | 无 | 无 | 灰黄花土 | 仰直 | 不详 | 不详 | 一棺<br>一椁 |
| M3132 | 105 | 口2.24×0.94−0.55<br>底2.40×0.97−3.85 | 口小底大 | 无 | 无 | 有 | 有 | 黄花土 | 仰直 | 成年 | 男 | 一棺 |
| M3133 | 105 | 口2.40×1.07−0.65<br>底2.40×1.07−3.15 | 直壁 | 无 | 无 | 无 | 无 | 灰黄花土 | 仰直 | 不详 | 不详 | 一棺 |
| M3134 | 95 | 口2.85×1.31−0.47<br>底3.18×1.54−3.62 | 口小底大 | 熟 | 无 | 无 | 无 | 黄褐细花土 | 仰直 | 成年 | 男 | 一棺<br>一椁 |
| M3135 | 106 | 口2.30×1.16−0.65<br>底2.30×1.22−3.03 | 直壁 | 无 | 无 | 无 | 无 | 黄褐细花土 | 仰直 | 不详 | 不详 | 一棺 |
| M3136 | 96 | 口2.25×1.20−0.50<br>底2.25×1.20−3.15 | 直壁 | 熟 | 无 | 无 | 无 | 黄褐花土 | 仰直 | 不详 | 不详 | 一棺 |
| M3137 | 105 | 口2.35×1.13−0.60<br>底2.35×1.13−2.89 | 直壁 | 无 | 无 | 无 | 无 | 黄褐花土 | 仰屈 | 不详 | 不详 | 一棺<br>一椁 |
| M3138 | 106 | 口2.46×1.15−0.95<br>底2.46×1.25−3.57 | 口小底大 | 熟 | 无 | 无 | 无 | 黄褐细花土 | 不详 | 不详 | 不详 | 一棺<br>一椁 |
| M3139 | 109 | 口2.02×0.81−1.05<br>底2.04×0.88−3.20 | 口小底大 | 熟 | 无 | 无 | 无 | 黄褐色花土 | 仰直 | 不详 | 不详 | 一棺<br>一椁 |
| M3140 | 103 | 口2.60×1.55−1.05<br>底2.60×1.55−3.75 | 直壁 | 无 | 无 | 无 | 无 | 黄褐色细花土 | 不详 | 不详 | 不详 | 一棺<br>一椁 |
| M3141 | 105 | 口2.75×1.70−1.00<br>底2.87×1.89−4.05 | 口小底大 | 熟 | 无 | 有 | 无 | 黄褐花土 | 仰直 | 不详 | 不详 | 一棺<br>一椁 |
| M3142 | 101 | 口2.15×0.83−0.65<br>底2.15×0.95−3.00 | 口小底大 | 无 | 无 | 无 | 无 | 黄褐花土 | 仰直 | 不详 | 男 | 一棺 |
| M3143 | 110 | 口2.35×0.90−0.80<br>底2.55×1.10−3.00 | 口小底大 | 无 | 无 | 无 | 无 | 黄褐花土加细黄沙土 | 仰直 | 成年 | 女 | 一棺<br>一椁 |

| | | | | | | |
|---|---|---|---|---|---|---|
| 无 | 无 | | | | | |
| 无 | 有？ | 鬲AaIII，盂BI，豆AaIII（2），罐BII | | | 春秋早期 | 有腰坑，北壁有壁龛 |
| 无 | 无 | | | | | 有脚窝 |
| 无 | 无 | | | | | |
| 无 | 无 | 鬲AbV，盂BIII，豆BIV（2） | | | 春秋中期 | 有壁龛 |
| 无 | 不详 | 盂BII，豆AaIII（2），罐CIII | | 5陶鬲 | 春秋中期 | 北壁有壁龛，底部有腰坑 |
| 无 | 无 | | | | | 南、北壁有脚窝 |
| 无 | 有 | 盂BI，豆BI（2），罐AII | | 5鬲 | 春秋早期 | 有腰坑，内殉狗 |
| 无 | 无 | | | | | |
| 无 | 有 | 鬲AaIV，盂BII，豆AaIV（2），罐AIII | | | 春秋中期 | 有腰坑，内有殉狗 |
| 无 | 无 | | | | | |
| 无 | 有 | | 陶小件，铜盖，豆B，骨管， | 2铜舟，3陶鼎，1脊骨，6陶小件 | 春秋晚期 | 有腰坑，内有殉狗 |
| 无 | 无 | 圜底罐（2） | 瓮棺葬 | 注:瓮棺葬 | | |
| 无 | 无 | 鬲DI，盂BIII，豆AaIV，豆AbI（2），罐BIII | | | 春秋中期 | |
| 无 | 无 | | | | | |
| 无 | 无 | | 鎏金铜饰一组8件 | | | |
| 无 | 有 | 豆AaIV（2），罐DIII | | 2陶盂，5陶鬲 | 春秋中期 | 有腰坑，内殉狗 |
| 无 | 无 | 鬲AaV，豆AbI（2），罐BIII | 铜带钩B | 1陶盂 | 春秋晚期 | |
| 无 | 无 | 鬲DI，盂BII，罐DIII，陶豆AbI（2） | 铜带钩B，骨珠（3） | | 春秋中期 | |
| 无 | 无 | 盂BII，豆AbI（2） | 铜带钩E | | 春秋中期 | |
| 无 | 无 | 素面鬲AII，盂BII，豆AbI（2），罐DII | | | 春秋中期 | |
| 无 | 无 | 异形鬲，豆AaIX（2），罐DV，盂BIV | 铜带钩C | | 战国早期 | |
| 无 | 无 | 异形鬲，异形豆（2），罐DIII | | | 春秋中期 | |
| 无 | 无 | 盂BIII，罐AIII | | | 春秋中期 | |
| 无 | 无 | 鬲CI，豆AaIII（2），盂BI，罐DII | 骨器帽，骨梳（残） | | 春秋早期 | |
| 无 | 不详 | 鬲AaV，盂BII | 骨饰件 | | 春秋中期 | 有腰坑 |
| 无 | 无 | 鼎AI | | | | |
| 无 | 有 | 鬲BII，盂BII，罐BII，陶豆AaV（2） | 骨簪A， | | 春秋中期 | 殉狗位于墓主头部 |

| 墓号 | | 尺寸 | 壁 | | | | | 填土 | 葬式 | 年龄 | 性别 | 葬具 |
|---|---|---|---|---|---|---|---|---|---|---|---|---|
| M3144 | 95 | 口2.12×0.83-0.95<br>底2.14×0.87-2.12 | 直壁 | 无 | 无 | 无 | 无 | 黄褐花土 | 仰直 | 不详 | 不详 | 一棺 |
| M3145 | 104 | 口2.34×1.00-0.76<br>底2.30×0.93-2.89 | 口大底小 | 无 | 无 | 无 | 无 | 黄褐细花土 | 仰直 | 不详 | 不详 | 一棺 |
| M3146 | 93 | 口2.10×0.60<br>底2.10×0.60-1.10 | 直壁 | 无 | 无 | 无 | 无 | 灰色质软 | 仰直 | 成年 | 男 | 无 |
| M3147 | 114 | 口2.00×0.80-0.80<br>底2.02×0.83-2.90 | 直壁 | 无 | 无 | 无 | 无 | 灰花土，灰褐花土 | 仰直 | 不详 | 不详 | 一棺 |
| M3148 | 105 | 口1.87×0.69-0.67<br>底1.87×0.69-1.67 | 直壁 | 无 | 无 | 无 | 无 | 灰褐土 | 仰直 | 约35岁 | 女 | 无 |
| M3149 | 88 | 口2.00×0.72-0.75<br>底2.00×0.72-2.18 | 直壁 | 生 | 有 | 有 | 无 | 灰褐土 | 仰直 | | | 无 |
| M3151 | 92 | 口2.00×0.95-0.25<br>底2.00×0.95-1.65 | 直壁 | 无 | 有 | 无 | 无 | 红褐花土 | 仰直 | >壮年 | 女 | 一棺 |
| M3152 | 112 | 口2.80×2.00-0.45<br>底2.80×2.00-3.90 | 直壁 | 生 | 无 | 无 | 无 | 黄花土，质硬 | 仰直 | 不详 | 不详 | 一棺一椁 |
| M3154 | 100 | 口2.65×1.47-0.58<br>底2.65×1.47-2.85 | 直壁 | 生 | 无 | 无 | 无 | 黄花土 | 仰直 | 不详 | 不详 | 一棺一椁 |
| M3158 | 120 | 口3.00×2.20-0.80<br>底2.40×1.40-5.00 | 口大底小 | 生 | 无 | 无 | 无 | 黄花土 | 仰直 | 成年 | 不详 | 一棺一椁 |
| M3159 | 120 | 口2.50×1.40-0.80<br>底2.50×1.40-2.25 | 直壁 | 熟 | 无 | 无 | 无 | 黄花土 | 仰直 | 不详 | 不详 | 一棺一椁 |
| M3160 | 118 | 口2.15×1.20-1.15<br>底2.25×1.30-3.70 | 口小底大 | 生 | 无 | 无 | 无 | 细花土 | 仰直 | 不详 | 不详 | 一棺 |
| M3161 | 110 | 口2.64×1.55-0.70<br>底2.64×1.55-3.90 | 直壁 | 熟 | 无 | 无 | 无 | 黄褐色花土 | 仰直 | 35～40岁 | 男? | 一棺一椁 |
| M3162 | 110 | 口2.35×1.24-1.10<br>底2.35×1.24-1.60 | 直壁 | 生 | 无 | 无 | 无 | 黄花土 | 仰直 | 成年 | 男 | 一棺 |
| M3163 | 98 | 口2.90×1.90-0.30<br>底2.90×1.90-3.80 | 直壁 | 熟 | 无 | 无 | 无 | 黄褐花土，夯 | 不详 | 不详 | 不详 | 一棺一椁 |
| M3164 | 90 | 口2.90×1.70-0.80<br>底2.90×1.70-3.45 | 直壁 | 熟 | 无 | 无 | 无 | 黄花土 | 不详 | 不详 | 不详 | 一棺一椁 |
| M3165 | 80 | 口2.25×1.01-0.35<br>底2.25×0.98-2.25 | 直壁 | 无 | 无 | 有 | 无 | 黄花土，质硬 | 仰直 | 约35岁 | 男 | 一棺 |
| M3166 | 104 | 口2.19×1.04-0.35<br>底2.15×1.00-1.50 | 直壁 | 无 | 无 | 无 | 无 | 黄花土 | 仰直 | 40～45岁 | 男 | 一棺 |
| M3167 | 270 | 口2.40×1.20-0.30<br>底2.65×1.37-4.34 | 口小底大 | 熟 | 无 | 无 | 无 | 黄褐花土 | 仰直 | 不详 | 不详 | 一棺一椁 |
| M3168 | 95 | 口2.30×0.94-1.00<br>底2.70×1.34-4.05 | 口小底大 | 积石 | 无 | 无 | 无 | 黄褐花土 | 不详 | 不详 | 不详 | 无 |
| M3170 | 110 | 口2.70×1.50-1.40<br>底2.70×1.50-3.20 | 直壁 | 生 | 无 | 无 | 无 | 黄花土 | 不详 | 不详 | 不详 | 一棺一椁 |
| M3171 | 100 | 口2.30×1.25-1.50<br>底2.30×1.25-4.00 | 直壁 | 生 | 无 | 无 | 无 | 黄花土 | 仰直 | 不详 | 不详 | 一棺一椁 |
| M3172 | 90 | 口2.30×1.20-1.00<br>底2.20×1.10-4.30 | 口大底小 | 生 | 无 | 无 | 无 | 黄花土 | 仰直 | 不详 | 不详 | 一棺一椁 |
| M3173 | 80 | 口2.25×1.20-1.00<br>底2.05×1.0-2.60 | 口大底小 | 生 | 无 | 有 | 无 | 黄花土 | 仰直 | 40～45岁 | 男 | 一棺一椁 |
| M3174 | 105 | 口2.10×0.73-1.20<br>底2.10×0.73-2.65 | 直壁 | 无 | 无 | 有 | 无 | 黄褐花土 | 仰直 | 20～25岁 | 女 | 一棺 |
| M3175 | 294 | 口2.06×0.78-0.80<br>底2.18×0.88-1.95 | 口小底大 | 生 | 无 | 无 | 无 | 细花土 | 仰直 | 不详 | 不详 | 无 |
| M3176 | 0 | 口2.15×0.74-1.15<br>底2.15×0.74-2.15 | 直壁 | 无 | 无 | 无 | 无 | 黄褐花土 | 仰直 | 成年 | 女? | 一棺 |

| 无 | 无 | 罐AII，盂BII，豆AbI | 铜带钩C | 1陶罐，4陶鬲 | 春秋中期 | |
|---|---|---|---|---|---|---|
| 无 | 无 | 鬲BII，盂BIII，豆AaV（2），罐AII | 铜带钩A，骨镞（1） | 1骨镞（2缺1） | 春秋中期 | |
| 无 | 无 | | | | | |
| 无 | 无 | 盂BIII，豆AaV，罐BIII | 铜带钩B | 5陶鬲 | 春秋中期 | |
| 无 | 无 | 盂BIV，豆AaIII，豆AaV | | | 春秋中期 | |
| 无 | 不详 | 鬲AbIV，盂BIII，豆AaIII，豆BIII | | | 春秋中期 | 有腰坑、有壁龛 |
| 无 | 无 | 豆AaIII（2），罐DII | | 2陶鬲 | 春秋早期 | 南壁有壁龛 |
| 无 | 无 | 盂BV | | | 春秋晚期 | |
| 无 | 无 | 盂BV | | 2、3陶豆，4陶鬲 | 春秋晚期 | |
| 无 | 无 | 盂AIII，豆AcII（2） | | 4陶鬲 | 春秋晚期 | |
| 有 | 无 | 鬲BIV，盂BIII，豆AcIII，盘BI | | 4、6陶敦2件，7泥鼎，8、9泥壶2件，10、11泥豆2件 | 战国早期 | 有底箱 |
| 无 | 无 | 盂AVI | | | 战国中期 | |
| 无 | 无 | 盂AV，豆AcIII（2） | 铜剑C（残），铜戈AII | 6陶鬲 | 战国早期 | |
| 无 | 无 | 鬲DV，豆AaIX（2），异形盂 | | | 战国中期 | |
| 无 | 无 | 鼎B，盘BII，敦C | | 6泥器 | 战国早期 | |
| 有 | 无 | 鼎B，盂AIV，陶壶A，敦B，陶舟，陶匜A，盖豆Ba（2） | 铜钺Ba，铜戈AI， | 11陶舟，12泥盘，13泥器盖 | 战国早期 | |
| 无 | 有 | 盂BII，豆BIII（2） | | 4陶鬲 | 春秋中期 | 有腰坑，内殉狗。墓主足端殉狗。 |
| 无 | 无 | 盂BII，豆BII（2） | | 2陶鬲 | 春秋早期 | |
| 无 | 无 | 盂BIII，罐AII，鬲CII | | 2、3陶豆2件 | 春秋中期 | |
| 无 | 无 | | | | | 积石 |
| 有 | 无 | 盂AIV，豆AcIII（2） | | 4陶鬲 | 战国早期 | 有底箱 |
| 无 | 无 | | | | | |
| 无 | 无 | | | | | |
| 无 | 不详 | | | | | 有腰坑，内殉狗 |
| 无 | 有 | 罐AI，豆AaI（2），鬲AbI，陶纺轮 | | | 西周晚期 | 有腰坑，内殉狗 |
| 无 | 无 | | | | | |
| 无 | 无 | 素面鬲AI，盂AI，豆AaI（2），罐DI | | | 西周晚期 | |

| M3177 | 102 | 口2.50×1.20−1.35<br>底2.52×1.20−4.25 | 直壁 | 熟 | 无 | 无 | 无 | 黄花土 | 仰直 | 成年 | 不详 | 一棺<br>一椁 |
|---|---|---|---|---|---|---|---|---|---|---|---|---|
| M3179 | 108 | 口2.25×0.80−1.10<br>底2.25×0.80−2.60 | 直壁 | 生 | 有 | 有 | 无 | 黄褐花土 | 仰直 | 35～40岁 | 男 | 一棺 |
| M3180 | 114 | 口2.10×0.82−1.20<br>底2.10×0.82−2.50 | 直壁 | 生 | 有 | 有 | 无 | 细五花土 | 仰屈 | 不详 | 不详 | 一棺 |
| M3183 | 100 | 口2.95×1.77−1.20<br>底2.95×1.77−3.30 | 直壁 | 无 | 有 | 无 | 无 | 五花土 | 仰直 | 不详 | 不详 | 一棺 |
| M3184 | 100 | 口2.60×1.40−1.10<br>底2.60×1.40−4.82 | 直壁 | 积石 | 有 | 无 | 无 | 黄褐花土 | 不清 | 不详 | 不详 | 一棺<br>一椁 |
| M3185 | 105 | 口1.90×0.75−0.51<br>底1.90×0.75−1.25 | 直壁 | 无 | 无 | 无 | 无 | 灰褐花土 | 仰直 | 35～40岁 | 不详 | 一棺 |
| M3186 | 105 | 口2.10×0.80−0.90<br>底2.10×0.80−4.55 | 直壁 | 生 | 无 | 无 | 无 | 黄花土 | 仰直 | 约35岁 | 男 | 一棺 |
| M3187 | 96 | 口2.00×0.62−0.30<br>底2.00×0.66−2.29 | 直壁 | 生 | 无 | 无 | 无 | 黄褐沙土 | 仰直 | 约45岁 | 不详 | 一棺 |
| M3189 | 10 | 口1.90×1.00−0.50<br>底1.90×1.00−2.30 | 直壁 | 无 | 有 | 无 | 无 | 花土，夯 | 仰直 | 35～40岁 | 男 | 一棺 |
| M3190 | 103 | 口2.10×0.92−0.35<br>底2.10×0.92−2.13 | 直壁 | 生 | 无 | 无 | 无 | 黄褐花土 | 仰直 | >30岁 | 不详 | 一棺 |
| M3192 | 100 | 口2.25×0.90−0.80<br>底2.30×1.10−2.30 | 口小底大 | 无 | 有 | 无 | 无 | 黄花土、黑褐土，疏松 | 仰直 | 40～45岁 | 男 | 一棺 |
| M3193 | 18 | 口2.10×0.80−1.00<br>底2.10×0.80−2.02 | 直壁 | 无 | 无 | 无 | 无 | 黄花土、黑褐土，疏松 | 仰直 | 约25岁 | 男？ | 一棺 |
| M3194 | 110 | 口2.10×0.85−0.80<br>底2.20×1.17−2.25 | 口小底大 | 无 | 有 | 无 | 无 | 黄花土 | 仰直 | 40～45岁 | 女 | 一棺 |
| M3195 | 100 | 口2.27×1.10−0.95<br>底2.32×1.10−2.54 | 直壁 | 无 | 无 | 无 | 无 | 黄花土 | 仰直 | 成年 | 不详 | 一棺 |
| M3196 | 95 | 口2.45×1.20−0.95<br>底2.75×1.38−4.35 | 口小底大 | 积石 | 有 | 无 | 无 | 黄褐细花土 | 仰直 | 老年 | 女 | 一棺 |
| M3197 | 110 | 口3.15×2.35−1.80<br>底3.15×2.35−6.8 | 直壁 | 积石 | 无 | 无 | 无 | 五花土 | 仰直 | 不详 | 不详 | 一棺<br>一椁 |
| M3199 | 90 | 口2.75×1.86−0.47<br>底2.75×1.86−6.17 | 直壁 | 积石 | 无 | 无 | 无 | 黄花土，夯 | 不清 | 不详 | 不详 | 一棺<br>一椁 |
| M3200 | 93 | 口3.15×2.44−0.20<br>底3.15×2.44−4.70 | 直壁 | 生 | 无 | 无 | 无 | 黄花土，夹黑土块，夯 | 仰直 | 不详 | 不详 | 一棺<br>一椁 |
| M3201 | 100 | 口3.23×2.50−0.00<br>底3.23×2.50−5.25 | 直壁 | 生2 | 无 | 无 | 无 | 黄花土，夯 | 仰直 | 不详 | 不详 | 一棺<br>一椁 |
| M3203 | 104 | 口2.05×0.90−0.60<br>底2.05×0.95−3.70 | 直壁 | 无 | 无 | 无 | 无 | 细花土 | 仰直 | 成年 | 男 | 一棺 |
| M3204 | 100 | 口2.85×2.00−0<br>底2.85×2.00−3.50 | 直壁 | 生 | 无 | 无 | 无 | 黄花土，夯 | 不清 | 不详 | 不详 | 一棺<br>一椁 |
| M3205 | 107 | 口2.48×1.42−0.55<br>底2.60×1.51−3.38 | 口小底大 | 熟 | 无 | 无 | 无 | 黄褐花土 | 仰直 | 约45岁 | 女 | 一棺 |
| M3206 | 100 | 口2.15×0.85−0.64<br>底2.15×0.85−2.18 | 直壁 | 生 | 无 | 无 | 无 | 黄褐花土 | 仰直 | 约25岁 | 不详 | 一棺 |
| M3207 | 110 | 口2.50×1.56−0.50<br>底2.50×1.56−3.70 | 直壁 | 熟 | 无 | 有 | 无 | 花土 | 仰直 | 不详 | 不详 | 一棺<br>一椁 |

| | | | | | | |
|---|---|---|---|---|---|---|
| 无 | 无 | 鬲DV，盂BVII，豆AaX（2），陶壶BI | 铜剑Bb， | 2陶盖豆 | 战国中期 | |
| 无 | 有 | 豆AaI（2），罐DI | | | 西周晚期 | 有腰坑，内殉狗。有壁龛 |
| 无 | 不详 | 素面鬲AI，罐CI（2），豆AaI（2） | | | 西周晚期 | 有腰坑，内殉狗。东壁有头龛 |
| 无 | 无 | 豆AaX（4），盖豆AIII（2），三足钵 | 铜戈D壶C（填土内） | 8陶鬲，10陶盂（残） | 战国中期 | 东壁有头龛 |
| 无 | 无 | 鬲DVI，盂AV，豆AaX（3），盖豆AII（2），陶壶C | | | 战国中期 | 北壁有壁龛，积石 |
| 无 | 无 | 鬲AbIII，盂BII，豆BIV（2），罐AI | | | 春秋中期 | |
| 无 | 无 | 鬲AaV，盂BIV，豆AaIV，罐BIII | | | 春秋中期 | |
| 无 | 无 | 鬲AaVI，盂BIII，豆AbII（2） | 骨簪Aa | | 春秋晚期 | |
| 无 | 无 | 素面鬲B，豆AaI（2），罐AI | | | 西周晚期 | 北壁有壁龛 |
| 无 | 无 | 豆AbIIM3190：1 | | 2、3陶片 | | |
| 无 | 无 | 豆AaI（2），罐AI | | | 西周晚期 | 西壁有壁龛 |
| 无 | 无 | | | | | |
| 无 | 无 | 鬲AaI，豆AaI（2），罐AI，罐DI， | 陶纺轮 | | 西周晚期 | 东壁有头龛 |
| 无 | 无 | 盂AV | 兽骨 | | | |
| 无 | 无 | 豆AaX（2），陶壶C | | 3陶鬲，5陶盆 | 战国中期 | 南壁有壁龛，积石 |
| 有 | 无 | 盂AIII，盖豆C（2），豆AaIX（4），陶匜A | 铜剑Bb，铜戈B，铜戈D，铜矛（2） | 16、17陶盖豆1件，7、19陶鼎1件，10陶盘，14、15陶壶2件 | 战国中期 | 有底箱，积石 |
| 无 | 无 | 鼎AIV，豆AaX（3），豆AbII，壶BI | 滑石环A（1），滑石环C（20），骨簪Ab，骨簪B，滑石管（12） | 3陶豆，7石璜一宗 | 战国中期 | 积石 |
| 无 | 无 | 鼎AIV，盂AV，盖豆AIII（2） | 铜戈C，铜剑AaII，铜带钩C | 9、10陶豆 | 战国中期 | 填土部分经夯打 |
| 有 | 无 | 盖豆Bb，鼎B，壶A（3），盘AII（2），敦B，陶匜A，陶舟（1），罐E，笭（4） | 铜戈B，铜剑AaI，铜带钩A（2），铜带钩C（2） | 32陶壶，21、28、29彩盖豆3件，30陶敦 | 战国早期 | 有底箱 |
| 无 | 无 | | | | | |
| 有 | 无 | 鬲DIV，鼎AII，盂BV，豆AcIII（2），陶壶A（2），敦C（2），盖豆Bb，盖豆Ba | 骨簪A，滑石环A（2） | 2泥盘，3、17泥器盖2件，4陶匜，9泥壶 | 战国早期 | 有底箱 |
| 无 | 无 | 盂AIV | | | 战国早期 | |
| 无 | 无 | 鬲DIV | | 2陶盂 | 战国早期 | |
| 无 | 有 | 豆AbII（2） | 骨簪Aa | 2、3陶鼎，5陶盘 | 战国早期 | 有腰坑，内殉狗 |

| 墓号 | | 墓口墓底尺寸 | 墓壁 | | | | | | 填土 | 葬式 | 年龄 | 性别 | 葬具 |
|---|---|---|---|---|---|---|---|---|---|---|---|---|---|
| M3208 | 170 | 口1.71×0.44-0.30<br>底1.71×0.44-0.70 | 直壁 | 无 | 无 | 无 | 无 | 灰褐土 | 仰直 | 成年 | 女 | 无 |
| M3211 | 98 | 口2.05×1.15-0.65<br>底2.05×1.15-2.35 | 直壁 | 生 | 无 | 无 | 无 | 花土 | 仰直 | 成年 | 男 | 一棺 |
| M3212 | 273 | 口2.00×0.68-0.95<br>底2.21×0.78-2.56 | 口小底大 | 生 | 有 | 有 | 无 | 黄花土 | 仰直 | 不详 | 不详 | 一棺 |
| M3213<br>(殉马坑) | 102 | 口3.90×2.30-0.44<br>底3.90×2.30-2.37 | 不详 | | | | | 花土 | | | | |
| M3214 | 118 | 口1.00×0.69-0.50<br>底0.95×0.42-1.10 | 口大底小 | 生 | 无 | 无 | 无 | 红褐土 | 仰直 | 不详 | 不详 | 无 |
| M3215 | 100 | 口2.31×0.87-0.35<br>底2.31×0.95-2.88 | 直壁 | 生 | 无 | 无 | 无 | 黄花土含沙 | 仰直 | 不详 | 不详 | 一棺 |
| M3216 | 10 | 口1.65×0.65-0.45<br>底1.65×0.65-1.90 | 直壁 | 无 | 无 | 无 | 无 | 黄花土 | 不详 | 不详 | 不详 | 不详 |
| M3217 | | | 不详 | | | | | | | 不详 | 不详 | |
| M3218 | 110 | 口2.19×0.95-0.30<br>底2.18×1.16-3.58 | 口小底大 | 无 | ? | 无 | 无 | 黄花土 | 侧屈 | 不详 | 不详 | 一棺 |
| M3219 | 110 | 口2.35×1.00-0.40<br>底2.35×1.45-2.40 | 口小底大 | 熟 | 有 | 无 | 无 | 黄褐花土 | 不清 | 不详 | 不详 | 一棺 |
| M3220 | 86 | 口2.20×1.02-0.40<br>底2.47×1.15-2.65 | 口小底大 | 生 | 有 | 有 | 无 | 黄花土 | 不清 | 不详 | 不详 | 一棺 |
| M4001 | 14 | 口2.20×0.98-0.64<br>底2.32×0.98-3.99 | 口小底大 | 无 | 无 | 无 | 无 | 黄花土 | 仰直 | 不详 | 不详 | 一棺 |
| M4006 | 75 | 口2.22×0.78-0.95<br>底2.22×0.80-2.60 | 直壁 | 有 | 无 | 无 | 无 | 黄褐土含沙 | 仰直 | 青年 | 不详 | 一棺 |
| M4009 | 113 | 口2.12×0.90-1.12<br>底2.10×0.90-3.02 | 直壁 | 生 | 无 | 无 | 无 | 黄花土 | 仰直 | 约45岁 | 男 | 一棺<br>一椁 |
| M4010 | 87 | 口2.10×1.05-0.60<br>底2.10×1.05-4.30 | 直壁 | 生 | 无 | 无 | 无 | 黄土夹黑胶土 | 不详 | 不详 | 不详 | 一棺<br>一椁 |
| M4011 | 105 | 口1.75×0.95-0.50<br>底1.40×0.70-2.20 | 口大底小 | 生 | 无 | 无 | 无 | 黄褐花土 | 仰直 | 不详 | 不详 | 一棺 |
| M4015 | 115 | 口1.80×0.65-0.28<br>底1.73×0.60-1.45 | 口大底小 | 无 | 无 | 无 | 无 | 黄花土 | 二次葬? | 约35岁 | 女 | 无 |
| M4021 | 112 | 口2.60×1.23-0.64<br>底2.72×1.27-4.53 | 口小底大 | 无 | 无 | 无 | 无 | 细五花土 | 仰直 | 不详 | 不详 | 一棺 |
| M4023 | 90 | 口2.12×1.06-1.00<br>底2.08×1.12-5.20 | 直壁 | 生 | 无 | 无 | 无 | 黄沙土夹黑胶土 | 仰直 | 不详 | 不详 | 一棺<br>一椁 |
| M4024 | 100 | 口2.05×0.94-0.70<br>底2.27×1.28-4.20 | 口小底大 | 无 | 无 | 无 | 无 | 黄花土质松软 | 仰直 | 不详 | 不详 | 一棺 |
| M4026 | 290 | 口1.95×0.96-0.75<br>底2.05×0.80-2.96 | 直壁 | 无 | 无 | 无 | 无 | 黄褐土夹黄沙 | 仰屈 | 成年 | 女 | 一棺 |
| M4031 | 110 | 口2.32×1.00-0.60<br>底2.60×1.27-3.10 | 口小底大 | 无 | 无 | 无 | 无 | 黄褐土 | 仰直 | 不详 | 不详 | 一棺 |
| M4033 | 108 | 口2.05×0.88-0.70<br>底2.05×0.88-2.35 | 直壁 | 生 | 无 | 无 | 无 | 黄花土 | 仰直 | 约10岁 | 不详 | 无 |
| M4034 | 14 | 口2.15×1.15-0.60<br>底2.15×1.15-1.45 | 直壁 | 无 | 无 | 无 | 无 | 黄花土 | 仰直 | 15~18岁 | 不详 | 二瓮相对 |
| M4035 | 3 | 口2.14×1.18-1.17<br>底2.40×1.12-2.90 | 直壁 | 无 | 无 | 无 | 有 | 细花土 | 仰直 | 20~25岁 | 女 | 0 |

| | | | | | | |
|---|---|---|---|---|---|---|
| 无 | 无 | | | | | |
| 无 | 无 | | | | | |
| 无 | 有 | 罐CII | | 2、3陶豆2件 | 春秋早期 | 有椭圆形腰坑，内殉狗。东壁有头龛 |
| | | | 1铜环 | | | |
| 无 | 无 | | | 1陶盂 | | |
| 无 | 无 | 鬲DII，盂BIII，豆AaV（2） | | | 春秋中期 | |
| 无 | 无 | | | | | |
| | | 鬲DIII，豆AbII | | | | 无资料 |
| 无 | 无 | | 铜带钩A | | 春秋中期 | |
| 无 | 无 | 盂BII，豆BIII（2），罐DIII | | 1陶鬲 | 春秋中期 | 有壁龛 |
| 无 | 有 | 鬲AaIII，盂BI，豆AaIII（2），罐DII | | | 春秋早期 | 有腰坑，内殉狗。有壁龛 |
| 无 | 无 | | | | 战国晚期 | 土坑竖穴洞室墓 |
| 无 | 无 | 铁铲 | | | 战国晚期 | 土坑竖穴洞室墓 |
| 无 | 无 | | | | 战国晚期 | 土坑横穴洞室墓 |
| 无 | 无 | | | | 战国晚期 | |
| 无 | 无 | | | | 战国晚期 | |
| 无 | 无 | | | | 战国晚期 | |
| 无 | 无 | 陶盂CaIII | | | 战国晚期 | |
| 无 | 无 | 铁锸 | 铜铃4件，鎏金饰件6件 | | 战国晚期 | |
| 无 | 无 | | | | 战国晚期 | |
| 无 | 无 | 陶纺轮 | | | 战国晚期 | 土坑竖穴洞室墓 |
| 无 | 无 | | | | 战国晚期 | |
| 无 | 无 | | | | 战国晚期 | |
| 无 | 无 | 陶瓮 | | 2瓮1件 | 战国晚期 | |
| 无 | 无 | | | | 战国晚期 | 土坑横穴洞室墓，西壁有脚窝 |

# 后 记

　　两醇墓地是齐国都城临淄地区一处重要周代墓地，也是本地区目前发掘最系统，揭露数量最多的齐国平民墓地。作为临淄地区周代齐国墓葬系列发掘报告之一，两醇墓地发掘报告以《临淄齐墓（第二集）》形式出版。

　　本报告的整理编写由魏成敏主持，魏成敏、赵益超、吕凯共同执笔完成。初稿完成后魏成敏、赵益超统审定稿。田野照片由张学海、罗勋章、吴文祺、冀介良等拍摄，器物照片由魏成敏、赵益超拍摄。器物线图由吕凯、闫明、李振彪绘制，插图墨线描绘由闫明承担。

　　资料整理期间，在临淄工作站实习的上海大学文学院、首都师范大学历史学院部分师生参与了报告整理编写工作。参加人员有：上海大学副教授魏峭巍，硕士研究生任毛毛、张云峰，本科生周艳芸；首都师范大学教授钱益汇，硕士研究生吕朔磊、于通海、辛雅琳、徐宏杰等。

　　山东省文物考古研究院技术资料室吕承佳、李繁玲、徐倩倩、刘晨、万菲、胡杨等为文物的查找与交接提供了方便与帮助；临淄工作站张斌、李振彪、闫明、王泽等参与了报告整理工作。

　　英文提要由中央民族大学黄义军教授翻译。

　　报告的整理编写得到了山东省文物考古研究院郑同修院长、孙波副院长、刘延常副书记的支持和关心。

　　文物出版社责任编辑秦彧为报告的编写付出了艰辛劳动。

　　在此，对于以上各位同仁一并致谢！

编 者

2018 年 11 月 26 日

彩版一　两醡墓地考古发掘工作人员合影

1.临淄两醇墓地考古发掘现场

2.临淄两醇墓地考古现场测绘

**彩版二　临淄两醇墓地考古发掘现场**

1.Aa型Ⅰ式绳纹鬲M3194：5

2.Aa型Ⅱ式绳纹鬲M3009：1

3.Aa型Ⅲ式绳纹鬲M3116：5

4.Aa型Ⅳ式绳纹鬲M3124：2

5.Aa型Ⅴ式绳纹鬲M2052：4

6.Aa型Ⅵ式绳纹鬲M3187：3

彩版三　Aa型绳纹鬲

1.Aa型Ⅶ式绳纹鬲M3019:4

2.Ab型Ⅰ式绳纹鬲M3174:4

3.Ab型Ⅱ式绳纹鬲M2095:2

4.Ab型Ⅲ式绳纹鬲M3185:4

5.Ab型Ⅳ式绳纹鬲M3149:4

6.Ab型Ⅴ式绳纹鬲M3119:4

彩版四　Aa、Ab型绳纹鬲

1.B型Ⅰ式绳纹鬲M2097：1

2.B型Ⅱ式绳纹鬲M3143：5

3.B型Ⅱ式绳纹鬲M3145：7

4.B型Ⅲ式绳纹鬲M3003：1

5.B型Ⅳ式绳纹鬲M3159：3

彩版五　　B型绳纹鬲

1.C型Ⅰ式绳纹鬲M3140：6

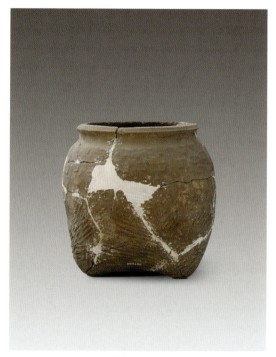

2.C型Ⅱ式绳纹鬲M3167：5

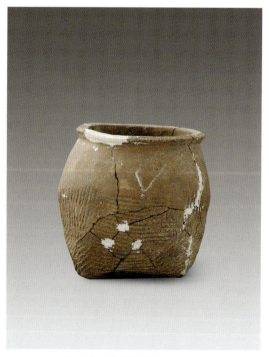

3.C型Ⅲ式绳纹鬲M2069：1

4.C型Ⅳ式绳纹鬲M1046：7

**彩版六　C型绳纹鬲**

1.D型Ⅰ式绳纹鬲M2021：5

2.D型Ⅱ式绳纹鬲M2059：2

3.D型Ⅲ式绳纹鬲M2058：1

4.D型Ⅳ式绳纹鬲M2027：3

5.D型Ⅴ式绳纹鬲M3177：4

6.D型Ⅵ式绳纹鬲M3184：7

**彩版七　D型绳纹鬲**

1.A型Ⅰ式素面鬲M3176：3

2.A型Ⅰ式素面鬲M3180：3

3.A型Ⅰ式素面鬲M3110：2

4.A型Ⅱ式素面鬲M3136：4

5.B型素面鬲M3189：4

6.B型素面鬲M3101：2

彩版八　A、B型素面鬲

1.Aa型Ⅰ式陶豆M3176：5

2.Aa型Ⅱ式陶豆M3111：2

3.Aa型Ⅲ式陶豆M3151：3

4.Aa型Ⅲ式陶豆M3140：7

5.Aa型Ⅳ式陶豆M3186：1

6.Aa型Ⅴ式陶豆M3147：4

彩版九　Aa型陶豆

1.Aa型Ⅵ式陶豆M2069：7

2.Aa型Ⅶ式陶豆M2065：1

3.Aa型Ⅷ式陶豆M2112：5

4.Aa型Ⅸ式陶豆M2032：6

5.Aa型Ⅹ式陶豆M1048：5

6.Aa型Ⅺ式陶豆M1008：5

彩版一〇　Aa型陶豆

1.B型Ⅰ式陶豆M3122：1

2.B型Ⅱ式陶豆M3166：3

3.B型Ⅲ式陶豆M3149：3

4.B型Ⅳ式陶豆M3165：2

5.B型Ⅴ式陶豆M2033：1

彩版一一　B型陶豆

1.A型Ⅰ式陶罐M3192：3

2.A型Ⅱ式陶罐M3122：4

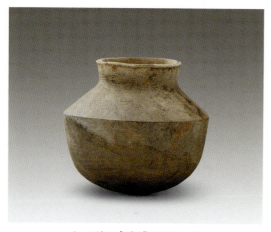

3.A型Ⅲ式陶罐M3139：2

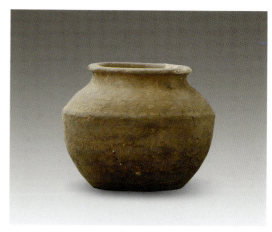

4.B型Ⅰ式陶罐M3111：3

5.B型Ⅱ式陶罐M2088：5

6.B型Ⅲ式陶罐M3147：3

彩版一二　A、B型陶罐

1.C型Ⅰ式陶罐M3106：1

2.C型Ⅰ式陶罐M3101：2

3.C型Ⅱ式陶罐M3212：1

4.C型Ⅲ式陶罐M3120：2

5.C型Ⅲ式陶罐M2082：1

彩版一三　　C型陶罐

1.D型Ⅰ式陶罐M3176：1

2.D型Ⅱ式陶罐M2021：1

3.D型Ⅲ式陶罐M3132：4

4.D型Ⅳ式陶罐M2064：7

5.D型Ⅴ式陶罐M3137：3

6.E型陶罐M3201：25

**彩版一四　D、E型陶罐**

1.A型Ⅰ式陶盂M3176：6

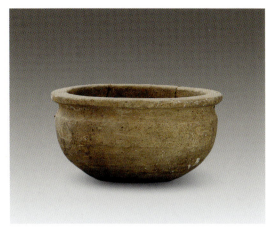

2.A型Ⅱ式陶盂M3009：1

3.A型Ⅲ式陶盂M2009：3

4.A型Ⅳ式陶盂M3019：3

5.A型Ⅴ式陶盂M2070：1、2

6.A型Ⅵ式陶盂M1011：1

彩版一五　A型陶盂

1.B型Ⅰ式陶盂M2021：3

2.B型Ⅱ式陶盂M3166：1

3.B型Ⅲ式陶盂M2080：1

4.B型Ⅳ式陶盂M3148：3

5.B型Ⅴ式陶盂M2099：4

6.B型Ⅵ式陶盂M3008：4

7.B型Ⅶ式陶盂M1006：9

彩版一六　B型陶盂

1.Ca型Ⅰ式陶盂M3003：4

2.Ca型Ⅱ式陶盂M1010：13

3.Ca型Ⅲ式陶盂M4021：1

4.Ca型Ⅳ式陶盂M1053：1

5.Cb型Ⅰ式陶盂M2071：3

6.Cb型Ⅱ式陶盂M2103：1

7.Cb型Ⅲ式陶盂M1008：8

彩版一七　C型陶盂

1.A型Ⅰ式陶鼎M3043:3

2.A型Ⅰ式陶鼎M3042:1

**彩版一八　A型陶鼎**

1.A型Ⅱ式陶鼎M3204：13

2.A型Ⅲ式陶鼎M2102：9

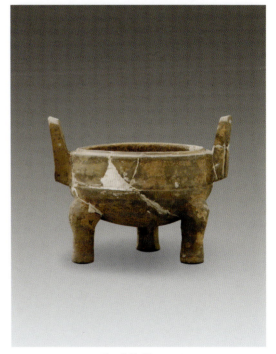

3.A型Ⅳ式陶鼎M3199：2

4.A型Ⅴ式陶鼎M1008：1

彩版一九　A型陶鼎

1.B型陶鼎M2032：10

2.B型陶鼎M3033：3

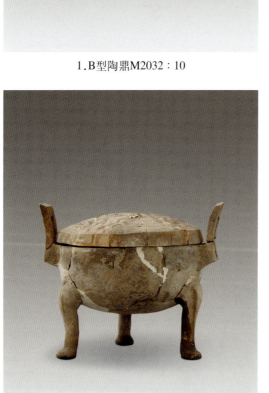

3.B型陶鼎M2115：12

4.B型陶鼎M3163：5

彩版二〇　B型陶鼎

1.A型Ⅰ式陶盖豆M2087：3

2.A型Ⅱ式陶盖豆M1009：9

3.A型Ⅲ式陶盖豆M3200：8

4.A型Ⅳ式陶盖豆M1008：9

**彩版二一　A型陶盖豆**

1.Ba型陶盖豆M2012：3

2.Ba型陶盖豆M2115：5

3.Bb型陶盖豆M2033：9

4.C型陶盖豆M3197：16

彩版二二　B、C型陶盖豆

1.A型陶壶M2032：3

2.A型陶壶M2035：18

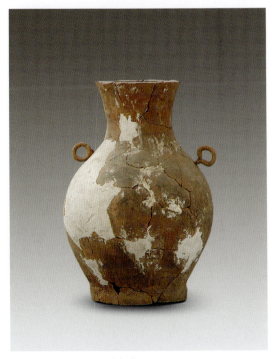

3.A型陶壶M2115：10

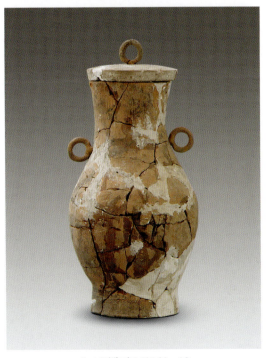

4.A型陶壶M3164：10

彩版二三　　A型陶壶

1.A型陶壶M2102：19

2.B型Ⅰ式陶壶M3199：1

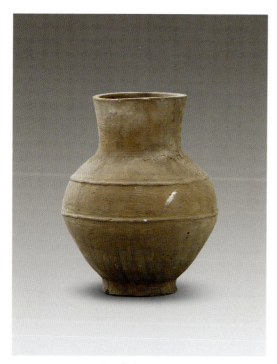

3.B型Ⅱ式陶壶M1006：4

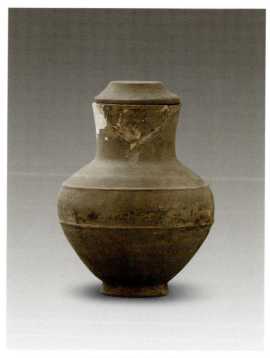

4.B型Ⅱ式陶壶M1008：3

彩版二四　A、B型陶壶

1.C型陶壶M3184：6

2.C型陶壶M3196：4

3.D型陶壶M2101：7

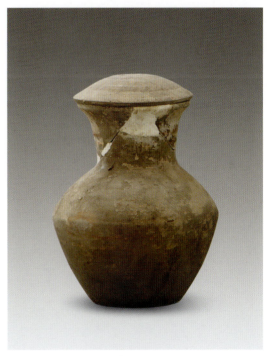

4.D型陶壶M3114：1

彩版二五　C、D型陶壶

1.A型Ⅰ式陶盘M3032：6

2.A型Ⅱ式陶盘M2032：29

3.B型Ⅰ式陶盘M3159：5

4.B型Ⅱ式陶盘M3033：6

5.B型Ⅲ式陶盘M1016：1

**彩版二六　A、B型陶盘**

1.A型陶匜M3114：4

2.A型陶匜M3164：7

3.B型陶匜M1007：12

4.A型陶敦M3042：5

5.B型陶敦M2115：7

6.B型陶敦M2045：46

彩版二七　陶匜、敦

1. 陶舟M3164：9

2. 陶舟M2115：9

3. 陶舟M2115：9

4. A型陶盆M3041：6

5. B型陶盆M2101：6

**彩版二八 陶舟、盆**

1.铜鼎M2004：13

2.铜鼎M2004：13

3.铜舟M2004：10

彩版二九　铜鼎、舟

1. A型铜盖豆M2004：8

2. A型铜盖豆M2004：9

3. B型铜盖豆M3126：5

彩版三〇　铜盖豆

1.Aa型Ⅰ式铜剑M3031：8                    2.Aa型Ⅰ式铜剑M3201：2

3.Aa型Ⅱ式铜剑M3200：1                    4.Ab型铜剑M1047：2


彩版三一　A型铜剑

1.Ba型Ⅰ式铜剑M2071：4 2.Ba型Ⅱ式铜剑M2114：3 3.Bb型铜剑M3033：10

4.Bb型铜剑M3019：12 5.C型铜剑M3161：2

彩版三二　B、C型铜剑

1.A型铜铍M1001：6　　　　　　2.B型铜铍M1005：5　　　　　　3.B型铜铍M3164：3

4.B型铜铍M3040：2　　　　　　5.B型铜铍M2033：14　　　　　　6.B型铜铍M1010：1

彩版三三　铜铍

1.A型Ⅰ式铜戈M2071：5

2.A型Ⅰ式铜戈M3164：2

3.A型Ⅰ式铜戈M2004：5

4.A型Ⅱ式铜戈M2033：15

5.A型Ⅱ式铜戈M3019：11

6.C型铜戈M3183：1

**彩版三四　A、C型铜戈**

1. B型铜戈M3201：1

2. B型铜戈M3033：8

3. B型铜戈M2062：1

4. B型铜戈M3197：2

5. B型铜戈M1047：1

6. B型铜戈M3200：2

彩版三五　B型铜戈

1.铜矛·M3197：22

2.A型Ⅰ式铜镞M2004：12-1

3.A型Ⅱ式铜镞M2058填土：1

4.A型Ⅱ式铜镞M2004：11-1

5.B型Ⅰ式铜镞M2004：11-3

6.B型Ⅱ式铜镞M2004：11-4

7.B型Ⅱ式铜镞M2004：11-7

8.B型Ⅱ式铜镞M2004：11-5

9.C型铜镞M2004：11-2

**彩版三六　铜矛、镞**

1.A型铜带钩M3145：5

2.A型铜带钩M3063：2

3.C型铜带钩M3201：6

4.E型铜带钩M3135：1

5.E型铜带钩M3135：1

6.F形铜带钩M3065：7

彩版三七　铜带钩

1. M1007

2. M1007

彩版三八　M1007

1.M1008出土陶器组合

2.绳纹鬲M1008：11

3.陶鼎M1008：1

4.陶豆M1008：7

5.陶盂M1008：8

彩版三九　M1008出土陶器组合

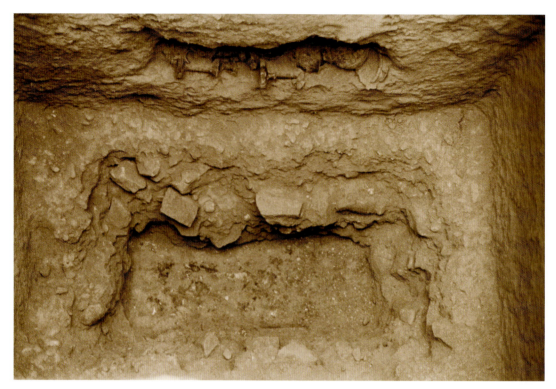

1.M1010

2.M1010出土陶器组合

彩版四〇　M1010及出土陶器

1.M1046

2.M1046出土陶器组合

彩版四一　M1046及出土陶器

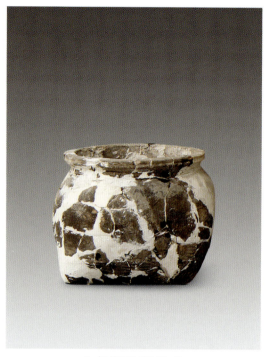

1.绳纹鬲M1046：7

2.陶壶M1046：8

3.陶盖豆M1046：2

4.陶豆M1046：9

**彩版四二　M1046出土陶器**

1.M2004

2.M2004

彩版四三　M2004

1. M2004

2. M2004出土铜器组合

**彩版四四　M2004及出土铜器**

1.M2021出土陶器组合

2.绳纹鬲M2021：5

3.陶豆M2021：4

4.陶罐M2021：1

5.陶盂M2021：3

**彩版四五　M2021出土陶器**

1.M2032出土陶器组合

2.绳纹鬲M2032：8

3.陶鼎M2032：10、11

4.陶盂M2032：9

5.陶盘M2032：29

**彩版四六　M2032出土陶器**

1. M2033

2. M2051出土陶器组合

**彩版四七　M2033与M2051出土陶器**

1.绳纹鬲M2051：3

4.陶罐M2051：4

2.陶豆M2051：1

5.陶盂M2051：5

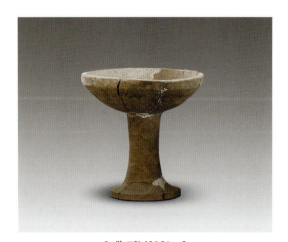

3.陶豆M2051：2

**彩版四八　M2051出土陶器**

1．M2064

2．M2065

彩版四九　M2064、M2065

1. M2069

2. M2069出土陶器组合

**彩版五〇　M2069及出土陶器**

1.绳纹鬲M2069：1

2.陶豆M2069：7

3.陶豆M2069：3

4.陶罐M2069：2

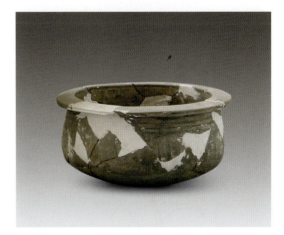

5.陶盂M2069：4

**彩版五一　M2069出土陶器**

1. M2070

2. M2085出土陶器组合

彩版五二　M2070与M2085出土陶器

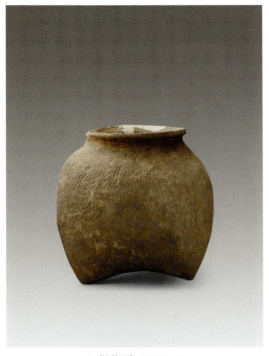

1.绳纹鬲M2085：1

2.陶豆M2085：4

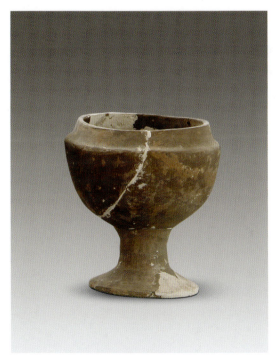

3.陶盖豆M2085：3

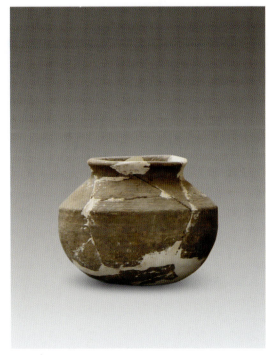

4.陶罐M2085：2

**彩版五三　M2085出土陶器**

1.M2087

2.M2087出土陶器组合

**彩版五四　M2087及出土陶器**

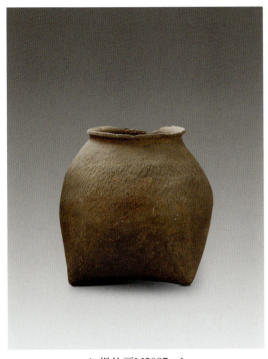

1.绳纹鬲M2087：1

2.陶豆M2087：4

3.陶盖豆M2087：3

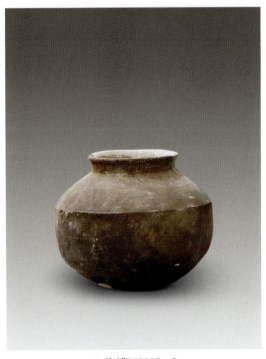

4.陶罐M2087：2

**彩版五五　M2087出土陶器**

1.M2097

2.M2097出土陶器组合

**彩版五六　M2097及出土陶器**

1.绳纹鬲M2097：1

2.陶豆M2097：3

3.陶豆M2097：5

4.陶罐M2097：4

5.陶盂M2097：2

彩版五七　M2097出土陶器

1.M2106出土陶器组合

2.M2115

彩版五八　M2106出土陶器与M2115

1.M3009出土陶器组合

2.绳纹鬲M3009:2

3.簋形豆M3009:3

4.陶豆M3009:4

5.陶盂M3009:1

**彩版五九　M3009出土陶器**

1.M3032出土陶器组合

2.绳纹鬲M3032：1

3.陶豆M3032：2

4.陶豆M3032：3

5.陶盂M3032：4

**彩版六○  M3032出土陶器**

1.M3041出土陶器组合

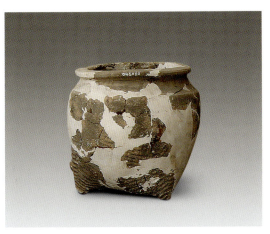

2.绳纹鬲M3041：5

3.陶鼎M3041：4

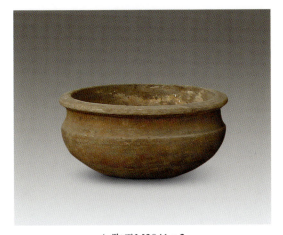

4.陶盂M3041：2

5.彩陶盆M3041：6

**彩版六一　M3041出土陶器**

1.M3042出土陶器组合

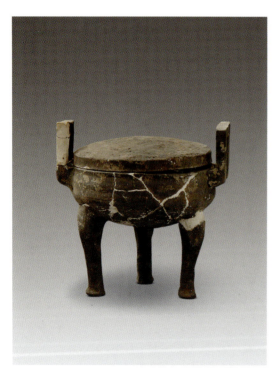

2.陶鼎M3042：1

3.陶敦M3042：5

4.陶盂M3042：4

**彩版六二　M3042出土陶器**

1.M3043出土陶器组合

2.陶鼎M3043：3

3.陶豆M3043：1

4.陶豆M3043：2

**彩版六三　M3043出土陶器**

1.M3098

2.M3101

彩版六四　M3098、M3101

1.M3110

2.M3110出土陶器组合

彩版六五　M3110及出土陶器

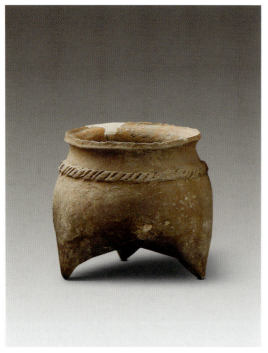

1.素面鬲M3110：2

2.陶豆M3110：3

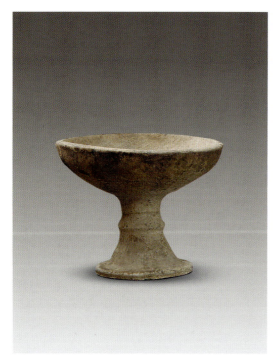

3.陶豆M3110：4

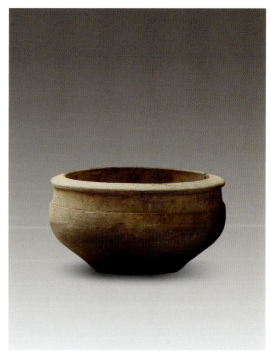

4.陶盂M3110：1

**彩版六六　M3110出土陶器**

1.M3116出土陶器组合

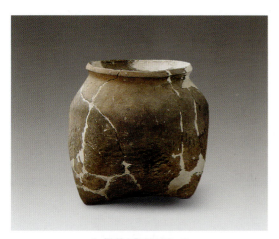

2.绳纹鬲M3116：3

3.陶豆M3116：4

4.陶罐M3116：1

5.陶盂M3116：2

彩版六七　M3116出土陶器

1.M3124出土陶器组合

2.绳纹鬲M3124：2

3.陶豆M3124：4

4.陶罐M3124：5

5.陶盂M3124：1

**彩版六八　M3124出土陶器**

1.M3140出土陶器组合

2.绳纹鬲M3140：6

3.陶豆M3140：2

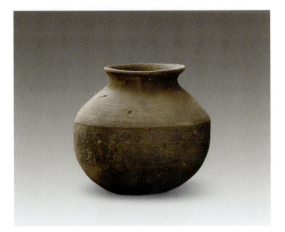

4.陶罐M3140：1

5.陶盂M3140：5

彩版六九　M3140出土陶器

1.M3145出土陶器组合

2.绳纹鬲M3145：7

3.陶豆M3145：3

4.陶豆M3145：4

5.陶罐M3145：2

彩版七〇　M3145出土陶器

1. M3149

2. M3149出土陶器组合

彩版七一　M3149及出土陶器

1.绳纹鬲M3149：4

2.陶豆M3149：3

3.陶豆M3149：2

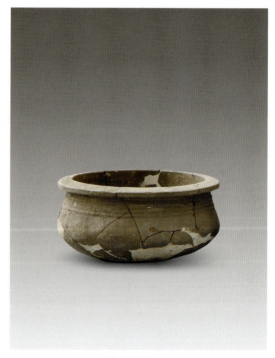

4.陶盂M3149：1

彩版七二　M3149出土陶器

1. M3151

2. M3164

彩版七三　M3151、M3164

1. M3166

2. M3174出土陶器组合

彩版七四　M3166与M3174出土陶器

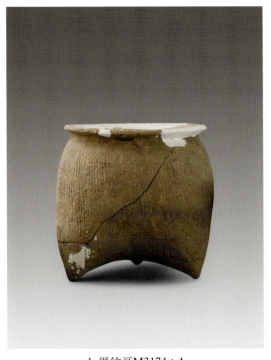

1.绳纹鬲M3174：4

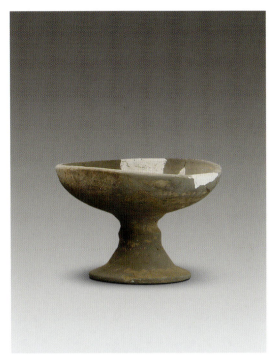

2.陶豆M3174：2

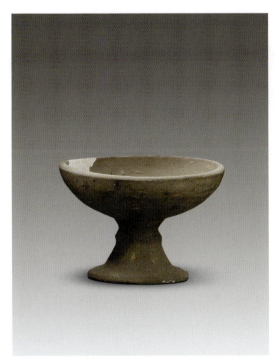

3.陶豆M3174：3

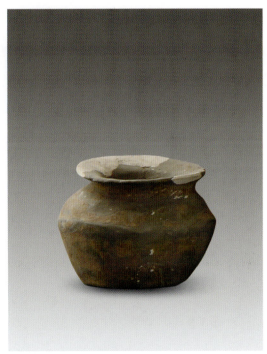

4.陶罐M3174：5

**彩版七五　M3174出土陶器**

1.M3176

2.M3176出土陶器组合

彩版七六　M3176及出土陶器

1. M3176出土陶器组合

2. 素面鬲M3176：3

3. 陶豆M3176：4、5

4. 陶豆M3176：2

5. 陶盂M3176：6

**彩版七七　M3176出土陶器**

1. M3180

2. M3180出土陶器组合

彩版七八　M3180及出土陶器

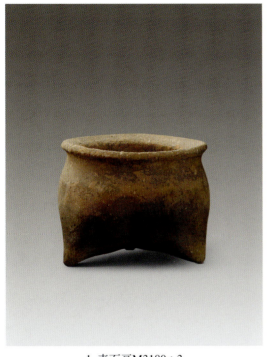

1.素面鬲M3180：3

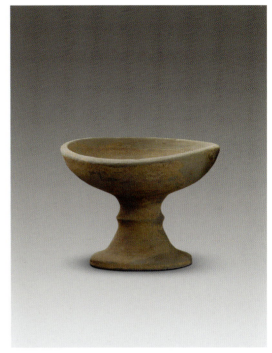

2.陶豆M3180：2

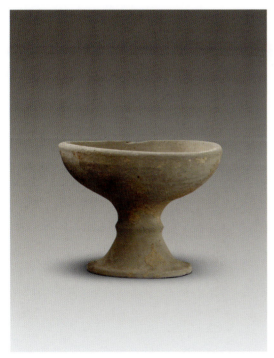

3.陶豆M3180：1

4.陶罐M3180：5

彩版七九　M3180出土陶器

1.M3184

2.M3184出土陶器组合

**彩版八〇　M3184及出土陶器**

1.M3184出土陶器组合

2.绳纹瓿M3184：7

3.陶盖豆M3184：2

4.陶壶M3184：6

5.陶盂M3184：8

彩版八一　M3184出土陶器

1.M3185出土陶器组合

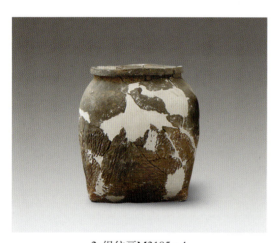

2.绳纹鬲M3185：4

3.陶豆M3185：1

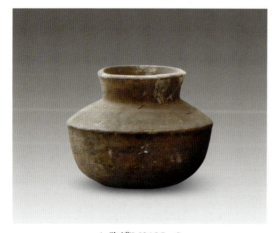

4.陶罐M3185：2

5.陶盂M3185：3

彩版八二　M3185出土陶器

1.M3189

2.M3189陶器出土情景

彩版八三　M3189

1. M3194

2. M3194出土陶器组合

彩版八四　M3194及出土陶器

1.绳纹鬲M3194：5

2.陶豆M3194：1

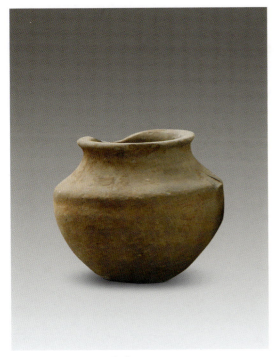

3.陶罐M3194：3

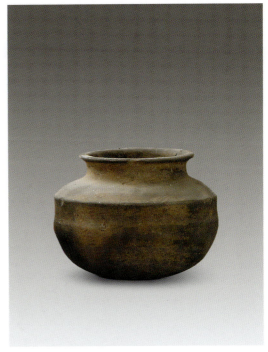

4.陶罐M3194：4

彩版八五　　M3194出土陶器

1.M3201出土陶器组合

2.M3204

彩版八六　M3201出土陶器与M3204

1.陶盘M3201∶4、19

2.陶盘M3201∶10

3.陶匜M3201∶27

4.陶敦M3201∶3

5.陶舟M3201∶31、13

6.陶筐M3201∶9、14

彩版八七　M3201出土陶器

1.M3213殉马坑

2.M3220出土陶器组合

**彩版八八　M3213殉马坑与M3220出土陶器**